A INVENÇÃO *da* NATUREZA

2ª edição
2ª Reimpressão

ANDREA WULF

A INVENÇÃO *da* NATUREZA

As aventuras de ALEXANDER VON HUMBOLDT

Tradução
RENATO MARQUES

CRÍTICA

Copyright © Andrea Wulf, 2015
Copyright © Editora Planeta do Brasil, 2016
Todos os direitos reservados.
Título original: *The invention of nature*

Coordenação editorial: Sandra R. F. Espilotro
Revisão: Andressa Veronesi, Carmen T. S. Costa e Maria A. Medeiros
Diagramação: A2
Imagens de capa: akg-images, Alamy, Bridgeman Images, Mary Evans Picture Library e Wellcome Library, Londres.
Capa: Kelly Blair
Adaptação de capa: Fabio Oliveira

DADOS INTERNACIONAIS DE CATALOGAÇÃO NA PUBLICAÇÃO (CIP)
ANGÉLICA ILACQUA CRB-8/7057

Wulf, Andrea
  A invenção da natureza : a vida e as descobertas de Alexander von Humboldt / Andrea Wulf ; tradução Renato Marques. -- 2. ed. -- São Paulo : Planeta do Brasil, 2019.
  592 p.

ISBN: 978-85-422-1656-1
Título original: The invention of nature

  1. Humboldt, Alexander von, 1769-1859 2. Geógrafos - Alemanha - Biografa 3. Cientistas - Alemanha - Biografia I. Título II. Marques, Renato

19-0965   CDD 923.9

Ao escolher este livro, você está apoiando o manejo responsável das florestas do mundo

2022
Todos os direitos desta edição reservados à
EDITORA PLANETA DO BRASIL LTDA.
Rua Bela Cintra, 986 – 4º andar
01415-002 – Consolação – São Paulo-SP
www.planetadelivros.com.br
faleconosco@editoraplaneta.com.br

SUMÁRIO

MAPAS 13
NOTA DA AUTORA 21
PRÓLOGO 23

PARTE I – PARTIDA: FORMANDO IDEIAS 35
1. ORIGENS 37
2. IMAGINAÇÃO E NATUREZA: JOHANN WOLFGANG VON GOETHE E HUMBOLDT 53
3. À PROCURA DE UM DESTINO 73

PARTE II – CHEGADA: COLETANDO IDEIAS 87
4. AMÉRICA DO SUL 89
5. OS LLANOS E O ORINOCO 103
6. CRUZANDO OS ANDES 121
7. CHIMBORAZO 135
8. POLÍTICA E NATUREZA: THOMAS JEFFERSON E HUMBOLDT . . 147

PARTE III – RETORNO: ORGANIZANDO IDEIAS **169**

9. EUROPA 171

10. BERLIM 189

11. PARIS 205

12. REVOLUÇÕES E NATUREZA: SIMÓN BOLÍVAR E HUMBOLDT 217

13. LONDRES 241

14. ANDANDO EM CÍRCULOS: *MALADIE CENTRIFUGE* 255

PARTE IV – INFLUÊNCIA: DISSEMINANDO IDEIAS **273**

15. RETORNO A BERLIM 275

16. RÚSSIA 291

17. EVOLUÇÃO E NATUREZA: CHARLES DARWIN E HUMBOLDT 313

18. O *COSMOS* DE HUMBOLDT 337

19. POESIA, CIÊNCIA E NATUREZA: HENRY DAVID THOREAU
E HUMBOLDT 357

PARTE V – NOVOS MUNDOS: EVOLUINDO IDEIAS **375**

20. O MAIOR E MAIS FORMIDÁVEL DE TODOS OS HOMENS
DESDE O DILÚVIO 377

21. O HOMEM E A NATUREZA: GEORGE PERKINS MARSH
E HUMBOLDT 401

22. ARTE, ECOLOGIA E NATUREZA: ERNST HAECKEL E HUMBOLDT 421

23. PRESERVAÇÃO E NATUREZA: JOHN MUIR E HUMBOLDT 443

EPÍLOGO 469

AGRADECIMENTOS 473
CRÉDITOS DAS ILUSTRAÇÕES 477
NOTAS 479
UMA NOTA SOBRE AS PUBLICAÇÕES DE HUMBOLDT 553
FONTES E BIBLIOGRAFIA 557
ÍNDICE REMISSIVO 573
SOBRE A AUTORA 589

Para Linnéa (P.o.P.)

Feche os olhos, aguce os ouvidos, e da mais leve respiração ao mais selvagem ruído, do mais simples som à mais sublime harmonia, do mais violento e apaixonado grito às mais suaves palavras da doce razão, é somente a Natureza que fala, revelando sua existência, seu poder, sua vida e suas relações e estruturas, de tal modo que um cego, a quem é vedado o mundo infinitamente visível, é capaz de apreender no audível tudo o que é infinitamente vivo.

Johann Wolfgang von Goethe

MAPAS

Viagem de Humboldt pelas Américas, 1799-1804
Viagem de Humboldt pela Venezuela, 1800
Viagem de Humboldt de uma ponta à outra da Rússia, 1829

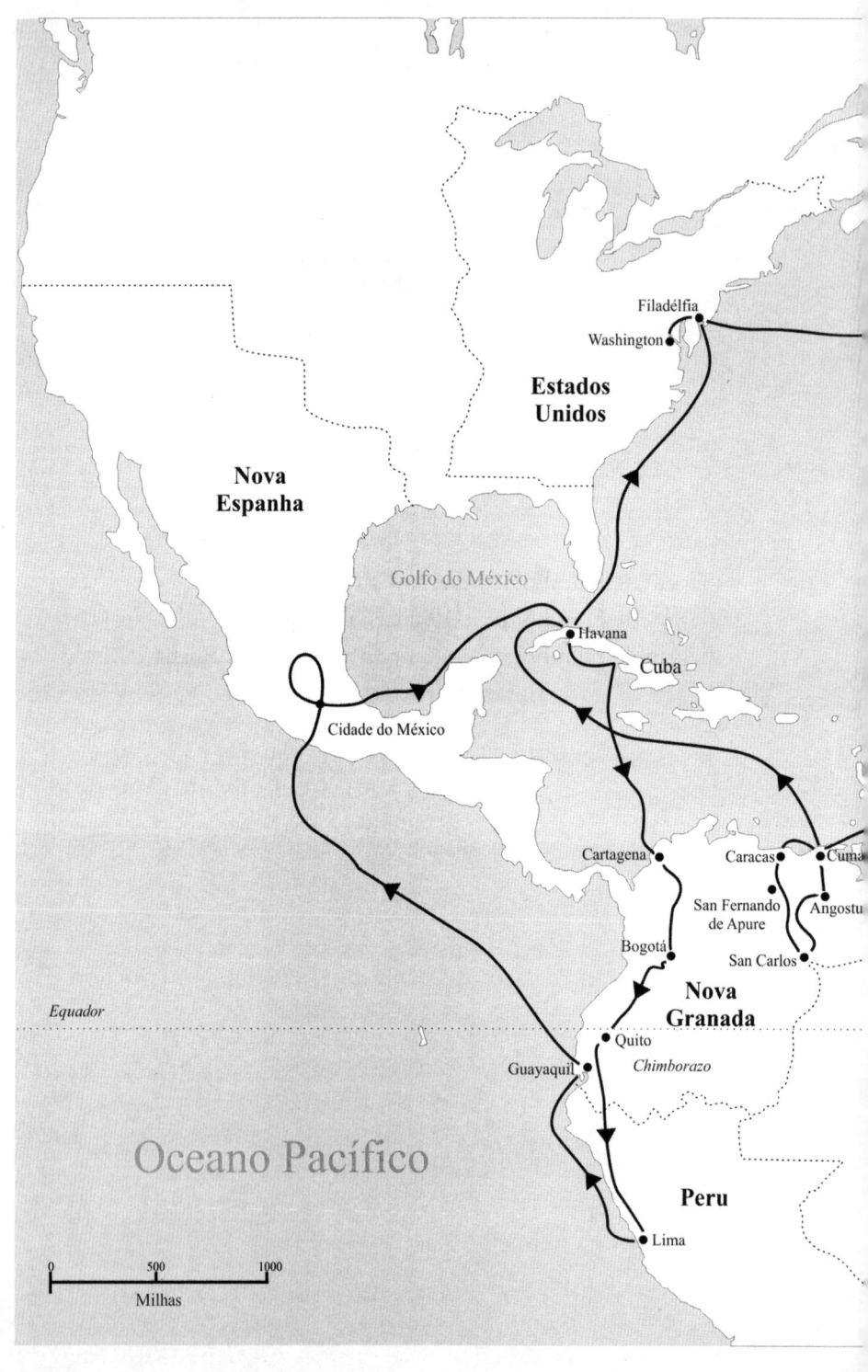

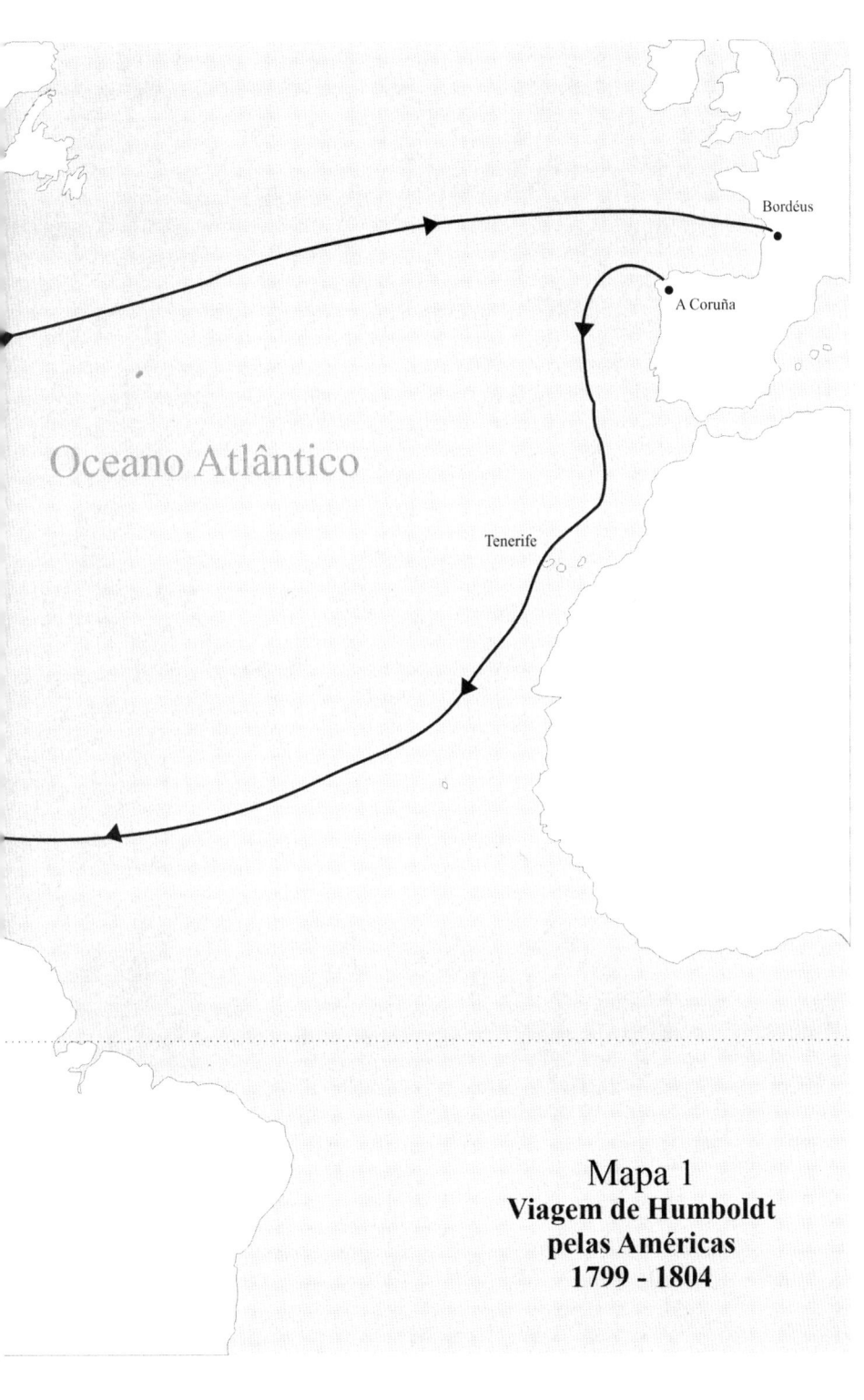

Mapa 1
Viagem de Humboldt pelas Américas
1799 - 1804

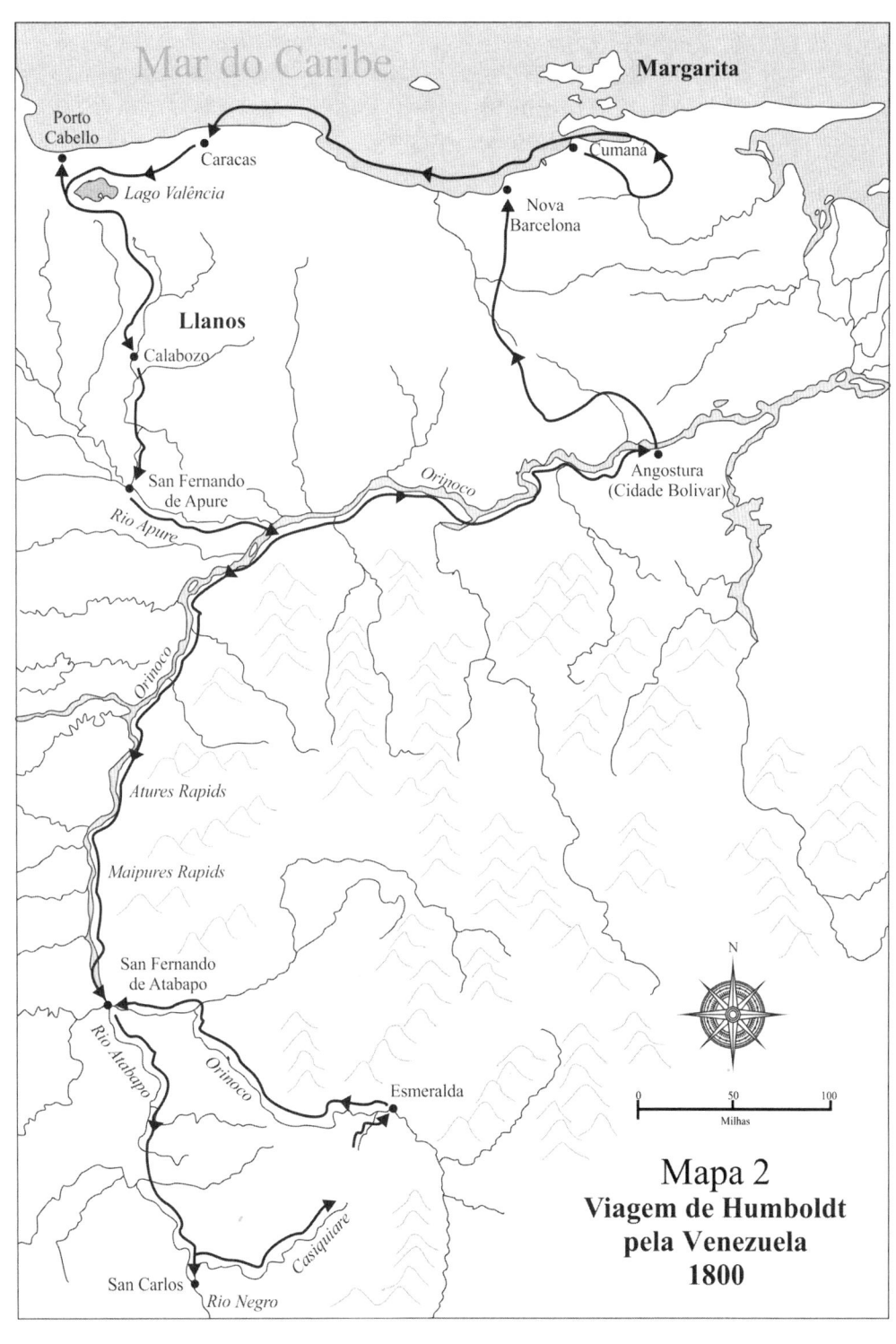

Mapa 2
Viagem de Humboldt pela Venezuela 1800

NOTA DA AUTORA

Os livros de Alexander von Humboldt foram publicados em diversas línguas. Nas citações diretas de suas obras, comparei o original em alemão (quando pertinente) com edições contemporâneas em língua inglesa. Havendo edições em inglês mais recentes disponíveis, cotejei-as com as traduções mais antigas e, nos casos em que julguei que a edição mais nova propiciava uma tradução melhor, optei por essa versão (os detalhes estão nas notas no final do livro). Por vezes, nenhuma tradução captava o estilo da prosa de Humboldt, ou frases inteiras haviam sido suprimidas – nesses casos, tomei a liberdade de elaborar uma nova tradução. Quando outros protagonistas se referiam a obras de Humboldt, usei as edições que estavam lendo. Charles Darwin, por exemplo, leu a *Narrativa pessoal* de Humboldt publicada na Inglaterra entre 1814 e 1829 (traduzida por Helen Maria Williams), ao passo que John Muir leu a edição de 1896 (em tradução de E. C. Otte e H. G. Bohn).

PRÓLOGO

Eles estavam se arrastando a duras penas com as mãos e os joelhos no chão ao longo de um estreito espinhaço que, em alguns pontos, tinha apenas cinco centímetros de largura. A trilha, se é que assim poderíamos chamá-la, era revestida por uma camada de areia e pedras soltas que se deslocavam toda vez que eram tocadas. À esquerda, um íngreme despenhadeiro coberto por uma crosta de gelo que reluzia quando o sol transpassava as espessas nuvens. A paisagem à direita, com uma queda livre de mais de trezentos metros, não era muito melhor. Paredões negros e quase perpendiculares estavam revestidos de rochas protuberantes que se projetavam, salientes, feito lâminas de faca.

Alexander von Humboldt e seus três companheiros rastejavam em fila indiana, avançando bem devagar. Sem equipamentos nem trajes adequados, era uma escalada perigosa. O vento gélido havia entorpecido suas mãos e pés, a neve derretida tinha encharcado as finas solas dos sapatos, e os seus cabelos e barbas estavam salpicados de cristais de gelo grudados. A quase 5.200 metros acima do nível do mar, eles lutavam para respirar o ar rarefeito. Enquanto seguiam em frente, as pedras denteadas rasgavam as solas dos sapatos, e os pés dos homens começaram a sangrar.

Era 23 de junho de 1802, e eles estavam escalando o Chimborazo, um belo vulcão inativo em forma de cúpula nos Andes que se erguia a 6.400 metros, cerca de 160 quilômetros ao sul de Quito, no atual Equador. Na época, acreditava-se que o Chimborazo fosse a mais alta montanha do mundo. Não surpreende que seus carregadores tivessem abandonado os homens na linha da neve. O cume do vulcão estava amortalhado por uma densa bruma, mas mesmo assim Humboldt tinha prosseguido.

Alexander von Humboldt havia passado os três anos anteriores viajando pela América Latina, penetrando as entranhas de terras onde poucos europeus tinham colocado os pés. Obcecado por observação científica e então com 32 anos, Humboldt havia trazido consigo da Europa uma vasta gama dos melhores instrumentos. Para a escalada do Chimborazo, ele deixou para trás a maior parte de sua bagagem, mas estava equipado com um barômetro, um termômetro, um sextante, um horizonte artificial e um artefato chamado "cianômetro", com o qual podia medir a "azulidão" do céu. Enquanto subiam, Humboldt fuçava e tateava com dedos dormentes os seus instrumentos, montando-os precariamente sobre estreitas arestas a fim de medir a altitude, a gravidade e a umidade. Meticulosamente, ia listando todas as espécies que encontrava – aqui uma borboleta, ali uma minúscula flor. Tudo era registrado em sua caderneta.

A 5.486 metros de altitude, eles viram um último pedaço de líquen agarrado a um matacão. Depois disso, todos os sinais de vida orgânica desapareceram. Naquela altura não havia plantas nem insetos. Até mesmo os condores que acompanharam suas escaladas anteriores estavam ausentes. Enquanto a névoa caíava o ar em meio a um arrepiante e fantasmagórico espaço vazio, Humboldt se sentiu completamente distante do mundo habitado. "Foi", disse ele, "como se estivéssemos presos dentro de um balão de ar". Então, subitamente, a bruma se dissipou, revelando o pico nevado do Chimborazo em contraste com o céu azul. Uma "vista magnífica", foi o primeiro pensamento de Humboldt, que depois avistou a enorme fenda à frente deles – vinte metros de largura e cerca de 182 metros de profundidade. Entretanto, não havia outro caminho a seguir até o topo. Quando Humboldt mediu a altitude em que estavam, a 5.917 metros, constatou que faltavam menos de trezentos metros para o cume.

Ninguém havia chegado tão alto antes, e ninguém jamais havia respirado um ar tão rarefeito. No topo do mundo, olhando para as cordilheiras que se dobravam abaixo dele, Humboldt começou a enxergar o mundo de uma maneira diferente. Viu a terra como um único e imenso organismo vivo no qual tudo estava conectado, e concebeu uma nova e ousada visão que ainda hoje influencia a forma como compreendemos o mundo natural.

Humboldt e sua equipe escalando um vulcão

Descrito por seus contemporâneos como o homem mais famoso do mundo depois de Napoleão, Humboldt foi uma das figuras mais fascinantes e inspiradoras de seu tempo. Nascido em 1769 no seio de uma abastada família da aristocracia prussiana, ele abriu mão de uma vida de privilégios para descobrir por si só os mecanismos de funcionamento do mundo. Ainda jovem, participou de uma expedição científica de cinco anos pela América Latina, arriscando a vida muitas vezes e voltando para casa com uma nova noção sobre o mundo. Essa jornada moldou sua vida e seu pensamento e fez dele uma lenda em âmbito mundial. Humboldt viveu em cidades como Paris e

Berlim, mas se sentia igualmente em casa nos mais remotos afluentes do rio Orinoco ou nas estepes cazaques na fronteira entre Mongólia e Rússia. Durante boa parte de sua longa vida, Humboldt foi o cerne do mundo científico, escrevendo cerca de 50 mil cartas e recebendo pelo menos o dobro disso. O conhecimento, acreditava Humboldt, deveria ser compartilhado, trocado e colocado à disposição de todos.

Humboldt era também um homem de contradições. Ferrenho crítico do colonialismo, apoiou as revoluções latino-americanas, mas ocupou altos cargos na corte de dois reis prussianos. Admirava os Estados Unidos por seus conceitos de liberdade e igualdade, mas jamais deixou de criticar o insucesso do país no que tangia à abolição da escravidão. Dizia-se "meio americano", mas certa vez comparou os Estados Unidos a "um vórtice cartesiano, destruindo e reduzindo tudo a uma enfadonha monotonia". Era confiante, embora constantemente tivesse o desejo ardente de aprovação. Era admirado pela amplitude de seu conhecimento, mas também temido por sua língua afiada. Seus livros foram publicados em dezenas de idiomas e eram tão populares que as pessoas pagavam propina aos livreiros para receber primeiro os exemplares recém-lançados, e mesmo assim Humboldt morreu pobre. Ele podia ser vaidoso, mas também doaria até seu último centavo para um jovem cientista em dificuldades financeiras. Sua vida foi permeada por viagens e repleta de trabalho incessante. Ele sempre queria sentir na pele a experiência de algo novo e, idealmente, de acordo com o que ele próprio dizia, "três coisas ao mesmo tempo".

Humboldt foi celebrado por seu conhecimento e seu pensamento científico, porém não era nenhum acadêmico erudito, um intelectual de gabinete. Nunca satisfeito em ficar confinado em sua sala de trabalho ou em meio aos livros, ele se arrojou na investigação de campo, no empenho físico, submetendo seu corpo aos limites. Aventurou-se nas profundezas da misteriosa floresta tropical úmida na Venezuela e rastejou ao longo de estreitas bordas de pedras a alturas vertiginosas nos Andes para ver as chamas no interior de um vulcão ativo. Mesmo já sexagenário, viajou mais de 16 mil quilômetros para os mais remotos rincões da Rússia, deixando para trás seus companheiros mais jovens.

Fascinado por instrumentos científicos, medições e observações, era igualmente movido por um senso de deslumbramento e encantamento. Claro que a natureza tinha de ser medida e analisada, mas ele acreditava também que grande parte de nossa resposta ao mundo natural deveria se basear nos sentidos e nas emoções. Ele queria instigar o "amor à natureza". Numa época em que outros cientistas estavam em busca de leis universais, Humboldt escrevia que a natureza tinha de ser conhecida em primeira mão e vivenciada por meio dos sentimentos.

Humboldt era um homem sem igual porque tinha a capacidade de se lembrar, mesmo depois de anos, dos mais ínfimos detalhes: o formato de uma folha, a cor do solo, uma medição de temperatura, uma camada de rocha. Essa memória extraordinária permitia a Humboldt comparar as observações que tinha feito ao redor do mundo em um intervalo de diversas décadas ou a milhares de quilômetros de distância. Humboldt era capaz de "esquadrinhar a cadeia de todos os fenômenos do mundo ao mesmo tempo", disse mais tarde um colega. Enquanto outros precisavam vasculhar suas lembranças, Humboldt – "cujos olhos são telescópios e microscópios naturais", na definição do admirado escritor e poeta norte-americano Ralph Waldo Emerson – tinha à mão, em um instante, todo e qualquer pedaço de conhecimento e observação.

De pé no Chimborazo, exausto pelo esforço da escalada, Humboldt fitou e absorveu a paisagem. Aqui, as zonas de vegetação amontoavam-se, uma por cima da outra. Nos vales, ele tinha passado entre palmeiras e úmidas florestas de bambus onde havia orquídeas coloridas agarradas às árvores. Mais acima, vira coníferas, carvalhos, amieiros e bérberis arbustiformes semelhantes aos que conhecia das florestas europeias. Depois, plantas alpinas muito similares às que ele havia colhido nas montanhas da Suíça e líquens que o fizeram lembrar-se dos espécimes do Círculo Ártico e da Lapônia. Ninguém havia olhado para plantas dessa maneira antes. Humboldt as via não segundo as estreitas categorias de classificação, mas como tipos de acordo com a localização e o clima. Ali estava um homem que enxergava a natureza como uma força global com correspondentes zonas climáticas cruzando os continentes: um conceito radical à época, e que ainda tinge com um toque especial a nossa compreensão dos ecossistemas.

Os livros, diários e cartas de Humboldt revelam um visionário, um pensador muito à frente do seu tempo. Ele inventou as isoter-

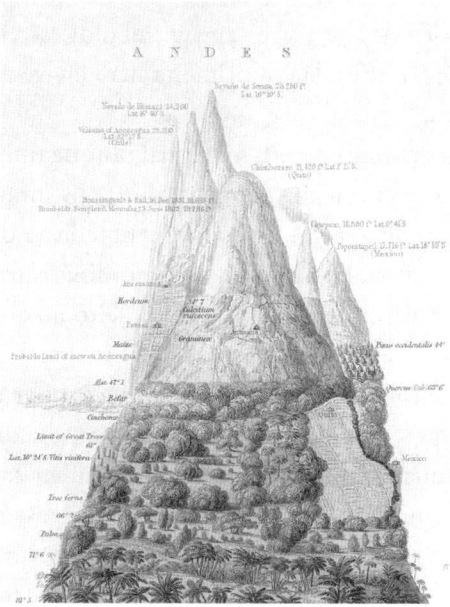

A distribuição de plantas nos Andes

mas – as linhas de temperatura e pressão que vemos nos atuais mapas meteorológicos – e também descobriu o Equador magnético. Propôs a ideia de zonas de vegetação e de clima que serpeiam por todo o globo. O mais importante, contudo, é que Humboldt revolucionou a nossa forma de ver o mundo natural. Ele descobriu conexões e relações por toda parte. Nada, nem mesmo o mais diminuto organismo, era visto de forma independente ou separada. "Nessa grande cadeia de causas e efeitos, nenhum fato pode ser considerado de forma isolada", escreveu Humboldt. Com essa arguta constatação, ele inventou a rede da vida, o conceito da natureza como a conhecemos hoje.

Quando a natureza é concebida como uma rede ou teia, sua vulnerabilidade também se torna óbvia. Tudo está interligado. Se um fio é puxado, toda a trama da tapeçaria pode acabar se desmanchando. Depois de ver os devastadores efeitos ambientais das plantações coloniais no lago de Valência, na Venezuela, em 1800, Humboldt tornou-se o primeiro cientista a falar das nocivas alterações climáticas causadas pelo homem. Lá, o desflorestamento havia tornado a terra árida, os níveis de água do lago estavam baixando e, com o desaparecimento do matagal e da capoeira, a ação das chuvas torrenciais tinha provocado o deslizamento do solo nas encostas das montanhas. Humboldt foi o primeiro a explicar a capacidade da floresta de enriquecer a atmosfera com umidade, seu efeito resfriador, a importância da retenção da água e a proteção contra a erosão do solo. Ele alertou que os humanos estavam interferindo no clima e que isso poderia ter um impacto imprevisível sobre as "futuras gerações".

A invenção da natureza investiga e rastreia os fios invisíveis que nos ligam a esse homem extraordinário. Humboldt influenciou muitos dos mais formidáveis pensadores, artistas e cientistas de seu tempo. Thomas Jefferson chamou-o de "um dos mais excelentes ornamentos da nossa época". Charles Darwin escreveu que "nada jamais estimulou de forma tão ardorosa o meu entusiasmo quanto a leitura da *Narrativa pessoal* de Humboldt", declarando que sem ele não teria embarcado no *Beagle*, tampouco concebido *A origem das espécies*. William Wordsworth e Samuel Taylor Coleridge incorporaram em seus poemas o conceito humboldtiano de natureza. E o escritor mais respeitado dos Estados Unidos, Henry David Thoreau, encontrou nos livros de Humboldt uma resposta para seu dilema sobre como ser um poeta e um naturalista – sem Humboldt, *Walden* teria sido um livro bem diferente. Simón Bolívar, o revolucionário que libertou a América do Sul do jugo colonial espanhol, chamou Humboldt de o "descobridor do Novo Mundo", ao passo que Johann Wolfgang von Goethe, o maior poeta alemão de todos os tempos, declarou que passar alguns dias com Humboldt foi como "ter vivido vários anos".

No dia 14 de setembro de 1869, cem anos após o nascimento de Alexander von Humboldt, seu centenário foi celebrado no mundo todo. Houve festas na Europa, na África e na Austrália, bem como nas Américas. Em Melbourne e Adelaide, as pessoas se reuniram para ouvir discursos em homenagem a Humboldt, e o mesmo fizeram grupos em Buenos Aires e na Cidade do México. Houve festejos em Moscou, onde Humboldt era chamado de o "Shakespeare das ciências", e em Alexandria, no Egito, onde os convidados celebraram sob um céu iluminado por fogos de artifício. As maiores comemorações ocorreram nos Estados Unidos; de São Francisco a Filadélfia, de Chicago a Charleston, a nação viu desfiles de rua, suntuosos jantares e concertos. Em Cleveland, cerca de 8 mil pessoas saíram às ruas, e outras 15 mil juntaram-se a uma marcha por mais de dois quilômetros em Syracuse. O presidente Ulysses Grant participou dos festejos em homenagem a Humboldt em Pittsburgh, ao lado de 10 mil pessoas, em cerimônias que pararam a cidade.

Em Nova York, as ruas de paralelepípedos ficaram apinhadas de bandeiras. A prefeitura foi encoberta por faixas, e casas inteiras desapareceram atrás de imensos cartazes estampados com o rosto de Humboldt. Até mesmo as embarcações que zarpavam e atracavam no rio Hudson foram decoradas com bandeirolas coloridas. De manhã, milhares de pessoas acompanharam dez bandas de música que marcharam do Bowery rumo ao Central Park para homenagear um homem "cuja fama nenhuma nação pode reivindicar para si", segundo a manchete da primeira página do jornal *The New York Times*. No início da tarde, 25 mil pessoas tinham se aglomerado no Central Park para ouvir os discursos e testemunhar a inauguração de um enorme busto de bronze de Humboldt. Ao anoitecer, quando escureceu, as ruas foram tomadas por uma procissão de tochas que reuniu 15 mil pessoas caminhando sob coloridas lanternas chinesas.

Vamos imaginá-lo, disse um dos oradores, "de pé nos Andes", com sua mente sobranceira elevando-se acima de tudo. No mundo inteiro, todos os discursos enfatizaram que Humboldt havia observado "uma correlação interna" entre todos os aspectos da natureza. Em Boston, Emerson declarou diante dos luminares e figurões da cidade que Humboldt era "uma das maravilhas do mundo". Sua fama, conforme registrou o jornal londrino *Daily News*, estava "ligada de forma estreita e inseparável ao próprio universo". Na Alemanha, houve festividades em Colônia, Hamburgo, Dresden, Frankfurt e muitas outras cidades. As maiores celebrações alemãs foram realizadas em Berlim, a cidade natal de Humboldt, onde, apesar da chuva torrencial, 80 mil pessoas se reuniram. As autoridades decretaram que todas as repartições públicas e agências do governo permanecessem fechadas durante um dia. Mesmo debaixo de um temporal e sob rajadas de vento que deixavam o ar gelado, os discursos e a cantoria continuaram durante horas a fio.

Hoje, embora praticamente esquecido fora do mundo acadêmico – pelo menos nos países de língua inglesa –, as ideias de Alexander von Humboldt ainda moldam o nosso pensamento. E enquanto seus livros juntam pó nas bibliotecas, seu nome paira por toda parte, da corrente de Humboldt, que percorre o oceano Pacífico acompanhando as costas do Chile e do Peru, a dezenas de monumentos, parques e montanhas na América Latina, incluindo a *sierra* Humboldt no México e o pico Humboldt na Venezuela. Uma cidadezinha na Argentina, um rio no Brasil,[1] um gêiser no Equador e uma baía na Colômbia – todos devem seu nome a Humboldt.[2]

Há o Kap Humboldt e a geleira Humboldt na Groenlândia, bem como cordilheiras no norte da China, na África do Sul, na Nova Zelândia e na Antártida. Há rios na Alemanha e cachoeiras na Tasmânia e na Nova Zelândia, bem como parques na Alemanha e a rua Alexandre de Humboldt em Paris. Somente na América do Norte há quatro condados, treze municípios, montanhas, baías, lagos e um rio chamados Humboldt, bem como o Parque Estadual Humboldt Redwoods na Califórnia e os parques Humboldt em Chicago e Buffalo. O estado de Nevada quase foi chamado de Humboldt quando a Convenção Constitucional debateu seu nome na década

---

1 O rio Humboldt fica em Santa Catarina e é uma junção das confluências dos rios Natal e Vermelho, afluentes que nascem nos municípios de Campo Alegre e São Bento do Sul. Há também um rio Humboldt no leste dos EUA, percorrendo o estado de Nevada. (N. T.)

2 Até hoje muitas escolas bilíngues de alemão em toda a América Latina realizam competições atléticas bianuais, os Juegos Humboldt.

de 1860. Existem quase trezentas plantas e mais de cem animais cujo nome foi inspirado em Humboldt – incluindo o californiano-lírio-de-humboldt (*Lilium humboldtii*), o sul-americano pinguim-de-humboldt (*Spheniscus humboldti*) e a feroz lula-de-humboldt (*Dosidicus gigas*), uma predadora que chega a dois metros de comprimento; todas essas espécies podem ser encontradas na corrente de Humboldt. Vários minerais carregam o nome de Humboldt – do *humboldtito* ao *humboldtino* –, e na Lua há uma área chamada "Mare Humboldtianum". No que diz respeito a dar nomes a lugares, ninguém supera Humboldt.

Ecologistas, ambientalistas, naturalistas e escritores da natureza fiam-se na visão de Humboldt, embora a maioria o faça de maneira inconsciente. O livro *Silent Spring* [Primavera silenciosa], de Rachel Carson, é baseado no conceito humboldtiano de interconexão, e a famosa teoria de Gaia (ou hipótese Gaia) formulada pelo cientista James Loverlock, segundo a qual a Terra é um organismo vivo, tem extraordinárias semelhanças com as concepções de Humboldt. Quando Humboldt descreveu a Terra como "um todo natural animado e movido por forças interiores", antecipou em mais de 150 anos as ideias de Lovelock. Humboldt chamou de *Cosmos* o livro no qual descrevia seu novo conceito, tendo inicialmente cogitado (e depois descartado) o título "Gäa".

Somos moldados pelo passado. Nicolau Copérnico nos mostrou nosso lugar no universo. Isaac Newton explicou as leis da natureza, Thomas Jefferson deu-nos alguns dos nossos conceitos de liberdade e democracia, e Charles Darwin provou que todas as espécies descendem de ancestrais comuns. Essas ideias definem a nossa relação com o mundo.

Humboldt nos deu o conceito de natureza propriamente dita. A ironia é que as concepções de Humboldt tornaram-se tão evidentes que, em larga medida, nós nos esquecemos do homem por trás delas. Mas existe uma linha direta de conexão que percorre suas ideias de ponta a ponta e atravessa muitas pessoas que ele inspirou. Como uma corda, o conceito humboldtiano de natureza é o que nos conecta a Humboldt.

A invenção da natureza é a minha tentativa de encontrar Humboldt. Foi uma jornada mundo afora que me levou a arquivos na Califórnia, Berlim e Cambridge, entre muitos outros lugares. Li milhares de cartas, mas também segui os passos de Humboldt. Vi a ruína da "torre de anatomia" em Jena, na Alemanha, onde Humboldt passou muitas semanas dissecando animais; a 3.657 metros de altitude no vulcão Antisana, no Equador, com quatro condores voando em círculos acima de mim e rodeada por uma tropa de cavalos selvagens, encontrei a cabana caindo aos pedaços onde Humboldt tinha passado uma noite em março de 1802.

Em Quito, segurei nas mãos o passaporte espanhol original de Humboldt – os mesmos papéis que lhe permitiram viajar pela América Latina. Em Berlim, finalmente entendi como sua mente funcionava quando abri as caixas que continham suas anotações – maravilhosas colagens de milhares de pedaços de papel, esboços e números. Mais perto de casa, na Biblioteca Britânica em Londres, passei muitas semanas lendo os livros publicados de Humboldt, alguns tão imensos e pesados que eu mal conseguia erguê-los para colocá-los sobre a mesa. Em Cambridge, examinei os exemplares dos livros de Humboldt pertencentes ao próprio Darwin – os volumes que mantinha numa prateleira junto à sua rede de dormir no *Beagle*. Estão repletos de marcas feitas a lápis por Darwin. Ler esses livros foi como bisbilhotar Darwin conversando com Humboldt.

Eu me vi deitada à noite na Amazônia venezuelana ouvindo os estranhos urros dos bugios, mas também acabei presa em Manhattan sem eletricidade durante a passagem do furacão Sandy, na ocasião em que viajei para lá a fim de ler alguns documentos na Biblioteca Pública de Nova York. Admirei o velho solar senhorial com sua torre do século x no pequeno vilarejo de Piòbesi, nos arrabaldes de Turim, onde no início da década de 1860 George Perkins Marsh escreveu partes de *Man and Nature* [Homem e natureza] – livro inspirado nas ideias de Humboldt e que marcaria o início do movimento conservacionista estadunidense. Caminhei em volta do lago Walden de Thoreau na funda neve recém-caída e caminhei no Parque Nacional de Yosemite, evocando a ideia de John Muir de que "o caminho mais límpido para adentrar o universo é através de uma floresta selvagem".

O momento mais empolgante foi quando finalmente escalei o Chimborazo, a montanha que tinha sido tão fundamental para a visão de Humboldt. À medida que eu subia a árida encosta, o ar estava tão rarefeito que cada passo dava a sensação de durar uma eternidade – um lento puxão morro acima enquanto as minhas pernas pareciam feitas de chumbo e de alguma forma desconectadas do resto do corpo. A minha admiração por Humboldt crescia a cada passo. Ele havia escalado o Chimborazo com um pé machucado (e certamente não tinha usado botas de alpinismo tão confortáveis e resistentes quanto as minhas), abarrotado de instrumentos e parando constantemente para fazer medições.

O resultado desse périplo de exploração por paisagens e cartas, dessa aventureira expedição através de pensamentos e diários é este livro. *A invenção da natureza* é a minha busca para redescobrir Humboldt, e para devolvê-lo ao seu lugar de direito no panteão da natureza e da ciência. É também uma investigação para compreender por que pensamos da forma como pensamos hoje acerca do mundo natural.

PARTE I
PARTIDA: FORMANDO IDEIAS

1
ORIGENS

Alexander von Humboldt nasceu em 14 de setembro de 1769, numa abastada família aristocrática prussiana que passava os invernos em Berlim e os verões em Tegel, um pequeno castelo de propriedade da família cerca de 16 quilômetros a noroeste da cidade. Seu pai, Alexander Georg von Humboldt, era oficial do exército, alto funcionário na corte prussiana e confidente do futuro rei Frederico Guilherme II. A mãe de Alexander, Marie Elisabeth, era filha de um rico industrial que tinha trazido dinheiro e terras para a família. O nome Humboldt era admirado e tido em alta conta em Berlim, e o futuro rei era inclusive padrinho de Alexander. Contudo, apesar de sua origem social privilegiada, Alexander e seu irmão mais velho, Wilhelm, tiveram uma infância infeliz. Seu amado pai morreu subitamente quando Alexander estava com 9 anos, e sua mãe jamais demonstrou muito afeto pelos filhos. Tudo que o pai tinha de charmoso e afável, a mãe tinha de formal, fria e emocionalmente distante. Em vez de carinho maternal, ela propiciou aos filhos a melhor educação então disponível na Prússia e tomou providências para que a instrução dos dois meninos ficasse a cargo de preceptores particulares, uma fieira de pensadores iluministas que incutiram neles o amor pela verdade, pela liberdade e pelo conhecimento.

Eram relacionamentos estranhos, em que os irmãos por vezes buscavam uma figura paterna. Um dos preceptores em especial, Gottlob Johann Christian Kunth, que durante muitos anos supervisionou a educação dos dois, tinha um método de ensino que consistia de uma peculiar combinação de expressões de descontentamento e desapontamento e, ao mesmo tempo, estímulo ao senso de independência. Pairando atrás dos pupilos e vigiando-os por cima dos ombros enquanto faziam cálculos ou traduziam textos do latim, ou aprendiam o vocabulário francês, Kunth os corrigia constantemente. Jamais ficava satisfeito com a evolução de seu aprendizado. Toda vez que cometiam um erro, Kunth reagia como se eles tivessem a intenção de machucá-lo ou ofendê-lo. Para os meninos, esse comportamento era mais doloroso do que se ele os tivesse espancado com uma vara. Sempre desesperados para agradar a Kunth, Wilhelm mais tarde relatou que os dois irmãos sentiam uma "perpétua ansiedade" de fazê-lo feliz.

Era particularmente difícil para Alexander, que recebia as mesmas lições de seu precoce irmão e tinha de aprender as mesmas coisas,

Schloss Tegel e a propriedade nos arredores do castelo

apesar de ser dois anos mais novo. O resultado era que ele acreditava ser menos talentoso. Enquanto Wilhelm se superava com excelente desempenho em latim e grego, Alexander sentia-se lento e incompetente. Ele se esforçava tanto, Alexander disse mais tarde a um amigo, que seus preceptores "duvidavam se até mesmo os poderes da inteligência medíocre um dia se desenvolveriam nele".

Wilhelm se perdia na mitologia grega e nas histórias da Roma antiga, mas Alexander se sentia inquieto em meio aos livros. Preferia escapar da sala de aula toda vez que podia a fim de vaguear pela região campestre, coletando e desenhando plantas, animais e pedras. Uma vez que voltava para casa com os bolsos cheios de insetos e plantas, sua família o apelidou de "o pequeno boticário", mas não levava a sério seus interesses. De acordo com o folclore familiar, um dia o rei prussiano Frederico, o Grande, perguntou ao menino se ele planejava conquistar o mundo como fizera seu homônimo Alexandre, o Grande. A resposta do jovem Humboldt foi: "Sim, senhor, mas com a minha cabeça".

Boa parte de sua infância, Humboldt diria mais tarde a um amigo próximo, foi passada em meio a pessoas que o amavam, mas não o entendiam. Seus professores eram exigentes, e sua mãe vivia reclusa, apartada da sociedade e distante dos filhos. A maior preocupação de Marie Elisabeth von Humboldt era, de acordo com Kunth, fomentar a "perfeição intelectual e moral" de Wilhelm e Alexander – aparentemente o bem-estar emocional dos filhos não interessava nem um pouco. "Impuseram-me mil restrições", disse Humboldt, que era obrigado a conviver com a solidão, o que o forçou a se esconder atrás de um muro de fingimento porque nunca sentia que podia se expressar, tendo uma mãe severa que vigiava cada passo seu. Demonstrações de entusiasmo e alegria eram um comportamento inaceitável na casa da família Humboldt.

Alexander e Wilhelm eram muito diferentes. Alexander era aventuroso e gostava de estar ao ar livre, ao passo que Wilhelm era sério e estudioso. Alexander vivia invariavelmente dilacerado entre uma e outra emoção, ao passo que o traço de temperamento predominante em Wilhelm era o autocontrole. Cada um dos irmãos se recolheu ao seu próprio mundo – Wilhelm, mergulhado em seus livros, e Alexander, em solitárias caminhadas pelas florestas de Tegel, vastos bosques que tinham sido plantados com árvores importadas da América do Norte. Perambulando entre bordos-açucareiros e imponentes carvalhos-brancos, Alexander vivenciou a natureza como um ambiente sossegado, acalentador e tranquilizante. Mas foi também em meio a essas árvores de outro mundo que ele começou a sonhar com países longínquos e desconhecidos.

Humboldt tornou-se um rapaz muito bonito. Tinha 1,73 metro, mas o porte ereto e orgulhoso fazia com que parecesse mais alto. Era esbelto e ágil – pés ligeiros e lépidos. Suas mãos eram pequenas e delicadas, quase femininas, comentou um amigo. Olhos curiosos e questionadores, sempre alertas. Sua aparência condizia perfeitamente com seus ideais: cabelos desgrenhados, lábios carnudos e expressivos e queixo com covinha. Mas vivia adoecido, sofria de febres e neurastenia, o que Wilhelm acreditava ser uma "espécie de hipocondria", pois "o pobre menino é infeliz".

Para esconder sua vulnerabilidade, Alexander ergueu um escudo protetor de agudeza mental, humor cáustico e ambição. Ainda menino, era temido por causa de seus comentários mordazes; um amigo da família chamava-o de "*un petit esprit malin*", reputação a que faria jus pelo resto de sua vida. Mesmo os amigos mais próximos admitiam que ele tinha uma veia maldosa. Mas Wilhelm dizia que o irmão jamais era de fato maligno ou perverso – talvez um pouco vaidoso e impelido por um profundo anseio de brilhar e sobressair-se. Desde a juventude Alexander parecia dividido entre essa vaidade e sua solidão, entre a ânsia de receber elogios e seu desejo ardente de independência. Inseguro, e ainda assim convicto de suas façanhas intelectuais, ele oscilava entre sua necessidade de aprovação e seu senso de superioridade.

Nascido no mesmo ano de Napoleão Bonaparte, Humboldt foi criado num mundo cada vez mais global e acessível. De maneira bastante apropriada, nos meses que antecederam seu nascimento havia ocorrido a primeira colaboração científica internacional, quando astrônomos de dezenas de nações tinham coordenado e compartilhado suas observações do trânsito de Vênus. O problema do cálculo da longitude fora finalmente solucionado, e as áreas vazias dos mapas do século XVIII estavam sendo rapidamente preenchidas. O mundo estava mudando. Pouco antes de Humboldt completar 17 anos, os revolucionários estadunidenses declararam sua independência, e pouco antes de seu aniversário de 20 anos os franceses seguiram o exemplo norte-americano e fizeram sua própria revolução, em 1789.

A Alemanha ainda estava sob a tutela do Sacro Império Romano-Germânico, que, como disse certa vez o pensador francês Voltaire, não era nem sacro, nem romano, nem império. Sem ser sequer uma nação, era uma colcha de retalhos composta por um punhado de diversos Estados, alguns minúsculos principados, outros regidos por numerosas e poderosas dinastias tais como os Hohenzollern na Prússia e os Habsburgos na Áustria, que continuavam a se digladiar pelo domínio e a posse de territórios. Em meados do século XVIII, durante o reinado de Frederico, o Grande, a Prússia havia se tornado o maior rival da Áustria.

Na época em que Humboldt nasceu, a Prússia era conhecida por seu gigantesco exército permanente e sua eficiência administrativa. Ainda que tenha regido como monarca absoluto, o déspota esclarecido Frederico, o Grande, introduziu algumas mudanças, incluindo um sistema de educação primária e uma modesta reforma agrária. Também haviam sido dados os primeiros passos no sentido da tolerância religiosa na Prússia. Famoso por sua destreza e suas proezas militares, Frederico, o Grande, notabilizara-se por seu amor à música, à filosofia e também à busca do conhecimento. E embora os franceses e ingleses contemporâneos menosprezassem os germânicos, que consideravam um povo grosseiro e retrógrado, havia mais universidades e bibliotecas nos Estados germânicos do que em qualquer outro lugar da Europa. À medida que o setor de publicações e periódicos explodia num efervescente crescimento, os índices de alfabetização alcançavam patamares vertiginosos.

Nesse ínterim, a Inglaterra marchava à frente em termos econômicos. Inovações agrícolas como a rotação de culturas e novos sistemas de irrigação propiciavam colheitas mais fartas. Os britânicos contraíram a "febre dos canais", guarnecendo sua ilha com um moderno sistema de transportes. A Revolução Industrial trouxe os teares mecânicos e outras máquinas, e os centros de manufatura multiplicavam-se nas cidades. Os agricultores ingleses estavam deixando para trás a lavoura de subsistência para alimentar os que viviam e trabalhavam nos novos centros urbanos.

O homem começou a controlar a natureza munido de novas tecnologias, tais como os motores a vapor de James Watt, e também com avanços na medicina – pela primeira vez as pessoas foram inoculadas com a vacina contra a varíola na Europa e na América do Norte. Quando Benjamin Franklin inventou o para-raios, em meados do século XVIII, a humanidade começou a domar o que até então tinha sido considerado a expressão da ira de Deus. Com tamanho poder, o homem perdeu seu medo da natureza.

Nos dois séculos anteriores, a sociedade ocidental era dominada pela ideia de que a natureza funcionava como um complexo aparato – uma "maravilhosa e complicada Máquina do Universo", segundo disse um cientista. Afinal de contas, se o homem conseguia construir intrincados relógios e autômatos, que formidáveis coisas Deus seria capaz de criar? De acordo com o filósofo francês René Descartes e seus seguidores, Deus dera a esse mundo mecânico o empurrão inicial, ao passo que Isaac Newton considerava o universo mais como um mecanismo divino, no qual Deus, o criador, continuava a intervir.

Invenções como os telescópios e os microscópios revelaram novos mundos, e com eles a crença de que era possível descobrir as leis da natureza. Na Alemanha, o filósofo Gottfried Wilhelm von Leibniz propunha, no final do século XVII, ideias de uma ciência universal baseada na matemática. Enquanto isso, em Cambridge, Newton descobria a mecânica do universo aplicando a matemática à natureza. Como resultado, o mundo começou a ser visto como algo reconfortantemente previsível, contanto que a humanidade fosse capaz de compreender as leis naturais.

A matemática, a observação objetiva e experimentos controlados pavimentaram esse caminho da razão de uma ponta à outra do mundo ocidental. Os cientistas tornaram-se cidadãos de sua autoproclamada "república das letras", uma comunidade intelectual que transcendia fronteiras nacionais, religiões e idiomas. Enquanto suas cartas ziguezagueavam de um lado para o outro da Europa e através do Atlântico, descobertas científicas e novas ideias se alastravam. A "república das letras" era um país sem fronteiras, regido pela razão e não por monarcas. Foi nessa era das luzes que Alexander von Humboldt cresceu, numa época em que as sociedades ocidentais aparentemente caminhavam a passos largos para a frente, em uma trajetória de confiança e aperfeiçoamento. Uma vez que o progresso era o lema do século, cada geração invejava a seguinte. Ninguém se preocupava com a possibilidade de que a própria natureza poderia ser destruída.

Ainda jovens, Alexander e Wilhelm von Humboldt ingressaram nos círculos intelectuais de Berlim, onde discutiam a importância da educação, da tolerância e do pensamento independente. Enquanto os irmãos mergulhavam de cabeça nos grupos de leitura e nos salões filosóficos em Berlim, a sua aprendizagem, outrora uma ocupação tão solitária em Tegel, tornara-se social. Durante os verões, sua mãe ficava em Tegel, deixando os dois irmãos com os preceptores na casa da família em Berlim. Mas essa liberdade não duraria muito tempo: sua mãe deixou bem claro que esperava que os dois jovens seguissem carreira no funcionalismo público. Financeiramente dependentes da mãe, Alexander e Wilhelm tinham de aquiescer aos desejos dela.

Quando Alexander completou 18 anos, Marie Elisabeth von Humboldt mandou-o para a universidade de Frankfurt an der Oder, cerca de 112 quilômetros a leste de Berlim. Provavelmente Marie escolheu essa instituição provinciana, que tinha somente duzentos alunos, mais por sua proximidade de Tegel do que por seu mérito acadêmico. Depois que Alexander concluiu um semestre de estudos em administração governamental e economia política, decidiu-se que ele estava pronto para juntar-se a Wilhelm em Göttingen, uma das melhores universidades nos Estados germânicos. Wilhelm cursou direito enquanto Alexander concentrou-se em ciências, matemática e línguas. Embora estivessem na mesma cidade, os dois irmãos passavam pouco tempo juntos. "Nossos temperamentos são por demais diferentes", alegou Wilhelm. Enquanto Wilhelm estudava com afinco, Alexander sonhava com os trópicos e com aventuras. Ansiava ir embora da Alemanha. Quando menino, Alexander tinha lido os diários do capitão James Cook e de Louis Antoine de Bougainville, ambos homens que haviam empreendido viagens de circum-navegação, e se imaginava em terras distantes. Quando contemplava as palmeiras tropicais no jardim botânico de Berlim, tudo que ele queria fazer era vê-las em seu ambiente natural.

Esse juvenil desejo de correr o mundo ficou mais sério quando Alexander, na companhia de um amigo mais velho, Georg Forster, partiram numa jornada de quatro meses pela Europa. Forster era um naturalista alemão que havia acompanhado Cook em sua segunda viagem ao redor do globo. Humboldt e Forster se conheceram em Göttingen, e volta e meia conversavam sobre essa expedição; as animadas descrições que Forster fazia das ilhas do Pacífico Sul intensificaram ainda mais o desejo de Humboldt de viajar.

Na primavera de 1790, Forster e Humboldt rumaram para a Inglaterra e passaram pelos Países Baixos e pela França, mas o ponto alto da viagem foi Londres, onde tudo fez Humboldt pensar em países distantes. Ele viu o Tâmisa apinhado de embarcações que chegavam trazendo mercadorias dos quatro cantos do mundo. Todo santo dia atracavam no porto cerca de 15 mil navios abarrotados de especiarias das Índias Orientais, açúcar das Índias Ocidentais, chá da China, vinho da França e madeira da Rússia. O rio inteiro era uma "floresta negra" de mastros. Em meio aos enormes navios mercantes havia centenas de barcaças, esquifes e barcos menores. Indubitavelmente lotado e congestionado, era também um magnífico retrato do poderio imperial britânico.

Em Londres, Humboldt foi apresentado a botânicos, exploradores, artistas e pensadores. Conheceu o capitão William Bligh (do

Vista de Londres e do rio Tâmisa

infame motim do *Bounty*)¹ e Joseph Banks, botânico de Cook em sua primeira viagem ao redor do mundo e, a essa altura, presidente da Sociedade Real, o mais importante fórum científico da Inglaterra. Humboldt admirou os encantadores croquis e pinturas que William Hodges, o artista que acompanhara Cook em sua segunda viagem de circum-navegação, tinha trazido de volta. Para onde quer que Humboldt se virasse, novos mundos se descortinavam e surgiam como que por encanto. Mesmo ao amanhecer, a primeira coisa que ele via quando abria os olhos eram as gravuras emolduradas da Companhia Britânica das Índias Orientais que decoravam as paredes do quarto de sua estalagem. Muitas vezes Humboldt chorava ao fitar esses dolorosos lembretes de seus sonhos ainda não realizados. "Há em mim um ímpeto que muitas vezes me leva a sentir que estou perdendo o juízo", ele escreveu.

Quando a tristeza ficava insuportável, ele saía para longas e solitárias caminhadas. Numa dessas incursões pelo campo em Hampstead, precisamente ao norte de Londres, viu um cartaz de recrutamento

---

[1] O HMS *Bounty* partiu da Inglaterra em dezembro de 1787 rumo ao Pacífico Sul com a missão de buscar mudas de fruta-pão para alimentar os escravos das colônias do Caribe. Em abril de 1789, no caminho de volta, após uma estada de cinco meses no Taiti, o segundo-em-comando Fletcher Christian e seus adeptos lançaram ao mar o capitão William Bligh mais dezoito homens, com comida para cinco dias, num escaler de pouco mais de sete metros. Enquanto o capitão navegava de volta para a civilização, Christian conduzia os amotinados ao Taiti e em seguida à remota ilha Pitcairn, onde, depois de queimar e afundar o navio, estabeleceu uma comunidade. Ao chegar à Inglaterra, Bligh armou-se de uma esquadra para capturar os amotinados e submetê-los a julgamento. (N. T.)

pregado numa árvore convocando jovens marinheiros. Por um breve momento Humboldt julgou ter encontrado uma resposta para seus anseios, mas depois se lembrou de sua rígida mãe. Humboldt sentia uma inexplicável atração pelo desconhecido, o que os alemães chamam de *Fernweh* – o desejo veemente de ir para lugares distantes –, mas era um "filho bom demais" para se rebelar contra a própria mãe.

Humboldt acreditava estar enlouquecendo aos poucos e começou a escrever cartas ensandecidas para os amigos. "As minhas infelizes circunstâncias", escreveu a um amigo na véspera de sua partida para a Inglaterra, "obrigam-me a querer o que eu não tenho, e fazer o que não gosto". Ainda assim não ousou contrariar as expectativas da mãe acerca do que implicava uma educação na elite prussiana.

Quando Humboldt voltou para casa, o sofrimento tornou-se uma energia frenética. Em suas próprias palavras, ele era impelido por um "moto-perpétuo", como se estivesse sendo perseguido por "10 mil porcos". Disparava de um lado para o outro, revezando-se loucamente entre diferentes matérias, assuntos, temas. Já não se sentia inseguro com relação a suas habilidades intelectuais, tampouco pensava que estava ficando para trás em relação ao irmão. Humboldt simplesmente passou a provar para si mesmo, para os amigos e para a sua família o quanto era inteligente. Forster parecia convencido de que o "cérebro de Humboldt estava infelizmente sobrecarregado" – e não era o único a pensar isso. Até mesmo a noiva de Wilhelm von Humboldt, Caroline von Dachröden, que conhecera Alexander havia pouco tempo, demonstrou preocupação. Ela gostava de Alexander, mas temia que ele fosse "surtar". Muitas pessoas que conheciam Humboldt faziam frequentes comentários sobre sua atividade incessante e sobre como ele falava depressa – na "velocidade de um cavalo de corrida".

Então, no final do verão de 1790, Humboldt começou a estudar finanças e economia na academia de comércio de Hamburgo. Odiou o curso, porque consistia todo de números e livros contábeis. Em seu tempo livre, debruçava-se sobre tratados científicos e livros de viagem, aprendeu dinamarquês e sueco – qualquer coisa era melhor do que seus livros de negócios. Sempre que podia, caminhava até o rio Elba, em Hamburgo, a fim de observar os enormes navios mercantes que traziam tabaco, arroz e importavam índigo dos Estados Unidos. A "visão dos navios no porto", disse Humboldt a um amigo, era o que mantinha sua sanidade – um símbolo de seus sonhos e esperanças. Ele mal podia esperar para ser finalmente "o senhor de sua própria sorte".

Quando concluiu os estudos em Hamburgo, Humboldt tinha 21 anos. Mais uma vez sujeitando-se às vontades da mãe, matriculou-se em junho de 1791 na prestigiosa academia de mineração de Freiberg, cidadezinha próxima a Dresden. Era um meio-termo, uma solução conciliatória que prepararia Humboldt para uma carreira no Ministério das Minas da Prússia – o que aplacava a mãe –, mas que pelo menos lhe permitia satisfazer seu interesse em lidar com ciências e geologia. A academia era a primeira do gênero, e lá eram ensinadas as mais recentes teorias geológicas no contexto de sua aplicação prática na mineração. Era também um ambiente onde convivia uma vicejante comunidade científica, tendo atraído alguns dos melhores alunos e professores da Europa.

Em oito meses, Humboldt havia completado um programa de estudos que outros demoravam três anos para cumprir. Toda manhã ele acordava antes do raiar do sol e se dirigia para uma das minas ao redor de Freiberg. Passava as cinco horas seguintes nas profundezas das escavações, investigando a construção dos poços das minas, os métodos de trabalho e as rochas. Seu porte físico magro, esguio e flexível ajudava-o a se mover com facilidade por túneis estreitos e cavernas baixas enquanto fazia perfurações e talhos nas pedras de modo a levar amostras para casa. Trabalhava com tanta ferocidade que muitas vezes nem se dava conta do frio e da umidade. Ao meio-dia rastejava pela escuridão, sacudia a poeira da roupa a voltava correndo para a universidade a fim de assistir a seminários e aulas sobre minerais e geologia. No final do dia, e muitas vezes noite adentro, Humboldt sentava-se à sua escrivaninha, encurvado sobre os livros à luz de velas, lendo e estudando. Durante seu tempo livre, investigava a influência da luz (ou da falta de luz) nas plantas e coletava milhares de espécimes botânicos. Media, anotava e classificava. Era um filho do Iluminismo.

Poucas semanas depois de chegar a Freiberg, Humboldt teve de ir de carruagem até Erfurt, cerca de 160 quilômetros a oeste, para assistir à cerimônia de casamento de seu irmão com Caroline. Entretanto, Humboldt quase sempre combinava eventos sociais e celebrações familiares com trabalho. Em vez de simplesmente juntar-se às festividades em Erfurt, ele transformou a ocasião numa expedição geológica de 965 quilômetros pela região da Turíngia. Caroline achava divertido o agitado cunhado, mas ao mesmo tempo se preocupava com ele. Apreciava sua energia, mas também caçoava dele – como uma irmã faria troça de um irmão mais novo. Alexander tinha suas idiossincrasias, e elas deveriam ser respeitadas, Caroline dizia a Wilhelm, mas ao mesmo tempo ela também se preocupava com seu estado de espírito e sua solidão.

Em Freiberg, o único amigo verdadeiro de Humboldt era um outro estudante, seu colega de turma, filho da família de quem ele alugava um quarto. Os dois rapazes passavam dia e noite juntos, estudando e conversando. "Jamais amei alguém tão profundamente", admitiu Humboldt, mas também se repreendia por criar um laço tão intenso, porque sabia que teria de ir embora de Freiberg assim que terminasse os estudos e aí se sentiria ainda mais solitário.

No entanto, o trabalho árduo na academia acabou compensando e deu bons frutos; tão logo concluiu os estudos, Humboldt foi nomeado inspetor de minas aos 22 anos – um feito espantoso para alguém tão jovem –, sobrepujando muitos homens mais velhos e experientes. Um tanto constrangido por sua meteórica ascensão, Humboldt também era suficientemente vaidoso a ponto de se exibir e contar vantagem para os amigos e parentes em longas cartas. O mais importante era o fato de que o cargo lhe dava a possibilidade de viajar milhares de quilômetros a fim de avaliar solos, poços de minas e minérios – de carvão em Brandemburgo, ferro na Silésia, ouro nas montanhas Fichtel e minas de sal na Polônia.

Durante essas viagens, Humboldt conhecia muita gente, mas raramente abria seu coração. Estava bastante satisfeito, ele escrevia aos amigos, mas certamente não estava feliz. No fim da noite, após um dia cheio nas minas ou sacolejando ao longo das péssimas estradas em sua carruagem, ele pensava nos poucos amigos que tinha feito nos últimos anos. Sentia-se "condenado, sempre solitário". Enquanto fazia, sozinho, mais uma refeição numa taverna imunda ou estalagem capenga em algum lugar da rota, quase sempre estava cansado demais para escrever ou conversar. Em algumas noites, porém, sentia-se tão solitário que a necessidade de se comunicar era maior que a exaustão. Então ele pegava a pena e compunha longas cartas em que divagava, cheio de alvoroço e entusiasmo, saltando de detalhados tratados sobre seu trabalho a observações científicas até arroubos emocionais e declarações de amor e amizade.

Humboldt escreveu ao amigo de Freiberg que daria dois anos de sua vida pelas lembranças do tempo que os dois haviam passado juntos, e confessou ter desfrutado com ele "as horas mais doces de sua vida". Escritas na calada da noite, algumas dessas cartas eram matizadas de emoção bruta e moldadas por uma desesperada solidão. Página após página, Humboldt abria seu coração, e depois se desculpava pelas "missivas bobocas". No dia seguinte, quando o trabalho exigia sua plena atenção, ele esquecia tudo e geralmente demorava semanas ou até meses para escrever de novo. Mesmo para as pessoas que o conheciam melhor, Humboldt continuava evasivo, incompreensível.

Enquanto isso, sua carreira seguia em ascensão estratosférica, e seus interesses se ampliavam. Humboldt também voltou suas atenções para as condições de trabalho dos mineiros, que ele via rastejar para as entranhas da terra toda manhã. A fim de melhorar a segurança dos trabalhadores, inventou uma máscara respiratória, bem como uma lâmpada perene, que funcionava mesmo nos poços de minas mais profundos, em que havia pouco oxigênio. Perplexo com a falta de conhecimento dos mineiros, Humboldt escreveu livros-textos para eles e fundou uma escola de mineração. Quando concluiu que documentos históricos poderiam mostrar-se úteis para a exploração de minas abandonadas e ineficientes – porque vez por outra mencionavam ricos veios de minérios ou registravam antigas descobertas –, ele passou semanas decifrando manuscritos do século XVI. Estava trabalhando e viajando em um ritmo tão alucinado que alguns de seus colegas achavam que ele tinha "oito pernas e quatro braços".

Tamanha intensidade deixou Humboldt doente; ele ainda estava travando uma batalha contra febres recorrentes e desordens nervosas. A provável causa, pensava ele, era uma combinação de excesso de trabalho e das muitas horas passadas em condições de frio congelante nas profundezas das minas. Contudo, apesar da doença e de seu extenuante cronograma de trabalho, Humboldt ainda encontrou tempo para publicar seus primeiros livros, um tratado especializado sobre os basaltos encontrados no rio Reno e outro sobre a flora subterrânea de Freiberg – estranhas plantas espongiformes e com aspecto de fungo que cresciam em intrincados formatos sobre as vigas úmidas dentro das minas. Ele se concentrava no que era capaz de medir e observar.

Durante o século XVIII, a "filosofia natural" – o que chamaríamos hoje de "ciências naturais" – evoluiu e deixou de ser um ramo do conhecimento no âmbito da filosofia – ao lado da metafísica, lógica e filosofia moral – para se tornar uma disciplina independente, que exigia seu próprio enfoque e sua própria metodologia. Em sucessão, desenvolveram-se e vieram à tona novas e distintas disciplinas de filosofia natural, como botânica, zoologia, geologia e química. E embora estivesse trabalhando simultaneamente em diversas disciplinas, Humboldt as mantinha separadas. Essa crescente especialização ensejou uma visão estreita que se concentrava num grau cada vez maior de detalhes, mas ignorava a visão global que mais tarde tornou-se a característica mais marcante de Humboldt.

Foi durante esse período que Humboldt ficou obcecado pela chamada "eletricidade animal" ou "galvanismo", como o processo ficou conhecido depois que o cientista italiano Luigi Galvani conseguiu provocar contorções e convulsões em músculos de animais aplicando-lhes uma pequena corrente elétrica por meio de metais acoplados. Galvani suspeitava que os nervos dos animais continham eletricidade, supostamente a força vital que animava os músculos. Fascinado pela ideia da "corrente galvânica", Humboldt deu início a uma longa série de 4 mil experimentos em que cortou, espetou, cutucou e eletrocutou rãs, lagartos e camundongos. Não satisfeito em fazer experiências somente com animais, começou a usar também o próprio corpo, sempre carregando consigo seus instrumentos em suas viagens pela Prússia. À noite, depois que encerrava seu trabalho oficial, ele montava seu aparato elétrico nos quartinhos que alugava. Sobre a mesa, perfilava varetas de metal, fórceps, chapas de vidro e frascos repletos de todos os tipos de produtos químicos, bem como papel e pena. Com um bisturi, Humboldt fazia incisões nos braços e no torso. Depois, cuidadosamente, esfregava produtos químicos e ácidos dentro das feridas abertas ou enfiava metais, fios e eletrodos na pele ou debaixo da língua. Todo e qualquer repelão, espasmo, contorção, convulsão e sensação de ardência ou dor eram meticulosamente anotados. Muitos dos ferimentos acabavam infeccionando e havia dias em que sua pele ficava riscada com vergões de sangue. Seu corpo parecia espancado e castigado como um "moleque de rua", ele admitiu, mas também registrava, orgulhoso apesar da dor intensa, que tudo havia corrido "esplendidamente".

Por meio desses experimentos, Humboldt estava se envolvendo em uma das questões que suscitava os mais acalorados debates no

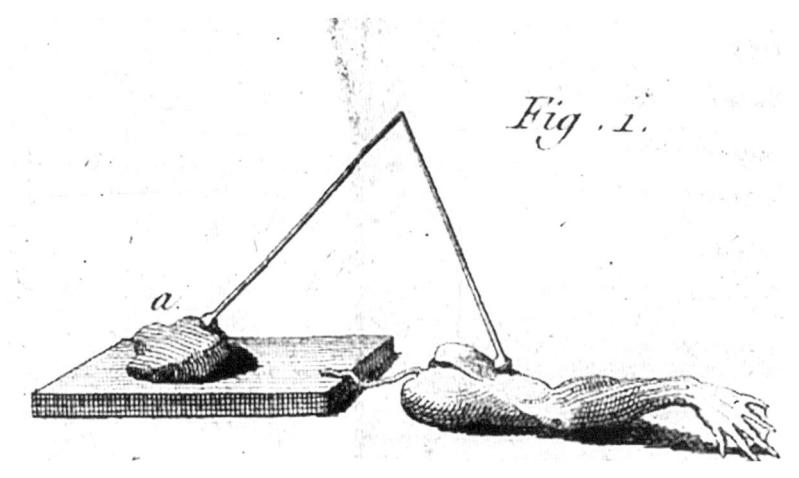

Um dos experimentos de eletricidade animal que Humboldt realizou com patas de rã

mundo científico: o conceito de "matéria" orgânica e inorgânica e se uma e outra continham alguma espécie de "força" ou "princípio ativo". Newton propusera a ideia de que a matéria era essencialmente inerte, mas Deus acrescentava nela outras propriedades. Nesse meio-tempo, os cientistas que se ocupavam classificando a flora e a fauna estavam mais preocupados em colocar ordem no caos do que com a ideia de que as plantas e os animais pudessem ser regidos por um conjunto de leis diferentes das que regiam os objetos inanimados.

No final do século XVIII, alguns cientistas começaram a questionar esse modelo mecânico de natureza, apontando sua incapacidade de explicar a existência da matéria viva. E na época em que Humboldt começou a fazer experimentos com "eletricidade animal", um número cada vez maior de cientistas acreditava que a matéria não era inanimada ou inerte, mas que devia haver uma força que acionava essa atividade. Por toda a Europa, cientistas passaram a rejeitar as ideias de Descartes de que os animais eram essencialmente máquinas. Médicos franceses, bem como o cirurgião escocês John Hunter e, em particular, um ex-professor de Humboldt em Göttingen, o cientista Johann Friedrich Blumenbach, começaram a formular novas teorias sobre a vida. Quando Humboldt estava estudando em Göttingen, Blumenbach publicou uma edição revisada de seu livro *Über den Bildungstrieb*, em que apresentou um conceito que explicava que dentro de organismos vivos como plantas e animais existiam diversas forças. A mais importante delas era a que ele chamou de *Bildungstrieb* – "impulso de formação" –, uma força que moldava a formação dos corpos. Blumenbach escreveu que todo organismo vivo, dos humanos ao bolor, tinha esse impulso de formação, essencial para a criação da vida.

Para Humboldt, o que estava em jogo em seus experimentos era nada mais, nada menos do que desfazer o que ele chamou de o "nó górdio dos processos da vida".

2

IMAGINAÇÃO E NATUREZA

Johann Wolfgang von Goethe e Humboldt

Em 1794, Alexander von Humboldt interrompeu brevemente seus experimentos e suas viagens de inspeção a minas para visitar o irmão, Wilhelm, que agora vivia com a esposa, Caroline, e os dois filhos pequenos em Jena, cerca de 240 quilômetros a sudoeste de Berlim. Jena era uma cidadezinha de apenas 4 mil habitantes que fazia parte do ducado de Saxe-Weimar, um pequeno estado sob a jurisdição de um monarca esclarecido, Carlos Augusto. Era um centro de ensino e literatura que em poucos anos seria o berço do idealismo e do romantismo alemães. A Universidade de Jena tornou-se uma das maiores e mais famosas das regiões germanófonas e, graças à sua atitude liberal, atraía pensadores progressistas dos outros Estados germânicos mais repressivos. Não havia outro lugar, disse o poeta-residente e dramaturgo Friedrich Schiller, onde a liberdade e a verdade imperassem tão plenamente.

A 24 quilômetros de Jena ficava Weimar, a capital do Estado, cidade onde residia Johann Wolfgang von Goethe, o maior de todos os poetas alemães. Weimar tinha menos de mil casas, e dizia-se que era tão pequena que lá todo mundo se conhecia. O gado era conduzido por ruelas de paralelepípedos, e a correspondência era entregue com uma frequência tão irregular que, quando Goethe queria mandar uma carta para seu amigo Schiller, que trabalhava na universidade em Jena, era mais fácil pedir ao quitandeiro que a entregasse com as verduras do que ficar esperando a chegada do coche postal.

Em Jena e Weimar, disse um visitante, as mentes mais brilhantes reuniam-se feito os raios de sol numa lente de aumento. Wilhelm e Caroline mudaram-se para Jena na primavera de 1794 e faziam parte do círculo de amigos em torno de Goethe e Schiller. O casal morava na praça do mercado, de frente para Schiller – tão perto que podiam combinar seus encontros diários acenando de suas janelas. Quando Alexander chegou, Wilhelm despachou um bilhete para Weimar, convidando Goethe para ir a Jena. Goethe ficou feliz em ir e, como sempre, instalou-se em seu quarto de hóspedes no castelo do duque, não muito longe da praça do mercado, apenas um par de quarteirões ao norte.

Durante a visita de Humboldt, os homens se encontraram todos os dias. Formaram um grupo animadíssimo, entretido em ruidosos debates e gargalhadas estrondosas, frequentemente até altas horas. Apesar da juventude, Humboldt sempre tomava as rédeas. Ele "nos coagia" a ouvir e a falar sobre ciências naturais, disse um entusiasmado Goethe, e o grupo conversava sobre zoologia e vulcões, bem como sobre botânica, química e galvanismo. "Em oito dias lendo livros uma pessoa não poderia aprender tanto quanto em uma hora de conversa com ele", resumiu Goethe.

Dezembro de 1794 foi um mês de frio inclemente. O Reno congelado tornou-se uma rodovia para as tropas de Napoleão em sua rota de guerra pela Europa. Uma grossa camada de neve cobriu o ducado de Saxe-Weimar. Mesmo assim, toda manhã, pouco antes do nascer do sol, Humboldt, Goethe e alguns outros amigos cientificistas caminhavam penosamente em meio à escuridão e à neve. Envoltos em pesados casacos de lã, atravessavam a praça do mercado e passavam pelo sólido prédio da prefeitura construído no século XIV a caminho da universidade, onde assistiam a aulas de anatomia. Fazia um frio congelante no auditório quase vazio na torre medieval de pedra arredondada, que era parte da antiga muralha da cidade – mas a vantagem das temperaturas baixas era que os cadáveres lá dissecados permaneciam frescos por muito mais tempo. Goethe, que detestava o frio e normalmente teria preferido o calor crepitante de sua lareira, não podia estar mais feliz. Ele não conseguia parar de falar. A presença de Humboldt o estimulava.

Então na casa dos quarenta e poucos anos, Goethe era a mais celebrada figura literária da Alemanha. Exatamente duas décadas antes, fora catapultado à fama com *Os sofrimentos do jovem Werther*, romance sobre um rapaz enamorado e desesperançado que comete suicídio, e uma obra que havia sintetizado o sentimentalismo da época. *Werther* tornou-se *o* livro de toda uma geração, e muitos leitores identificaram-se com o protagonista epônimo. O romance foi publicado em quase todas as línguas europeias e era tão popular que inúmeros homens, incluindo o jovem Carlos Augusto, o duque de Saxe-Weimar, vestiam-se como Werther, um uniforme que consistia de um colete e calças amarelas, um sobretudo azul vibrante, botas de couro marrons e chapéu de feltro. As pessoas falavam da febre de Werther, e os chineses chegaram a produzir um Werther de porcelana visando ao mercado europeu.

Quando conheceu Humboldt, Goethe já não era o jovem e deslumbrante poeta do *Sturm und Drang*, a era da "Tempestade e ímpeto". Esse período pré-romântico tinha celebrado a individualidade e todo um espectro de sentimentos extremados – do amor dramático à profunda melancolia –, repletos de paixão, emoções, poemas românticos e romances. Em 1775, quando foi convidado pela primeira vez por Carlos Augusto – então com 18 anos – para ir a Weimar, Goethe havia se metido numa série de casos amorosos, bebedeiras e travessuras. Goethe e Carlos Augusto tinham farreado pelas ruas de Weimar, às vezes enrolados em lençóis brancos para apavorar as pessoas que acreditavam em fantasmas. Tinham roubado barris de um comerciante local para rolar morro abaixo e flertavam com as camponesas – tudo em nome do gênio e da liberdade. E, é claro, ninguém poderia reclamar, já que Carlos Augusto, o jovem soberano, estava envolvido. Mas os anos selvagens tinham ficado para trás, e com eles as teatrais declamações de amor, as lágrimas, as taças espatifadas, o hábito de os rapazes nadarem nus, o que havia escandalizado os moradores locais. Em 1788, seis anos antes da primeira visita de Humboldt, Goethe mais uma vez tinha chocado

Johann Wolfgang von Goethe em 1787

a sociedade de Weimar quando tomou por amante a inculta Christiane Vulpius. Christiane, que trabalhava como costureira em Weimar, deu à luz o filho August menos de dois anos depois. Ignorando as convenções e as maliciosas fofocas, Christiane e August viviam com Goethe.

Quando conheceu Humboldt, Goethe tinha se acalmado e agora era um homem corpulento, com queixo duplo e uma barriga que um conhecido descreveu cruelmente como "a de uma mulher nos últimos estágios da gravidez". Sua bela aparência era coisa do passado – os bonitos olhos desapareceram na "gordura de suas bochechas", e muita gente comentava que não era mais um vistoso "Apolo". Goethe ainda era o confidente e conselheiro do duque de Saxe-Weimar, que lhe dera um título de nobreza (daí o "von" no nome Johann Wolfgang von Goethe). Ele era o diretor do teatro da corte e ocupava diversos e muito bem remunerados cargos administrativos, incluindo o de controlador das minas e da produção manufatureira do ducado. Como Humboldt, Goethe adorava geologia e mineração, tanto que em ocasiões especiais ele vestia seu filho pequeno com um uniforme de mineiro.

Goethe tornara-se o Zeus dos círculos intelectuais da Alemanha, uma figura monumental elevando-se muito acima de todos os outros poetas e escritores, mas ele também podia ser um "Deus frio e monossilábico". Alguns o descreviam como melancólico, outros, como arrogante, orgulhoso e amargo. Goethe jamais era um grande ouvinte se o assunto não fosse de seu agrado e podia encerrar uma discussão com uma patente demonstração de seu desinteresse ou mudando abruptamente de assunto. Às vezes era tão rude, particularmente com jovens poetas e pensadores, que seus interlocutores saíam correndo da sala. Nada disso importava para seus admiradores. O "sagrado fogo poético", na definição de um britânico em visita a Weimar, só havia queimado à perfeição em Homero, Cervantes, Shakespeare e, agora, novamente em Goethe.

Mas Goethe não era feliz. "Ninguém era mais isolado do que eu naquela época". Ele se sentia mais deslumbrado pela natureza – "a grande Mãe" – do que por pessoas. Seu enorme casarão no centro

A casa de Goethe em Weimar

da cidade em Weimar refletia seus gostos e status. Era decorada com elegância, repleta de obras de arte e estátuas italianas, além de vastas coleções de pedras, fósseis e plantas secas. Nos fundos da casa havia dois quartos mais simples que Goethe usava como gabinete de trabalho e biblioteca, com vista para um jardim que ele projetara para estudos científicos. Num dos cantos do jardim ficava uma pequena edificação que abrigava sua enorme coleção geológica.

Seu lugar favorito, porém, era sua casa de verão próxima ao rio Ilm, nas cercanias das antigas muralhas da cidade e dentro da propriedade do duque. A apenas dez minutos de caminhada da residência principal de Goethe, essa aconchegante casinha tinha sido o primeiro lar do escritor em Weimar, mas agora era seu refúgio, onde ele se escondia da constante romaria de visitantes. Lá ele escrevia, cuidava do jardim ou recebia amigos íntimos. Videiras e madressilvas perfumadas subiam pelas paredes e janelas. Havia hortas e canteiros de ervas e hortaliças, uma campina com árvores frutíferas e uma comprida senda margeada das malvas-rosa que Goethe tanto amava. Assim que se mudou para lá, em 1776, Goethe não apenas plantou seu próprio jardim como também convenceu o duque a transformar o barroco jardim formal do castelo em um parque paisagístico inglês, moderno e da moda, onde pomares plantados de forma irregular davam um toque natural.

Goethe "estava ficando cansado do mundo". Na França, o Reino do Terror havia convertido o idealismo inicial da revolução de 1789 em uma sangrenta realidade de execuções em massa de dezenas de milhares de supostos inimigos da revolução. Essa brutalidade, somada à violência que as Guerras Napoleônicas alastravam pela Europa, desiludiu Goethe, deixando-o no "mais melancólico estado de ânimo". Enquanto os exércitos marchavam em território europeu, ele se preocupava com as ameaças à Alemanha. Goethe vivia feito um ermitão, dizia ele, e a única coisa que o mantinha vivo eram os estudos científicos. A ciência, para ele, era como uma "tábua num naufrágio".

Hoje Goethe é famoso por suas obras literárias, mas ele fora também um entusiástico cientista, fascinado por botânica, bem como pela formação da Terra. Era dono de uma coleção de rochas que por fim chegou a ter 18 mil espécimes. A Europa mergulhava na guerra enquanto ele se debruçava sobre ótica e anatomia comparada. No ano da primeira visita de Humboldt, ele criou um jardim botânico na Universidade de Jena. Escreveu um ensaio, *Metamorfose das plantas,* em que defendia a existência de uma forma arquetípica, ou primordial, subjacente ao mundo das plantas. A ideia era de que cada planta seria uma variação dessa *urform*, ou forma primitiva. Por trás da variedade estava a unidade. De acordo com Goethe, a folha era essa *urform*, a forma básica a partir da qual todas as outras se originavam e se desenvolviam – as pétalas, o cálice e assim por diante. "De trás para a frente e de frente para trás, a planta é sempre nada além de folha", disse ele.

Eram ideias empolgantes, mas Goethe não tinha parceiro nenhum com quem pudesse desenvolver suas teorias. Tudo isso mudou quando conheceu Humboldt. Foi como se Humboldt tivesse acendido a fagulha que por tanto tempo estivera ausente. Quando Goethe estava com Humboldt, sua mente trabalhava em todas as direções. Ele sacava velhas cadernetas, livros e desenhos. Os papéis empilhavam-se sobre a mesa enquanto os dois discutiam teorias botânicas e zoológicas. Eles rabiscavam, faziam esboços e liam. Goethe explicava que não estava interessado em classificação, mas nas forças que moldavam os animais e as plantas. Ele fazia uma distinção entre a força interna – a *urform* – que propiciava a forma geral de um organismo vivo e o ambiente – e a força externa – que moldava o organismo propriamente dito. Goethe dizia que uma foca, por exemplo, tinha o corpo adaptado ao seu hábitat marinho (a força externa), mas ao mesmo tempo seu esqueleto mostrava o mesmo padrão geral (a força interna) do esqueleto dos mamíferos terrestres. Como o naturalista francês Jean-Baptiste Lamarck e, mais tarde, Charles Darwin, Goethe reconhecia que os animais e as plantas adaptavam-se a seu ambiente. A *urform*, escreveu ele, poderia ser encontrada em todos os organismos vivos em diferentes estágios de metamorfose – mesmo entre animais e humanos.

De tanto ouvir Goethe falar com enorme entusiasmo sobre suas ideias científicas, Humboldt aconselhou-o a publicar suas teorias em anatomia comparada. E assim Goethe começou a trabalhar em ritmo frenético. Passava as primeiras horas da manhã em seu quarto, ditando a um assistente. Ainda na cama, escorado em travesseiros e enrolado em cobertores para afugentar o frio, Goethe trabalhava intensamente, como não fazia havia anos. Não dispunha de muito tempo, porque por volta das dez da manhã Humboldt chegava, e os dois retomavam suas discussões.

Foi durante esse período que Goethe começou a abrir bem os braços e sacudi-los toda vez que saía para caminhar – provocando assustados olhares de soslaio dos vizinhos. Ele descobrira, conforme finalmente explicou a um amigo, que o exagerado balanço dos braços era um resquício do animal de quatro patas – e, portanto, uma das provas de que animais e humanos tinham um ancestral em comum. "É dessa forma que ando com maior naturalidade", disse ele, que não se importava se a alta sociedade de Weimar considerava pouco refinado esse comportamento bastante estranho.

Ao longo dos anos seguintes, Humboldt continuou viajando regularmente para Jena e Weimar sempre que arranjava tempo. Humboldt e Goethe saíam para fazer longas caminhadas e jantar juntos. Realizavam experimentos e inspecionavam o novo jardim botânico em Jena. Um revigorado Goethe saltava com desenvoltura de um assunto para o outro; "de manhãzinha revisei um poema, depois anatomia de rã" era uma anotação típica registrada em seu diário durante uma das visitas de Humboldt. O amigo Humboldt o estava deixando tonto com tantas ideias, Goethe disse a um amigo. Jamais havia encontrado uma pessoa tão versátil. O ímpeto de Humboldt, admitiu Goethe, "vergastava as coisas científicas", instigando-as a uma velocidade tão grande que por vezes era difícil acompanhar.

Três anos após sua primeira visita, Humboldt chegou a Jena para um período de três meses. Uma vez mais, Goethe juntou-se a ele. Em vez de fazer o percurso de ida e volta de Weimar, Goethe instalou-se nos aposentos do velho castelo de Jena por três semanas. Humboldt queria realizar uma longa série de experimentos de "eletricidade animal" porque estava tentando terminar seu livro sobre o tema. Quase todo dia – invariavelmente com Goethe –, Humboldt percorria a pé a curta distância da casa do irmão até a universidade. Passava seis ou sete horas no teatro de anatomia, bem como discorrendo sobre o assunto.

Quando, em um dia quente de primavera, um violento temporal castigou a área, Humboldt saiu em desabalada carreira a fim de montar seus instrumentos e medir a eletricidade na atmosfera. Enquanto a chuva forte caía e os trovões reverberavam pelos campos, a cidadezinha foi iluminada por uma indômita dança de relâmpagos. Humboldt estava em seu ambiente. No dia seguinte, quando soube da notícia de que um lavrador e a esposa haviam sido mortos pela descarga elétrica, Humboldt correu para obter os cadáveres. Dispondo os corpos sobre a mesa na torre de anatomia, analisou tudo: os ossos das pernas do homem pareciam ter sido "perfurados por balas de espingarda!", anotou o empolgadíssimo Humboldt, mas o pior estrago foi observado nos genitais. A princípio, ele pensou que talvez os pelos pubianos tivessem se incendiado e causado as queimaduras, mas depois descartou a ideia quando viu as axilas ilesas do casal. Apesar do odor cada vez mais pútrido da morte e carne queimada, Humboldt apreciou cada minuto dessa repugnante investigação. "Não sou capaz de existir sem os experimentos", disse ele.

O experimento favorito de Humboldt era o que ele e Goethe descobriram juntos por acaso. Certa manhã, Humboldt colocou sobre uma chapa de vidro uma pata de rã e conectou seus nervos e músculos a diferentes metais em sequência – prata, ouro, ferro, zinco e assim por diante –, mas o resultado foi somente uma ligeira e desanimadora contração na pata. Quando se debruçou sobre a pata de modo a verificar os metais a ela ligados, a pata sofreu um espasmo tão violento que saltou sobre a mesa. Os dois homens ficaram perplexos, até que Humboldt percebeu que tinha sido a umidade de sua respiração a responsável por disparar a reação. As minúsculas gotículas de seu bafejo tocaram os metais e criaram uma corrente elétrica que fez a pata da rã se mover. Foi o mais mágico de todos os experimentos que ele já havia conduzido, concluiu Humboldt, porque, ao exalar sobre a pata da rã, era como se tivesse "insuflado vida dentro dela". Era a metáfora perfeita para o aparecimento das novas ciências da vida.

Nesse contexto, os dois amigos discutiam também as teorias do ex-professor de Humboldt, Johann Friedrich Blumenbach, acerca das forças que moldavam os organismos – os assim chamados "impulso de formação" e "forças vitais". Arrebatado, Goethe então aplicou essas ideias aos seus próprios conceitos sobre a *urform*. O impulso de formação, Goethe escreveu, desencadeava o desenvolvimento de certas partes da *urform*. A cobra, por exemplo, tem um pescoço infinitamente longo porque "nem matéria nem força" tinham sido desperdiçados em braços ou patas. Em contraste, o lagarto tem um pescoço mais curto porque também tem patas, ao passo que a rã tem um pescoço ainda mais curto porque suas patas são mais longas. A seguir, Goethe passou a explicar sua convicção de que – ao contrário da teoria de Descartes de que os animais eram máquinas – um organismo vivo consistia de partes que funcionavam somente como um todo unificado. Dito de modo simples, uma máquina poderia ser desmontada e depois remontada novamente, ao passo que partes de um organismo vivo trabalhavam somente em conexão umas com as outras. Em um sistema mecânico, as partes moldavam o todo enquanto em um sistema orgânico o todo moldava as partes.

Humboldt ampliou esse conceito. E embora no fim das contas tenha ficado provado que as suas próprias teorias de "eletricidade animal" estavam erradas, elas de fato forneceram a base para o que viria a ser sua nova compreensão da natureza.[1] Se Blumenbach e outros cientistas aplicaram a ideia de forças a organismos, Humboldt aplicou-as à natureza em um nível muito mais amplo – interpretando o mundo natural como um todo unificado que é animado por forças interativas. Essa nova maneira de pensar mudou o enfoque de Humboldt. Se tudo estava conectado, então era importante examinar as diferenças e similaridades sem jamais perder de vista o todo. A comparação tornou-se o principal e essencial meio de compreensão da natureza, em vez de números ou da matemática abstrata.

---

1   Foi o físico italiano Alessandro Volta quem provou que Humboldt e Galvani estavam errados, ao mostrar que os nervos dos animais não armazenavam e tampouco originavam carga elétrica. As convulsões que Humboldt tinha produzido nos animais eram na verdade resultado do contato entre os metais distintos – ideia que levou Volta a inventar a primeira pilha em 1800.

Goethe estava encantado, relatando aos amigos o quanto admirava o virtuosismo intelectual do jovem visionário. Era revelador que a presença de Humboldt em Jena tenha coincidido com uma das fases mais produtivas de Goethe em muitos anos. Goethe não apenas juntava-se a Humboldt na torre de anatomia, mas também estava compondo seu poema épico *Hermann e Dorothea* e retomando suas teorias sobre óptica e cores. Examinava insetos, dissecava minhocas e lesmas e dava continuidade aos seus estudos de geologia. Agora seus dias e noites eram ocupados pelo trabalho. A "nossa pequena academia", como Goethe a descreveu, vivia atarefada e a todo vapor. Wilhelm von Humboldt estava trabalhando numa tradução em verso de uma das tragédias de Ésquilo, que ele discutia com Goethe. Com Alexander, Goethe construiu um aparato óptico para analisar e investigar a luminescência do fósforo. Nas tardes e noites, eles se reuniam, às vezes na casa de Wilhelm e Caroline, mas quase sempre na casa de Schiller na praça do mercado, onde Goethe recitava seus poemas e outros apresentavam as próprias obras até a madrugada. Goethe estava tão exausto que admitiu sentir-se quase ansioso por alguns poucos dias de paz em Weimar para "se recuperar".

A busca pelo conhecimento empreendida por Alexander von Humboldt era tão contagiosa, Goethe disse a Schiller, que os interesses científicos do próprio autor de *Fausto* haviam sido despertados da hibernação. Schiller, entretanto, ficou preocupado, por considerar que Goethe estava se afastando demais da poesia e da estética. E, a seu ver, tudo isso era culpa de Humboldt. Schiller julgava também que Humboldt jamais realizaria grandes feitos, porque se dedicava de forma superficial e amadora a um excessivo número de áreas e temas. Humboldt estava interessado apenas em medições e, a despeito da riqueza de seu conhecimento, seu trabalho demonstrava "pobreza de conteúdo e significado". Schiller continuou sendo uma voz solitária e negativa. Até mesmo o amigo em quem confiava divergia dele: sim, Humboldt sentia entusiasmo por medições, que eram, contudo, os alicerces e componentes básicos de sua compreensão mais ampla da natureza.

Após um mês em Jena, Goethe retornou a Weimar, mas em pouco tempo sentiu falta de seu recém-encontrado estímulo e imediatamente convidou Humboldt para uma visita. Cinco dias depois, Humboldt chegou a Weimar e lá permaneceu por uma semana. Na primeira noite, Goethe manteve o convidado exclusivamente para si, mas no dia seguinte eles almoçaram no castelo com Carlos Augusto, evento que foi seguido de um suntuoso banquete na casa de Goethe, que ostentou o que Weimar tinha a oferecer: levou Humboldt para ver as pinturas de paisagens nas coleções do duque, bem como alguns espécimes geológicos que tinham acabado de chegar da Rússia. Quase todo dia os dois saíam para fazer suas refeições no castelo a convite de Carlos Augusto, que pedia a Humboldt que realizasse alguns experimentos a fim de entreter os convidados. Humboldt tinha de atender ao pedido e fazer a vontade do duque, mas considerava que o tempo gasto na corte era um completo desperdício.

Durante todo o mês seguinte, até partir de vez de Jena, Goethe percorreu o trajeto entre sua casa em Weimar e seus aposentos no castelo em Jena. Ele e Humboldt liam juntos livros de história natural e saíam para fazer longas caminhadas. À noite, jantavam e analisavam grandes textos filosóficos. Reuniam-se quase sempre na casa de verão de Schiller, junto das muralhas da cidade. O jardim de Schiller era margeado nos fundos por um riacho, onde os homens se sentavam em um pequeno caramanchão. Uma pedra arredondada fazia as vezes de mesa e vivia atulhada de copos e pratos, mas também de livros e papéis. O tempo estava glorioso e eles desfrutavam das mornas noites do começo de verão. À noite, ouviam somente o gorgolejar do arroio e o canto do rouxinol. Conversavam sobre "arte, natureza e a mente", de acordo com o que Goethe anotou em seu diário.

As ideias que eles discutiam estavam mobilizando cientistas e pensadores de toda a Europa: a questão de como entender a natureza. Em termos gerais, duas escolas de pensamento rivais disputavam a primazia: racionalismo e empirismo. Os racionalistas tendiam a acreditar que todo conhecimento provinha da razão e do pensamento racional, ao passo que os empiristas alegavam que só era possível "conhecer" o mundo através da experiência. Os empiristas insistiam

Schiller (à esquerda) no jardim de sua casa em Jena, com Wilhelm e Alexander von Humboldt e Goethe

que não havia nada na mente que não tivesse origem nos sentidos. Alguns iam mais longe e chegavam a dizer que no nascimento a mente humana era como um pedaço de papel em branco, sem nenhuma ideia preconcebida – e que ao longo da vida esse papel era preenchido com o conhecimento que vinha somente da experiência sensória. Para as ciências, isso significava que os empiristas sempre tinham de testar suas teorias confrontando-as com observações e com experimentos, ao passo que os racionalistas poderiam basear uma tese na lógica e na razão.

Alguns anos antes de Humboldt conhecer Goethe, o filósofo alemão Immanuel Kant havia declarado uma revolução filosófica que ele próprio, ousadamente, reivindicava ser tão radical quanto a de Copérnico, cerca de 250 anos antes. Kant adotou uma posição *entre* o racionalismo e o empirismo. As leis da natureza conforme as compreendemos, Kant escreveu em seu famoso *Crítica da razão pura*, existiam somente porque a nossa mente as interpretava. Assim como Copérnico tinha concluído que o Sol não poderia se mover ao nosso redor – porque, na verdade, a Terra é que gira em torno do Sol –, Kant afirmou que também teríamos de mudar completamente a nossa compreensão de como entendíamos e atribuíamos sentido à natureza.

Durante milênios a dualidade entre o mundo externo e o interno havia preocupado os filósofos. A questão a resolver era esta: a árvore que estou vendo em meu jardim é a *ideia* dessa árvore ou a árvore *real*? Para um cientista como Humboldt, que estava tentando compreender a natureza, era a pergunta mais importante. Os humanos eram como cidadãos de dois mundos, ocupando tanto o mundo do *Ding an sich* (a coisa-em-si), que era o mundo externo, e o mundo interno da percepção de um indivíduo (como as coisas "pareciam" para os indivíduos). De acordo com Kant, a coisa-em-si jamais poderia ser verdadeiramente conhecida, ao passo que o mundo interno era sempre subjetivo.

A contribuição que Kant trouxe à baila foi o assim chamado nível transcendental: o conceito de que, quando conhecemos ou submetemos um objeto à experiência, ele se torna uma coisa "tal qual aparece para nós". Nossos sentidos, tanto quanto a nossa razão, são como lentes coloridas por meio das quais percebemos o mundo. Embora talvez acreditemos que a forma como ordenamos e compreendemos a natureza seja baseada na razão pura – em classificação, leis do movimento e assim por diante –, Kant acreditava que essa ordem era moldada por nossa mente, através dessas lentes coloridas. *Nós* impomos essa ordem à natureza, e não a natureza sobre nós. E com isso o "eu" torna-se o ego criativo – quase como um legislador da natureza, mesmo que isso signifique que jamais poderíamos ter um conhecimento "verdadeiro" da "coisa-em-si". O resultado foi que a ênfase estava se deslocando na direção do eu.

Havia mais coisas que interessavam a Humboldt. Uma das mais populares séries de palestras de Kant na Universidade de Königsberg (a atual Kaliningrado na Rússia, mas então parte da Prússia) versava sobre geografia. Ao longo de quarenta anos, Kant ministrou por 48 vezes essa série de conferências, sob o título *Physische Geographie*, na qual insistia que o conhecimento era um construto sistemático em que os fatos individuais precisavam caber e adequar-se num arcabouço mais amplo de modo a fazer sentido. Ele usava a imagem de uma casa para explicar o seguinte: antes de construí-la, tijolo por tijolo e pedaço por pedaço, era necessário ter uma ideia de qual seria o aspecto do prédio inteiro. Foi esse conceito de sistema que se tornou a peça-chave do pensamento posterior de Humboldt.

Era impossível evitar essas ideias em Jena – todos falavam sobre elas – um visitante britânico comentou que a cidadezinha era "a sede mais elegante da nova filosofia". Goethe admirava Kant e tinha lido todas as suas obras, e Wilhelm estava tão fascinado que Alexander ficou preocupado, receoso de que o irmão fosse "morrer de tanto estudar" a *Crítica da razão pura*. Um dos pupilos de Kant, que dava aulas na Universidade de Jena, disse a Schiller que no século seguinte Kant seria tão famoso quanto Jesus Cristo.

O que mais interessava aos membros do círculo de Jena era essa relação entre o mundo interior e o exterior. Ao fim e ao cabo isso levava à seguinte questão: como é possível obter o conhecimento? Durante o Iluminismo, o mundo interior e o mundo exterior eram considerados duas entidades inteiramente separadas; mais tarde, porém, os românticos ingleses como Samuel Taylor Coleridge e os transcendentalistas norte-americanos como Ralph Waldo Emerson declarariam que outrora o homem e a natureza haviam sido um só – durante uma era de ouro desaparecida há muito tempo. Era essa unidade perdida que eles se esforçavam para restaurar, insistindo que a única maneira de fazê-lo era por meio da arte, da poesia e das emoções. De acordo com os românticos, a única forma de compreender a natureza era através de um mergulho interior, um movimento de introspecção.

Humboldt entregou-se completamente às teorias de Kant e mais tarde teria um busto do filósofo em seu gabinete de trabalho, referindo-se a ele como grande pensador. Meio século depois, ele ainda diria que o mundo exterior existia somente na medida em que o percebêssemos "dentro de nós mesmos". Uma vez que era moldado dentro da mente, moldava também a nossa compreensão da natureza. O mundo exterior, as ideias e os sentimentos "amalgamavam-se uns aos outros", Humboldt escreveria.

Goethe também estava às voltas com essas ideias de eu e natureza, de subjetivo e objetivo, de ciência e imaginação. Ele havia desenvolvido, por exemplo, uma teoria das cores em que discutia de que forma a cor era percebida – conceito em que o papel do olho tornou-se fundamental porque fazia o mundo exterior ir ao encontro do mundo interior. Goethe insistia que a única maneira de alcançar a verdade objetiva era combinando as experiências subjetivas (através da percepção do olho, por exemplo) ao poder de raciocínio do observador. "Os nossos sentidos não nos enganam. O que nos engana é o nosso julgamento", declarou Goethe.

Essa ênfase crescente na subjetividade começou a alterar radicalmente o pensamento de Humboldt. Foi o período passado em Jena que levou Humboldt a abrir mão da pesquisa puramente empírica no sentido de desenvolver sua própria interpretação da natureza – um conceito que conciliava os dados científicos exatos e uma resposta emocional ao que ele estava vendo. Humboldt passara muito tempo acreditando na importância da observação atenta e das medições rigorosas – encampando firmemente os métodos do Iluminismo –, mas agora começava também a apreciar a percepção individual e a subjetividade. Poucos anos antes, Humboldt admitira que "a fantasia vívida me desnorteia", mas agora começava a acreditar que a imaginação era tão necessária quanto o pensamento racional para a compreensão do mundo natural. "A natureza deve ser conhecida através do sentimento", Humboldt escreveu a Goethe, insistindo que as pessoas que quisessem descrever o mundo simplesmente classificando plantas, animais e rochas "jamais chegarão nem perto dele".

Foi também por volta desse período que ambos leram o famoso *Loves of the Plants* [Amores das plantas], de Erasmus Darwin, o avô de Charles Darwin, médico, inventor e cientista cujo poema havia transformado o sistema de classificação sexual das plantas – a taxonomia de Lineu – em versos repletos de violetas apaixonadas, prímulas enciumadas e rosas enrubescidas. Povoados por caramujos, folhas esvoaçantes, luar argênteo e cenas de sexo em "camas bordadas de musgo", *Loves of the plants* tornou-se o poema mais comentado da Inglaterra.

Quatro décadas mais tarde, Humboldt escreveria a Charles Darwin a fim de expressar o quanto admirava seu avô por provar que uma mútua admiração pela natureza *e* pela imaginação era "poderosa e produtiva". Goethe não se impressionou tanto. Gostava da ideia do poema, mas achava sua execução pedante e confusa e chegou a comentar com Schiller que a seu ver faltava aos versos qualquer indício de "sentimento poético".

Goethe acreditava no casamento entre arte e ciência, e seu revigorado fascínio pelas ciências não o afastou de sua arte – como temia Schiller. Durante demasiado tempo, poesia e ciência tinham sido consideradas as "mais formidáveis antagonistas", na definição de Goethe, que agora, contudo, começou a entornar ciência dentro de sua obra literária. Em *Fausto*, a sua peça mais famosa, o protagonista é o inquieto doutor Fausto, um erudito acadêmico que faz um pacto com Mefistófeles em troca de conhecimento infinito. Publicada em duas partes separadas como *Fausto I* e *Fausto II*, respectivamente em 1808 e 1832, a tragédia foi escrita com arroubos de criatividade que invariavelmente coincidiam com as visitas de Humboldt. Tal qual Humboldt, Fausto era movido por uma tenaz e inquebrantável sede de conhecimento, por um "desassossego febril", como ele declara logo na primeira cena em que aparece na peça. No período em que estava trabalhando no *Fausto*, Goethe disse acerca de Humboldt: "Jamais conheci alguém que combinasse a atividade tão deliberadamente direcionada com tamanha pluralidade da mente" – palavras que poderiam muito bem descrever Fausto. Tanto Fausto quanto Humboldt acreditavam que a ação, a diligência feroz e a investigação resultavam na compreensão – e ambos encontraram força no mundo natural e acreditavam na unidade da natureza. Como Humboldt, Fausto estava tentando descobrir "todos os poderes ocultos da natureza". Quando Fausto declara sua ambição tão logo aparece em cena – "Que eu seja capaz de dizer o vínculo profundo / que uniu partes e fez o mundo; de ver a força motriz de tanto movimento, e determinar-lhe a causa" –, poderia ter sido Humboldt falando. Que havia algo de Humboldt no *Fausto* de Goethe – ou algo do *Fausto* em Humboldt – era óbvio para muita gente; tanto que as pessoas comentaram sobre a semelhança assim que a peça foi finalmente publicada em 1808.²

Havia outros exemplos da fusão goetheana de arte e ciência. Para seu poema "Metamorfose das plantas", ele traduziu na forma de poesia um ensaio anterior de sua autoria acerca da *urform* das plantas. E para *As afinidades eletivas*, um romance de estudo sobre o casamento e o amor, Goethe escolheu como título um termo científico contemporâneo que descrevia a tendência de certos elementos químicos a se combinar. Por causa dessa "afinidade" inerente dos elementos químicos de se ligarem ativamente uns aos outros, a teoria passou a ter um importante papel também nos círculos dos cientistas que discutiam a força vital da matéria. O matemático, físico e astrônomo francês Simon Laplace, por exemplo, a quem Humboldt admirava imensamente, explicou que "todas as combinações químicas são o resultado de forças de atração". No entender de Laplace, isso era nada menos do que a chave mestra do universo. Goethe usou as propriedades dessas ligações químicas para evocar relações e as inconstantes paixões a que são arrastados os quatro protagonistas do romance. Era a química traduzida em literatura. Natureza, ciência e imaginação estavam se aproximando cada vez mais.

Ou, como diz Fausto, o conhecimento não poderia ser arrancado à força da natureza a partir somente da observação, de instrumentos ou da experimentação:

> Em vão tentamos arrebatar da natureza o véu;
> Ela permanece misteriosa mesmo à mais clara luz do dia,
> Nem máquina nem mecanismo algum revelaria
> Os segredos que de nós ela escondeu.

As descrições que Goethe faz da natureza em suas peças, romances e poemas eram tão verdadeiras, Humboldt acreditava, quanto as

---

2 Outros apontaram também ligações entre Humboldt e Mefistófeles. A sobrinha de Goethe disse que "Humboldt parecia representar para ela o mesmo que Mefistófeles era para Margarida" – não era o mais animador dos elogios, uma vez que Margarida (o amor de Fausto), ao perceber no fim da peça que Mefistófeles é o diabo, acaba se entregando a Deus, afastando-se de Fausto.

descobertas dos melhores cientistas. Ele jamais se esqueceria de que Goethe o instigou a combinar natureza e arte, fatos e imaginação. E foi essa nova ênfase na subjetividade que permitiu a Humboldt vincular a prévia visão mecanicista da natureza – promulgada por cientistas como Leibnitz, Descartes e Newton – à poesia dos românticos. Dessa forma, Humboldt seria o elo entre *Opticks*, de Newton, que explicava que os arco-íris eram criados pela refração da luz através das gotas de chuva, e poetas como John Keats, que declarou que Newton "tinha destruído toda a Poesia do arco-íris, ao reduzi-lo a um prisma".

O período passado em Jena, Humboldt mais tarde recordou, "afetou-me profundamente". Estar com Goethe, declarou Humboldt, aparelhou-o com "novos instrumentos" por meio dos quais ele poderia ver e compreender o mundo natural. E foi com esses novos instrumentos que Humboldt veria a América do Sul.

3
À PROCURA DE UM DESTINO

Enquanto viajava pelo vasto território prussiano, inspecionando minas e encontrando amigos cientistas, Humboldt continuou sonhando com países distantes. Essa aspiração nunca desapareceu, mas ele sabia que sua mãe, Marie Elisabeth von Humboldt, jamais havia demonstrado o menor sinal de paciência com os sonhos de aventura do filho. A expectativa de Marie Elisabeth era de que Alexander galgasse os degraus da máquina administrativa prussiana, e Humboldt, por sua vez, sentia-se "escravizado" pelos desejos da mãe. Tudo isso mudou quando ela morreu de câncer em novembro de 1796, após lutar por mais de um ano contra a doença.

Talvez não seja surpresa o fato de que nem Wilhelm nem Alexander tenham se entristecido muito com a morte da mãe. A julgar por uma confidência feita por Wilhelm à esposa, Caroline, Marie Elisabeth sempre encontrava defeitos no que os filhos faziam. Por mais que tivessem alcançado sucesso acadêmico e concluído com láureas os estudos, por mais que se destacassem em suas bem-sucedidas carreiras, ela jamais se mostrava satisfeita. Durante a doença da mãe, o zeloso Wilhelm havia diligentemente se mudado de Jena para Tegel e Berlim a fim de cuidar da mãe, mas sentia falta do estímulo intelectual de Jena. Oprimido pela presença sombria da mãe, não conseguia ler nem trabalhar, tampouco pensar. Em carta a Schiller, afirmou que se sentia paralisado. Alexander fez uma breve visita, mas partiu o mais rápido possível, deixando a mãe aos cuidados do irmão. Após quinze meses, Wilhelm já não era capaz de suportar a vigília e retornou a Jena. Duas semanas depois sua mãe faleceu, sem a presença de nenhum dos filhos junto do leito de morte.

Os irmãos não comparecerem ao funeral. Outros eventos pareciam ter maior importância; Alexander estava mais empolgado com a atenção que suas lâmpadas vinham recebendo, bem como com os seus experimentos em galvanismo. Quatro semanas após a morte da mãe, Alexander anunciou os preparativos para sua "grande viagem". Tendo esperado durante anos a fio pela oportunidade de controlar seu próprio destino, aos 27 anos, ele finalmente sentia-se livre das algemas. A perda da mãe não o afetou muito, segundo o próprio Humboldt confessou ao seu velho amigo de Freiberg, porque eles haviam sido "desconhecidos um para o outro". Ao longo dos últimos anos, Humboldt fizera questão de passar o mínimo de tempo possível na casa da família, e toda vez que ia embora de Tegel, era dominado por uma sensação de alívio. Um amigo próximo de Humboldt lhe escreveu: "A morte dela (...) deve ter sido recebida com especial alegria por você".

Um mês depois, Alexander tinha pedido exoneração do cargo de inspetor de minas. Wilhelm esperou um pouco mais, até que, por fim, após alguns meses, mudou-se para Dresden e depois para Paris, onde ele e Caroline converteram sua nova casa num salão de convívio de escritores, artistas e poetas. Com a morte da mãe, os irmãos ficaram ricos. Alexander herdara quase 100 mil táleres. "Tenho tanto dinheiro", gabou-se, "que posso banhar a ouro o meu nariz, a minha boca e as minhas orelhas". Humboldt estava rico o bastante para custear uma viagem para onde bem quisesse. Até então ele sempre tinha vivido em relativa frugalidade, simplesmente porque não estava interessado em luxos – livros em edições suntuosas e ricamente ilustrados, sim, ou caríssimos instrumentos científicos novos em folha, mas não tinha nenhum interesse por roupas elegantes ou móveis da moda. Por outro lado, uma expedição era algo muito diferente, e ele estava disposto a gastar nessa empreitada uma considerável parte de sua herança. Estava tão entusiasmado que não conseguia decidir-se para onde ir, e mencionava tantos destinos possíveis que ninguém sabia ao certo quais eram seus planos: falava da Lapônia e da Grécia, depois da Hungria e da Sibéria, e talvez as Índias Ocidentais ou as Filipinas.

O destino preciso ainda não importava, porque Humboldt queria primeiro se preparar, e agora o fazia com ímpeto detalhista. Tinha de testar (e comprar) todos os instrumentos de que precisava, bem como percorrer toda a Europa a fim de aprender tudo que pudesse sobre geologia, botânica, zoologia e astronomia. Suas primeiras publicações e a sua crescente rede de contatos abriram as portas – e até mesmo uma nova espécie de planta foi batizada em sua homenagem: a *Humboldtia laurifolia*, uma "esplêndida" árvore originária da Índia, ele escreveu a um amigo. "Não é fabuloso?!"

Ao longo dos meses seguintes, Humboldt entrevistou geólogos em Freiberg e aprendeu a usar seu sextante em Dresden. Escalou os Alpes a fim de investigar as montanhas – para que mais tarde pudesse compará-las, conforme ele disse a Goethe. Em Jena, realizou mais experimentos com eletricidade. Em Viena, examinou plantas tropicais nas estufas do jardim imperial, onde tentou convencer o jovem diretor, Joseph van der Schot, a acompanhá-lo em sua expedição, declarando que teriam um belo futuro juntos. Passou um inverno rigoroso em Salzburgo, terra natal de Mozart, onde mediu a altitude dos Alpes austríacos nas redondezas e testou seus instrumentos meteorológicos, enfrentando chuvas gélidas e erguendo no ar sua paraferálha durante as tempestades para detectar a eletricidade da atmosfera. Leu e releu todos os relatos de viajantes que lhe caíam às mãos e estudou atentamente volumes de botânica.

Enquanto Humboldt transitava a todo vapor de um centro de cultura e ensino europeu para outro, suas cartas exalavam uma energia irrequieta. "É simplesmente assim que eu sou, eu faço o que faço, de forma impetuosa e vigorosa", disse ele. Não existia um único lugar onde ele pudesse aprender tudo, e não existia uma única pessoa que fosse capaz de ensinar-lhe tudo.

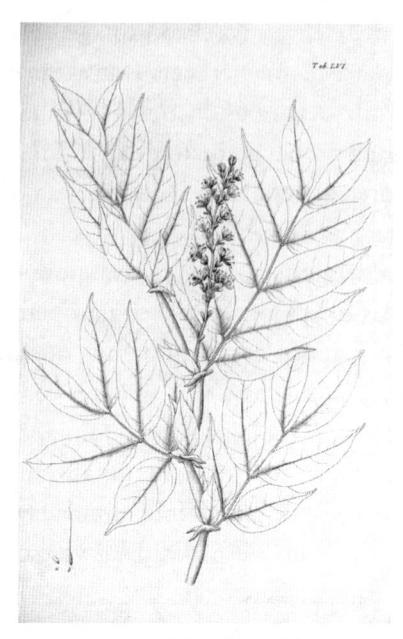

Humboldtia laurifolia

Depois de cerca de um ano de preparativos frenéticos, Humboldt começou a perceber que, embora seus baús e caixas estivessem abarrotados de equipamentos e sua cabeça repleta com um arsenal do mais recente conhecimento científico, a situação política na Europa impossibilitava a concretização dos seus sonhos. Boa parte do continente estava enredado nas Guerras Revolucionárias francesas. A execução do rei francês Luís XVI, em janeiro de 1793, tinha unido as nações europeias contra os revolucionários franceses. Nos anos que se seguiram à revolução, a França declarou guerra a um país após o outro, numa lista que incluía, entre outros, Áustria, Prússia, Espanha, Portugal e Inglaterra. Houve perdas e ganhos dos dois lados, tratados foram assinados e depois revogados, mas em 1798 Napoleão havia conquistado a Bélgica, a Renânia (da Prússia), os Países Baixos austríacos e vastas porções da Itália. Para onde quer que Humboldt se voltasse, seus movimentos eram tolhidos por guerras e exércitos. Graças a Napoleão, até mesmo as fronteiras da Itália – com as tentadoras possibilidades geológicas oferecidas pelos vulcões Etna e Vesúvio – tinham sido fechadas.

Humboldt precisava encontrar uma nação que o autorizasse a tomar parte de alguma viagem de exploração ou que pelo menos lhe concedesse passagem e salvo-conduto rumo a uma de suas possessões coloniais. Ele implorou aos britânicos e franceses que o ajudassem, e depois pediu aos dinamarqueses. Cogitou uma expedição até as Índias Ocidentais, mas viu suas esperanças arruinadas pelas ininterruptas batalhas marítimas. Depois disso, aceitou o convite para acompanhar o duque de Bristol ao Egito, apesar de o velho aristocrata britânico ser conhecido como uma figura excêntrica. Contudo, mais uma vez seus planos deram em nada quando Bristol foi preso pelos franceses sob suspeita de espionagem.

No final de abril de 1798, um ano e meio após a morte de sua mãe, Humboldt decidiu visitar Paris, onde Wilhelm e Caroline residiam. Fazia mais de um ano que Alexander não via o irmão, e voltar as atenções para os franceses vitoriosos parecia também a solução mais prática para seu dilema de viajante. Em Paris, Humboldt passou tempo com seu irmão e sua cunhada, mas também escreveu cartas, contatou e adulou pessoas, preenchendo suas cadernetas com

Aimé Bonpland

endereços de inúmeros cientistas, além de comprar ainda mais livros e instrumentos. "Vivo em meio à ciência", Humboldt escreveu, empolgado. Enquanto ia de um lugar para o outro, conheceu pessoalmente seu herói de infância, Louis Antoine de Bougainville, o primeiro explorador a colocar os pés no Taiti, em 1768. Já septuagenário, o vetusto Bougainville estava planejando uma viagem pelo globo até o Polo Sul. Impressionado com o jovem cientista prussiano, convidou-o para se juntar a ele.

Foi também em Paris que Humboldt conheceu um jovem cientista francês, Aimé Bonpland; os dois se encontraram por acaso no corredor da casa onde ambos alugavam um quarto. Com uma surrada caixa de botânica – um vásculo – pendurada no ombro, Bonpland também tinha óbvio interesse por plantas. Tivera aulas com os melhores naturalistas franceses em Paris e, como Humboldt descobriu, era um botânico talentoso, versado em anatomia comparada, e também havia atuado como cirurgião na marinha de guerra francesa. Nascido em La Rochelle, cidadezinha portuária na costa do Atlântico, Bonpland, agora com 25 anos, era de uma família naval apaixonada por aventuras e viagens. Encontrando-se regularmente nos corredores de sua hospedagem, Humboldt e Bonpland começaram a conversar e rapidamente descobriram uma adoração recíproca por plantas e viagens para terras estrangeiras.

Como Humboldt, Bonpland estava ávido para ver o mundo. Humboldt concluiu que Bonpland seria a companhia perfeita. Ele era apaixonado por botânica e os trópicos, mas também um homem charmoso e afável. De compleição robusta, Bonpland exalava força e uma solidez que prometia resiliência, boa saúde e confiabilidade. Em muitos aspectos, era exatamente o oposto de Humboldt. Se Humboldt disseminava atividade frenética, Bonpland transparecia um ar de calma e docilidade. Eles formariam uma excelente equipe.

Em meio a todos os preparativos, Humboldt agora parecia sentir lampejos de culpa acerca da mãe falecida. Havia boatos, Friedrich Schiller disse a Goethe, de que "Alexander não conseguia livrar-se do espírito da mãe". Supostamente ela aparecia para ele o tempo todo. Um conhecido em comum dissera a Schiller que Humboldt estava participando de duvidosas sessões espíritas em Paris envolvendo a presença de sua mãe. Humboldt sempre fora atormentado por um "enorme medo de fantasmas", como ele próprio admitira anos antes a um amigo, mas agora a coisa tinha piorado. Por mais que se considerasse um cientista racional, Humboldt sentia que o espírito da mãe vigiava cada passo seu. Era hora de fugir.

O problema imediato, porém, era que o comando da expedição de Bougainville foi dado a um homem mais jovem, o capitão Nicolas Baudin. Embora tivesse recebido a confirmação de que poderia integrar a tripulação de Baudin, a expedição toda fora cancelada em função da escassez de recursos do governo francês. Humboldt se recusou a desistir. Passou a cogitar a possibilidade de se juntar à missão científica de duzentos estudiosos que acompanhava o exército de Napoleão e que partira de Toulon em maio de 1798 para invadir o Egito. Mas como chegar lá? Poucos homens, admitiu Humboldt, "enfrentaram dificuldades maiores".

Enquanto a busca por um navio continuava, Humboldt entrou em contato com o cônsul sueco em Paris, que prometeu providenciar uma passagem para ele de Marselha a Argel, no litoral do norte da África, de onde poderia viajar por terra para o Egito. Humboldt também pediu a seu conhecido inglês, Joseph Banks, que obtivesse um passaporte para Bonpland, para o caso de encontrarem um navio de guerra inglês. Preparou-se para todas as contingências. O próprio Humboldt viajou com um passaporte emitido pelo embaixador prussiano em Paris. Juntamente com seu nome e idade, o documento trazia uma descrição física bastante detalhada, embora não exatamente objetiva, afirmando que ele tinha olhos cinzentos, uma boca larga, um nariz grande e "queixo bem formado". De brincadeira, Humboldt rabiscou nas margens: "boca grande, nariz de batata, mas queixo *bien fait*".

No final de outubro, Humboldt e Bonpland foram às pressas para Marselha, prontos para partir. Mas nada aconteceu. Durante dois meses, dia após dia, subiam a colina da velha igreja de Notre-Dame de la Garde para esquadrinhar a enseada. Toda vez que avistavam o bruxuleio branco de uma vela no horizonte, suas esperanças ressurgiam. Quando receberam a notícia de que a sua prometida fragata fora gravemente danificada numa tempestade, Humboldt decidiu fretar sua própria embarcação, mas descobriu que, apesar de todo o dinheiro que possuía, as recentes batalhas navais tornavam impossível encontrar um navio. Para onde quer que ele se voltasse, "todas as esperanças estavam destroçadas", escreveu a um velho amigo em Berlim. Estava exasperado – os bolsos cheios de dinheiro e a mente transbordando das mais recentes novidades do conhecimento científico, mas ainda assim não podia viajar. Guerra e política, disse Humboldt, paralisavam tudo, e "o mundo está fechado".

No final de 1798, quase dois anos após a morte de sua mãe, Humboldt desistiu dos franceses e viajou a Madri para tentar a sorte. Os espanhóis eram famosos por sua relutância em permitir a entrada de forasteiros em seus territórios; porém, usando charme e fiando-se em convenientes contatos na corte espanhola, Humboldt conseguiu obter a improvável permissão. No início de março de 1799, o rei espanhol Carlos IV providenciou um passaporte para as colônias da América do Sul e as Filipinas, sob a expressa condição de que Humboldt financiasse a sua própria viagem. Em troca, Humboldt prometeu despachar flora e fauna para o gabinete e o jardim reais. Nunca antes um estrangeiro havia recebido tamanha liberdade para explorar os territórios hispânicos. Até mesmo os espanhóis ficaram surpresos com a decisão do rei.

Humboldt não queria perder mais tempo. Cinco dias após receber os passaportes, ele e Bonpland partiram de Madri para La Coruña, porto na extremidade noroeste da Espanha, onde a fragata *Pizarro* os aguardava. No início de junho de 1799, estavam prontos para içar velas, a despeito dos alertas de que navios de guerra britânicos tinham sido avistados nos arredores. Nada – nem canhões, nem o temor do inimigo – seria capaz de estragar o momento. "A minha cabeça gira de alegria", Humboldt escreveu.

Humboldt levou consigo uma formidável coleção de instrumentos, de telescópios e microscópios a um imenso relógio de pêndulo e bússolas – ao todo, 42 instrumentos, individualmente acondicionados e protegidos dentro de caixas revestidas de veludo –, além de frascos para o armazenamento de sementes e amostras de solo, resmas de papel, balanças e incontáveis ferramentas. "Meu humor estava muito bom", Humboldt anotou em seu diário, "exatamente como deve estar no início de um grande trabalho".

Nas cartas escritas na véspera de sua partida, Humboldt explicou suas intenções. Tal qual os exploradores que o antecederam, ele coletaria plantas, sementes, rochas e animais. Mediria a altura das montanhas, determinaria latitudes e longitudes, calcularia a temperatura do ar e da água. Mas o verdadeiro propósito da viagem, disse ele, era descobrir de que maneira "todas as forças da natureza estão entrelaçadas e entretecidas" – como a natureza orgânica e inorgânica interagiam. O homem precisa se empenhar para "fazer o bom e o excelente", Humboldt escreveu em sua última carta da Espanha, "o resto depende do destino".

Tenerife e o pico del Teide

Enquanto navegavam rumo aos trópicos, a empolgação de Humboldt aumentava. Eles capturavam e examinavam peixes, águas-vivas, algas e aves. Testavam os instrumentos, mediam temperaturas e calculavam a altitude do sol. Certa noite, a água parecia estar incendiada com fosforescência. O mar inteiro, Humboldt anotou em seu diário, era como "um líquido comestível repleto de partículas orgânicas". Depois de duas semanas em alto-mar, fizeram uma breve parada em uma das ilhas Canárias. A princípio foi uma chegada pouco espetacular, uma vez que a ilha inteira estava envolta em névoa, mas tão logo a espessa bruma se dissipou, Humboldt avistou o sol iluminando o cintilante cume branco do vulcão Pico del Teide. Humboldt correu até a proa do navio e, ofegante, fitou a primeira montanha que escalaria fora da Europa. De acordo com a programação da viagem, o navio ficaria atracado apenas dois dias em Tenerife, por isso não havia muito tempo.

Na manhã seguinte, acompanhados por alguns guias locais, Humboldt e Bonpland partiram a pé na direção do vulcão, sem levar barracas nem casacos, munidos apenas de algumas frouxas "tochas de abeto". Fazia calor nos vales, mas a temperatura foi caindo rapidamente à medida que ascendiam rumo ao vulcão. Quando os homens alcançaram o pico a mais de 3.650 metros, o vento estava tão forte que eles mal conseguiam parar de pé. Seus rostos congelavam de frio, enquanto seus pés queimavam por causa do calor que emanava do chão. Era doloroso, mas Humboldt não se importou. Havia no ar algo que criava uma transparência "mágica", disse ele, uma sedutora promessa do que estava por vir. Maravilhado, Humboldt relutou em ir embora e só o fez a contragosto, porque os homens tinham de voltar para o navio.

Novamente a bordo do *Pizarro*, as âncoras foram içadas e a expedição prosseguiu. Humboldt estava feliz. Sua única queixa era de que não estavam autorizados a acender lâmpadas e velas à noite, por receio de que isso atrairia o inimigo. Para um homem como Humboldt, que precisava apenas de algumas horas de sono, era uma tortura ser obrigado a permanecer horas deitado no escuro, sem nada para ler, dissecar ou investigar. Quanto mais ao sul navegavam, mais curtos ficavam os dias, e em pouco tempo Humboldt se viu obrigado a interromper seu trabalho às dezoito horas. Depois disso, ele observava o céu noturno e, como tantos outros exploradores e marinheiros que haviam cruzado o Equador, Humboldt maravilhou-se com as novas estrelas que apareciam – constelações que enfeitavam o céu meridional e que eram um lembrete noturno de que ele havia chegado longe. Quando viu pela primeira vez o Cruzeiro do Sul, Humboldt se deu conta de que realizara os sonhos de sua "mais tenra juventude".

No dia 16 de julho de 1799, 41 dias depois de terem zarpado de La Coruña, na Espanha, surgiu no horizonte o litoral da província de Nova Andaluzia, hoje parte da Venezuela. A primeira cena que Humboldt viu do Novo Mundo foi um voluptuoso cinturão verde de bananais que se estendiam ao longo da praia, além do qual ele conseguiu divisar altas montanhas, seus picos distantes espreitando através de camadas de nuvens. Cerca de dois quilômetros terra adentro e abraçada por cacaueiros estava Cumaná, cidade fundada pelos espanhóis em 1523 e que quase fora destruída por um terremoto em 1797, dois anos antes da chegada de Humboldt. Cumaná seria o lar de Humboldt durante os meses seguintes. O céu era do azul mais límpido e não se via um único vestígio de névoa no ar. O calor era intenso, e a luz, deslumbrante. No momento em que pôs os pés fora do navio, Humboldt enterrou o termômetro na areia branca: "37,7°C", ele rabiscou em sua caderneta.

Cumaná era a capital da Nova Andaluzia, província da Capitania Geral da Venezuela – que por sua vez fazia parte do império colonial espanhol, o qual se estendia desde a Califórnia até a ponta mais ao sul do Chile. Todas as colônias da Espanha eram controladas pela Coroa espanhola e pelo Conselho das Índias, sediados em Madri. Era um sistema de governo absolutista em que os vice-reis e capitães-gerais prestavam contas diretamente à Espanha. As colônias eram proibidas de fazer comércio umas com as outras sem explícita permissão. As comunicações também eram controladas com rigor. Para imprimir livros e jornais era preciso obter licenças, ao passo que tipografias e manufaturas locais não tinham permissão para funcionar; somente os nascidos em solo espanhol podiam ser donos de lojas, oficinas e minas nas colônias.

Depois que, no último quartel do século XVIII, irromperam revoluções nas colônias britânicas na América do Norte e na França,

Duas páginas do passaporte espanhol de Humboldt, incluindo
assinaturas de diversos administradores das colônias

recrudesceram as restrições, e os colonos do Império espanhol passaram a ser mantidos com rédeas curtas. Tinham de pagar impostos exorbitantes à Espanha e eram excluídos de qualquer cargo no governo. Todos os navios não espanhóis eram tratados como inimigos, e ninguém, nem mesmo um espanhol, tinha permissão para entrar nas colônias sem uma autorização por escrito assinada pelo rei. O resultado era um ressentimento crescente. Em meio a relações tão tensas entre as colônias e a metrópole, Humboldt sabia que precisava agir com cautela. Apesar de seu passaporte com o selo real espanhol, os administradores locais poderiam tornar sua vida extremamente difícil. Se não fosse capaz de "inspirar algum interesse pessoal nos que governam" as colônias, Humboldt tinha certeza de que se veria diante de inúmeras inconveniências durante sua temporada no novo mundo.

Entretanto, antes de apresentar sua papelada ao governador de Cumaná, Humboldt fitou e absorveu o cenário tropical. Tudo era tão novo e espetacular. Cada ave, palmeira ou onda "anunciava o grandioso aspecto da natureza". Era o início de uma nova vida, um período de cinco anos em que Humboldt passaria por uma transformação e deixaria de ser um jovem curioso e talentoso para tornar-se o mais extraordinário cientista de seu tempo. Era ali que Humboldt veria a natureza com a cabeça e com o coração.

PARTE II
CHEGADA: COLETANDO IDEIAS

4

AMÉRICA DO SUL

Nas primeiras semanas em Cumaná, para toda e qualquer direção em que Humboldt e Bonpland voltassem os olhos, alguma coisa nova chamava sua atenção. A paisagem o enfeitiçou, disse Humboldt. As palmeiras eram ornamentadas com floradas vermelhas, as aves e os peixes pareciam competir em seus matizes caleidoscópicos e mesmo os lagostins eram amarelos e azul-celeste. Flamingos cor-de-rosa equilibravam-se sobre uma só perna na praia, e as folhas das palmeiras, de lâmina partida e em forma de leque, salpicavam a areia branca numa colcha de retalhos de sombra e sol. Havia borboletas, macacos e tantas plantas a catalogar que, de acordo com o que Humboldt escreveu a Wilhelm, "corremos de um lado para o outro feito bobos". Mesmo o geralmente calmo e inabalável Bonpland afirmou que "enlouqueceria se as maravilhas não acabassem logo".

Sempre orgulhoso de seu enfoque sistemático, Humboldt teve dificuldade para encontrar um método racional para estudar o ambiente. Seus baús e caixas encheram-se tão rapidamente que ele teve de encomendar mais resmas de papel para prensar suas plantas e às vezes encontravam tantos espécimes que mal conseguiam carregá-los de volta para casa. Ao contrário de outros naturalistas, Humboldt

Humboldt na América do Sul

não estava interessado em preencher lacunas taxonômicas – estava coletando ideias, mais do que meramente recolhendo objetos de história natural, disse ele. Humboldt escreveu que era a "impressão do todo", mais do que qualquer outra coisa, que cativava sua mente.

Humboldt comparava tudo que via com o que já havia observado e aprendido anteriormente na Europa. Toda vez que pegava uma planta, pedra ou inseto, sua mente regressava, em pensamentos acelerados, ao que ele tinha visto em sua terra natal. As árvores que cresciam nas planícies ao redor de Cumaná, com seus galhos formando dosséis em formato de guarda-sol, traziam-lhe à memória os Alpes italianos. Visto à distância, o mar de cactos criava o mesmo efeito dos charcos dos climas setentrionais. Aqui e ali, um vale que o fazia pensar em Derbyshire na Inglaterra ou cavernas semelhantes às que existiam na Francônia, na Alemanha, e nas montanhas dos Cárpatos, no Leste Europeu. Tudo parecia estar de alguma forma conectado, interligado – ideia que viria a moldar o seu pensamento acerca do mundo natural para o resto de sua vida.

Humboldt jamais se sentira mais feliz e saudável. O calor caiu-lhe bem, e as febres e aflições nervosas de que padecia na Europa desapareceram. Ele chegou inclusive a ganhar algum peso. Durante o dia, Humboldt e Bonpland coletavam amostras e espécimes, ao entardecer sentavam-se juntos e escreviam suas anotações e, à noite, faziam observações astronômicas. Numa dessas noites, passaram horas a fio contemplando, maravilhados, uma chuva de meteoros que desenhou milhares de caudas brancas no céu. As cartas que Humboldt mandava para casa explodiam de empolgação e levavam esse mundo fantástico para os elegantes salões de Paris, Berlim e Roma. Nelas ele falava de aranhas gigantescas que devoravam beija-flores e de serpentes de nove metros. Enquanto isso, deixava aturdido o povo de Cumaná com seus instrumentos; seus telescópios traziam a Lua para perto dos venezuelanos, e seus microscópios transformavam em monstruosas feras os piolhos dos cabelos dos moradores locais.

Havia um aspecto que refreava a alegria de Humboldt: o mercado de escravos diante da casa alugada onde ele e Bonpland estavam instalados, na praça central de Cumaná. Desde o início do século XVI, os espanhóis importavam escravos para suas colônias na América do Sul, e continuavam a fazê-lo. Toda manhã, jovens africanos e africanas eram colocados à venda. Os escravos enfileirados eram obrigados a esfregar óleo de coco sobre o corpo de modo a deixar lustrosa sua pele negra. Depois desfilavam para a avaliação dos potenciais compradores, que escancaravam as bocas dos africanos para examinar seus dentes, feito "cavalos em um mercado". Essa visão fez de Humboldt um abolicionista até o fim de sua vida.

Em 4 de novembro de 1799, menos de quatro meses após sua chegada à América do Sul, Humboldt sentiu pela primeira vez o perigo que poderia ameaçar a sua vida e seus planos. Era um dia quente e úmido. Ao meio-dia, nuvens negras chegaram aos borbotões, e por volta das quatro da tarde trovoadas reverberaram por toda a cidade. De repente, o chão começou a tremer; Bonpland, que estava debruçado sobre uma mesa examinando plantas, quase desabou; deitado em sua rede, Humboldt foi violentamente chacoalhado. Fugindo das casas que desmoronavam, as pessoas saíram correndo e berrando pelas ruas, mas Humboldt permaneceu calmo e desceu de sua rede para montar seus instrumentos. Mesmo com a terra tremendo, nada seria capaz de impedi-lo de realizar suas observações. Ele cronometrou os abalos, anotou como a ondulação do tremor viera do norte para o sul e fez medições elétricas. Contudo, apesar de toda a compostura exterior, em seu íntimo Humboldt sentiu um alvoroço. O chão que se moveu sob seus pés destruiu a ilusão de uma vida inteira, ele escreveu. A água era o elemento do movimento, não a terra. Foi como ser acordado, de forma súbita e dolorosa, de um sonho. Até aquele momento ele sentira uma fé inabalável na estabilidade da natureza, mas tinha sido ludibriado. Agora "desconfiamos pela primeira vez do solo, sobre o qual por tanto tempo havíamos pousado nossos pés com tanta confiança", disse ele, mas ainda estava determinado a continuar suas viagens.

Humboldt havia esperado muitos anos para ver o mundo e sabia que estava colocando em risco a própria vida, mas queria ver mais. Duas semanas depois, e após uma angustiante espera para sacar dinheiro com sua nota de crédito espanhola (tentativa que fracassou, o que levou o governador a dar dinheiro de seus próprios fundos privados a Humboldt), os exploradores deixaram Cumaná rumo a Caracas. Em meados de novembro, Humboldt e Bonpland – juntamente com um criado mestiço chamado José de la Cruz – alugaram um pequeno barco aberto de nove metros, a fim de velejar no sentido oeste. Empacotaram seus muitos instrumentos e baús, que já estavam abarrotados com mais de 4 mil espécimes de plantas, bem como de insetos, cadernetas e tabelas de medições.

Situada a 914 metros acima do nível do mar, Caracas fora fundada pelos espanhóis em 1567 e era agora a capital da Capitania Geral da Venezuela. Tinha uma população de 40 mil habitantes, dos quais 95% da população branca era *criolla* ou, como Humboldt os chamava, "hispano-americanos" – colonos brancos de descendência espanhola mas nascidos na América do Sul. Embora fossem a maioria, esses *criollos* tinham sido alijados por décadas das mais altas e prestigiosas posições administrativas e militares. A Coroa espanhola havia despachado homens nascidos na Espanha para controlar as colônias, e muitos deles tinham menos instrução formal que os *criollos*. Os abastados *criollos* que eram proprietários de terras e *plantations* enfureciam-se por ter de se sujeitar ao governo de mercadores enviados por uma metrópole distante. Alguns *criollos* queixavam-se de ser tratados pelas autoridades espanholas "como se fossem reles escravos".

Caracas estava aninhada em um vale alto circundado por montanhas junto à costa. Mais uma vez Humboldt alugou uma casa que servia de base e de onde ele e Bonpland partiam em incursões mais curtas. De lá puseram-se a caminho do Silla, montanha que ficava tão perto que da casa era possível avistá-la, mas que, para surpresa de Humboldt, ninguém que ele conheceu em Caracas jamais a escalara. Em outro dia, os dois aventuraram-se contrafortes adentro, onde encontraram uma nascente de água cristalina escorrendo rente a um paredão de rocha tremeluzente. Observando um grupo de meninas que pegavam água da fonte, Humboldt ficou subitamente comovido, fulminado por uma lembrança de sua terra natal. Nessa noite, ele escreveu em seu diário: "Recordações de Werther, Göthe e das filhas dos reis" – uma referência a *Os sofrimentos do jovem Werther*, em que Goethe descrevia uma cena semelhante de moças de uma vila buscando água cristalina numa fonte. Em outras ocasiões, era o formato específico de uma árvore ou uma montanha que lhe dava imediata sensação de familiaridade. Um vislumbre das estrelas no céu meridional ou o contorno dos cactos em contraste com o horizonte era a prova do quanto ele estava distante de casa. Porém, depois disso

Humboldt – no canto direito, entre as árvores – desenhando o Silla

bastava o súbito tinido de um sino de vaca ou o mugido de um boi e ele voltava às campinas de Tegel.

"Por toda parte a natureza fala com o homem numa voz que é familiar à sua alma", disse Humboldt. Esses sons eram como vozes de além do oceano que o transportavam em um instante de um hemisfério ao outro. Como os hesitantes traços de lápis em um esboço, sua nova compreensão da natureza baseada em observações científicas *e* sentimentos estava começando a vir à tona. Lembranças e respostas emocionais, Humboldt se deu conta, sempre formariam parte das experiências de um homem e de sua compreensão da natureza. A imaginação era como um "bálsamo de milagrosas propriedades curativas", disse ele.

Logo chegou a hora de seguir em frente – inspirado por histórias que Humboldt tinha ouvido sobre o misterioso rio Cassiquiare. Mais de meio século antes, um padre jesuíta havia relatado que o Cassiquiare ligava os dois grandes sistemas fluviais da América do Sul: o Orinoco e o Amazonas. O curso do Orinoco desenha um amplo arco desde sua nascente no sul, perto da atual fronteira entre Venezuela e Brasil, até seu delta na costa nordeste da Venezuela, onde desagua no Atlântico. Quase 1.600 quilômetros mais ao sul, ao longo da costa, está o colossal Amazonas – o rio que cruza quase todo o continente desde sua nascente no oeste dos Andes peruanos, a menos de 160 quilômetros do litoral do Pacífico, até o litoral Atlântico do Brasil, ao leste.

Nas entranhas da floresta tropical amazônica, 1.600 quilômetros ao sul de Caracas, o Cassiquiare supostamente conectava a rede de afluentes desses dois grandes rios. Ninguém tinha sido capaz de provar a sua existência e pouca gente acreditava que rios de grande porte como o Orinoco e o Amazonas poderiam se comunicar. Todo o entendimento científico da época sugeria que as bacias do Orinoco e do Amazonas tinham de ser separadas por uma bacia hidrográfica, porque a ideia de um canal natural ligando dois rios portentosos ia na contramão de todas as evidências empíricas. Em nenhum outro lugar do planeta os geógrafos haviam encontrado um exemplo desse tipo de ocorrência geográfica. A bem da verdade, o mapa mais recente da região mostrava uma cordilheira – a presumida bacia hidrográfica

– exatamente no local onde, segundo os rumores que Humboldt ouvira, poderia estar o Cassiquiare.

Havia muitos preparativos a fazer. Eles tinham de escolher instrumentos que fossem pequenos o bastante para caber nas estreitas canoas em que viajariam. Precisavam organizar o dinheiro e os víveres para pagar os guias e comprar comida, mesmo nas profundezas da selva. Antes de partir, porém, Humboldt despachou cartas para a Europa e a América do Norte, pedindo a seus correspondentes que as publicassem em jornais. Ele entendia a importância da publicidade. Antes de partir de La Coruña, por exemplo, Humboldt escrevera 43 cartas. Se morresse durante a viagem, pelo menos não seria esquecido.

Em 7 de fevereiro de 1800, Humboldt, Bonpland e José, seu criado de Cumaná, saíram de Caracas em quatro mulas, deixando para trás a maior parte de sua bagagem e amostras. Para chegar ao Orinoco, teriam de seguir para o sul numa linha quase reta através do imenso vazio dos Llanos – vastas planícies do tamanho da França. O plano era chegar ao rio Apure, afluente do Orinoco, cerca de 320 quilômetros ao sul de Caracas. Lá teriam de providenciar um barco e provisões para sua expedição em San Fernando de Apure, uma missão de capuchinhos. Primeiro, porém, rumariam para o oeste, num desvio de 160 quilômetros, a fim de ver os vicejantes vales de Aragua, uma das mais férteis e ricas regiões agrícolas nas colônias.

Com o fim da estação chuvosa, o clima estava quente, e a maior parte da terra por onde viajaram, árida. Atravessaram montanhas, vales e, depois de sete dias exaustivos, finalmente avistaram "os sorridentes vales de Aragua". Estendendo-se a oeste, infindáveis e simetricamente espaçadas fileiras de milho, cana-de-açúcar e índigo. Em meio a elas, arvoredos, pomares, pequenos vilarejos, casas de fazenda e jardins. As fazendas eram interligadas por veredas margeadas por arbustos floridos, e as casas, protegidas pela sombra de enormes árvores – altas ceibas revestidas por espessas florações amarelas com seus galhos entrançando-se dentro das vistosas flores alaranjadas de árvores-de-coral.

O lago de Valência, no vale Aragua

No meio do vale e circundado por montanhas estava o lago de Valência. Cerca de uma dúzia de ilhotas pedregosas salpicavam o lago, algumas suficientemente grandes para servir como pastagem de cabras e área de cultivo. No pôr do sol, milhares de garças, flamingos e patos selvagens enchiam o céu de vida esvoaçando de um lado para o outro do lago e empoleirando-se nas ilhas para passar a noite. Parecia idílico, mas, como os moradores locais disseram a Humboldt, os níveis de água do lago estavam baixando rapidamente. Vastas faixas de terra que apenas duas décadas antes estavam submersas agora eram campos densamente cultivados. O que outrora tinham sido ilhas eram agora colinas à medida que a terra à margem continuava a recuar. O lago de Valência tinha também um ecossistema singular: sem vazão para o oceano e alimentado apenas pela confluência de alguns riachos e arroios, seus níveis de água eram regulados somente pela evaporação. Os moradores locais acreditavam que algum canal de escoamento subterrâneo drenava o lago, mas Humboldt tinha outras ideias.

Ele mediu, examinou e questionou. Quando encontrou areias finas nos pontos mais altos das ilhas, deduziu que outrora tinham estado submersas. Também comparou a média anual de evaporação de rios e lagos de todo o mundo, do sul da França às Índias Ocidentais. À medida que investigava, concluiu que o desmatamento das florestas adjacentes, bem como a transposição de cursos de água para irrigação, havia sido a causa da queda dos níveis de água. Com a prosperidade da agricultura no vale, os lavradores tinham drenado e desviado alguns dos córregos que alimentavam o lago a fim de irrigar seus campos de cultivo. Derrubaram árvores para limpar o terreno, e com o desaparecimento da submata – musgo, vegetação rasteira, matagal e sistemas de raízes –, os solos ficaram expostos ao clima e incapazes de reter água. Nas cercanias de Cumaná, os moradores já haviam dito a Humboldt que a aridez da terra tinha aumentado simultaneamente ao desmatamento, no mesmo compasso do desflorestamento dos velhos arvoredos. E no caminho entre Caracas e o vale de Aragua, Humboldt notou os solos secos e improdutivos e lamentou o fato de que os primeiros colonos haviam "imprudentemente destruído a floresta". Uma vez que os solos ficavam esgotados e produziam colheitas menos fartas, os agricultores deslocavam-se para o oeste, ao longo de um rastro de destruição. "Floresta bastante dizimada", Humboldt rabiscou em seu diário.

Apenas poucas décadas antes, as montanhas e os contrafortes que circundavam o vale do Aragua e do lago de Valência tinham sido cobertos de florestas. Agora, derrubadas as árvores, as águas das pesadas chuvas tinham revolvido e arrastado o solo. Tudo isso estava "estreitamente conectado", Humboldt concluiu, porque no passado as florestas protegiam e resguardavam o solo do sol e, portanto, diminuíam a evaporação da umidade.

Foi lá, no lago de Valência, que Humboldt desenvolveu sua ideia de mudança do clima induzida pela ação humana. Quando publicou suas observações, ele não deixou dúvida com relação ao que pensava:

> Quando as florestas são destruídas, como o são em toda parte na América por obra dos plantadores europeus, com uma precipitação imprudente, as fontes de água secam por completo ou se tornam menos abundantes. Os leitos dos rios, permanecendo

secos durante parte do ano, são convertidos em torrentes toda vez que caem pesadas chuvas em suas cabeceiras. Desaparecendo a relva e o musgo juntamente com a vegetação rasteira nas encostas das montanhas, as águas das chuvas não sofrem obstrução em seu curso; em vez de aumentarem lentamente o nível dos rios por meio de progressivas filtragens, durante as intensas chuvaradas as águas sulcam os declives das colinas, empurram para baixo o solo solto e formam as súbitas inundações que devastam o país.

Alguns anos antes, enquanto trabalhava como inspetor de minas, Humboldt já havia notado o excessivo desmatamento de florestas para a exploração de madeira de lei e seu uso como combustível nas montanhas Fichtel, nas proximidades de Bayreuth. Suas cartas e relatórios do período estavam salpicados de sugestões sobre como reduzir a necessidade de madeira nas minas e na metalurgia. Humboldt não fora o primeiro a fazer esse comentário, mas antes dele os motivos da preocupação tinham sido de ordem econômica e não ambiental. As florestas forneciam o combustível para a produção fabril, e a madeira era não apenas um importante material para a construção de casas mas também de navios, por sua vez essenciais para os impérios e potências navais.

A madeira era o petróleo dos séculos XVII e XVIII, e qualquer escassez do produto criava ansiedades com relação a combustível, manufatura e transporte, semelhantes à comoção que as ameaças à produção de petróleo geram hoje em dia. Já em 1664, o jardineiro e autor inglês John Evelyn escrevera um livro sobre silvicultura que se tornou um sucesso de vendas – *Sylva, a Discourse of Forest Trees* [Sylva, um discurso sobre árvores da florestas], que tratava da escassez de madeira como crise nacional. "Seria melhor ficarmos sem ouro do que sem madeira", Evelyn tinha declarado, porque sem árvores não haveria indústrias de ferro e vidro, lareiras ardentes para aquecer as casas durante as frias noites de inverno, tampouco uma marinha de guerra para proteger as costas da Inglaterra.

Cinco anos depois, em 1669, o ministro das Finanças francês, Jean-Baptiste Colbert, baniu boa parte do direito comunal de uso das florestas em vilarejos e plantou árvores para futuro uso da marinha. "A França perecerá pela falta de madeira", disse ele ao apresentar suas draconianas medidas. Houve inclusive algumas vozes solitárias nas vastas terras da América do Norte. Em 1749, o fazendeiro e colecionador de plantas norte-americano John Bartram lamentou que "em breve toda a madeira de lei terá sido praticamente destruída" – preocupação ecoada por seu amigo Benjamin Franklin, que também temia o "déficit de madeira". Como solução, Benjamin inventou uma lareira de combustível eficiente.

No lago de Valência, Humboldt começou a compreender o desflorestamento em um contexto mais amplo e projetou adiante sua análise local a fim de ressalvar que as técnicas agrícolas de sua época poderiam ter consequências devastadoras. Por todo o mundo, a ação da humanidade poderia afetar as gerações futuras, Humboldt alertou. O que Humboldt viu no lago de Valência ele veria repetidas vezes – da Lombardia, na Itália, ao sul do Peru e, muitas décadas depois, na Rússia. Na medida em que descreveu o modo como a humanidade estava alterando o clima, inadvertidamente Humboldt tornou-se o pai do movimento ambientalista.

Humboldt foi o primeiro a explicar as funções fundamentais da floresta para o ecossistema e o clima: a capacidade das árvores de armazenar água e enriquecer a atmosfera com umidade, sua proteção do solo e seu efeito resfriador.[1] Ele falou também do impacto das árvores no clima através da liberação de oxigênio. Os efeitos da intervenção da espécie humana já eram "incalculáveis", Humboldt insistiu, e poderiam tornar-se catastróficos se o homem continuasse a perturbar tão "brutalmente" o mundo.

Humboldt veria outras incontáveis vezes a forma como a humanidade desarranjava o equilíbrio da natureza. Poucas semanas depois, no coração da floresta tropical do Orinoco, ele observaria a prática de alguns monges espanhóis de iluminar suas capengas igrejas com óleo extraído de ovos de tartaruga. Como consequência, a população local

---

[1] Mais tarde Humboldt formulou de forma sucinta: "A região arborizada atua de maneira tripartite na diminuição da temperatura: propiciando sombra refrescante, por evaporação e por radiação".

de tartarugas já havia sofrido uma substancial redução. Todo ano as tartarugas depositavam seus ovos ao longo da margem do rio, mas em vez de deixar que alguns ovos chocassem a geração seguinte, os missionários recolhiam tantos que, com o passar dos anos, segundo os nativos relataram a Humboldt, os números minguaram. Antes disso, na costa venezuelana, Humboldt notara que a pesca desenfreada de pérolas havia depauperado os estoques de ostras. Era tudo uma reação ecológica em cadeia. "Tudo", Humboldt escreveu mais tarde, "é interação e reciprocidade".

Humboldt estava voltando as costas para a perspectiva centrada no homem que durante milênios havia dominado o modo de ver a natureza: de Aristóteles, que escrevera que "a natureza fez todas as coisas especificamente para o homem", ao botânico Carl Lineu, que mais de 2 mil anos depois ainda ecoava o mesmo sentimento quando, em 1749, insistiu que "todas as coisas são feitas para o homem". Durante muito tempo acreditou-se que Deus dera aos homens o comando sobre a natureza. Afinal, a Bíblia não dizia "Frutificai e multiplicai-vos; enchei a terra e sujeitai-a; dominai sobre os peixes do mar, sobre as aves do céu e sobre todos os animais que rastejam sobre a terra"? No século XVII, o filósofo britânico Francis Bacon declarou que "o mundo é feito para o homem", ao passo que René Descartes argumentou que os animais eram efetivamente autômatos — complexos, talvez, mas incapazes de raciocínio e, portanto, inferiores aos humanos. Os humanos, Descartes escreveu, eram "os senhores e possuidores da natureza".

No século XVIII, ideias da perfectibilidade da natureza dominavam o pensamento ocidental. A humanidade melhoraria a natureza por meio do cultivo, acreditava-se, e "aperfeiçoamento" era o mantra. Plantações e campos ordenados, florestas desbastadas e vilarejos limpos e organizados transformaram ermos selvagens em paisagens produtivas e agradáveis. A floresta primitiva do Novo Mundo era, por contraste, uma "selva desolada" que tinha de ser conquistada. O caos tinha de ser ordenado, e o mal tinha de ser transformado em bem. Em 1748, o pensador francês Montesquieu escrevera que os homens "tornaram a terra própria para ser sua morada" – usando suas mãos e ferramentas para fazer do planeta um lugar habitável. Pomares carregados de frutas, hortas esmeradas e prados onde o gado pastava eram o ideal de natureza à época. Esse era o modelo que preponderaria durante muito tempo no mundo ocidental. Quase um século depois da afirmação de Montesquieu, o historiador francês Alexis de Tocqueville, durante uma visita aos Estados Unidos em 1833, considerou que era "a ideia da destruição" – do machado do homem no ermo norte-americano – que conferia à paisagem sua "tocante beleza".

Alguns pensadores norte-americanos alegavam inclusive que o clima havia mudado para melhor após a chegada dos primeiros colonos. A cada árvore que era cortada da floresta virgem, insistiam eles, mais saudável e ameno ficava o ar. A inexistência de provas não os impedia de seguir alardeando suas teorias. Um dos defensores dessa ideia era Hugh Williamson, médico e político da Carolina do Norte que, em 1770, publicou um artigo celebrando a derrubada de vastas porções de floresta, o que, argumentava ele, era benéfico ao clima. Outros acreditavam que o desmatamento das florestas aumentaria o fluxo de ventos, que, por sua vez, movimentariam um ar mais salubre. Apenas seis anos antes da visita de Humboldt ao lago de Valência, um estadunidense havia proposto que devastar as árvores no interior do continente seria uma maneira útil de "drenar os charcos" ao longo do litoral. As poucas vozes de preocupação limitavam-se a cartas e conversas particulares. De modo geral, a maioria concordava que "subjugar a selva" era o "alicerce para o lucro futuro".

O homem que provavelmente mais contribuiu para disseminar esse ponto de vista foi o naturalista francês Georges-Louis Leclerc, conde de Buffon. Em meados do século XVIII, Buffon pintou um retrato da floresta primitiva como um lugar horrendo, atulhado de árvores decadentes, folhas pútridas, plantas parasitas, poças estagnadas e insetos venenosos. A floresta, dizia ele, era deformada. Embora Buffon tenha morrido um ano antes da Revolução Francesa, suas ideias sobre o Novo Mundo ainda moldavam a opinião pública. A beleza era equiparada à utilidade, e cada hectare arrancado da selva era uma vitória do homem civilizado sobre a natureza rústica e incivilizada. A "natureza cultivada", Buffon escreveu, é que era "bela".

Humboldt, entretanto, alertou que a humanidade precisava compreender como as forças da natureza funcionavam, como os diferentes fios estavam todos interligados. Os seres humanos não poderiam simplesmente alterar o mundo natural a seu bel-prazer e para proveito próprio. Mais tarde, Humboldt escreveu: "O homem não pode agir sobre a natureza e não pode apropriar-se de nenhuma de suas forças para uso próprio se ele não conhecer as leis naturais". A humanidade, alertou Humboldt, tinha o poder de destruir o meio ambiente, e as consequências talvez fossem catastróficas.

5

OS LLANOS
E O ORINOCO

Depois de três semanas de intensas investigações no lago de Valência e no vale adjacente, Humboldt concluiu suas observações. Era hora de rumar para o sul, na direção do Orinoco, mas primeiro era preciso atravessar os Llanos. Em 10 de março de 1800, quase exatamente um mês após partirem de Caracas, ele e sua equipe adentraram os Llanos.

A terra era coberta por uma camada de poeira. As planícies pareciam estender-se infinitamente, e o horizonte dançava no calor. Os homens viram torrões de grama e palmeiras secas, mas não muita coisa além disso. O sol implacável havia secado o chão a ponto de transformá-lo numa superfície dura e rachada. Enfiando seu termômetro no solo, Humboldt registrou a temperatura de 50ºC. Tendo deixado para trás o densamente povoado vale de Aragua, Humboldt sentiu-se repentinamente "mergulhado numa vasta solidão". Em alguns dias o ar era tão estagnado, ele escreveu em seu diário, que "tudo parece inerte". Sem contar com nuvens que lhes propiciassem sombra, enquanto se arrastavam pelo solo endurecido, os homens enfiaram folhas nos chapéus como proteção isolante contra o calor tórrido. Humboldt usava calças frouxas e folgadas, colete e camisas simples de linho. Tinha um casaco para os climas mais frios e sempre

Humboldt e sua equipe nos Llanos

usava uma echarpe branca. Escolhera as roupas europeias mais confortáveis disponíveis à época – leves e fáceis de lavar –, mas mesmo vestido assim, achava o calor insuportável.

Nos Llanos, os homens encontraram redemoinhos, e miragens frequentes faziam aparecer como por encanto cruéis promessas de água fria e refrescante. Às vezes, eles viajavam durante a noite a fim de evitar o sol abrasador. Invariavelmente passavam fome e sede. Um dia toparam com um pequeno sítio – nada mais que uma solitária casa com algumas choças ao redor. Cobertos de poeira e tostados de sol, os homens estavam desesperados para tomar um banho. Uma vez que o dono da propriedade estava ausente, o capataz apontou para uma lagoa nas redondezas. A água estava escura e lodosa, mas pelo menos um pouco mais fria do que o ar. Empolgados, Humboldt e Bonpland tiraram as roupas sujas, mas assim que entraram na lagoa, um jacaré, que até então estava deitado imóvel na margem, decidiu juntar-se a eles. Em questão de segundos os dois homens saíram às pressas, agarraram suas roupas e correram para salvar suas vidas.

Embora os Llanos talvez fossem um ambiente inóspito, Humboldt ficou arrebatado pela vastidão da paisagem. Havia na planeza e uniformidade absolutas e nas dimensões intimidadoras algo que "enche a mente com a sensação de infinitude", Humboldt escreveu. Depois, no meio do caminho da travessia das planícies, eles chegaram a uma pequena cidade mercantil, Calabozo. Quando os nativos relataram a Humboldt que muitas das lagoas e dos açudes da área estavam infestados de enguias-elétricas, ele mal pôde acreditar na própria sorte. Desde seus experimentos com eletricidade na Alemanha, Humboldt sempre quisera examinar um desses extraordinários peixes. Tinha ouvido estranhas histórias sobre as criaturas de um metro e meio que eram capazes de emitir descargas de seiscentos volts.

O problema era como capturar as enguias, já que elas ficavam enterradas na lama no fundo das lagoas e portanto não era fácil pegá-las com redes. Além disso, a carga elétrica dos peixes era tão alta que tocá-los significaria morte instantânea. Os índios tiveram uma ideia. Reuniram trinta cavalos selvagens nos Llanos e fizeram a manada entrar na lagoa. O tumulto das ferraduras dos cavalos chapinhando na água fez com que as enguias nadassem à tona, descarregando seus poderosos relâmpagos elétricos. Fascinado, Humboldt assistiu ao medonho espetáculo: os cavalos urrando de dor, as enguias esmagadas debaixo da barriga dos quadrúpedes, a superfície da água encrespada de movimento. Aturdidos pela força e frequência das descargas elétricas, alguns cavalos caíram e, pisoteados pelos outros, morreram afogados.

Com o passar do tempo, a intensidade dos choques elétricos diminuiu e as enfraquecidas enguias recuaram lama adentro, de onde Humboldt as tirou manejando varapaus secos. Quando ele e Bonpland dissecaram alguns dos animais, sentiram na própria pele violentos choques. Durante quatro horas os dois realizaram uma gama de perigosos testes, incluindo segurar enguias com ambas as mãos ou com uma das mãos e com a outra um pedaço de metal; Humboldt tocou uma enguia enquanto estava de mão dada com Bonpland (que sentiu o solavanco do choque); ora eles pisavam em solo seco, ora no chão molhado; prenderam eletrodos, cutucaram as enguias com paus umedecidos com cera de lacrar cartas e as

A batalha entre cavalos e enguias-elétricas

apanharam com argila úmida e fibras de folha de palmeira – Humboldt e Bonpland testaram todo tipo de material. Não surpreende que, no final do dia, os dois estivessem nauseados e fracos.

As enguias também fizeram Humboldt pensar em eletricidade e magnetismo em geral. Assistindo ao horrível embate entre enguias e cavalos, Humboldt pensou nas forças que, de formas variadas, criavam os relâmpagos, faziam com que metais se atraíssem e moviam as agulhas das bússolas. Como sempre, Humboldt começava com um detalhe ou observação e depois partia para uma interpretação do contexto mais amplo. "Tudo emana de uma única fonte", ele escreveu, e "tudo se amalgama numa força eterna e abrangente".

No final de março de 1800, quase dois meses após terem partido de Caracas, Humboldt e Bonpland finalmente chegaram à missão dos capuchinhos em San Fernando de Apure, no rio Apure. De lá pegariam um barco a remo e viajariam para o leste, ao longo do rio Apure e floresta adentro até o baixo Orinoco – cerca de 160 quilômetros em linha reta, porém mais que o dobro dessa distância seguindo o curso sinuoso dos rios. Assim que chegassem à confluência do rio Apure e do baixo Orinoco, sua intenção era viajar rumo ao sul, ao longo do Orinoco, cruzando as grandes corredeiras de Atures e Maipures, nas profundezas de uma região onde poucos homens brancos haviam estado. Lá esperavam encontrar o Cassiquiare, o lendário elo entre os monumentais Amazonas e Orinoco.

O barco que eles tinham adquirido em San Fernando de Apure foi lançado às águas do rio Apure em 30 de março, sobrecarregado de provisões para quatro semanas – não era o suficiente para toda a expedição, mas era tudo que cabia na embarcação. Dos monges capuchinhos eles haviam comprado bananas, mandiocas, galinhas e cacau, bem como o tamarindo, um fruto em forma de vagem que, eles ouviram dizer, transformava a água do rio em uma refrescante limonada. O restante da comida eles mesmos teriam que providenciar – peixes, ovos de tartaruga, aves e outras caças –, e obteriam mais comida por meio do escambo com as tribos indígenas, negociando o álcool que estavam levando a bordo.

Diferentemente de outros exploradores europeus, Humboldt e Bonpland não estavam viajando com uma comitiva numerosa: apenas quatro indígenas locais para remar e um piloto para guiar o barco, o criado José, de Cumaná, e o cunhado do governador provincial, que se juntara a eles. Humboldt não se incomodava com a solidão. Ao contrário, lá não havia nada que interrompesse seu trabalho. A natureza proporcionava estímulos mais que suficientes. E ele tinha Bonpland como seu amigo e colega cientista. Os últimos meses de convivência haviam feito deles confiáveis companheiros de viagem. Os instintos de Humboldt quando conheceu Bonpland em Paris estavam certos. Bonpland era um excelente botânico de campo, que parecia não se incomodar com os contratempos de suas aventuras, e que se mantinha calmo mesmo nas situações mais adversas. O mais importante é que, não importava o que acontecesse, Bonpland estava sempre disposto e animado, disse Humboldt.

Enquanto remavam ao longo do rio Apure e depois no Orinoco, um novo mundo foi se descortinando. De seu barco eles tinham a visão perfeita. Na beira do rio, centenas de enormes crocodilos aqueciam-se ao sol com os focinhos abertos – muitos deles tinham quatro metros de comprimento ou mais. Completamente imóveis, os crocodilos pareciam troncos de árvore, até que de repente deslizavam para a água. Eram tantos que praticamente não se passava um só instante sem que os homens os avistassem. As imensas escamas denteadas das caudas fizeram Humboldt lembrar-se dos dragões dos livros de sua infância. Gigantescas jiboias passavam nadando ao lado do barco, mas, apesar desses perigos, os homens tomavam banho diariamente, em um cuidadoso esquema de rodízio em que um se lavava enquanto os outros ficavam de olho nos animais. Viajando ao longo do rio eles encontraram também grandes bandos de capivaras, os maiores roedores do mundo, que viviam em numerosos grupos e nadavam batendo as patas na água feito cães. As capivaras pareciam gigantescos porquinhos-da-índia com o focinho achatado e pesavam por volta de cinquenta quilos ou mais. Maiores ainda eram os tapires, animais tímidos e solitários do tamanho de porcos e que procuravam folhas enfiando os focinhos carnudos nos arbustos na beira do rio, e onças-pintadas de pele lindamente manchada que os devoravam. Em algumas noites, Humboldt podia ouvir os sons de ronco dos golfinhos de água doce em contraste

Um barco no Orinoco

com o perpétuo zumbido de insetos. Os homens passaram por ilhas que serviam de lar para milhares de flamingos, garças-brancas, colhereiros cor-de-rosa e seus imensos bicos em formato de espátula.

Viajavam durante o dia e à noite acampavam nos barrancos arenosos nas margens dos rios – sempre posicionando seus instrumentos e coleções no centro, com suas redes de dormir e diversas fogueiras formando um círculo de proteção. Quando possível, amarravam as redes às árvores ou aos remos, que enfiavam no chão. Na selva úmida era quase sempre difícil encontrar madeira seca para fazer fogueiras, mas o fogo era uma defesa essencial contra as onças-pintadas e outros animais.

A floresta tropical úmida era um lugar traiçoeiro para viajantes. Certa noite, um dos índios remadores acordou e deu de cara com uma cobra enrodilhada debaixo da pele de animal sobre a qual ele estava dormindo. Em outra noite, o acampamento inteiro foi acordado pelo súbito berro de pavor de Bonpland. Alguma coisa peluda e de garras afiadas havia pousado em cima dele com um pesado baque enquanto ele dormia. Uma onça-pintada, Bonpland pensou, mas quando Humboldt aproximou-se, viu que era apenas um gato domesticado de um povoado tribal das redondezas. Dois dias depois, Humboldt quase trombou com uma onça-pintada escondida na densa folhagem. Aterrorizado, Humboldt lembrou-se do que os seus guias lhe haviam ensinado. Devagar, sem correr nem mexer os braços, caminhou para trás e se afastou do perigo.

Os animais não eram o único risco. Humboldt quase morreu quando sua pele acidentalmente entrou em contato com um pouco de curare, veneno paralisante e mortífero (quando em contato com sangue) que ele recolhera de uma tribo indígena e que vazou do frasco e encharcou suas meias. As tribos usavam o curare como veneno em flechas e em seus disparos de zarabatanas, e Humboldt ficou fascinado pela potência do veneno. Foi o primeiro europeu a descrever sua preparação, mas isso quase lhe custou a vida. Tivesse colocado seus pés cheios de cortes e picadas de insetos nas meias, Humboldt teria sofrido uma agonizante morte por asfixia, pois o curare paralisa o diafragma e os músculos.

Apesar dos perigos, Humboldt ficou deslumbrado pela selva. À noite, adorava ouvir o coro dos macacos, identificando as diferentes vozes das várias espécies – que variavam dos urros ensurdecedores dos bugios, que ricocheteavam pela selva até grandes distâncias, aos suaves ruídos "quase parecidos com tons de flauta" e "resmungos resfolegados" dos outros. A floresta fervilhava de vida. Há "muitas vozes proclamando para nós que a natureza toda respira", Humboldt escreveu. Ao contrário da região agrícola no entorno do lago de Valência, era um mundo primitivo onde "o homem não perturba o curso da natureza".

Aqui ele podia efetivamente estudar animais que havia visto somente como espécimes empalhados nas coleções de história natural dos museus da Europa. Ele e seus homens capturavam aves e macacos, que mantinham em grandes cestos de caniços entrançados ou amarrados com longas cordas, na esperança de despachá-los para a Europa. Os macacos titi eram os favoritos de Humboldt. Pequeninos, de rabo comprido e pelagem macia e cinzenta, tinham o rosto branco que lembrava uma máscara em formato de coração, anotou Humboldt. Eram bonitos e de movimentos graciosos, pulando com facilidade de galho em galho, o que lhes rendeu seu nome em alemão, *Springaffe* – macaco saltador. Era extremante difícil capturar um macaco titi vivo. A única maneira, os homens descobriram, era matar a mãe com um disparo de dardo envenenado. O filhote não se soltava da mãe nem mesmo quando ela desabava da árvore. A equipe de Humboldt tinha de agir rápido e apanhar o filhote e separá-lo da mãe. Um dos jovens titis que eles aprisionaram era tão esperto que sempre tentava agarrar as gravuras dos livros científicos de Humboldt retratando gafanhotos e vespas. Para o espanto de Humboldt, o macaco parecia reconhecer as ilustrações que mostravam suas comidas favoritas – os insetos, por exemplo –, ao passo que desenhos de seres humanos e esqueletos de mamíferos não lhe interessavam.

Não existia lugar melhor para observar animais e plantas. Humboldt havia adentrado a mais magnífica rede de vida na Terra, um emaranhado de "forças ativas e orgânicas", como ele mais tarde escreveu. Deslumbrado, Humboldt saiu ao encalço de todos os fios da trama. Tudo comprovava o poder e a ternura da natureza, vangloriou-se Humboldt em uma carta que enviou à Europa, da jiboia que era capaz de "engolir um cavalo" ao minúsculo beija-flor equilibrando-se sobre uma delicada flor. Era um mundo que pulsava de vida, disse Humboldt, um mundo em que "o homem não é nada".

Certa noite, quando Humboldt foi mais uma vez acordado pela orquestra de gritos de animais, ele desvendou a reação em cadeia. Segundo seus guias indígenas, as eclosões de ruídos eram simplesmente os animais adorando a lua. Longe disso, pensava Humboldt, a cacofonia era uma "prolongada e continuamente amplificada batalha travada pelos animais". As onças-pintadas estavam em sua caçada noturna, espreitando tapires que escapavam ruidosamente entre a densa vegetação rasteira, o que por sua vez assustava os macacos que dormiam nas copas das árvores. Quando os macacos começavam a berrar, seu alvoroço despertava as aves e, assim, todo o reino animal. A vida se agitava em cada arbusto, na casca rachada das árvores e no solo. O tumulto todo, disse Humboldt, era resultado de "algum embate" nas profundezas da floresta tropical.

Durante suas andanças, Humboldt testemunhou incontáveis vezes essas batalhas. Capivaras precipitando-se para fora da água a fim de fugir das mandíbulas letais dos crocodilos e se deparando com as onças-pintadas que as aguardavam na beira da selva. Tinha sido a mesma coisa com os peixes-voadores que Humboldt havia observado em suas viagens marítimas: eles saltavam do oceano para evitar os dentes afiados dos golfinhos, mas eram abocanhados em pleno ar pelos albatrozes. Era a ausência do homem, apontou Humboldt, que permitia aos animais prosperarem com abundância, mas esse fato significativo era "limitado apenas por eles próprios" – por sua pressão mútua.

Era uma rede entrelaçada de vida em incessante e sangrenta batalha, ideia muito diferente da então preponderante visão da natureza como uma máquina bem azeitada em que cada animal e planta tinha uma função divinamente determinada e estava em uma localidade apropriada para cumprir da melhor forma sua finalidade. Carl Lineu, por exemplo, havia reconhecido a ideia de cadeia alimentar quando falou de cada espécie alimentando-se de sua própria presa: falcões comendo pequenas aves, pequenas aves alimentando-se de aranhas, aranhas comendo libélulas, libélulas comendo vespas, e vespas alimentando-se de pulgões – mas ele considerava essa cadeia um equilíbrio harmonioso. Cada animal e planta tinha um propósito dado por Deus e se reproduzia em conformidade com essa providência divina, no número exato para manter esse equilíbrio perpetuamente estável.

Entretanto, o que Humboldt viu não era nenhum éden. A "era de ouro acabou", ele escreveu. Os animais temiam-se uns aos outros e lutavam pela sobrevivência. E não eram apenas os animais; Humboldt notou também que vigorosas plantas trepadeiras estavam asfixiando árvores colossais na floresta. Ali não era a "mão destrutiva do homem", mas a competição das plantas por luz e nutrientes que limitava sua vida e seu crescimento.

À medida que a jornada de Humboldt e Bonpland prosseguia, invariavelmente sua tripulação indígena remava mais de doze horas por dia no calor mormacento. A correnteza era forte, e o rio tinha quase quatro quilômetros de largura. Até que, três semanas depois de seu barco ter sido lançado às águas no Apure e após dez dias no Orinoco, o rio estreitou. Eles estavam se aproximando das corredeiras de Atures e Maipures. Lá, mais de oitocentos quilômetros ao sul de Caracas, o Orinoco avançava gradualmente forçando passagem por uma cadeia de montanhas numa série de pequenos corredores de cerca de 140 metros de largura, circundados por enormes amontoados de matacões de granito cobertos por densa floresta. Ao longo de vários quilômetros, as correntezas despencavam em centenas de degraus pedregosos, a água rugindo e rodopiando e vomitando uma névoa perpétua que pairava sobre o rio. As rochas e ilhotas eram revestidas de viçosas e exuberantes plantas tropicais. Eram "majestosas cenas da natureza", Humboldt escreveu. Cenário mágico, mas também perigoso.

Um dia, um súbito vendaval emborcou o barco. Quando uma ponta da canoa começou a afundar, Humboldt conseguiu agarrar seu diário, mas livros e plantas secas foram catapultados para a água.

Ele teve certeza de que ia morrer. Sabendo que o rio estava repleto de crocodilos e cobras, todos entraram em pânico – exceto Bonpland, que permaneceu calmo e, com cabaças ocas, começou a retirar água da canoa. "Não se preocupe, meu amigo", disse ele a Humboldt, "ficaremos sãos e salvos". Bonpland demonstrou "aquela mesma frieza", Humboldt mais tarde escreveu, que ele sempre mostrava em situações adversas. No fim das contas, perderam apenas um livro e conseguiram secar suas plantas e diários. O piloto, porém, ficou perplexo com os homens brancos – os *blancos*, como se referiam a eles –, que pareciam mais preocupados com seus livros e coleções do que com a própria vida.

O maior inconveniente eram os mosquitos. Por mais fascinado que Humboldt estivesse com aquele estranho mundo, era impossível não se distrair pelos implacáveis ataques dos insetos. Os exploradores tentaram de tudo, mas nem roupas protetoras, nem fumaça adiantavam muita coisa, e abanar constantemente os braços e folhas de palmeira era inócuo. Humboldt e Bonpland sofriam picadas o tempo todo. A pele vivia inchada e coçando, e toda vez que eles conversavam, começavam a tossir e espirrar porque os mosquitos voavam diretamente para suas bocas e narinas. Dissecar uma planta ou observar os céus com os instrumentos era uma tortura. Humboldt desejava ter uma "terceira mão" para rechaçar os mosquitos; ele sempre tinha a sensação de que precisava largar ou o sextante ou uma de suas folhas.

Sob o permanente ataque dos mosquitos, Bonpland achava impossível secar as plantas ao ar livre, e passou a usar o que as tribos nativas chamavam de *hornitos* – pequenas câmaras sem janelas que faziam as vezes de fornos. Ele entrava engatinhando por uma baixa abertura no *hornito*, em que uma fogueira feita com galhos e folhas úmidos produzia uma considerável quantidade de fumaça – fabuloso contra os mosquitos, mas terrível para Bonpland. Uma vez lá dentro, ele fechava a estreita entrada e espalhava suas plantas. O calor era sufocante, e a fumaça, quase insuportável, mas qualquer coisa era melhor do que ser devorado pelos mosquitos. A expedição não era exatamente um "agradável cruzeiro", disse Humboldt.

Durante essa parte da jornada – no coração da floresta tropical úmida e na seção do Orinoco que corre ao longo da fronteira entre Venezuela e Colômbia, eles viram poucas pessoas. Quando passaram por uma missão, conheceram o padre Bernardo Zea, que ficou tão entusiasmado que se juntou à expedição atuando como guia, o que eles de bom grado aceitaram. Humboldt adquiriu mais alguns "membros da equipe", incluindo um mastim perdido, oito macacos, sete papagaios, um tucano, uma arara de penas roxas e diversas outras aves. Humboldt chamava essa coleção de animais de seu "zoológico itinerante". O instável barco era pequeno, e de modo a ganhar espaço para acomodar os animais bem como os instrumentos e baús, eles construíram uma plataforma de galhos enfeixados que se estendia por sobre a borda. Coberta por um teto baixo, a plataforma criou um espaço adicional, ainda que claustrofóbico. Humboldt e Bonpland passaram muitos dias confinados e estirados sobre essa plataforma, com as pernas expostas aos cruéis insetos, chuva e sol ardente. A sensação era de ser queimado vivo, Humboldt escreveu. Para um homem irrequieto como ele, era uma agonia.

Conforme avançavam mais e mais, a floresta foi ficando tão rente ao rio que era difícil encontrar lugar para armar os acampamentos noturnos. A comida estava acabando e eles filtravam com um trapo de linho a fétida água do rio. Comiam peixes, ovos de tartaruga e às vezes frutas, além de formigas defumadas esmagadas com farinha de mandioca, o que o padre Zea declarava ser um excelente patê de formiga. Quando não conseguiam encontrar comida, enganavam a fome ingerindo pequenas porções de pó de cacau seco. Durante três semanas eles remaram no sentido sul do Orinoco e depois seguiram mais ao sul para mais duas semanas numa malha entrecruzada de afluentes ao longo dos rios Atabapo e Negro. Por fim, quando chegaram ao ponto mais austral de sua expedição fluvial, com seu estoque de víveres próximo do fim, encontraram enormes nozes cuja casca abriam para se alimentar das nutritivas sementes – a magnífica castanha-do-pará, que Humboldt posteriormente introduziria na Europa.

Embora a comida fosse escassa, as riquezas florais abundavam. Para onde quer que voltassem os olhos, havia algo novo, mas a coleta

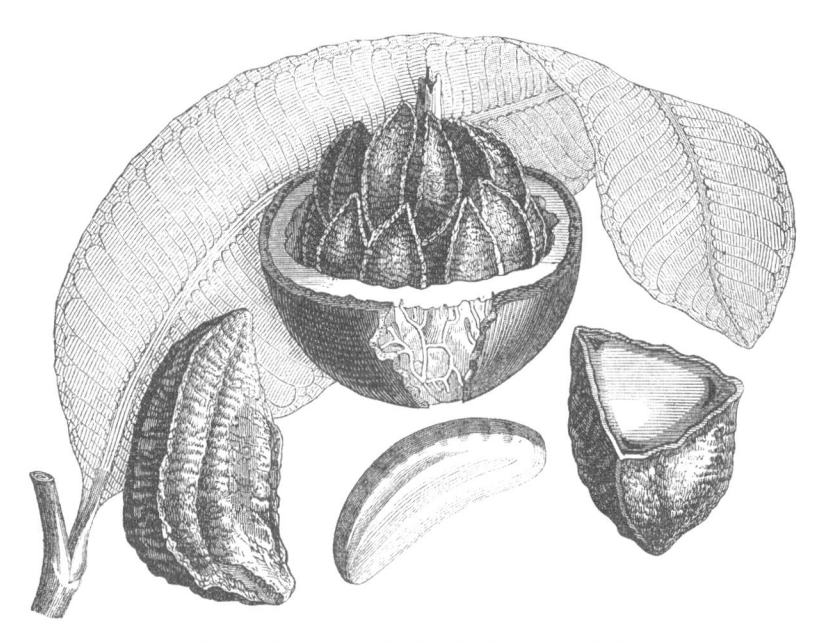

Castanha-do-pará (*Bertholletia excelsa*)

de plantas era geralmente frustrante. O que eles conseguiam recolher do chão da floresta era uma bagatela insignificante em comparação às esculturais flores que eles viam penduradas no alto no dossel das árvores – tentadoramente perto, mas longe demais para alcançar. E o que eles conseguiam pegar muitas vezes desintegrava-se diante de seus olhos na umidade. Bonpland perdeu a maior parte dos espécimes que, a duras penas, tinha secado nos *hornitos*. Eles escutavam pássaros que jamais conseguiam ver e animais que não eram capazes de capturar. Invariavelmente fracassavam na tentativa de descrevê-los de forma adequada. Os cientistas na Europa, ponderou Humboldt, ficariam decepcionados. Era uma lástima, ele escreveu em seu diário, que os macacos não abrissem a boca quando a canoa passava por eles, de modo que assim Humboldt pudesse "contar os dentes" dos primatas.

Humboldt estava interessado em tudo: plantas, animais, pedras e água. Tal qual um conhecedor de vinhos, ele experimentava a água dos vários rios. O Orinoco tinha um sabor singular que era particularmente repulsivo, ele apontou, ao passo que o sabor do rio

Apure sofria mudanças conforme o lugar e o Atabapo era "delicioso". Humboldt observava as estrelas e descrevia a paisagem, mostrava curiosidade acerca dos povos indígenas que encontrava e sempre queria aprender mais. Ficou fascinado pelo fato de que a natureza era objeto de culto e adoração dos índios, a quem considerava excelentes geógrafos, porque não se perdiam e eram capazes de encontrar o caminho mesmo embrenhados na selva mais cerrada. A seu ver, os índios eram os melhores observadores da natureza que ele já havia encontrado na vida. Conheciam cada planta e animal na floresta e tinham a capacidade de distinguir as árvores somente pelo sabor da casca – prática que Humboldt tentou e fracassou de maneira retumbante. Para o seu paladar, todas as quinze árvores que ele experimentou tinham exatamente o mesmo gosto.

Diferentemente da maioria dos europeus, Humboldt não considerava os povos indígenas como bárbaros, mas ficou encantado por sua cultura, crenças e línguas. A bem da verdade, falou da "barbárie do homem civilizado", depois de constatar a forma como os nativos eram tratados pelos colonos e missionários. Quando regressou à Europa, Humboldt levou consigo um retrato inteiramente novo dos assim chamados "selvagens".

Sua única frustração resultava das ocasiões em que os índios não conseguiam responder às suas inúmeras perguntas – formuladas por meio de uma sucessão de intérpretes, já que uma língua local tinha de ser traduzida para outra e depois outra até que alguém conhecesse essa língua tão bem quanto o espanhol. O conteúdo invariavelmente se perdia na tradução, e os índios limitavam-se apenas a sorrir e fazer que sim com a cabeça. Não era o que Humboldt queria, e ele os acusava de "indolente indiferença", embora aceitasse o fato de que deviam estar "cansados das nossas perguntas". Para essas sociedades tribais, disse Humboldt, os europeus deviam parecer "sempre apressados" e "acossados por demônios".

Certa noite chovia a cântaros e Humboldt estava deitado em sua rede amarrada a palmeiras na selva. Os cipós e plantas trepadeiras formavam um escudo protetor bem acima de sua cabeça. Humboldt olhou para o que parecia ser uma treliça natural decorada com as longas floradas alaranjadas de helicônias pendentes e outras flores de formatos estranhos. A fogueira do acampamento iluminava essa abóbada natural, a luz das labaredas lambendo os troncos das palmeiras até dezoito metros de altura. As floradas rodopiavam num vaivém rente a essas iluminações bruxuleantes, enquanto a fumaça branca do fogo espiralava adentrando o céu, que permanecia invisível atrás da folhagem. Era uma cena "encantadoramente bela", Humboldt escreveu.

Ele descrevera as corredeiras do Orinoco "iluminadas pelos raios do sol poente" como se um rio feito de névoa estivesse "suspenso sobre seu leito". Embora sempre fizesse medições e registros, Humboldt também escreveu sobre como "arcos coloridos reluzem, desvanecem e reaparecem" nas formidáveis corredeiras e sobre a lua "cingida por anéis coloridos". Mais tarde, Humboldt deleitou-se com a superfície escura do rio que durante o dia refletia como um perfeito espelho as plantas vergadas sob o peso de flores nas ribanceiras e, à noite, as constelações austrais. Nenhum cientista jamais havia se referido à natureza dessa forma. "O que fala à alma escapa das nossas medições", disse Humboldt. Não era a natureza como um sistema mecânico, mas um mundo novo e eletrizante, repleto de deslumbramentos. Vendo a América do Sul com os olhos que Goethe lhe dera, Humboldt ficou extasiado.

Menos agradáveis eram as notícias que ele ouvia dos missionários que ia conhecendo na jornada: aparentemente o fato de que o Cassiquiare ligava o Amazonas e o Orinoco era bem conhecido na região fazia muitas décadas. A única coisa que restava a Humboldt era mapear corretamente o curso do rio. Em 11 de maio de 1800, eles finalmente encontraram a entrada do Cassiquiare. O ar estava tão saturado de umidade que Humboldt não conseguia enxergar nem o sol nem as estrelas – sem os quais não seria capaz de determinar a posição geográfica do rio, e consequentemente seu mapa não seria acurado. Mas quando seu guia indígena previu céu límpido, eles seguiram adiante, a nordeste. Durante as noites, tentavam dormir nas redes ao longo das ribanceiras, mas era impossível descansar. Certa noite, foram perseguidos por colunas de formigas que escalavam as cordas das redes, e nas outras foram atormentados pelos mosquitos.

Quanto mais remavam rio adentro, mais densa ficava a vegetação. O talude era como uma "paliçada" viva, na descrição de Humboldt, muralhas verdes cobertas de folhas e cipós. Em pouco tempo eles já não conseguiam mais encontrar um lugar para dormir, tampouco podiam sair da canoa para pisar em terra firme. Pelo menos o tempo estava melhorando, e Humboldt teve condições de fazer as observações necessárias para seu mapa. Então, dez dias depois de terem começado a navegar no Cassiquiare, chegaram novamente ao Orinoco – os missionários estavam certos. Não tinha sido necessário percorrer uma enorme distância no sentido sul até o Amazonas, porque Humboldt provou que o Cassiquiare era um canal natural entre o Orinoco e o rio Negro. Uma vez que o rio Negro era tributário do Amazonas, estava claro que as duas grandes bacias hidrográficas estavam de fato interligadas. E embora não tivesse "descoberto" o Cassiquiare, Humboldt desenhou um detalhado mapa do complexo sistema de afluentes desses rios. Seu mapa foi uma considerável melhoria em relação a todos os anteriores, que, de acordo com ele, eram tão fantasiosos como se "tivessem sido inventados em Madri".

Em 13 de junho de 1800, tendo disparado rio abaixo no sentido norte e depois a leste ao longo do Orinoco por mais três semanas, a expedição chegou a Angostura (atual Ciudad Bolívar), uma pequena e movimentada cidade às margens do Orinoco, pouco menos de quatrocentos quilômetros ao sul de Cumaná. Depois de 75 dias e 2.250 quilômetros de uma exaustiva viagem fluvial, Angostura – com seus 6 mil habitantes – tinha ares de metrópole para Humboldt e Bonpland. Até mesmo a mais humilde habitação parecia magnífica, e as mais triviais comodidades tornaram-se um luxo. Eles lavaram suas roupas, separaram e organizaram suas coleções e se prepararam para a jornada de volta pelos Llanos.

Eles tinham sobrevivido a mosquitos, onças-pintadas, fome e outros perigos, mas quando pensavam que o pior havia passado, Bonpland e Humboldt foram subitamente acometidos por uma violenta febre. Humboldt recuperou-se rapidamente, mas Bonpland logo se viu entre a vida e a morte. Após duas longas semanas, a febre aos poucos amainou, mas foi substituída por disenteria. Iniciar uma longa jornada pelos Llanos no meio da estação chuvosa seria perigoso demais para Bonpland.

Eles esperaram um mês em Angostura até que Bonpland recobrasse forças suficientes para a viagem até o litoral, onde pretendiam pegar um barco com destino a Cuba e de lá seguir para Acapulco, no México. Mais uma vez os baús e caixas foram acomodados nos lombos de mulas, com jaulas de macacos e gaiolas de papagaios penduradas nas laterais. As recém-adquiridas coleções acrescentaram tanto peso à bagagem que agora o avanço era tediosamente moroso. No final de julho de 1800, eles saíram da Floresta Amazônica para o campo aberto dos Llanos. Após semanas embrenhados na selva cerrada, onde as estrelas apareciam como se vistas do fundo de um poço, foi uma revelação. Humboldt teve uma sensação de liberdade tão grande que sentiu o desejo de sair galopando pelas vastas planícies. A sensação de "ver" tudo ao seu redor parecia algo completamente novo. "A infinitude de espaço, como disseram os poetas em todas as línguas", Humboldt agora pensou, "está refletida em nós mesmos".

Nos quatro meses desde que haviam visto pela primeira vez os Llanos, a estação de chuvas tinha transformado as outrora desoladas estepes em uma parcial paisagem marítima, em que enormes lagos e rios cheios estavam circundados de gramíneas novas. Mas quando "o ar se converteu em água", ficou mais quente do que durante sua primeira travessia. As ervas e floradas espalharam sua doce fragrância por toda a vastidão, onças-pintadas escondiam-se na grama alta e milhares de aves cantavam nas primeiras horas do amanhecer. A uniformidade plana dos Llanos só era interrompida por um ou outro buriti (*Mauritia flexuosa*). Altas e finas, essas árvores esparramavam suas frondes digitifoliadas como imensos leques. Agora elas estavam carregadas de reluzentes e avermelhados frutos comestíveis que fizeram Humboldt lembrar-se de pinhões e que pareciam atrair especialmente seus macacos, que estendiam as mãos entre as barras das jaulas para agarrar os frutos. Humboldt já vira a palmeira de buriti na Floresta Amazônica, mas nos Llanos elas tinham uma função singular.

Palmeiras de buriti (*Mauritia flexuosa*)

"Observamos, com assombro, como muitas coisas estão inter-relacionadas à existência de uma única planta", Humboldt relatou. Os frutos do buriti atraíam pássaros, as folhas serviam de anteparo para o vento, e o solo que tinha sido trazido pela ação dos ventos e se acumulava atrás dos troncos retinha mais umidade do que em qualquer outra parte dos Llanos, propiciando abrigo a insetos e minhocas. A mera visão dessas palmeiras, pensou Humboldt, produzia uma sensação de "frescor". Essa única árvore, disse ele, "dissemina a vida por toda parte no deserto". Humboldt descobrira a ideia de uma "espécie-chave" – uma espécie cujo impacto é essencial para um ecossistema, da mesma forma que um alicerce ou viga mestra é fundamental em uma abóbada – quase duzentos anos antes de o conceito ter sido nomeado. Para Humboldt, a palmeira de buriti era a "árvore da vida" – o símbolo perfeito da natureza como um organismo vivo.

6
CRUZANDO OS ANDES

Depois de seis meses de uma extenuante viagem em meio à Floresta Amazônica e pelos Llanos, Humboldt e Bonpland retornaram a Cumaná no final de agosto de 1800. Estavam exaustos, mas tão logo recobraram as forças e organizaram suas coleções, partiram novamente. No final de novembro, velejaram para o norte com destino a Cuba, onde chegaram em meados de dezembro. Certa manhã em Havana, no início de 1801, quando os dois exploradores já estavam se preparando para zarpar rumo ao México, Humboldt abriu os jornais e leu uma matéria que o fez mudar de planos. O jornal noticiava que o capitão Nicolas Baudin, a cuja expedição ele tentara se juntar anos antes na França, estava de fato navegando ao redor do mundo. Em 1798, quando Humboldt havia tentado encontrar uma passagem para sair da Europa, o governo francês não tinha dinheiro para financiar a viagem, mas agora, pelo que Humboldt lera, Baudin estava aparelhado com dois navios – o *Géographe* e o *Naturaliste* – e estava a caminho da América do Sul, de onde zarpariam para a Austrália atravessando o Pacífico Sul.

A rota mais óbvia para Baudin seria fazer uma parada em Lima, supôs Humboldt, que calculou que, se tudo corresse conforme o planejado, o *Géographe* e o *Naturaliste* provavelmente chegariam lá no final de 1801. O tempo era curto, mas Humboldt decidiu que, em vez de ir para o México, tentaria juntar-se a Baudin no Peru e seguir viagem para a Austrália. Claro que Humboldt não dispunha de meios para avisar Baudin de onde e quando seria o encontro, tampouco sabia sequer se o capitão viajaria de fato via Lima ou se a bordo do navio haveria espaço para dois cientistas adicionais. Contudo, quanto mais obstáculos apareciam em seu caminho, "mais eu me apressava em superá-los".

De modo a garantir a segurança de suas coleções e a fim de que não precisassem carregá-las ao redor do mundo, agora Humboldt e Bonpland começaram, freneticamente, a fazer cópias de suas anotações e manuscritos. Organizaram e empacotaram tudo que haviam acumulado ao longo dos últimos dezoito meses e despacharam o carregamento para a Europa. "Era bastante incerto, quase improvável", Humboldt escreveu a um amigo em Berlim, que ele e Bonpland sobrevivessem a uma viagem de circum-navegação do globo. Fazia sentido tentar enviar à Europa pelo menos parte de seus tesouros. Tudo que eles mantiveram consigo fora um pequeno herbário – um livro repleto de espécimes de plantas prensados juntamente com informações acerca de suas propriedades –, para que pudessem comparar novas espécies que viessem a encontrar. Uma filoteca maior ficaria em Havana, aguardando que eles retornassem.

Uma vez que as nações europeias ainda estavam em guerra, as viagens marítimas continuavam sendo empreitadas perigosas, e Humboldt temia que seus valiosos espécimes pudessem ser capturados por uma das muitas embarcações inimigas. A fim de minimizar o risco, Bonpland sugeriu separarem a coleção. Uma imensa remessa foi despachada para a França e outra para a Alemanha via Inglaterra, com instruções de que, caso apreendida pelo inimigo, fosse encaminhada para Joseph Banks em Londres. Desde seu retorno da viagem do Endeavour de Cook, trinta anos antes, Banks havia criado uma ampla rede global de coleta de plantas, de alcance tão abrangente que capitães de navios de todas as nações sabiam seu nome. Além disso, Banks sempre havia tentado ajudar cientistas franceses providenciando-lhes passaportes, a despeito das Guerras Napoleônicas, com a convicção de que a comunidade internacional de cientistas transcendia a guerra e os interesses nacionais. "A ciência de duas Nações pode ficar em Paz", disse ele, "enquanto a sua Política está em guerra". Os espécimes de Humboldt estariam a salvo com Banks.[1]

Humboldt despachou cartas para a Europa assegurando a seus amigos que estava feliz e mais saudável do que nunca. Descreveu em detalhes suas aventuras, dos perigos das onças-pintadas e cobras às gloriosas paisagens tropicais e estranhas flores. Humboldt foi incapaz de resistir à tentação de terminar uma carta para a esposa de um de seus amigos mais próximos com: "E você, minha cara, como vai sua monótona vida?".

Assim que as cartas foram postadas e as coleções despachadas, em meados de março de 1801, Humboldt e Bonpland partiram de Cuba para Cartagena, na costa norte de Nova Granada[2] (atual Colômbia). Chegaram duas semanas depois. Mais uma vez, entretanto, Humboldt acrescentou um desvio – ele não apenas tentaria chegar a Lima no final de dezembro para encontrar-se com a expedição de Baudin, mas o faria por via terrestre e não por via marítima, que seria uma rota mais fácil. No caminho, Humboldt e Bonpland cruzariam, escalariam e investigariam os Andes – a cadeia contínua de montanhas que se estende de norte a sul em diversas espinhas dorsais ao longo de toda a vertente ocidental da América do Sul; a cordilheira cobre mais de 7.200 quilômetros desde a Venezuela e Colômbia, no norte, até a Terra do Fogo, na extremidade sul do continente. Era a mais extensa cadeia de montanhas do mundo, e Humboldt queria escalar o Chimborazo, um belo vulcão de cume nevado ao sul de

---

[1] Desde Cumaná, em novembro de 1800, Humboldt já havia enviado a Banks pacotes de sementes para o Kew Gardens, bem como algumas de suas observações astronômicas. E Banks continuou a ajudar Humboldt. Mais tarde ele recuperaria – com um capitão inglês que tinha capturado a embarcação francesa – uma das caixas de Humboldt abarrotadas de espécimes de rochas dos Andes.

[2] O Império espanhol na América Latina era dividido em quatro vice-reinos e alguns poucos distritos autônomos, tais como a Capitania Geral da Venezuela. O vice-reino da Nova Granada abrangia boa parte da porção norte da América do Sul, cobrindo os atuais Panamá, Equador e Colômbia, bem como parte do noroeste do Brasil, norte do Peru e Costa Rica.

Quito, no atual Equador. A quase 6.400 metros de altitude, o Chimborazo era tido como a montanha mais alta do mundo.

Essa jornada de cerca de 4 mil quilômetros de Cartagena a Lima os levaria às mais inóspitas paisagens imagináveis, testando até o extremo os seus limites físicos. O chamariz era que percorreriam regiões onde nenhum cientista jamais tinha ido antes. "Quando se é jovem e ativo", disse Humboldt, era fácil não pensar demais acerca das incertezas e perigos envolvidos. Se quisessem encontrar Baudin em Lima, tinham menos de nove meses. Primeiro viajariam de Cartagena ao longo do rio Madalena na direção de Bogotá – atual capital da Colômbia –, de onde marchariam pelos Andes até Quito e depois mais ao sul até Lima. Mas "todas as dificuldades", disse Humboldt, "podem ser sobrepujadas com energia".

A caminho do sul, Humboldt quis conhecer também o célebre botânico José Celestino Mutis, que vivia em Bogotá. Aos 69 anos, Mutis havia chegado da Espanha quatro décadas antes e conduzira diversas expedições pela região. Nenhum outro botânico conhecia tão bem a flora sul-americana, e em Bogotá Humboldt esperava comparar suas coleções às que Mutis acumulara durante sua longa carreira. Embora tivesse ouvido que Mutis podia ser uma pessoa difícil e circunspecta, Humboldt tinha a esperança de que ganharia sua simpatia. "Mutis, tão perto!", Humboldt pensou quando chegaram a Cartagena, de onde enviou ao botânico "uma carta muito artificial", guarnecida com elogios e bajulação. Humboldt escreveu a Mutis alegando que a única razão pela qual não seguira de barco de Lima para Cartagena, mas em vez disso escolhera uma rota muito mais árdua pelos Andes, era encontrá-lo em Bogotá no meio do caminho.

Em 6 de abril, a expedição deixou Cartagena para alcançar o rio Madalena, cerca de cem quilômetros a leste. Os homens adentraram densas florestas iluminadas por vagalumes, seus "postes de sinalização" no breu, conforme definiu Humboldt – e passaram algumas noites terríveis dormindo sobre seus casacos no chão duro. Duas semanas depois, empurraram as canoas pelo Madalena e viajaram no sentido sul, na direção de Bogotá. Durante quase dois meses remaram rio acima, contra uma violenta correnteza e ao longo de florestas fechadas que guarneciam o rio. Estavam na estação chuvosa, e mais uma vez encontraram crocodilos, mosquitos e umidade insuportável. Em 15 de junho, chegaram a Honda, uma pequena cidade portuária com cerca de 4 mil habitantes, menos de 160 quilômetros a noroeste de Bogotá. Agora tinham de subir o vale do rio ao longo de trilhas acidentadas e escarpadas até um planalto de cerca de 2.700 metros de altura onde se situava Bogotá. Bonpland lutou contra o ar rarefeito – sentia-se nauseado e febril. Após uma viagem exaustiva, a chegada a Bogotá em 8 de julho de 1801 foi triunfal.

Recebidos por Mutis e os luminares da cidade, os homens viram-se escoltados de um banquete para o outro. Fazia décadas que ninguém via tantos festejos em Bogotá. Humboldt jamais fora grande apreciador de cerimoniais rígidos, mas Mutis explicou que todas aquelas solenidades ritualísticas teriam de ser aturadas em nome do vice-rei e das autoridades e figurões da cidade. Depois disso, no entanto, o velho botânico abriu seus armários. Mutis mantinha também um estúdio de ilustração botânica no qual 32 artistas, alguns deles indígenas, futuramente produziriam 6 mil diferentes aquarelas de plantas nativas. Melhor ainda, Mutis era dono de tantos livros de botânica, segundo o que Humboldt escreveu para seu irmão, que sua coleção só era superada pela biblioteca de Joseph Banks, em Londres. Esse acervo era um recurso inestimável, porque fazia dois anos que Humboldt havia deixado a Europa e era a primeira vez que tinha a oportunidade de folhear uma vasta seleção de livros, consultando, comparando e fazendo remissões a suas próprias referências. A visita trouxe vantagens para ambos os homens. Mutis ficou lisonjeado porque pôde ostentar, orgulhoso, o fato de que um cientista europeu havia feito um perigoso desvio de rota apenas para vê-lo, ao passo que Humboldt recebeu as informações botânicas de que precisava.

No entanto, assim que se preparavam para deixar Bogotá, Bonpland foi vitimado por uma recaída de febre. Precisou de várias semanas para se recuperar, o que os deixou com menos tempo ainda para cruzar os Andes a caminho de Lima. Em 8 de setembro, exatamente dois meses após sua chegada, por fim despediram-se de Mutis, que lhes deu tanta comida que suas três mulas sofreram para carregar tudo. O restante da bagagem foi dividido entre outras oito mulas e bois, mas os instrumentos mais delicados foram transportados por cinco carregadores, *cargueros* locais, bem como por José, o criado que os acompanhava durante os dois últimos anos. Estavam prontos para os Andes, embora as condições climáticas não pudessem estar piores.

Partindo de Bogotá, os dois cientistas cruzaram a primeira cadeia de montanhas ao longo do passo de Quindío, uma trilha a quase 3.650 metros de altitude conhecida como a mais perigosa e difícil dos Andes. Enfrentando tempestades, chuva e nevascas, os homens caminharam ao longo de uma trilha enlameada que em muitos pontos tinha apenas vinte centímetros de largura. "Estas são as trilhas dos Andes", Humboldt escreveu em seu diário, "às quais a pessoa tem de confiar os seus manuscritos, instrumentos [e] coleções". Ele ficou admirado de ver como as mulas conseguiam equilibrar-se, embora fosse mais um "arremedo de queda", descreveu Humboldt, do que um caminhar. Em dado momento, perderam os peixes e répteis do rio Madalena que haviam preservado, quando todos os potes

Atravessando os Andes montado no lombo de mulas

acabaram se espatifando. Em questão de dias seus sapatos ficaram reduzidos a frangalhos pelos brotos de bambu que cresciam na lama, e eles tiveram de prosseguir descalços.

O avanço rumo ao sul na direção de Quito, em meio a montanhas e vales, foi lento. Alternando-se entre altitudes elevadas e mais baixas, os homens marcharam sob ferozes nevascas antes de descer e adentrar o tórrido calor das florestas tropicais. Em alguns momentos, atravessavam ravinas tão escuras e profundas que precisavam agarrar-se às rochas e seguir adiante às cegas; em outras ocasiões, percorriam prados ensolarados nos vales. Em certas manhãs, os picos nevados sobressaíam em contraste com uma imaculada cúpula azul, e em outras os homens eram embrulhados em nuvens tão espessas que não conseguiam enxergar coisa alguma. Pairando bem acima deles, enormes condores andinos abriam suas asas de três metros de envergadura enquanto deslizavam solitários pelo céu – solenemente negros, exceto pelo colar de plumas brancas e suas asas de franjas brancas, que reluziam "feito espelhos" tendo como pano de fundo o sol do meio-dia. Certa noite, mais ou menos no meio do caminho entre Bogotá e Quito, eles avistaram o vulcão Pasto expelindo labaredas que iluminavam o breu.

Humboldt jamais havia estado tão distante de casa. Se morresse naquele momento, seus amigos e familiares demorariam meses e até mesmo anos para descobrir. E Humboldt não tinha a menor ideia do que eles todos estariam fazendo. Wilhelm ainda estava em Paris, por exemplo? Ou seu irmão e Caroline haviam se mudado de volta para a Prússia? Quantos filhos tinham agora? Desde que zarpara da Espanha, dois anos e meio antes, Humboldt tinha recebido apenas uma carta de Wilhelm e duas de um velho amigo – e isso já fazia mais de um ano. Em algum lugar entre Bogotá e Quito a sensação de solidão de Humboldt tornou-se tão intensa que ele compôs uma longa carta para Wilhelm, descrevendo minuciosamente suas aventuras desde sua chegada à América do Sul. "Não me canso de escrever cartas para a Europa", foi sua primeira linha. Ele sabia que era improvável que a missiva chegasse a seu destino, mas isso não importava. Escrever daquele remoto vilarejo andino em que os homens se encontravam naquela noite era o mais próximo que Humboldt conseguia chegar de um diálogo com seu irmão.

No dia seguinte, os homens acordaram cedo para continuar a jornada. Por vezes passavam ao longo de trilhas tão estreitas, em meio a precipícios que despencavam centenas de metros, que os valiosos instrumentos e as coleções nos lombos das mulas pendiam precariamente sobre o abismo. Esses momentos eram especialmente tensos para José, responsável pelo barômetro, o aparelho mais importante da expedição, porque Humboldt necessitava dele para determinar a altitude das montanhas. O barômetro era um comprido bastão de madeira dentro do qual havia sido inserido um tubo de vidro que continha mercúrio. E embora Humboldt tivesse projetado uma caixa protetora para esse barômetro especial de viagem, o vidro ainda podia quebrar-se facilmente. O instrumento custara a Humboldt doze táleres, mas ao término da expedição de cinco anos o preço tinha aumentado para oitocentos táleres, segundo o cálculo que o próprio Humboldt fez mais tarde, se acrescentasse todo o dinheiro gasto em salários para as pessoas incumbidas de transportar o instrumento a salvo por toda a América Latina.

Dos diversos barômetros que Humboldt possuía, somente este permanecia intacto. Poucas semanas antes, quando o penúltimo havia sido despedaçado no trajeto entre Cartagena e o rio Madalena, Humboldt ficou tão deprimido que desabou no chão, no meio de uma pequena praça de cidadezinha. Deitado de costas e fitando o céu, tão longe de casa e dos fabricantes europeus de instrumentos, ele declarou: "Felizes os que viajam sem instrumentos que quebram". Como diabos, Humboldt se perguntou, ele poderia medir e comparar as montanhas do planeta sem suas ferramentas?

Quando finalmente chegaram a Quito, no início de janeiro de 1802, 2.090 quilômetros e nove meses depois de terem deixado Cartagena, os dois cientistas receberam a notícia de que os informes sobre o capitão Baudin estavam equivocados. No fim das contas, Baudin não estava navegando para a Austrália via América do Sul, mas em vez disso rumava para o cabo da Boa Esperança, na África do

Sul, e de lá seguiria para o oceano Índico. Qualquer outro homem teria se desesperado, mas não Humboldt. Pelo menos agora não havia pressa para chegar a Lima, Humboldt pensou, o que lhe dava tempo para escalar todos os vulcões que ele queria investigar.

Uma vista de Quito, base de Humboldt durante vários meses

Humboldt estava interessado em vulcões por dois motivos específicos. O primeiro, averiguar se os vulcões eram ocorrências "locais" ou se, subterraneamente, estavam interligados uns aos outros. Se não eram apenas fenômenos locais, mas em vez disso consistiam de grupos ou aglomerados que se estendiam por longas distâncias, era possível que se interligassem através do núcleo do planeta. O segundo motivo era que o estudo dos vulcões talvez fornecesse uma resposta sobre como a própria Terra havia sido criada.

No final do século XVIII, os cientistas tinham começado a sugerir que a Terra devia ser mais antiga do que a Bíblia dizia, mas não conseguiam chegar a um consenso com relação à data de formação do planeta. Os chamados "netunistas" acreditavam que a água teria sido a principal força, criando rochas por sedimentação, lentamente dando forma a montanhas, minerais e formações geológicas a partir de um oceano primordial. Já os "vulcanistas" (ou "plutonistas") argumentavam que tudo havia se originado por meio de eventos catastróficos tais como erupções vulcânicas. O pêndulo ainda oscilava entre esses dois conceitos. Um problema com o qual os cientistas europeus lidavam era o fato de que seu conhecimento estava quase que inteiramente limitado aos dois únicos vulcões ativos na Europa – o Etna e o Vesúvio, ambos na Itália. Agora Humboldt tinha a chance de investigar mais vulcões do que qualquer outra pessoa. Ficou tão fascinado pelos vulcões como peça-chave para a compreensão da Terra que, mais tarde, Goethe fez piada, numa carta em que apresentava uma amiga a Humboldt: "Já que você pertence aos naturalistas que acreditam que tudo foi criado por vulcões, encaminho a você um vulcão feminino que chamusca e queima completamente toda e qualquer coisa que tenha sobrado".

Já que o plano de integrar a expedição de Baudin havia falhado, Humboldt usara sua nova base estabelecida em Quito como ponto de partida para escalar sistematicamente todos os vulcões que fossem acessíveis, por mais perigosos que fossem. Mantinha-se tão atarefado que causou alguma consternação nos salões da alta sociedade equatoriana. Sua bela aparência havia chamado a atenção de diversas jovens solteiras de Quito, ainda que ele "nunca ficasse mais do que o tempo necessário" nos jantares ou outros eventos sociais, disse Rosa Montúfar, a filha do governador provincial e uma notável beldade. Humboldt preferia ficar ao ar livre, queixou-se ela, em vez de desfrutar a companhia de mulheres atraentes.

A ironia era que o bonito irmão de Rosa, Carlos Montúfar, tornara-se companheiro de Humboldt – um padrão de amizade que sempre se repetiria. Ele nunca se casou – a bem da verdade, certa vez disse a uma mulher que um homem casado era sempre "um homem perdido" –, tampouco parece ter tido qualquer relacionamento íntimo com mulheres. Ao contrário, Humboldt manteve paixonites regulares por seus amigos homens, a quem escrevia cartas em que confessava seu amor "imorredouro" e "ardoroso". E embora vivesse em uma época em que não era comum que os homens declarassem sentimentos de ardente paixão em suas amizades platônicas, as declarações de Humboldt tendiam a ser veementes. "Eu estava preso a você como se acorrentado a grilhões de ferro", ele escreveu a um amigo, e chorou copiosamente por muitas horas quando se separou de outro.

Houve duas amizades particularmente intensas nos anos que antecederam a jornada de Humboldt à América do Sul. Durante toda a sua vida ele teve relacionamentos em que não apenas declarou seu amor, mas também demonstrou uma submissão, para ele, incomum. "Meus planos estão subordinados aos seus", ele escreveu a um amigo, e "você pode me dar ordens e mandar em mim, como em uma criança, e sempre encontrará obediência sem queixumes". A relação com Bonpland, por outro lado, era bastante diferente. Bonpland era uma "boa pessoa", Humboldt escrevera a um amigo na véspera da partida da Espanha, mas "tratou-me com acentuada frieza nos últimos seis meses, o que significa que com ele tenho uma relação apenas científica". O comentário explícito de que Bonpland era *apenas* um colega cientista talvez fosse uma indicação de como Humboldt nutria sentimentos diferentes em relação a outros homens.

Contemporâneos apontaram a "falta de amor verdadeiro de Humboldt por mulheres", e mais tarde um jornal insinuou que ele talvez fosse homossexual, em um artigo que mencionava seu "sócio oculto". Caroline von Humboldt disse que "nada que não venha de homens jamais terá uma grande influência sobre Alexander". Mesmo 25 anos após a morte de Humboldt, o poeta alemão Theodor Fontane queixou-se de uma biografia que não mencionava as "irregularidades sexuais" de Humboldt.

Aos 22 anos, Carlos Montúfar era dez anos mais jovem que Humboldt, tinha cabelos pretos cacheados e olhos quase negros e caminhava todo empertigado e altivo. Durante muitos anos permaneceria ao lado de Humboldt. Montúfar não era cientista, mas aprendia rápido, e Bonpland certamente não parece ter se incomodado com a adição de mais um membro à sua equipe. Outras pessoas, porém, encaravam com algum ciúme a amizade. O botânico e astrônomo sul-americano José de Caldas conhecera Humboldt alguns meses antes a caminho de Quito e foi delicadamente rejeitado quando pediu para se juntar à expedição. Aborrecido, Caldas escreveu a Mutis em Bogotá afirmando que Montúfar tinha se tornado o "Adônis" de Humboldt.

Humboldt jamais explicou explicitamente a natureza dessas amizades masculinas, mas é provável que elas tenham ficado circunscritas ao reino das relações platônicas, porque ele próprio admitiu que "Eu não conheço necessidades sensuais". Em vez disso, Humboldt escapava para os ermos ou se lançava em vigorosas e laboriosas atividades. O grande empenho físico o deixava animado, e a natureza, Humboldt declarou, acalmava as "indômitas ânsias de paixão". E, mais uma vez, Humboldt estava se extenuando. Escalou dezenas de vulcões – às vezes com Bonpland e Montúfar, outras sem os colegas, mas sempre com José carregando o precioso barômetro. Durante os cinco meses seguintes, Humboldt escalou todos os vulcões acessíveis desde sua base em Quito.

Um deles foi o Pichincha, vulcão a oeste de Quito, onde o pobre José de repente afundou e quase desapareceu dentro de uma ponte de neve que cobria uma profunda fenda. Por sorte ele conseguiu sair sozinho do buraco (salvando também o barômetro). Depois disso, Humboldt continuou até o cume, onde se deitou em uma estreita saliência de pedra que formava uma sacada natural sobre a profunda cratera. A cada dois ou três minutos, violentos tremores sacudiam essa pequena plataforma, mas Humboldt se manteve imperturbável e rastejou até a borda a fim de espiar dentro da funda abertura do Pichincha. No interior do vulcão bruxuleavam chamas azuladas, e Humboldt quase foi sufocado pelos vapores sulfúricos. "Nenhuma imaginação seria capaz de evocar algo tão sinistro, desolado e letal quanto o que vimos lá", disse ele.

Ele tentou escalar também o Cotopaxi, vulcão em perfeito formato de cone que, a mais de 5.790 metros de altitude, é a segunda montanha mais alta do Equador. Mas a neve e as íngremes encostas impediram Humboldt de subir a mais de 4.400 metros. Embora não tenha conseguido chegar ao cume, a visão do Cotopaxi coberto de neve erguendo-se solitário em contraste com a "abóbada azul-celeste do Céu" perduraria como uma das cenas mais majestosas que Humboldt tinha visto em sua vida. O formato do Cotopaxi era tão perfeito e sua superfície parecia tão lisa e plana, Humboldt escreveu em seu diário, que era como se um marceneiro a tivesse fabricado em seu torno mecânico.

Em outra ocasião, Humboldt e sua pequena equipe seguiram um antigo riacho de lava congelado que enchia um vale abaixo do Antisana, um vulcão que se erguia a 5.704 metros. À medida que subiam, as árvores e arbustos foram ficando menores até que chegaram à linha das árvores e adentraram o assim chamado páramo acima. Amarronzadas e agrupadas em moitas e tufos, as gramíneas do gênero estipa que cresciam ali conferiam à paisagem um aspecto quase árido, mas olhando mais de perto era possível ver que o chão estava coberto por minúsculas flores coloridas espremidas dentro de pequenas rosetas de folhas verdes. Os homens encontraram pequenos lupinos e diminutas gencianas que formavam suaves almofadas musgosas. Para onde quer que os homens olhassem, delicadas floradas roxas e azuis salpicavam o chão.

Fazia também um frio terrível e ventava tanto que Bonpland caiu diversas vezes quando se inclinava para colher flores. Vendavais fustigavam rajadas que eram "agulhadas de gelo" no rosto dos homens. Antes da subida final ao cume do Antisana, eles tiveram de passar a noite no que Humboldt definiu como "a residência mais alta do mundo", um baixo casebre de sapê a 3.962 metros que pertencia a um proprietário de terras local. Aninhada nas concavidades de um planalto levemente ondulado, com o pico do Antisana por trás, a localização da choça era impressionante. No entanto, padecendo dos sintomas do mal das montanhas, de frio, sem comida nem velas, os homens enfrentaram uma de suas noites mais sofridas e deploráveis.

Nessa noite, Carlos Montúfar adoeceu e passou tão mal que Humboldt, que com ele dividia a cama, ficou muito preocupado. Durante toda a madrugada, Humboldt se levantou inúmeras vezes para buscar água e aplicar compressas. Ao amanhecer, Montúfar já havia se recuperado o suficiente para acompanhar Humboldt e Bonpland em sua escalada final. Chegaram a quase a 5.400 metros – mais alto,

Humboldt anotou com alegria, que dois cientistas franceses, Charles-Marie de la Condamine e Pierre Bouguer, que exploraram aquela parte dos Andes na década de 1730 a fim de medir o formato da Terra. Eles haviam subido a pouco menos de 4.500 metros.

As montanhas enfeitiçavam Humboldt. Não eram apenas as exigências físicas ou a promessa de um novo conhecimento. Havia também algo transcendental. Toda vez que se postava em um cume ou alto espinhaço, se sentia tão comovido pelo cenário que sua imaginação o transportava ainda mais alto. Essa imaginação, dizia ele, aliviava as "profundas feridas" que a "razão" pura por vezes criava.

7

CHIMBORAZO

Cinco meses depois de sua chegada, Humboldt finalmente deixou Quito, em 9 de junho de 1802. Ainda pretendia viajar até Lima, embora o capitão Baudin não estivesse lá. De Lima, Humboldt esperava encontrar um meio de chegar ao México, país que ele também queria explorar. Primeiro, porém, escalaria o Chimborazo – a joia da coroa de sua obsessão. Esse majestoso vulcão inativo – um "monstruoso colosso", na descrição do próprio Humboldt – ficava cerca de 160 quilômetros ao sul de Quito e se erguia a quase 6.400 metros.[1]

Enquanto rumavam no lombo de mulas para o vulcão, Humboldt, Bonpland e José passaram por uma densa vegetação tropical. Nos vales, admiraram estramônios com suas enormes flores alaranjadas em formato de trombetas e fúcsias vermelho-vivo cujas pétalas esculturais tinham um aspecto quase irreal. Depois, à medida que os homens começaram a lenta subida, essas voluptuosas floradas foram substituídas por planícies abertas de gramíneas onde rebanhos

---

[1] Embora o Chimborazo não seja a montanha mais alta do mundo – nem mesmo dos Andes –, em um aspecto ele é: por causa da proximidade com o Equador, seu pico é o mais distante do centro da Terra.

O Chimborazo, com o cume coberto de neve

de pequenas vicunhas, semelhantes às lhamas, pastavam. Por fim, o Chimborazo surgiu no horizonte, erguendo-se solitário sobre um elevado platô, qual um majestoso domo. Durante vários dias, conforme os homens foram se aproximando, a montanha se destacava em contraste com o azul vibrante do céu sem nenhuma nuvem para manchar seu imponente contorno. Toda vez que faziam uma parada, Humboldt sacava sua luneta. Ele viu um cobertor de neve sobre as encostas, e a paisagem no entorno do Chimborazo parecia árida e desolada. Milhares de matacões e pedras cobriam o chão até onde a vista alcançava. Era uma paisagem *sobrenatural*. A essa altura, Humboldt já tinha escalado tantos vulcões que era o montanhista mais tarimbado do mundo, mas o Chimborazo era uma perspectiva assustadora e intimidante até mesmo para ele. Porém, o que parecia inalcançável, Humboldt mais tarde explicou, "exerce uma misteriosa atração".

Em 22 de junho, eles chegaram ao pé do vulcão, onde passaram uma noite de sono intermitente em um pequeno vilarejo. Na manhã seguinte, bem cedo, a equipe de Humboldt iniciou a subida na companhia de um grupo de carregadores locais. No lombo de mulas, cruzaram as planícies e vertentes gramadas até chegar a uma altitude de 4.114 metros. Quando as rochas começaram a ficar mais íngremes, deixaram para trás os animais e prosseguiram a pé. O clima estava se voltando contra eles. Havia nevado durante a noite e o ar estava gelado. Ao contrário dos dias anteriores, o cume do Chimborazo estava amortalhado pela névoa. De quando em quando a bruma se dissipava, concedendo-lhes um breve mas tentador vislumbre do pico. Seria um longo dia.

Ao atingir a altitude de 4.754 metros, os carregadores se recusaram a seguir adiante. Humboldt, Bonpland e Montúfar dividiram entre si os instrumentos e continuaram por conta própria. A névoa envolvia o Chimborazo. Logo os homens estavam rastejando ao longo de um alto espinhaço que se estreitava a ponto de formar uma borda de perigosos cinco centímetros, com íngremes penhascos à direita e à esquerda – de maneira apropriada, os espanhóis chamavam esse espinhaço de *cuchilla*, ou "gume de faca". Resoluto, Humboldt olhava para a frente. Em nada ajudava o fato de que as mãos e os pés dos homens estavam congelados, e, para piorar, o pé de Humboldt, que ele havia ferido durante uma escalada anterior, estava infeccionado. Àquela altitude, cada passo era pesado feito chumbo. Nauseados e tontos por causa do mal das montanhas, com olhos vermelhos em consequência da dilatação de vasos e as gengivas sangrando, os homens sofriam uma constante vertigem que, Humboldt mais tarde admitira, "era muito perigosa", dada a situação em que nos encontrávamos. No Pichincha o mal-estar de Humboldt causado pela doença das alturas tinha sido tão severo que ele chegara a desmaiar. No *cuchilla*, isso poderia ser fatal.

Apesar das dificuldades, enquanto subiam, Humboldt ainda tinha energia para montar seus instrumentos a cada trinta metros. O vento glacial havia praticamente congelado os aparelhos de latão, e manejar os delicados parafusos, porcas, tarraxas e alavancas com as mãos semicongeladas era quase impossível. Ele enfiava seu termômetro no chão, fazia a leitura do barômetro e coletava amostras de ar para analisar seus componentes químicos. Media a umidade e testava o ponto de fervura da água a diferentes altitudes. Além disso, chutava matacões a fim de testar até que distância eles seguiriam rolando.

Após uma hora de traiçoeira escalada, a cordilheira tornou-se um pouco menos íngreme, mas agora as pedras pontiagudas haviam rasgado os sapatos dos homens, cujos pés começaram a sangrar. De súbito, a bruma se dissipou, revelando o pico branco do Chimborazo, reluzindo ao sol, a pouco mais de trezentos metros acima deles – mas eles viram também que o estreito espinhaço havia chegado ao fim. Agora estavam frente a frente com uma imensa fenda que se abria bem diante de seus olhos. Para contorná-la, seria preciso atravessar um campo coberto por uma profunda camada de neve, mas eram treze horas e o sol derretera a gélida crosta que cobria a neve. Quando Montúfar tentou, com extremo cuidado, caminhar sobre o gelo, afundou tanto que desapareceu por completo. A travessia era impossível. Durante a pausa que fizeram, Humboldt mais uma vez pegou o barômetro e mediu a altitude de 5.917 metros. Embora não tivessem chegado ao cume, a sensação era de que estavam no topo do mundo. Ninguém jamais havia chegado àquela altitude – nem mesmo os balonistas na Europa.

Fitando lá de cima as encostas do Chimborazo e as cordilheiras ao longe, tudo que Humboldt vira nos anos anteriores fazia sentido. Seu irmão Wilhelm acreditava que a mente de Alexander era feita para "conectar ideias, detectar sequências de coisas". Naquele dia, de pé no Chimborazo, Humboldt absorveu tudo que se estendia à sua frente enquanto sua mente voltava no tempo e acessava todas as plantas e formações rochosas que ele tinha visto e todas as medições que fizera nos Alpes, nos Pirineus e em Tenerife. Tudo que ele já havia observado se encaixou e tornou-se claro. A natureza, Humboldt atinou, era uma teia de vida e força globais. Mais tarde, um colega afirmou que Humboldt foi o primeiro a compreender que tudo estava entretecido como que por "mil fios". Essa nova ideia de natureza mudaria a maneira como as pessoas entenderiam o mundo.

Humboldt ficou impressionado com "essa semelhança que descobrimos e reconhecemos em climas os mais distantes uns dos outros". Nos Andes, por exemplo, crescia um musgo que fez Humboldt se lembrar das florestas do norte da Alemanha, a milhares de quilômetros de distância. Nas montanhas nos arredores de Caracas ele tinha examinado plantas parecidas com rododendros – roseiras alpinas, como ele as chamou –, que eram como as que havia nos Alpes suíços. Mais tarde, no México, encontraria pinheiros, ciprestes e carvalhos semelhantes às árvores que cresciam no Canadá. Plantas alpinas podiam ser encontradas na Suíça, Lapônia e nos Andes. Tudo estava interligado.

Para Humboldt, os dias que ele e sua equipe passaram viajando desde Quito, e depois escalando o Chimborazo, tinham sido como uma jornada botânica que se deslocou a partir do Equador na direção dos polos – em que toda a flora do mundo aparentemente estava arranjada em camadas sobrepostas à medida que as zonas de vegetação subiam a montanha. A gama de grupos de plantas variava das espécies tropicais vales abaixo aos líquens que ele havia encontrado junto da linha da neve. Mais para o fim da vida, Humboldt falou reiteradas vezes sobre compreender a natureza de "um ponto de vista superior", a partir do qual essas conexões poderiam ser vistas; o momento em que ele se deu conta disso foi no Chimborazo. Com "um único olhar de relance", ele viu diante de si toda a natureza exposta.

Quando retornaram do Chimborazo, Humboldt estava pronto para formular sua nova visão da natureza. Nos contrafortes andinos, ele começou a esboçar a sua assim chamada *Naturgemälde* – um termo alemão intraduzível que pode significar "pintura da natureza", mas que também implica uma ideia de unidade ou todo. Era, conforme Humboldt explicou mais tarde, um "microcosmo em uma só página". Ao contrário dos cientistas que anteriormente haviam classificado o mundo natural em unidades taxonômicas no âmbito de uma rigorosa hierarquia, preenchendo intermináveis tabelas com categorias, Humboldt agora produzia um desenho.

"A natureza é um todo vivo", disse ele mais tarde, não um "agregado morto". Uma única vida tinha sido despejada sobre pedras, plantas, animais e o gênero humano. Era essa "profusão universal com que a vida está distribuída por toda parte" o que mais impressionava

Humboldt. Até mesmo a atmosfera carregava os grãos da futura vida – pólen, ovos de insetos e sementes. A vida estava em toda parte, e esses "poderes orgânicos estão incessantemente em ação", escreveu. Humboldt não estava tão interessado em encontrar novos fatos isolados, mas em conectá-los. Fenômenos individuais eram importantes somente "em sua relação com o todo".

Retratando o Chimborazo em um corte transversal, a *Naturgemälde* ilustrava, de forma impressionante, a natureza como uma rede. Nela, Humboldt mostrava as plantas distribuídas de acordo com suas altitudes, variando das espécies subterrâneas de cogumelos aos líquens que cresciam logo abaixo da linha da neve. No sopé da montanha ficava a zona tropical de palmeiras e, mais acima, os carvalhos e arbustos parecidos com samambaias que preferiam um clima mais temperado. Todas as plantas estavam situadas na montanha precisamente onde Humboldt as havia encontrado.

Humboldt produziu seu primeiro esboço da *Naturgemälde* na América do Sul e mais tarde a publicou na forma de um belo desenho de 90 cm × 60 cm. À esquerda e à direita da montanha ele colocou diversas colunas contendo detalhes e informações. Escolhendo uma determinada altitude da montanha (de acordo com as opções oferecidas na coluna da esquerda), o leitor poderia rastrear as relações de um lado para o outro da tabela e no desenho da montanha de modo a aprender sobre a temperatura, digamos, ou a umidade e a pressão atmosférica, bem como que espécies de animais e plantas podiam ser encontradas em diferentes altitudes. Humboldt mostrou diferentes zonas de plantas, juntamente com detalhes acerca de como estavam associadas a mudanças de altitude, temperatura e assim por diante. Todas essas informações poderiam ser relacionadas às outras importantes montanhas do mundo inteiro, listadas de acordo com sua altura no contorno do Chimborazo.

Essa variedade e riqueza, mas também a simplicidade de apresentar informações científicas, eram sem precedentes. Ninguém antes de Humboldt havia apresentado visualmente esse tipo de dado. A *Naturgemälde* mostrava pela primeira vez que a natureza era uma força global com zonas climáticas correspondentes ao longo dos continentes.

O primeiro esboço da *Naturgemälde* de Humboldt

Humboldt via "unidade na variedade". Em vez de identificar e enquadrar plantas em suas categorias taxonômicas, ele via a vegetação através das lentes de clima e localização. Uma ideia radicalmente nova, que ainda hoje molda a nossa compreensão dos ecossistemas.

Do Chimborazo eles viajaram para Lima, 1.600 quilômetros ao sul. Humboldt estava interessado em tudo, de plantas e animais à arquitetura inca. Durante as suas viagens pela América Latina, invariavelmente Humboldt demonstrava ter ficado impressionado pelas realizações das civilizações antigas. Ele transcrevia manuscritos, desenhava monumentos incas e colecionava vocabulário. As línguas indígenas, disse Humboldt, eram tão sofisticadas que não existia um único livro europeu que não pudesse ser traduzido para uma delas. Essas línguas tinham inclusive palavras para conceitos abstratos como "futuro", "eternidade" e "existência". Ao sul de Chimborazo, Humboldt visitou uma tribo indígena que possuía antigos manuscritos sobre erupções vulcânicas. Por sorte, havia também uma tradução para o espanhol, que Humboldt copiou em sua caderneta de anotações.

Continuando sua expedição, Humboldt investigou também as florestas de cinchona em Loja (no atual Equador), e mais uma vez reconheceu o quanto o homem devastava o ambiente. A casca da cinchona contém quinino, que era usado no tratamento da malária, mas assim que a casca era retirada as árvores morriam. Os espanhóis tinham desmatado vastas porções de floresta nativa. As árvores mais velhas e mais grossas, Humboldt reparou, já eram escassas.

A mente curiosa e investigativa de Humboldt parecia infatigável. Ele estudava camadas de rochas, padrões climáticos e as ruínas de templos incas, e também estava fascinado por geomagnetismo – o estudo dos campos magnéticos da Terra. Toda vez que eles escalavam montanhas ao longo de cordilheiras e desciam até vales, Humboldt montava seus instrumentos. Sua curiosidade provinha da ânsia de entender a natureza globalmente, como uma rede de forças e inter--relacionamentos – exatamente da mesma forma como ele estivera interessado em zonas de vegetação ao longo dos continentes e na ocorrência de terremotos. Desde o século XVII, os cientistas sabiam que a Terra é um imenso ímã. Sabiam também que a bússola não aponta para o norte verdadeiro, porque o Polo Norte magnético não é o mesmo que o Polo Norte geográfico. Para tornar as coisas ainda mais confusas, o norte e o sul magnéticos se movem, o que causava tremendos problemas navegacionais. O que os cientistas não sabiam era se a intensidade dos campos magnéticos ao redor do mundo variava de forma aleatória ou sistemática de um local para outro.

À medida que se deslocava rumo ao sul ao longo dos Andes de Bogotá para Quito, aproximando-se do Equador, Humboldt tinha medido a diminuição da intensidade do campo magnético da Terra. Para sua surpresa, mesmo depois de cruzar o Equador nos arredores de Quito, a intensidade do campo magnético continuava a cair, até que eles chegaram ao árido planalto de Cajamarca, no Peru, que ficava a mais de sete graus e cerca de oitocentos quilômetros ao sul do Equador geográfico. Foi somente lá que a agulha virou do norte para o sul: Humboldt acabara de descobrir o Equador magnético.

Chegaram a Lima no final de outubro de 1802, quatro meses e meio depois de terem partido de Quito e mais de três anos após zarparem da Europa. Lá encontraram passagem para viajar rumo ao norte até Guayaquil, no litoral oeste do atual Equador, de onde Humboldt pretendia seguir para Acapulco, no México. No caminho entre Lima e Guayaquil, Humboldt examinou a corrente fria que abraça a costa ocidental da América do Sul do sul do Chile ao norte do Peru. A água fria e carregada de nutrientes enseja tamanha abundância de vida marinha que é o mais produtivo ecossistema marinho do mundo. Anos depois, seria chamada de corrente de Humboldt. Embora tenha ficado lisonjeado por dar nome ao fenômeno, Humboldt também protestou. Os meninos pescadores ao longo da costa conheciam a corrente havia séculos, alegou. Tudo que Humboldt fez foi ter sido o primeiro a medir e descobrir que se tratava de uma corrente fria.

Humboldt estava reunindo os dados de que precisava para entender a natureza como um todo unificado. Se a natureza era uma rede de vida, ele não poderia vê-la apenas como um botânico, um geólogo ou um zoólogo. Ele necessitava de informações acerca de tudo e de toda parte, porque "observações das regiões mais díspares do planeta devem ser comparadas umas com as outras".

O Cotopaxi, com uma pluma de fumaça

Humboldt acumulava tantos resultados e fazia tantas perguntas que algumas pessoas o consideravam um idiota, porque queria saber o "aparentemente óbvio". Os bolsos de seus casacos, comentou um de seus guias, pareciam os de um menino – repletos de plantas, pedras e pedaços de papel. Nada era pequeno ou insignificante demais para ser investigado, porque tudo tinha seu lugar na grande tessitura da natureza.

Eles chegaram à cidade portuária de Guayaquil em 4 de janeiro de 1803, mesmo dia em que o Cotopaxi entrou repentinamente em erupção, cerca de 320 quilômetros a nordeste. Tendo escalado todos os vulcões acessíveis nos Andes, esse era o momento pelo qual Humboldt vinha esperando. Quando já se preparava para partir com destino ao México, surgia um novo desafio. Humboldt ficou dividido. Ávido para explorar o México antes de regressar à Europa, ele precisava encontrar logo uma embarcação se quisesse viajar antes da temporada anual de furacões no verão. Caso contrário, ficariam presos até o fim do ano em Guayaquil. Mas agora havia também a sedução de um vulcão em erupção. Se eles se apressassem, talvez conseguissem ir ao Cotopaxi e voltar a tempo de pegar um barco para o México. Mas a jornada de Guayaquil até o Cotopaxi era perigosa. Humboldt teria que atravessar novamente os altos Andes, mas dessa vez na direção de um vulcão ativo.

Perigosa, sim, mas empolgante demais para perder. No final de janeiro, Humboldt e Montúfar partiram, deixando Bonpland em Guayaquil com instruções para procurar um navio com destino ao México. Enquanto viajavam no sentido nordeste, o bramido do Cotopaxi os acompanhava. Humboldt mal podia acreditar em sua própria sorte. Dali a poucos dias eles veriam novamente o vulcão que haviam escalado oito meses antes, mas dessa vez vivo e iluminado pelo seu próprio fogo. Depois de cinco dias de jornada, um mensageiro vindo de Guayaquil os alcançou com um bilhete de Bonpland. Ele havia encontrado um navio para Acapulco, mas que zarparia em duas semanas. Seria impossível para Humboldt e Montúfar chegarem ao Cotopaxi. Eles teriam de retornar imediatamente. Humboldt ficou arrasado.

Quando o navio içou velas do porto de Guayaquil, em 17 de fevereiro de 1803, Humboldt podia ouvir o rugido do Cotopaxi, feito um colosso resmungão. O coro vulcânico fez serenata para a partida de Humboldt, mas era também um triste lembrete de tudo que ele estava perdendo. Em nada ajudou o fato de que toda noite, durante sua viagem marítima, a mudança de estrelas avisava que o Hemisfério Sul estava ficando para trás. Esquadrinhando o céu com seu telescópio, Humboldt via as constelações austrais desaparecendo aos poucos. "Estou ficando mais pobre dia após dia", ele escreveu em seu diário, enquanto se deslocava rumo ao Hemisfério Norte e para longe de um mundo que exerceria fascínio sobre ele pelo resto da vida.

Durante a noite de 26 de fevereiro de 1803, Humboldt cruzou o Equador pela última vez.

Estava com 33 anos e havia passado mais de três na América Latina, viajando por selvas tropicais e escalando montanhas de cume nevado. Coletara milhares de plantas e fizera incontáveis medições. Embora tivesse arriscado a vida inúmeras vezes, Humboldt adorou a liberdade e a aventura. O mais importante: deixava Guayaquil com uma nova visão da natureza. Em seus baús e caixas estava o esboço do Chimborazo – sua *Naturgemälde*. Esse desenho e as ideias que deram forma a ele mudariam a maneira como as futuras gerações compreenderiam o mundo natural.

8

POLÍTICA E NATUREZA

Thomas Jefferson e Humboldt

Era como se o mar estivesse prestes a engoli-los. Gigantescas ondas sacudiam o convés e inundavam os pavimentos do navio, jorrando escadaria abaixo para o ventre do navio. Os quarenta baús e caixas de Humboldt corriam constante risco de se encherem de água. A embarcação havia rumado diretamente para o olho de um furacão, e por seis dias foi fustigada por ventos incessantes, com violência tão brutal que os homens não conseguiam dormir nem sequer pensar. O cozinheiro havia perdido seus potes e panelas quando a água irrompeu aos borbotões, e agora nadava em sua cozinha. Era impossível cozinhar, e tubarões rondavam o navio. A cabine do capitão, na popa, estava tão alagada que os homens precisavam nadar para se movimentar dentro dela, e mesmo os marinheiros mais experientes eram arremessados de um lado para o outro do convés feito pinos de boliche. Temendo pela vida, os marujos insistiam em receber mais doses de *brandy*, pois pretendiam, eles próprios admitiram, morrer afogados bêbados. Cada onda que atingia o navio parecia um imenso rochedo. Humboldt pensou que nunca estivera tão perto da morte.

Era maio de 1804, e Humboldt, Bonpland, Montúfar e seu criado José estavam viajando de Cuba na direção da costa leste dos Estados Unidos. Seria irônico morrer agora, Humboldt pensou, depois de ter sobrevivido a cinco anos de perigosas viagens na América

Humboldt retornou do México com detalhadas observações acerca da natureza, mas também com anotações de arquivos e sobre monumentos como este calendário mexicano, que para ele era uma prova da sofisticação das antigas civilizações

Latina. Após partirem de Guayaquil em fevereiro de 1803, eles passaram um ano no México, onde Humboldt ficou principalmente na Cidade do México, a capital administrativa do vice-reino da Nova Espanha – a vasta colônia que incluía México, partes da Califórnia e América Central, bem como a Flórida. Lá ele havia escarafunchado os arquivos coloniais, interrompendo suas pesquisas apenas para fazer algumas expedições a minas, fontes termais e outros vulcões mais.

Era hora de retornar à Europa. Cinco anos de viagens por climas extremos e regiões selvagens haviam avariado os delicados instrumentos de Humboldt, muitos dos quais já não funcionavam adequadamente. Com pouco contato com a comunidade científica europeia, Humboldt também estava preocupado com o fato de talvez ter perdido importantes avanços científicos. Ele se sentia tão isolado do restante do mundo, escreveu a um amigo, que era como se estivesse vivendo na Lua. Em março de 1804, tinham navegado do México rumo a Cuba, para uma breve parada a fim de pegar as coleções que deixaram guardadas em Havana três anos antes.

Como quase sempre, Humboldt tinha feito algumas mudanças de última hora e decidiu adiar por mais algumas semanas a viagem de volta para casa. Ele queria navegar pela América do Norte, de modo que pudesse conhecer Thomas Jefferson, o terceiro presidente dos Estados Unidos. Por longos cinco anos Humboldt havia visto a natureza em seu apogeu – exuberante, luxuriante e inspiradora – e agora queria ver a civilização em toda a sua glória, uma sociedade construída como uma república e alicerçada nos princípios da liberdade.

Desde muito jovem Humboldt se viu rodeado por pensadores iluministas, que plantaram as sementes de sua eterna crença na liberdade, igualdade, tolerância e na importância da educação. Mas foi a Revolução Francesa em 1789, pouco antes de Humboldt completar 20 anos, que determinou suas concepções políticas. Ao contrário dos prussianos, que ainda eram regidos por um monarca absolutista, os franceses tinham declarado que todos os homens são iguais. Desde então, Humboldt sempre levava "as ideias de 1789 em seu coração". Ele visitara Paris em 1790, ocasião em que presenciou os preparativos para a celebração do primeiro aniversário da revolução. Naquele verão, Humboldt estava tão entusiasmado que ajudou a carregar areia para a construção de um "templo da liberdade" em Paris. Agora, catorze anos depois, ele queria conhecer as pessoas que haviam fabricado uma república na América e "que compreendiam a preciosa dádiva da liberdade".

Após uma semana no mar, o furacão amainou, e os ventos por fim se abrandaram. Até que no final de maio de 1804, quatro semanas depois de zarparem de Havana, Humboldt e sua pequena equipe desembarcaram na Filadélfia, que com seus 75 mil habitantes era a maior cidade dos Estados Unidos. Na véspera de sua chegada, Humboldt escreveu uma longa carta a Jefferson expressando seu desejo de encontrar-se pessoalmente com ele em Washington, DC, a nova capital da nação. "Seus escritos, suas ações e o liberalismo de suas ideias inspiram-me desde a minha mais tenra idade", escreveu Humboldt, que também informou que trazia consigo uma profusão de informações da América Latina, onde havia coletado plantas, fizera observações astronômicas, encontrara hieróglifos de antigas civilizações nas profundezas da selva tropical e compilara importantes dados dos arquivos coloniais da Cidade do México.

Humboldt escreveu também a James Madison, o secretário de Estado e o mais fiel aliado político de Jefferson, declarando que "tendo testemunhado o formidável espetáculo dos majestosos Andes e o esplendor do mundo físico, tencionei desfrutar o espetáculo de um povo livre". Política e natureza andavam juntas – ideia que Humboldt discutiria com os norte-americanos.

Aos 61 anos, Jefferson continuava "firme e ereto feito um cano de arma de fogo" – um homem alto, magro e quase desengonçado com a compleição avermelhada de um lavrador e uma "constituição física de ferro". Ele era o presidente de uma jovem nação, mas também o proprietário de Monticello, uma vasta *plantation* nos contrafortes das montanhas Blue Ridge na Virgínia, pouco mais de 160 quilômetros a sudoeste de Washington. Embora sua esposa tivesse morrido havia mais de duas décadas, Jefferson tinha uma sólida vida familiar e apreciava imensamente a companhia de seus sete netos. Amigos comentavam que as crianças costumavam sentar-se no colo de Jefferson enquanto ele falava. Quando Humboldt chegou aos Estados Unidos, Jefferson ainda estava de luto pela morte de sua filha caçula, Maria, que morrera poucas semanas antes, em abril de 1804, depois de dar à luz uma menina. A outra filha de Jefferson, Martha, passava longas temporadas na Casa Branca e mais tarde mudou-se em definitivo com os filhos para Monticello.

Jefferson detestava o ócio. Acordava antes do raiar do dia, lia diversos livros ao mesmo tempo e escrevia tantas cartas que havia comprado uma copiadora a fim de manter o registro de sua correspondência. Era um homem inquieto, que alertava sua filha de que o tédio era "o mais perigoso veneno da vida". Na década de 1780, após a Guerra de Independência dos Estados Unidos, Jefferson viveu por cinco anos em Paris, atuando como ministro norte-americano para a França. Usou o cargo para viajar bastante pela Europa, regressando para casa com baús abarrotados de livros, móveis e ideias. Sofria do que chamava de "enfermidade da bibliomania", constantemente comprando e estudando livros. Na Europa, entre uma obrigação diplomática e outra, encontrava tempo para visitar os mais refinados jardins da Inglaterra, bem como para observar e comparar práticas agrícolas da Alemanha, Holanda, Itália e França.

Em 1804, Thomas Jefferson estava no auge de sua carreira. Ele escrevera a Declaração da Independência, era o presidente dos Estados Unidos e, no final do ano, conseguiria uma vitória esmagadora nas eleições, assegurando o segundo mandato. Com a recente compra da Louisiana dos franceses, estavam lançadas as bases para a expansão do país rumo ao oeste.[1] Por meros 15 milhões de dólares, Jefferson havia duplicado o tamanho da nação, acrescentando mais cerca de 2 milhões de quilômetros quadrados, que se estendiam do oeste do Mississippi às montanhas Rochosas e, do Canadá, ao norte, ao golfo do México, ao sul. Jefferson também havia despachado Meriwether Lewis e William Clark na jornada terrestre de uma ponta à outra do continente, partindo do leste em direção ao oeste até atingir as margens do Pacífico. Essa expedição reuniu todos os temas de interesse de Jefferson: ele instruiu pessoalmente os exploradores a coletar plantas, sementes e animais; eles escreveriam relatórios sobre os solos e as práticas agrícolas dos nativos norte-americanos e fariam levantamentos topográficos, inspecionariam a terra e os rios.

A chegada de Humboldt não poderia ter ocorrido em momento mais propício. O cônsul norte-americano em Cuba, Vincent Gray, já havia escrito a Madison recomendando com insistência que se encontrasse com Humboldt porque ele estava de posse de informações

---

1   Um ano antes, Napoleão havia abandonado a ideia de uma colônia francesa na América do Norte quando boa parte do regimento de 25 mil soldados que ele enviou ao Haiti para esmagar uma rebelião de escravos havia morrido em decorrência da malária. O plano original de Napoleão era transferir seu exército do Haiti para Nova Orleans, mas na esteira da desastrosa campanha e com poucos homens restantes, renunciou à estratégia – e vendeu para os Estados Unidos o território da Louisiana.

úteis sobre o México, o novo vizinho ao sul dos Estados Unidos desde a aquisição da Louisiana.

Assim que desembarcou na Filadélfia, Humboldt trocou cartas com o presidente e foi convidado por Jefferson a fazer uma visita a Washington. Jefferson escreveu que estava empolgado, porque considerava "esse novo mundo com maior esperança parcial de que apresentasse um estado aprimorado da condição humana". E assim, a 20 de maio, Humboldt, Bonpland e Montúfar embarcaram rumo a Washington, DC, cerca de 240 quilômetros a sudoeste.

A paisagem pela qual passaram era composta de campos bem lavrados, com linhas retas de lavouras e fazendas esparsas rodeadas de pomares e esmeradas hortas. Era a síntese das ideias de Jefferson sobre o futuro político e econômico dos Estados Unidos: uma nação de agricultores independentes e donos de fazendas pequenas e autossustentáveis.

Enquanto as Guerras Napoleônicas destruíam a Europa, a economia dos Estados Unidos estava em plena expansão, porque na condição de nação neutra – pelo menos naquele momento – o país transportava a maior parte das mercadorias do mundo. Navios estadunidenses lotados de especiarias, cacau, algodão, café e açúcar ziguezagueavam pelos oceanos, da América do Norte ao Caribe e da Europa às Índias Orientais. Os mercados de exportação para a sua própria produção agrícola também estavam em crescimento explosivo. Ao que tudo indica, Jefferson conduzia o país rumo à prosperidade e à felicidade.

No entanto, os Estados Unidos haviam mudado nas três décadas desde a revolução. Velhos amigos revolucionários puseram-se em desavença por causa de suas diferentes concepções e expectativas para a república, e se entregaram a uma ferrenha disputa partidária. Surgiram divisões motivadas pelas divergências com relação ao que as diversas facções acreditavam que deveria ser a tessitura da sociedade norte-americana. Os Estados Unidos deveriam ser uma nação de agricultores ou de comerciantes? Havia os que, como Jefferson, imaginavam uma república agrária com ênfase na liberdade individual e nos direitos dos Estados autônomos, mas também os que eram a favor do comércio e de um governo central forte.

Washington, DC, na época da visita de Humboldt

Talvez a mais clara demonstração dessas discordâncias estivesse nos diferentes projetos que haviam sido propostos para a construção da nova capital, Washington – a cidade nova em folha erigida à força no meio de um terreno pantanoso às margens do rio Potomac. As diferentes partes acreditavam que a capital deveria refletir o governo e seu poder (ou sua falta de poder). O primeiro presidente dos Estados Unidos, George Washington, defensor de um governo federal forte, desejava uma capital grandiosa, com magníficas e amplas avenidas cortando em diagonal a cidade, uma residência presidencial palaciana e jardins imponentes. Em contraste, Jefferson e seus colegas republicanos insistiam que o governo central deveria ter o menor poder possível. Preferiam uma capital pequena – uma cidade republicana rural.

Embora as ideias de George Washington tenham prevalecido – e no papel a capital parecia magnífica –, na realidade pouca coisa havia sido feita por ocasião da visita de Humboldt no verão de 1804. Com apenas 4.500 habitantes, Washington era mais ou menos do mesmo tamanho de Jena quando Humboldt conheceu Goethe – e não o que os estrangeiros associavam à capital de um país enorme como os Estados Unidos. As estradas estavam em péssimas condições, tão atulhadas de pedras e tocos de árvores que as carruagens frequentemente capotavam. Lama vermelha grudava feito cola nas rodas e eixos. E quem se arriscava a caminhar corria o risco de afundar até os joelhos nas onipresentes poças.

Quando Jefferson se mudou para a Casa Branca, após tomar posse em março de 1801, o edifício ainda era um canteiro de obras. Três anos depois, quando da visita de Humboldt, não havia mudado muita coisa. Barracões de operários e terra ocupavam o lugar onde deveria haver um jardim presidencial. O terreno estava separado dos campos adjacentes somente por uma cerca em frangalhos, sobre a qual a lavadeira de Jefferson punha para secar, aos olhos de todos, a roupa lavada do presidente. No interior da Casa Branca a situação não era muito melhor, uma vez que muitos quartos estavam apenas parcialmente mobiliados. Jefferson habitava um canto da mansão, comentou um visitante, ao passo que o restante permanecia num "estado de vil e imunda desolação".

Jefferson não se incomodava. Desde seu primeiro dia no cargo, tinha começado a desmistificar o papel de presidente, livrando o inexperiente estafe administrativo dos rígidos protocolos sociais e da pompa cerimonial. Em vez de recepções formais, recebia os convidados em jantares simples e informais servidos em uma mesa redonda de modo a evitar quaisquer questões de hierarquia ou precedência. Vestia-se propositalmente com roupas humildes, e muitas pessoas comentavam sobre sua aparência desleixada. Seus sapatos eram tão gastos que os dedos dos pés ficavam à mostra, o casaco era puído, e as toalhas e roupas de cama eram "muito encardidas e manchadas". Parecia um "lavrador de ossos largos", apontou um diplomata britânico, exatamente a imagem que Jefferson queria transmitir.

Thomas Jefferson se considerava em primeiro lugar um fazendeiro e jardineiro, não um político. "Nenhuma ocupação é tão prazerosa para mim quanto a cultura da terra", disse ele. Em Washington, saía a cavalo todos os dias para passear pela área rural, a fim de escapar do tédio da correspondência e das reuniões governamentais. Mais do que qualquer outra coisa, ansiava retornar para Monticello. No final de seu segundo mandato, afirmou que "jamais prisioneiro nenhum, liberto de suas correntes, sentiu alívio maior do que o que sentirei quando me livrar dos grilhões do poder". O presidente dos Estados Unidos preferia vagar por pântanos, escalar rochedos e coletar folhas ou sementes a participar de reuniões de gabinete. Nenhuma planta, disse um amigo – "da mais insignificante erva daninha à árvore mais altaneira" –, escapa ao seu escrutínio. O amor de Jefferson pela botânica e pela jardinagem era tão notório que diplomatas norte-americanos em todos os lugares do mundo enviavam sementes para a Casa Branca.

Jefferson tinha interesse por todas as ciências – incluindo horticultura, matemática, meteorologia e geografia. Era fascinado por ossos fósseis, em particular pelo mastodonte, gigantesco parente extinto dos elefantes que havia perambulado pelo interior do território norte-americano 10 mil anos antes. Em sua biblioteca contavam milhares de livros, e ele próprio escrevera um, *Notes on the State of Virginia* [Notas sobre o estado da Virgínia], uma detalhada descrição sobre economia e sociedade, recursos naturais e plantas, mas também uma celebração da paisagem da Virgínia.

Tal qual Humboldt, Jefferson transitava com facilidade entre uma ciência e outra. Era obcecado por medições e compilava uma imensa quantidade de listas que variavam das centenas de espécies de plantas que cultivava em Monticello a tabelas de temperaturas diárias. Contava os degraus das escadas, mantinha a "contabilidade" das cartas que recebia das netas e sempre carregava uma régua no bolso. Sua mente parecia jamais descansar. Com tal polímata ocupando a presidência, a Casa Branca de Jefferson tornou-se um centro científico em que botânica, geografia e exploração eram os assuntos favoritos à mesa do jantar. Ele também presidia a Sociedade Filosófica Norte-americana, cofundada com Benjamin Franklin antes da Independência, e à época o mais importante fórum científico dos Estados Unidos. Jefferson era, nas palavras de um contemporâneo, "o filósofo esclarecido – o eminente naturalista – o primeiro estadista da Terra, o amigo, o ornamento da ciência (...) o pai do nosso país, o fiel guardião de nossas liberdades". Ele mal podia esperar para conhecer Humboldt.

A jornada desde a Filadélfia levou três dias e meio, e Humboldt e seus companheiros de viagem finalmente chegaram a Washington na noite de 1º de junho. Na manhã seguinte, Humboldt encontrou-se com Jefferson na Casa Branca. O presidente deu as boas-vindas ao cientista de 34 anos em seu gabinete particular, onde mantinha diversas ferramentas de carpinteiro, porque tinha aptidão para mecânica e gostava de fabricar coisas – da invenção de uma estante de livros giratória ao aperfeiçoamento de fechaduras, relógios e instrumentos científicos. Sobre os peitoris das janelas havia vasos de rosas e gerânios, de que Jefferson adorava cuidar. Mapas e diagramas decoravam as paredes. E as prateleiras estavam repletas de livros. Os dois homens gostaram um do outro imediatamente.

No decorrer dos dias seguintes, Humboldt e Jefferson encontraram-se diversas vezes. Em uma dessas ocasiões, já de tardezinha – o lusco-fusco começava a se assentar sobre a capital, e as primeiras velas eram acesas –, quando Humboldt entrou na sala de recepções da Casa Branca e deparou com o presidente rodeado por meia dúzia de netos, às gargalhadas e brincando de pega-pega. Jefferson demorou um instante para notar a presença de Humboldt, que ficou observando em silêncio a ruidosa cena familiar. Jefferson sorriu. "O senhor flagrou-me fazendo papel de bobo", disse ele, "mas estou certo de que para *o senhor* eu não preciso formular um pedido de desculpas". Humboldt ficou encantado de ver seu "herói vivendo com a simplicidade de um filósofo".

Ao longo da semana seguinte, Humboldt e Bonpland foram levados de reuniões para jantares e ainda mais reuniões. Todos estavam empolgados para conhecer os intrépidos exploradores e ouvir suas histórias. Humboldt era "objeto de atenção universal", disse um norte-americano –, tanto que Charles Willson Peale, pintor da Filadélfia e o organizador da viagem a Washington, distribuiu uma grande quantidade de silhuetas que ele mesmo havia feito de Humboldt (e

Bonpland), incluindo uma para Jefferson. Humboldt foi apresentado ao secretário do Tesouro, Albert Gallatin, que julgou que ouvir os relatos de Humboldt era um "requintado regalo intelectual". No dia seguinte, Humboldt viajou para Mount Vernon, propriedade de George Washington, cerca de 24 quilômetros ao sul da capital. Embora Washington tivesse morrido quatro anos e meio antes, Mount Vernon era agora um destino turístico popular, e Humboldt queria ver o lar do herói revolucionário. O secretário de Estado, James Madison, foi o anfitrião de uma festa em homenagem a Humboldt, e sua esposa, Dolley, declarou-se encantada e afirmou que "todas as damas se dizem apaixonadas por ele".

Durante os dias que passaram juntos, Jefferson, Madison e Gallatin bombardearam Humboldt com perguntas sobre o México. Nenhum dos três políticos tinha ido pessoalmente ao território controlado pelos espanhóis, mas agora, rodeados por mapas, estatísticas e cadernetas com anotações, Humboldt os informou e instruiu acerca dos povos da América Latina, suas lavouras e clima. Humboldt havia trabalhado intensamente para aprimorar os mapas existentes, calculando e recalculando suas exatas posições geográficas. Como resultado, produziu os melhores mapas que era possível obter à época – algumas localidades, gabou-se ele diante dos novos amigos, tinham sido equivocadamente representadas nos mapas antigos, com erros de até 2 graus de latitude – cerca de 225 quilômetros. A bem da verdade, Humboldt dispunha de mais informações sobre o México do que as disponíveis em alguns países europeus, disse Gallatin a sua esposa, praticamente incapaz de conter seu entusiasmo. Melhor ainda, Humboldt permitiu que eles transcrevessem suas anotações e copiassem os mapas. Seu conhecimento era "espantoso", concordaram os norte-americanos, e em retribuição Gallatin forneceu a Humboldt todas as informações que ele queria acerca dos Estados Unidos.

Durante meses a fio Jefferson havia tentado arranjar qualquer migalha de informação sobre o novo território da Louisiana e sobre o México, e de repente caiu-lhe às mãos muito mais do que ele poderia esperar. Os espanhóis vigiavam atentamente seus territórios e raramente permitiam a entrada de estrangeiros em suas colônias, razão pela qual Jefferson não tivera condições de descobrir muita coisa até a visita de Humboldt. Os arquivos coloniais espanhóis no México e em Havana continuavam rigorosamente fechados para os estadunidenses, e o ministro espanhol em Washington se recusara a suprir Jefferson com qualquer tipo de dado – mas agora Humboldt os abasteceu com miríades de informações.

Humboldt falava e falava sem parar, notou Gallatin, "duas vezes mais rápido do que qualquer pessoa que eu conheça". Humboldt conversava em inglês com sotaque alemão, mas também falava em alemão, francês e espanhol, "mesclando as línguas todas num discurso rápido". Ele era uma "fonte de conhecimento que jorra em copiosas torrentes". Aprendiam com ele em duas horas de conversa mais do que aprenderiam lendo livros por dois dias a fio. Humboldt era "um homem muito extraordinário", disse Gallatin à esposa. Jefferson concordou – Humboldt era "o homem mais científico de seu tempo".

A questão mais urgente para Jefferson era o litígio sobre a fronteira entre o México e os Estados Unidos. Os espanhóis alegavam que o limite que separava um país do outro era o rio Sabine, que corre ao longo da atual fronteira leste do Texas, ao passo que os estadunidenses insistiam que a demarcação a ser considerada era o rio Grande, que forma parte da atual fronteira oeste do Texas. Estava em disputa a posse de uma vasta porção de terra, porque entre esses dois rios fica todo o moderno estado do Texas. Quando Jefferson perguntou sobre a população nativa, os solos e as minas na área "entre aquelas linhas", Humboldt não teve escrúpulos e, sem hesitar, repassou as observações que fizera sob a proteção e permissão exclusiva da Coroa espanhola. Humboldt acreditava na generosidade científica e na livre troca de informações. As ciências estavam acima dos interesses nacionais, insistiu Humboldt, ao decidir entregar informações econômicas de vital importância. Faziam parte de uma república de letras, disse Jefferson, parafraseando as palavras de Joseph Banks de que as ciências estavam sempre em paz mesmo que "suas nações possam estar em guerra"; sem dúvida, esse sentimento era perfeitamente apropriado para o presidente naquela situação.

Se os espanhóis cedessem aos Estados Unidos o território que Jefferson reivindicava, informou Humboldt, seria do tamanho de dois terços da França. Não era a porção de terra mais rica do planeta, segundo Humboldt, porque nela havia apenas algumas poucas fazendas esparsas, um pouco de savana e nenhum porto conhecido ao longo da costa. Havia algumas minas e poucas populações indígenas. Esse era o tipo de dado de inteligência de que Jefferson precisava. No dia seguinte, o presidente escreveu a um amigo que acabara de receber "tesouros de informação".

Humboldt deu a Jefferson dezenove páginas abarrotadas de excertos de suas anotações, organizadas sob títulos e tópicos como "tabela de estatísticas", "população", "agricultura, manufaturas, comércio", "forças armadas" e assim por diante. Acrescentou também duas páginas em que se debruçava sobre a região fronteiriça com o México e, em particular, sobre a disputada área que tanto interessava a Jefferson, entre os rios Sabine e Grande. Era a visita mais empolgante e proveitosa que Jefferson recebia em anos. Menos de um mês depois, o presidente convocou uma reunião de gabinete acerca da estratégia dos Estados Unidos com relação à Espanha, em que discutiu de que forma os dados que tinha recebido de Humboldt poderiam influenciar as negociações entre os dois países.

Humboldt estava feliz em ajudar porque admirava os Estados Unidos. O país caminhava rumo a uma "perfeição" da sociedade, disse ele, ao passo que a Europa ainda estava paralisada pela monarquia e o despotismo. Humboldt nem sequer se incomodou com a insuportável umidade do verão de Washington, porque o "melhor ar de todos é respirado em liberdade". Amava aquela "bela terra", não se cansava de repetir, e prometeu retornar a fim de percorrer e esquadrinhar o país.

Durante essa semana em Washington, os homens conversaram sobre natureza e política – sobre lavouras e solos e a formação de nações. Assim como Jefferson, Humboldt acreditava que somente uma república agrária traria felicidade e independência. O colonialismo, ao contrário, trazia destruição. Os espanhóis chegaram à

América do Sul a fim de obter ouro e madeira – "fosse por violência ou por troca" –, disse Humboldt, e motivados apenas por "insaciável avareza". Os espanhóis haviam aniquilado antigas civilizações, tribos nativas e florestas magníficas. O retrato que Humboldt trouxe de volta da América Latina era pintado com as cores vivas de uma realidade brutal – tudo corroborado por indícios, provas concretas, dados e estatísticas.

Quando visitou minas no México, Humboldt investigou não apenas sua geologia e produtividade, mas também o efeito debilitante que a mineração tinha sobre uma larga camada da população. Em uma das minas, ficou chocado ao ver a forma como os trabalhadores indígenas eram obrigados a subir cerca de 23 mil degraus carregando pesadíssimos matacões em um mesmo turno de trabalho. Em um esquema de trabalho compulsório, os índios eram usados como "máquinas humanas", apesar de não serem oficialmente escravos, eram obrigados a trabalhar em prol do enriquecimento dos espanhóis e da elite local, em um sistema – o *repartimiento* – que os forçava a trabalhar para os espanhóis em troca de muito pouco ou nada. Eram coagidos a comprar dos administradores hispânicos mercadorias superfaturadas e acabavam sugados por uma espiral cada vez mais intensa de dívida e dependência. O rei espanhol detinha até mesmo o monopólio sobre a neve que caía em Quito, Lima e outras cidades coloniais, de modo que pudesse ser usada na fabricação de sorvete para as elites abastadas. Era absurdo, afirmou Humboldt, que algo que "caía do céu" pudesse pertencer à Coroa espanhola. A seu ver, a política e a economia de um governo colonial eram baseadas na "imoralidade".

Durante suas viagens, Humboldt ficou impressionado ao constatar como os administradores coloniais (bem como seus guias, anfitriões e missionários) constantemente o instigavam a procurar pedras e metais preciosos. Muitas vezes Humboldt – o ex-inspetor de minas – explicava a eles o quanto essa concepção estava equivocada. Por que, perguntava ele, precisariam de ouro e gemas se viviam em uma terra que bastaria apenas "arar ligeiramente para produzir as mais abundantes colheitas?". Aquela era claramente sua via de acesso à liberdade e prosperidade?

Em inúmeras ocasiões, Humboldt viu de perto como a população passava fome e como terras outrora férteis haviam sido exploradas de forma desmedida e implacável até se tornarem áridas. No vale de Aragua, no lago de Valência, por exemplo, ele observou de que maneira a volúpia do mundo por roupas coloridas acarretou a pobreza e a dependência das populações locais porque o índigo, uma planta de fácil cultivo que produzia tintura azul, havia substituído o milho e outras lavouras comestíveis. Mais do que qualquer outra planta, o índigo "empobrece o solo", Humboldt havia percebido. A terra parecia exaurida, e em poucos anos ele previu que nada mais poderia ser cultivado nela. O solo estava sendo explorado "como uma mina".

Mais tarde, em Cuba, Humboldt reparou que em vastas porções da ilha a cobertura florestal tinha sido devastada para dar lugar a plantações de açúcar. Para onde quer que fosse, Humboldt via a maneira como as lavouras produzidas não para subsistência do agricultor, mas destinadas a render lucro, tinham substituído os vegetais que fornecem nutrição. Cuba não produzia muita coisa além de açúcar, o que significava que, sem produtos importados de outras colônias, "a ilha morreria de fome". Era receita de dependência e injustiça. De maneira semelhante, os habitantes da região em torno de Cumaná cultivavam tanto açúcar e índigo que eram obrigados a comprar do exterior comida que poderiam facilmente produzir por conta própria. A monocultura e o modelo de produção agrícola voltado à exportação e ao lucro não criava uma sociedade feliz, disse Humboldt. Era necessário um sistema de agricultura de subsistência, baseado em culturas comestíveis para consumo próprio e variedade de alimentos como bananas, quinoa, milho e batatas.

Humboldt foi o primeiro a associar o colonialismo à devastação do meio ambiente. Repetidamente seus pensamentos voltavam-se à natureza como uma complexa teia de vida, mas também ao papel do homem no âmbito dessa rede. No rio Apure, ele vira de perto a devastação causada pelos espanhóis que tentaram controlar a cheia anual construindo uma represa. Para piorar as coisas, também derrubaram as árvores que até então, "como um muro muito compacto", haviam mantido unidos os barrancos; como resultado, o rio enfurecido arrancava e carregava mais terra a cada ano que passava. No alto platô da Cidade do México, Humboldt observou como um lago que alimentava o sistema de irrigação local havia encolhido até se transformar numa poça rasa, deixando os vales estéreis. Em todo o mundo, disse Humboldt, engenheiros eram culpados por esse mesmo tipo de insensatez míope e ignorante.

Ele debateu natureza, questões ecológicas, poder imperial e política em relação uns com os outros. Criticou a injusta distribuição de terras, as monoculturas, a violência contra grupos tribais e as condições de trabalho dos povos indígenas – questões tremendamente relevantes hoje em dia. Na condição de ex-inspetor de minas, Humboldt tinha um discernimento singular acerca das consequências ambientais e econômicas da exploração das riquezas naturais. Ele questionou a dependência mexicana com relação às lavouras de exportação e à mineração, por exemplo, porque sujeitavam o país à flutuação dos preços dos mercados internacionais. "O único capital", disse Humboldt, "que aumenta com o tempo consiste da produção agrícola". Todos os problemas nas colônias, disso Humboldt estava convencido, eram resultado das "imprudentes atividades dos europeus".

Jefferson havia empregado argumentos semelhantes. "Creio que nossos governos continuarão sendo virtuosos por muitos séculos", disse ele, "contanto que se mantenham primordialmente agrícolas". Jefferson contemplava a abertura do Oeste estadunidense como o "amplo lançamento" e o alargamento de uma república em que pequenos agricultores independentes viriam a se tornar a infantaria da jovem nação e os guardiões de sua liberdade. O Oeste, Jefferson acreditava, asseguraria a autossuficiência agrícola dos Estados Unidos, e portanto o futuro de "milhões de pessoas ainda por nascer".

O próprio Jefferson era um dos mais progressistas agricultores dos Estados Unidos, realizando experimentos com rotação de culturas, esterco e adubo e novas variedades de sementes. Sua biblioteca estava repleta de todos os livros agrícolas que conseguia comprar, e ele chegou a inventar uma nova aiveca para um arado (cada uma das peças de madeira que, colocadas do lado da relha do arado, servem para revirar a terra levantada pela relha; elas sustentam a relha do arado e servem para alargar o sulco). Jefferson sentia mais entusiasmo por implementos agrícolas do que por eventos políticos. Quando, por exemplo, encomendou de Londres um modelo de debulhadora, contou a novidade a Madison feito uma criança ansiosa: "Todo dia fico esperando e não vejo a hora de ela chegar", "Ainda não recebi a minha debulhadora", e, por fim, a máquina "chegou a Nova York". Em Monticello, ele testava novas verduras e legumes, lavouras e frutas, usando seus campos e jardim como laboratório experimental. Jefferson acreditava que "o maior serviço que se pode prestar a um país é acrescentar uma planta útil à sua cultura". Da Itália ele havia contrabandeado arroz de terras altas dentro dos bolsos do casaco, sob ameaça de pena de morte, e tentou convencer os fazendeiros estadunidenses a plantar pomares de bordo de modo a dar fim à dependência do melaço das Índias Orientais Britânicas. Em Monticello, Jefferson cultivava 330 variedades de 99 espécies de legumes, verduras, ervas e plantas medicinais.

Contanto que tivesse um pedaço de terra, Jefferson acreditava, o homem seria independente. Ele chegou inclusive a argumentar que somente agricultores deveriam ser eleitos como membros do Congresso, porque os considerava "os verdadeiros representantes do grande interesse norte-americano", ao contrário dos avarentos comerciantes, que "não têm pátria". Operários, mercadores e corretores de valores jamais se sentiriam tão ligados ao seu país como os agricultores, que lavravam o solo. "Os pequenos proprietários de terra são a parte mais preciosa de um Estado", insistia Jefferson, que incluiu em sua minuta da Constituição da Virgínia que toda pessoa deveria ter direito a vinte hectares de terra (embora não tenha conseguido que essa cláusula fosse aprovada). Seu aliado político, James Madison, argumentava que, quanto maior a proporção de agricultores, "mais livre, mais independente e mais feliz deve ser a própria sociedade". Para ambos, a agricultura era um empreendimento republicano, um esforço produtivo e um ato de construção de uma nação. Arar os campos, plantar legumes e verduras e planejar técnicas e sistemas de rotação de culturas eram ocupações que geravam autossuficiência e, portanto, liberdade política. Humboldt concordava, porque

Escravos trabalhando em uma *plantation*

os pequenos plantadores que ele havia conhecido na América do Sul tinham desenvolvido "o sentimento de liberdade e independência".

Apesar de toda a concordância e harmonia, havia um tema sobre o qual Humboldt e Jefferson divergiam: a escravidão. Para Humboldt, colonialismo e escravidão eram ambos basicamente a mesma coisa, entrelaçados à relação do homem com a natureza e a exploração dos recursos naturais. Quando os colonos espanhóis, mas também os norte-americanos, introduziram em seus territórios açúcar, algodão, índigo e café, trouxeram também a escravidão. Em Cuba, por exemplo, Humboldt tinha visto como "cada gota de caldo de cana custava sangue e gemidos". A escravidão chegou na esteira do que os europeus "chamam de sua civilização", disse Humboldt, e sua "sede de riqueza".

A primeira lembrança de infância de Jefferson, supostamente, era a de ser carregado sobre um travesseiro por um escravo; na vida adulta, seu sustento era calcado no trabalho escravo. Embora alegasse desprezar a escravidão, ele daria a liberdade apenas para um punhado de duzentos escravos que trabalhavam em suas *plantations* na Virgínia. Anteriormente, Jefferson havia julgado que a agricultura talvez pudesse ser a solução para acabar com a escravidão em Monticello. Enquanto ainda estava na Europa atuando como ministro, Jefferson conhecera agricultores alemães diligentes e incansáveis que, acreditava ele, eram "absolutamente incorruptíveis e não se deixariam corromper por dinheiro". E cogitou a ideia de assentá-los em Monticello "amalgamados" aos seus escravos em fazendas de vinte hectares cada. Para Jefferson, esses industriosos e honestos alemães eram a síntese e a personificação do fazendeiro virtuoso. Os escravos continuariam sendo sua propriedade, mas seus filhos seriam livres e "bons cidadãos" por terem sido criados na convivência próxima com os fazendeiros alemães. O projeto jamais foi implementado, e na ocasião em que Humboldt o conheceu, Jefferson havia abandonado todos os planos de libertar seus escravos.

Humboldt, contudo, jamais se cansou de condenar o que chamava de "o maior dos males". Durante sua visita a Washington, ele não ousou criticar diretamente o presidente, mas disse ao arquiteto William Thornton, amigo de Jefferson, que a escravidão era uma "desgraça". Claro que a abolição da escravidão reduziria a produção nacional de algodão, admitia ele, mas o bem-estar público não poderia ser medido "de acordo com o valor de suas exportações". A justiça e a liberdade eram mais importantes do que números e a riqueza de uns poucos.

O fato de que britânicos, franceses e espanhóis debatessem, como o faziam, sobre quem tratava com maior humanidade os escravos, disse Humboldt, era um absurdo, equivalente a discutir "se era mais prazeroso e agradável ter o estômago cortado em retalhos ou ser esfolado vivo". A escravidão era tirania, e durante suas andanças pela América Latina Humboldt tinha preenchido seu diário com descrições das vidas desgraçadas dos escravos: um proprietário de *plantation* em Caracas obrigava seus escravos a comer os próprios excrementos, escrevera, ao passo que um outro os torturava com agulhas. Para onde quer que olhasse, Humboldt via cicatrizes de chibatadas nas costas dos escravos. Os índios nativos não eram tratados de maneira melhor. Nas missões ao longo do Orinoco, por exemplo, ele ouviu relatos de crianças raptadas e vendidas como escravas. Uma história particularmente horrenda envolvia um missionário que havia arrancado com uma mordida os testículos de seu ajudante de cozinha como punição por este ter beijado uma menina.

Havia exceções. Durante sua travessia pela Venezuela a caminho do Orinoco, Humboldt ficara impressionado por seu anfitrião no lago de Valência, que incentivava o progresso da agricultura e a distribuição de riqueza loteando sua propriedade em pequenas chácaras e sítios. Em vez de administrar uma fazenda enorme, ele distribuíra boa parte de suas terras para famílias pobres – algumas dessas pessoas eram escravos libertos, outras, camponeses pobres demais para ter seu próprio quinhão de terra. Agora essas famílias trabalhavam como agricultores livres e independentes, que não eram ricos mas tinham condições de viver da terra. De maneira semelhante, entre Honda e Bogotá Humboldt vira pequenas *haciendas* onde pais e filhos trabalhavam juntos sem mão de obra escrava, plantando açúcar mas também culturas comestíveis para consumo próprio. "Adoro enfatizar esses detalhes", disse Humboldt, porque provavam a pertinência de seu argumento.

A instituição da escravidão era antinatural, disse Humboldt – porque "o que é contra a natureza é injusto, mau e sem validade". Ao contrário de Jefferson, que acreditava que negros eram uma raça "inferior aos brancos, tanto em seus dotes de corpo como de mente", Humboldt insistia que não existiam raças superiores ou inferiores. Não importava a nacionalidade, cor ou religião, todos os humanos vinham de uma única e mesma raiz. De modo muito similar às famílias de plantas, explicou Humboldt, que se adaptavam de forma diferente a suas condições geográficas e climáticas mas não obstante exibiam traços de um "tipo comum", o mesmo ocorria com todos os membros da raça humana, que pertencem a uma única família. Todos os homens são iguais, dizia Humboldt, e nenhuma raça está acima da outra, porque "são todas igualmente criadas para a liberdade".

A natureza foi a professora de Humboldt. E a maior lição que a natureza ofereceu foi a da liberdade. "A natureza é o domínio da liberdade", disse Humboldt, porque o equilíbrio da natureza era criado pela diversidade, que por sua vez poderia ser interpretada como um projeto ou representação para a verdade política e moral. Tudo, do mais simples e despretensioso musgo ou inseto a um elefante ou altaneiro carvalho, tinha seu papel, e juntas todas as coisas formavam o todo. O ser humano era uma ínfima parte. A natureza era em si mesma uma república da liberdade.

PARTE III
RETORNO: ORGANIZANDO IDEIAS

9
EUROPA

No final de junho de 1804, Humboldt partiu dos Estados Unidos a bordo da fragata francesa *Favorite* e, em agosto, poucas semanas antes de seu aniversário de 35 anos, foi recebido em Paris como um herói. Esteve ausente por mais de cinco anos e regressava com baús abarrotados de dezenas de cadernetas, centenas de esboços e dezenas de milhares de observações astronômicas, geológicas e meteorológicas. Trazia para casa cerca de 60 mil espécimes de plantas, num total de 6 mil espécies, das quais quase 2 mil eram novas para os botânicos europeus – um número impressionante, considerando-se que no final do século XVIII havia apenas cerca de 6 mil espécies conhecidas.

"Como eu anseio por estar de novo em Paris!", Humboldt escrevera de Lima a um cientista francês, quase dois anos antes. Mas essa Paris era diferente da cidade que ele vira pela última vez em 1798. Humboldt deixou uma república e, ao voltar, encontrou uma nação governada por um ditador. Após um golpe de Estado em novembro de 1799, Napoleão autoproclamou-se primeiro-cônsul e, com isso, tornou-se o homem mais poderoso da França. Depois, poucas semanas antes da chegada de Humboldt, Napoleão havia anunciado

Humboldt em seu regresso à Europa

que seria coroado imperador da França. O som das ferramentas ricocheteava pelas ruas à medida que tinham início os trabalhos de construção da grandiosa visão de Napoleão para Paris. "Sou tão novo que preciso me orientar primeiro", Humboldt escreveu a um velho amigo. A Catedral de Notre-Dame estava sendo restaurada para a coroação de dezembro, e as casas medievais da cidade – com estrutura de madeira – foram demolidas para dar lugar a espaços públicos, fontes e bulevares. Um canal de cem quilômetros de extensão foi escavado para levar água fresca para Paris, e o Quai d'Orsay foi construído para impedir que o Sena transbordasse.

A maioria dos jornais que Humboldt conhecera havia sido fechada ou agora era dirigida por editores leais ao novo regime, ao passo que caricaturas de Napoleão e seu reino eram proibidas. Napoleão tinha criado uma nova força policial nacional e fundado o Banco da França, que regulava o dinheiro da nação. Seu governo era centralizado em Paris, e ele mantinha todos os aspectos da vida nacional sob rígido controle. A única coisa que parecia não ter mudado era a guerra, que ainda grassava em toda a Europa.

A razão pela qual Humboldt tinha escolhido Paris como seu novo lar era simples – nenhuma outra cidade estava tão mergulhada na ciência. Não havia nenhum outro lugar na Europa onde o pensamento fosse permitido de forma liberal e livre. Com a Revolução Francesa, o papel da Igreja Católica havia enfraquecido, e os cientistas na França já não eram constrangidos pelo cânone religioso e por crenças ortodoxas. Podiam realizar experimentos e questionar tudo e todos. A razão era a nova religião, e o dinheiro jorrava com abundância para as ciências. No Jardin des Plantes, como o antigo Jardin du Roi era conhecido agora, novas estufas tinham sido construídas, e o Museu de História Nacional estava sendo expandido com o acréscimo de coleções saqueadas de toda a Europa pelo exército de Napoleão – herbários, fósseis, animais empalhados e até mesmo dois elefantes vindos da Holanda. Em Paris, Humboldt encontrou pensadores com disposição mental semelhante, que com ele comungavam as mesmas ideias e opiniões, além de sociedades científicas, instituições e salões culturais. Paris era também um centro de publicações. Em suma, era o lugar perfeito para Humboldt compartilhar com o mundo suas novas ideias.

A vida agitada em Paris

A cidade fervilhava. Era uma verdadeira metrópole com uma população de cerca de meio milhão de habitantes, a segunda maior cidade na Europa depois de Londres. Na década seguinte à revolução, Paris havia afundado na destruição e austeridade, mas agora a frivolidade e a folia predominavam de novo. As formas de tratamento das mulheres eram *madame* e *mademoiselle* em vez de *citoyenne*, e dezenas de milhares de franceses exilados receberam permissão para voltar para casa. Havia cafés em toda parte, e desde a revolução o número de restaurantes tinha subido de cem para quinhentos. Os estrangeiros invariavelmente se surpreendiam ao constatar o quanto a vida parisiense acontecia ao ar livre, do lado de fora das casas. Toda a população parecia viver em público, "como se suas casas fossem construídas apenas para as pessoas dormirem nelas", no dizer do poeta romântico inglês Robert Southey.

Ao longo das margens do Sena, perto do pequeno apartamento que Humboldt alugou em Saint-Germain, centenas de lavadeiras com as mangas arregaçadas esfregavam sua roupa de cama, observadas pelos passantes que atravessavam as muitas pontes da cidade. As ruas estavam margeadas de banquinhas que colocavam à disposição todo tipo de mercadoria, de ostras e uvas a móveis. Sapateiros, amoladores de facas e vendedores ambulantes ofereciam ruidosamente seus serviços. Performances com animais eram apresentadas, malabaristas se exibiam e "filósofos" davam palestras ou aperfeiçoavam seus experimentos. Ali via-se um senhor idoso tocando harpa, aqui uma criança pequena tocando pandeiro ou tambor e um cachorro pisando em um órgão. *Grimaciers* contorciam o rosto, deformando-o nas formas mais medonhas, enquanto o cheiro de castanhas assadas mesclava-se a outros odores menos agradáveis. Era, nas palavras de um visitante, como se toda a cidade "se dedicasse unicamente ao divertimento". Mesmo à meia-noite as ruas ainda estavam cheias, apinhadas de músicos, atores e mágicos entretendo as multidões. A cidade inteira, apontou outro turista, parecia em "eterna agitação".

O que impressionava os estrangeiros era o fato de que todas as classes sociais viviam sob um mesmo teto em casas enormes — do apartamento de um duque no majestoso primeiro andar aos

Um balão de ar quente sobrevoa Paris

aposentos de um criado ou chapeleiro no sótão no quinto andar. A alfabetização também parecia transcender as diferenças de classe, e mesmo as meninas que vendiam flores ou bugigangas aproveitavam para mergulhar em livros quando nenhum cliente pedia atenção. Fileiras de bancas e quiosques de venda de livros salpicavam as ruas, e nas mesas que congestionavam as calçadas do lado de fora de restaurantes e cafés as conversas invariavelmente giravam em torno de temas como beleza e arte ou "um discurso sobre algum intrigante tópico de matemática superior".

Humboldt adorava Paris e o conhecimento que pulsava em suas ruas, salões e laboratórios. A Académie des Sciences[1] era o principal centro de investigação científica entre muitos outros. O teatro de anatomia na École de Medicine podia abrigar mil estudantes, o

---

[1] Após a revolução, a Académie de Sciences foi incorporada ao Instituto Nacional de Ciências e Artes (Institute National des Sciences et des Arts). Alguns anos depois, em 1816, mais uma vez tornou-se a Académie des Sciences – e parte do Institute de France. Em nome da consistência, a instituição será referida como Académie des Sciences ao longo de todo o livro.

observatório estava equipado com os melhores instrumentos, e o Jardin des Plantes ostentava um zoológico, uma vasta coleção de objetos de história natural e uma biblioteca, além de seu imenso jardim botânico. Havia muita coisa a fazer e muita gente a conhecer.

O químico Joseph Louis Gay-Lussac, de 25 anos, vinha fascinando o mundo científico com as ousadas ascensões de balão que ele usava para estudar o magnetismo terrestre a grandes altitudes. Em 16 de setembro de 1804, somente três semanas após a chegada de Humboldt, Gay-Lussac conduziu observações magnéticas, bem como medições de temperaturas e de pressão do ar a 7 mil metros – novecentos metros acima da altitude a que Humboldt havia chegado escalando o Chimborazo. Não é nenhuma surpresa que Humboldt tenha ficado ávido para comparar os resultados de Gay-Lussac aos que ele próprio obtivera nos Andes. Em poucos meses Gay-Lussac e Humboldt estavam dando aulas juntos na Académie. Tornaram-se amigos tão próximos que viajavam juntos e, alguns anos depois, chegaram inclusive a dividir o mesmo acanhado quarto e estúdio no sótão da École Polytechnique.

Para onde quer que Humboldt olhasse havia novas e empolgantes teorias. No Museu de História Natural do Jardin des Plantes, ele conheceu os naturalistas Georges Cuvier e Jean-Baptiste Lamarck. Cuvier tinha transformado em fato científico o polêmico conceito de extinções, ao examinar ossos fósseis e concluir que não pertenciam a animais existentes. E Lamarck recentemente desenvolvera a teoria da gradual transmutação das espécies, pavimentando o caminho para as ideias sobre evolução. O célebre astrônomo e matemático Pierre-Simon Laplace trabalhava sobre ideias acerca da formação da Terra e do universo, que ajudaram Humboldt a moldar suas próprias noções. Os acadêmicos de Paris estavam alargando os limites do pensamento científico.

Todos estavam empolgados com o retorno de Humboldt para a Europa. Sua ausência fora tão prolongada que, conforme Goethe escreveu a Wilhelm von Humboldt, a sensação era de que Alexander "tinha ressuscitado dos mortos". Outros propunham que Humboldt fosse nomeado presidente da Academia Berlinense de

Ciências, mas ele não tinha a menor intenção de retornar a Berlim. A essa altura, nem mesmo sua família estava lá. Seu pai e sua mãe estavam mortos, e Wilhelm vivia em Roma, onde atuava como ministro prussiano no Vaticano.

Para sua grande surpresa, Humboldt encontrou a esposa de Wilhelm, Caroline, residindo em Paris. Grávida do sexto filho, ela havia trocado Roma por Paris em junho de 1804, acompanhada de dois de seus filhos, depois que uma das crianças morrera aos 9 anos no verão do ano anterior. O clima mais ameno de Paris, acreditava o casal, seria melhor para as duas crianças, que também sofriam de perigosas febres, do que o sufocante calor de Roma durante o verão. Preso em Roma por causa do trabalho, Wilhelm atormentava a esposa exigindo saber os mínimos detalhes sobre o regresso do irmão. Como ele estava? Quais eram seus planos? Ele estava mudado? Após suas aventuras as pessoas o encaravam como a uma "criatura fantástica"?

Ele parecia muito bem, Caroline respondeu. As adversidades dos anos de expedição não o haviam deixado mais fraco – ao contrário, Alexander nunca estivera mais saudável. As muitas escaladas o deixaram forte, considerou Caroline, e seu cunhado parecia não ter envelhecido durante os últimos anos. Era quase como se "ele tivesse nos deixado ainda anteontem". Suas maneiras, gestos e semblante eram os mesmos de sempre, ela escreveu a Wilhelm. A única diferença era que ele ganhara um pouco de peso e agora falava ainda mais rápido – até onde isso era possível.

Mas nem Caroline nem Wilhelm aprovaram o seu desejo de permanecer na França. Era seu dever patriótico voltar a Berlim e viver lá durante um tempo, disseram eles, lembrando-o de sua *Deutschheit* – sua "germanidade". Quando Wilhelm escreveu que "é preciso honrar a pátria", Alexander preferiu ignorá-lo. Pouco antes de sua partida para os Estados Unidos, Humboldt havia escrito de Cuba a Wilhelm deixando claro que não tinha o menor desejo de voltar para Berlim. Quando soube que Wilhelm queria que ele se mudasse para lá, Humboldt simplesmente "fez caretas", segundo relatou Caroline. Humboldt estava se divertindo à larga em Paris. "A fama é bem maior do que antes", Humboldt vangloriou-se para o irmão.

Assim que chegaram à Europa, a primeira coisa que Bonpland fez foi visitar sua família na cidade portuária de La Rochelle, na costa francesa do Atlântico, mas Humboldt e Montúfar, que o acompanharam até a França, viajaram imediatamente para Paris. Humboldt mergulhou de cabeça em sua nova vida na capital. Queria compartilhar os resultados de sua expedição. Em três semanas estava dando uma série de conferências para auditórios lotados na Académie des Sciences, nas quais discorria sobre suas façanhas exploratórias. Saltava de um tema para o outro com tanta rapidez que ninguém era capaz de acompanhá-lo. Humboldt "encerra dentro de si uma academia inteira", declarou um químico francês. Ouvindo as palestras de Humboldt, lendo seus manuscritos e examinando suas coleções, os boquiabertos cientistas indagavam-se como era possível que um único homem fosse tão familiarizado com tantas disciplinas diferentes. Mesmo os que no passado haviam mostrado certa reserva e uma postura mais crítica com relação à capacidade de Humboldt agora estavam entusiasmados, a julgar pelo que Humboldt escreveu orgulhoso a Wilhelm.

Ele realizava experimentos, escrevia sobre sua expedição e discutia suas teorias com seus novos amigos cientistas. Humboldt trabalhava tanto que aparentemente "noite e dia formam uma só massa de tempo" durante a qual ele trabalhava, dormia e comia, observou um norte-americano de visita em Paris, "sem fazer nenhuma divisão arbitrária das horas". A única maneira de Humboldt dar conta desse ritmo era dormir muito pouco. Se acordasse no meio da noite, levantava-se da cama e ia trabalhar. Se não estivesse com fome, ignorava os horários das refeições. Quando estava cansado, bebia mais café.

Para onde quer que fosse, Humboldt era o estopim de atividade frenética. A Junta Francesa de Longitude usava suas precisas medições geométricas, outros copiavam seus mapas, gravadores e estampadores trabalhavam a partir de suas ilustrações, e o Jardin des Plantes abriu ao público uma exposição exibindo seus espécimes botânicos. As amostras de rochas trazidas do Chimborazo causaram um *frisson* semelhante ao que mereceriam as pedras trazidas da Lua no século XX. Humboldt não estava planejando manter para si seus espécimes; ao contrário, pretendia enviá-los para cientistas de toda a

Europa porque acreditava que compartilhar era o caminho para novas e maiores descobertas. Como gesto de gratidão ao seu fiel amigo Aimé Bonpland, Humboldt também acionou seus contatos para assegurar-lhe uma pensão de 3 mil francos anuais do governo francês. Bonpland, disse Humboldt, havia contribuído imensamente para o sucesso da expedição e também descreveu a maior parte dos espécimes botânicos.

Embora adorasse ser festejado em Paris, Humboldt sentia-se ao mesmo tempo um forasteiro e temia o primeiro inverno europeu – e talvez por isso não seja surpresa alguma o fato de que acabou gravitando em torno de um grupo de jovens sul-americanos que à época residiam em Paris e que ele provavelmente conhecera por intermédio de Montúfar. Um deles era Simón Bolívar – então com 21 anos –, o venezuelano que mais tarde viria a tornar-se o líder das revoluções na América do Sul.[2]

Nascido em 1783, Bolívar era filho de uma das mais abastadas famílias *criollas* de Caracas. As origens de sua linhagem remontavam a outro Simón Bolívar, que chegara à Venezuela no final do século XVI. Desde então, a família havia prosperado e agora era dona de diversas *plantations*, minas e elegantes casas geminadas. Bolívar tinha deixado Caracas após a morte da esposa, vitimada pela febre amarela poucos meses depois do casamento. Ele a amava intensamente, e para aplacar a dor do luto embarcou num *grand tour* pela Europa. Chegou a Paris mais ou menos na mesma época em que Humboldt e se entregou a uma rotina de bebedeira, jogatina, sexo e debates de fim de noite sobre filosofia iluminista. Moreno, com uma longa cabeleira cacheada e dentes belos e brancos (dos quais ele cuidava com particular esmero), Bolívar vestia-se na última moda. Adorava dançar, e as mulheres o consideravam muito atraente.

---

[2] Provavelmente foi Carlos Montúfar quem apresentou Humboldt aos sul-americanos em Paris – mas Humboldt e Bolívar também tinham diversos conhecidos em comum. Havia o amigo de infância de Bolívar, Fernando del Toro – filho do marquês del Toro, com quem Humboldt passou algum tempo na Venezuela. Em Caracas, Humboldt também conhecera as irmãs de Bolívar e seu antigo tutor, o poeta Andrés Bello.

Quando visitou Humboldt em sua residência temporária, que estava atulhada de livros, diários e desenhos da América do Sul, Bolívar descobriu um homem encantado com a Venezuela, e que não conseguia parar de falar sobre a natureza de um continente desconhecido para a maioria dos europeus. Ouvindo Humboldt discorrer sobre as corredeiras do Orinoco e dos picos altaneiros dos Andes e majestosas palmeiras e enguias-elétricas, Bolívar percebeu que nenhum europeu jamais havia pintado a América do Sul em cores tão fulgurantes.

Os dois homens conversavam sobre política e revoluções também. Ambos estavam em Paris quando Napoleão coroou-se imperador naquele inverno. Bolívar ficou chocado por ver como seu herói se transformara em déspota e em um "tirano hipócrita". Mas, ao mesmo tempo, Bolívar viu também como a Espanha lutou para resistir às ambições militares napoleônicas e começou a refletir acerca do que esse reposicionamento de poder na Europa poderia significar para as colônias espanholas. Em suas discussões sobre o futuro da América do Sul, Humboldt argumentou que, embora as colônias pudessem estar prontas e maduras para uma revolução, não havia ninguém que as liderasse. Bolívar, porém, lhe disse que o povo seria "forte como Deus" assim que decidisse lutar. Bolívar estava começando a pensar na possibilidade de uma revolução nas colônias.

Ambos tinham um arraigado desejo de ver a Espanha expulsa da América do Sul. Humboldt ficara impressionado pelos ideais das revoluções estadunidense e francesa e também adotou a causa da emancipação da América Latina. A própria ideia de colônia, alegava Humboldt, era um conceito imoral, e um governo colonial era um "governo de desconfiança". Durante suas viagens pela América Latina, Humboldt ficou espantado ao ver o entusiasmo com que as pessoas falavam sobre George Washington e Benjamin Franklin. Os colonos lhe disseram que a revolução dos Estados Unidos lhes dera esperança acerca de seu próprio futuro, mas ao mesmo tempo Humboldt vira de perto a desconfiança racial que infestava a sociedade sul-americana.

Ao longo de três séculos os espanhóis atiçaram suspeitas entre as classes e raças em suas colônias. Humboldt estava convencido de que os *criollos* abastados preferiam viver sob o jugo espanhol a dividir o poder com os mestiços, escravos e indígenas. Ele temia que os *criollos* criassem uma "república branca" baseada na escravidão. Na opinião de Humboldt, essas diferenças raciais estavam profundamente arraigadas na tessitura social das colônias espanholas, de tal forma que as colônias ainda não estavam prontas para uma revolução. Bonpland, entretanto, tinha mais convicção e encorajou Bolívar a levar adiante as suas incipientes ideias. A tal ponto que Humboldt considerou que Bonpland estava tão iludido quanto o impetuoso jovem *criollo*. Anos mais tarde, porém, Humboldt lembrou-se com carinho do encontro com Bolívar como "uma época em que estávamos fazendo promessas pela independência e liberdade do Novo Continente".

Embora rodeado de pessoas o dia inteiro, Humboldt permanecia emocionalmente distante. Ele era rápido em julgar as pessoas, rápido e indiscreto demais, ele próprio admitia. Certamente havia em Humboldt um traço de *Schadenfreude*, e ele gostava de apontar os deslizes e problemas alheios. Sempre perspicaz, por vezes se deixava levar e inventava apelidos pejorativos ou fofocava pelas costas das pessoas. Ao rei da Sicília, por exemplo, ele atribuiu a alcunha "rei do macarrão", ao passo que um ministro conservador prussiano foi denominado de "geleira", que era tão fria, brincava Humboldt, que lhe causara reumatismo no ombro esquerdo. Mas por trás da ambição de Humboldt, sua atividade frenética e seus comentários ácidos, seu irmão Wilhelm acreditava haver uma cordialidade e vulnerabilidade que ninguém de fato notava. Embora Alexander desejasse fama e reconhecimento, Wilhelm explicou a Caroline, isso jamais o faria feliz. Durante suas viagens, a exploração da natureza e a exaustão física davam-lhe a sensação de realização e satisfação, mas de volta à Europa ele se sentia solitário novamente.

Por mais que vivesse eternamente estabelecendo conexões e relações entre tudo que existia no mundo natural, Humboldt era unidimensional no que dizia respeito a seus relacionamentos pessoais. Quando, por exemplo, recebeu a notícia de que um amigo próximo havia morrido durante sua ausência, Humboldt escreveu para a viúva uma carta de filosofia e não de condolências. Na missiva, ele falava mais sobre as opiniões de judeus e gregos acerca do conceito de morte do que sobre o falecido marido da viúva – além disso, escreveu a carta em francês, língua que ele sabia que a viúva não entendia. Algumas semanas após a chegada de Humboldt a Paris, a filhinha de três meses de Wilhelm e Caroline morreu depois de receber vacina contra a varíola – o segundo filho que eles perdiam em menos de um ano –, e Caroline caiu em profunda melancolia. Sozinha em seu luto e com o marido distante em Roma, Caroline esperava encontrar no atarefado cunhado algum amparo emocional, mas ela jugava que as expressões de consolo e compaixão de Alexander eram apenas "demonstrações de sentimento e não emoções profundas".

Contudo, apesar do seu próprio sofrimento, Caroline preocupava-se com Humboldt. Embora ele tivesse sobrevivido à sua expedição, era menos capaz quando o assunto eram os aspectos mais práticos da vida cotidiana. Ele ignorava, por exemplo, até que medida a viagem de cinco anos havia dilapidado sua fortuna. Caroline considerava-o tão ingênuo acerca de sua situação financeira que pediu a Wilhelm que escrevesse ao irmão, de Roma, uma carta séria para explicar a verdadeira natureza dos fundos de Humboldt, que estavam definhando. Depois, no outono de 1804, quando já se preparava para trocar Paris por Roma, Caroline viu-se relutante em deixar Alexander para trás. "Deixá-lo sozinho e sem freios seria desastroso", ela escreveu a Wilhelm. "Eu estremeço por sua paz interior." Constatando o grau de preocupação da esposa, Wilhelm sugeriu que ela permanecesse mais tempo.

Alexander estava inquieto como sempre, informou Caroline ao marido, constantemente engendrando novos planos de viagem. Grécia, Itália, Espanha, "todos os países europeus estão perambulando por sua cabeça". Entusiasmado por sua visita à Filadélfia e Washington meses antes, Humboldt esperava explorar também o continente norte-americano. Queria ir para o Oeste. Escreveu então a um de seus novos conhecidos estadunidenses, um plano no qual Thomas Jefferson "seria o homem certo para me ajudar a concretizar". Havia tanta coisa para ver. "A minha mente está fixa no Missouri, no

Círculo Ártico e na Ásia", ele escreveu, e "deve-se aproveitar ao máximo a juventude". Mas antes de partir em outra aventura, era também hora de começar a escrever com detalhes os resultados da expedição anterior – mas por onde começar?

Humboldt não estava pensando em apenas um livro. Ele imaginou uma série de volumes de tamanho grande e lindamente ilustrados que retratariam, por exemplo, os formidáveis picos dos Andes, flores exóticas, manuscritos antigos e ruínas incas. Pretendia também escrever alguns livros especializados: publicações botânicas e zoológicas que descrevessem as plantas e animais da América Latina de forma científica e precisa, bem como alguns títulos de astronomia e geografia. Planejou um atlas que incluiria novos mapas mostrando a distribuição das plantas mundo afora, a localização de vulcões e cordilheiras, rios e assim por diante. Mas Humboldt queria também escrever livros mais gerais e baratos que explicassem sua nova visão da natureza para um público mais amplo. Incumbiu Bonpland de redigir os livros de botânica, mas todos os demais ele teria de escrever por conta própria.

Com uma mente que trabalhava em todas as direções, volta e meia Humboldt mal dava conta de lidar com seus próprios pensamentos. À medida que escrevia, de súbito iam brotando novas ideias, que ele espremia na página – aqui e ali apareciam um pequeno esboço ou alguns cálculos anotados nas margens. Quando ficava sem espaço, Humboldt usava sua imensa escrivaninha, sobre a qual entalhava e rabiscava ideias. Em pouco tempo o tampo da mesa estava completamente coberto por números, versos e palavras, tanto que um carpinteiro teve de ser chamado para lixar e aplainar novamente o tampo.

Escrever não impedia Humboldt de viajar, contanto que fosse pela Europa e perto dos centros de ensino científico. Quando precisava, era capaz de trabalhar em qualquer lugar – mesmo no assento de um coche, equilibrando as cadernetas sobre os joelhos e enchendo as páginas com sua caligrafia praticamente indecifrável. Humboldt queria visitar Wilhelm em Roma e ver os Alpes e o Vesúvio. Em março de 1805, sete meses após sua chegada à França e poucas semanas depois que Caroline por fim deixara Paris para viver em Roma, Humboldt e seu novo amigo, o químico Gay-Lussac, também rumaram para a Itália. Agora Humboldt passava boa parte de seu tempo com Gay-Lussac, que aos 26 anos ainda era solteiro e parecia ter substituído Carlos Montúfar no papel de amigo mais próximo de Humboldt – meses antes, no mesmo ano, Montúfar havia partido para Madri.[3]

Humboldt e Gay-Lussac viajaram primeiro para Lyon e de lá para Chambéry, cidadezinha no sudeste da França de onde podiam avistar os Alpes surgindo no horizonte. À medida que o ar morno bafejava vida sobre a área rural da França, folhas abriam-se e vestiam as árvores no verde recém-chegado da nova estação. Pássaros construíam seus ninhos, e as estradas estavam margeadas com as mais radiantes florações primaveris. Equipados com os melhores instrumentos, os viajantes faziam paradas constantes para realizar medições meteorológicas, que Humboldt pretendia comparar às que ele havia realizado na América Latina. De Chambéry, continuaram a sudeste e cruzaram os Alpes italianos. Humboldt adorava estar nas montanhas.

No último dia de abril, chegaram a Roma e hospedaram-se com Wilhelm e Caroline. Desde que o casal se mudara para Roma, dois anos e meio antes, sua casa tornara-se um ponto de encontro de artistas e pensadores. Às quartas e domingos, Caroline e Wilhelm ofereciam um almoço e, à noite, davam as boas-vindas a um sem-número de convidados. Escultores, arqueólogos e cientistas de toda a Europa compareciam a essas reuniões – pouco importava se eram filósofos famosos, viajantes aristocráticos ou artistas batalhando por um lugar ao sol. Lá Humboldt encontrou uma plateia ávida por ler e ouvir seus relatos sobre a floresta tropical e os Andes, mas também artistas que transformaram até mesmo os seus esboços mais grosseiros em gloriosas pinturas para suas publicações. Humboldt arranjou um encontro com Leopold von Buch, um velho amigo dos tempos de academia de mineração em Freiberg e que agora era um dos mais respeitados geólogos da Europa. Ambos tinham planos de investigar juntos o Vesúvio e os Alpes.

---

3   Montúfar retornou à América do Sul em 1810, onde se juntou a revolucionários. Foi preso e executado em 1816.

Humboldt encontrou mais conhecidos em Roma. Em julho, Simón Bolívar chegou da França. Durante o inverno anterior, quando os dias gélidos envolveram Paris numa mortalha cinzenta, Bolívar caiu em um estado de ânimo sombrio. Simón Rodríguez, seu velho professor de Caracas e que também estava em Paris, havia sugerido uma excursão. Em abril eles seguiram de carruagem até Lyon e de lá iniciaram uma caminhada. Marcharam pelos campos e florestas, apreciando os arredores rurais. Conversaram, cantaram e leram. Aos poucos, Bolívar purificou o corpo e a mente e as dissipações dos meses anteriores. Por toda a vida Bolívar sempre tinha adorado estar ao ar livre, e agora mais uma vez sentiu-se revigorado pelo ar fresco, os exercícios e a natureza. Quando viu os Alpes aparecendo no horizonte, Bolívar lembrou-se das paisagens agrestes de sua juventude, as montanhas em contraste com as quais Caracas estava aninhada. Seus pensamentos estavam agora profundamente comprometidos com seu país. Em maio ele cruzou os Alpes da Saboia e seguiu a pé até Roma.

Uma erupção do Vesúvio

Em Roma, Bolívar e Humboldt conversaram mais uma vez sobre a América do Sul e as revoluções. Humboldt tinha a esperança de que as colônias espanholas se libertassem, mas durante todo o tempo em que conviveu com Bolívar – em Paris e depois em Roma –, em nenhum momento o viu como um potencial líder. Quando Bolívar discorria em tom arrebatado sobre a libertação de seu povo, Humboldt via apenas um jovem de imaginação brilhante – um "sonhador", definiu ele, e um homem que ainda era por demais imaturo. Humboldt não estava convencido, mas como um amigo em comum relatou mais tarde, foi a "grande sabedoria e prudência" de Humboldt que ajudaram Bolívar em uma época em que ele ainda era jovem e indômito. O amigo de Humboldt Leopold von Buch – famoso por seus conhecimentos geológicos, mas também por seu comportamento antissocial e rude – estava irritado por causa da apropriação política do que, julgava ele, seria uma reunião de mentes científicas. Buch prontamente fez pouco-caso de Bolívar, de quem desdenhou como um "fabulista" repleto de ideias incendiárias. E por isso Buch ficou aliviado quando, em 16 de julho, partiu de Roma rumo a Nápoles e ao Vesúvio – na companhia de Humboldt e Guy-Lussac, mas sem Bolívar.

A ocasião não poderia ser mais perfeita. Um mês depois, na noite de 12 de agosto, enquanto Humboldt entretinha um grupo de alemães que estavam visitando Nápoles com histórias sobre o Orinoco e os Andes, o Vesúvio entrou em erupção diante dos olhos de todos. Humboldt mal podia acreditar na sua sorte. De acordo com o comentário de um cientista, foi uma "expressão de cortesia com que o Vesúvio quis lisonjear Humboldt". Da sacada da casa de seu anfitrião, Humboldt viu a lava incandescente serpeando montanha abaixo e destruindo vinhedos, vilarejos e florestas. Nápoles foi envolta por uma luz fantasmagórica. Em questão de minutos Humboldt estava pronto para cavalgar rumo ao vulcão a fim de observar a erupção o mais perto possível. Durante os dias seguintes ele escalou o Vesúvio seis vezes. Era tudo muito impressionante, Humboldt escreveu a Bonpland, mas nada se comparado à América do Sul. Em comparação ao Cotopaxi, o Vesúvio era como um "asteroide ao lado de Saturno".

Enquanto isso, em Roma, em um dia particularmente quente de meados de agosto, Bolívar, Rodríguez e outro amigo sul-americano caminharam até o cume da colina Monte Sacro. Lá, com a cidade a seus pés, Rodríguez contou a história dos plebeus na Roma antiga que – naquela mesma colina – tinham ameaçado se separar da república em protesto contra o jugo dos patrícios. Ouvindo essa história, Bolívar caiu de joelhos, agarrou a mão de Rodríguez e prometeu consagrar sua vida à libertação da Venezuela. Nada o deteria, Bolívar declarou, enquanto não tivesse "rompido os grilhões". Foi um ponto de inflexão para Bolívar, e dali em diante a liberdade do seu país passou a ser o farol de sua vida. Dois anos depois, quando chegou a Caracas, Bolívar já não era o dândi festeiro, mas um homem movido por ideias de revolução e liberdade. As sementes da libertação da América do Sul estavam germinando.

Quando Humboldt retornou a Roma, no final de agosto, Bolívar já havia partido. Sentindo-se inquieto, Humboldt também queria seguir em frente e decidiu viajar para Berlim. Seguiu às pressas rumo ao norte, fazendo breves paradas em Florença, Bolonha e Milão. Não pôde ir para Viena conforme o planejado, porque Guy-Lussac ainda viajava em sua companhia e, uma vez que França e Áustria estavam em guerra, teria sido perigoso demais para o cidadão francês. As ciências, queixou-se Humboldt, já não propiciavam salvaguarda naquele clima volátil.

No fim, ficou claro que a decisão de Humboldt de não parar em Viena foi acertada, porque em meados de novembro o exército francês cruzou o Reno e marchou pela Suábia para ocupar Viena. Três semanas depois, Napoleão derrotou os austríacos e russos na Batalha de Austerlitz (atual Slavkov u Brna na República Tcheca). A vitória de Napoleão em Austerlitz marcou o fim do Sacro Império Romano-Germânico e da Europa como até então existia.

10

BERLIM

Numa tentativa desesperada de evitar os campos de batalha, Humboldt alterou sua rota para Berlim. Via lago de Como, seguiu para o norte da Itália, onde se encontrou com Alessandro Volta, o cientista italiano que tinha acabado de inventar a pilha elétrica. Depois disso, Humboldt atravessou os Alpes, enfrentando violentas tempestades invernais. Os céus vergastavam a terra com rajadas de chuva, granizo e neve – Humboldt estava em seu elemento. Em seu trajeto rumo ao norte pelos Estados germânicos, ao longo do caminho ele visitou velhos amigos, bem como seu antigo professor Johann Friedrich Blumenbach, em Göttingen. Em 16 de novembro de 1805, mais de um ano após seu retorno à Europa, Alexander von Humboldt chegou a Berlim acompanhado de Gay-Lussac.

Depois de Paris e Roma, Berlim dava a impressão de ser provinciana, e a plana área rural em torno da cidade parecia banal e enfadonha, desprovida de atrativos. Para um homem que amava o calor e a umidade da Floresta Amazônica, Humboldt havia escolhido a pior época do ano para chegar. Berlim estava congelando de frio durante aqueles impiedosos primeiros meses de inverno. Em questão de poucas semanas Humboldt já havia adoecido, seu corpo fora coberto por uma urticária parecida com sarampo, e debilitado por uma intensa febre. O clima, Humboldt escreveu a Goethe em fevereiro de 1806, estava insuportável. Ele era um homem de "natureza mais tropical", e já não se adaptava ao clima frio e úmido do norte da Alemanha.

Tão logo chegou, Humboldt estava pronto para ir embora. De que maneira conseguiria trabalhar em Berlim e como encontraria um número suficiente de cientistas com a mesma disposição mental? Na cidade não havia sequer uma universidade, disse ele, e o chão "queimava sob meus pés". Em contraste, o rei Frederico Guilherme III estava encantado com a volta do mais famoso dos prussianos. Célebre e festejado em toda a Europa por suas viagens exploratórias, Humboldt seria um grande ornamento na corte, e o rei concedeu-lhe uma generosa pensão de 2.500 táleres anuais, livres de qualquer encargo. Era uma quantia vultosa em uma época em que artesãos especializados como carpinteiros e marceneiros ganhavam menos de 200 táleres por ano, mas talvez nem tanto quando comparados aos 13.400 táleres que seu irmão Wilhelm ganhava como embaixador da Prússia. O rei também nomeou Humboldt seu tesoureiro, um alto cargo na corte, novamente sem que Humboldt estivesse obrigado a cumprir qualquer condição aparente. Tendo gasto a maior parte de sua herança, Humboldt precisava do dinheiro, mas ao mesmo tempo considerava as atenções do rei "quase opressivas".

Homem taciturno e frugal, Frederico Guilherme III não era um governante inspirador. Tampouco era um hedonista, um amante das artes como seu pai Frederico Guilherme II, e faltava-lhe uma fagulha que fosse do brilhantismo militar e científico de seu tio-avô Frederico, o Grande. Em vez disso, era fascinado por relógios e uniformes – tanto que Napoleão disse certa vez que Frederico III deveria ter sido alfaiate, porque "sempre sabe quantos metros de tecido são necessários para fazer o uniforme de um soldado".

Constrangido pelos vínculos que agora o prenderiam à corte, Humboldt pediu aos amigos que mantivessem em sigilo a nomeação real. E talvez tivesse bons motivos para fazê-lo, porque alguns ficaram chocados de ver o aparentemente liberal ferrenho e pró-revolucionário Humboldt numa posição de subserviência ao rei. Seu amigo

Leopold von Buch queixou-se de que agora Humboldt passava mais tempo nos palácios do rei do que os próprios cortesãos. Em vez de se concentrar em seus estudos científicos, disse Buch, Humboldt estava imerso nas fofocas da corte. A acusação era um tanto injusta, porque Humboldt estava bem mais focado em questões científicas do que em assuntos reais. Embora tivesse que frequentar a corte regularmente, ele também encontrava tempo para lecionar na Academia Berlinense de Ciências, escrever e dar continuidade às observações magnéticas comparativas que havia iniciado na América do Sul.

Um abastado dono de destilaria, velho conhecido da família, ofereceu a Humboldt sua casa de veraneio. A propriedade ficava às margens do rio Spree, poucas centenas de metros ao norte do famoso bulevar Unter den Linden. A casa era pequena e simples, mas perfeita – residindo nela, Humboldt economizaria dinheiro e teria condições de se concentrar em suas observações magnéticas. Para esse propósito, ele construiu no jardim uma pequena choupana, sem um único pedaço ou prego feito de ferro, de modo a não interferir nas medições. Em dado momento, ele e um colega passaram vários dias anotando os dados das leituras dos instrumentos a cada meia hora – dia e noite –, tirando apenas algumas breves sonecas. O experimento resultou em 6 mil medições, mas também deixou os dois exaustos.

Então, no início de abril de 1806, após um ano completo na companhia de Humboldt, Joseph Louis Gay-Lussac regressou a Paris. Humboldt ficou infeliz e solitário em Berlim, e dias depois escreveu a um amigo para dizer que estava vivendo "em isolamento e como um forasteiro". A Prússia parecia um país estrangeiro. Humboldt também estava preocupado com suas publicações botânicas, pelas quais Bonpland assumira responsabilidade. Eram livros especializados para cientistas e baseados nas coleções de plantas que eles tinham adquirido na América Latina. Como botânico formado, Bonpland era mais apto para a tarefa do que Humboldt. Entretanto, fazia de tudo para ignorar a empreitada. Bonpland jamais gostara da trabalhosa incumbência de descrever plantas e de escrever, e preferia infinitamente a abundância da floresta tropical ao tédio de sua escrivaninha. Frustrado com o moroso avanço, Humboldt insistiu repetidas vezes para que Bonpland trabalhasse com mais rapidez. Quando Bonpland por fim enviou a Berlim algumas provas de impressão, o meticuloso Humboldt ficou irritadíssimo por causa dos muitos erros. Bonpland mostrou-se relaxado com relação à exatidão, pensou Humboldt, "em particular no que dizia respeito a descrições em latim e números".

Bonpland se recusou a acelerar seu ritmo de trabalho, e quando anunciou sua intenção de deixar Paris para mais uma viagem de exploração, Humboldt entrou em desespero. Tendo distribuído seus próprios espécimes de plantas para colecionadores de toda a Europa e às voltas com seus muitos outros projetos de livros, ele precisava que Bonpland se concentrasse no trabalho botânico. Aos poucos Humboldt estava perdendo a paciência. Mas não havia muito que ele pudesse fazer, a não ser continuar a bombardear seu velho amigo com cartas – uma mistura de bajulação, resmungos e apelos.

Já o próprio Humboldt tinha sido mais aplicado e concluíra o primeiro tomo do que por fim se tornaria a obra em 34 volumes *Viagem às regiões equinociais do Novo Continente*. Esse volume inicial era intitulado *Ensaio sobre a geografia das plantas* e foi publicado em francês e alemão. Incluía o magnífico desenho de sua chamada *Naturgemälde* – a visualização da ideia que ele havia concebido na América do Sul de uma natureza composta de interconexões e unidade. O texto principal do livro era em larga medida uma explicação do croqui, como um comentário sobre a imagem ou uma legenda bastante longa. "Escrevi a maior e principal parte deste livro na própria presença dos objetos que vou descrever, ao pé do Chimborazo, nas costas do mar do Sul", Humboldt relatou no prefácio do livro.

A gravura de 90 × 60 centímetros, colorida à mão, era uma enorme página dobrável encartada e mostrava a correlação de zonas de climas e de plantas de acordo com a latitude e a altitude. Baseava-se no esboço que Humboldt havia desenhado após sua escalada do Chimborazo. Agora Humboldt estava pronto para apresentar ao mundo uma maneira completamente nova de olhar para as plantas, e tinha decidido fazê-lo com um desenho. A *Naturgemälde* retratava o Chimborazo em um corte transversal e a distribuição das plantas do vale até a linha de neve. No céu, ao lado da montanha, estavam anotadas as altitudes de outras montanhas à guisa de comparação visual: Mont Blanc, Vesúvio, Cotopaxi, bem como a altitude que Gay-Lussac atingira durante suas ascensões de balão em Paris. Humboldt marcou também a altitude a que ele, Bonpland e Montúfar haviam chegado na escalada do Chimborazo – e não conseguiu abster-se de mencionar, abaixo de seu próprio recorde, a altura – mais baixa – que La Condamine e Bouguer haviam alcançado na década de 1730. À esquerda e à direita da montanha ele incluiu diversas colunas com dados comparativos de gravidade, temperatura, composição química do ar e o ponto de fervura da água, entre outras coisas. Tudo disposto de acordo com a altitude, de forma objetiva, colocado em perspectiva e comparado.

Humboldt usou esse novo enfoque visual para atrair a imaginação de seus leitores, disse ele a um amigo, porque "o mundo gosta de ver". O *Ensaio sobre a geografia das plantas* examinava as plantas em um contexto mais amplo, a natureza como uma interação holística de fenômenos – todos eles, Humboldt disse, pintados com "uma larga pincelada". Foi o primeiro livro sobre ecologia do mundo.

Nos séculos anteriores a botânica havia sido regida pelo conceito de classificação. As plantas eram invariavelmente ordenadas em sua relação com o gênero humano – às vezes de acordo com seus diferentes usos, tais como medicinal ou ornamental, ou de acordo com seu cheiro, gosto ou comestibilidade. No século XVII, durante a revolução científica, os botânicos haviam tentado agrupar as plantas de maneira mais racional, baseados em suas diferenças e semelhanças estruturais tais como sementes, folhas, flores e assim por diante. Estavam impondo ordem à natureza. Na primeira metade do século XVIII, o botânico sueco Carl Lineu revolucionou esse conceito com o chamado sistema sexual, classificando o mundo de angiospermas com base no número de órgãos reprodutores das plantas – os pistilos e estames. No final do século XVIII, outros sistemas de classificação tornaram-se mais populares, mas os botânicos continuavam comprometidos com a ideia de que essa taxonomia era o soberano de sua disciplina.

O *Ensaio sobre a geografia das plantas* promoveu uma compreensão inteiramente diferente da natureza. As viagens propiciaram a

Humboldt uma perspectiva singular e originalíssima – em nenhum outro lugar a não ser a América do Sul, disse ele, a natureza sugeria de forma mais poderosa sua "conexão natural". Fundamentando-se em ideias que ele havia desenvolvido ao longo dos anos anteriores, Humboldt agora as traduzia em um conceito mais amplo. Aproveitou, por exemplo, a teoria das forças vitais formulada por seu antigo professor Johann Blumenbach – que havia declarado toda matéria viva como um organismo de forças interconectadas – e a aplicou à natureza como um todo. Em vez de examinar somente um organismo, como Blumenbach fizera, Humboldt agora apresentava relações entre plantas, clima e geografia. As plantas foram agrupadas em zonas e regiões, e não em unidades taxonômicas. Em seu livro, Humboldt explicou a ideia de zonas de vegetação – "faixas longas", como ele as chamou – que estavam arremessadas ao redor do globo.[1] Ele deu à ciência ocidental uma nova lente através da qual enxergar o mundo natural.

No livro, Humboldt demonstrou e corroborou sua *Naturgemälde* com mais detalhes e explicações, acrescentando páginas e mais páginas de tabelas, estatísticas e fontes. Humboldt entrelaçou os mundos cultural, biológico e físico e pintou um retrato de padrões globais.

No decorrer de milhares de anos, as lavouras, grãos, verduras, legumes e frutas haviam seguido os passos da humanidade. Em suas andanças cruzando continentes e oceanos os homens levaram consigo plantas e desse modo mudaram a face da Terra. A agricultura vinculava as plantas à política e à economia. Guerras foram travadas pela posse de plantas, e impérios foram moldados por chá, açúcar e tabaco. Algumas plantas diziam mais a Humboldt sobre o gênero humano do que sobre a própria natureza, ao passo que outras lhe proporcionaram clareza de visão acerca da geologia na medida em que revelavam de que forma os continentes haviam mudado. As semelhanças das plantas de seus respectivos litorais, Humboldt escreveu,

---

[1] No *Ensaio*, Humboldt explicou em detalhes a distribuição das plantas. Comparou as coníferas de elevadas altitudes no México às do Canadá; comparou os carvalhos, pinheiros e arbustos floridos dos Andes aos das terras setentrionais. E também escreveu sobre um musgo das margens do rio Madalena, que era similar a um existente na Noruega.

mostravam uma "ancestral" conexão entre a África e América do Sul, bem como ilustravam de que maneira ilhas outrora ligadas agora estavam separadas – uma conclusão incrível, mais de um século antes de os cientistas começarem a discutir movimentos continentais e a teoria do deslocamento das placas tectônicas. Humboldt "lia" as plantas do mesmo modo como outras pessoas liam livros – e, para ele, elas revelavam uma força global por trás da natureza, os movimentos das civilizações bem como de massas de terra. Ninguém jamais havia estudado a botânica desse ponto de vista.

Ao mostrar analogias inesperadas, o *Ensaio sobre a geografia das plantas* – com sua gravura da *Naturgemälde* – revelou uma até então invisível teia de vida. A conexão era a base do pensamento de Humboldt. A natureza, ele escreveu, era um "reflexo do todo" – e os cientistas tinham de olhar globalmente para a flora, a fauna e os *estratos* geológicos. Se acaso deixassem de fazê-lo, continuou Humboldt, ficariam parecidos com aqueles geólogos que construíam o mundo inteiro "de acordo com o formato das colinas mais próximas ao seu redor". Os cientistas precisavam deixar seus sótãos e viajar pelo mundo.

Igualmente revolucionário era o desejo de Humboldt de falar com a "nossa imaginação e o nosso espírito", aspecto realçado na introdução da edição alemã, no qual ele fazia referência à filosofia da natureza de Friedrich Schelling, a *Naturphilosophie*. Em 1798, aos 23 anos, Schelling fora nomeado professor de filosofia da Universidade de Jena e rapidamente passou a fazer parte do círculo de amigos íntimos de Goethe. Sua chamada "filosofia da natureza" tornou-se a espinha dorsal do arcabouço teórico do idealismo e do romantismo alemães. Schelling reivindicou a "necessidade de apreender a natureza em sua unidade". Rejeitou a ideia de uma divergência irreconciliável entre o interno e o externo – entre o mundo subjetivo do eu e o mundo objetivo da natureza. Em vez disso, Schelling enfatizou a força vital que interligava a natureza ao homem, insistindo que havia um elo orgânico entre o eu e a natureza. "Eu mesmo sou idêntico à natureza", ele alegou, declaração que pavimentou o caminho para a crença dos românticos de que era somente na natureza selvagem que eles poderiam se encontrar. Para Humboldt, que acreditava que só havia se tornado verdadeiramente ele mesmo na América do Sul, era um conceito bastante sedutor.

A referência de Humboldt a Schelling mostrava também o quanto ele tinha mudado na década anterior. Ao salientar a relevância das ideias de Schelling, Humboldt introduziu na ciência um novo aspecto. Ainda que sem se afastar por completo do método racional que fora o mantra dos pensadores iluministas, agora Humboldt abria discretamente a porta para a subjetividade. Humboldt, o outrora "Príncipe do Empirismo" – conforme definiu em uma carta um amigo de Schelling –, tinha mudado de uma vez por todas. Enquanto muitos cientistas rejeitaram a *Naturphilosophie* de Schelling por ser incompatível com a investigação empírica e os métodos científicos, Humboldt insistia que o pensamento do Iluminismo e Schelling não eram "polos conflitantes". Ao contrário – a ênfase de Schelling na unidade era a forma como Humboldt também compreendia a natureza.

Schelling sugeriu que o conceito de "organismo" deveria ser o alicerce para a compreensão da natureza. Em vez de considerar a natureza como um sistema mecânico, ela deveria ser vista como um organismo vivo. A diferença era a mesma existente entre um relógio e um animal. Enquanto um relógio consistia de peças e partes que poderiam ser desmontadas e depois montadas novamente, um animal não poderia – a natureza era um todo unificado, um organismo em que as partes só funcionavam em relação com as outras. Numa carta a Schelling, Humboldt escreveu que acreditava que isso era nada menos do que uma revolução nas ciências, um repúdio à "seca compilação de fatos" e ao "empirismo cru".

O primeiro homem a incutir essas ideias em Humboldt foi Goethe. Humboldt não havia esquecido o quanto o período que ele passara em Jena o havia influenciado e como as concepções de Goethe acerca da natureza moldaram seu pensamento. O fato de que nos livros de Goethe a natureza e a imaginação estavam intimamente entrelaçadas foi a "influência da sua obra em mim", Humboldt disse a Goethe mais tarde. Em sinal de apreço, Humboldt dedicou ao velho amigo o *Ensaio sobre a geografia das plantas*. O frontispício do

Frontispício do *Ensaio sobre a geografia das plantas* de Humboldt,
com dedicatória a Goethe

livro mostrava Apolo, o deus da poesia, erguendo o véu da deusa da natureza. A poesia era necessária para compreender os mistérios do mundo natural. Em retribuição, Goethe colocou na boca de Otillie, uma das protagonistas do romance *As afinidades eletivas*, a seguinte frase: "Oh, como eu gostaria de um dia ouvir a Humboldt!".

Goethe "devorou" o *Ensaio* quando o recebeu, em março de 1807, e releu o livro diversas vezes no decorrer dos dias seguintes. O novo conceito humboldtiano era tão revelador que Goethe mal podia esperar para falar a respeito.[2] Ficou tão inspirado que, duas semanas depois, deu uma palestra sobre botânica em Jena baseada no *Ensaio*. "Com um bafejo estético", Goethe escreveu, Humboldt tinha acendido as ciências com uma "chama ardente".

---

2 O único problema de Goethe foi que o importantíssimo desenho – a *Naturgemälde* – não foi entregue com seu exemplar do livro. Ele decidiu pintar sua própria versão e depois encaminhou a Humboldt seu esboço, "meio de brincadeira, meio a sério". Goethe ficou tão empolgado quando sua *Naturgemälde* faltante por fim chegou, sete semanas depois, que colocou o desenho na mala e levou-o consigo em sua viagem de férias, para que pudesse pendurá-lo na parede a fim de examiná-lo o tempo todo.

Quando o *Ensaio* foi publicado na Alemanha, no início de 1807, os planos de Humboldt de retornar a Paris foram estilhaçados. Mais uma vez a política e a guerra interferiram. Por mais de uma década, desde a Paz de Basileia em abril de 1795, a Prússia conseguiu manter-se longe das Guerras Napoleônicas, uma vez que o rei Frederico Guilherme III continuava numa posição resolutamente neutra no cabo de guerra que dividia a Europa. Muitos consideraram que isso era um sinal de fraqueza, e a decisão não granjeou ao rei popularidade nenhuma entre as nações europeias em combate contra a França. Após a Batalha de Austerlitz, em dezembro de 1805, que ocasionara o colapso do Sacro Império Romano-Germânico, Napoleão havia criado a chamada Confederação do Reno, no verão de 1806. Também conhecida como Liga Renana, foi uma aliança integrada por dezesseis Estados alemães, tendo Napoleão como seu "protetor" e que funcionou quase como um escudo entre a França e a Europa Central; entretanto, a Prússia – que não fazia parte da confederação – estava cada vez mais preocupada com a invasão francesa em seu território. Por fim, em outubro de 1806, após alguns combates na fronteira e provocações francesas, os prussianos acabaram entrando em guerra contra a França, mas sem contar com o apoio de nenhum aliado. Foi um passo trôpego e desastroso.

Em 14 de outubro, tropas napoleônicas aniquilaram o exército prussiano em duas batalhas em Jena e Auerstedt. Esse único dia diminuiu pela metade o tamanho da Prússia. Uma vez derrotada a Prússia, Napoleão chegou a Berlim duas semanas depois. Em julho de 1807, os prussianos assinaram com a França o Tratado de Tilsit, por meio do qual os franceses adquiriram a posse do território da Prússia a oeste do rio Elba e partes dos territórios a leste. Uma parte dessas terras foi absorvida pela França, mas Napoleão criou também diversos novos Estados, independentes somente no nome – tais como o Reino de Vestfália, que era governado por seu irmão e subordinado à França.

A Prússia já não era uma importante potência europeia. As imensas reparações impostas pela França no Tratado de Tilsit levaram a economia prussiana a um estado de paralisia. Com seu território

O Portão de Brandemburgo, pelo qual Napoleão entrou triunfalmente em Berlim em 1806, após a batalha de Jena-Auerstedt

bastante reduzido, a Prússia perdeu também a maior parte de seus centros de ensino, incluindo sua maior e mais famosa universidade em Halle, cidade que agora era parte do recém-criado Reino da Vestfália. Restaram apenas duas universidades na Prússia: uma em Königsberg, que, após a morte de Immanuel Kant, em 1804, perdera seu único professor famoso; e Viadrina, instituição provinciana em Frankfurt an der Oder, em Brandemburgo, onde Humboldt, aos 18 anos, havia estudado por um semestre.

Humboldt sentiu-se "soterrado nas ruínas de uma pátria infeliz", segundo escreveu a um amigo. "Por que não fiquei na floresta no Orinoco ou nos altos desfiladeiros nos Andes?" Em seu sofrimento, dedicou-se à escrita. Em sua pequena casa de veraneio em Berlim e rodeado de pilhas de anotações, livros e seus diários da América Latina, Humboldt estava trabalhando em diversos manuscritos ao mesmo tempo. Mas a obra que o ajudou a passar por esse período difícil foi *Quadros da natureza*.[3]

---

3   *Quadros da Natureza*. Tradução de Assis de Carvalho. São Paulo: W.M. Jackson, 1952. (N. T.)

Este seria um dos livros de autoria de Humboldt de maior repercussão, um sucesso de vendas lido por muitos, e que por fim viria a ser publicado em sete línguas. Com *Quadros da natureza,* Humboldt criou um gênero completamente novo – um livro que combinava prosa vigorosa e abundantes descrições de paisagens com observações científicas, inaugurando o modelo para a maior parte dos textos atuais sobre a natureza. De todos os livros que Humboldt escreveu, este foi o seu favorito.

Em *Quadros da natureza,* Humboldt evocou a sossegada solidão dos cumes andinos e a fertilidade da floresta tropical úmida, bem como a magia de uma chuva de meteoros e o horripilante espetáculo da captura de enguias-elétricas nos Llanos. Humboldt escreveu sobre o "ventre incandescente da Terra" e "barrancos adornados com joias". No livro, um deserto tornou-se um "mar de areias", folhas desfraldavam-se para "saudar o sol nascente" e primatas enchiam a selva com "bramidos melancólicos". Nas brumas das corredeiras do Orinoco, arco-íris dançavam numa brincadeira de esconde-esconde – "magia óptica", como ele definiu. Humboldt criou vinhetas poéticas quando escreveu sobre estranhos insetos que "despejavam sua vermelha luz fosfórica sobre o chão coberto de ervas, que luzia em brasa com fogo vivo como se o dossel estrelado do céu tivesse afundado sobre a relva".

Tratava-se de um livro científico que não tinha vergonha de ser lírico. Para Humboldt, a prosa era tão importante quanto o conteúdo, e ele insistiu com seu editor para que nem uma única sílaba fosse alterada, por temer que a "melodia" de suas frases fosse destruída. As explicações científicas mais detalhadas – que ocupavam uma parte considerável do livro – podiam ser ignoradas pelo leitor médio ou geral, porque Humboldt as escondeu nas anotações no final de cada capítulo.[4]

Em *Quadros da natureza,* Humboldt mostrou como a natureza podia exercer enorme influência na imaginação das pessoas. A

---

4 Essas anotações, entretanto, eram elas próprias preciosidades; algumas consistiam de pequenos ensaios, outras eram fragmentos de pensamentos ou apontamentos indicadores de futuras descobertas. Nelas Humboldt falava, por exemplo, de ideias evolutivas, muito antes de Darwin ter publicado *A origem das espécies.*

natureza, ele escreveu, estabelecia uma comunicação misteriosa com nossos "sentimentos interiores". Um céu azul e límpido, por exemplo, desencadeava emoções diferentes daquelas disparadas por um céu amortalhado por nuvens negras. Uma paisagem tropical, densamente povoada por bananeiras e palmeiras, gera um efeito diferente de uma floresta aberta de abetos de troncos delgados e brancos. Um fato que hoje poderíamos subestimar e dar como favas contadas – a existência de uma correlação entre o mundo externo e o nosso estado de ânimo – foi uma revelação para os leitores de Humboldt. Poetas já haviam se ocupado dessas ideias, nunca um cientista.

Quadros da natureza descrevia mais uma vez a natureza como uma rede de vida, com plantas e animais dependentes uns dos outros – um mundo fervilhante de vida. Humboldt salientou as conexões internas de forças naturais. Ele comparou os desertos da África aos Llanos na Venezuela e as charnecas do norte da Europa: paisagens muito distantes umas das outras, mas agora combinadas em "um único retrato da natureza". As lições que ele havia iniciado com seu croqui após a subida do Chimborazo, a *Naturgemälde*, agora tornaram-se mais amplas. O conceito de uma *Naturgemälde* tornou-se o enfoque de Humboldt, por meio do qual ele explicaria sua nova visão. Sua *Naturgemälde* já não era apenas um desenho – podia também ser um texto em prosa tal como *Quadros da natureza*, uma palestra científica ou um conceito filosófico.

Quadros da natureza foi um livro escrito tendo como pano de fundo a desesperada situação política da Prússia, em uma época em que Humboldt se sentia infeliz e em apuros, preso em Berlim. Humboldt convidou seus leitores a "seguir-me de bom grado para dentro das matas e florestas, das incomensuráveis estepes, e sobre os cumes da cordilheira dos Andes (...) nas montanhas da liberdade!", transportando-os para dentro de um mundo mágico longe da guerra e das "tempestuosas ondas da vida".

Essa nova escrita da natureza era tão sedutora, disse Goethe a Humboldt, que "mergulhei com você nas regiões mais indômitas". De maneira semelhante, outro conhecido, o escritor francês François-René de Chateaubriand, julgou que o texto era tão extraordinário que "o leitor acredita que está surfando as ondas com ele, perdendo-se com ele nas profundezas das florestas". *Quadros da natureza* inspiraria diversas gerações de cientistas e poetas ao longo das décadas seguintes. Henry David Thoreau leu o livro, bem como Ralph Waldo Emerson, que declarou que Humboldt "fez uma limpeza geral nesse céu repleto de teias de aranha". E Charles Darwin pediria ao irmão que enviasse um exemplar para o Uruguai, onde esperava colocar as mãos no livro assim que o *Beagle* fizesse uma parada por lá. Mais tarde, na segunda metade do século XIX, o autor de ficção científica Júlio Verne faria uso das descrições humboldtianas da América do Sul para sua série *Viagens extraordinárias*, muitas vezes citando-as palavra por palavra em seus diálogos. Verne escreveu *O soberbo Orinoco* como uma homenagem a Humboldt, e em *Os filhos do capitão Grant* o personagem do explorador francês insiste que não havia o menor sentido em escalar o Pico del Teide em Tenerife depois que Humboldt já tinha estado lá. "O que eu posso fazer", diz o *monsieur* Paganel, "depois daquele grande homem?". Não é surpresa nenhuma que no famoso *Vinte mil léguas submarinas* haja uma referência ao fato de que o capitão Nemo possui a coleção das obras completas de Humboldt.

Preso em Berlim, Humboldt continuava ansiando por aventura. Ele queria escapar daquela cidade que, de acordo com ele, era ornamentada não pelo conhecimento, mas somente por "vicejantes campos de batatas". Até que, no inverno de 1807, a política propiciou-lhe, pelo menos dessa vez, um trunfo. Frederico Guilherme III pediu a Humboldt que auxiliasse em uma missão de paz prussiana em Paris. O rei estava enviando seu irmão mais novo, o príncipe Guilherme, para renegociar os fardos financeiros impostos à Prússia pelos franceses com o Tratado de Tilsit. O príncipe Guilherme precisaria de alguém que conhecesse pessoas nas altas esferas de poder para abrir as portas e ensejar rodadas de conversas diplomáticas – e Humboldt, com seus contatos parisienses, foi considerado o candidato perfeito.

Humboldt aceitou de bom grado e partiu de Berlim em meados de novembro de 1807. Assim que chegou a Paris, fez o que pôde, mas Napoleão não estava disposto a ceder. Quando o príncipe Guilherme retornou à Prússia após vários meses de negociações infrutíferas, chegou sem Humboldt, que tinha decidido permanecer em Paris. Humboldt viajou preparado, levando consigo para a França todas as suas anotações e manuscritos. No meio de uma guerra em que Prússia e França eram inimigas encarniçadas, Humboldt ignorou a política e o patriotismo e fez de Paris seu lar. Seus amigos prussianos ficaram horrorizados, bem como Wilhelm von Humboldt, que não conseguia entender a decisão do irmão. "Não aprovo a permanência de Alexander em Paris", disse ele a Caroline, julgando a atitude antipatriótica e egoísta.

Humboldt aparentemente não se importou. Escreveu a Frederico Guilherme III explicando que a escassez de cientistas, artistas e editores em Berlim inviabilizava seu trabalho e impedia que publicasse os resultados de suas viagens. Surpreendentemente, Humboldt recebeu permissão para permanecer em Paris – ainda ganhando na surdina seu salário como tesoureiro da corte do rei prussiano. Só retornaria a Berlim quinze anos depois.

11

PARIS

Em Paris, Humboldt rapidamente retomou sua antiga rotina de dormir pouco e trabalhar em ritmo feroz. Era atormentado pela sensação de não ser suficientemente rápido, conforme confidenciou em carta a Goethe. Estava escrevendo tantos livros diferentes ao mesmo tempo que invariavelmente se via incapaz de cumprir prazos. Começou a dar aos seus editores desculpas desesperadas, que variavam de falta de dinheiro para pagar seus desenhistas e gravuristas – a quem ele havia encomendado ilustrações para os livros – à "melancolia" e até mesmo "dolorosos incidentes com hemorroidas". As publicações botânicas também sofreram atrasos, porque Bonpland agora era o jardineiro-chefe da esposa de Napoleão, Joséphine, em Malmaison, sua casa de campo nos arredores de Paris. Bonpland era tão vagaroso que, na ocasião em que levou oito meses para escrever uma mera descrição de dez plantas, Humboldt queixou-se afirmando que "qualquer botânico na Europa seria capaz de fazer isso em quinze dias".

Em janeiro de 1810, pouco mais de dois anos após seu regresso à França, Humboldt finalmente concluiu o primeiro volume de *Vistas das cordilheiras e monumentos dos povos indígenas da América*. Era a mais opulenta de suas publicações – uma enorme edição em fólio com 69 gravuras deslumbrantes do Chimborazo, vulcões, manuscritos astecas e calendários mexicanos. Cada ilustração era acompanhada por diversas páginas de texto explicando o contexto, mas as estampas eram o foco principal. O livro era uma celebração do mundo natural da América Latina, suas antigas civilizações e seus povos. "Natureza e arte estão intimamente unidas em meu trabalho", Humboldt escreveu em um bilhete que despachou junto com o livro para Goethe, por intermédio de um mensageiro prussiano, em 3 de janeiro de 1810. Quando Goethe recebeu o exemplar uma semana depois, não conseguiu largá-lo. Ao longo das noites seguintes, por mais tarde que chegasse em casa, Goethe folheava as páginas de *Vistas* para entrar no novo mundo de Humboldt.

Quando não estava escrevendo, Humboldt realizava experimentos e comparava suas observações com as de outros cientistas. Sua correspondência era prodigiosa. Ele bombardeava colegas, amigos e desconhecidos com perguntas sobre uma ampla gama de tópicos que variavam da introdução da batata na Europa e detalhadas estatísticas sobre comércio escravagista à altitude do vilarejo mais setentrional da Sibéria. Humboldt correspondia-se com colegas de toda a Europa, mas também recebia cartas da América sobre o crescente ressentimento contra o jugo colonial espanhol. Jefferson despachou informes sobre os avanços dos transportes nos Estados Unidos e acrescentou que Humboldt era considerado uma das "maiores sumidades do mundo" – e em troca Humboldt encaminhou a Jefferson sua mais recente publicação. Joseph Banks, o presidente da Royal Society em Londres, e que Humboldt conhecera pessoalmente na capital inglesa duas décadas antes, continuou sendo outro correspondente fiel. Humboldt enviou-lhe espécimes secos de plantas da América do Sul e suas publicações, ao passo que Banks lançava mão de sua própria rede internacional de contatos toda vez que Humboldt precisava de alguma informação.

Em Paris, Humboldt corria de um lugar ao outro. De acordo com o comentário de um cientista alemão que o visitou, Humboldt vivia "em três casas diferentes" – de modo que pudesse descansar quando e onde quisesse. Uma noite ele dormia no Observatório de

Paris, reservando algumas horas de sono entre a contemplação de estrelas e a elaboração de suas anotações, ao passo que a noite seguinte passava com seu amigo Joseph Louis Gay-Lussac na École Polytechnique ou com Bonpland.[1] Toda manhã, entre oito e onze horas, Humboldt circulava pela cidade, fazendo suas rondas em visitas a eruditos e acadêmicos de Paris. Eram as chamadas "horas de sótão" de Humboldt, conforme caçoou um colega, porque esses cientistas geralmente eram pobres e viviam em sótãos baratos.

Um desses novos amigos era François Arago, um jovem e talentoso matemático e astrônomo que trabalhava no Observatório e na École Polytechnique. Como Humboldt, Arago gostava de aventuras. Em 1806, aos 20 anos, o autodidata Arago fora enviado pelo governo francês em uma missão científica às ilhas Baleares, no mar Mediterrâneo, mas acabou sendo preso pelos espanhóis sob suspeita de espionagem. Depois de um ano encarcerado na Espanha e em Argel, por fim escapou no verão de 1809 – com suas anotações científicas escondidas sob a camisa. Quando ficou sabendo da ousada fuga de Arago, Humboldt escreveu-lhe imediatamente a fim de marcar um encontro. Em pouquíssimo tempo Arago tornou-se o amigo mais próximo de Humboldt, e talvez não tenha sido coincidência que isso se deu no exato momento em que Gay-Lussac se casara.

Arago e Humboldt viam-se quase todos os dias. Trabalhando juntos e compartilhando resultados, tinham discussões acaloradas que às vezes terminavam em brigas. Humboldt era generoso, um homem de grande coração, disse Arago, mas de vez em quando demonstrava também uma "língua maligna". A amizade dos dois podia ser tempestuosa. Vez por outra, um deles saía violentamente da sala, soltando fogo pelas ventas e "emburrado feito uma criança", observou um colega, mas nunca ficavam zangados por muito tempo. Arago era uma das poucas pessoas em quem Humboldt confiava de maneira incondicional – e a quem mostrava seus medos

---

[1] Em 1810, Humboldt mudou-se para um apartamento que dividia com o botânico alemão Karl Sigismund Kunth, sobrinho de seu antigo tutor e que Humboldt havia contratado para trabalhar nas publicações botânicas, eximindo – após algumas discussões e bate-bocas – Bonpland da tarefa.

e inseguranças em relação a si mesmo. Eram como "gêmeos siameses", Humboldt mais tarde escreveu, e a amizade com Arago era a "alegria da minha vida". Eram tão próximos que Wilhelm von Humboldt ficou preocupado com o relacionamento do irmão. "Você sabe do intenso desejo dele de estar com uma única pessoa", Wilhelm escreveu à esposa Caroline, e agora Alexander tinha Arago, "de quem não queria se separar".

Esse não era o único problema de Wilhelm com o irmão. Ele continuava desaprovando a decisão de Alexander de permanecer em Paris, o coração do território inimigo. O próprio Wilhelm havia retornado de Roma para Berlim no início de 1809, depois de ser nomeado ministro da Educação. A essa altura, Alexander se mudou para Paris, mas Wilhelm se enfureceu quando soube que a propriedade da família em Tegel fora pilhada por soldados franceses após a Batalha de Jena e que seu irmão nem sequer se dera ao trabalho de remover os pertences da casa para um lugar seguro. "Alexander poderia ter salvado tudo", Wilhelm queixou-se com Caroline.

Wilhelm estava chateado com o irmão. Ao contrário de Alexander, Wilhelm estava servindo a seu país. Primeiro ele deixou para trás sua amada Roma a fim de reformar o sistema educacional prussiano e fundar a primeira universidade de Berlim, e depois, em setembro de 1810, mudou-se para a Áustria a fim de atuar como o embaixador prussiano em Viena. Wilhelm estava cumprindo *seu* dever patriótico. Estava ajudando a cativar a Áustria e aproximá-la da Prússia e da Rússia, convertendo os austríacos em aliados para renovar o combate contra a França.

No entendimento de Wilhelm, Alexander "tinha deixado de ser alemão". A maioria de seus livros eram escritos e publicados primeiro em francês. Wilhelm tentou inúmeras vezes seduzir o irmão a voltar para casa. Quando foi enviado a Viena para assumir seu posto diplomático, Wilhelm sugeriu que Alexander o sucedesse como ministro da Educação em Berlim. Mas a resposta de Alexander foi clara: ele não tinha a menor intenção de ficar enterrado em Berlim enquanto Wilhelm se divertia em Viena. Afinal de contas, ele brincou, o próprio Wilhelm aparentemente preferia viver no exterior.

Wilhelm e seus colegas prussianos não eram os únicos a questionar a preferência de Humboldt – o próprio Napoleão estava preocupado. Napoleão já havia expressado seu descontentamento desdenhando de Humboldt durante o primeiro encontro que tiveram logo após o retorno de Alexander da América do Sul. "Você tem interesse em botânica?", Napoleão perguntou, em tom de escárnio. "Eu sei como é, a minha esposa também se ocupa disso". Napoleão não gostava de Humboldt, disse mais tarde um amigo, porque "a opinião dele não era flexível". Inicialmente Humboldt tentou apaziguar Napoleão com exemplares de seus livros, mas foi ignorado. "Napoleão me odeia", disse Humboldt.

Na opinião da maior parte dos acadêmicos, era uma boa época para estar na França, porque Napoleão era um grande apoiador das ciências. Uma vez que a razão era a força intelectual predominante do período, a ciência se havia se deslocado para o centro da política. Conhecimento era poder, e nunca antes as ciências tinham estado tão perto do centro do governo. Muitos cientistas vinham ocupando cargos ministeriais desde a Revolução Francesa, incluindo colegas de Humboldt da Académie des Sciences, tais como o naturalista Georges Cuvier e os matemáticos Gaspard Monge e Pierre-Simon Laplace.

Para um homem que amava as ciências quase tanto quanto suas façanhas militares, Napoleão era bem pouco solícito no que dizia respeito a Humboldt. Uma razão para isso talvez tenha sido meramente ciúme, por causa da publicação da obra multivolumes de Humboldt que estava em direta competição com a menina dos olhos do próprio Napoleão, *Descrição do Egito*. Quase duzentos cientistas haviam acompanhado a incursão das tropas napoleônicas ao Egito em 1798 a fim de coletar todo o conhecimento lá existente. *Descrição do Egito* era o resultado científico da invasão e, como as publicações de Humboldt, um projeto ambicioso, que ao fim e ao cabo consistiu de 23 volumes com cerca de mil ilustrações. Humboldt, entretanto, sem contar com o poderio de um exército nem com os cofres aparentemente sem fundos de um império, estava realizando um feito mais formidável – sua *Viagem* teria mais volumes e mais gravuras.

Napoleão, contudo, leu de fato a obra de Humboldt, supostamente pouco antes da Batalha de Waterloo.

Publicamente, porém, Humboldt jamais recebeu nenhum apoio de Napoleão, que continuava desconfiado. Napoleão acusava Humboldt de ser um espião; instruiu a polícia secreta a abrir suas cartas, subornou o criado de Humboldt para arrancar informações, e em mais de uma ocasião mandou agentes revistarem seus aposentos. Quando Humboldt mencionou uma possível expedição à Ásia pouco depois de sua chegada de Berlim, Napoleão instruiu um colega da Académie a escrever um relatório confidencial sobre o ambicioso cientista prussiano. Depois, em 1810, Napoleão deu ordens a Humboldt para que deixasse o país em 24 horas. Sem nenhum motivo aparente, e simplesmente porque podia fazê-lo, Napoleão informou Humboldt de que ele já não estava autorizado a permanecer na capital francesa. Foi somente graças à intervenção do químico Jean Antoine Chaptal (então tesoureiro do Senado) que Humboldt recebeu permissão para continuar em Paris. Chaptal disse a Napoleão que era uma honra ter o famoso Humboldt em Paris. Se fosse deportado, o país perderia seu maior cientista.

Apesar da desconfiança de Napoleão, Paris adorava Humboldt. Cientistas e pensadores impressionavam-se com suas publicações e conferências, colegas escritores adoravam suas aventuras, ao passo que o mundo elegante e de bom-tom da sociedade parisiense deleitava-se com seu charme e perspicácia. Humboldt corria de uma reunião para outra e de um jantar para outro. A essa altura, sua fama havia se espalhado tão rapidamente que, quando ele tomava o desjejum no Café Procope, ao lado do Odéon, via-se rodeado de curiosos. Os taxistas não precisavam de endereço, apenas da informação "chez Monsieur de Humboldt", para saber onde levar os visitantes. Humboldt era, nas palavras de um visitante norte-americano, "o ídolo da sociedade parisiense", e comparecia a cinco salões diferentes toda noite; em cada um fazia uma apresentação de meia hora, falando rapidamente e depois desaparecia. Humboldt era onipresente, comentou um diplomata prussiano, e, conforme apontou o presidente da Universidade de Harvard em visita a Paris, "sentia-se à vontade falando sobre todos os temas". Humboldt estava "inebriado por seu amor pelas ciências", observou um conhecido.

Nos salões e festas, Humboldt conhecia cientistas, mas também os artistas e pensadores de seu tempo. Como sempre, o belo e solteiro Alexander atraía a atenção das mulheres. Uma delas, desesperada de amores por ele, descreveu uma "camada de gelo" por trás de seu constante sorriso. Quando perguntou a Humboldt se ele já havia amado alguma vez na vida, Alexander respondeu que sim, e "com fogo" – mas um fogo que ardia pelas ciências, "meu primeiro e único amor".

Precipitando-se de uma conversa para outra, Humboldt falava mais rápido do que qualquer um, mas com uma voz suave. Ele jamais se demorava, era um "fogo-fátuo", como definiu uma anfitriã. Era "magro, elegante e ágil feito um francês", com cabelos rebeldes e olhos vivazes. Agora com quarenta e poucos anos, parecia pelo menos dez anos mais novo. Quando Humboldt chegava a uma festa, recordou outro amigo, era como se ele abrisse uma "eclusa" de palavras. Wilhelm, que às vezes era obrigado a suportar as excessivas histórias do irmão, disse a Caroline após uma sessão particularmente longa que "cansa os ouvidos o seu jorro implacável de palavras que saem zunindo de sua boca, incansáveis". Outro conhecido comparou-o a um "instrumento sobrecarregado" que tocava incessantemente. A maneira de falar de Humboldt era na verdade "pensar em voz alta".

Outros temiam a língua afiada de Humboldt, a tal ponto que evitavam ir embora de uma festa antes dele, preocupados com a possibilidade de, tão logo virassem as costas, serem alvo de sua malícia. Alguns o consideravam um meteoro que atravessava, sibilando, a casa. Nos jantares, ele era o centro das atenções, saltando de um assunto ao outro. Um conhecido comentou que, certa feita, durante certo jantar, houve um momento em que Humboldt começou a discorrer sobre cabeças decapitadas usadas como troféus de caça; discretamente, um dos convivas pediu ao vizinho de mesa que lhe passasse o sal, e quando retomou a conversa Humboldt já estava dando uma aula sobre escrita cuneiforme assíria. Humboldt era eletrizante, diziam alguns; sua mente era afiada, e seus pensamentos, livres de preconceitos.

No decorrer dos anos, os parisienses abastados não se sentiram muito afetados pelas guerras europeias em curso. Enquanto o exército de Napoleão marchava pelo continente em direção à Rússia, a vida de Humboldt e a de seus amigos e colegas continuava igual. Paris prosperava e crescia no mesmo compasso das vitórias napoleônicas. A cidade tornara-se um gigantesco canteiro de obras. Novos palácios foram encomendados e foram lançados os alicerces do Arco do Triunfo, embora o monumento só tenha sido concluído duas décadas depois. A população da cidade subiu de 500 mil habitantes por ocasião do retorno de Humboldt da América Latina, em 1804, para cerca de 700 mil uma década depois.

À medida que o exército de Napoleão dominava a Europa, seus exércitos retornavam recheados de obras de arte, fruto de suas conquistas, abarrotando os museus de Paris. Os produtos dos saques abundavam: de estátuas gregas, tesouros romanos e pinturas renascentistas a requintadas estátuas encontradas no Egito. Uma coluna de 42 metros de altura, a Coluna de Vendôme, em imitação à coluna da vitória de Trajano em Roma, foi construída como um monumento às vitórias de Napoleão. Doze mil peças de artilharia tomadas do inimigo foram fundidas para criar o baixo-relevo que espiralava até o topo, onde uma estátua de Napoleão vestido como imperador romano contemplava a cidade.

Então, em 1812, os franceses perderam quase meio milhão de homens na Rússia. O exército de Napoleão foi dizimado pela tática de terra arrasada dos russos, em que vilarejos e lavouras foram incendiados para que os soldados franceses não tivessem comida. Com a chegada do inverno, o que restava da Grande Armée foi reduzido a menos de 30 mil soldados. Foi o momento de inflexão das Guerras Napoleônicas, o ponto de virada. Quando as ruas de Paris encheram-se de inválidos – homens feridos e exauridos oriundos dos campos de batalha –, os parisienses perceberam que a França talvez estivesse perdendo. Era, como disse o ex-ministro de Relações Exteriores da França, Talleyrand, "o início do fim".

No final de 1813, o exército britânico sob o comando do duque de Wellington havia expulsado os franceses da Espanha, e uma coalizão formada pela Áustria, Rússia, Suécia e Prússia tinha derrotado Napoleão de maneira decisiva em território alemão. Cerca de 600 mil soldados enfrentaram-se em outubro de 1813 na Batalha de Leipzig, a chamada "Batalha das Nações" – o mais sangrento combate travado na Europa até a Primeira Guerra Mundial. Cossacos russos, cavaleiros mongóis, soldados da reserva suecos, tropas de fronteira austríacas e milícias silesianas estavam entre os muitos que lutaram e destruíram o exército francês.

Cinco meses e meio depois, no final de março de 1814, quando os Aliados marcharam pela Champs-Élysées, nem mesmo o mais frívolo parisiense poderia ignorar a nova realidade. Cerca de 170 mil austríacos, russos e prussianos chegaram a Paris e derrubaram a estátua de Napoleão da Coluna de Vendôme, substituindo-a por uma bandeira branca. O pintor britânico Robert Haydon, que visitou Paris na ocasião, descreveu a folia e loucura coletiva que se seguiram: cavaleiros cossacos seminus com seus cinturões lotados de armas ao lado de soldados da Guarda Imperial Russa, altos e "de cintura estreita feito vespas". Oficiais ingleses de rosto escanhoado, austríacos gordos e soldados prussianos vestidos com esmero, bem como tártaros usando armadura de cota de malha e munidos de arco e flecha enchiam as ruas. Exalavam uma tal aura de vitória que faziam com que todos os parisienses "praguejassem entredentes".

Em 6 de abril de 1814, Napoleão foi exilado em Elba, uma ilhota no Mediterrâneo. Menos de um ano depois, escapou e marchou de volta a Paris, reunindo um exército de mais de 200 mil homens. Era a última e desesperada tentativa de controlar a Europa, mas poucas semanas depois, em junho de 1815, Napoleão foi derrotado pelos britânicos e prussianos na Batalha de Waterloo. Banido para a remota ilha de Santa Helena, uma minúscula porção de terra no Atlântico Sul, a 1.930 quilômetros da África e 2.900 quilômetros da América do Sul, Napoleão jamais retornou à Europa.

Humboldt havia testemunhado como Napoleão destruíra a Prússia em 1806 e agora, oito anos depois, observou a entrada triunfal dos Aliados na França, o país que ele chamava de sua segunda pátria. Era doloroso ver como os ideais da Revolução Francesa – de liberdade e independência política – pareciam ter desaparecido, de acordo com o que ele escreveu a James Madison em Washington, que a essa altura sucedera Jefferson como presidente dos Estados Unidos. A posição de Humboldt era embaraçosa. Wilhelm, que ainda era o embaixador prussiano em Viena e que chegara a Paris com os Aliados, achou que seu irmão parecia mais francês do que alemão. Alexander certamente se sentia desconfortável, queixando-se de seus "surtos de melancolia" e recorrentes dores estomacais. Mas permaneceu em Paris.

Houve ataques públicos. Um artigo no jornal alemão *Rheinischer Merkur*, por exemplo, acusou Humboldt de preferir a amizade dos franceses à "honra" de seu povo. Profundamente magoado, Humboldt escreveu uma carta furiosa ao autor do artigo, mas permaneceu na França. Por mais lamentável que o jogo de cintura de Humboldt tenha sido para ele mesmo, sua posição trouxe vantagens para as ciências. Quando os Aliados chegaram a Paris, houve inúmeros saques e pilhagens. Alguns deles eram justificados, uma vez que os Aliados recolheram dos museus de Napoleão os tesouros roubados a fim de devolvê-los aos seus legítimos donos, mas quase sempre as tropas de ocupação agiram como uma indisciplinada força de ataque.

Foi a Humboldt que o naturalista francês Georges Cuvier recorreu quando o exército prussiano planejou converter o Jardins des Plantes em um acampamento militar. Humboldt usou seus contatos e convenceu o general prussiano no comando a transferir as tropas para outro local. Um ano depois, quando os prussianos retornaram a Paris após a vitória contra Napoleão em Waterloo, Humboldt mais uma vez salvou as valiosas coleções no jardim botânico. Quando 2 mil soldados aquartelaram-se junto do jardim, Cuvier começou a se preocupar com seus tesouros. Os homens estavam perturbando os animais do zoológico, disse ele a Humboldt, e mexendo em todo tipo de itens raros. Após uma visita ao comandante prussiano, Humboldt recebeu garantias de que as plantas e os animais não corriam perigo.

Os soldados não foram os únicos a chegar a Paris. Logo atrás deles vieram turistas, especialmente da Inglaterra, que não puderam

O Jardin des Plantes em Paris, que abrangia um vasto jardim botânico, um zoológico e um museu de história natural

visitar a cidade durante os longos anos das Guerras Napoleônicas. Muitos estavam lá para ver os tesouros do Louvre, porque nenhuma outra instituição europeia continha tantas obras de arte. Estudantes desenhavam esboços das pinturas e esculturas mais famosas antes que carregadores chegassem com carrinhos de mão, escadas e cordas para colocá-las em caixas e devolvê-las aos seus donos.

Cientistas britânicos também rumaram para Paris, e ao chegar, batiam na porta de Humboldt, que também foi visitado pelo ex-secretário da Royal Society, Charles Bladgen, e pelo futuro presidente Humphry Davy. Talvez mais do que qualquer outra pessoa, Davy vivia o que Humboldt estava pregando, porque era poeta *e* químico. Em suas cadernetas, por exemplo, Davy preenchia um lado com relatos objetivos de seus experimentos, ao passo que na outra página escrevia suas reações pessoais e respostas emocionais. Suas conferências científicas no Royal Institution em Londres eram tão famosas que as ruas nos arredores do edifício ficavam apinhadas nos dias em que ele se apresentava. O poeta Samuel Taylor Coleridge – outro grande admirador da obra de Humboldt – assistia às palestras de Davy para, segundo ele escreveu, "ampliar meu estoque de metáforas". Como Humboldt, Davy acreditava que imaginação *e* razão eram necessárias para aperfeiçoar a mente filosófica – eram a "fonte criativa da descoberta".

    Humboldt adorava reunir-se com outros cientistas para trocar ideias e compartilhar informações, mas a vida na Europa o estava deixando cada vez mais frustrado. Ao longo desses anos todos de turbulência política, ele continuava inquieto e, em uma Europa tão dilacerada, julgou que havia pouca coisa capaz de segurá-lo no Velho Mundo. "A minha visão do mundo está desoladora", Humboldt disse a Goethe. Ele sentia falta dos trópicos e só se sentiria melhor "quando eu viver na zona quente".

12
REVOLUÇÕES E NATUREZA

Simón Bolívar e Humboldt

Envolto no manto de Íris, eu vinha do lugar onde o caudaloso Orinoco paga tributo ao Deus das águas. Havia visitado as encantadas fontes amazônicas, lutando para subir até a torre de vigia do universo. Procurei os vestígios de La Condamine e de Humboldt, seguindo-os com audácia. Nada seria capaz de me deter. Alcancei as altitudes glaciais, e a atmosfera que me sufocava o alento me deixou pasmado. Nenhum pé humano jamais havia maculado a coroa diamantina posta pelas mãos da Eternidade sobre as têmporas sublimes desse imponente pico andino. Eu disse para mim mesmo: o manto de Íris tem servido como meu estandarte. Eu o carreguei em minhas mãos por regiões infernais. Ele sulcou rios e mares e subiu aos gigantescos ombros dos Andes. O terreno aplanou-se aos pés da Colômbia, e nem mesmo o tempo poderia refrear a marcha da liberdade. Belona, a deusa da guerra, tornou-se humilde diante do resplendor de Íris. Então, por que eu hesitaria em pisar sobre a cabeleira branca feito neve desse gigante da terra? É o que de fato farei! E arrebatado por um tremor espiritual que jamais havia sentido na pele, e que a mim me pareceu uma espécie de frenesi divino, deixei para trás as pegadas de Humboldt e comecei a deixar as minhas próprias marcas nos eternos cristais que cingem o Chimborazo.

Simón Bolívar, "Meu delírio sobre o Chimborazo", 1822

Não foi Humboldt, mas seu amigo Simón Bolívar quem retornou à América do Sul. Três anos depois de ter conhecido pessoalmente Humboldt em Paris, em 1804, Bolívar partiu da Europa ardendo com ideias iluministas como liberdade, separação dos poderes e o conceito de contrato social entre o povo e seus governantes. Quando pisou no solo sul-americano, Bolívar estava impulsionado por seu juramento, feito no monte Sacro em Roma, de que libertaria seu país. Mas a luta contra os espanhóis seria uma longa batalha alimentada pelo sangue de patriotas. Uma rebelião que veria amigos próximos traindo-se uns aos outros. Uma luta brutal, caótica e o mais das vezes destrutiva, em que seriam necessárias quase duas décadas para expulsar os espanhóis do continente – e por fim Bolívar se tornaria um ditador.

O Chimborazo e o Carquairazo no atual Equador, em uma das impressionantes ilustrações de *Vistas das cordilheiras*, de Humboldt

Foi também uma luta fortalecida pelos textos de Humboldt, quase como se as suas descrições da natureza e do povo fizessem os colonos apreciar o caráter singular e magnífico de seu continente. Os livros e ideias de Humboldt fomentariam a libertação da América Latina – da sua crítica ao colonialismo e à escravidão ao retrato das majestosas paisagens. Em 1809, dois anos após sua primeira publicação na Alemanha, o *Ensaio sobre a geografia das plantas* foi traduzido para o espanhol e publicado em um periódico científico fundado em

Bogotá por Francisco José de Caldas, um dos cientistas que Humboldt conhecera durante sua expedição nos Andes. Bolívar disse mais tarde que, "Com sua pena", Humboldt havia despertado a América do Sul e ilustrado por que os sul-americanos tinham inúmeras razões para sentir orgulho de seu continente. Até hoje o nome de Humboldt é muito mais conhecido na América Latina do que na maior parte da Europa e dos Estados Unidos.

Ao longo de todo o período da revolução, Bolívar usaria imagens tiradas do mundo natural – como se estivesse escrevendo com a pena de Humboldt – para explicar suas crenças. Ele falou de um "mar tempestuoso" e descreveu os que lutavam a serviço da revolução como um povo que "arava o mar". Para conclamar seus compatriotas durante os longos anos de rebelião e batalhas, Bolívar evocou as paisagens da América do Sul. Falava das magníficas vistas e insistia que o continente era "o próprio cerne do universo", numa tentativa de lembrar seus colegas revolucionários de qual era o propósito de sua luta. Por vezes, quando somente o caos parecia reinar soberano, Bolívar voltou-se para as selvas e ermos a fim de procurar sentido. Na natureza indomada ele encontrou paralelos com a brutalidade da humanidade – e embora esse fato não tenha mudado em nada o que dizia respeito às condições da guerra, ainda assim podia ser estranhamente reconfortante. Enquanto lutava para livrar as colônias dos grilhões hispânicos, essas imagens, metáforas e alegorias da natureza tornaram-se sua linguagem de liberdade.

Florestas, montanhas e rios instigavam a imaginação de Bolívar. Ele era um "verdadeiro amante da natureza", como disse mais tarde um de seus generais. "A minha alma se deslumbra pela presença da natureza primitiva", declarou Bolívar, que sempre havia adorado estar ao ar livre e, na juventude, deleitava-se com os prazeres da vida no campo e o trabalho agrícola. A paisagem que circundava San Mateo, a antiga *hacienda* da família nos arredores de Caracas, onde ele havia passado seus dias cavalgando por campos e florestas, tinha sido o berço desse seu forte vínculo com a natureza. As montanhas, em especial, fascinavam Bolívar, porque faziam com que ele se lembrasse de casa. Na ocasião em que foi a pé da França para a Itália, na primavera de 1805, a visão dos Alpes canalizou seus pensamentos de volta para seu país e para longe da jogatina e das bebedeiras em Paris. Quando Bolívar encontrou-se com Humboldt em Roma naquele verão, havia começado a pensar seriamente em uma rebelião. Assim que regressou à Venezuela, em 1807, ele disse que "dentro de mim ardia o fogo de libertar meu país".

As colônias espanholas na América Latina estavam divididas em quatro vice-reinos e tinham uma população de cerca de 17 milhões de pessoas. A Nova Espanha incluía o México, partes da Califórnia e América Central, ao passo que o vice-reino de Nova Granada estendia-se pela parte setentrional da América do Sul, cobrindo algo equivalente aos atuais Panamá, Equador e Colômbia, bem como porções do noroeste do Brasil e da Costa Rica. Mais ao sul ficava o vice-reino do Peru, bem como o vice-reino do Río de la Plata, cuja capital era Buenos Aires, abrangendo partes dos atuais Argentina, Paraguai e Uruguai. Havia também as chamadas capitanias gerais, tais como Venezuela, Chile e Cuba. As capitanias gerais eram distritos administrativos que conferiam autonomia a essas regiões, idênticas aos vice-reinos, a não ser pelo nome. Era um vasto império que durante séculos havia impulsionado a economia da Espanha, mas as primeiras fissuras tinham ocorrido com a perda do enorme território da Louisiana, que outrora fazia parte do vice-reino da Nova Espanha. Os espanhóis perderam a Louisiana para os franceses, que por sua vez a venderam para os Estados Unidos em 1803.

As Guerras Napoleônicas afetaram severamente as colônias espanholas. Bloqueios navais britânicos e franceses haviam reduzido o comércio, o que resultou em enormes perdas de receitas. Ao mesmo tempo, *criollos* abastados como Bolívar perceberam que a enfraquecida posição da Espanha na Europa poderia ser usada em seu benefício. Em 1805, os britânicos destruíram muitos navios de guerra espanhóis na Batalha de Trafalgar, a mais decisiva vitória naval durante a guerra; dois anos depois, Napoleão invadiu a península Ibérica e obrigou o rei espanhol Fernando VII a abdicar em favor do seu próprio irmão, José Bonaparte. A Espanha já não era mais uma poderosa nação imperial, mas sim uma ferramenta nas mãos da França. Deposto o rei espanhol e estando a metrópole ocupada por uma força estrangeira, alguns sul-americanos acreditaram em outro futuro.

Em 1809, um ano depois da abdicação de Fernando VII, a primeira reivindicação de independência foi feita em Quito, quando os *criollos* tomaram o poder dos administradores espanhóis. Um ano depois, em maio de 1810, os colonos em Buenos Aires seguiram o exemplo e fizeram o mesmo. Alguns meses depois, em setembro, na cidadezinha de Dolores, cerca de 320 quilômetros a noroeste da Cidade do México, um padre de nome Miguel Hidalgo y Costilla uniu mestiços, índios e escravos libertos em seu grito de guerra contra o jugo espanhol; no intervalo de um mês, ele arregimentou um exército de 60 mil homens. Enquanto a insurreição e a agitação assolavam os vice-reinos espanhóis, em 5 de julho de 1811, a elite *criolla* da Venezuela declarava a independência.

Nove meses depois, a natureza parecia ter tomado partido dos espanhóis. Na tarde de 26 de março de 1812, quando os habitantes de Caracas, a cidade natal de Bolívar, lotaram as igrejas para a celebração da Páscoa, um terremoto de grandes proporções destruiu a cidade, matando milhares de pessoas. Catedrais, igrejas e capelas desmoronaram, deixando o ar denso de poeira enquanto os fiéis morriam esmagados. Os tremores chacoalhavam o chão, e Bolívar, desesperado, inspecionava a devastação. Muitos viram o terremoto como um sinal da fúria de Deus contra sua rebelião. Os padres investiram contra os "pecadores", acusando-os, aos berros, de que a "divina justiça" tinha punido sua revolução. De pé no meio dos escombros, e em mangas de camisa, Bolívar manteve sua postura de desafio. "Se a Natureza decidir opor-se a nós, lutaremos e a obrigaremos a se sujeitar", disse ele.

Oito dias depois, ocorreu outro terremoto, elevando assombrosamente o número de mortos para 20 mil pessoas, cerca de metade da população de Caracas. Quando os escravos das *plantations* a oeste do lago de Valência se rebelaram, saqueando *haciendas* e matando seus proprietários, a anarquia tomou conta da Venezuela. Bolívar, que tinha sido incumbido do comando da cidade portuária de Porto Cabello, importante posição estratégica no litoral norte da Venezuela, 160 quilômetros a oeste de Caracas, contava com cinco oficiais e três soldados e não teve a menor chance quando as tropas monarquistas chegaram. Em questão de meses os combatentes republicanos renderam-se às forças espanholas, e pouco mais de um ano depois de os *criollos* terem declarado sua independência, a chamada Primeira República chegava ao fim. A bandeira espanhola foi hasteada novamente e, no final de agosto de 1812, Bolívar fugiu do país, rumando para a ilha caribenha de Curaçao.

À medida que as revoluções se desenrolavam, o ex-presidente dos Estados Unidos, Thomas Jefferson, bombardeou Humboldt de perguntas: se os revolucionários tivessem êxito, que tipo de governo estabeleceriam, ele queria saber, e até que ponto sua sociedade seria igualitária? O despotismo prevaleceria? "A todas essas perguntas o senhor pode responder melhor do que ninguém", Jefferson insistiu. Na condição de um dos patriarcas da revolução norte-americana, Jefferson estava profundamente interessado nas colônias espanholas e genuinamente receoso com a possibilidade de a América do Sul não estabelecer um governo democrático. Ao mesmo tempo, Jefferson também estava preocupado com as implicações que um continente independente ao sul acarretariam para seu próprio país. Enquanto as colônias estavam sob o controle espanhol, os Estados Unidos exportavam enormes quantidades de trigo e outros grãos para a América do Sul. Mas assim que virassem as costas para as lavouras de exportação coloniais, sua "produção agrícola e seu comércio rivalizariam com os nossos", disse Jefferson ao ministro da Espanha em Washington, DC.

Nesse ínterim, Bolívar planejava seus próximos passos, e no final de outubro de 1812, dois meses depois de ter fugido para a Venezuela, chegou a Cartagena, cidade portuária no litoral norte do vice-reino de Nova Granada, na atual Colômbia. Bolívar estava transbordante de ideias para a criação de uma América do Sul forte, onde todas as colônias lutariam juntas, e não mais em separado como antes. No comando de um pequeno exército, mas supostamente munido dos excelentes mapas de Humboldt, Bolívar agora dava início a uma ousada ofensiva de guerrilha, centenas de quilômetros distante de casa. Tinha pouco treinamento militar, mas à medida que se afastava de Cartagena rumo à Venezuela, conseguia surpreender as forças monarquistas em ambientes inóspitos – altas montanhas, florestas remotas e rios infestados de cobras e crocodilos. Aos poucos, Bolívar assumia o controle do rio Madalena, o mesmo ao longo do qual Humboldt havia remado de Cartagena para Bogotá, mais de uma década antes.

No caminho percorrido em seu empreendimento guerreiro, Bolívar proferia emocionantes discursos para o povo de Nova Granada. "Onde quer que haja o jugo do Império espanhol, prevalecem a morte e a desolação", dizia ele. À medida que marchava em frente, arrebanhava novos recrutas. Bolívar acreditava que as colônias da América do Sul tinham de se unir. Se havia uma delas escravizada, todas as outras também o eram, ele escreveu. O jugo espanhol era uma "gangrena" que afetaria todas as partes a menos que fosse "extirpado como um membro infeccionado". A desunião das próprias colônias, argumentava Bolívar, seria sua derrocada, não as armas espanholas. Os espanhóis eram "gafanhotos" que destruíam as "sementes e raízes da árvore da liberdade", disse ele, uma peste que só seria destruída se as colônias se unissem. A fim de convencer os neogranadenses a se juntarem a ele em sua rota rumo à Venezuela para libertar Caracas, Bolívar jogou charme, acossou e fez ameaças.

Quando as coisas não saíam de seu jeito, Bolívar era rude e impaciente. "Marche! Ou você atira em mim ou, por Deus, eu certamente atirarei em você!", bradou quando um oficial se recusou a adentrar o território venezuelano. "Preciso de 10 mil canhões", exigiu em outra ocasião, "ou enlouquecerei". Sua determinação era contagiante.

Era um homem cheio de contradições, que se sentia igualmente feliz deitado em uma rede pendurada nos galhos em meio a uma densa floresta ou em um salão de dança lotado. Era capaz de rascunhar impacientemente a primeira constituição da nação em uma canoa enquanto remava ao longo do Orinoco, mas também podia adiar uma ação militar ao seu bel-prazer, apenas para aguardar a chegada de uma amante. Dizia que a dança era a "poesia do movimento", mas também era capaz de ordenar a sangue-frio a execução de centenas de prisioneiros. Se estivesse de bom humor, podia ser charmoso, mas era "feroz" quando se irritava, e seus estados de ânimo se alteravam com tanta rapidez que "a mudança era incrível", disse um de seus generais.

Bolívar era um homem de ação, mas acreditava também que a palavra escrita tinha o poder de mudar o mundo. Em campanhas posteriores, ele sempre viajaria com uma prensa tipográfica, carregando-a nos Andes e pelas vastas planícies dos Llanos. Sua mente era arguta e ágil; ele costumava ditar inúmeras cartas simultaneamente para diversos secretários e era conhecido por tomar decisões repentinas. Havia homens, dizia ele, que precisavam de solidão para pensar, mas "eu deliberava, refletia e ponderava melhor quando me via no centro da farra – entre os prazeres e o clamor de um baile".

Do rio Madalena, Bolívar e seus homens marcharam pelas montanhas na direção da Venezuela, combatendo e derrotando tropas monarquistas. Na primavera de 1813, seis meses depois de ter desembarcado em Cartagena, Bolívar havia libertado Nova Granada,

Simón Bolívar

mas a Venezuela ainda estava em mãos espanholas. Em maio de 1813, seu exército desceu das montanhas para o alto vale onde estava situada a cidade venezuelana de Mérida. Quando ouviram a notícia de que Bolívar estava se aproximando, os espanhóis abandonaram Mérida às pressas e em pânico. Bolívar e suas tropas chegaram com as roupas puídas, famintos e doentes de febre, mas tiveram uma recepção digna de heróis. Os cidadãos de Mérida proclamaram Bolívar "El Libertador", e seiscentos novos recrutas alistaram-se em seu exército.

Três semanas depois, em 15 de junho de 1813, Bolívar promulgou um brutal decreto que declarava uma "guerra de morte". Condenava à morte todos os espanhóis nas colônias, a menos que concordassem em lutar ao lado dos exércitos bolivarianos. Implacável, mas eficaz. Quanto mais espanhóis eram executados, mais monarquistas desertavam e engrossavam as fileiras republicanas – à medida que o exército de Bolívar rumava para o leste, na direção de Caracas, seus contingentes iam ficando cada vez maiores. Quando chegaram à capital, em agosto, os espanhóis tinham fugido da cidade. Bolívar tomou Caracas sem disparar um único tiro. "Os seus libertadores chegaram", disse ele aos habitantes, "das margens do torrencial Madalena aos vales floridos do Aragua". Falou dos vastos planaltos que haviam cruzado e das colossais montanhas que haviam escalado – alinhando suas vitórias com a escarpada vastidão selvagem da natureza sul-americana.

Enquanto os soldados de Bolívar marchavam pela Venezuela percorrendo a sangrenta trilha da "guerra de morte", matando quase todos os espanhóis que encontravam pelo caminho, um outro exército surgiu: as assim chamadas "Legiões do Inferno". Compostas por rústicos habitantes das planícies dos Llanos, além de mestiços e escravos, as legiões estavam subordinadas ao comando do feroz e sádico José Tomás Boves, um espanhol que vivera nos Llanos como comerciante de gado e cujo exército mataria ao todo 80 mil republicanos. Os homens de Bove estavam lutando contra a privilegiada classe de *criollos* de Bolívar, que, segundo alegavam, eram mais temíveis do que o jugo espanhol. A revolução de Bolívar descambou para uma impiedosa guerra civil. Um oficial espanhol descreveu a

Venezuela como uma região de morte: "Cidades que tinham milhares de habitantes agora estão reduzidas a algumas centenas ou mesmo poucas dezenas de pessoas", vilarejos foram queimados e cadáveres insepultos eram abandonados para apodrecer nas ruas e nos campos.

Humboldt havia previsto que a luta sul-americana por independência seria sangrenta, porque a sociedade colonial estava dividida por profundas fissuras. Durante três séculos os europeus tinham feito de tudo para cimentar o "ódio de uma casta por outra", disse Humboldt a Jefferson. *Criollos*, mestiços, escravos e tribos indígenas não eram um povo unido, mas viviam distantes entre si e desconfiavam uns dos outros. Era um presságio que vinha assombrar Bolívar.

Nesse ínterim, a Espanha finalmente havia se libertado do controle militar de Napoleão e tinha condições de se concentrar em suas colônias rebeldes. Recuperado seu trono, o rei espanhol Fernando VII agora equipou uma monumental armada de sessenta navios e despachou mais de 14 mil soldados para a América do Sul – a maior frota que a Espanha jamais enviara ao Novo Mundo. Quando os espanhóis chegaram à Venezuela, em abril de 1815, o exército de Bolívar – enfraquecido pelos combates contra Boves – não teve chance. Em maio, os monarquistas tomaram Caracas, e a revolução parecia ter chegado ao fim de uma vez por todas.

Bolívar fugiu novamente de seu país – dessa vez para a Jamaica, de onde tentou gerar interesse e angariar o apoio internacional para a sua revolução. Escreveu ao lorde Wellesley, o ex-secretário de Estado britânico, explicando que os colonos precisavam da ajuda inglesa. "A mais bela metade da Terra", alertou Bolívar, seria "reduzida a um estado de desolação". Ele estava disposto a marchar até o Polo Norte se tivesse de fazê-lo, acrescentou, mas nem a Inglaterra nem os Estados Unidos mostraram-se dispostos a se envolver nas voláteis questões coloniais espanholas.

James Madison, o quarto presidente estadunidense, declarou que nenhum cidadão norte-americano estava autorizado a ingressar em qualquer tipo de expedição militar contra os "domínios da Espanha". O ex-presidente John Adams considerava a perspectiva de uma democracia sul-americana uma ideia risível – tão absurda quanto estabelecer uma democracia "entre aves, bestas-feras e peixes". Thomas Jefferson reiterou seus temores de despotismo. Como, perguntou ele a Humboldt, uma sociedade "oprimida por padres" conseguiria estabelecer um governo livre e republicano? Três séculos de jugo católico, Jefferson insistiu, tinham convertido os colonos em crianças ignorantes e "agrilhoara suas mentes".

Em Paris, Humboldt observava ansiosamente, encaminhando cartas para membros do governo norte-americano nas quais solicitava apoio para seus irmãos do Sul, e depois queixando-se, com impaciência, de que não recebia respostas com a rapidez desejada. Os apelos de Humboldt deveriam ser tratados como questão de grande urgência, um general estadunidense em Paris escreveu a Jefferson, porque a influência de Humboldt "é maior do que a de qualquer outro homem na Europa".

Ninguém na Europa ou tampouco na América do Norte sabia mais do que Humboldt acerca da América do Sul – ele se tornara *a* autoridade sobre o tema. Seus livros eram um tesouro de informações a respeito de um continente que era "tão vergonhosamente desconhecido", disse Jefferson. Uma obra de Humboldt em particular chamou a atenção: seu *Ensaio político sobre o reino da Nova Espanha*. Publicado em quatro volumes entre 1808 e 1811, chegou às máquinas de impressão exatamente no momento em que o mundo voltava suas atenções para os movimentos de independência da América Latina.

Humboldt enviou os volumes a Jefferson em remessas regulares à medida que foram sendo publicados, e o ex-presidente estudou atentamente cada tomo a fim de aprender o máximo que pudesse sobre as colônias rebeldes. "Nosso conhecimento sobre elas é tão pequeno", Jefferson disse a Humboldt, mas "tudo que sabemos é graças a você". Jefferson e muitos outros de seus amigos políticos estavam dilacerados entre seu desejo de ver um número cada vez maior de repúblicas livres, o risco de apoiar de forma oficial um regime potencialmente instável na América do Sul e o espectro de um portentoso rival econômico surgindo no Hemisfério Sul. Não era exatamente o que os Estados Unidos queriam para si, mas "o que é praticável", Jefferson acreditava. Sua esperança era de que as colônias não se unissem como uma única nação, mas continuassem sendo países separados, porque como uma "massa única seriam um vizinho extremamente poderoso".

Jefferson não estava sozinho no que dizia respeito a recolher informações nos livros de Humboldt: Bolívar também estudou os volumes porque desconhecia a maior parte do continente que ele queria libertar. No *Ensaio político sobre o reino da Nova Espanha*, Humboldt havia entretecido obstinadamente suas observações sobre geografia, plantas, conflitos de raça e exploração comercial espanhola com as consequências ambientais do jugo colonial e as condições de trabalho da mão de obra na produção manufatureira, nas minas e na agricultura. No livro, Humboldt forneceu informações sobre receitas brutas, rendimentos públicos, proventos, impostos, taxas e defesa militar, sobre estradas e portos, e incluiu uma gama de tabelas com dados que variavam da produção de prata nas minas à produtividade agrícola, bem como o volume total de importações e exportações para e das diferentes colônias.

Os volumes deixavam alguns pontos bastante claros: o colonialismo era desastroso para as pessoas e para o meio ambiente; a sociedade colonial era baseada na desigualdade; os povos indígenas não eram bárbaros, tampouco selvagens, e os colonos eram tão capazes quanto os europeus de realizar descobertas científicas e igualmente habilidosos para produzir arte e artesanato; e o futuro da América do Sul baseava-se na agricultura de subsistência e não na monocultura e muito menos na mineração. Ainda que se concentrasse no vice-reino da Nova Espanha, Humboldt sempre comparava seus dados aos da Europa, dos Estados Unidos e de outras colônias espanholas na América do Sul. Assim como havia examinado as plantas no contexto de um mundo mais amplo e tendo como foco primordial revelar padrões globais, Humboldt agora relacionava colonialismo, escravidão e economia. O *Ensaio político sobre o reino da Nova Espanha* não era uma narrativa de viagem nem uma evocação de paisagens maravilhosas, mas um manual de fatos, dados concretos e números. Era tão meticuloso que o tradutor da obra para o inglês escreveu no prefácio à edição britânica que o livro tendia a "fatigar a atenção do leitor". Talvez não seja nenhuma surpresa que Humboldt tenha escolhido outro tradutor para as suas publicações posteriores em língua inglesa.

O homem que havia recebido do rei Carlos IV a rara permissão para explorar os territórios hispânicos na América Latina publicara uma dura crítica ao jugo colonial. Seu livro estava repleto, disse Humboldt a Jefferson, de expressões de seus "sentimentos independentes". Os espanhóis tinham incitado o ódio entre os diferentes grupos raciais, acusou Humboldt. Os missionários, por exemplo, tratavam os indígenas nativos com brutalidade e eram norteados por um "condenável fanatismo". O dominador colonial explorava as colônias para extrair matérias-primas e, no processo, destruía o meio ambiente. As diretrizes coloniais eram cruéis e suspeitas, disse Humboldt, e a América do Sul fora devastada por seus conquistadores. Sua sede de riqueza levara o "abuso de poder" para a América Latina.

A crítica de Humboldt era baseada em suas próprias observações, complementadas por informações que ele havia recebido de cientistas coloniais que conhecera durante sua expedição. Tudo isso era depois corroborado por dados estatísticos e demográficos oriundos dos arquivos governamentais, principalmente da Cidade do México e de Havana. Nos anos após seu retorno, Humboldt avaliou e publicou esses resultados, primeiro no *Ensaio político sobre o reino da Nova Espanha* e, mais tarde, no *Ensaio político sobre a ilha de Cuba*. Essas severas e mordazes acusações contra o colonialismo e a escravidão mostravam a maneira como tudo estava inter-relacionado: clima, solo e agricultura com escravidão, dados demográficos e economia. Humboldt afirmava que as colônias poderiam se libertar e ser autossuficientes somente quando se "livrassem dos grilhões do odioso monopólio". Foi a "barbárie europeia", insistiu Humboldt, que criou este mundo injusto.

O conhecimento de Humboldt sobre o continente era enciclopédico, Bolívar escreveu em setembro de 1815 em sua "Carta da Jamaica", na qual se referia ao seu velho amigo como a maior autoridade em América do Sul. Escrita na Jamaica, para onde ele havia fugido quatro meses antes da chegada da armada espanhola, a carta era a destilação do pensamento político de Bolívar e sua visão para o futuro. Nela, Bolívar ecoava a crítica humboldtiana ao impacto destrutivo do colonialismo. Seu povo fora escravizado e confinado à mineração e ao cultivo de lavouras de exportação visando à obtenção de lucro a fim de aplacar o insaciável apetite da Espanha, Bolívar escrevera, mas nem mesmo os campos mais vicejantes e os mais abundantes minérios "jamais satisfariam a cobiça daquela gananciosa nação". Os espanhóis destruíram vastas regiões, Bolívar alertou, e "províncias inteiras foram transformadas em desertos".

Humboldt escrevera sobre solos que eram tão férteis que bastaria ará-los ligeiramente para produzir as mais fartas colheitas. De modo bastante similar, agora Bolívar perguntava como uma terra tão "abundantemente favorecida" pela natureza poderia sujeitar-se a uma condição tão oprimida e passiva. E assim como Humboldt havia afirmado em *Ensaio político sobre o reino da Nova Espanha* que os vícios do governo feudal foram transmitidos do Hemisfério Norte para o Hemisfério Sul, Bolívar agora comparava o jugo espanhol sobre suas colônias a "uma espécie de posse feudal". Mas os revolucionários continuariam a lutar, Bolívar asseverou, porque "as correntes foram rompidas".

Bolívar também percebeu que a escravidão era uma questão central no conflito. Se a população escravizada não estava ao seu lado, como ele havia dolorosamente sentido durante a brutal guerra civil com José Tomás Boves e suas Legiões do Inferno, estava contra ele e contra os *criollos* proprietários de *plantations* que se fiavam no trabalho da mão de obra escrava. Sem a ajuda dos escravos não haveria revolução. Era um tema que ele discutia com Alexandre Pétion, o primeiro presidente da República do Haiti – a ilha para onde Bolívar tinha fugido após sofrer uma tentativa de assassinato na Jamaica.

O Haiti foi uma colônia francesa, mas depois de uma bem-sucedida rebelião de escravos no início da década de 1790, os revolucionários declararam independência em 1804. Pétion era mestiço – o pai, um abastado francês, e a mãe, de ascendência africana – e foi um dos patriarcas ou pais fundadores da República. Foi também o único governante e político que prometeu ajudar Bolívar. Quando Pétion afiançou armas e navios em troca da promessa de libertar os escravos, Bolívar concordou. "A escravidão", disse ele, "era a filha das trevas".

Após três meses no Haiti, Bolívar rumou para a Venezuela com uma pequena esquadra de navios de Pétion abastecidos com um grande carregamento de pólvora e armas e um considerável contingente de homens. Quando chegou, no verão de 1816, Bolívar decretou liberdade para todos os escravos. Foi o primeiro e um importante passo, mas de difícil aceitação pela elite *criolla*. Três anos depois, Bolívar declarou que a escravidão ainda cobria o país com um "véu negro" e – mais uma vez invocando a natureza como metáfora – alertou que "nuvens de tempestade escureciam o céu, ameaçando uma chuva de fogo". Bolívar libertou os seus próprios escravos e prometeu liberdade em troca de serviço militar, mas foi somente uma década depois, em 1826, quando redigiu a Constituição Boliviana, que a abolição total da escravidão tornou-se lei. Foi uma manobra ousada em uma época em que estadistas aparentemente esclarecidos, tais como Thomas Jefferson e James Madison, ainda eram donos de centenas de escravos que trabalhavam em suas *plantations*. Humboldt, que se tornara um ferrenho abolicionista desde que vira o mercado de escravos em Cumaná, pouco depois de sua chegada à América do Sul, ficou impressionado com a decisão de Bolívar. Alguns anos depois, Humboldt elogiou Bolívar por dar o exemplo para o mundo, particularmente em contraste com os Estados Unidos.

No decorrer dos anos, Humboldt acompanhou de Paris os eventos na América do Sul. Houve muitos impasses e idas e vindas – aos poucos, Bolívar uniu os líderes militares regionais que estavam combatendo os espanhóis em seus territórios. Os revolucionários controlavam algumas regiões, mas em geral em áreas remotas, e certamente os homens não haviam atuado como uma força unificada. Nos Llanos, por exemplo – após a morte de Bolívar, no final de 1814 –, José Antonio Páez obteve o apoio dos habitantes das planícies – os *llaneros* – para a causa republicana. No início de 1818, seus 1.100 desenfreados *llaneros* montados em cavalos e índios descalços armados apenas de arcos e flechas derrotaram quase 4 mil experientes soldados nas estepes dos Llanos. Esses homens durões e rústicos eram cavaleiros habilidosos. *Criollo* e morador da cidade, Bolívar não era alguém que eles escolheriam como seu líder, mas ainda assim ganhou o respeito dos *llaneros*. Embora fosse extremamente magro – tinha 1,68 metro e pesava apenas 59 quilos –, Bolívar demonstrava tamanha força e resistência em cima da sela que ganhou o apelido de "Bunda de Ferro". Fosse nadando com as mãos amarradas atrás das costas ou apeando por cima da cabeça do cavalo (o que ele praticava depois de ver os *llaneros* fazendo a mesma coisa), Bolívar impressionou os homens de Páez com sua destreza física.

Humboldt provavelmente já não reconheceria Bolívar. O jovem elegante que flanava e se exibia pelas ruas de Paris vestido conforme a última moda agora calçava sandálias de juta e vestia um casaco simples. Embora Bolívar tivesse apenas trinta e poucos anos, seu rosto já estava sulcado por rugas e sua pele coberta de icterícia, mas seus olhos irradiavam uma intensidade penetrante e sua voz tinha o poder de agrupar seus soldados. Durante os anos anteriores, havia perdido suas *plantations* e por diversas vezes fora exilado de seu país. Ele era duro e implacável com seus homens e também consigo mesmo. Volta e meia dormia enrolado apenas em uma capa no chão desguarnecido ou passava o dia inteiro cavalgando por terrenos pedregosos, mas ainda assim tinha energia suficiente para ler filósofos franceses durante a noite.

Os espanhóis ainda controlavam a porção norte da Venezuela, incluindo Caracas, bem como boa parte do vice-reino de Nova Granada, mas Bolívar havia dominado territórios nas províncias do leste da Venezuela e ao longo do Orinoco. A revolução não estava avançando com a rapidez esperada, mas ele acreditava que era hora de incentivar eleições nas regiões libertadas e elaborar uma constituição. Convocou-se um congresso que se reuniria em Angostura (atual Ciudad Bolívar, na Venezuela) às margens do Orinoco, a cidade onde Humboldt e Bonpland haviam sido acometidos pela febre quase duas décadas antes, após as fatigantes semanas tentando encontrar o rio Cassiquiare. Estando Caracas nas mãos dos espanhóis, Angostura era a capital temporária da nova república. Em 15 de fevereiro de 1819, 26 delegados tomaram seus lugares em um edifício de tijolos simples que fazia as vezes de sede do governo para ouvir Bolívar discorrer sobre sua visão do futuro. Bolívar apresentou aos delegados a constituição que ele mesmo havia rascunhado em sua jornada ao longo do rio Orinoco e novamente falou sobre a importância da unidade entre as raças, bem como entre as diferentes colônias.

No discurso que proferiu em Angostura, Bolívar descreveu o "esplendor e a vitalidade" da América do Sul a fim de lembrar seus colegas conterrâneos de quais eram os motivos de sua luta. Nenhum outro lugar no mundo havia sido "munido de forma tão generosa e abundante pela natureza", disse Bolívar, que falou de como a sua alma havia se elevado a grandes altitudes de modo que ele pudesse ver o futuro de seu país a partir da perspectiva que era exigida – um futuro que unia o vasto continente que se estendia de uma costa à outra. Ele próprio, disse Humboldt, era apenas "um fantoche do furacão revolucionário", mas estava pronto para seguir o sonho de uma América do Sul livre.

No final de maio de 1819, três meses após seu discurso ao congresso, Bolívar conduziu – com obstinada determinação – todo o seu exército pelo continente, de Angostura rumo aos Andes, para libertar Nova Granada. Suas tropas eram formadas por cavaleiros de Páez, índios, escravos libertos, mestiços, *criollos*, mulheres e crianças. Havia também muitos veteranos britânicos que se juntaram a Bolívar no final das Guerras Napoleônicas, quando centenas de milhares de soldados retornaram dos campos de batalha para casa e se viram sem trabalho nem fonte de renda. O embaixador extraoficial de Bolívar em Londres tentava não apenas angariar apoio internacional para sua revolução, mas também estava ocupado recrutando os veteranos desempregados. Em cinco anos, mais de 5 mil soldados – as Legiões Britânicas – vindos da Inglaterra e da Irlanda chegaram à América do Sul, trazendo consigo mais de 50 mil rifles e mosquetes, bem como centenas de toneladas de munição. Alguns homens vinham motivados por suas crenças políticas, outros por dinheiro, mas, quaisquer que fossem suas razões, a sorte de Bolívar estava mudando.

No decorrer das semanas seguintes, a estranha mistura de tropas conseguiu o impossível, enquanto marchava a duras penas sob chuvas torrenciais pelas planícies dos Llanos rumo aos Andes. Quando escalaram a magnífica cordilheira na cidadezinha de Pisba, cerca de 160 quilômetros a nordeste de Bogotá, suas botinas já estavam em frangalhos e muitos usavam cobertores em vez de calças. Descalços, famintos e congelando de frio, batalharam contra o gelo e o ar rarefeito, subindo a uma altitude de 4 mil metros antes de descerem em pleno coração do território inimigo. Alguns dias depois, no final de julho, surpreenderam o exército monarquista com a bravura dos lanceiros *llaneros*, a calma determinação dos soldados britânicos e a quase divina capacidade de Bolívar de ser aparentemente ubíquo.

As tropas bolivarianas acreditavam que, se sobrevivessem à marcha pelos Andes, conseguiriam esmagar os monarquistas. E foi o que fizeram. Em 7 de agosto de 1819, animados por sua vitória dias antes, as tropas de Bolívar derrotaram os espanhóis na Batalha de Boyacá. Quando os homens de Bolívar investiram impetuosamente, os aterrorizados monarquistas simplesmente bateram em retirada. A estrada para Bogotá estava aberta para Bolívar, que agora cavalgava rumo à capital feito "um raio", segundo disse um de seus oficiais, o casaco aberto no peito nu e sua longa cabeleira dançando ao vento. Bolívar tomou Bogotá e com isso arrancou à força Nova Granada dos espanhóis. Em dezembro, Quito, Venezuela e Colômbia juntaram-se para formar a nova República da Gran Colombia, tendo Bolívar como presidente.

Ao longo dos anos seguintes, Bolívar continuou sua batalha. Reconquistou Caracas no verão de 1821, e um ano depois, em junho de 1822, triunfou sobre Quito. Cavalgou pela mesma paisagem escarpada que, duas décadas antes, havia instigado de maneira tão profunda a imaginação de Humboldt. O próprio Bolívar jamais tinha visto aquela parte da América do Sul. Nos vales, o solo fértil produzia árvores exuberantes cobertas de belíssimas flores e bananeiras carregadas de frutas. Nas planícies mais altas, bandos de pequenas vicunhas pastavam, e acima delas, os condores deslizavam sem esforço impelidos pelos ventos. Ao sul de Quito, uma fieira de vulcões margeava o vale, quase como uma avenida. Em nenhum outro lugar da América do Sul, pensou Bolívar, a natureza tinha sido tão "generosa em seus presentes". Entretanto, por mais belo que fosse, o cenário também levou Bolívar a refletir sobre tudo de que ele havia abdicado. Afinal, ele poderia ter vivido em paz, trabalhando em seus campos e rodeado pela natureza gloriosa. Bolívar ficou profundamente comovido pela paisagem monumental – emoções que colocou em palavras quando escreveu um arrebatador poema em prosa intitulado "Meu delírio sobre o Chimborazo". Era a sua alegoria sobre a libertação da América Latina.

Em seu poema, Bolívar segue os passos de Humboldt. Enquanto ascende ao majestoso Chimborazo, usa o vulcão como imagem de sua luta para libertar as colônias espanholas. À medida que vai subindo, deixa para trás as pegadas de Humboldt e imprime na neve as suas próprias marcas. Depois, travando uma batalha a cada passo no ar desprovido de oxigênio, Bolívar tem uma visão do próprio Tempo. Dominado por um delírio febril, ele vê o passado e o futuro surgindo diante de si. Bem acima, em contraste com o céu abobadado, estende-se o infinito: "Com minhas mãos agarro o eterno", brada ele, e "sinto as prisões infernais fervilhando sob meus pés". Com toda aquela imensidão de terra abaixo, Bolívar usou o Chimborazo para situar sua vida no âmbito do contexto da América do Sul. Ele era a Gran Colombia, a nova nação que ele mesmo havia forjado, e a Gran Colombia estava nele. Ele era El Libertador, o salvador das colônias e o homem que tinha na palma das mãos o destino delas. Lá, nas gélidas encostas do Chimborazo, "a voz tremenda da Colômbia grita para mim", encerrando seu poema.

Não foi surpresa que o Chimborazo tenha se tornado a metáfora de Bolívar para a sua revolução e o seu destino – ainda hoje a imagem da montanha figura na bandeira equatoriana. Como sempre, Bolívar recorreu ao mundo natural para ilustrar seus pensamentos e suas convicções. Três anos antes, Bolívar dissera ao congresso em Angostura que a natureza havia concedido grandes riquezas à América do Sul. Elas mostrariam ao Velho Mundo "a majestade do Novo Mundo". Mais do que tudo, o Chimborazo – famoso em todo o mundo graças aos livros de Humboldt – tornou-se a articulação perfeita para a revolução. "Venha para o Chimborazo", Bolívar escreveu ao seu antigo professor Simón Rodríguez, para ver essa coroa da Terra, essa escadaria para os deuses e essa inexpugnável fortaleza do Novo Mundo. Do alto do Chimborazo, Bolívar insistiu, a pessoa tinha uma visão desobstruída do passado e do futuro. Era o "trono da natureza" – invencível, eterno e duradouro.

Bolívar estava no apogeu da fama quando escreveu "Meu delírio sobre o Chimborazo", em 1822. Quase 2,5 milhões de quilômetros quadrados da América do Sul estavam sob sua liderança, uma área muito maior do que o Império Napoleônico havia alcançado mesmo em seu auge. As colônias sul-americanas da porção norte do continente – boa parte do que atualmente compreende Colômbia, Panamá, Venezuela e Equador – foram libertadas, e somente o Peru permanecia sob controle espanhol. Mas Bolívar queria mais. Sonhava com uma federação pan-americana que se estenderia do istmo do Panamá à ponta sul do vice-reino do Peru, e de Guayaquil na costa do Pacífico ao mar do Caribe no litoral venezuelano. Essa união seria como "um colosso", disse ele, e faria "a Terra tremer como um olhar de relance" – o poderoso vizinho com o qual Jefferson se preocupava.

Um ano antes, Bolívar escrevera uma carta a Humboldt salientando o quanto tinham sido importantes as suas descrições da natureza da América do Sul. Fora o evocativo texto humboldtiano que "arrancara da ignorância" Bolívar e seus colegas revolucionários, ele escreveu, e que os deixara orgulhosos de seu continente. Humboldt era o "descobridor do Novo Mundo", Bolívar insistiu. E pode muito bem ter sido o obsessivo interesse de Humboldt pelos vulcões sul-americanos que inspirou também o grito de guerra que Bolívar usou para conclamar seu país à luta: "um grande vulcão jaz sob nossos pés (...) [e] o jugo da escravidão será rompido".

Bolívar continuou a usar metáforas extraídas do mundo natural. A liberdade, por exemplo, era uma "planta preciosa", ou, mais tarde, quando o caos e a desunião se abateram sobre as novas nações, Bolívar alertou que os revolucionários estavam "caminhando a passos trôpegos na beira de um abismo" e prestes a "afogar-se no oceano da anarquia". Uma das metáforas mais usadas por ele continuou sendo a do vulcão. O perigo de uma revolução, disse Bolívar, era como estar na boca de um vulcão "pronto para explodir". Ele declarou que os sul-americanos marchavam ao longo de um "terreno vulcânico", evocando ao mesmo tempo o esplendor e os perigos dos Andes.

Humboldt errou em relação a Bolívar. Quando os dois se conheceram em Paris, no verão de 1804, e quando se encontraram de novo um ano depois em Roma, Humboldt fez pouco-caso dele, por considerá-lo um *criollo* impressionável e sonhador – mas, ao ver que o velho amigo tinha sido bem-sucedido em sua empreitada, mudou de ideia. Em julho de 1822, Humboldt escreveu uma carta a Bolívar, exaltando-o como o "fundador da liberdade e independência da sua bela pátria". Humboldt também lembrou-o de como a América do Sul era seu segundo lar. "Reitero meus votos para a glória do povo da América", escreveu a Bolívar.

Natureza, política e sociedade formavam um triângulo de conexões. Uma influenciava a outra. Sociedades eram moldadas por seu meio ambiente – os recursos naturais poderiam significar a riqueza de uma nação ou, como Bolívar havia vivido, uma vastidão desolada e selvagem como os Andes poderia inspirar força e convicção. Essa ideia, porém, também poderia ser aplicada de forma diferente, como diversos cientistas europeus haviam feito. Desde meados do século XVIII, alguns pensadores insistiam na "degeneração da América". Um deles foi o naturalista Georges-Louis Leclerc, o conde de Buffon, que nas décadas de 1760 e 1770 escrevera que na América todas as coisas "encolhem e diminuem sob um céu mesquinho e uma terra infértil". O Novo Mundo era inferior ao Velho Mundo, Buffon asseverou na obra de história natural mais lida da segunda metade do século. De acordo com Buffon, no Novo Mundo as plantas, os animais e até mesmo as pessoas eram menores e mais fracos. Não havia mamíferos de grande porte, tampouco povos civilizados, e inclusive os selvagens eram "fracos".

À medida que as teorias e argumentos de Buffon se disseminaram, o mundo natural da América tornou-se uma metáfora de sua relevância ou insignificância cultural – dependendo do ponto de vista. Além da força econômica, façanhas e conquistas militares ou realizações científicas, a natureza também tornara-se um indicador da importância de um país. Durante a Guerra de Independência dos Estados Unidos, Jefferson tinha ficado furioso com as declarações de Buffon e passou anos tentando refutá-las. Se Buffon usava o tamanho como medida de poderio e superioridade, Jefferson precisava apenas mostrar que tudo era de fato maior no Novo Mundo de modo a elevar seu país acima dos países europeus. Em 1782, em meio à Guerra de Independência, Jefferson publicou *Notes on the State of Virginia* [Notas sobre o estado da Virgínia], em que a flora e a fauna dos Estados Unidos tornaram-se os soldados de infantaria de uma batalha patriótica. Sob o estandarte do "quanto maior, melhor", Jefferson listou o peso de ursos, búfalos e panteras para provar a pertinência de seus argumentos. Até mesmo a fuinha era "maior na América do que na Europa".

Quatro anos depois, quando se mudou para a França a fim de atuar como ministro estadunidense no país, Jefferson gabou-se com Buffon, alardeando que a rena escandinava era tão pequena que "poderia andar sob o ventre do nosso alce". Depois disso, a grande custo pessoal, importou um alce empalhado de Vermont para Paris, uma empreitada que no fim das contas não conseguiu impressionar os franceses porque o alce chegou à França em um estado lastimável, sem pelagem e exalando um odor fétido. Mas Jefferson não desistiu e pediu a amigos e conhecidos que lhe enviassem detalhes sobre "os espécimes mais pesados dos nossos animais (...) do camundongo ao mamute". Mais tarde, durante seu mandato na presidência, Jefferson despachou para a Académie des Sciences em Paris enormes ossos fósseis e presas do mastodonte norte-americano, com o intuito de mostrar aos franceses como eram enormes os animais estadunidenses. Ao mesmo tempo, Jefferson tinha a esperança de que um dia encontraria mastodontes vagando nas porções ainda inexploradas do continente. Montanhas, rios, plantas e animais tornaram-se armas na arena política.[1]

---

[1] Jefferson não foi o primeiro estadunidense a tomar parte do controverso debate. Na década de 1780, Benjamin Franklin, durante o período em que serviu como ministro norte-americano em Paris, foi a um jantar em que também estava Abbé Raynal, um dos cientistas insultuosos. Franklin notou que todos os norte-americanos estavam sentados do mesmo lado da mesa, com os franceses do lado oposto. Aproveitando a oportunidade, lançou o desafio: "Que ambos os grupos se levantem, e veremos de que lado a natureza se degenerou". Por coincidência, todos os norte-americanos eram da "mais vistosa estatura", relataria Franklin a Jefferson mais tarde, ao passo que os franceses eram todos diminutos – em particular Raynal, que não passava de "um mero camarão".

Humboldt fez o mesmo pela América Latina. Ele não apenas apresentou o continente como um lugar de beleza, fertilidade e esplendor sem igual, mas também atacou diretamente Buffon. "Buffon estava redondamente enganado", escreveu e, mais tarde, questionou como o naturalista francês podia ter ousado escrever sobre o continente americano se na verdade jamais o vira com os próprios olhos. Os povos indígenas nada tinham de fracos, disse Humboldt; bastava olhar para a nação dos caribes (ou caraíbas ou karibs) na Venezuela para refutar as desvairadas ruminações dos cientistas europeus. Humboldt havia se deparado com essa tribo a caminho do Orinoco para Cumaná e constatou que eram as pessoas mais altas, fortes e bonitas que ele já tinha visto na vida – parecidas com estátuas de bronze de Júpiter.

Humboldt também desmantelou a ideia de Buffon de que a América era um "novo mundo" – um continente que simplesmente havia brotado do oceano, sem uma história ou civilização. Os monumentos antiquíssimos que Humboldt tinha visto e depois retratado em seus livros davam testemunho de sociedades refinadas e cultas – palácios, aquedutos, estátuas e templos. Em Bogotá, Humboldt encontrou manuscritos pré-incas (e leu suas traduções) que revelavam um conhecimento complexo de astronomia e matemática. A língua caribe, igualmente, era tão sofisticada que incluía conceitos abstratos como futuro e eternidade. Não existia o menor indício da pobreza de linguagem acerca da qual exploradores anteriores haviam feito comentários, porque essas línguas conciliavam riqueza, elegância, poder e ternura.

Não se tratava dos selvagens bárbaros e incultos conforme o retrato que os europeus haviam pintado durante os três séculos anteriores. Bolívar, que possuía diversos livros de autoria de Humboldt, deleitou-se quando leu no *Ensaio político sobre o reino da Nova Espanha* que as teorias de Buffon acerca da degeneração tinham se popularizado somente porque "lisonjeavam a vaidade dos europeus".

Humboldt continuou a educar o mundo acerca da América Latina. Seus conceitos e pontos de vista foram repetidos mundo afora por meio de artigos e revistas salpicados de comentários como "M. de Humboldt observa" ou "informou-nos". Humboldt fizera "um bem maior à América do que todos os conquistadores", disse Bolívar. Humboldt apresentou o mundo natural como um reflexo da identidade da América do Sul – um retrato de um continente que era forte, vigoroso e belo. E era exatamente isso que estava fazendo quando usava a natureza para inflamar seus compatriotas ou explicar suas convicções políticas.

Bolívar lembrou seus conterrâneos de que, em vez de buscarem inspiração em teorias ou na filosofia, eles deveriam aprender com as florestas, rios e montanhas. "Vocês também descobrirão importantes guias para a ação na própria natureza do nosso país, que inclui as imponentes regiões dos Andes e as margens ardentes do Orinoco", disse ele ao congresso em Bogotá. "Estudem-na com atenção, e lá vocês aprenderão", insistiu ele, "o que o Congresso deveria decretar para a felicidade do povo da Colômbia". A natureza, disse Bolívar, era o "infalível professor dos homens".

13

LONDRES

Enquanto Simón Bolívar travava sangrentas batalhas a fim de romper os grilhões coloniais, Humboldt tentava convencer os britânicos a deixá-lo viajar para a Índia. A fim de completar a sua *Naturgemälde* do mundo, Humboldt queria investigar o Himalaia para coletar os dados de que precisava para comparar as duas majestosas cordilheiras. Nenhum cientista jamais havia escalado o Himalaia. Desde que os britânicos chegaram ao subcontinente, em nenhum momento lhes ocorrera medir aquelas magníficas montanhas, disse Humboldt. Os britânicos simplesmente "olharam com indiferença para elas, sem sequer se perguntarem o quanto eram altas essas colossais Himalaias". Humboldt pretendia determinar altitudes, compreender características geológicas e examinar a distribuição de plantas – exatamente como havia feito nos Andes.

Desde o dia que em pôs os pés em solo francês após sua expedição em 1804, Humboldt sentiu o anseio de deixar novamente a Europa. Seu desejo de correr o mundo era seu mais fiel companheiro. Não era possível obter conhecimento apenas dos livros, acreditava Humboldt. Para compreender o mundo, um cientista tinha de estar na natureza – conhecê-la pessoalmente, senti-la e experimentá-la em primeira mão –, noção que Goethe havia explorado no *Fausto* ao retratar Wagner, o assistente de Fausto, como um personagem teimoso e unidimensional que não via razão nenhuma para aprender da natureza propriamente dita, mas somente dos livros.

> O que há nos campos e florestas depressa me enfastia;
> não invejo os pássaros, suas asas não cobiço.
> A matéria do intelecto delicia a minha alma e me dá viço,
> viajar de livro em livro, de página em página – eis aí a alegria!

O Wagner de Goethe era a síntese do acadêmico de mentalidade estreita, trancado em seu laboratório e soterrado em uma prisão de livros. Humboldt era o contrário. Era um cientista que não queria entender o mundo natural apenas do ponto de vista intelectual, mas queria também vivenciar visceralmente a natureza.

O único problema era que Humboldt precisaria da permissão da Companhia Britânica das Índias Orientais, que controlava boa parte da Índia. Fundada em 1600 como um cartel de mercadores que somaram seus recursos a fim de criar um monopólico comercial, a companhia estendera seus tentáculos pelo subcontinente por meio da atuação de seus exércitos privados. No decorrer do século anterior, a Companhia Britânica das Índias Orientais passara de um empreendimento comercial que importava e exportava mercadorias a uma gigantesca potência militar. Na primeira década do século XIX, quando Humboldt começou a pensar em uma expedição ao Himalaia, a companhia tornara-se tão poderosa que funcionava como um Estado dentro de outro. Assim como havia precisado da permissão do rei espanhol para viajar para a América do Sul, Humboldt agora necessitava da aprovação dos diretores da Companhia Britânica das Índias Orientais.

O primeiro volume do *Ensaio político sobre o reino da Nova Espanha* foi publicado em inglês em 1811, e o feroz ataque de Humboldt ao colonialismo espanhol não passou despercebido em Londres. O que os britânicos estariam pensando de um homem que falava da "crueldade dos europeus"? Tampouco ajudou o fato de Humboldt,

Vista do Himalaia

em seu constante esforço de encontrar correlações, ter muitas vezes comparado o jugo colonial espanhol à dominação britânica da Índia. A história da conquista na América do Sul *e* na Índia, Humboldt escrevera no *Ensaio político sobre o reino da Nova Espanha*, era uma "luta desigual", ou – novamente apontando para a Inglaterra – os sul-americanos e hindus, ele acusou, "já passaram muito tempo gemendo sob um despotismo civil e militar". Ler esses comentários não deve ter feito com que os diretores da Companhia Britânica das Índias Orientais se enamorassem dos planos de Humboldt.

Humboldt já tinha tentado obter a aprovação no verão de 1814, ocasião em que acompanhou o rei prussiano Frederico Guilherme III a Londres, onde os Aliados celebraram a vitória sobre Napoleão. Durante duas semanas, Humboldt reuniu-se com políticos, duques, lordes e damas fidalgas, cientistas e pensadores – em suma, qualquer pessoa que pudesse mostrar-se útil –, mas saiu de mãos vazias. Encontrou esperança e entusiasmo, algumas promessas e ofertas de ajuda, mas no fim, nem sinal do passaporte.

Três anos depois, em 31 de outubro de 1817, Humboldt estava de volta a Londres, novamente tentando dirigir sua petição à Companhia Britânica das Índias Orientais. Seu irmão, Wilhelm, que acabara de se mudar para a Inglaterra em seu novo cargo de ministro prussiano na Grã-Bretanha, esperava Alexander em sua casa em Portland Place. Wilhelm não gostou do seu novo lar – Londres era grande demais, e o clima, deplorável. As ruas estavam entupidas de carruagens, carroças e gente. Os turistas viviam reclamando dos perigos de caminhar pela cidade, especialmente às segundas e sextas-feiras, quando rebanhos eram conduzidos pelas vielas. A fumaça de carvão e a névoa invariavelmente davam a Londres uma atmosfera claustrofóbica. Como os ingleses conseguiram tornar-se "notáveis com tão pouca luz do dia?", perguntou-se Richard Rush, o ministro norte-americano em Londres.

A área em torno de Portland Place onde Wilhelm vivia era uma das mais chiques de Londres. Naquele inverno, porém, não passava de um enorme canteiro de obras, porque o arquiteto John Nash estava implementando seu grandioso projeto de planejamento urbano, que por fim ligaria a residência londrina do príncipe regente, Carlton House, em St. James's Park, ao novo Regent Park. Parte do desenho incluía a Regent Street, que cortava as labirínticas ruelas do Soho e depois se conectava a Portland Place. Os trabalhos tiveram início em 1814, e por toda parte ouvia-se uma barulheira à medida que os edifícios antigos eram demolidos para dar lugar a ruas novas e largas.

O quarto de Alexander tinha sido preparado, e Wilhelm aguardava ansiosamente a hora de dar as boas-vindas ao irmão. Entretanto, como sempre, Alexander estava viajando na companhia de um homem, dessa vez François Arago. Wilhelm tinha profunda ojeriza às intensas amizades do irmão – provavelmente uma mistura de ciúme e preocupação com a natureza aparentemente inapropriada dessas relações. Uma vez que Wilhelm se recusara a hospedar Arago, Alexander fugiu na surdina com o amigo para uma taverna nas imediações. Não foi um início auspicioso para a visita.

Wilhelm lamentava que, nas únicas vezes em que vira o irmão, Alexander estava sempre acompanhado de outras pessoas. Ele se queixava de que nunca tinha a oportunidade de jantar a sós com o irmão, mas também era obrigado a admitir que Alexander sempre trazia a reboque um refrescante turbilhão de atividade. Wilhelm ainda considerava Alexander afrancesado demais e invariavelmente se irritava com seus intermináveis "jorros de palavras". Na maior parte do tempo ele simplesmente deixava o irmão falar sem interrompê-lo. Mas, embora tivessem suas divergências, Wilhelm ficava feliz em vê-lo.

A despeito do caos nos arredores de Portland Place, a área era perfeita para Alexander. Em questão de minutos ele podia perambular pelos campos e ao longo de vielas sinuosas rumo ao norte, e a casa ficava a uma curta viagem de carruagem da sede da Royal Society e a uma caminhada de vinte minutos do Museu Britânico, uma das atrações turísticas mais populares naquele ano. Milhares de pessoas afluíram até lá para ver os famosos Mármores de Elgin, a grande coleção de esculturas em mármore que o Lorde Elgin havia removido havia poucos meses da Acrópole, na Grécia. Os Mármores de Elgin eram impressionantes, disse Wilhelm à sua esposa Caroline, mas "ninguém roubou tanto! Foi como ver toda a cidade de Atenas".

Em Londres havia também um alvoroço de comércio completamente diferente do que existia em Paris. A capital inglesa era a maior cidade do mundo, e as façanhas econômicas eram ostentadas nas lojas que margeavam o West End – uma fulgurante demonstração do alcance imperial do país. Depois que Napoleão foi retirado de cena e banido para Santa Helena, e uma vez que a Europa estava livre da ameaça francesa, a Inglaterra deu início a um longo período de incontestado domínio do mundo. O "acúmulo de coisas", os turistas comentavam, era "extraordinário". Londres era um lugar barulhento, bagunçado e lotado.

Não eram apenas as lojas que proclamavam o poderio comercial da Inglaterra, mas também a magnífica sede da Companhia Britânica das Índias Orientais, em Leadenhall Street, no núcleo histórico da cidade. Logo na entrada do quartel-general da Companhia, seis enormes colunas caneladas sustentavam um imponente pórtico que retratava Britânia estendendo a mão para uma Índia que, ajoelhada, oferecia seus tesouros. Do lado de dentro, os salões opulentos exalavam riqueza e poder. O alto-relevo em mármore sobre o console da lareira da Sala de Audiência da Diretoria não poderia ser mais claro – era intitulado "Britânia recebendo as riquezas do Oriente" e retratava as oferendas orientais – pérolas, chá, porcelana e algodão —, bem como a figura feminina de Britânia e, à guisa de símbolo de Londres, o pai Tâmisa. Havia também descomunais telas retratando os assentamentos da Companhia na Índia, tais como Calcutá, Madras e

Bombaim. Era lá, na Casa das Índias Orientais, que os diretores discutiam ações militares, navios, carregamentos, funcionários, lucros e, claro, permissões de viagem para seus territórios.

Além de tentar obter a permissão para explorar a Índia, Alexander cumpriu uma agenda lotada em Londres. Foi com Arago ao Observatório Real em Greenwich, fez uma parada na casa de Joseph Banks em Soho Square e por dois dias auxiliou o famoso astrônomo alemão naturalizado inglês William Herschel em sua casa em Slough, nas imediações de Londres. A essa altura com 80 anos, Herschel era uma lenda – descobriu Urano e trouxe o universo para mais perto da Terra com seus enormes telescópios. Como todo mundo, Humboldt queria ver o gigantesco telescópio de doze metros que Herschel havia construído, uma das "Maravilhas do Mundo", segundo o epíteto que lhe fora atribuído.

O que mais despertou o interesse de Humboldt foi a ideia de Herschel de um universo em evolução – que não era baseado unicamente na matemática, mas em uma coisa viva que mudava, crescia e oscilava. Herschel tinha usado a analogia de um jardim quando escreveu sobre "a germinação, florescimento, folhagem, fecundidade, definhamento, murchamento, apodrecimento e corrupção" de estrelas e planetas para explicar sua formação. Humboldt usaria exatamente a mesma imagem anos mais tarde quando escreveu sobre o "grande jardim do universo" em que as estrelas apareciam em diversos estágios, exatamente como "uma árvore em todas as fases do crescimento".

Arago e Humboldt também participaram de reuniões na Royal Society. Desde sua fundação, na década de 1660, para o "melhoramento do conhecimento natural pelo experimento", a instituição se dedicava à promoção do conhecimento científico e se tornou o centro da investigação científica na Inglaterra. Toda quinta-feira os membros da Royal Society reuniam-se a fim de discutir as últimas novidades e os mais recentes avanços das ciências. Realizavam experimentos, "eletrificavam" pessoas, aprendiam sobre novos telescópios, cometas, botânica e fósseis. Debatiam, trocavam ideias, experiências e resultados e liam cartas que recebiam de estrangeiros e de amigos com disposição mental para as ciências.

Não existia lugar melhor para estabelecer uma rede de contatos científicos e para o intercâmbio profissional. "Todos os pesquisadores e acadêmicos são irmãos", disse Humboldt após uma das reuniões. Os membros haviam homenageado Humboldt dois anos antes, elegendo-o membro estrangeiro, e ele fora incapaz de disfarçar seu orgulho quando Joseph Banks, seu velho amigo e presidente da Royal Society, exaltou diante de toda a ilustre assembleia a sua mais recente publicação de botânica como "uma das mais belas e magníficas já produzidas". Banks também convidou Humboldt para tomar parte do ainda mais exclusivo Clube de Jantar da Royal Society, onde ele retomou o contato com o químico Humphry Davy, entre outros. Acostumado à culinária parisiense, Humboldt não ficou tão entusiasmado com a comida pouco agradável ao seu paladar e se queixou nos seguintes termos: "Jantei na Royal Society, onde as pessoas são envenenadas". Por mais intragável que fosse a comida, o número de cientistas entre os comensais aumentou significativamente enquanto Humboldt esteve na cidade.

A sala de reuniões da Royal Society

Humboldt andava de uma reunião para a outra, seguido de perto por Arago, que, no entanto, não participava dos eventos de fim de noite. Madrugada adentro, enquanto Arago dormia, o infatigável Humboldt embarcava em mais uma rodada de visitas. Aos 48 anos, ainda não havia perdido o entusiasmo juvenil. A única coisa que o desagradava em Londres era a rígida formalidade do código de vestuário. Era "detestável", ele resmungou com um amigo, que "às nove da noite a pessoa tenha de usar uma gravata-borboleta *neste* estilo, às dez horas *naquele*, e às onze horas em outro". Entretanto, apesar dos rigores da moda, tudo parecia valer a pena, porque todos queriam conhecê-lo. Aonde quer que fosse, Humboldt era recebido com o maior respeito. Todos os "homens poderosos", disse ele, viam com bons olhos os seus projetos e eram favoráveis aos seus planos de ir para a Índia. Mas todo esse sucesso não teve o efeito desejado sobre os diretores da Companhia Britânica das Índias Orientais.

Depois de um mês em Londres, Humboldt retornou a Paris com a cabeça zumbindo, mas ainda sem ter em mãos a permissão para viajar até a Índia. Uma vez que não existem registros oficiais sobre a solicitação de Humboldt, não fica claro que argumentos a Companhia Britânica das Índias Orientais usou para recusar seu pedido; anos depois, contudo, um artigo no *Edinburgh Review* explicou que o motivo fora "uma torpe ciumeira política". O mais provável é que a Companhia Britânica das Índias Orientais não quisesse correr o risco de ter um encrenqueiro liberal prussiano investigando a injustiça colonial. Por enquanto, Humboldt não chegaria nem perto da Índia.

Nesse ínterim, os livros de Humboldt continuavam vendendo bem na Inglaterra. A primeira tradução para o inglês tinha sido a do *Ensaio político sobre o reino da Nova Espanha* em 1811, porém mais bem-sucedida foi a sua *Narrativa pessoal* (o primeiro dos sete volumes fora traduzido em 1814). Era um diário de viagem – ainda que com extensas notas científicas – que agradava e atraía o público leitor em geral. A *Narrativa pessoal* acompanhava cronologicamente a viagem de Humboldt e Bonpland desde sua partida da Espanha em

1799.[1] Foi o livro que mais tarde inspiraria Charles Darwin a embarcar no *Beagle* – e que "eu conhecia quase de cor", declarou.

A *Narrativa pessoal*, Humboldt explicou, era diferente de qualquer outro livro de viagem. Muitos viajantes simplesmente faziam medições, disse ele – alguns meramente coletavam plantas e outros estavam interessados somente nos dados econômicos de centros comerciais –, mas ninguém combinava observação precisa com uma "descrição artística da paisagem". Em contraste, Humboldt levou seus leitores para as ruas de Caracas, as planícies empoeiradas dos Llanos e as profundezas da floresta tropical úmida ao longo do Orinoco. Uma vez que descreveu um continente que poucos britânicos haviam visto, Humboldt cativou sua imaginação. Suas palavras eram tão evocativas, escreveu o *Edinburgh Review*, que "o leitor toma parte em seus perigos, compartilha seus medos, seus sucessos e decepções".

Houve algumas resenhas negativas, mas somente em periódicos que tinham uma postura crítica com relação às opiniões políticas liberais de Humboldt. O conservador *Quarterly Review* não aprovou a sua concepção abrangente da natureza e fez comentários desfavoráveis ao fato de que Humboldt não seguia uma teoria específica. Ele "se excede em tudo", lia-se no artigo, "navegando ao sabor de todos os ventos, e nadando em todas as direções e correntezas". Entretanto, alguns anos mais tarde até mesmo o *Quarterly Review* louvou o excepcional e incomparável talento de Humboldt de combinar pesquisa científica com "fervor de sentimento e força de imaginação". Ele escrevia como "um poeta", admitiu o resenhista.

No decorrer dos anos, as descrições de Humboldt da América Latina e sua nova visão da natureza infiltraram-se na literatura e poesia britânicas. No romance *Frankenstein*, de Mary Shelley, publicado em 1818 – somente quatro anos após o primeiro volume de *Narrativa pessoal* –, o monstro declara seu desejo de escapar para "as vastas florestas selvagens da América do Sul". Pouco depois, Lorde Byron imortalizou

---

1   O primeiro volume da *Narrativa pessoal* foi publicado em 1814, mesmo ano da tradução inglesa de *Vistas das cordilheiras*. Na Inglaterra, os livros de Humboldt foram publicados por um consórcio que incluía John Murray, à época o mais refinado editor em Londres – lorde Byron era o seu autor de maior sucesso comercial.

Humboldt no poema *Don Juan*, ridicularizando seu cianômetro, o instrumento com o qual Humboldt media a "azulidão" do céu.

> Humboldt, o "primeiro dos viajantes", mas
> Não o último, se é que a recente informação é certeira,
> Inventou algo cujo nome olvidei, já muito tempo faz
> Bem como me esqueci da data dessa descoberta altaneira
> Um aéreo instrumento, para procurar, contumaz,
> Do estado da atmosfera se certificar, da melhor maneira
> Medindo "a intensidade do azul", tal como apareça.
> Ó, Lady Daphne! Deixai que eu vos meça!

Ao mesmo tempo, os poetas românticos ingleses Samuel Taylor Coleridge, William Wordsworth e Robert Southey também começaram a ler os livros de Humboldt. Southey ficou tão impressionado que chegou a visitar Humboldt em Paris em 1817. Humboldt aliava seu vasto conhecimento a "um olho de pintor e os sentimentos de um poeta", declarou Southey. Ele era "entre os viajantes o que Wordsworth é entre os poetas". Ouvindo esse enaltecimento, Wordsworth pediu emprestado o exemplar de Southey de *Narrativa pessoal* pouco após sua publicação. À época, Wordsworth estava compondo uma série de sonetos sobre o rio Duddon na Cúmbria, e parte da obra que ele produziu depois de ler Humboldt pode ser entendida nesse contexto.

Wordsworth usou o relato de viagem de Humboldt como fonte de pesquisa para os sonetos. Em *Narrativa pessoal*, Humboldt descreve a ocasião em que indagou a uma tribo no alto Orinoco sobre algumas gravuras de animais e estrelas entalhadas nas rochas bem no alto das ribanceiras do rio. "Respondiam-me com um sorriso", Humboldt escreveu, "como se aludissem ao fato de que um forasteiro, e somente um homem branco, pudesse ignorar que 'no período das grandes águas, seus pais subiam àquela altura dentro de barcos'".

No poema de Wordsworth, o original de Humboldt tornou-se:

> O índio respondeu com um sorriso
> Diante da ignorância do Homem Branco sem siso,

> Desconhecedor das GRANDES ÁGUAS, e contou como seus Pais
> (...)
> subiam os espinhaços remotos e escarpados,
> até então inacessíveis e, com jeito animado,
> sem temer a encosta dos penhascos, entalhavam no mural
> o Sol, a Lua, estrelas e animais de rapina.

Coleridge, poeta e amigo de Wordsworth, considerou igualmente estimulante a obra de Humboldt. Provavelmente Coleridge foi apresentado às ideias de Humboldt na casa de Wilhelm e Caroline em Roma, onde passou algum tempo no final de 1805. Ele havia conhecido Wilhelm – o "irmão do grande viajante", como o descreveu – pouco depois de sua chegada à cidade. O salão da casa dos Humboldt vibrava de vida com as histórias de Alexander sobre a América do Sul, mas também se animava com discussões acerca de seu novo conceito de natureza. De volta à Inglaterra, Coleridge começou a ler os livros de Humboldt e copiava em suas cadernetas trechos inteiros, retomando-os quando refletia sobre ciência e filosofia, porque estava se debatendo com ideias similares.

Tanto Wordsworth quanto Coleridge eram "poetas caminhantes", que não somente precisavam estar no campo como também escreviam ao ar livre. Assim como Humboldt, que insistia que os cientistas tinham de sair de seus laboratórios para compreender verdadeiramente a natureza, Wordsworth e Coleridge acreditavam que os poetas tinham de abrir as portas de seus gabinetes de trabalho e caminhar pelos prados e campinas, sobre colinas e à beira dos rios. Uma senda irregular ou uma mata fechada eram os lugares favoritos de Coleridge para escrever, ele alegava. Um amigo calculou que Wordsworth, quando completou 60 anos, já devia ter percorrido cerca de 290 mil quilômetros. Eles eram parte da natureza, em busca da unidade interior, mas também entre o homem e seu meio ambiente.

Como Humboldt, Coleridge admirava a filosofia de Immanuel Kant – "um homem verdadeiramente grande", como se referia a ele –, e de início entusiasmou-se com a *Naturphilosophie* de Schelling por sua busca da unidade entre o indivíduo e a natureza – os mundos interior e exterior. Foi a crença de Schelling no papel do "eu" criativo na compreensão da natureza que impressionou Coleridge e calou fundo nele. A ciência precisava impregnar-se de imaginação ou, no dizer de Schelling, eles tinham de "dar novamente asas à física".

Fluente em alemão, Coleridge estava havia muito tempo mergulhado na literatura e ciência germânicas.[2] Chegou a sugerir a John Murray, o editor de Humboldt, a tradução da obra-prima de Goethe, *Fausto*. Mais do que qualquer outro personagem de qualquer outra peça contemporânea, Heinrich Faust viu como tudo existia em conexão: "Como tudo vive e se move e se tece e junto se unifica! / Cada parte dá e recebe", Fausto declara na primeira cena, numa frase que poderia ter sido escrita tanto por Humboldt quanto por Coleridge.

Coleridge lamentava a perda do que ele chamava de "poderes conectivos da compreensão". Ele e seus pares viviam numa "época de divisão e separação", de fragmentação e perda da unidade. O problema, ele insistia, estava com filósofos e cientistas como René Descartes ou Carl Lineu, que tinham transformado a compreensão da natureza numa prática estreita de coleta, classificação ou abstração matemática. Essa "filosofia do mecanismo", Coleridge escreveu a Wordswortth, "é a *Morte*". Wordsworth era da opinião de que o naturalista, em sua ânsia de classificar, era um "escravo enxerido / Que espreita e botaniza / até o túmulo da própria mãe". Coleridge e Wordsworth estavam se rebelando contra a ideia de arrancar à força o conhecimento da natureza à base de parafusos e alavancas, com "máquinas e mecanismos" – nas palavras de Fausto – e contra a ideia de um universo newtoniano composto por átomos inertes e que, como autômatos, obedeciam às leis naturais. Em vez disso, viam a natureza com os mesmos olhos de Humboldt – dinâmica, orgânica e imensa de vida.

Coleridge reivindicava um novo enfoque para as ciências, em reação à perda do "espírito da Natureza". Nem Coleridge nem Wordsworth

---

2 Coleridge talvez tenha lido os livros de Humboldt em alemão antes de serem traduzidos, porque havia estudado na Alemanha. Exatamente dez anos depois de Humboldt ter frequentado a Universidade de Göttingen, Coleridge matriculou-se lá, em 1799, sob a tutela de Johann Friedrich Blumenbach, o mesmo homem que ensinara a Humboldt a teoria das forças vitais.

voltaram-se contra a ciência propriamente dita, mas contra a "visão microscópica" predominante. Como Humboldt, divergiam da divisão da ciência em métodos e perspectivas cada vez mais especializados. Coleridge chamou esses filósofos de "os pequenistas", ao passo que Wordsworth escreveu no poema *A excursão* (1814):

> Pois era a nossa intenção
> Estudar, com toda a atenção, e matutar, minguando
> Eternamente sobre coisas diminutas,
> Cismar sobre objetos solitários,
> Desconexos e mortos e inanimados
> E dividindo e decompondo sem cessar,
> desfazer toda a grandeza (...)

A ideia humboldtiana da natureza como um organismo vivo, animado por forças dinâmicas, caiu em terreno fértil na Inglaterra. Foi o princípio norteador e a principal metáfora para os românticos. As obras de Humboldt, escreveu o *Edinburgh Review*, eram a melhor prova do "laço secreto" que unia todo conhecimento, sentimento e moralidade. Tudo estava interligado e todas as coisas "encontravam reflexo umas nas outras".

No entanto, por mais que os livros de Humboldt fossem um sucesso de vendas e por mais que a sua obra fosse alvo da admiração de poetas, pensadores e cientistas ingleses, ainda assim os administradores coloniais não haviam concedido autorização para que ele viajasse para a Índia. A Companhia Britânica das Índias Orientais continuava, teimosamente, pouco solícita. Humboldt, porém, seguiu fazendo planos detalhados. Ele se propunha a passar uma temporada de quatro ou cinco anos na Índia, disse a Wilhelm, e quando por fim regressasse para a Europa, finalmente deixaria Paris. Pretendia escrever em inglês seus livros sobre as viagens na Índia, e para isso fixaria residência em Londres.

14
ANDANDO EM CÍRCULOS
Maladie centrifuge

Em 14 de setembro de 1818, dia em que completou 49 anos, Humboldt embarcou numa diligência em Paris para viajar novamente a Londres – sua terceira visita em apenas quatro anos. Cinco dias depois, chegou no meio da noite à casa de Wilhelm em Portland Place. A essa altura era tão famoso que os jornais londrinos anunciavam sua visita na coluna "Chegadas de gente de requinte". Ele ainda estava tentando organizar sua expedição rumo à Índia, e o status diplomático de Wilhelm em Londres ajudaria a abrir algumas portas. Wilhelm, por exemplo, facilitou e intermediou uma audiência particular com o príncipe regente, que assegurou a Alexander apoio para a sua empreitada. Humboldt também se encontrou com a autoridade do governo inglês responsável por supervisionar as atividades da Companhia Britânica das Índias Orientais – George Canning, o presidente da junta de controle, que prometeu ajuda. Após essas reuniões, Humboldt teve a certeza de que quaisquer obstáculos que a Companhia Britânica das Índias Orientais pudesse "colocar no meu caminho" seriam removidos. Depois de passar mais de uma década bajulando e tentando cair nas graças das pessoas que tomavam as decisões, Humboldt achou que a Índia finalmente estava ao seu alcance. Convencido de que os diretores dariam a permissão, Humboldt agora volta suas atenções para o rei Frederico Guilherme III, que no passado havia mencionado que talvez estivesse disposto a financiar a viagem exploratória.

Por ocasião da visita de Humboldt a Londres, o rei prussiano estava convenientemente participando do Congresso de Aix-la-Chapelle, hoje a cidade de Aachen, na Alemanha. Em 1º de outubro de 1818, as quatro potências aliadas – Prússia, Áustria, Inglaterra e Rússia – reuniram-se para debater a retirada de suas tropas da França, bem como uma futura aliança europeia. Uma vez que Aachen ficava a apenas 320 quilômetros a leste de Calais, viajar diretamente de Londres para lá evitaria que Humboldt fizesse uma temida visita a Berlim, cidade que ele não visitava havia onze anos, além de poupar cerca de 1.600 quilômetros desnecessários.

Em 8 de outubro, menos de três semanas após sua chegada a Londres, Humboldt estava novamente na estrada, mas seguindo uma trilha de boatos. Pipocaram notícias nos jornais londrinos informando que Humboldt estava indo às pressas para o congresso em Aachen "a fim de ser consultado sobre as questões da América Latina". A polícia secreta francesa tinha suspeitas similares, acreditando que ele carregava um detalhado relatório acerca das colônias rebeldes. Um ministro espanhol também tinha sido despachado para Aachen na esperança de assegurar o apoio europeu à Espanha em sua batalha contra o exército de Simón Bolívar. Mas quando Humboldt chegou, já estava claro que os Aliados não tinham nenhum interesse em se intrometer nas ambições coloniais espanholas – o equilíbrio de poder na Europa pós-napoleônica era uma questão muito mais urgente. Em vez disso, Humboldt poderia concentrar-se no que o jornal *The Times* chamou de seu "próprio assunto" – levantar dinheiro com os prussianos para custear sua expedição à Índia.

Em Aachen, Humboldt informou ao chanceler prussiano, Karl August von Hardenberg, que as dificuldades concernentes à sua expedição haviam sido inteiramente eliminadas. O único entrave para a "completa garantia do meu projeto", alegou Humboldt, era financeiro. Vinte e quatro horas depois, Frederico Guilherme III concedeu o dinheiro. Humboldt ficou em êxtase. Depois de 14 anos na Europa, ele finalmente teria condições de partir. Poderia escalar o imponente Himalaia e ampliar sua *Naturgemälde* para o outro lado do globo.

Quando regressou de Aachen a Paris, iniciou os preparativos. Comprou livros e instrumentos, trocou cartas com pessoas que tinham viajado pela Ásia e se debruçou sobre sua rota exata. Primeiro visitaria Constantinopla, e depois o monte Ararate, vulcão adormecido e de cume nevado, perto da atual fronteira entre o Irã e a Turquia. De lá rumaria para o sul, viajando por terra pelo território da Pérsia até Bandar Abbas, no golfo Pérsico, de onde seguiria de navio para a Índia. Estava tendo aulas de língua persa e árabe, e uma das paredes de seu pequeno apartamento em Paris estava coberta com um enorme mapa da Ásia. Mas, como sempre, tudo demorou mais tempo do que Humboldt imaginara.

Ele ainda não havia publicado os resultados completos de sua viagem de exploração pela América Latina. Juntos, todos os livros viriam a tornar-se a obra em 34 volumes *Viagem às regiões equinociais do Novo Continente* – incluindo a *Narrativa pessoal*, o relato de viagem em múltiplos volumes, e também livros mais especializados em botânica, zoologia e astronomia. Alguns, como *Narrativa pessoal* e *Ensaio político sobre o reino da Nova Espanha*, tinham poucas ou nenhuma ilustração e eram vendidos a preços acessíveis para um público leitor mais amplo, ao passo que outros, tais como *Vistas das cordilheiras*, com suas formidáveis imagens retratando as paisagens e monumentos da América Latina, eram volumes de tamanho grande que custavam uma fortuna. Em sua totalidade, *Viagem às regiões equinociais do Novo Continente* tornou-se a obra mais cara já publicada em âmbito particular por um cientista. Durante anos a fio Humboldt empregara cartógrafos, pintores, estampadores e botânicos, e agora as despesas ficaram tão altas que o arruinaram financeiramente. Humboldt ainda dispunha da pensão do rei prussiano e da renda oriunda das vendas de seus livros, mas tinha de viver de maneira frugal. Sua herança havia se esgotado por completo. Ele gastara 50 mil táleres em sua expedição e cerca do dobro desse valor em suas publicações e na vida em Paris.

Nada disso refreava Humboldt. Ele tomava dinheiro emprestado de amigos e bancos, e na maior parte do tempo optava por ignorar sua situação financeira; sua dívida aumentava em ritmo constante e ininterruptamente.

Enquanto trabalhava em seus livros, Humboldt continuou seus preparativos para a Índia. Despachou para a Suíça Karl Sigismund Kunth, o sobrinho de seu antigo professor de infância Gottlob Johann Christian Kunth e o botânico que tinha assumido as publicações botânicas por causa do atraso de Bonpland. O plano era que Kunth acompanharia Humboldt na viagem para a Índia, mas primeiro examinaria plantas nos Alpes, de modo que pudesse compará-las às do monte Ararate e do Himalaia. Aimé Bonpland, o velho companheiro de viagem de Humboldt, já não estava disponível. Depois da morte de Joséphine, em maio de 1814, Bonpland havia parado de trabalhar no jardim dela em Malmaison. Entediado com sua vida em Paris – "a minha existência toda é previsível demais", ele escreveu à irmã –, Bonpland estava ávido para embarcar em novas aventuras, mas impacientou-se com a demora nos planos de viagem de Humboldt.

Bonpland sempre quis voltar para a América do Sul. Viajou para Londres a fim de se encontrar com Simón Bolívar e outros revolucionários que estavam na Inglaterra com o intuito de angariar apoio para a sua luta contra a Espanha. Bonpland chegou a lhes fornecer livros e uma prensa tipográfica, além de contrabandear armas. Em pouco tempo os sul-americanos estavam competindo pelos serviços de Bonpland. Francisco Antonio Zea, o botânico que se tornaria vice-presidente da Colômbia de Bolívar, pedira a Bonpland que desse continuidade ao trabalho do falecido botânico José Celestino Mutis em Bogotá. Ao mesmo tempo os representantes de Buenos Aires tinham a esperança de que Bonpland instalasse um jardim botânico na Argentina. O conhecimento de Bonpland acerca de plantas potencialmente úteis propiciava possibilidades econômicas para as novas nações. Assim como os britânicos haviam fundado um jardim botânico em Calcutá como um depósito para o império e um estoque de lavouras proveitosas, esse também era o plano dos argentinos. Bonpland os ajudaria a introduzir no país "novos métodos de agricultura prática" importados da Europa.

Os revolucionários estavam tentando atrair cientistas para a América Latina. A ciência era como uma nação sem fronteiras, ela unia os povos e – assim esperavam eles – colocaria uma América Latina independente em pé de igualdade com a Europa. Quando Zea foi nomeado ministro plenipotenciário para a Inglaterra, recebeu instruções de não apenas obter apoio para a luta política de seu país mas também de promover a imigração de cientistas, artesãos, artistas, especialistas e agricultores. "O ilustre Franklin obteve na França mais benesses para o seu país por meio das ciências naturais do que por intermédio de todos os esforços diplomáticos", os superiores de Zea o lembraram.

A possibilidade de Bonpland emigrar era particularmente empolgante para os revolucionários, em virtude de seu vasto conhecimento no que tangia à América Latina. Todos estavam "impacientemente esperando pelo senhor", disse um deles a Bonpland. Na primavera de 1815, enquanto as tropas monarquistas recuperavam boa parte do território ao longo do rio Madalena, em Nova Granada, e o exército revolucionário era dizimado por causa de deserções e doenças, o próprio Bolívar encontrou tempo para escrever a Bonpland oferecendo-lhe o cargo de Mutis em Bogotá. Contudo, por fim Bonpland ficou muito preocupado com a brutal guerra civil que grassava em Nova Granada e na Venezuela. Preferiu, em vez disso, deixar a França e rumar para Buenos Aires no final de 1816.

Doze anos depois de ter ido embora da América do Sul com Humboldt, Bonpland navegava de volta – dessa vez levando um enorme carregamento de brotos de árvores frutíferas, sementes, uvas e plantas medicinais para começar uma vida nova. Depois de dois anos em Buenos Aires, porém, Bonpland ficou farto da vida urbana. Ele jamais havia apreciado o trabalho disciplinado e metódico de um acadêmico. Era um botânico de campo, que adorava encontrar plantas raras, mas inepto na hora de organizá-las e classificá-las. Ao longo dos anos, Bonpland tinha reunido em seu herbário 20 mil plantas secas, mas seu acervo era uma verdadeira mixórdia de espécimes empilhados dentro de caixas. Em 1820, Bonpland fixou residência em Santa Ana, no rio Paraná, uma cidade Argentina próxima à fronteira com o Paraguai, onde se dedicava a colecionar plantas e cultivar erva-mate – folhas que eram fermentadas como chá e produziam uma bebida muito popular na América do Sul.

Em 25 de novembro de 1821, exatamente cinco anos depois de Bonpland ter zarpado da França com destino à Argentina, Humboldt escreveu-lhe uma carta em que enviava algum dinheiro mas também reclamava que havia tempos não tinha notícias de seu "velho companheiro". Bonpland nunca recebeu a carta. Em 8 de dezembro de 1821, duas semanas depois de Humboldt ter postado essa missiva, quatrocentos soldados paraguaios cruzaram a fronteira com a Argentina e invadiram a fazenda de Bonpland em Santa Ana. Sob as ordens do ditador do Paraguai, José Gaspar Rodríguez de Francia, os homens mataram os funcionários de Bonpland e o prenderam. Francia acusou Bonpland de espionagem agrícola e temia que sua próspera plantação competisse com a erva-mate paraguaia. Bonpland foi arrastado para o Paraguai e encaminhado para a prisão.

Velhos amigos tentaram ajudar. Bolívar, que na ocasião estava em Lima tentando expulsar os espanhóis do Peru, escreveu a Francia, solicitando a soltura de Bonpland, bem como ameaçando resgatá-lo. Francia poderia considerá-lo um aliado, disse Bolívar, contanto que "o inocente a quem eu amo não seja vítima de injustiça". Humboldt também fez o que pôde por meio de seus contatos europeus. Enviou ao Paraguai cartas assinadas por cientistas famosos e pediu ao seu velho conhecido londrino George Canning (agora secretário de Relações Exteriores) que envolvesse na questão o consulado britânico em Buenos Aires – ainda assim Francia se recusava a libertar Bonpland.

Nesse meio-tempo, os planos de viagem do próprio Humboldt estavam paralisados. Apesar do apoio do príncipe regente e de George Canning, a Companhia Britânica das Índias Orientais continuava se recusando a permitir a entrada de Humboldt na Índia. A sensação era de que ele havia passado os últimos anos andando em círculos. Enquanto seus anos na América Latina, e os anos imediatamente seguintes, tinham sido marcados por atividade frenética, agora Humboldt sentia-se sufocado pela estagnação. Já não era o jovem impetuoso e heroico explorador celebrado por suas aventuras, mas um distinto e respeitado cientista já na casa dos 50 anos. Porém Humboldt não estava pronto para serenar. Ainda havia muita coisa a fazer. Ele era tão inquieto que um amigo chamou seu desassossego de "*maladie centrifuge*" – a doença centrífuga de Humboldt.

Frustrado, aborrecido e contrariado, Humboldt sentia-se enganado e desvalorizado. Anunciou agora que voltaria as costas para a Europa. Ele se mudaria para o México, onde planejava fundar um instituto de ciências. No México, Humboldt faria questão de se cercar de estudiosos e homens doutos, disse ele ao irmão em outubro de 1822, e desfrutaria da "liberdade de pensamento". Lá pelo menos ele era "tremendamente respeitado". Humboldt tinha absoluta convicção de que passaria o resto da vida fora da Europa. Alguns anos mais tarde, Humboldt disse a Bolívar que ainda planejava mudar-se para a América Latina. Ninguém realmente sabia o que Humboldt queria ou para onde pretendia ir. Wilhelm resumiu a questão ao declarar: "Alexander sempre imagina as coisas como se elas tivessem um tamanho descomunal, e depois nem ao menos metade delas acontece".

A Companhia Britânica das Índias Orientais podia não cooperar, mas a impressão era de que todas as outras pessoas na Inglaterra estavam entusiasmadas com Humboldt. Muitos cientistas ingleses que haviam conhecido Humboldt em Londres agora o visitavam em Paris. O famoso químico Humphry Davy apareceu novamente, bem como John Herschel, filho do astrônomo William Herschel, e Charles Babbage, o matemático hoje celebrado como o pai do computador. Humboldt "sentia prazer em ajudar", disse Babbage, fosse o visitante famoso ou desconhecido. William Buckland, geólogo de Oxford, ficou igualmente empolgado por ter conhecido Humboldt em Paris. Ele nunca tinha ouvido um homem falar com tanta rapidez ou maior brilhantismo, Buckland escreveu a um amigo. Como sempre, Humboldt mostrou-se generoso com seu conhecimento e coleções, abrindo seu armário e disponibilizando suas cadernetas para Buckland.

Um dos mais importantes e expressivos encontros científicos de Humboldt foi com Charles Lyell, o geólogo britânico cuja obra ajudaria Charles Darwin a moldar suas ideias sobre evolução. Fascinado pela formação da Terra, Lyell tinha viajado por toda a Europa no início da década de 1820 com o propósito de investigar montanhas, vulcões e outras formações geológicas para a sua revolucionária obra *Princípios de geologia*. A seguir, no verão de 1823, mais ou menos na mesma ocasião em que a notícia da prisão de Bonpland chegou aos ouvidos de Bolívar, um entusiasmado Lyell, de 25 anos, partiu rumo a Paris com a mala repleta de cartas de apresentação para mostrar a Humboldt.

Desde seu retorno da América Latina, um dos projetos de Humboldt era compilar e comparar dados sobre estratos geológicos do mundo todo. Depois de quase duas décadas ele finalmente publicou os resultados em seu *Ensaio geognóstico sobre a sobreposição de rochas*, poucos meses antes da chegada de Lyell a Paris. Era exatamente o tipo de informação de que Lyell necessitava para sua própria pesquisa. O *Ensaio geognóstico*, Lyell escreveu, foi "uma famosa lição para mim". A obra teria sido suficiente para colocar Humboldt nos mais altos panteões do mundo das ciências, acreditava Lyell, mesmo que ele não tivesse publicado mais nada. Durante os dois meses seguintes, os dois homens passaram muitas tardes juntos, conversando sobre geologia, sobre as observações feitas por Humboldt no monte Vesúvio e sobre amigos em comum na Inglaterra. O inglês de Humboldt era excelente, comentou Lyell, que escreveu ao pai para dizer que "Rumbôu" – a forma como o criado francês de Humboldt pronunciava seu nome – lhe fornecera uma grande quantidade de material e dados.

Os dois discutiram também uma invenção humboldtiana, as isotermas, as linhas de temperatura que vemos hoje nos mapas meteorológicos e que associam diferentes pontos geográficos ao redor do globo onde se registram as mesmas temperaturas.[1] Humboldt concebeu o desenho para seu ensaio *As linhas isotermas e a distribuição de calor no globo* (1817), a fim de visualizar os padrões globais de clima. O ensaio ajudaria Lyell a formular suas próprias teorias e também marcou o início de uma nova compreensão do clima – na qual basearam-se todos os estudos subsequentes sobre distribuição de calor.

---

1 Ou, no caso das isóbaras ou isobáricas, são linhas que em um mapa meteorológico representam as regiões onde existe igualdade no valor da pressão atmosférica.

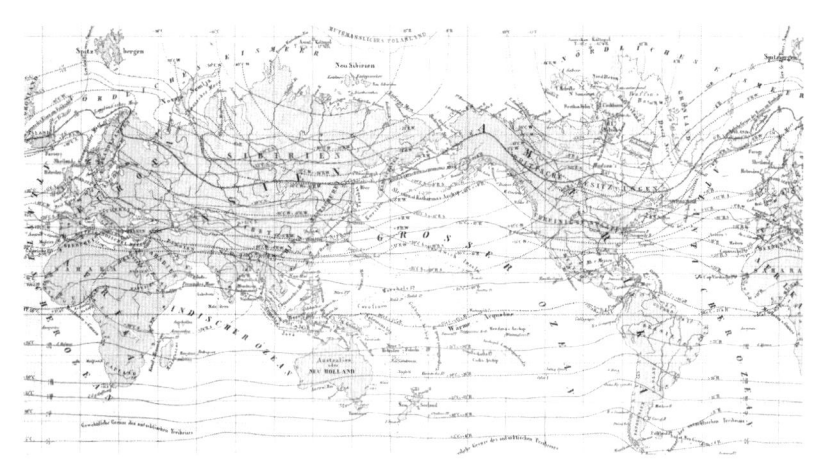

Mapa com as isotermas

Até as isotermas de Humboldt, os dados meteorológicos eram compilados em longas tabelas de temperaturas, infinitas listas de diferentes pontos geográficos e suas condições climáticas, que indicavam as temperaturas exatas, mas difíceis de comparar. A visualização gráfica humboldtiana dos mesmos dados era tão inovadora quanto simples. No lugar de confusas tabelas, uma olhada no mapa de isotermas revelava um novo mundo de padrões que abraçava a Terra em cinturões ondulados. Humboldt acreditava que essa era a base para o que chamou de *vergleichende Klimatologie* – "climatologia comparativa". Ele estava certo, pois os cientistas de hoje ainda usam as isotermas para entender e retratar as mudanças climáticas e o aquecimento global. As isotermas possibilitaram a Humboldt e aos que vieram depois dele examinar padrões em termos globais. Lyell utilizou o conceito para investigar alterações geológicas em relação a mudanças climáticas.

O argumento central de Lyell em *Princípios de geologia* era de que a Terra havia sido formada e moldada de maneira gradual, pela ação de ínfimas alterações, e não por meio de eventos catastróficos tais como terremotos e dilúvios, como pensavam outros cientistas. Lyell passou a acreditar que essas forças lentas ainda estavam ativas, o que significava que ele teria de estudar as condições presentes de modo a aprender sobre o passado. A fim de dar sustentação à sua ideia da influência de forças gradativas, e para afastar o pensamento científico das teorias mais apocalípticas acerca dos primórdios da Terra, Lyell tinha de explicar como a superfície da Terra havia resfriado gradualmente. Lyell disse mais tarde a um amigo que aprendeu com a leitura de Humboldt enquanto trabalhava em suas próprias teorias.

A detalhada análise humboldtiana chegou à surpreendente conclusão de que as temperaturas não eram as mesmas ao longo da mesma latitude, como se supunha anteriormente. Altitude, massa de terra, proximidade com os oceanos e ventos também influenciavam na distribuição de calor. As temperaturas eram mais altas na terra do que no mar, mas também mais baixas em altitudes mais elevadas. Isso significava, Lyell concluiu, que nos lugares onde forças geológicas haviam elevado a terra, as temperaturas caíam de maneira correspondente. No longo prazo, deduziu ele, essa variação ascendente, essa oscilação para cima resultava num efeito resfriador para o clima do mundo – à medida que a Terra mudava geologicamente, o mesmo acontecia com o clima. Anos depois, quando instigado por um resenhista de *Princípios de geologia* a definir o momento "inicial" de suas teorias, Lyell disse que tinha sido a leitura do ensaio de Humboldt sobre as isotermas – "dê a Humboldt o devido crédito por esse belo ensaio". Em sua própria obra, disse Lyell, ele apenas dava às teorias de Humboldt sobre o clima uma "aplicação geológica".

Humboldt ajudava jovens cientistas sempre que podia, tanto em questões intelectuais como também financeiras, por mais difícil que estivesse a sua própria situação. A tal ponto que a sua cunhada, Caroline, preocupava-se com o fato de que os supostos amigos de Humboldt abusavam da sua generosidade – "Ele come pão seco, para que os outros possam comer carne". Mas Humboldt não parecia se importar. Ele era o eixo de uma roda de fiar, eternamente em movimento e tecendo um fio que ligava as partes de um todo.

Humboldt escreveu a Simón Bolívar para recomendar um jovem cientista francês que planejava viajar pela América do Sul, além de ceder ao cientista os seus próprios instrumentos. De maneira similar, Humboldt apresentou a Thomas Jefferson um botânico português que pretendia emigrar para os Estados Unidos. O cientista alemão Justus von Liebig, que mais tarde ficaria famoso pela descoberta da importância do nitrogênio como um nutriente para as plantas, relatou que ter conhecido Humboldt em Paris "lançou as bases para a minha futura carreira". Até mesmo Albert Gallatin, o ex-secretário do Tesouro dos Estados Unidos, que conhecera Humboldt em Washington e depois se encontrara com ele novamente em Londres e Paris, viu-se tão inspirado pelo entusiasmo de Humboldt com relação aos povos indígenas que, de volta aos Estados Unidos, mergulhou no estudo dos nativos norte-americanos. Hoje em dia, Gallatin é considerado o fundador da etnologia estadunidense; a razão para esse interesse, Gallatin escreveu, "foi o pedido de um ilustre amigo, o barão Alexander von Humboldt".

Enquanto ajudava amigos e colegas cientistas a impulsionar suas carreiras e viagens, Humboldt via minguarem suas chances de receber permissão para entrar na Índia. Ele aplacava seu desejo de viajar pelo mundo com incursões pela Europa – Suíça, França, Itália e Áustria –, mas não era a mesma coisa. Ele estava infeliz. Também ficava cada vez mais difícil justificar para o rei prussiano a sua decisão de viver em Paris. Desde seu regresso da América Latina, duas décadas antes, Humboldt lidou com as reiteradas tentativas de Frederico Guilherme III no sentido de convencê-lo a voltar para Berlim. Durante vinte anos o rei pagou a Humboldt um estipêndio anual, sem compromissos, encargos ou obrigações. Humboldt sempre alegou que precisava do ambiente científico parisiense para escrever seus livros, mas o clima na França toda havia mudado.

Depois que Napoleão foi derrotado e mandado para o exílio na remota ilha de Santa Helena, em 1815, a monarquia Bourbon foi reinstaurada com a coroação de Luís XVIII[2] – irmão de Luís XVI, que tinha sido deposto e guilhotinado durante a Revolução Francesa. Embora o absolutismo não tenha retornado à França, o país que erguera a tocha da liberdade e da igualdade havia se tornado uma monarquia constitucional. Somente 1% da população francesa era elegível e

---

2 Durante o reinado de Napoleão, Luís XVIII viveu no exílio na Prússia, Rússia e Inglaterra.

estava qualificada para compor a câmara baixa do parlamento. Ainda que respeitasse algumas posições liberais, Luís XVIII voltou do exílio para a França com um comboio de refugiados ultramonarquistas que queriam o restabelecimento da velha situação e dos antigos costumes do Ancien Régime pré-revolucionário. Observando o retorno desses monarquistas extremistas, Humboldt viu como eles ardiam de ódio e de desejo de vingança. "A tendência deles à monarquia absoluta é irresistível", Charles Lyell escreveu de Paris para o pai.

A seguir, em 1820, o sobrinho do rei, o duque de Berry – terceiro na linha sucessória –, foi assassinado por um bonapartista. Depois disso, foi impossível conter a maré ultramonarquista. A censura recrudesceu, os cidadãos podiam ser detidos sem direito a julgamento, e o voto dos mais abastados passou a valer por dois. Em 1823, os ultramonarquistas conquistaram a maioria das cadeiras da câmara baixa do parlamento. Humboldt ficou profundamente aborrecido e disse a um visitante norte-americano que bastava dar uma olhada no *Journal des Débâts* – folha diária fundada em 1789, durante a Revolução Francesa – para ver como a liberdade de imprensa havia sido tolhida. Humboldt também estava começando a se sentir desconfortável acerca do modo como a religião, com todas as suas restrições e amarras ao pensamento científico, estava reassegurando seu domínio na sociedade francesa. Com a volta dos ultramonarquistas, o poder da Igreja Católica aumentou. Em meados da década de 1820, novas torres de igreja erguiam-se nos céus de Paris.

Paris estava "menos disposta do que nunca" a ser um centro de ciências, Humboldt escreveu a um amigo em Genebra, à medida que os recursos financeiros alocados para laboratórios, pesquisa e ensino sofreram cortes. O espírito de investigação foi sufocado, uma vez que os cientistas se viam obrigados a bajular o novo rei para ganhar favores. Os acadêmicos tornaram-se "joguetes submissos" nas mãos de políticos e príncipes, disse Humboldt a Charles Lyell em 1823, e até mesmo o grande Georges Cuvier sacrificou seu gênio de naturalista em nome de uma busca de "galardões, comendas, títulos e favores da corte". Havia tantas disputas e barganhas políticas em Paris que os cargos governamentais pareciam uma dança das cadeiras. Todo homem que ele conhecia agora, afirmou Humboldt, era ministro ou ex-ministro. "Eles estão espalhados feito camadas de folhas no outono", disse Humboldt a Lyell, "e antes que um deles tenha tempo de apodrecer, é coberto por outro e mais outro".

Cientistas franceses temiam que Paris perdesse seu status de centro irradiador de pensamento científico inovador. Na Académie des Sciences, disse Humboldt, os sábios e acadêmicos faziam pouco, e o pouco que faziam terminava invariavelmente em desentendimento. Pior ainda, os estudiosos haviam formado um comitê secreto para sanear a biblioteca da academia – retirando livros que propunham ideias liberais, por exemplo os volumes escritos por filósofos iluministas como Jean-Jacques Rousseau e Voltaire. Quando Luís XVIII – que não teve filhos – morreu, seu irmão Carlos X, o líder dos ultramonarquistas, tornou-se rei. Todos os que acreditavam na liberdade e nos valores da revolução sabiam que o clima intelectual ficaria ainda mais repressivo.

O próprio Humboldt tinha mudado também. Agora com cinquenta e poucos anos, seu cabelo castanho estava grisalho e seu braço direito praticamente paralisado por causa do reumatismo – efeito de longo prazo, ele explicava aos amigos, de ter dormido no chão úmido da floresta tropical no Orinoco. Suas roupas eram antiquadas, confeccionadas ao estilo dos anos seguintes à Revolução Francesa: calças listradas justas, um colete amarelo, fraque azul, gravata branca, botas de cano longo e um surrado chapéu preto. Em Paris, comentou um amigo, ninguém mais se vestia daquela maneira. As razões de Humboldt eram tão políticas quanto de parcimônia. Uma vez que sua herança fora dilapidada fazia anos, ele vivia num apartamento simples de frente para o Sena, que consistia de um quarto de dormir escassamente mobiliado e um estúdio. Humboldt não tinha nem dinheiro nem bom gosto para luxos, roupas elegantes ou mobília opulenta.

Até que, no outono de 1826, depois de mais de duas décadas, a paciência de Frederico Guilherme III se esgotou. Ele escreveu a Humboldt nos seguintes termos: "O senhor já deve ter concluído a publicação de suas obras, o que, acreditava o senhor, somente poderia ser levado a cabo de maneira satisfatória em Paris". O rei não poderia estender por mais tempo a permissão para que Humboldt continuasse residindo na França – país que, em todo caso, "deveria ser objeto de ódio de todo verdadeiro prussiano". Quando Humboldt leu que o rei agora estava aguardando seu "rápido retorno", não teve dúvida de que se tratava de uma ordem.

Humboldt precisava desesperadamente do dinheiro de seu estipêndio real anual, porque os altos custos de suas publicações o haviam deixado, ele próprio admitiu, "pobre como um camundongo de igreja". Humboldt tinha de viver do que ganhava, mas ele era inepto no que dizia respeito a finanças. "A única coisa no céu e na Terra de que o sr. Humboldt *não* entende", comentou seu tradutor para o inglês, "são negócios".

Paris tinha sido o lar de Humboldt por mais de vinte anos, e seus amigos mais próximos viviam lá. Foi uma decisão dolorosa, porém Humboldt teve de se mudar para Berlim – mas somente sob a condição de que teria permissão para viajar regularmente a Paris e lá permanecer durante vários meses ao ano, de modo a dar prosseguimento a suas pesquisas. Não era fácil, ele escreveu ao matemático alemão Carl Friedrich Gauss em fevereiro de 1827, abrir mão de sua liberdade e sua vida científica. Tendo apenas recentemente acusado George Cuvier de trair o espírito revolucionário, agora o próprio Humboldt tornou-se um cortesão, adentrando um mundo em que teria de negociar um delicado equilíbrio entre suas convicções políticas liberais e suas obrigações reais. Seria quase impossível, ele temia, encontrar "a posição intermediária entre as opiniões oscilantes".

Em 14 de abril de 1827, Humboldt deixou Paris rumo a Berlim, mas não sem seus habituais desvios de rota. Viajou via Londres, no que talvez tenha sido um último e desesperado esforço de convencer a Companhia Britânica das Índias Orientais a lhe dar permissão para explorar a Índia. Nove anos haviam se passado desde a sua última visita, em 1818, quando se hospedara na casa de seu irmão Wilhelm. Desde então, Wilhelm, que na ocasião exercia uma função diplomática na Inglaterra, fora chamado de volta e agora vivia em Berlim,³ mas Humboldt rapidamente restabeleceu o contato com seus velhos conhecidos ingleses. Tentou aproveitar ao máximo a visita de três semanas.

Humboldt foi encaminhado de lá para cá, passado de uma pessoa para outra – políticos, cientistas e uma "tropa de aristocratas". Na Royal Society, Humboldt encontrou-se com seus velhos amigos John Herschel e Charles Babbage e participou de uma reunião durante a qual um dos acadêmicos apresentou dez mapas que eram parte de um novo atlas da Índia que fora encomendado pela Companhia Britânica das Índias Orientais – um doloroso lembrete do que Humboldt estava perdendo. Ele jantou com Mary Somerville,⁴ uma das poucas cientistas mulheres na Europa, e visitou o botânico Robert Brown no jardim botânico em Kew, a oeste de Londres. Brown havia tomado parte de uma viagem exploratória à Austrália como um dos coletores de plantas de Joseph Banks, e Humboldt estava ansioso para aprender sobre a flora australiana e neozelandesa.

Humboldt também foi convidado para uma festa na Academia Real Inglesa e jantou com seu velho conhecido George Canning, que apenas duas semanas antes havia se tornado primeiro-ministro britânico. No jantar de Canning, Humboldt ficou encantado ao encontrar seu velho amigo de Washington, DC, Albert Gallatin, que agora era o ministro estadunidense em Londres. Apenas a atenção da aristocracia britânica incomodava Humboldt. Paris era uma cidade modorrenta comparada a "meus tormentos aqui", escreveu a um amigo, porque todo mundo parecia querer um pedaço dele. Em

---

3 Wilhelm foi embora de Londres em 1818. A seguir assumiu brevemente um posto ministerial em Berlim, mas a essa altura estava frustrado com a reacionária política prussiana. No final de 1819, aposentou-se da carreira política e se mudou para a propriedade da família em Tegel, que ele havia herdado.

4 Aos 46 anos, Mary Somerville era uma célebre matemática e polímata. Em 1827, ela estava trabalhando na tradução para o inglês do livro *Mecânica celeste*, de Laplace. Seu texto era tão claro e elegante que o livro tornou-se um sucesso de vendas na Inglaterra. Somerville era a única mulher, disse Laplace, capaz de compreender *e* corrigir suas obras. Outros a chamavam de "rainha da ciência". Mais tarde ela publicaria *Geografia física*, que trazia muitas similaridades com o enfoque humboldtiano das ciências e do mundo natural.

Londres, Humboldt queixou-se, "toda frase começa com 'você não pode ir embora sem ter visto a minha casa de campo: fica a apenas 64 quilômetros de Londres'".

O dia mais empolgante de Humboldt, porém, não foi passado na companhia de cientistas ou políticos, mas com um jovem engenheiro, Isambard Kingdom Brunel, que o convidara para observar a construção do primeiro túnel sob o Tâmisa. A ideia de construir um túnel subaquático era tão ousada quanto perigosa, e ninguém jamais havia conseguido realizar com êxito tal empreitada.

As condições no Tâmisa não poderiam ser piores, porque o leito do rio e o solo consistiam de areia e argila úmida. O pai de Brunel, Marc, tinha inventado um engenhoso método para a construção do túnel: um escudo de ferro fundido da altura e largura do túnel. Inspirado no teredo, que perfurava até as mais duras pranchas de madeira protegendo sua cabeça com uma carapaça, Marc Brunel criou uma enorme geringonça que permitia a escavação do túnel ao mesmo tempo que o teto era escorado e a argila úmida era mantida no lugar. Enquanto os operários moviam o escudo de metal à sua frente sob o leito do rio, iam construindo atrás deles a carapaça de tijolos do túnel. Centímetro por centímetro, metro por metro, aos poucos a dimensão do túnel foi aumentando. Os trabalhos tinham sido iniciados anos antes, e quando Humboldt chegou a Londres os homens de Brunel haviam chegado à metade dos 365 metros de extensão total.

O trabalho era traiçoeiro, e o diário de Marc Brunel estava repleto de preocupações: "ansiedade aumentando diariamente", "as coisas estão piorando a cada dia" ou "toda manhã eu digo, 'Mais um dia de perigo chega ao fim'". Seu filho Isambard, que fora nomeado engenheiro residente em janeiro de 1827 aos 20 anos, trouxe sua energia infinita e confiança ilimitada ao projeto. Mas o trabalho era complicado. No início de abril, pouco antes da chegada de Humboldt, uma grande quantidade de água infiltrou-se no túnel. Isambard mantinha quarenta homens bombeando para manter sob controle o influxo de água. Havia apenas "limo argiloso acima da cabeça deles", anotou o aflito Marc Brunel, temendo que o túnel pudesse desabar a qualquer momento. Isambard queria inspecionar a construção do túnel do

O sino de mergulho dentro do qual Humboldt desceu com Brunel até o fundo do Tâmisa para ver a construção do túnel

lado de fora e pediu a Humboldt que se juntasse a ele. Seria perigoso, mas Humboldt não se importava – era sensacional demais para perder a oportunidade. Ele também esperava medir a pressão do ar no fundo do rio para compará-la com suas observações feitas nos Andes.

Em 26 de abril, um enorme sino de mergulho metálico pesando quase duas toneladas e pendurado em um guindaste instalado em um navio foi mergulhado no rio. Amontoados em dezenas de barcos que apinharam a superfície, os grupos de curiosos viram quando o sino, com Brunel e Humboldt dentro, foi solto e desceu a onze metros de profundidade. O ar era fornecido por uma mangueira de couro inserida no topo do sino, e através de duas espessas janelas de vidro eles conseguiam enxergar a água turva do rio. Durante a descida, Humboldt achou a pressão em seus ouvidos quase insuportável, mas depois de alguns minutos conseguiu acostumar-se. Ele e Brunel vestiam grossos casacos e pareciam "esquimós", segundo o que Humboldt escreveu a François Arago em Paris. Lá embaixo no leito do rio, com o túnel abaixo deles e somente água acima, a escuridão era fantasmagórica, exceto pelo fraco bruxuleio das suas lanternas. Eles ficaram quarenta minutos submersos; quando subiram, a mudança na pressão da água provocou o rompimento de quatro vasos sanguíneos no nariz e na garganta de Humboldt. Ele passou as 24 horas seguintes cuspindo e espirrando sangue, exatamente a mesma coisa que tinha acontecido quando escalara o Chimborazo. Brunel não sangrou; Humboldt percebeu e fez piada, dizendo que aparentemente era "um privilégio dos prussianos".

Dois dias depois, partes do túnel desabaram, e em meados de maio o leito do rio acima do túnel cedeu completamente, abrindo um enorme buraco através do qual a água jorrou. Espantosamente, nenhum operário perdeu a vida, e após alguns reparos o trabalho continuou. A essa altura, Humboldt já havia deixado Londres e chegado a Berlim.

Agora Humboldt era o cientista mais famoso da Europa, admirado igualmente por colegas, poetas e filósofos. Entretanto, ainda faltava que um homem lesse sua obra. Esse homem era Charles Darwin, então com 18 anos. No exato momento em que Humboldt estava sendo festejado em Londres, Darwin abandonava seus estudos de medicina na Universidade de Edimburgo. Robert Darwin, pai de Charles, ficou furioso. "Você só quer saber da espingarda, de cães e de pegar ratos", escreveu ao filho, "e será uma desgraça para si mesmo e para toda a sua família".

PARTE IV
INFLUÊNCIA: DISSEMINANDO IDEIAS

15

RETORNO A BERLIM

Alexander von Humboldt chegou a Berlim em 12 de maio de 1827. Estava com 57 anos e detestou a cidade com a mesma aversão de duas décadas antes. Humboldt sabia que a sua vida jamais seria a mesma. De agora em diante, boa parte do seu dia seria gasto na "tediosa e conturbada vida na corte". Frederico Guilherme III contava com 250 "tesoureiros", homens que recebiam estipêndios da Coroa, mas cujo título era apenas honorífico. De Humboldt, porém, esperava-se que integrasse de forma ativa o círculo mais restrito e influente da corte, ainda que sem papel político. A expectativa com relação a ele era de que atuasse como um artista intelectual, um animador dos saraus do rei, um leitor para as tertúlias de depois dos banquetes. Humboldt sobrevivia atrás de uma fachada de sorrisos e conversas-fiadas. O homem que trinta anos antes escrevera que "a vida cortesã rouba até mesmo da criatura mais intelectual o seu gênio e a sua liberdade" agora se viu preso a uma rotina real. Foi o início do que Humboldt chamou de seu "balanço de um pêndulo" – uma vida em que ele acompanhava os movimentos do rei de um castelo para o outro, de uma residência de verão para a outra e de volta a Berlim, sempre na estrada e sempre carregado de manuscritos e caixas repletas de livros

O Stadtschloss em Berlim

e anotações. O único período do dia que ele tinha para escrever seus livros era entre a meia-noite e as três da madrugada.

Humboldt voltou a um país que se tornara um Estado policial em que a censura era parte da vida cotidiana. Reuniões públicas – inclusive reuniões científicas – eram vistas com grande desconfiança, e as associações estudantis haviam sido forçadas a se dissolver. A Prússia não tinha constituição, tampouco parlamento nacional, somente algumas assembleias provinciais com função consultiva, mas que não podiam elaborar leis nem impor tributos e taxas. Todas as decisões estavam subordinadas à rígida supervisão real. A cidade inteira exibia um caráter militarista. Havia sentinelas posicionadas em quase todos os prédios públicos, e chamavam a atenção dos forasteiros o perpétuo rufar de tambores e os ininterruptos desfiles de soldados. A impressão era de que na cidade havia mais militares do que civis. Um turista comentou sobre as constantes marchas e a "incessante demonstração de toda sorte de uniformes, em todos os locais públicos".

Sem força política na corte, Humboldt estava determinado a infundir em Berlim pelo menos o espírito da curiosidade intelectual. Era algo de que a cidade precisava muito. Ainda bem jovem, quando trabalhava como inspetor de minas, Humboldt já havia fundado uma escola para os mineiros, instituição que ele financiou com seu próprio dinheiro. Como seu irmão, Wilhelm, que duas décadas antes, e praticamente sozinho, fora o responsável pela instauração de um novo sistema educacional na Prússia, Alexander acreditava que a educação era o alicerce para uma sociedade livre e feliz. Para muita gente, esse era um pensamento perigoso. Na Inglaterra, por exemplo, circulavam panfletos alertando que o conhecimento enaltecia os pobres acima de suas "humildes e laboriosas obrigações".

Humboldt acreditava no poder da aprendizagem, e livros como o seu *Quadros da natureza* foram escritos para um público leitor geral e não para cientistas em suas torres de marfim. Tão logo chegou a Berlim, Humboldt tentou criar uma escola de química e matemática na universidade. Correspondeu-se com colegas sobre as possibilidades de laboratórios e as vantagens de uma politécnica. Também convenceu o rei de que Berlim precisava de um observatório equipado com os mais recentes e inovadores aparatos científicos. Embora algumas pessoas acreditassem que Humboldt havia se tornado um "cortesão adulador", a bem da verdade era a sua posição na corte que lhe dava condições de ajudar cientistas, exploradores e artistas. Era preciso "pegar o rei num momento ocioso", Humboldt explicou a um amigo, e não largá-lo mais. Em questão de semanas, Humboldt já estava atarefadíssimo, às voltas com a implementação de suas ideias. Humboldt tinha, de acordo com as palavras de um colega, o "invejável talento para firmar-se como o centro do debate intelectual e científico".

Durante décadas, Humboldt havia criticado governos abertamente, dando voz a suas divergências e opiniões dissonantes, mas quando se mudou para Berlim, ficou evidente a sua desilusão com a política. Na juventude, ele havia se eletrizado com a Revolução Francesa, mas em anos recentes vinha percebendo como os ultramonarquistas do Ancien Régime recuavam no tempo na França. Em outras partes da Europa, o clima também era reacionário. Para onde quer que olhasse, Humboldt via a esperança de mudança ser esmagada.

Em sua mais recente visita à Inglaterra, Humboldt se encontrara com seu velho conhecido George Canning, o novo primeiro-ministro britânico. Humboldt vira o empenho de Canning para formar um governo, uma vez que o seu próprio partido tóri estava dividido com relação a reformas sociais e econômicas. No final de maio de 1827, dez dias depois da chegada de Humboldt a Berlim, Canning teve de recorrer ao partido de oposição, os whigs, em busca de apoio. A julgar por aquilo que Humboldt conseguia deduzir com a leitura dos jornais publicados em Berlim, a situação na Inglaterra só piorava. Uma semana depois, a Câmara dos Lordes arquivou uma emenda às controversas Leis do Milho, que tinham sido uma questão crucial nos debates acerca das reformas. Essas leis eram polêmicas porque possibilitavam ao governo impor elevadas taxas de importação aos grãos estrangeiros. Sobre o milho barato dos Estados Unidos, por exemplo, incidiam tributos tão pesados que o preço do produto tornava-se proibitivo, o que permitia aos abastados latifundiários britânicos eliminar eficazmente qualquer tipo de competição e ao mesmo tempo manter um monopólio do controle de preços. Os que mais sofriam eram os pobres, porque o preço do pão continuava exorbitante. "Estamos à beira de um grande embate entre propriedade e população", previu Canning.

A situação era igualmente reacionária na Europa continental. Após o final das Guerras Napoleônicas e do Congresso de Viena, em 1815, os Estados germânicos entraram numa fase de relativa paz, mas de poucas reformas. Sob a liderança do ministro das Relações Exteriores austríaco, o príncipe Klemens von Metternich, durante o Congresso de Viena os principais territórios de língua alemã formaram a Confederação Germânica (*Deutscher Bund*). Foi uma associação política e econômica (*Zollverein*), uma vaga federação de quarenta Estados que substituiu o que outrora havia sido o Sacro Império Romano-Germânico, e depois a Confederação do Reno, então sob os auspícios de Napoleão. Metternich concebeu essa forma a fim de reequilibrar o poder na Europa e conter a emergência de um único Estado todo-poderoso. A Confederação não tinha chefe de Estado, e a Assembleia Federal em Frankfurt era menos um parlamento governante do que um congresso de embaixadores que basicamente continuava a representar em tudo os interesses de seus próprios Estados. Com o término das Guerras Napoleônicas, a Prússia havia recuperado algum poder econômico quando seu território se expandiu novamente, abrangendo agora o Estado vassalo de Napoleão, o efêmero Reino de Vestfália, bem como a Renânia e partes da Saxônia. A Prússia agora se estendia de sua fronteira com os Países Baixos à Rússia.

Nos Estados alemães, a reforma era encarada com desconfiança e tida como o primeiro passo rumo à revolução. A democracia, disse Metternich, era "o vulcão que precisa ser extinto". Humboldt, que havia se encontrado diversas vezes com Metternich em Paris e Viena, ficou desapontado com a marcha dos acontecimentos. Embora os dois homens tenham trocado cartas em que tratavam do avanço das ciências, conheciam um ao outro suficientemente bem para evitar discussões de cunho político. Em âmbito privado, o chanceler austríaco descrevia Humboldt como uma "cabeça que, do ponto de vista político, havia entortado", ao passo que Humboldt se referia a Metternich como um "sarcófago de múmia", porque suas concepções políticas eram tremendamente antiquadas.

O país a que Humboldt havia retornado era decididamente antiliberal. Contando com poucos direitos políticos e sufocadas pela supressão geral de ideias liberais, as classes médias da Prússia introverteram-se para a esfera privada. Música, literatura e arte estavam dominadas por expressões de emoção, em detrimento do sentimento revolucionário. O espírito de 1789, como Humboldt o chamava, tinha deixado de existir.

Em outros lugares, a situação não era melhor. Simón Bolívar constatou que construir nações era bem mais difícil do que travar guerras. Na ocasião em que Humboldt se mudou para Berlim, diversas colônias haviam derrubado o jugo espanhol. Repúblicas tinham sido declaradas no México, República Federal da América Central, Argentina e Chile, bem como nos países sob a liderança de Bolívar: a Grande Colômbia (que incluía Venezuela, Panamá, Equador e Nova Granada), Bolívia e Peru. Mas o sonho de Bolívar de uma liga de nações livres na América Latina estava desmoronando à medida que antigos aliados voltavam-se contra ele.

Apenas quatro repúblicas latino-americanas compareceram ao seu congresso pan-americano, realizado no verão de 1826. Em vez de marcar o início de uma Federação dos Andes, estendendo-se do Panamá à Bolívia, o congresso foi um completo fracasso. As ex-colônias não mostravam interesse em se unificar. O pior estava por vir quando, na primavera de 1827, chegava aos ouvidos de Bolívar a notícia de que as suas tropas no Peru haviam se rebelado. E em vez de apoiar El Libertador, seu velho amigo e vice-presidente da Colômbia, Francisco de Paula Santander, elogiou a rebelião e exigiu que Bolívar fosse retirado da presidência. Como definiu um dos confidentes de Bolívar, eles tinham entrado numa "era de disparates". Humboldt também acreditava que Bolívar havia concedido a si mesmo poderes ditatoriais em excesso. Claro que a América do Sul devia muito a Bolívar, mas seus modos autoritários eram "ilegais, inconstitucionais e um tanto semelhantes aos de Napoleão", disse Humboldt a um cientista e diplomata colombiano.

Humboldt não demonstrava estar muito mais otimista com relação à América do Norte. O que restava da velha guarda dos pais fundadores desapareceu de vez quando Thomas Jefferson e John Adams morreram, em perfeita sincronia, no mesmo dia 4 de julho de 1826, o quinquagésimo aniversário da Declaração da Independência. Humboldt sempre admirou Jefferson pelo país que ele ajudara a forjar, mas se desesperava com o fato de que os líderes estadunidenses não faziam muita coisa em nome da abolição da escravidão. Quando o Congresso dos Estados Unidos aprovou o Compromisso do Missouri, em 1820, abriu-se mais uma porta para os escravocratas. Enquanto a república se expandia e novos Estados eram fundados e admitidos, a questão da escravidão suscitava discussões acaloradas. Humboldt ficou decepcionado com o fato de que o Compromisso do Missouri havia permitido que os novos Estados localizados ao sul da latitude 36°30' (aproximadamente a mesma latitude da fronteira entre Tennessee e Kentucky) ampliassem a escravidão em seus territórios. Até o fim da vida, Humboldt diria a visitantes, jornais e correspondentes norte-americanos que se sentia chocado ao ver que a "influência da escravidão está aumentando".

Exausto com a política e as revoluções, Humboldt agora se recolhia ao mundo das ciências. E quando recebeu uma carta de um representante do governo do México solicitando sua assistência em algumas negociações comerciais entre Europa e México, sua resposta foi inequívoca. Seu "afastamento da política", ele escreveu, não permitia envolvimento. De agora em diante, Humboldt concentraria suas atenções na natureza, nas ciências e na educação. Ele queria ajudar as pessoas a desvendar o poder do intelecto. "Com o conhecimento vem o pensamento", disse Humboldt, e com o pensamento vem o "poder".

Em 3 de novembro de 1827, menos de seis meses após a sua chegada a Berlim, Humboldt iniciou uma série de 61 conferências na universidade, evento que foi um sucesso tão estrondoso que ele acrescentou outras dezesseis palestras na sala de concertos de Berlim – a Singakademie, Academia de Canto – a partir de 6 de dezembro. Durante seis meses ele proferiu conferências, diversas vezes por semana. Centenas de pessoas compareciam para assistir a cada palestra, que Humboldt apresentava sem recorrer a anotações. Era algo empolgante, vigoroso e completamente novo. Sem cobrar ingresso, Humboldt democratizou a ciência: no auditório lotado, seu público variava de membros da família real a cocheiros, de estudantes a criados, de acadêmicos a pedreiros – e metade eram mulheres.

Berlim jamais vira algo parecido, disse Wilhelm von Humboldt. Tão logo os jornais anunciavam as datas das conferências, as pessoas corriam para assegurar seus lugares. Nos dias das palestras havia engarrafamento, e policiais a cavalo tentavam controlar o caos. Uma hora antes de Humboldt subir ao palanque, o auditório já estava abarrotado. As pessoas se acotovelavam, e "os empurrões eram assustadores", disse Fanny Mendelssohn Bartholdy, a irmã do compositor Felix Mendelssohn. Mas tudo isso valia a pena. As mulheres, que não tinham permissão para estudar nas universidades ou mesmo participar de reuniões de sociedades científicas, finalmente ganharam o direito de "ouvir uma conversa inteligente". "Os cavalheiros podem zombar o quanto quiserem", disse ela a uma amiga, mas a experiência era maravilhosa. Outras pessoas não se mostraram tão contentes com as novas plateias femininas e ridicularizaram o entusiasmo das mulheres pelas ciências. O diretor da Singakademie escreveu a Goethe dizendo que uma mulher ficou aparentemente tão encantada com os comentários sobre Sirius (Sírio), a mais brilhante estrela do céu noturno, que sua recém-descoberta adoração pela astronomia foi imediatamente introduzida em seu guarda-roupa. Ela pediu à costureira que fizesse um vestido cujas mangas tivessem "o dobro do diâmetro de Sírio".

Com voz suave, Humboldt conduzia as plateias a uma jornada através dos céus e mares profundos, planeta afora, subindo as mais altas montanhas e depois de volta até minúsculos fragmentos de musgo sobre uma rocha. Ele falava sobre poesia e astronomia, mas também sobre geologia e pintura de paisagens. Temas como meteorologia, história da Terra, vulcões e distribuição das plantas eram parte de suas conferências. Ele saltava de fósseis a auroras boreais, ia do magnetismo à flora e a fauna e à migração da raça humana. As conferências eram o retrato de um fulgurante caleidoscópio de correlações que abarcavam o universo inteiro. Ou, como descreveu sua cunhada, Caroline von Humboldt, tomadas em conjunto elas se tornavam "toda a grande *Naturgemälde*" de Alexander.

As anotações preparatórias de Humboldt revelam as engrenagens de funcionamento da sua mente, ramificando-se de uma ideia para a outra. Ele começava de forma absolutamente convencional, com um pedaço de papel em que rabiscava seus pensamentos de maneira bastante linear. Entretanto, à medida que Humboldt avançava e novas ideias surgiam, ele as espremia no papel – nas margens, com letra ilegível e linhas separando seus diferentes argumentos e principais pontos. Quanto mais Humboldt refletia sobre sua palestra, mais informações ele acrescentava.

Quando a página ficava cheia, Humboldt preenchia outros infindáveis pedaços de papel com sua minúscula caligrafia e depois colava todos eles sobre outras anotações. Humboldt não hesitava em destroçar livros, arrancando páginas de grossos volumes para colar sobre sua folha de papel com massinha azul e vermelha. À medida que seguia em frente, ele colocava pedaços de papel por cima uns dos

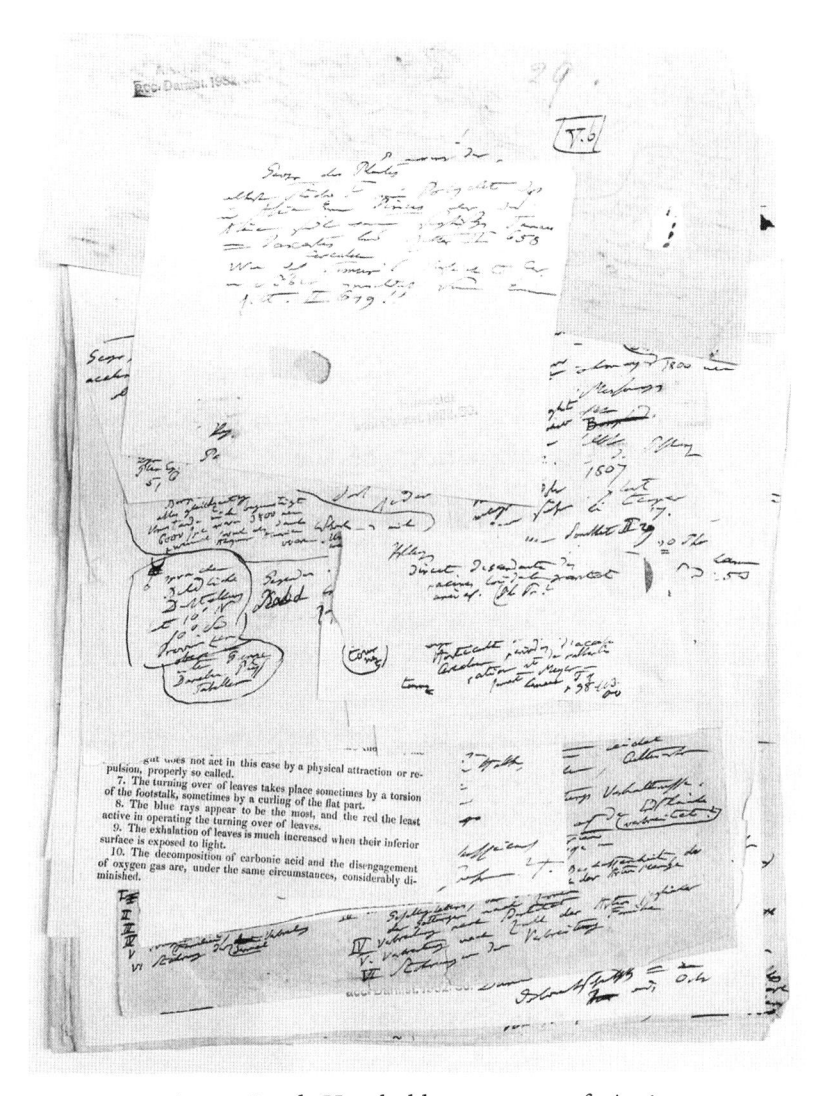

Anotações de Humboldt para sua conferência
sobre geografia das plantas

outros, alguns completamente soterrados sob as novas camadas, ao passo que ainda outros poderiam ser dobrados por debaixo. Perguntas de si para si apinhavam as anotações, juntamente com pequenos esboços, estatísticas, referências e lembretes. No fim das contas, o papel original era uma bricolagem de múltiplas camadas de pensamentos, números, citações e notas sem ordem aparente e que ninguém, a não ser ele mesmo, seria capaz de entender.

Todos estavam fascinados. Os jornais noticiaram que o "novo método" de Humboldt de pensar e de proferir palestras surpreendeu as plateias pela maneira como ele interligava disciplinas e fatos aparentemente incompatíveis. "O ouvinte se torna cativo pela ação de uma força irresistível", um jornal escreveu. Foi a culminação da obra que Humboldt havia realizado ao longo das três décadas anteriores. "Jamais ouvi alguém dar, em uma hora e meia, expressão a tantas ideias novas", um acadêmico escreveu para sua esposa. As pessoas comentavam sobre a extraordinária clareza com que Humboldt explicava essa complexa teia da natureza. Caroline von Humboldt estava profundamente impressionada. Somente Alexander, disse ela, era capaz de apresentar essa "maravilhosa profundidade" com tamanha leveza. As conferências anunciavam uma "nova época", declarou um jornal. Quando Johann Georg von Cotta, o editor alemão de Humboldt, soube do sucesso da primeira conferência, imediatamente sugeriu pagar alguém para registrar as palestras, fazendo anotações que depois seriam vendidas. Ofereceu a vultosa quantia de 5 mil táleres, mas Humboldt recusou. Ele tinha outros planos e não se deixava levar pela adulação.

Humboldt estava revolucionando as ciências. Em setembro de 1828, ele convidou centenas de cientistas de toda a Europa para participar de uma conferência em Berlim.[1] Ao contrário do modelo até então predominante de encontros científicos formais em que especialistas se reuniam para apresentar seu próprio trabalho durante horas a fio, Humboldt propôs um programa bastante diferente. Em vez de cientistas falando *uns para os outros*, ele queria que os cientistas

---

[1] Humboldt organizou essa conferência para a Associação Alemã de Naturalistas e Médicos.

falassem *uns com os outros*. Na programação havia refeições de convívio e passeios coletivos para ouvir concertos e visitar o zoológico real na Pfaueninsel, em Potsdam. As reuniões eram realizadas em meio a coleções de espécimes botânicos, zoológicos e de fósseis, bem como na universidade e no jardim botânico. Humboldt incentivou os cientistas a se reunirem em pequenos grupos e a dialogar em termos interdisciplinares, estabelecendo relações entre dois ou mais ramos de conhecimento. Ele conectou os cientistas participantes em um nível mais pessoal, assegurando-se de que forjassem disciplinas que por sua vez fomentariam redes estreitas. Ele imaginou uma irmandade interdisciplinar de cientistas que trocariam informações e compartilhariam conhecimento. "Sem a diversidade de opiniões, a descoberta da verdade é impossível", Humboldt fez questão de lembrar aos colegas em seu discurso de abertura.

Cerca de quinhentos cientistas participaram da conferência. Foi uma "erupção de naturalistas nômades", Humboldt escreveu ao seu amigo Arago em Paris. Entre os congressistas havia visitantes de Cambridge, Zurique, Florença e inclusive de lugares muito distantes, como a Rússia. Da Suécia, por exemplo, veio Jöns Jacob Berzelius, um dos fundadores da química moderna; o evento contou com a participação de diversos cientistas ingleses, incluindo um velho conhecido de Humboldt, Charles Babbage. O brilhante matemático Carl Friedrich Gauss, que veio de Göttingen e permaneceu três semanas no apartamento de Humboldt, considerou que o congresso era "oxigênio" puro.

Apesar de seu ritmo de vida frenético, Humboldt encontrou tempo para renovar sua amizade com Goethe. Quase octogenário e a 320 quilômetros de distância em Weimar, Goethe estava com a saúde frágil demais para ir a Berlim, mas Humboldt o visitou. Goethe sentia inveja de seus amigos em Berlim que tinham o prazer de ver Humboldt regularmente. O agora idoso poeta acompanhava havia muito tempo cada passo de Humboldt, invariavelmente atormentando os amigos em comum em busca de informações. Em sua mente, disse Goethe, ele "sempre acompanhou" seu velho amigo, e ter conhecido Humboldt foi um dos "pontos mais altos" de sua vida. Nas duas décadas anteriores eles se corresponderam com regularidade, e Goethe considerava revigorantes todas as cartas que recebia de Humboldt. Sempre que Humboldt lhe enviava suas publicações mais recentes, Goethe as lia imediatamente, mas ainda assim lamentava a falta das animadas discussões.

Goethe se sentia cada vez mais apartado dos avanços científicos. Diferentemente de Paris, ele se queixava, onde os pensadores franceses estavam unidos numa única e grande cidade, o problema na Alemanha era que todas as pessoas viviam longe demais umas das outras. Uma vez que um cientista morava em Berlim, o outro em Königsberg e o outro em Bonn, a troca de ideias era asfixiada pela distância. Como a vida seria diferente, Goethe pensou depois de se encontrar com Humboldt, se eles vivessem perto um do outro. Um único dia na companhia de Humboldt o levaria mais longe do que anos "em meu caminho isolado", afirmou Goethe.

Apesar de toda a alegria que Humboldt sentiu ao reaver seu parceiro de discussões científicas, havia um único tema – embora de peso considerável – em relação ao qual ele e Goethe divergiam: a criação da Terra. Em seus tempos de estudante na academia de mineração de Freiberg, Humboldt seguira as ideias de seu professor Abraham Gottlieb Werner, o principal defensor da teoria do netunismo – os netunistas acreditavam que as montanhas e a crosta terrestre haviam sido formadas em um oceano primordial global, frutos da erosão e sedimentação. No entanto, depois de fazer suas próprias observações na América Latina, Humboldt tornou-se um adepto do "vulcanismo" (ou "plutonismo"). Ele agora acreditava que a Terra tinha sido formada por meio de eventos catastróficos, tais como erupções vulcânicas e terremotos.

Tudo, dizia Humboldt, estava conectado sob a superfície. Os vulcões que ele havia escalado nos Andes estavam todos interligados subterraneamente – era como "uma única fornalha vulcânica". Aglomerados e cadeias de vulcões espalhados a grandes distâncias, disse Humboldt, atestavam o fato de que não se tratava de ocorrências pontuais, mas de parte de uma força global. Os exemplos de

Humboldt eram tão vívidos e explícitos quanto aterrorizantes: numa tacada só ele relacionou a súbita aparição de uma nova ilha nos Açores em 30 de janeiro de 1811 a uma onda de terremotos que abalou o planeta ao longo de mais de um ano depois dos tremores, desde as Índias Ocidentais às planícies de Ohio e do Mississippi, e depois ao devastador terremoto que destruiu Caracas em março de 1812. A isso seguiu-se uma erupção vulcânica na ilha de Saint Vincent, nas Índias Ocidentais, em 30 de abril de 1812 – o mesmo dia em que pessoas que viviam às margens do rio Apure – de onde Humboldt iniciou sua expedição no Orinoco – alegaram ter ouvido um bramido nas profundezas do solo sob seus pés. Todos esses eventos faziam parte de uma imensa reação em cadeia, disse Humboldt.

E embora as teorias sobre o movimento das placas tectônicas só viessem a ser confirmadas em meados do século XX, Humboldt já havia discutido em *Ensaio sobre a geografia das plantas*, obra publicada em 1807, o fato de que um dia os continentes da África e da América do Sul estiveram ligados. Mais tarde ele escreveu que a causa desse deslocamento continental era uma "força subterrânea". Goethe, ferrenho netunista, ficou horrorizado. Todos estavam dando ouvidos a essas teorias malucas, queixou-se ele, feito "selvagens escutando sermões de missionários". Era "absurdo" acreditar, disse ele, que o Himalaia e os Andes – colossais cordilheiras que se erguiam "rígidas e altivas" – poderiam ter se levantado subitamente do ventre da terra. Goethe gracejou, afirmando que teria de "reinstalar" todo o seu sistema cerebral se um dia quisesse concordar com Humboldt acerca desse tema. Mas apesar das divergências científicas, Goethe e Humboldt continuaram sendo bons amigos. Talvez Goethe estivesse apenas ficando velho, ele próprio escrevera a Wilhelm, porque "pareço cada vez mais e mais histórico".

Humboldt gostou de rever Goethe, mas estava ainda mais feliz por passar um tempo com Wilhelm. Apesar das diferenças, Wilhelm era sua única família. "Sei onde está a minha felicidade", escreveu Alexander, "ela está perto de você!". Wilhelm havia se aposentado do serviço público e se mudou com a família para Tegel, nos arredores de Berlim. Pela primeira vez desde sua juventude os irmãos moravam perto um do outro e se viam com frequência. Foi em Berlim e Tegel que os dois finalmente puderam "trabalhar juntos".

A paixão de Wilhelm era o estudo das línguas. Quando menino, ele se perdera na mitologia grega e romana. Ao longo de toda a sua carreira, Wilhelm tinha usado todos os seus postos diplomáticos para aprender novos idiomas, e Alexander o abastecera de anotações sobre as línguas nativas latino-americanas, incluindo cópias de manuscritos incas e pré-incas. Pouco após o retorno de Alexander de sua expedição, Wilhelm falou da "misteriosa e maravilhosa conexão interna de todas as línguas". Durante décadas Wilhelm lamentou sua falta de tempo para investigar o tema, mas agora estava livre e tinha condições para fazê-lo. Seis meses depois de se aposentar, proferiu uma conferência na Academia de Ciências de Berlim sobre estudos comparativos de línguas.

Da mesma forma como Alexander encarava a natureza como um todo interligado e interconectado, Wilhelm estava examinando as línguas como um organismo vivo. A língua, tal qual a natureza, tinha de ser situada em um contexto mais amplo de paisagem, cultura e povo. Onde Alexander procurava grupos de plantas nos diferentes continentes, Wilhelm investigava grupos de línguas e raízes comuns entre as nações. Ele estava aprendendo não apenas sânscrito, mas estudou também chinês e japonês, além de línguas polinésias e malaias. Para Wilhelm, esses eram os dados brutos de que ele precisava para suas teorias, exatamente como os espécimes botânicos e medições meteorológicas de Alexander.

Embora os irmãos trabalhassem em diferentes disciplinas, suas premissas e enfoques eram bastante similares. Invariavelmente, ambos empregavam a mesma terminologia. Onde Alexander havia procurado o impulso formativo na natureza, Wilhelm agora escrevia que "a linguagem era o órgão formador dos pensamentos". Assim como a natureza era muito mais que o acúmulo de plantas, rochas e animais, também a linguagem era mais do que apenas palavras, gramática e sons. De acordo com a nova e radical teoria de Wilhelm, diferentes línguas refletiam diferentes visões de mundo. A língua não era simplesmente uma ferramenta para expressar pensamentos, mas moldava os pensamentos – por meio da gramática, do vocabulário, dos tempos verbais e assim por diante. Não era um construto mecânico de elementos individuais, mas um organismo, uma teia que entretecia ação, pensamento e fala. Wilhelm queria unir tudo, disse ele, numa "imagem de um todo orgânico", tal qual a *Naturgemälde* de Alexander. Ambos estavam trabalhando em um nível global.

Para Alexander, isso significava que ele ainda tinha de realizar seus sonhos de viagem. Desde sua jornada pela América Latina, quase três décadas antes, Humboldt havia fracassado sucessivas vezes em sua tentativa de organizar outras expedições que lhe permitissem concluir seus estudos. Humboldt julgava que, se quisesse realmente apresentar sua visão da natureza como uma força global, precisaria ver mais. A ideia de natureza como uma rede ou teia de vida cristalizada durante a sua expedição latino-americana requeria dados adicionais do outro lado do mundo. Humboldt, mais do que outros pesquisadores, precisava examinar o maior número de continentes possível. O estudo de padrões de clima, zonas de vegetação e formações geológicas exigia esses dados comparativos.

As altas montanhas da Ásia Central sempre seduziram Humboldt. Sua ambição era escalar o Himalaia de modo que pudesse correlacionar as observações às que havia feito nos Andes. Humboldt atormentou os britânicos, insistindo que lhe dessem permissão para entrar no subcontinente indiano. E quase duas décadas antes ele chegou inclusive a indagar a um diplomata russo em Paris se havia alguma maneira de rumar do Império Russo para a Índia ou o Tibete sem complicações na fronteira.

Nada tinha acontecido, até que, de repente, Humboldt recebeu uma carta do ministro das Finanças russo, o conde Georg von Cancrin, alemão de nascimento. No outono de 1827, enquanto Humboldt preparava a sua série de palestras em Berlim, Cancrin escreveu a fim de solicitar informações sobre a platina como uma possível moeda russa. Cinco anos antes, os russos haviam encontrado platina nos montes Urais, e Cancrin esperava que Humboldt lhe fornecesse informações sobre a platina que era usada como moeda na Colômbia. Ele sabia que Humboldt ainda tinha contatos com a América

Latina. Humboldt viu imediatamente uma nova oportunidade. Respondeu com profusão de detalhes à solicitação de Cancrin numa carta de muitas páginas, acrescentando um curto pós-escrito em que explicava que uma visita à Rússia era seu "mais ardente desejo". Em sua mente, os montes Urais, o monte Ararate e o lago Baikal eram as "imagens mais doces", ele explicou.

Embora não se tratasse da Índia, se Humboldt conseguisse permissão para ver a parte asiática do Império Russo, provavelmente obteria lá os dados suficientes para completar a sua *Naturgemälde*. Humboldt assegurou a Cancrin que, embora já tivesse cabelos brancos, era capaz de suportar as privações de uma expedição longa e tinha condições de caminhar por nove ou dez horas ininterruptas, sem pausa para descanso.

Menos de um mês após a resposta de Humboldt, Cancrin tinha falado com o czar Nicolau I, que convidou Humboldt para visitar a Rússia numa expedição com todas as despesas pagas. As estreitas relações entre as cortes prussiana e russa provavelmente também ajudaram, porque a irmã de Frederico Guilherme III, Alexandra, era a esposa do czar Nicolau I. Humboldt finalmente iria à Ásia.

16

RÚSSIA

O céu estava límpido e soprava uma brisa morna. Planícies vazias estendiam-se ao longe, na direção da distante linha do horizonte, ardendo sob o sol de verão. Um comboio de três carruagens seguia pela chamada rodovia Siberiana, estrada que percorria milhares de quilômetros na direção leste partindo de Moscou.

Eram meados de junho de 1829, e Alexander von Humboldt havia partido de Berlim dois meses antes. À medida que a paisagem siberiana despontava e se revelava, o cientista de 59 anos fitava pela janela da carruagem, observando as gramíneas baixas das estepes alternando-se com infinitos trechos de floresta que consistiam principalmente de choupos, bétulas, tílias e lariços. De tempos em tempos, um junípero verde-escuro se destacava em contraste com os troncos brancos e descascando das bétulas. As roseiras-selvagens estavam em flor, bem como as pequenas sapatinhos-de-dama, orquídeas cujas flores protuberantes tinham formato de bolsinha. Embora fosse um cenário bastante agradável, não era exatamente o que Humboldt tinha imaginado da Rússia. A paisagem era um pouco parecida demais com a área rural dos arredores da propriedade da família Humboldt em Tegel.

A carruagem de Humboldt correndo pela Rússia

Agora já fazia semanas que o cenário era idêntico – tudo vagamente familiar. As estradas eram feitas de barro e cascalho, como as que ele conhecera na Inglaterra, ao passo que a vegetação e os animais eram mais ou menos "banais", segundo Humboldt. Havia poucos animais: às vezes um pequeno coelho ou esquilo, e nunca mais do que duas ou três aves. Era uma paisagem silenciosa, com poucos cantos de pássaros. Tudo ligeiramente decepcionante. Humboldt disse que sem dúvida uma expedição siberiana "não era tão prazerosa" quanto uma à América do Sul, mas pelo menos ele estava ao ar livre, e não confinado na corte em Berlim. Era o mais perto que conseguia chegar de seu objetivo – que era, como ele gostava de dizer, "uma vida na natureza indômita".

O país ia passando rapidamente pela janela enquanto as carruagens avançavam em disparada. Os cavalos eram trocados nos pontos de parada e estações ferroviárias intermediárias dos esparsos vilarejos que margeavam essa rota para o leste. A estrada era larga e bem conservada – a bem da verdade, era tão boa que as carruagens corriam desenfreadas. Uma vez que havia poucas tavernas e estalagens ao longo do caminho, o comboio também viajava durante a noite, e Humboldt dormia em seu coche.

Diferentemente de sua jornada pela América Latina, Humboldt estava viajando de uma ponta à outra da Rússia com uma comitiva muito maior. Estava acompanhado por Gustav Rose, de 29 anos e professor de mineralogia em Berlim; Christian Gottfried Ehrenberg, que aos 34 anos era um experiente naturalista e tinha no currículo uma expedição ao Oriente Médio. Havia ainda Johann Seifert, o caçador de espécimes zoológicos que por muitos anos trabalharia como leal criado e camareiro de Humboldt em Berlim, um alto oficial de mineração russo que se juntou ao grupo em Moscou, um cozinheiro, um destacamento de cossacos para a proteção do grupo, bem como o conde Adolphe Polier – velho conhecido francês residente em Paris e que se casara com uma abastada condessa russa dona de uma propriedade no lado ocidental dos Urais, não muito distante de Ecaterimburgo. Polier integrou-se à missão em Níjni Novgorod, cerca de 1.120 quilômetros a sudeste de São Petersburgo, a caminho da propriedade de sua esposa. Todos se dividiam em três carruagens que estavam lotadas de gente, instrumentos, baús e coleções cada vez maiores. Humboldt se preparou para todas as eventualidades e levava em sua bagagem um sem-número de coisas, de um pesadíssimo casaco acolchoado a barômetros, resmas de papel, frascos, medicamentos e uma tenda sem nenhuma peça de ferro em que faria suas observações magnéticas.

Humboldt havia esperado décadas por aquele momento. Assim que o czar Nicolau I lhe concedeu permissão, no final de 1827, Alexander não teve pressa e gastou o tempo que julgou necessário em planos meticulosos. Após algumas idas e vindas, ele e Cancrin concordaram que a expedição deveria partir de Berlim no início da primavera de 1829. Em seguida, Humboldt adiou a partida em algumas semanas porque a esposa de Wilhelm, Caroline, estava com a saúde debilitada, sofrendo de câncer. Ele sempre gostou de sua cunhada, mas também queria estar lá para ajudar o irmão em um momento tão difícil. Alexander era "amoroso e afetuoso", Caroline escreveu em sua última carta. Quando ela faleceu, em 26 de março, depois de quase quarenta anos de casamento, Wilhelm ficou devastado. Alexander permaneceu em Berlim por mais duas semanas e meia, mas por fim deixou a cidade para embarcar em sua aventura russa. Prometeu ao irmão que escreveria com frequência.

O plano de Humboldt era viajar de São Petersburgo para Moscou, de lá seguir para o leste até Ecaterimburgo e Tobolsk, na Sibéria, e depois voltar percorrendo um trajeto em forma de um grande laço. Humboldt evitaria a área em torno do mar Negro, onde a Rússia travava uma guerra contra o Império Otomano. Essa guerra Russo-Turca teve início na primavera de 1828, e por mais que Humboldt adorasse a ideia de ver o vulcão inativo e o cume nevado do monte Ararate, na atual fronteira entre Turquia e Irã, os russos lhe disseram que seria impossível. Seu desejo de "dar um indiscreto olhar de relance nas montanhas do Cáucaso e no monte Ararate" teriam de esperar por "tempos mais pacíficos".

Nada saiu do jeito que Humboldt queria. A expedição em si era uma contemporização, uma transigência. Tratava-se de uma jornada custeada pelo czar Nicolau I, cuja expectativa era descobrir formas mais eficientes de explorar ouro, platina e outros metais valiosos em seu vasto império. Embora oficialmente fosse rotulada como uma expedição em prol do "avanço das ciências", o czar estava mais interessado no incremento do comércio. No século XVIII, a Rússia fora um dos maiores exploradores de minérios da Europa e o líder mundial na produção de ferro, mas a Inglaterra industrial tinha ocupado o primeiro lugar havia um bom tempo. Os culpados eram o sistema de trabalho feudal na Rússia e os antiquados métodos de produção, bem como o esgotamento parcial de algumas jazidas. Na qualidade de ex-inspetor de minas e dono de um vasto conhecimento geológico, Humboldt era a escolha perfeita para o czar. Não era o ideal para as ciências, mas Humboldt não via nenhuma outra maneira de atingir seu objetivo. Ele tinha quase 60 anos, e seu tempo estava se esgotando.

Humboldt investigou diligentemente as minas ao longo da rota pela Sibéria, conforme combinado com Cancrin, mas também injetou alguma empolgação em sua laboriosa tarefa. Teve uma ideia que simplesmente provaria o quanto era inteligente o seu enfoque comparativo. No decorrer dos anos, Humboldt notou que diversos minerais pareciam surgir juntos. Nas minas do Brasil, por exemplo, invariavelmente encontravam-se diamantes em jazidas de ouro e platina. Munido de detalhadas informações geológicas obtidas na América do Sul, Humboldt agora aplicava seu conhecimento na Rússia. Uma vez que as jazidas de ouro e platina existentes nos Urais eram similares às da América do Sul, Humboldt tinha certeza de que havia diamantes na Rússia. Estava tão convencido disso que, quando conheceu a imperatriz Alexandra, em São Petersburgo, deixou-se levar pela empolgação e prometeu, ousadamente, encontrar alguns para a monarca.

Toda vez que paravam em alguma mina, Humboldt vasculhava a área em busca de diamantes. Enfiado na lama, peneirava os finos grãos. Lente de aumento em mãos, examinava atentamente a areia, convencido de que encontraria seus reluzentes tesouros. Era apenas uma questão de tempo, ele acreditava. A maioria das pessoas que o viam em ação achava que ele estava completamente louco, porque ninguém jamais havia encontrado diamantes fora dos trópicos. Um dos cossacos que acompanhavam a expedição chegou inclusive a chamar Humboldt de "Humplot, o príncipe prussiano maluco".

No entanto, alguns membros do grupo foram levados de roldão pelo entusiasmo de Humboldt, incluindo o seu velho conhecido parisiense, o conde Polier. Tendo acompanhado a expedição durante várias semanas e observado a busca por diamantes, Polier se despediu de Humboldt em 1º de julho para inspecionar a propriedade da esposa nas imediações de Ecaterimburgo, onde minas eram escavadas para extração de ouro e platina. Instigado pela determinação de Humboldt, Polier imediatamente instruiu seus homens a procurar por pedras preciosas. Algumas horas depois da chegada de Polier, foi encontrado o primeiro diamante dos Urais. A notícia se espalhou rapidamente pelo país e por toda a Europa assim que Polier publicou um artigo sobre o achado. Um mês depois, 37 diamantes haviam sido achados na Rússia. As previsões de Humboldt mostraram-se corretas. Embora ele soubesse que a sua suposição se baseava em dados científicos concretos, para muita gente parecia algo tão misterioso que só poderia estar embebido em magia.

Os Urais, um empolgadíssimo Humboldt escreveu a Cancrin, eram o "verdadeiro Eldorado". Para ele, a sua acurada previsão podia até ter sido um ato de bela analogia científica, mas para os russos ela representava a promessa de vantagem comercial. Humboldt preferiu ignorar isso – e não foi o único detalhe que ele deixou de lado durante a expedição. Na América Latina, Humboldt havia criticado todos os aspectos do jugo colonial espanhol, da exploração ambiental dos recursos naturais e da destruição das florestas aos maus-tratos impingidos aos povos indígenas e os horrores da escravidão. Já naquela ocasião ele tinha insistido que cabia aos viajantes que testemunhavam injustiças e opressões "levar os lamentos dos desgraçados aos ouvidos dos que detêm o poder de mitigá-los". Poucos meses antes de partir para a Rússia, um entusiasmado Humboldt disse a Cancrin que estava ansioso para ver os camponeses das "províncias mais pobres" do leste. Mas certamente não era o que os russos tinham em mente. Cancrin havia respondido secamente que os propósitos da expedição eram científicos e comerciais. Humboldt não estava autorizado a fazer comentários sobre a sociedade russa, tampouco sobre o sistema de servidão.

A Rússia do czar Nicolau I era um império de absolutismo e desigualdades, não um país que incentivava ideias liberais e críticas abertas. Já no primeiro dia de seu reinado, em dezembro de 1825, Nicolau I enfrentou uma insurreição – a Revolta Dezembrista –, o que o levou a jurar que controlaria a Rússia com mão de ferro. Uma rede de espiões e informantes infiltrou-se em todas as partes da nação. O governo era centralizador e estava firmemente concentrado na figura do czar. A censura restringia todo tipo de manifestação da palavra escrita, de poemas a artigos de jornal, e uma rede de vigilância se assegurava de sufocar as ideias liberais. Os que ousassem falar abertamente contra o czar ou o governo eram imediatamente deportados para a Sibéria. Nicolau I considerava-se um guardião contra as revoluções.

Ele era um monarca que adorava a ordem meticulosa, a formalidade e a disciplina. Poucos anos após a expedição de Humboldt à Rússia, o czar declararia a tríade "Ortodoxia, Autocracia e Nacionalidade" a doutrina ideológica da Rússia, o guia de princípios do império: a Igreja Ortodoxa Russa, o jugo da dinastia Romanov e o foco na tradição em detrimento da cultura ocidentalizada.

Humboldt sabia o que se esperava dele e prometeu a Cancrin concentrar-se apenas na natureza. Evitaria qualquer coisa relacionada à atuação do governo e "as condições das classes inferiores", disse ele, e não criticaria publicamente o sistema feudal russo – por mais que os camponeses sofressem e recebessem maus-tratos. De maneira um tanto sincera, ele chegou inclusive a dizer a Cancrin que os forasteiros que não sabiam falar a língua de um país estrangeiro estavam fadados a interpretar de maneira equivocada as condições do lugar e apenas espalhariam boatos incorretos.

Humboldt rapidamente descobriu a extensão do controle de Cancrin, porque ao longo de toda a rota autoridades locais pareciam fazer fila para se encontrar pessoalmente com ele e despachar informes para São Petersburgo. Embora Humboldt e sua trupe estivessem bem longe de Moscou e de São Petersburgo, não se tratava de um ermo inóspito. Ecaterimburgo, por exemplo, 1.600 quilômetros a leste de Moscou e porta de entrada para a parte asiática da Rússia, era um enorme centro industrial – uma cidade de cerca de 15 mil habitantes, muitos do quais empregados nas minas e na indústria. A região tinha minas de ouro, siderúrgicas, fornalhas, caldeiras, oficinas de moagem de rochas, fundições e forjas. Ouro, platina, cobre, pedras preciosas e semipreciosas estavam entre os muitos recursos naturais. A rodovia Siberiana era a principal rota comercial que conectava as cidadezinhas fabris e mineiras do vasto país. Onde quer que Humboldt e seu grupo fizessem uma parada, recebiam as boas-vindas de governadores, vereadores municipais, funcionários públicos, autoridades e outros altos dirigentes ornamentados com medalhas. Havia longos jantares, discursos e bailes – Humboldt não encontrava tempo para ficar sozinho. Ele desprezava essas formalidades, porque cada passo seu era vigiado e acompanhado, e seguravam-no pelo braço "como a um inválido", escrevera a Wilhelm.

No final de julho, mais de três meses depois de deixar Berlim, Humboldt chegou a Tobolsk – a 2.896 quilômetros de São Petersburgo, e o ponto mais oriental de toda a rota prevista –, mas ainda assim não era um lugar suficientemente agreste para o seu gosto. Humboldt não tinha chegado tão longe para simplesmente dar meia-volta. Em vez de viajar de volta para São Petersburgo, conforme combinado, ele ignorou as instruções de Cancrin e acrescentou um desvio de 3.218 quilômetros. Queria ver as montanhas Altai no leste, o ponto onde Rússia, China e Mongólia se encontravam, como contraparte às suas observações nos Andes.

Uma vez que Humboldt tinha fracassado na sua tentativa de ver o Himalaia, as Altai eram o mais perto que conseguiria chegar para obter dados de uma cordilheira da Ásia Central. Os resultados da expedição russa, ele escreveu mais tarde, eram baseados nessas "analogias e contrastes". As Altai eram a razão pela qual ele havia enfrentado tantas noites desconfortáveis de viagem. O grupo havia feito o percurso em tão pouco tempo que Humboldt julgou que talvez lograsse alongar o itinerário sem se meter em grandes encrencas. Ele já havia escrito de Ecaterimburgo para Wilhelm explicando suas intenções, mas não contou a mais ninguém. Apenas um dia antes de partir de Tobolski, informou a Cancrin sobre o "pequeno prolongamento" de sua rota – cônscio de que Cancrin, que estava bem longe, em São Petersburgo, nada poderia fazer a respeito.

Humboldt tentou abrandar Cancrin prometendo visitar outras minas, mas mencionando também que esperava encontrar plantas e animais raros. Aquela era a sua última chance antes de "sua morte", ele acrescentou com tintas melodramáticas. Em vez de voltar, Humboldt seguiu viagem para o leste pelas estepes de Baraba em direção a Barnaul e as encostas ocidentais das montanhas Altai. Quando Cancrin recebeu a carta, quase um mês depois, Humboldt já tinha chegado ao seu destino.

Tão logo partiu de Tobolsk, Humboldt finalmente começou a se divertir. A idade não o havia serenado. Sua equipe ficava perplexa ao constatar como o quase sexagenário cientista era capaz de caminhar durante horas "sem nenhum sinal de cansaço", sempre vestindo paletó preto, gravata-borboleta branca e chapéu redondo. Ele caminhava de maneira cuidadosa, mas resoluta, e em ritmo constante. Quanto mais extenuante a jornada, mais Humboldt gostava. À primeira vista essa expedição russa não parecia tão empolgante quanto suas aventuras sul-americanas, mas agora ele e seus colegas estavam adentrando um cenário muito mais selvagem. A milhares de quilômetros de distância dos centros científicos da Europa, Humboldt agora se viu em meio a terrenos áridos e desolados. As estepes estendiam-se por cerca de 1.600 quilômetros a leste, entre Tobolsk e Barnaul, nos contrafortes das montanhas Altai. À medida que o grupo seguia em frente ao longo da rodovia Siberiana, os vilarejos iam rareando – ainda que esparsos, apareciam em número suficientemente frequente para a troca de cavalos –, mas entre um e outro a terra era quase sempre deserta.

Havia beleza nesse vazio. A floração de verão havia convertido as planícies em um mar de vermelhos e azuis. Humboldt viu os altos espinhos avermelhados em formato de vela dos epilóbios (*Epilobium angustiolia*) e os intensos azuis dos delfínios (*Delphinium elatum*). Em outros trechos, a cor vinha do vermelho-vivo das cruzes-de-malta (*Lychnis chalcedonica*), que pareciam atear fogo às estepes, mas os animais terrestres e pássaros ainda eram escassos.

O termômetro ia de 6ºC à noite para 30ºC durante o dia. Humboldt e sua equipe eram assolados por mosquitos, exatamente como havia acontecido com ele e Bonpland durante sua expedição ao Orinoco, cerca de trinta anos antes. Para se protegerem, usavam pesadas máscaras de couro com uma pequena abertura para os olhos coberta com uma tela emaranhada feita de crina de cavalo que lhes permitia enxergar – eles se defendiam contra os insetos, mas também prendiam o ar. O calor era insuportável. Nada disso importava. Humboldt estava de bom humor e com excelente disposição, porque se viu livre do controle russo. O grupo viajava dia e noite, dormindo na carruagem sacolejante. Os solavancos eram tão bruscos que a sensação era a de "uma viagem marítima por terra", Humboldt escreveu, enquanto "navegavam" pelas monótonas planícies como se singrassem um oceano. Percorriam em média mais de 160 quilômetros por dia, e às vezes perfaziam quase 320 quilômetros em 24 horas. A rodovia Siberiana era tão boa quanto as melhores estradas da Europa. O grupo viajava mais rápido, um orgulhoso Humboldt observou, do que qualquer correio expresso europeu.

Até que, em 29 de julho de 1829, cinco dias depois de terem partido de Tobolsk, a expedição sofreu uma súbita parada.

Os moradores locais disseram que uma epidemia de antraz se espalhava rapidamente pela estepe de Baraba – a "peste *sibirische*", como os alemães a chamaram. O antraz ou carbúnculo geralmente é contraído por animais, via de regra gado bovino, ovelhas e cabras, quando ingerem os esporos extremamente resistentes da bactéria que causa a doença. Depois pode ocorrer em humanos quando expostos a animais infectados ou quando manuseiam solo ou materiais que contenham a bactéria ou seus esporos – é uma doença mortal. Não havia outra rota para as montanhas Altai a não ser passar diretamente pela região afetada. Humboldt tomou rapidamente a sua decisão. Com ou sem antraz, eles avançariam. "Na minha idade", disse ele, "nada deve ser adiado". Todos os servos sentaram-se dentro da carruagem e não mais do lado de fora, e carregaram provisões e água de modo a reduzir o contato com pessoas e alimentos possivelmente contaminados. Entretanto, ainda teriam de fazer paradas regulares para trocar os cavalos, correndo o risco de receber um animal infectado.

Espremidos em silêncio dentro das carruagens pequenas e abafadas e com as janelas totalmente lacradas, os homens passaram por uma paisagem de morte. Os "vestígios da peste" estavam em toda parte, um dos companheiros de viagem de Humboldt, Gustav Rose,

Humboldt galopando pela estepe de Baraba

anotou em seu diário. Fogueiras ardiam nas entradas e saídas dos vilarejos como ritual para "limpar o ar". Eles viram hospitais improvisados e animais mortos jazendo nos campos. Somente em um pequeno vilarejo, quinhentos cavalos tinham perecido.

Após alguns dias de desconfortável viagem, chegaram ao rio Ob, que marcava o final das estepes. Uma vez que o Ob era também a linha de demarcação da epidemia de antraz, bastava atravessar o rio para escapar. Porém, enquanto se preparavam, o vento ganhou força e rapidamente se transformou numa furiosa tempestade. As ondas ficaram altas demais para a balsa que os transportaria até o outro lado. Pelo menos dessa vez Humboldt não se incomodou com o atraso. Os últimos dias tinham sido tensos e agora estavam quase no fim. Eles assaram alguns peixes e desfrutaram da chuva, porque os mosquitos haviam desaparecido. Finalmente puderam tirar as suas sufocantes máscaras. Do outro lado, as montanhas aguardavam Humboldt. Quando o temporal amainou, atravessaram o rio e em 2 de agosto chegaram à próspera cidade mineradora de Barnaul – Humboldt estava quase no seu destino. Ele e seus homens tinham viajado 1.600 quilômetros desde Tobolsk em apenas nove dias. Agora estavam a 5.630 quilômetros a leste de Berlim, a mesma distância a oeste entre Caracas e Berlim, Humboldt calculou.

Três dias depois, em 5 de agosto, Humboldt avistou as montanhas Altai pela primeira vez, surgindo ao longe. Nos contrafortes havia mais minas e fundições que eles investigaram à medida que avançavam para Ust-Kamenogorsk, a fortaleza na fronteira com a Mongólia – Oskemen, no atual Cazaquistão. De lá, enveredaram em trilhas que se tornaram tão íngremes que eles tiveram que deixar as carruagens e a maior parte da bagagem para trás na fortaleza, continuando em carroças baixas e estreitas, típicas dos moradores locais. Quando chegavam a pontos mais altos, muitas vezes seguiam a pé, passando por gigantescos paredões de granito e cavernas onde Humboldt examinava os estratos de rocha, rabiscando anotações e desenhando esboços. Às vezes, enquanto seus companheiros cientistas Gustav Rose e Christian Gottfried Ehrenberg estavam coletando plantas e pedras, Humboldt impacientava-se e seguia em frente sozinho para subir ainda mais alto ou explorar uma caverna. Ehrenberg deixava-se distrair pelas plantas a tal ponto que os cossacos regularmente tinham de sair para procurá-lo. Certa vez, Ehrenberg foi encontrado ensopado, de pé num charco, com um punhado de grama em uma das mãos e, na outra, um espécime parecido com musgo que ele declarou, de olhos turvos de sono e cansaço, ser do mesmo tipo que "cobria o fundo do mar Vermelho".

Humboldt estava de volta ao seu ambiente. Rastejando para dentro de túneis e minas, talhando lascas de rochas, prensando plantas e, aos trancos e barrancos, escalando montanhas, comparava os veios de minérios que encontrava aos de Nova Granada na América do Sul, as montanhas às dos Andes, e as estepes siberianas às dos Llanos da Venezuela. Os Urais podiam ser importantes em termos de mineração comercial, disse Humboldt, mas a "verdadeira alegria" da expedição tinha apenas começado nas montanhas Altai.

Nos vales, ervas e gramíneas e arbustos eram tão altos que os homens não conseguiam enxergar uns aos outros quando se distanciavam alguns passos uns dos outros; colinas acima não havia nenhuma árvore. As colossais montanhas erguiam-se como "imponentes domos", Rose anotou em seu diário. Eles podiam avistar o cume do Belukha, que a 4.572 metros de altitude era cerca de 1.828 metros mais baixo que o Chimborazo, mas ainda assim a montanha mais alta do Altai, com seus picos gêmeos inteiramente cobertos de neve. Em meados de agosto já tinham avançado bastante, penetrando a tal ponto nas entranhas da cordilheira que os picos mais altos ficaram sedutoramente próximos. O problema foi que a expedição chegou tarde, no final da estação – simplesmente havia neve demais para que continuassem subindo. Parte da neve tinha derretido em maio, mas em julho as montanhas voltaram a se revestir de gelo. Humboldt teve de admitir a derrota, embora a visão do Belukha o instigasse a prosseguir. Não havia maneira de escalar naquelas condições – a bem da verdade, o Belukha só seria conquistado na segunda metade do século XX. Os altos picos da Ásia Central estavam além do alcance. Humboldt podia vê-los, mas não escalar seus cumes. A época do ano, bem como a sua idade, estavam contra ele.

Apesar da decepção, Humboldt julgou que tinha visto o bastante. Seus baús e caixas estavam abarrotados com plantas prensadas e longas tabelas de medição, bem como amostras de minérios. Ao encontrar fontes termais, deduziu que tinham ligação com os suaves terremotos registrados na região. Por mais que caminhassem e subissem montanhas durante o dia, Humboldt ainda tinha energia para, à noite, montar os instrumentos necessários para suas observações astronômicas. Ele se sentia forte e em forma. "A minha saúde está excelente", ele escreveu a Wilhelm.

O grupo marchou em frente, e Humboldt decidiu que gostaria de cruzar a fronteira entre a China e a Mongólia. Um cossaco foi despachado para preparar e anunciar sua chegada aos oficiais que patrulhavam a região. Em 17 de agosto, Humboldt e seu grupo chegaram a Baty, onde encontraram o posto de fronteira mongol na margem esquerda do rio Irtish e, na margem direita, a guarnição chinesa. Havia algumas iurtas, um punhado de camelos, bandos de cabras e cerca de oitenta soldados brigões vestidos "em andrajos", segundo a descrição de Humboldt.

Humboldt começou pelo posto chinês, visitando o comandante em sua iurta. Lá dentro, sentado sobre almofadas e tapetes, Humboldt apresentou seus presentes: tecido, açúcar, lápis e vinho. Expressões de amizade foram transmitidas por uma sucessão de intérpretes, primeiro do alemão para o russo, depois do russo para o mongol e, finalmente, do mongol para o chinês. Ao contrário dos soldados mal-ajambrados, seu comandante, que chegara poucos dias antes de Pequim, era uma figura impressionante em sua longa túnica azul e um chapéu decorado com várias e magníficas plumas de pavão.

Duas horas depois, Humboldt atravessou o rio para falar pessoalmente com o oficial mongol na outra iurta. Enquanto isso, a plateia ia aumentando. Os mongóis ficaram fascinados por seus visitantes estrangeiros, tocando e cutucando Humboldt e seus companheiros. Eles roçavam a barriga dos forasteiros, erguiam seus casacos e os apalpavam – pela primeira vez Humboldt era o espécime exótico, mas adorou cada minuto daquele insólito encontro. Humboldt tinha colocado os pés na China, o "reino celestial", ele escreveu.

A Academia Imperial de Ciências em São Petersburgo

Era hora de voltar. Uma vez que Cancrin não lhe dera permissão para, sob hipótese alguma, avançar a leste além de Tobolsk, Humboldt queria se assegurar de que pelo menos chegaria a São Petersburgo no dia e no horário combinados. Eles tinham de pegar seus coches na fortaleza em Ust-Kamenogorsk e depois rumar para o oeste ao longo da ponta sul do Império Russo, passando por Omsk, Miassa e Oremburgo, uma jornada de cerca de 4.828 quilômetros seguindo o limite entre a Rússia e a China. A fronteira, uma extensa linha de 3.218 quilômetros salpicada de estações, torres de vigia e pequenas fortalezas guarnecidas de cossacos ao longo da Estepe Cazaque, era a morada dos quirguizes nômades.[1]

Em Miass, em 14 de setembro, Humboldt celebrou seu aniversário de 60 anos na companhia do boticário local, um homem de quem a história se lembraria como o avô de Vladimir Lenin. No dia seguinte, Humboldt despachou uma carta para Cancrin, relatando que havia chegado a um ponto de inflexão em sua vida, a um momento decisivo. Embora não tivesse realizado tudo que desejava antes que a velhice diminuísse as suas forças, ele tinha visto as Altai e as estepes, que lhe deram enorme satisfação e também propiciaram

---

1 A Estepe Cazaque é a maior estepe seca do mundo, estendendo-se da cordilheira Altai a leste ao mar Cáspio a oeste.

o conjunto de dados de que ele necessitava. "Trinta anos atrás", ele escreveu a Cancrin, "eu estava nas florestas do Orinoco e nas cordilheiras". Agora ele finalmente tinha condições de reunir o "grande volume de ideias" restante. O ano de 1829 foi "o mais importante da minha inquieta vida".

De Miass, o grupo continuou em sentido oeste para Oremburgo, onde Humboldt mais uma vez decidiu desviar de sua rota. Em vez de rumar a noroeste na direção de Moscou e de lá para São Petersburgo, ele seguiu para o sul até o mar Cáspio – outro desvio extenso e não autorizado. Ainda menino, Humboldt havia sonhado em viajar para o mar Cáspio, ele escreveu a Cancrin na manhã de sua partida. Tinha de ver o enorme mar interno, o maior corpo de água interior do mundo, antes que fosse tarde demais.

Provavelmente foi a notícia da vitória da Rússia contra os otomanos que encorajou Humboldt a mudar seus planos. Cancrin vinha mantendo Humboldt a par dos acontecimentos por meio do correio expresso. No decorrer dos meses anteriores, soldados russos tinham marchado na direção de Constantinopla, infligindo sucessivas derrotas ao exército otomano. À medida que as fortificações turcas caíam, o sultão Mahmud II se deu conta de que a vitória estava do lado russo. Em 14 de setembro, o Tratado de Adrianopla foi assinado, e a guerra chegou ao fim – uma enorme região até então inacessível e perigosa demais para Humboldt se abria. Somente dez dias depois Humboldt informou ao seu irmão que agora viajariam para Astrakhan, às margens do Volga, onde o caudaloso rio desaguava na extremidade norte do mar Cáspio. A "paz do lado de fora dos portões de Constantinopla", Humboldt escreveu a Cancrin, era uma notícia "gloriosa".

Em meados de outubro, a expedição chegou a Astrakhan, e os homens embarcaram em um navio a vapor a fim de explorar o mar Cáspio e o rio Volga. O mar Cáspio era conhecido por seus níveis de água oscilantes, fato que fascinou Humboldt da mesma forma como, décadas antes, ele ficara intrigado no lago de Valência na Venezuela. Humboldt estava convencido, conforme mais tarde ele disse a cientistas em São Petersburgo, de que as estações de medição deveriam ser montadas em torno do lago para registrar metodicamente o aumento e a diminuição dos níveis da água, mas também investigar um possível movimento do solo; vulcões e outras forças subterrâneas talvez fossem a razão para as alterações, ele sugeriu. Mais tarde, Humboldt especulou que a depressão Aralo-caspiana – a região ao redor da parte norte do mar Cáspio, 27 metros abaixo do nível do mar – poderia ter afundado com a elevação do alto platô da Ásia Central e do Himalaia.

Hoje sabemos que há múltiplas razões para a mudança nos níveis de água. Um fator é a quantidade de água despejada pelo Volga e que está atrelada aos altos índices pluviométricos de uma vasta região de captação – e tudo isso por sua vez se relaciona às condições atmosféricas do Atlântico Norte. Muitos cientistas hoje acreditam que essas variações refletem alterações climáticas no Hemisfério Norte, o que faz do mar Cáspio um importante campo para investigações sobre mudanças do clima. Outras teorias alegam que os níveis de água são afetados por forças tectônicas. Era exatamente esse tipo de conexão global que interessava a Humboldt. Ver o mar Cáspio, Humboldt escreveu a Wilhelm, foi um dos "momentos culminantes da minha vida".

O mês de outubro estava no fim, e o inverno russo já estava para começar. Humboldt era esperado primeiro em Moscou e depois em São Petersburgo para prestar contas de sua expedição. Ele estava feliz. Tinha visto minas profundas e montanhas de cume nevado, bem como a maior estepe seca do mundo e o mar Cáspio. Havia tomado chá com os comandantes chineses na fronteira da Mongólia e leite de égua fermentado com os quirguizes. Entre Astrakhan e Volgogrado, o erudito cã do povo calmique organizou um concerto em homenagem a Humboldt durante o qual um coral calmique cantou prelúdios de Mozart. Humboldt tinha observado antílopes saiga correndo pela estepe cazaque, cobras refestelando-se ao sol numa ilha do Volga e um faquir indiano nu em Astrakhan. Ele previu, acertadamente, a existência de diamantes na Sibéria, e, desobedecendo às instruções, conversou com exilados políticos e chegou inclusive a conhecer um polonês que havia sido deportado para Oremburgo e que lhe mostrou, orgulhosamente, seu exemplar de *Ensaio político sobre o reino da Nova Espanha*. Durante os meses anteriores, Humboldt havia sobrevivido a uma epidemia de antraz e chegou a perder peso porque achou a comida siberiana indigesta. Mergulhou seus termômetros em poços fundos, carregou seus instrumentos de uma ponta à outra do Império Russo e fez milhares de medições. Ele e sua equipe retornaram com rochas, plantas prensadas, peixes dentro de frascos e animais empalhados, além de antigos manuscritos e livros para Wilhelm.

Como sempre, Humboldt não estava interessado apenas em botânica, zoologia ou geologia, mas também em agricultura e silvicultura. Notando o rápido desaparecimento das florestas em torno dos centros de mineração, ele escreveu a Cancrin sobre a "escassez de madeira" e o alertou contra o uso de máquinas a vapor para a drenagem de minas inundadas, porque isso consumiria muitas árvores. Na estepe Baraba, onde a epidemia de antraz havia sido deflagrada, Humboldt percebeu o impacto da intensa exploração do solo. A região era (e ainda é) um importante centro agrícola da Sibéria, e os fazendeiros de lá haviam drenado pântanos e charcos a fim de converter a terra em campos cultiváveis e pastagens. Isso causou uma considerável dessecação das planícies pantanosas, o que continuaria aumentando, concluiu.

Humboldt estava em busca das "conexões que interligavam todos os fenômenos e todas as forças da natureza". A Rússia era o capítulo derradeiro na compreensão humboldtiana da natureza – Humboldt consolidou, confirmou e estabeleceu relações entre todos os dados que havia compilado ao longo de décadas. A comparação e não a descoberta era o seu norte. Mais tarde, quando publicou em dois livros[2] os resultados de sua expedição russa, ele escreveu sobre a destruição das florestas e das mudanças de longo prazo infligidas pelo homem ao meio ambiente. Quando listou as três maneiras pelas quais a espécie humana estava afetando o clima, Humboldt citou desmatamento, irrigação inclemente e, talvez de forma mais

---

2 Os dois livros eram *Fragments de géologie et de climatologie asiatiques* (1831) e *Asie centrale, recherches sur les chaînes de montagnes et la climatologie comparée* (1843).

profética, as "grandes massas de vapor e gás" produzidas nos centros industriais. Ninguém antes dele havia se debruçado sobre a relação entre o gênero humano e natureza.³

Finalmente, ele retornava a São Petersburgo, em 13 de novembro de 1829. Sua resistência tinha sido espantosa. Desde a partida do grupo, em 20 de maio, Humboldt e seus companheiros haviam percorrido 16.093 quilômetros em menos de seis meses, passando por 658 postos de correio e usando 12.244 cavalos. Ele se sentia mais saudável do que nunca, fortalecido por ter passado tanto tempo ao ar livre e pela empolgação de suas aventuras. Todos queriam ouvir as histórias de sua expedição. Humboldt já havia sentido na pele as agruras de um espetáculo similar em Moscou dias antes, quando aparentemente metade da população da cidade apareceu para recebê-lo, todos paramentados em uniformes de gala e ostentando condecorações e comendas. Em ambas as cidades houve festas em homenagem a ele e uma profusão de discursos saudando-o como o "Prometeu dos nossos dias". Ninguém parecia se incomodar com o fato de que ele havia se desviado de sua rota original.

Essas recepções formais irritavam Humboldt. Em vez de discorrer sobre suas observações climáticas e investigações geológicas, ele se via obrigado a admirar uma trança feita com o cabelo de Pedro, o Grande. Enquanto a família real queria saber mais sobre a descoberta de diamantes, os cientistas russos estavam ávidos para ver as coleções de Humboldt. À medida que as solenidades prosseguiam, Humboldt era passado de uma pessoa para a outra. Por mais que sentisse aversão a esses momentos, ele se mantinha charmoso e paciente. O poeta russo Alexander Púchkin ficou impressionado com Humboldt. "Discursos cativantes jorravam de sua boca", disse Púchkin, da mesma maneira que a água esguichava do leão de mármore na fonte da Grand Cascade no palácio real em São Petersburgo. Em âmbito privado, Humboldt queixava-se da pompa cerimonial. "Estou quase

---

3   As concepções e ideias de Humboldt eram tão novas e diferentes das teorias até então correntes e predominantes que na ocasião até mesmo seu tradutor contestou seus argumentos. O tradutor da edição alemã acrescentou uma nota de rodapé em que afirmou que a influência do desflorestamento tal como apresentada por Humboldt era "questionável".

desmoronando sob o fardo das obrigações", ele escreveu a Wilhelm, mas também tentava aproveitar-se de sua fama e influência. Embora evitasse criticar publicamente as condições dos camponeses e operários, pediu ao czar que perdoasse alguns dos deportados que tinha conhecido durante suas viagens.

Humboldt também proferiu um discurso na Academia Imperial de Ciências de São Petersburgo que encetaria uma imensa colaboração internacional. Durante décadas ele havia demonstrado interesse pelo geomagnetismo – assim como tinha interesse no clima –, porque era uma força global. Determinado a aprender mais sobre o que chamava de "misteriosa marcha da agulha magnética", Humboldt sugeriu o estabelecimento de uma série de estações de observação de uma ponta à outra do Império Russo. O objetivo era descobrir se as variações magnéticas tinham origem terrestre – se eram geradas, por exemplo, por mudanças climáticas – ou se eram causadas pelo sol. O geomagnetismo era um fenômeno essencial para a compreensão da correlação entre os céus e a Terra porque poderia "nos revelar", disse Humboldt, "o que se passa nas profundezas do nosso planeta ou nas regiões mais altas da atmosfera". Humboldt investigava havia muito tempo o fenômeno. Nos Andes, ele descobrira o equador magnético, e durante a sua permanência forçada em Berlim, em 1806, quando o exército francês na Prússia impediu seu retorno a Paris, Humboldt e um colega fizeram observações de hora em hora – dia e noite –, um experimento que ele repetiu novamente ao regressar, em 1827. Depois de sua expedição russa, ele também recomendou a seus colegas alemães, juntamente com britânicos, franceses e norte-americanos, que trabalhassem juntos para coletar mais dados globais. Humboldt se dirigia a eles como membros de uma "grande confederação".

Em poucos anos, formou-se uma rede de estações de medição magnética mundo afora: em São Petersburgo, Pequim e Alasca, Canadá e Jamaica, Austrália e Nova Zelândia, Sri Lanka e mesmo na remota ilha de Santa Helena no Atlântico Sul, onde Napoleão fora exilado. Em três anos seriam feitos quase 2 milhões de observações. Assim como os atuais cientistas da mudança climática, os que trabalhavam nessas novas estações estavam compilando dados e participando do que hoje chamaríamos de um grande projeto de ciências. Foi uma colaboração internacional em larga escala – a chamada "Cruzada magnética".

Humboldt também usou seu discurso de São Petersburgo para incentivar os estudos do clima no âmbito do vasto Império Russo. Ele queria dados relacionando os efeitos da destruição das florestas sobre o clima – o primeiro estudo em grande escala para investigar o impacto do homem sobre as condições climáticas. Era obrigação dos cientistas, disse Humboldt, examinar os elementos cambiantes na "economia da natureza".

Duas semanas depois, em 15 de dezembro, Humboldt partiu de São Petersburgo. Antes de ir embora, devolveu um terço do dinheiro que havia recebido para custear suas despesas e pediu a Cancrin que financiasse outro explorador – a aquisição de conhecimento era mais importante do que seu ganho financeiro pessoal. Suas carruagens estavam abarrotadas com as coleções que havia organizado para o rei prussiano – tão lotadas de espécimes que eram um "armário de história natural" sobre rodas, disse Humboldt. Espremidos no coche havia ainda seus instrumentos, suas cadernetas e um opulento vaso de dois metros de altura sobre um pedestal que ele ganhara de presente do czar, juntamente com uma pele de zibelina.[4]

No caminho para Berlim fazia um frio congelante. Perto de Riga, o cocheiro perdeu o controle numa traiçoeira estrada coberta de gelo e a carruagem, que viajava em disparada, colidiu violentamente contra uma ponte. O impacto quebrou a balaustrada e um dos cavalos despencou de mais de dois metros, arrastando consigo sua carga. Um lado da carruagem ficou completamente destruído. Humboldt e os outros passageiros foram catapultados para fora, caindo a apenas dez centímetros da borda da ponte. Espantosamente, o único ferido foi o cavalo, mas a carruagem ficou tão danificada que os reparos resultaram em dias de atraso. Ainda assim, Humboldt manteve a empolgação. A cena do grupo pendurado à beira da ponte devia ter sido "pitoresca", ele gracejou. E também fez piada com o fato de que,

---

[4] Humboldt doou o vaso para o Altes Museum em Berlim. Hoje ele está na Alte Nationalgalerie.

havendo três homens eruditos dentro da carruagem, claro que foram formuladas muitas "teorias divergentes" sobre as causas do acidente. Eles passaram o Natal em Königsberg (atual Kaliningrado), e em 28 de dezembro de 1829 Humboldt chegou a Berlim, tão efervescente de teorias que parecia "fumegar feito uma panela com água fervente", segundo um amigo relatou a Goethe.

Essa foi a última expedição de Humboldt. Ele nunca mais viajaria pelo mundo, mas suas concepções e ideias sobre a natureza já estavam se espalhando por meio das mentes de pensadores na Europa e na América com uma força aparentemente irrefreável.

17

EVOLUÇÃO E NATUREZA

Charles Darwin e Humboldt

O HMS *Beagle* navegava os vales e as cristas das ondas com regularidade implacável enquanto o vento fazia tremularem as lonas das velas enfunadas. O navio havia zarpado de Portsmouth, no litoral sul da Inglaterra, quatro dias antes, em 27 de dezembro de 1831, numa viagem ao redor do globo com o intuito de inspecionar contornos e linhas costeiras e medir a exata posição geográfica de portos. A bordo estava Charles Darwin, então com 22 anos, que se sentia "desgraçadamente desanimado". Não era o que ele havia imaginado para a sua aventura. Em vez de se postar no convés e observar o mar bravio enquanto o navio atravessava o golfo da Biscaia em direção à ilha da Madeira, Darwin estava desalentado e indisposto como nunca na vida. De tão mareado, a única maneira de suportar era se esconder na cabine, comer biscoitos secos e permanecer deitado.

A minúscula cabine de popa que Darwin dividia com dois membros da tripulação era tão acanhada que a rede em que ele dormia estava pendurada por cima da mesa onde os oficiais trabalhavam nas cartas náuticas. A cabine tinha cerca de 3 × 3 metros e era atulhada de prateleiras de livros, armários e gaveteiros ao longo das paredes e uma enorme prancheta topográfica no meio. Darwin, que media cerca de 1,80 metro, não podia contar com o espaço de sobra do pé-direito para ficar na vertical. Cortando o aposento ao meio e

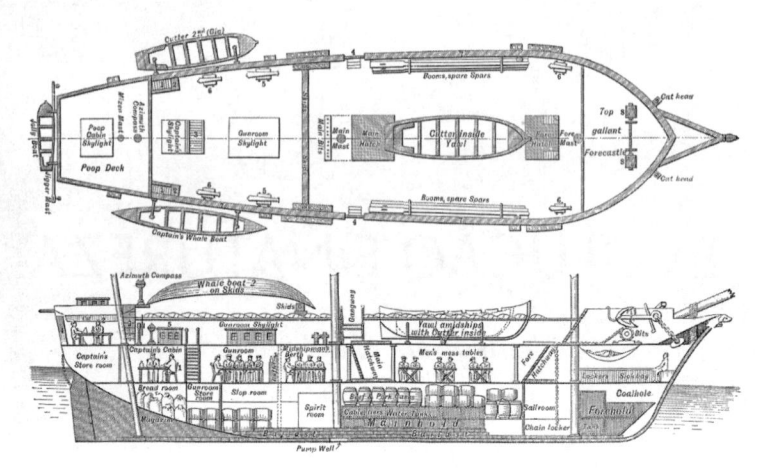

Planta do *Beagle* com a cabine de popa de Darwin (no convés do tombadilho)

restringindo ainda mais o já exíguo espaço, o mastro de mezena do navio passava feito uma grande coluna junto à mesa. Para se moverem dentro da cabine, os homens precisavam trepar com dificuldade sobre as volumosas vigas de madeira da engrenagem de direção do navio que atravessavam as tábuas do assoalho. Não havia janela, somente uma claraboia através da qual Darwin, deitado em sua rede, contemplava a lua e as estrelas.

Na pequena prateleira ao lado da rede estavam os pertences mais preciosos de Darwin: os livros que ele escolhera cuidadosamente para acompanhá-lo. Um bom número de volumes de botânica e zoologia, um dicionário espanhol-inglês novinho em folha, diversos relatos de viagem escritos por exploradores e o primeiro volume do revolucionário *Princípios de geologia* de Charles Lyell, que tinha sido publicado no ano anterior. Ao seu lado a *Narrativa pessoal* de Alexander von Humboldt, o relato em sete volumes da expedição à América Latina e o motivo pelo qual Darwin estava a bordo do *Beagle*.[1] "A minha admiração por sua famosa narrativa pessoal (parte da qual conheço

---

[1] Preocupado com a questão do reduzido espaço na cabine de popa, antes mesmo da partida do *Beagle,* Darwin havia perguntado ao capitão se poderia levar consigo o seu exemplar de *Narrativa pessoal*. "Claro que você pode ficar à vontade para levar o seu Humboldt", garantiu o capitão, tranquilizando-o.

quase de cor)", disse Darwin, "fez com que eu decidisse viajar para países distantes e me levou a me candidatar como naturalista voluntário no navio de sua majestade, o *Beagle*".

Enfraquecido pela náusea, Darwin começou a ter dúvidas acerca de sua decisão. Quando passaram pela Madeira, em 4 de janeiro de 1832, ele estava tão enjoado e adoentado que nem sequer teve forças para se arrastar até o convés e ver a ilha. Em vez disso, ficou confinado na cabine, lendo as descrições que Humboldt fizera dos trópicos, porque não havia nada melhor "para animar o coração de um homem nauseado", disse ele. Dois dias depois, chegaram a Tenerife – a ilha com que Darwin havia sonhado durante meses. Ele queria caminhar entre as palmeiras delgadas e ver o Pico del Teide, o vulcão de 3.657 metros que Humboldt havia escalado mais de três décadas antes. Quando o *Beagle* se aproximou da ilha, um bote com ordens urgentes abordou o navio e informou que eles não tinham permissão para aportar. As autoridades de Tenerife ficaram sabendo de recentes surtos de cólera na Inglaterra e estavam preocupadas, temendo que os marujos trouxessem a doença para a ilha. Assim que o cônsul impôs uma quarentena de doze dias, o capitão do *Beagle* preferiu seguir em frente a esperar. Darwin ficou devastado porque não veria o objeto de sua ambição. "Oh, que lástima, que desgraça", escreveu em seu diário.

Naquela noite, enquanto o *Beagle* velejava para longe de Tenerife, o mar amainou e o navio entrou em uma zona de calmaria. Enquanto ondas suaves encrespavam-se e murmuravam contra a popa, a aragem morna agitava delicadamente as velas ao redor dos mastros, e a náusea de Darwin diminuiu. O céu se abriu e inumeráveis estrelas espalharam seu fulgor sobre a escura água espelhada. Foi um momento mágico. "Já consigo entender o entusiasmo de Humboldt pelas noites tropicais", Darwin escreveu. Na manhã seguinte, enquanto observava o Pico del Teide – em formato de cone e matizado pela luz alaranjada do sol, seu topo espichando-se acima das nuvens – desaparecer ao longe, ele se sentiu recompensado e julgou que todo o seu mal-estar valera a pena. Depois de tanto ler sobre o vulcão na *Narrativa pessoal*, disse, foi "como se despedir de um amigo".

Apenas poucos meses antes, a perspectiva de ver os trópicos e de ser o naturalista numa expedição tinham sido "os mais selvagens castelos de vento" para Charles Darwin. Conforme os desejos de seu pai, ele estava destinado a uma profissão convencional e tinha estudado em Cambridge com o propósito de seguir a carreira clerical na Igreja Anglicana. Essa opção havia sido uma solução conciliadora, um meio-termo para apaziguar o pai depois que Darwin havia abandonado o curso de medicina na Universidade de Edimburgo. Convencido de que um dia herdaria dinheiro suficiente para "subsistir com algum conforto", Darwin não demonstrara a menor ambição em relação a aprender medicina, a carreira predeterminada para ele. Em Edimburgo, ele tinha preferido examinar invertebrados marinhos a se concentrar nos estudos médicos, e em Cambridge assistia a mais palestras de botânica do que a aulas de teologia. Ficou fascinado e obcecado por besouros e saía para longas caminhadas, erguendo pedras e troncos, enchendo sacolas e mochilas com seus tesouros entomológicos. Já que nunca aceitava a hipótese de perder nenhum de seus achados, um dia – com as mãos já repletas de besouros –, ele chegou a enfiar um inseto na boca para guardá-lo em segurança. O raro besouro expressou seu desagrado em relação a esse tratamento insólito e secretou uma dose suficiente de fluido ácido para obrigar Darwin a cuspi-lo.

Foi durante seu último ano em Cambridge que Darwin leu pela primeira vez a *Narrativa pessoal* de Humboldt, livro que "inspirou em mim um zelo ardente", ele escreveu. Darwin ficou tão impressionado com o texto humboldtiano que transcrevia trechos e os lia em voz alta para seu professor de botânica, John Stevens Henslow, e outros amigos durante suas excursões botânicas. Na primavera de 1831, Darwin já havia estudado Humboldt de maneira tão intensa que "eu falo, penso e sonho com um plano que mais ou menos arquitetei de ir para as ilhas Canárias", ele disse a um primo.

Seu plano era viajar a Tenerife com Henslow e alguns amigos da universidade. Darwin estava tão empolgado, ele próprio disse, que "mal consigo parar quieto". Para se preparar, todas as manhãs ele corria para as estufas e o jardim botânico em Cambridge com a

Charles Darwin

intenção de "fitar as palmeiras" e depois voltava às pressas para casa a fim de estudar botânica, geologia e espanhol. Sonhando com densas florestas, planícies deslumbrantes e cumes de montanhas, "lia e relia Humboldt" e falava tanto sobre a viagem que seus amigos de Cambridge começaram a desejar que ele partisse logo. "Eu os atormento", Darwin gracejou com seu primo, "com a minha tagarelice sobre cenários tropicais".

Em meados de julho de 1831, Darwin recomendou a Henslow que lesse mais Humboldt de modo a "atiçar seu ardor pelas Canárias". Suas cartas transbordavam de entusiasmo e estavam salpicadas de recém-aprendidas expressões em espanhol. "Eu me embebi de ardor tropical", ele disse à irmã. Mas, então, quando já se preparavam para zarpar, Henslow cancelou a expedição por causa de compromissos de trabalho e da gravidez da esposa. Darwin também se deu conta de que poucas embarcações britânicas viajavam para as Canárias – e as que o faziam navegavam durante os primeiros meses de verão. Eles estavam atrasados, já no final da estação, e teriam de postergar a viagem para o ano seguinte.

Então, um mês depois, em 29 de agosto de 1831, tudo mudou quando Darwin recebeu uma carta de Henslow, segundo o qual, um certo capitão Robert FitzRoy estava à procura de um cavalheiro naturalista da alta sociedade para viajar como seu companheiro a bordo do *Beagle* – navio que zarparia dali a quatro semanas numa viagem de circum-navegação ao redor da Terra. Era uma perspectiva muito mais empolgante do que Tenerife. Mas o entusiasmo de Darwin imediatamente arrefeceu quando seu pai se recusou a permitir e financiar a passagem do filho. Era um "plano tresloucado", disse Robert Darwin ao filho, e uma "empreitada desnecessária". Uma viagem ao redor do mundo não parecia um pré-requisito para um clérigo de província.

Darwin ficou arrasado. Claro que a viagem não seria barata, mas sua família tinha condições de pagar. Seu pai era um médico bem-sucedido, que havia amealhado boa parte de sua fortuna por causa de seus talentos de astuto investidor, e graças aos avós de Darwin, a família era famosa e próspera. O célebre ceramista Josiah Wedgwood, avô materno de Darwin, aplicou a ciência à olaria – até então uma arte manual e em pequena escala –, e dessa forma industrializou a produção de louça. Quando morreu, Wedgwood era um homem rico e respeitado. O avô paterno de Charles Darwin, o médico, cientista e inventor Erasmus Darwin, foi igualmente ilustre. Em 1794, ele publicou as primeiras ideias evolucionárias radicais em seu livro *Zoonomia*, alegando que animais e humanos descendiam de minúsculos filamentos do mar primordial. Erasmus Darwin também transformou em versos o sistema de classificação de Carl Lineu no imensamente popular *Loves of the Plants* – que Humboldt e Goethe tinham lido na década de 1790. Havia na família o orgulho da realização, talvez até mesmo um sentimento de grandeza, a que Charles Darwin certamente também aspirava.

Um tio ajudou a convencer o pai de Darwin da importância da viagem. "Se eu visse Charles agora absorto em estudos profissionais", Josiah Wedgwood II escreveu a Robert Darwin, não seria aconselhável interrompê-los, "mas este não é, e creio que não virá a ser, o caso com ele". Uma vez que o único interesse de Charles era a história natural, seu tio concluiu, a expedição seria uma grande oportunidade para que ele imprimisse sua marca no mundo da ciência. No dia seguinte, o pai de Darwin finalmente concordou em bancar as despesas do filho. Darwin daria a volta ao mundo.

As três primeiras semanas de viagem rumo ao sul foram bastante sossegadas. Depois de passarem por Tenerife, Darwin se sentiu melhor. Os dias iam ficando mais quentes e ele começou a vestir roupas mais leves. Darwin capturou águas-vivas e outros invertebrados marinhos, ocupando-se com a dissecação. Era também um bom momento para conhecer o restante da tripulação. Darwin dividia a cabine com o topógrafo-assistente, que à época tinha 19 anos, e com um aspirante a oficial da marinha – um estudante de academia naval que então tinha 14 anos. Havia a bordo 74 homens, incluindo marujos, carpinteiros e topógrafos, bem como um fabricante de instrumentos, um pintor e um cirurgião.[2] Aos 26 anos, o capitão FitzRoy era apenas quatro anos mais velho que Darwin, vinha de uma família aristocrática e passara toda a sua vida adulta no mar. Era sua segunda viagem no *Beagle*. O capitão podia ser mal-humorado e taciturno, especialmente de manhã cedo. Tendo um tio que havia cometido suicídio, FitzRoy vivia preocupado, temendo ter a mesma predisposição. Às vezes o capitão caía em depressões profundas, que "beiravam a insanidade", pensava Darwin. FitzRoy alternava-se entre momentos de energia aparentemente inesgotável e melancolias silenciosas. Mas era inteligente e fascinado por história natural e trabalhava incessantemente.

FitzRoy estava no comando de uma expedição custeada pelo governo com o objetivo de circum-navegar o globo para a realização de um ciclo completo de medições longitudinais – usando os mesmos instrumentos numa tentativa de padronizar mapas e navegação. Ele também tinha sido instruído a completar o levantamento topográfico da costa da América do Sul, onde a Inglaterra

---

2 O *Beagle* também levava um missionário e três fueguinos, que o capitão FitzRoy fizera de reféns em sua viagem anterior e transportara para a Inglaterra. Agora eles voltariam para a Terra do Fogo, onde, esperava FitzRoy, converteriam seus conterrâneos ao cristianismo assim que lá estabelecessem um assentamento missionário.

esperava obter a dominação econômica entre as recém-independentes nações americanas.

O *Beagle* era um brigue de noventa pés (27 metros) de comprimento, uma embarcação pequena, mas abarrotada com milhares de latas de carne em conserva e os mais avançados instrumentos topográficos. FitzRoy insistiu em levar 22 cronômetros de precisão para medir a hora e a longitude, bem como para-raios para proteger o navio. O *Beagle* transportava açúcar, rum e ervilhas secas, bem como os habituais remédios contra escorbuto, tais como picles e suco de limão. "No porão de carga do navio mal caberia um saco de pão a mais", comentou Darwin, admirado com o abarrotamento.

A primeira parada em terra do *Beagle* foi em São Tiago, a maior das ilhas de Cabo Verde no oceano Atlântico, cerca de oitocentos quilômetros da costa ocidental da África. Assim que Darwin desembarcou na ilha tropical, novas impressões precipitaram-se em sua mente. Era um cenário confuso, exótico e eletrizante. Palmeiras, tamarindeiros e bananeiras disputavam sua atenção, assim como os bulbosos baobás. Ele ouviu as melodias de pássaros desconhecidos e viu estranhos insetos pousando sobre botões de flores ainda mais estranhas. Como Humboldt e Bonpland em sua chegada à Venezuela em 1799, a mente de Darwin era "um perfeito furacão de deleite e assombro", enquanto ele examinava rochas vulcânicas, plantas prensadas, animais dissecados e mariposas espetadas em alfinetes. Darwin lascava pedras, raspava troncos e procurava insetos, larvas e minhocas debaixo de pedras, coletava todo tipo de coisa, de conchas e enormes folhas de palmeira a platelmintos e os mais diminutos insetos. À noite, quando voltava "carregado com a minha farta colheita", ele não poderia se sentir mais feliz. Darwin parecia uma criança com um brinquedo novo, ria o capitão FitzRoy.

Foi "como dar olhos a um cego", Darwin registrou em seu diário. Descrever os trópicos era impossível, explicava nas cartas que enviava para casa, porque tudo era tão diferente e desconcertante que ele se sentia perdido, sem saber como começar ou terminar uma frase. Darwin aconselhou seu primo William Darwin Fox a ler a *Narrativa pessoal* de Humboldt para compreender o que ele próprio estava conhecendo em primeira mão e disse ao pai: "Se o senhor realmente quiser ter uma noção dos países tropicais, *estude* Humboldt". Darwin via esse mundo novo através das lentes da escrita de Humboldt. Seu diário estava repleto de comentários como "bastante impressionado pela exatidão de uma das observações de Humboldt" ou "de acordo com o comentário de Humboldt".

Somente uma publicação moldou a mente de Darwin com grau de influência similar ao da obra de Humboldt: *Princípios de geologia*, de Charles Lyell, livro que por sua vez também era calcado nas ideias de Humboldt e no qual Lyell o citava dezenas de vezes, com referências que iam desde a ideia humboldtiana de clima global e zonas de vegetação até informações sobre os Andes. Em *Princípios de geologia*, Lyell explicava que a Terra havia sido formada pela erosão e sedimentação numa série de lentíssimos movimentos de elevação e subsidência no decorrer de um inimaginavelmente longo período, pontuado por erupções vulcânicas e terremotos. À medida que Darwin examinava os estratos rochosos de São Tiago, tudo que Lyell escrevera fazia sentido para ele. Lá, Darwin foi capaz de "ler" a criação da ilha ao observar as falésias: os restos de um antigo vulcão; depois, mais acima, uma faixa branca horizontal de conchas e corais comprimidos e, a seguir, num lugar mais elevado, uma camada de lava. A lava cobrira as conchas e desde então a ilha fora empurrada para cima por alguma força subterrânea. A linha ondulada e as irregularidades da faixa branca também atestavam um movimento mais recente – forças de Lyell que ainda estavam ativas. Correndo por toda parte e explorando o interior da ilha de São Tiago, Darwin via as plantas e os animais através dos olhos de Humboldt, e as rochas, com o olhar de Lyell. Quando retornou ao *Beagle*, escreveu uma carta ao pai, anunciando que, sob a inspiração do que tinha visto na ilha, "terei condições de realizar algum trabalho original em história natural".

Poucas semanas depois, no final de fevereiro, quando o *Beagle* aportou na Bahia (na atual cidade de Salvador), no Brasil, o espanto de Darwin continuou. Tudo era tão onírico que parecia uma cena mágica de *As mil e uma noites*, ele explicou. Repetidas vezes Darwin escreveu que somente Humboldt chegou perto de descrever os trópicos. "Quanto mais eu o leio, mais meus sentimentos equivalem à admiração", Darwin declarou numa carta para a família e, em outra, "Antes eu admirava Humboldt, agora eu quase o venero". As descrições de Humboldt eram incomparáveis e sem igual, disse Darwin no dia em que viu o Brasil pela primeira vez, por causa da "rara união de poesia com ciência".

Darwin estava caminhando num mundo novo, ele escreveu ao pai. "No presente momento estou apaixonado por aranhas", informava exultante, e as flores "fariam um florista enlouquecer". Havia tantas coisas que ele nem sabia ao certo para onde olhar ou o que pegar primeiro – a chamativa borboleta, o inseto rastejando sobre uma flor exótica ou uma nova espécie de flor. "No presente momento só sirvo para ler Humboldt", Darwin escreveu em seu diário, pois "ele, como um outro Sol, ilumina tudo que eu vejo". Era como se Humboldt propiciasse a Darwin uma corda na qual ele se segurava com firmeza para não se afogar em meio a todas essas novas impressões.

O *Beagle* navegou para o sul, rumo ao Rio de Janeiro, e de lá seguiu para Montevidéu e depois para as ilhas Malvinas, Terra do Fogo e Chile – no decorrer dos três anos e meio seguintes, invariavelmente refazendo a rota de modo a assegurar a exatidão de seus levantamentos cartográficos. Darwin costumava se ausentar regularmente do navio durante várias semanas a fim de realizar longas incursões nas ilhas (combinava de antemão com FitzRoy o local onde embarcaria de novo no *Beagle*). Darwin explorou a floresta tropical brasileira e percorreu os pampas com os gaúchos. Viu amplos horizontes nas planícies poeirentas da Patagônia e encontrou ossos fossilizados de mamíferos gigantes na costa da Argentina. Darwin tornou-se, conforme ele próprio disse em carta ao primo Fox, um "grande errante".

Quando estava a bordo do *Beagle*, Darwin seguia uma rotina fixa. De manhã, fazia companhia a FitzRoy no desjejum e depois ambos se dedicavam a suas respectivas tarefas. O capitão examinava e lidava com sua papelada, ao passo que Darwin investigava seus espécimes e fazia anotações. Darwin trabalhava na cabine de popa, na enorme prancheta onde o topógrafo-assistente também se debruçava sobre seus mapas. Num canto, Darwin montava seu microscópio e suas cadernetas. Lá ele dissecava, rotulava, conservava e secava seus espécimes. O espaço era acanhado, mas Darwin o considerava um estúdio perfeito para um naturalista, porque tudo estava "muito perto, ao alcance da mão".

Do lado de fora, no convés, era preciso limpar os ossos fósseis e capturar águas-vivas. À noite, Darwin fazia as refeições com FitzRoy, mas de vez em quando era convidado a se juntar ao restante da tripulação no ruidoso refeitório, o que ele sempre apreciava. Uma vez que o *Beagle* ia e voltava em seu percurso ao longo da costa trabalhando nos levantamentos, havia muita comida fresca disponível. Os homens comiam atum, tartaruga e tubarão, bem como bolinhos de avestruz e tatu assado – em carta à família Darwin disse que, desprovido de sua carapaça, o tatu se assemelhava ao pato e tinha exatamente o mesmo gosto.

Darwin adorou a nova vida. A tripulação gostava dele e o apelidou de "Philos" ("amizade", em grego) e "pega-moscas". A paixão de Darwin pela natureza era contagiosa, e em pouco tempo muitos dos outros também se tornaram colecionadores, o que ajudou a aumentar o acervo de espécimes. Um oficial provocava Darwin com relação ao "maldito e excessivo tormento" de barris, caixas de madeira e ossos no convés, dizendo que "se fosse eu o capitão, num piscar de olhos faria você e toda essa bagunça sumirem daqui". Toda vez que o *Beagle* chegava a um porto de onde zarpavam navios para a Inglaterra, Darwin despachava seus baús repletos de fósseis, peles de aves e plantas prensadas para Henslow em Cambridge, além de enviar cartas para a família.

À medida que a viagem prosseguia, Darwin sentia uma necessidade ainda mais urgente de ler tudo que Humboldt havia escrito. Quando o *Beagle* chegou ao Rio de Janeiro, em abril de 1832, ele escreveu para casa, pedindo ao irmão que enviasse um exemplar de *Quadros da natureza* para Montevidéu, no Uruguai, onde poderia pegá-lo mais tarde, numa etapa posterior da viagem. Seu irmão atendeu ao pedido e despachou os livros – não somente *Quadros da natureza*, mas também a publicação mais recente de Humboldt, *Fragments de géologie et de climatologie asiatiques*, que era o resultado da expedição russa, e o *Ensaio político sobre o reino da Nova Espanha*.

Ao longo de toda a jornada do *Beagle*, Darwin travou um diálogo interno com Humboldt – lápis na mão, sublinhando trechos da *Narrativa pessoal*. As descrições de Humboldt eram praticamente um modelo para as experiências do próprio Darwin. Quando viu pela primeira vez as constelações do Hemisfério Sul, Darwin pensou nas descrições de Humboldt. Ou, mais tarde, ao avistar as planícies chilenas após dias explorando a floresta indomada, a reação de Darwin ecoou exatamente a de Humboldt quando adentrou os Llanos na Venezuela depois da expedição no Orinoco. Humboldt escrevera sobre as "novas sensações" e a alegria de poder "ver" novamente após as longas semanas dentro da densa floresta tropical, e agora Darwin descrevia como essas paisagens eram "muito refrescantes, depois de estar encerrado e enterrado em meio à desolada vastidão de árvores".

Da mesma forma, a anotação que Darwin fez em seu diário acerca de um terremoto que ele presenciou em 20 fevereiro de 1835 em Valdívia, no sul do Chile, era quase uma síntese do que Humboldt escrevera sobre seu primeiro terremoto em Cumaná em 1799. O comentário de Humboldt era acerca de como um terremoto em "um instante é suficiente para destruir longevas ilusões" – o que, no diário de Darwin, tornou-se "um terremoto como este destrói de uma vez as mais antigas e arraigadas associações".[3]

São incontáveis os exemplos do mesmo tipo, e até mesmo a discussão de Darwin a respeito da alga marinha na costa da Terra do Fogo como a planta mais essencial na cadeia alimentar era extraordinariamente semelhante à descrição que Humboldt faz das palmeiras buriti como uma espécie fundamental que "espalha a vida" nos Llanos. As formidáveis florestas aquáticas de alga, Darwin escreveu, nutriam uma vasta gama de formas de vida, desde minúsculos pólipos semelhantes a hidras, moluscos, pequenos peixes e caranguejos

---

3   Lidas na íntegra, as descrições continuam muito semelhantes. O texto de Humboldt, "a terra chacoalha em seus velhos alicerces, que considerávamos tão estáveis", torna-se, no diário de Darwin, "Um terremoto como esse destrói as mais antigas e arraigadas associações; o mundo, o emblema de tudo aquilo que é sólido, se mexe abaixo dos nossos pés como uma crosta sobre um fluido". Humboldt escreveu: "desconfiamos pela primeira vez do solo, sobre o qual por tanto tempo havíamos pousado nossos pés com tanta confiança", e Darwin seguiu com "um segundo de tempo transmite à mente uma estranha ideia de insegurança".

– todos, por sua vez, alimentavam cormorões, lontras e, por fim, é claro, as tribos nativas. Humboldt informou a compreensão de Darwin da natureza como um sistema ecológico. Como a destruição de uma floresta tropical, disse Darwin, a erradicação da alga causaria a perda de incontáveis espécies, bem como, provavelmente, a aniquilação da população nativa.

Darwin moldou a sua própria escrita tomando como modelo o modo de escrever de Humboldt, fundindo texto científico e descrição poética a tal ponto que seu diário da viagem do *Beagle* tornou-se extraordinariamente similar em estilo e conteúdo à *Narrativa pessoal*. Tanto que sua irmã se queixou, ao receber a primeira parte do diário em outubro de 1832, de que "você, provavelmente de tanto ler Humboldt, pegou sua fraseologia" e "o tipo de expressões francesas floreadas que ele usa". Outros foram mais elogiosos e disseram a Darwin que estavam encantados com suas imagens "cheias de vida, à feição de Humboldt".

Humboldt mostrou a Darwin como investigar o mundo natural, não do ângulo claustrofóbico de um geólogo ou zoólogo, mas de dentro *e* de fora. Ambos, Humboldt e Darwin, tinham a rara habilidade de se concentrar nos mais ínfimos detalhes – de uma partícula de líquen a um minúsculo besouro – e depois recuar e examinar padrões globais e comparativos. Essa flexibilidade de perspectiva permitiu a ambos compreender o mundo de maneira completamente nova. Era um olhar telescópico e microscópico, amplo e arrebatadoramente panorâmico e que se estendia até os níveis celulares, movendo-se no tempo do distante passado geológico à economia futura de populações nativas.

Em setembro de 1835, pouco menos de quatro anos depois de ter zarpado da Inglaterra, o *Beagle* finalmente partiu da América do Sul para continuar circum-navegando o globo. A viagem seguiu de Lima para as ilhas Galápagos, no Pacífico, 965 quilômetros a oeste da costa equatoriana. Eram ilhas estranhas e áridas onde viviam aves e répteis tão mansos e desacostumados aos humanos que podiam ser capturados com facilidade. Lá, Darwin investigou rochas e formações geológicas, capturou tentilhões e aves-do-arremedo e mediu o tamanho das gigantescas tartarugas que vagavam pelas ilhas. Mas foi somente quando ele por fim retornou à Inglaterra e examinou suas coleções que ficou claro o quanto as Galápagos viriam a se tornar importantes para a teoria evolucionária darwiniana. Para ele, as ilhas marcaram um momento decisivo, um ponto de inflexão, embora na ocasião não tivesse percebido isso.

Após cinco semanas nas Galápagos, o *Beagle* adentrou o vazio do Pacífico Sul na direção do Taiti, e de lá navegou para a Nova Zelândia e a Austrália. Da costa ocidental australiana eles atravessaram o Índico e contornaram a ponta da África do Sul antes de ganharem novamente o Atlântico de volta à América do Sul. Os últimos meses de viagem foram penosos para todos. "Jamais houve um navio", Darwin escreveu, "tão repleto de heróis saudosos de casa". Naquelas semanas, toda vez que encontravam embarcações mercantes ele sentia o "mais perigoso pendor para desistir de tudo e literalmente abandonar o navio", Darwin admitiu. Estavam longe de casa fazia quase cinco anos – tanto tempo que Darwin se flagrava sonhando com as terras verdejantes e aprazíveis da Inglaterra.

Em 1º de agosto de 1836, depois de cruzar o oceano Índico e depois o Atlântico, o *Beagle* fez uma breve parada na Bahia, Brasil, onde a tripulação havia descido pela primeira vez em terras sul-americanas no final de fevereiro de 1832, antes de finalmente rumar para o norte na última etapa da viagem. Para Darwin, a experiência de ver a Bahia foi dura, um balde de água fria. Em vez de admirar as floradas tropicais da floresta tropical brasileira, como Darwin fizera durante a primeira visita, agora ele queria ver as magníficas castanheiras-da-índia num parque inglês. Estava desesperado para voltar para casa. Sentia-se farto daquele "modo ziguezagueante" de navegar, segundo a carta que escreveu para a irmã. "Eu desprezo, eu abomino o mar e todos os navios que nele navegam."

No final de setembro, o *Beagle* passou pelos Açores, no Atlântico Norte, e rumou em direção à Inglaterra. Darwin estava em sua cabine, tão mareado quanto no primeiro dia a bordo. Mesmo depois de tantos anos, ele ainda não se acostumara aos ritmos do mar e se queixou: "Odeio todas as ondas do oceano". Deitado em sua rede, Darwin preenchia seu volumoso diário com suas últimas observações, sintetizando seus pensamentos acerca dos cinco anos anteriores. Primeiras impressões, ele anotou em um de seus registros iniciais, eram invariavelmente moldadas por ideias preconcebidas. "Todas as minhas foram tiradas das vívidas descrições presentes em *Narrativa pessoal*."

Em 2 de outubro de 1836, quase cinco anos depois de partir da Inglaterra, o *Beagle* entrou no porto de Falmouth, na costa sul da Cornualha. A fim de completar seu levantamento, o capitão FitzRoy ainda tinha de fazer uma última medição longitudinal em Plymouth, exatamente no mesmo local onde fizera a primeira. Darwin, contudo, desembarcou em Falmouth. Mal podia esperar para pegar o coche postal com destino a Shrewsbury e ver sua família.

Enquanto a carruagem rumava ruidosamente para o norte, Darwin fitou pela janela, observando as onduladas colchas de retalhos de campos e sebes. Os campos pareciam muito mais verdes que o habitual, ele pensou, mas quando pediu aos outros passageiros que confirmassem suas observações, eles, impassíveis, o encararam com rosto inexpressivo. Depois de 48 horas no coche, Darwin chegou tarde da noite a Shrewsbury e entrou sorrateiramente em casa, porque não queria acordar seu pai e suas irmãs. Na manhã seguinte, quando o viram à mesa do desjejum, seus familiares mal conseguiram acreditar nos próprios olhos. Darwin estava de volta, são e salvo, mas "muito magro", disse a irmã. Havia tanta coisa sobre o que conversar, mas ele poderia ficar somente alguns dias, porque tinha de ir para Londres e descarregar seus baús do *Beagle*.

Darwin regressou a um país ainda regido pelo mesmo rei, William IV, mas dois importantes atos parlamentares tinham sido aprovados durante sua longa ausência. Em junho de 1832, após ferrenhas batalhas políticas, a polêmica Lei de Reformas foi sancionada – um primeiro e grande passo rumo à democracia, na medida em que pela primeira vez deu às cidades que haviam crescido durante a Revolução Industrial assentos na Câmara dos Comuns e ampliou o direito de voto – se antes apenas os abastados latifundiários votavam, agora o eleitorado passou a incluir também as classes médias superiores.

Durante a viagem do *Beagle,* a família de Darwin, que havia apoiado a lei da reforma, mantivera Charles atualizado acerca das disputas no parlamento por meio de cartas. A outra notícia empolgante tinha sido a aprovação do Ato de Abolição da Escravidão, em agosto de 1834, quando Darwin estava no Chile. Embora o tráfico escravista já tivesse sido banido em 1807, esse novo ato proibia a escravidão na maior parte do Império Britânico. As famílias Darwin e Wedgwood, que havia muito tempo faziam parte do movimento antiescravista, ficaram contentes, tanto quanto, é claro, Humboldt, que desde a sua expedição à América Latina condenava ferozmente a escravidão.

O mais importante para Darwin, contudo, eram notícias do mundo científico. Ele já tinha material suficiente para publicar diversos livros, e a ideia de se tornar clérigo já havia desaparecido. Seus baús estavam abarrotados de espécimes – pássaros, animais, insetos, plantas, pedras e gigantescos ossos fósseis –, e suas cadernetas, atulhadas de observações e ideias. Agora Darwin queria se firmar na comunidade científica. À guisa de preparação, meses antes – quando ainda estava na remota ilha de Santa Helena, no Atlântico Sul – Darwin havia escrito ao seu velho amigo, o botânico John Stevens Henslow, pedindo que facilitasse a sua entrada na Sociedade Geológica. Estava ávido para exibir seus tesouros, e os cientistas britânicos, que tinham acompanhado as aventuras do *Beagle* por meio de cartas e informes que circularam em jornais, estavam ansiosos para conhecê-lo pessoalmente. "A viagem do *Beagle*", Darwin escreveu mais tarde, "foi sem dúvida o mais importante evento da minha vida e determinou toda a minha carreira".

Em Londres, Darwin corria de um lado para o outro para participar de reuniões na Royal Society, na Sociedade Geológica e na Sociedade Zoológica, além de trabalhar em seus artigos. Disponibilizou suas coleções para que os melhores cientistas as examinassem – anatomistas e ornitólogos, bem como os estudiosos que classificavam fósseis, peixes, répteis e mamíferos.[4] Um projeto imediato foi

---

4 Darwin assegurou também recursos governamentais para custear a edição de *A zoologia da viagem do HMS Beagle 1838-1843* – para que "se assemelhasse em uma escala menor" às magníficas publicações zoológicas de Humboldt.

revisar seu diário para publicação. Quando veio a lume, em 1839, *Viagem de um naturalista ao redor do mundo* fez de Darwin um homem famoso. Ele escreveu sobre plantas, animais e geologia, mas também sobre a cor do céu, a sensação de luz, a quietude do ar e o aturdimento da atmosfera – tal qual um pintor, com pinceladas fulgurantes. Como Humboldt, Darwin registrou suas reações emocionais à natureza, além de fornecer dados científicos e informações sobre povos nativos.

Quando os primeiros exemplares saíram das tipografias, em meados de 1839, Darwin enviou um para Humboldt em Berlim. Sem saber para onde endereçar a correspondência, Darwin pediu a um amigo, "porque é como se eu tivesse de escrever ao rei da Prússia e o imperador de toda a Rússia". Nervoso por encaminhar o livro para o seu ídolo, Darwin lançou mão da bajulação e escreveu em sua carta de apresentação que haviam sido os relatos de Humboldt acerca da América do Sul que despertaram nele o desejo de viajar. Darwin disse a Humboldt que copiara longos trechos de *Narrativa pessoal*, de modo que "pudessem estar para sempre presentes na minha mente".

Darwin não precisaria ter se preocupado. Quando Humboldt recebeu seu exemplar, respondeu com uma longa carta enaltecendo o volume como um "livro excelente e admirável". Se a sua própria obra havia inspirado um livro como *Viagem de um naturalista ao redor do mundo*, então esse era o seu maior sucesso. "O senhor tem um excelente futuro pela frente", ele escreveu. Ali estava o cientista mais famoso de seu tempo, graciosamente dizendo a Darwin, então com 31 anos, que ele segurava a tocha da ciência. Embora fosse quarenta anos mais velho que Darwin, Humboldt imediatamente o reconheceu como um espírito afim ao seu.

A carta de Humboldt não incluía elogios superficiais – linha após linha, ele comentava as observações de Darwin, citando números de páginas, enumerando exemplos e discutindo argumentos. Humboldt leu minuciosamente cada página do relato de Darwin. Melhor ainda, ele escreveu também uma carta para a Sociedade Geográfica em Londres – que foi publicada no boletim da sociedade, para que todos a lessem –, afirmando que o livro de Darwin era "uma das obras mais extraordinárias que, no decorrer de uma longa vida, tive o prazer de ver publicada". Darwin ficou em êxtase. "Poucas coisas na minha vida gratificaram-me mais", disse ele, "e nem mesmo um jovem autor é capaz de digerir tamanho bocado de adulação". Ele estava honrado em receber tal louvação pública. Quando, mais tarde, Humboldt incentivou uma tradução para o alemão de *Viagem de um naturalista ao redor do mundo*, Darwin escreveu a um amigo: "Devo, com *imperdoável vaidade*, gabar-me com você".

Darwin estava agitadíssimo. Trabalhava freneticamente, dedicando-se a temas que iam de recifes de coral a vulcões e minhocas. "Não suporto a ideia de largar meu trabalho nem que seja por apenas meio dia", ele admitiu para o seu velho amigo e professor John Stevens Henslow. Trabalhava tanto que tinha palpitações cardíacas, que aparentemente ocorriam sempre que, disse ele, "alguma coisa me deixa alvoroçado". Uma razão talvez tenha sido uma empolgante descoberta acerca dos espécimes de aves que ele havia trazido das ilhas Galápagos. À medida que analisava seus achados, Darwin começou a deliberar sobre a ideia de que as espécies talvez evoluíssem – a transmutação das espécies, termo que era então usado.

Os diferentes tentilhões e tordos-dos-remédios que Darwin havia coletado nas diferentes ilhas não eram, como ele tinha pensado de início, apenas variações das conhecidas aves do continente. Quando o ornitólogo John Gould – que identificou os pássaros após o retorno do *Beagle* – declarou que eram de fato espécies diferentes, Darwin supôs que cada ilha tinha suas próprias espécies endêmicas. Uma vez que as ilhas eram de origem vulcânica relativamente recente, havia somente duas explicações possíveis: ou Deus tinha criado aquelas espécies especificamente para as Galápagos ou, em seu isolamento geográfico, todas haviam evoluído de um ancestral comum que migrara para as ilhas.

As implicações eram revolucionárias. Se Deus tinha criado plantas e animais, o conceito de evolução das espécies sugeria que ele tinha cometido erros iniciais? Da mesma forma, se certas espécies acabavam sendo extintas e Deus continuamente criava novas, isso significava que ele mudava de ideia o tempo todo? Era um pensamento

1. Geospiza magnirostris. 2. Geospiza fortis.
3. Geospiza parvula. 4. Certhidea olivacea.

Os tentilhões observados por Darwin nas ilhas Galápagos

aterrorizante para muitos cientistas. O debate acerca da transmutação vinha causando barulho havia algum tempo. O avô de Darwin, Erasmus, já escrevera sobre isso em seu livro *Zoonomia*, bem como Jean-Baptiste Lamarck, o velho conhecido de Humboldt do museu de história natural no Jardin des Plantes em Paris.

Na primeira década do século XIX, Lamarck tinha declarado que, influenciados por seu meio ambiente, os organismos poderiam mudar ao longo de uma trajetória progressiva. Em 1830, um ano antes de Darwin embarcar no *Beagle*, a batalha entre a ideia de espécies mutáveis *versus* espécies fixas havia se tornado um violento bate-boca na Académie des Sciences em Paris.[5] Numa de suas viagens de Berlim a Paris, Humboldt assistira a um violento debate na

---

5 No canto do ringue do argumento a favor das espécies fixas estavam os que acreditavam que animais e plantas eram extintos e que Deus regularmente criava novas espécies. Os adversários dessa ideia alegavam que existia uma unidade ou plano/projeto subjacente a partir do qual diferentes espécies se desenvolviam à medida que se adaptavam ao seu meio ambiente particular – variantes do que Goethe havia chamado de "*urform*". Alegavam que as asas de um morcego ou as nadadeiras de um golfinho eram variações de um antebraço.

Académie, e ficou o tempo todo sussurrando comentários desdenhosos acerca dos argumentos em defesa das espécies fixas para os cientistas sentados ao seu lado. Em *Quadros da natureza*, mais de duas décadas antes, Humboldt escrevera sobre a "gradual transformação de espécies".

Darwin também estava convencido de que a ideia de espécies fixas era equivocada. Tudo existia em um fluxo instável e estava em constante processo de mudança ou, como dizia Humboldt, se o planeta estava mudando, se terra e mar se moviam, se as temperaturas estavam aumentando ou resfriando – então todos os organismos "também devem estar sujeitos a várias alterações". Se o meio ambiente influenciava o desenvolvimento dos organismos, então os cientistas precisavam investigar mais detidamente climas e habitats. Portanto, o foco do novo pensamento de Darwin tornou-se a distribuição de organismos pelo planeta, o que era a especialidade de Humboldt – pelo menos no que tangia ao mundo das plantas. A geografia das plantas, disse Darwin, era "o princípio básico das leis de criação".

Quando comparou famílias de plantas em diferentes continentes e diferentes climas, Humboldt descobriu zonas de vegetação. Ele tinha visto a maneira como ambientes semelhantes volta e meia continham plantas intimamente afins e estreitamente relacionadas, mesmo quando separadas por oceanos ou cordilheiras. Contudo, isso era confuso, porque, apesar dessas analogias intercontinentais, um clima similar nem sempre ou não necessariamente produzia plantas ou animais semelhantes.

Quando leu *Narrativa pessoal*, Darwin realçou muitos desses exemplos.[6] Por que razão, perguntara Humboldt, os pássaros na Índia eram menos coloridos do que os da América do Sul, ou por que somente na Ásia havia tigres? Por que os enormes crocodilos eram tão abundantes no baixo Orinoco mas inexistentes no alto Orinoco?

---

6 Nos manuscritos de Darwin há diversas referências a Humboldt – essa ampla gama de menções varia das marcações a lápis feitas por Darwin nos livros de Humboldt a anotações sobre a obra de Humboldt rabiscadas nas cadernetas de Darwin, tais como "Na formidável obra de Humboldt" ou "Humboldt escreveu sobre a geografia das plantas".

Darwin ficou fascinado por esses exemplos e invariavelmente acrescentava seus próprios comentários nas margens de seu exemplar de *Narrativa pessoal*: "como na Patagônia", ou "no Paraguai", "como Guanaco" e às vezes um simples "sim" ou "!" afirmativos.

Cientistas como Charles Lyell explicavam que essas plantas aparentadas que eram encontradas em locais extremamente distantes uns dos outros tinham sido produzidas em diversos centros de criação. Deus havia criado essas espécies similares em série, ao mesmo tempo e em diferentes regiões, numa sucessão de assim chamadas "múltiplas criações". Darwin discordava e começou a fundamentar suas ideias com argumentos sobre migração e distribuição, usando a *Narrativa pessoal* de Humboldt como uma de suas fontes. Ele sublinhava, comentava e elaborava seus próprios índices para os livros de Humboldt, bem como escrevia lembretes para si mesmo em folhas que colava nas guardas – "Examinar esta parte quando estudar geografia botânica das Canárias" – e rascunhava em seu caderno de anotações "Estudar Humboldt" e "Consultar o vol. VI da Narrat. Pess.". Ele também rabiscava comentários como "Nada a respeito da teoria das espécies", quando o sexto volume não fornecia os exemplos necessários.

A migração de espécies tornou-se um dos principais pilares da teoria evolucionária de Darwin. Como essas espécies afins se deslocaram pelo mundo? Para encontrar uma resposta, Darwin realizou diversos experimentos, testando, por exemplo, a taxa de sobrevivência de sementes em água salgada para investigar a possibilidade de as plantas terem cruzado o oceano. Quando notou que um carvalho que crescia na encosta do Pico del Teide em Tenerife era semelhante a um carvalho do Tibete, Darwin indagou "como a bolota foi transportada (...) pombos levam o grão para Norfolk – milho para o Ártico". Quando leu o relato de Humboldt sobre os roedores abrindo as duras castanhas-do-pará e sobre como os macacos, papagaios, esquilos e araras brigavam pelas sementes, Darwin rabiscou na margem, "assim são dispersas".

Se Humboldt estava inclinado a acreditar que o enigma do movimento das plantas era insolúvel, Darwin assumiu para si o desafio e partiu de onde Humboldt parou. A ciência da geografia das plantas e animais, Humboldt escreveu, não girava em torno da "investigação da origem dos seres". Em que exatamente Darwin pensou quando sublinhou essa afirmação em seu exemplar de *Narrativa pessoal* não sabemos, mas estava claro que ele se propusera a fazer precisamente isto – ele iria descobrir a origem das espécies.

Darwin começou a pensar em um ancestral comum, outro tema para o qual Humboldt fornecia uma profusão de exemplos. Os crocodilos do Orinoco eram versões gigantescas de lagartos europeus, disse Humboldt, ao passo que "o formato do animalzinho de estimação que temos em casa é repetido em larga escala" no tigre e na onça. Mas por que as espécies mudavam? O que desencadeava sua mutabilidade? Na condição de um dos principais defensores da teoria da transmutação, o cientista francês Lamarck argumentou que o meio ambiente tinha alterado e transformado, por exemplo, um membro em asa, mas Darwin acreditava que isso era uma "verdadeira besteira".

Darwin encontrou a resposta no conceito de seleção natural. No outono de 1838, Darwin estudou um livro que o ajudou a dar forma a suas ideias: *Ensaio sobre o princípio da população*, do economista inglês Thomas Malthus, em que leu a sombria previsão de que a população do mundo crescia em progressão geométrica enquanto a produção de comida crescia em progressão aritmética, ou seja, a população cresceria muito mais do que os alimentos, o que levaria o mundo a uma miséria permanente a menos que "intervenções" como a guerra, a fome e as epidemias pudessem controlar e equilibrar os números. A sobrevivência de uma espécie, escreveu Malthus, estava enraizada na superprodução da prole – algo que Humboldt também descrevera em *Narrativa pessoal* quando discutiu a enorme quantidade de ovos que as tartarugas botavam a fim de sobreviver. Sementes, ovos, ninhadas e prole eram produzidos em imensas quantidades, mas somente uma ínfima fração chegava à maturidade. Não resta dúvida de que Malthus propiciou o que Darwin chamou de "teoria à luz da qual poderia trabalhar", mas as sementes dessa teoria haviam sido semeadas muito antes, quando ele leu a obra de Humboldt.

Humboldt discutiu a forma como plantas e animais "limitam a população uns dos outros", bem como comentou sua "longa e contínua disputa" por espaço e alimento. Era uma batalha implacável. Os animais que ele tinha encontrado na selva "temiam-se entre si", Humboldt observou, "a bondade é algo que raramente se vê em aliança com a força" – ideia que viria a se tornar essencial para o conceito de seleção natural.

No Orinoco, Humboldt fez comentários sobre a dinâmica da população de capivaras, os maiores roedores do mundo. Enquanto remava pelo rio, Humboldt havia observado que as capivaras se reproduziam rapidamente, mas também reparou que as onças as caçavam em terra e os crocodilos as devoravam na água. Sem esses "dois poderosos inimigos", Humboldt observou, a população de capivaras teria explodido. Ele também registrou que as onças perseguiam antas enquanto os macacos berravam, "apavorados com essa luta".

"Que carnificina frequente na magnífica e calma paisagem das florestas tropicais", Darwin rabiscou na margem. "Mostrar como os animais caçam uns aos outros", anotou ele, "que verificação 'positiva'". Aqui, escrito a lápis em um canto do quinto volume da *Narrativa pessoal* de Humboldt, Darwin registrou pela primeira vez "sua teoria à luz da qual poderia trabalhar".

Em setembro de 1838, Darwin escreveu em sua caderneta que todas as plantas e animais "estão unidos por uma rede de complexas relações". Era a teia da vida de Humboldt – mas Darwin levaria essa rede ou teia um passo adiante e a transformaria numa árvore de vida da qual se originam todos os organismos, os galhos ou ramificações levando a espécies extintas e novas. Em 1839, Darwin havia formulado o grosso das ideias que dariam sustentação à sua teoria da evolução, mas continuou a trabalhar nela por mais vinte anos antes de publicar *A origem das espécies,* em novembro de 1859.

De maneira apropriada, até mesmo o último parágrafo de *A origem das espécies* foi inspirado por um trecho similar de *Narrativa pessoal*, que Darwin havia sublinhado em seu exemplar do livro. Darwin pegou a evocativa descrição humboldtiana de moitas fervilhando de pássaros, insetos e outros animais[7] e a transformou em sua famosa metáfora do barranco emaranhado:

> É interessante contemplar um barranco emaranhado, revestido com muitas plantas de diversos tipos, com pássaros cantando nos arbustos, com vários insetos voejando ao redor e com minhocas rastejando pela terra úmida, e refletir que essas formas primorosamente construídas, tão diferentes umas das outras e dependentes entre si de maneira tão complexa, foram todas produzidas por leis que agem ao nosso redor.

Darwin estava nos ombros de Humboldt.

---

7   Humboldt escreveu em *Narrativa pessoal*: "Os animais ferozes da floresta refugiam-se nas moitas; as aves se escondem sob a folhagem das árvores, ou nas fendas das rochas. No entanto, em meio a esse aparente silêncio, quando escutamos com ouvido atento os sons mais tênues transmitidos pelo ar, ouvimos uma vibração surda, um murmúrio contínuo, um zumbido de insetos que enche, se é que podemos usar a expressão, todos os estratos inferiores do ar. Nada é mais adequado para fazer o homem sentir a extensão e o poder da vida orgânica. Miríades de insetos rastejam sobre o solo e adejam ao redor de plantas tostadas pelo ardor do Sol. Um ruído confuso provém de cada arbusto, dos troncos de árvore apodrecidos, das fissuras da rocha e do chão solapado pelos lagartos, miriápodes e cobras-cegas. Há tantas vozes proclamando para nós que toda a natureza respira e que, sob mil diferentes formas, a vida se espalha ao longo do solo rachado e poeirento, bem como na superfície das águas e no ar que circula à nossa volta".

18
O *COSMOS* DE HUMBOLDT

"Apoderou-se de mim o louco frenesi de representar numa única obra todo o mundo material", declarou Humboldt em outubro de 1834. Ele queria escrever um livro que reunisse tudo que existia nos céus e na terra, uma gama de coisas que variava das nebulosas distantes à geografia dos musgos, da pintura de paisagens à migração das raças humanas à poesia. Esse "livro sobre a natureza", ele escreveu, "deverá produzir uma impressão como a própria Natureza".

Aos 65 anos, Humboldt iniciou o que seria seu livro mais influente: *Cosmos – Projeto de uma descrição física do mundo*. Era vagamente baseado em sua série de conferências em Berlim, mas a expedição à Rússia lhe dera os derradeiros dados comparativos. Empreitada colossal, *Cosmos* era como "uma espada no peito que agora tem de ser puxada", disse ele, e "a obra-mestra da minha vida". O título, Humboldt explicou, vinha da palavra grega κόσμος – *Kósmos* –, que significava "beleza", "ordem", e que também tinha sido aplicada ao universo como um sistema ordenado, organizado. De acordo com o próprio Humboldt, ele agora usava o vocábulo como um bordão para expressar e condensar "céu e terra".

E assim, em 1834, o mesmo ano em que o termo "cientista"[1] foi cunhado, anunciando o início da profissionalização das ciências e as linhas divisórias entre diferentes disciplinas científicas, Humboldt iniciou a publicação de um livro que fazia exatamente o oposto. À medida que a ciência se afastava da natureza para se confinar em laboratórios e universidades, separando-se em disciplinas distintas, Humboldt criou uma obra que unia tudo o que a ciência profissional tentava manter separado.

Uma vez que *Cosmos* contemplava uma ampla gama de temas, a pesquisa de Humboldt passava por todas as áreas concebíveis. Consciente de que não tinha como saber sobre tudo, Humboldt recrutou um exército de ajudantes – cientistas, classicistas e historiadores – todos especialistas em seus respectivos campos de atuação. De bom grado, botânicos britânicos enviavam a Humboldt longas listas de plantas dos países que visitavam, astrônomos disponibilizavam seus dados, geólogos forneciam mapas e classicistas consultavam textos antigos para Humboldt. Seus velhos contatos na França mostraram ser muitos úteis também. Um obsequioso explorador francês fez o favor de encaminhar a Humboldt um longo manuscrito sobre plantas polinésias, ao passo que amigos próximos baseados em Paris, caso de François Arago, estavam constantemente à disposição de Humboldt. Às vezes Humboldt fazia perguntas específicas ou indagava que páginas deveria consultar nesse ou naquele livro, e em outras ocasiões fazia chegar às mãos dos colegas longos questionários. Tão logo concluía os capítulos, Humboldt distribuía provas de impressão com lacunas e solicitava aos seus correspondentes que as preenchessem com números e fatos pertinentes ou pedia que corrigissem seus rascunhos.

Humboldt estava a cargo da visão geral, ao passo que seus assistentes forneciam os dados e informações específicos de que ele necessitava. Humboldt tinha a perspectiva cósmica, e seus ajudantes faziam as vezes de ferramentas em seu projeto mais amplo. Intensamente meticuloso no que dizia respeito à exatidão, Humboldt

---

[1] O polímata britânico William Whewell cunhou o termo "cientista" em sua resenha crítica sobre o livro *On the Connexion of Physical Sciences* [Sobre a conexão das ciências físicas], de Mary Sommerville, no periódico *Quarterly Review* em 1834.

sempre consultava diversos especialistas acerca de cada tema. Sua sede por fatos era insaciável – ele podia interrogar um missionário na China sobre a aversão chinesa a laticínios ou sabatinar um outro correspondente acerca do número de espécies de palmeiras no Nepal. O próprio Humboldt admitia ter obsessão por "um único e mesmo objeto até ser capaz de explicá-lo". Ele despachava milhares de cartas e submetia a interrogatórios os visitantes. Um jovem romancista que retornara recentemente da Argélia, por exemplo, ficou horrorizado quando Humboldt o bombardeou com perguntas sobre rochas, plantas e estratos geológicos dos quais ele não entendia absolutamente nada. Humboldt podia ser implacável. "Dessa vez você não me escapa", ele disse a outro visitante, porque "tenho que espoliar você".

À medida que seus contatos iam respondendo, ondas de conhecimento e dados eram disparadas rumo a Berlim. Todo mês chegava material novo, que tinha de ser lido, compreendido, classificado e integrado. Enquanto Humboldt avançava, a obra se expandia. Com essa quantidade cada vez maior de conhecimento, ele explicou a seu editor, "o material cresce sob as minhas mãos". *Cosmos* era "uma espécie de empreendimento impossível", admitiu Humboldt.

A única maneira de dar conta de todos esses dados era pôr em execução uma pesquisa perfeitamente organizada. Humboldt reunia seu material em caixas que, por sua vez, eram divididas por envelopes separados em diferentes temas. Sempre que recebia uma carta, Humboldt cortava as informações importantes e as colocava no envelope pertinente juntamente com outros fragmentos de material que pudessem ser úteis – recortes de jornal, páginas de livros, pedaços de papel nos quais ele escrevia alguns números, alguma citação ou um pequeno esboço ou desenho. Numa dessas caixas, por exemplo, repleta de material relativo a geologia, Humboldt mantinha tabelas de altitudes de montanha, mapas, anotações de leitura, comentários de seu velho conhecido Charles Lyell, um mapa da Rússia feito por outro geólogo inglês, bem como gravuras de fósseis e informação dos classicistas sobre geologia da Grécia antiga. A vantagem desse sistema era que Humboldt podia armazenar material durante anos, e quando chegava o momento de escrever, tudo que ele precisava fazer era agarrar a caixa ou o envelope concernente. Ainda que o seu estúdio fosse bagunçado e a administração de suas finanças caótica, no que dizia respeito à sua pesquisa Humboldt era meticuloso e preciso.

Vez por outra Humboldt rabiscava "muito importante" numa anotação específica ou "importante, levar adiante em Cosmos". Em outras ocasiões ele colava numa carta pedaços de papel com apontamentos de seus próprios pensamentos, ou arrancava a página de um livro relevante. Uma caixa poderia conter artigos de jornal, um pedaço seco de musgo e um rol de plantas do Himalaia. Outras caixas incluíam um envelope evocativamente intitulado "Luftmeer" – "oceano de ar", o belo termo que Humboldt usava para designar a atmosfera –, bem como materiais sobre antiguidade, longas tabelas de temperatura e uma página com citações sobre crocodilos e elefantes encontradas na poesia hebraica. Havia caixas sobre escravidão, meteorologia, astronomia e botânica, entre muitos outros temas. Ninguém a não ser Humboldt, afirmou um colega cientista, seria capaz de, com tamanha destreza, amarrar em um único e grande nó tantas "pontas soltas" de pesquisa científica.

Geralmente Humboldt era afável com relação à ajuda que recebia, mas de vez em quando deixava sua língua notoriamente maldosa falar mais alto. Johann Franz Encke, o diretor do observatório de Berlim, por exemplo, era tratado de maneira bastante injusta. Encke trabalhava com particular empenho e gastou semanas a fio dedicando-se à coleta de dados astronômicos para *Cosmos*. Em retribuição, contudo, Humboldt disse a um colega que Encke "se tornara congelado feito uma geleira no útero de sua mãe". Nem mesmo o irmão de Humboldt escapava de ocasionais farpas. Quando Wilhelm tentou aliviar a precária situação financeira do irmão sugerindo seu nome para assumir o cargo de diretor do novo museu em Berlim, Alexander ficou indignado. A posição estava aquém de seu status e sua reputação, alegou Alexander ao irmão, e ele certamente não deixaria Paris para tornar-se diretor de uma mera "galeria de quadros".

Humboldt habituara-se à admiração e adulação. Os muitos rapazes que se reuniam ao redor dele formavam algo parecido com a sua própria "corte real", de acordo com o comentário de um dos professores da Universidade de Berlim. Quando Humboldt entrava numa sala, era como se tudo tivesse sido recalibrado, e o próprio centro se alterava – "todos voltavam as atenções para ele". Em silêncio reverente, esses jovens ouviam cada sílaba proferida por Humboldt. Ele era a maior atração que Berlim tinha a oferecer. Ninguém era capaz de soltar uma única interjeição quando Humboldt falava, queixou-se um escritor alemão. O pendor de Humboldt para falar de forma incessante tornou-se tão lendário que o romancista francês Honoré de Balzac imortalizou Humboldt num esquete cômico que mostrava um cérebro armazenado dentro de um pote e do qual pessoas extraíam ideias, com a seguinte legenda: "um certo sabichão prussiano conhecido pela infalível fluidez de seu discurso".

Um jovem pianista que havia considerado uma grande honraria o convite para tocar para Humboldt rapidamente descobriu que o velho podia ser bastante rude (e não tinha o menor interesse por música). Assim que o pianista começou a tocar, houve um momento de silêncio, mas logo depois Humboldt continuou a falar, tão alto que ninguém conseguia ouvir a música. Humboldt estava dando aula para a plateia, como sempre fazia, e à medida que o pianista tocava seus *crescendos* e *fortes*, Alexander erguia sua voz, sempre superando a música. "Foi um dueto", disse o pianista, "que eu não mantive por muito tempo".

Humboldt continuava sendo um enigma para muita gente. Por um lado podia ser arrogante e orgulhoso, mas ao mesmo tempo admitia humildemente que precisava aprender mais. Os alunos da Universidade de Berlim ficavam boquiabertos ao ver o velho entrar arrastando os pés no auditório, com uma pasta enfiada debaixo do braço – não para proferir uma conferência, mas a fim de assistir a alguma palestra de um dos jovens professores. De acordo com o próprio Humboldt, ele assistia a aulas de literatura grega para poder colocar em dia o que lhe escapara durante a sua própria formação educacional. Enquanto escrevia *Cosmos*, acompanhava os mais recentes avanços científicos assistindo aos experimentos conduzidos por um professor de química e ouvindo as palestras do geólogo Carl Ritter. Discreto e silencioso, sempre sentado na quarta

A Universidade de Berlim, fundada por Wilhelm von Humboldt em 1810, onde Alexander palestrava

ou quinta fileira do auditório, junto da janela, Humboldt tomava notas como os jovens estudantes ao seu lado. Por mais inclemente que estivesse o tempo, o velho Humboldt sempre aparecia. Ele só se ausentava quando o rei solicitava sua presença, o que levava os estudantes a brincar: "Alexander faltou à aula hoje porque está tomando chá com o rei".

Humboldt jamais mudou de ideia com relação a Berlim, insistindo que era uma "cidadezinha pequena, iletrada e excessivamente perversa". Uma das principais consolações de sua vida por lá era a presença de Wilhelm. No decorrer dos anos anteriores, os dois irmãos haviam se aproximado e passavam juntos todo o tempo que podiam. Após a morte de Caroline, na primavera de 1829, Wilhelm se recolheu em Tegel, mas Alexander o visitava sempre que possível. Wilhelm era apenas dois anos mais velho que Alexander, mas estava envelhecendo depressa e a olhos vistos. Parecia bem mais velho do que seus 67 anos, e estava ficando cada vez mais fraco. Cego de um olho, suas mãos tremiam tanto que ele já não conseguia escrever, e seu corpo extremamente magro encurvou. No final de março de 1835, Wilhelm foi acometido por uma febre depois de visitar o túmulo de

Caroline no bosque de Tegel. Alexander passou os dias seguintes ao lado da cama do irmão. Conversaram sobre a morte e sobre o desejo de Wilhelm de ser enterrado ao lado de sua esposa. Em 3 de abril, Alexander leu para o irmão um dos poemas de Friedrich Schiller. Cinco dias depois Wilhelm faleceu, tendo Alexander ao seu lado.

Desolado, Humboldt sentiu-se solitário e abandonado. "Nunca tinha acreditado que nestes velhos olhos ainda restassem tantas lágrimas", ele escreveu a um amigo. Com a morte de Wilhelm, Humboldt perdeu sua família e, como ele próprio disse, "metade de mim mesmo". Uma linha numa carta escrita ao seu editor francês resumiu seus sentimentos: "Ai de mim; sou o mais infeliz dos homens".

Humboldt sentia-se um desgraçado em Berlim. "Tudo é soturno ao meu redor, tão soturno", ele escreveu um ano depois da morte de Wilhelm. Por sorte, uma das condições de trabalho que Humboldt havia negociado com o rei lhe permitia viajar todo ano a Paris e lá permanecer durante alguns meses a fim de coletar material de pesquisa para *Cosmos*. Pensar em Paris era a única coisa que lhe dava ânimo.

Na capital francesa, Humboldt facilmente retomava o seu ritmo de trabalho intenso, a troca de informações com sua rede de contatos e os entretenimentos noturnos. Depois de tomar o desjejum bem cedo, à base de café puro – "raio de sol e alegria concentrados", na definição de Humboldt –, ele trabalhava o dia inteiro e à noite cumpria sua habitual ronda por salões até as duas da madrugada. Visitava cientistas de uma ponta à outra da cidade – fuçando, importunando e perturbando a fim de se inteirar de suas mais recentes descobertas. Por mais que Paris o estimulasse, Humboldt sempre temia seu regresso a Berlim, aquela "necrópole carnavalesca e dançante". Cada visita a Paris expandia sua rede internacional de contatos, e cada retorno a Berlim era acompanhado de baús repletos de material novo, que precisava ser incorporado a *Cosmos*. Porém, a cada descoberta, nova medição ou fragmento de dado, a publicação de *Cosmos* tinha de ser mais uma vez postergada.

Em nada ajudava o fato de que Humboldt precisava fazer malabarismos para se revezar entre sua vida científica e suas obrigações cortesãs. Sua situação financeira continuava difícil, e ele precisava do salário de alto funcionário da corte. Humboldt era obrigado a acompanhar cada passo do rei e seu séquito de um castelo para o outro. O palácio predileto do monarca era Sanssouci, em Potsdam, a cerca de 32 quilômetros do apartamento de Humboldt em Berlim. Para ele, isso significava viajar com vinte ou trinta caixas de material de que necessitava para escrever *Cosmos* – seus "recursos móveis", nome pelo qual se referia a elas. Em alguns dias, a impressão era de que Humboldt passava mais tempo na estrada do que em qualquer outra parte; "ontem, Pfaueninsel, chá em Charlottemburgo, comédia e jantar em Sanssouci, hoje Berlim, amanhã para Potsdam" não era uma rotina incomum. Humboldt tinha a sensação de ser um planeta no percurso de sua rota orbital, sempre em movimento.

Suas obrigações na corte tomavam boa parte de seu tempo. Ele tinha que fazer companhia ao rei nas refeições e lia para ele, ao passo que suas noites eram preenchidas com a correspondência privada do monarca. Com a morte de Frederico Guilherme III, em junho de 1840, seu filho e sucessor Frederico Guilherme IV passou a exigir ainda mais a presença e o tempo de seu "tesoureiro" e conselheiro. O novo rei chamava Humboldt carinhosamente de "meu melhor Alexandros" e o usava como seu "dicionário", observou um visitante da corte, porque Humboldt estava sempre à mão para responder a perguntas sobre os mais variados tópicos, que iam das altitudes de montanhas, a história do Egito ou a geografia da África. Humboldt abastecia o rei com anotações sobre o tamanho dos maiores diamantes já encontrados, as diferenças de horário entre Paris e Berlim (44 minutos), datas de importantes reinados e o salário dos soldados turcos. Ele também aconselhava o rei sobre o que comprar para as coleções e a biblioteca reais, bem como sugeria viagens exploratórias a serem financiadas – invariavelmente apelando para o espírito competitivo de seu monarca, lembrando-o de que não poderia aceitar a ideia de ser sobrepujado por outros países.

Sutilmente, Humboldt tentava exercer alguma influência – "tanto quanto eu posso, mas como uma atmosfera" –, embora o rei não estivesse minimamente interessado em reformas sociais ou política europeia.

A Prússia caminhava para trás, dizia Humboldt, como William Parry, o explorador inglês que acreditara estar marchando rumo ao Polo Norte quando na realidade se afastava num bloco de gelo à deriva.

Quase sempre já era meia-noite quando Humboldt chegava ao seu pequeno apartamento na Oranienburger Straße, que ficava a menos de 1.600 metros do palácio do rei, no centro da cidade de Berlim, o Stadtschloss. Mesmo lá, contudo, ele não obtinha a paz de que precisava. Visitantes constantemente batiam à sua porta e apertavam a campainha, Humboldt queixava-se, quase como se o seu apartamento fosse uma "loja de bebidas". Para conseguir escrever um pouco que fosse, ele tinha de trabalhar madrugada adentro. "Não vou para a cama antes de duas e meia", Humboldt assegurou ao seu editor, que começara a ter dúvidas se um dia *Cosmos* seria concluído. Inúmeras vezes Humboldt adiou a publicação porque constantemente encontrava material novo que queria incluir na obra.

Em março de 1841, mais de seis anos depois de ter declarado pela primeira vez a intenção de publicar *Cosmos*, Humboldt prometeu – e novamente descumpriu a promessa – enviar o manuscrito do primeiro volume. Jocosamente, alertou o editor do perigo de se "envolver com pessoas semifossilizadas", mas ele não se apressaria. *Cosmos* era importante demais, sua "obra mais escrupulosa".

Vez por outra, quando Humboldt se frustrava demais, deixava seus manuscritos e livros abertos sobre a escrivaninha e percorria de carruagem os cinco quilômetros até o novo observatório que ele ajudara a instalar após seu retorno a Berlim. Enquanto perscrutava o céu noturno através do imenso telescópio, o universo se revelava. Lá estava seu cosmos, desabrochando em toda a sua glória. Humboldt viu as escuras crateras da Lua, coloridas estrelas duplas que pareciam reluzir sua luz sobre ele e nebulosas distantes espalhadas pela abóbada celeste. Esse novo telescópio trazia Saturno para bem perto, de uma maneira como Humboldt jamais havia visto e de tal forma que os anéis pareciam ter sido pintados à mão. Esses breves e repentinos momentos de intensa beleza, disse Humboldt ao seu editor, o inspiravam a continuar.

Durante esses anos em que redigia o primeiro volume de *Cosmos*, Humboldt foi diversas vezes a Paris, mas em 1842 também acompanhou Frederico Guilherme IV à Inglaterra para o batizado do príncipe de Gales (o futuro rei Eduardo VII) no castelo de Windsor. Foi uma visita curta e apressada de menos de duas semanas, queixou-se Humboldt, com pouco tempo para questões científicas. Ele nem sequer conseguiu enfiar na sua programação uma visita ao observatório de Greenwich ou ao jardim botânico em Kew, mas deu um jeito de marcar uma reunião com Charles Darwin.

Humboldt tinha pedido ao geólogo Roderick Murchison, um velho conhecido de Paris, que organizasse o encontro. Murchison ficou feliz em atender ao pedido de Humboldt, embora estivessem na temporada de caça e ele "perderia a melhor época do ano para atirar". Marcou-se para 29 de janeiro. Nervoso e empolgado por ser apresentado a Humboldt, Darwin saiu de casa bem cedo e correu para a residência de Murchison em Belgrave Square, poucas centenas de metros atrás do Palácio de Buckingham, em Londres. Darwin tinha muita coisa para perguntar e debater. Estava trabalhando em sua teoria evolucionária e ainda pensava em distribuição de plantas e migração de espécies.

No passado, Humboldt tinha usado suas ideias sobre distribuição de plantas para discutir as possíveis conexões entre África e América do Sul, mas também tinha falado de barreiras, tais como desertos ou cordilheiras, que interrompiam o movimento das plantas. Ele escrevera sobre o bambu tropical que fora encontrado "sepultado nas terras cobertas de gelo no norte", argumentando que o planeta tinha mudado e, com isso, havia mudado também a distribuição das plantas.

Quando chegou à casa de Murchison, Darwin – então com 32 anos – viu um senhor com uma cabeleira cinza-prata, vestido com as mesmas roupas que usou na expedição à Rússia: paletó preto e gravata-borboleta branca. Era o que Humboldt chamava de seu "traje cosmopolita", porque era apropriado para todas as ocasiões. Agora com 72 anos, Humboldt andava de modo mais lento e cauteloso, mas ainda sabia como dominar uma sala. Quando chegava a uma festa ou reunião, geralmente atravessava o recinto com um andar arrastado, a cabeça ligeiramente pendida e meneando para a direita e para a esquerda enquanto passava por todas as pessoas. No decorrer de toda essa sequência de entrada, o jorro de palavras de Humboldt não cessava uma única vez. No momento em que ele adentrava a sala, todos os demais ficavam em silêncio. Qualquer comentário que alguém fizesse servia apenas para inspirar Humboldt a disparar mais uma longa digressão filosófica.

Darwin estava aturdido. Por diversas vezes ele tentou contribuir para a conversa e dizer uma palavra que fosse, mas por fim desistiu. Humboldt estava bastante bem-humorado e inclusive fez "alguns tremendos elogios" a Darwin, mas o velho simplesmente falava demais. Durante três longas horas Humboldt proferiu uma torrente de frases, tagarelando de forma "fora do normal", relatou Darwin. Não era assim que ele havia imaginado seu primeiro encontro. Depois de tantos anos venerando Humboldt e admirando seus livros, Darwin sentiu-se um pouco frustrado e desanimado. "Mas as minhas expectativas talvez tenham sido altas demais", ele admitiria mais tarde.

O monólogo interminável de Humboldt impossibilitou que Darwin entabulasse uma conversa significativa. À medida que a verborrágica arenga de Humboldt prosseguia, os pensamentos de Darwin divagavam, à deriva. De repente ele ouviu Humboldt discorrer sobre um rio na Sibéria onde a vegetação era "*amplamente* diferente" em cada uma das margens opostas, a despeito do mesmo solo e clima. Esse assunto despertou o interesse de Darwin. De um dos lados as plantas eram predominantemente asiáticas, ao passo que do outro preponderavam as de tipo europeu, relatou Humboldt. Darwin entreouviu apenas o suficiente para ficar intrigado, mas perdera a maior parte dos detalhes em meio ao bombardeio de palavras de Humboldt – mesmo assim não ousou interrompê-lo. Já em casa, Darwin imediatamente rabiscou em sua caderneta tudo aquilo de que se lembrava. Mas não sabia ao certo se havia entendido corretamente: "duas floras marcharam de lados opostos & e se encontraram aqui?? – caso estranho", Darwin escreveu.

Darwin estava pensando e coletando material para sua "teoria das espécies". Vista do lado de fora, a vida de Darwin corria "com grande regularidade e precisão", como ele dizia, em torno de uma rotina de trabalho, refeições e tempo com a família. Ele se casara com sua prima Emma Wedgwood em 1839, pouco mais de dois anos depois de seu retorno da viagem do *Beagle*, e agora o casal vivia com os filhos pequenos em Londres.² Em sua mente, no entanto, Darwin estava às voltas com os pensamentos mais revolucionários. Além disso, estava sempre doente, padecia de dores de cabeça, dores abdominais, fadiga e inflamação no rosto, mas ainda produzia livros e ensaios, e durante todo o tempo ponderava sobre uma evolução.

O grosso dos arrazoados que ele apresentaria em *A origem das espécies* já estava cristalizado, mas o meticuloso Darwin não tinha pressa de publicar nada que não fosse fundamentado por uma sólida argumentação e corroborado por fatos. Da mesma maneira que havia elaborado uma lista de prós e contras sobre o casamento antes de pedir a mão a Emma, Darwin reuniria tudo que fosse relacionado à sua teoria da evolução antes de apresentá-la ao mundo.

Se os dois homens tivessem conversado adequadamente naquele dia, talvez Humboldt tivesse discutido suas ideias de um mundo regido não por equilíbrio e estabilidade, mas pela mudança dinâmica – pensamentos que ele logo introduziria em *Cosmos*. Uma espécie era uma parte do todo, vinculada tanto ao passado quanto ao futuro, Humboldt escreveria, mais mutável do que "fixa". Em *Cosmos* ele discutiria também os elos perdidos e os "passos intermediários" que poderiam ser encontrados nos registros fósseis. Ele escreveria acerca de "mudança cíclica", transições e constante renovação. Em suma, a natureza de Humboldt era instável e estava em constante processo de mudança. Todas essas ideias foram precursoras da teoria evolucionária de Darwin. Humboldt foi, conforme os cientistas diriam mais tarde, "um darwinista pré-darwiniano".³

---

2   Mais tarde, no mesmo ano, Charles e Emma Darwin mudaram-se para a Down House em Kent.

3   Humboldt jamais teve a oportunidade de ler *A origem das espécies*, porque morreu antes da publicação do livro (que veio a lume em novembro de 1859). Mas fez comentários sobre um outro livro – *Vestiges of Natural History of Creation* [Vestígios da história natural da criação], de Richard Chamber, publicado anonimamente em 1844. Ainda que não contasse com a sustentação de evidências científicas – ao contrário de *A origem das espécies* –, *Vestiges* incluía declarações incendiárias sobre evolução e transmutação de espécies. Nos círculos científicos da Inglaterra no final de 1845, corriam boatos de que Humboldt "corrobora em quase todos os detalhes específicos as teorias do livro".

No fim das contas, Darwin nunca conversou com Humboldt sobre essas ideias, mas a história sobre o rio siberiano continuou a ocupá-lo. A seguir, em janeiro de 1845, três anos depois da visita de Humboldt a Londres, o botânico inglês Joseph Dalton Hooker, amigo próximo de Humboldt, foi a Paris. Sabendo que Humboldt também estava na capital francesa em uma de suas viagens de pesquisa, Darwin aproveitou a oportunidade para pedir a Hooker que investigasse mais a fundo o enigma da flora no rio siberiano. Insistiu que em primeiro lugar Hooker fizesse questão de lembrar a Humboldt de que a sua *Narrativa pessoal* havia moldado a vida inteira de Charles Darwin. Resolvida a questão da bajulação, Darwin instruiu Hooker a perguntar "acerca do rio do norte da Europa", cuja flora era bastante diferente em suas margens opostas.

Hooker hospedou-se no mesmo hotel de Humboldt, o Hôtel de Londres em Saint-Germain. Como sempre, Humboldt ficou feliz de prestar auxílio, mas também ajudou o fato de que Hooker o municiou com informações sobre a Antártida. Pouco mais de um ano antes, Hooker regressara de uma viagem de quatro anos de duração que era parte da chamada "Cruzada Magnética". Ele se juntara ao capitão James Clark Ross em busca do Polo Sul magnético – expedição que foi a resposta britânica à reivindicação de Humboldt advogando uma rede global de pontos de observação.

Tal qual acontecera com Darwin, em sua mente Hooker – que então estava com 27 anos – havia transformado Humboldt em um herói de proporções quase míticas. Quando conheceu aquele senhor de 75 anos em Paris, de início Hooker ficou desapontado. "Para o meu horror", disse Hooker, viu um "alemãozinho atarracado", em vez do vistoso explorador de 1,85 metro que ele imaginava. A reação de Hooker foi típica. Muita gente supunha que o lendário alemão era mais imponente e colossal, "parecido com Júpiter". Humboldt jamais foi exatamente alto e dono de um corpanzil, mas à medida que envelhecia seu corpo foi ficando encurvado e mais magro. Para Hooker, parecia impossível que aquele homem pequeno tivesse algum dia escalado o Chimborazo, mas ele rapidamente se recuperou e logo ficou encantado pelo idoso cientista.

Os dois conversaram sobre amigos em comum na Inglaterra e sobre Darwin. Hooker se divertiu com o hábito de Humboldt de citar a si mesmo e a seus livros, mas impressionou-se com a argúcia e o raciocínio ainda afiado do velho cientista. A memória de Humboldt e sua "capacidade de generalização", disse ele, eram "absolutamente maravilhosas". Hooker desejou apenas que Darwin pudesse estar com eles, porque juntos teriam sido capazes de responder a todas as perguntas de Humboldt. Claro que, a julgar pelo relato de Hooker, como sempre Humboldt falou sem interrupções, mas "sua mente ainda está vigorosa". Nada provou isso de forma tão irrefutável quanto sua resposta à indagação de Darwin a respeito do rio na Sibéria. Era o Ob, relatou Hooker, rio que Humboldt tinha cruzado a fim de chegar a Barnaul depois de atravessar às pressas a estepe russa infestada de antraz. Humboldt contou a Hooker tudo que sabia sobre a distribuição de plantas siberianas, embora já tivessem passado mais de 15 anos desde a expedição russa. "Creio que ele falou por minutos a fio, sem parar uma única vez para recobrar o fôlego", Hooker escreveu a Darwin.

Depois, para o espanto de Hooker, Humboldt mostrou o primeiro volume de *Cosmos*. Hooker mal podia acreditar no que estava vendo. Como todo mundo na comunidade científica, Hooker já "havia desistido de *Kosmos*" porque Humboldt levara mais de uma década para concluir o primeiro volume. Sabendo que Darwin ficaria igualmente empolgado com a notícia, Hooker imediatamente informou o amigo.

Dois meses depois, no final de abril de 1845, o primeiro volume foi finalmente publicado na Alemanha. A espera tinha valido a pena. *Cosmos* tornou-se um *best-seller* instantâneo, um campeão de vendas que nos dois primeiros meses teve mais de 20 mil exemplares comercializados. Em poucas semanas o editor alemão providenciou a reimpressão do livro, e nos anos seguintes a obra ganhou traduções em inglês, holandês, italiano, francês, dinamarquês e polonês, sueco e espanhol, russo e húngaro – seus "filhos não alemães de *Cosmos*".

Cosmos era diferente de todos os livros sobre a natureza publicados até então. Humboldt levava seus leitores a uma jornada do espaço sideral para a Terra, e depois da superfície do planeta até seu núcleo. Ele discutia cometas e a Via Láctea, bem como magnetismo terrestre, vulcões e a linha de neve das montanhas. Escrevia sobre a migração da espécie humana, sobre plantas e animais e organismos microscópicos que vivem na água estagnada ou sobre a superfície das rochas expostas à ação das intempéries. Se outros insistiam que a natureza acabava sendo desprovida de sua magia à medida que a humanidade penetrava seus segredos mais profundos, Humboldt acreditava exatamente no contrário. Como poderia ser assim, perguntava Humboldt, em um mundo no qual os raios coloridos da aurora "unem-se em um trêmulo mar flamejante", criando uma visão tão sobrenatural "cujo esplendor nenhuma descrição é capaz de apreender"? O conhecimento, dizia ele, jamais poderia "matar a força criativa da imaginação" – em vez disso, propiciava empolgação, assombro e maravilhamento.

A parte mais importante de *Cosmos* era a longa introdução de quase cem páginas em que Humboldt explicitava minuciosamente a sua visão de mundo que pulsava cheia de vida. Tudo fazia parte dessa "incessante atividade de forças animadas", Humboldt escreveu. A natureza era "um todo vivo", em que organismos se integravam numa "intrincada tessitura semelhante a uma rede".

O restante do livro era composto por três partes: a primeira versava sobre os fenômenos celestes; a segunda sobre a Terra, incluindo geomagnetismo, oceanos, terremotos, meteorologia e geografia; e a terceira sobre a vida orgânica, que abrangia plantas, animais e seres humanos. *Cosmos* era uma exploração da "ampla gama da criação", unindo uma escala bem maior de temas do que qualquer outro livro publicado anteriormente. Mas *Cosmos* era mais do que uma mera coleção de fatos e conhecimentos, como a famosa *Enciclopédia* de Diderot, por exemplo, porque Humboldt estava mais interessado em conexões. A discussão humboldtiana sobre o clima era apenas um exemplo de como o seu enfoque era diferente. Enquanto outros cientistas concentravam-se somente em dados meteorológicos como temperatura e intempéries, Humboldt foi o primeiro a entender o clima como um sistema de complexas correlações entre a atmosfera, os oceanos e as massas de terra. Em *Cosmos* ele escreveu acerca das "perpétuas inter-relações" entre ar, ventos, correntes marítimas, elevação e densidade da cobertura vegetal sobre a terra.

Nenhuma outra obra tinha amplitude comparável. E ainda Humboldt escreveu um livro sobre o universo que em nenhum momento mencionava a palavra "Deus". Sim, a natureza de Humboldt era "animada por um só alento – de um polo ao outro, uma única e mesma vida é despejada sobre rochas, plantas, animais e até mesmo sobre o peito do homem", mas esse sopro de vida emanava da própria Terra, e não era instigado por uma ação divina. Para os que conheciam Humboldt, isso não era surpresa nenhuma, porque ele jamais tinha sido um homem devoto. Ao contrário. Ao longo da vida, Humboldt salientou as terríveis consequências do fanatismo religioso. Criticou missionários da América do Sul, bem como a Igreja da Prússia. Em vez de Deus, Humboldt falou de "uma maravilhosa rede de vida orgânica".[4]

O mundo ficou eletrizado. "Se a república de letras tivesse de alterar sua constituição", um resenhista de *Cosmos* escreveu, "e escolher um soberano, o cetro intelectual seria oferecido a Alexander von Humboldt". Na história do mundo editorial, a popularidade do livro "marcou época", anunciou o editor alemão de Humboldt. Ele jamais tinha recebido tantas encomendas – nem mesmo quando Goethe havia publicado a sua obra-prima, *Fausto*.

Cosmos foi lido por estudantes, cientistas, artistas e políticos. O príncipe von Metternich, o chanceler do Estado austríaco, que havia divergido de Humboldt com relação a reformas e revoluções, agora deixava a política de lado e, entusiasmado, afirmava que somente Humboldt era capaz de realizar uma obra tão portentosa. Humboldt era admirado por poetas e musicistas, e o compositor romântico francês Hector Berlioz declarou que Humboldt era um escritor "deslumbrante". O livro desfrutou de tamanha popularidade entre os musicistas que Berlioz dizia conhecer um deles que havia "lido,

---

[4] Horrorizada com a publicação de *Cosmos*, livro que considerou blasfemo, uma Igreja alemã usou seu próprio jornal para acusar Humboldt de ter feito "um pacto com o demônio".

relido, refletido e compreendido" *Cosmos* durante os intervalos nas apresentações da ópera, enquanto seus colegas tocavam adiante o drama musical.

Na Inglaterra, o marido da rainha Vitória, o príncipe Albert, solicitou um exemplar, ao passo que Darwin se mostrou impaciente por uma tradução para o inglês. Semanas depois da publicação do livro na Alemanha e na França, uma edição inglesa pirateada começou a circular – numa prosa tão execrável que deixou Humboldt preocupado, temendo que sua reputação na Inglaterra sofresse "graves danos". Seu pobre *Cosmos* tinha sido mutilado e era ilegível nessa versão.

Assim que conseguiu seu exemplar, Hooker o ofereceu a Darwin. "Tem certeza de que pode me emprestar *Cosmos*?", Darwin escreveu a Hooker em setembro de 1845. "Estou bastante ansioso para lê-lo." Menos de duas semanas depois, Darwin já havia estudado o livro de cabo a rabo, mas era a edição pirata. Darwin ficou desesperado com o "inglês deplorável", mas ainda assim estava impressionado por constatar que se tratava de uma "exata expressão de seus próprios pensamentos" e entusiasticamente interessado para discutir *Cosmos* com Hooker. Ele disse a Charles Lyell que estava espantado com tanto "vigor e informação". Darwin julgou que algumas partes eram um pouco decepcionantes, porque simplesmente pareciam a repetição de *Narrativa pessoal*, mas outras eram admiráveis. Ele também ficou lisonjeado pela menção de Humboldt ao seu *Viagem de um naturalista ao redor do mundo*. Um ano depois, quando uma tradução autorizada de *Cosmos* foi publicada por John Murray, Darwin se apressou em comprá-la.

Apesar do estrondoso sucesso, Humboldt continuava inseguro. Ele jamais se esquecia de uma resenha negativa – e, como antes, quando da publicação de *Narrativa pessoal*, foi o conservador *Quarterly Review* que se mostrou crítico. Hooker disse a Darwin que Humboldt ficou "bastante furioso com o artigo do *Quarterly Review* sobre *Cosmos*". Quando o segundo volume foi publicado, dois anos depois, em 1847, Humboldt ficou tão preocupado com a recepção ao livro que implorou ao seu editor que fosse honesto com ele. Não havia motivo para preocupação. As pessoas travavam "verdadeiras batalhas" pela posse de exemplares, o editor de Humboldt escreveu, e os escritórios da editora foram "completamente saqueados". Compradores ofereciam propinas e os pacotes de livros destinados às livrarias de São Petersburgo e Londres eram interceptados e desviados por agentes ávidos para abastecer seus desesperados clientes em Hamburgo e Viena.

No segundo volume, Humboldt levava seus leitores a uma viagem da mente, percorrendo a história humana das antigas civilizações aos tempos modernos. Nenhuma publicação científica jamais havia tentado fazer algo semelhante. Nenhum cientista escrevera sobre poesia, arte e jardins e sobre agricultura e política, e ainda sobre sentimentos e emoções. O segundo volume de *Cosmos* era uma história de "descrições poéticas da natureza" e pintura de paisagens através das eras, dos gregos e persas até a arte e a literatura modernas. Era também uma história de ciência, descoberta e exploração, abrangendo tudo, de Alexandre, o Grande, ao mundo árabe, de Cristóvão Colombo a Isaac Newton.

Se o primeiro volume olhava para o mundo externo, o segundo se concentrava num mundo interior – e se debruçava sobre as impressões que o mundo externo "produz nos sentimentos", conforme Humboldt explicou. Em homenagem ao seu velho amigo Goethe, que tinha morrido em 1832, e aos primeiros anos de amizade entre eles em Jena, quando o poeta mais velho o municiara com "novos órgãos" por meio dos quais pode ver o mundo natural, Humboldt sublinhou a importância dos sentidos em *Cosmos*. O olho, Humboldt escreveu, era o órgão da "*Weltanschauung*", através do qual enxergamos o mundo mas também através do qual interpretamos, entendemos e definimos o mundo. Numa época em que a imaginação tinha sido firmemente excluída das ciências, Humboldt insistiu que a natureza não poderia ser compreendida de outra maneira. Bastava olhar os céus, disse Humboldt: as estrelas brilhantes "deliciam os sentidos e inspiram a mente", mas ao mesmo tempo deslizam percorrendo um caminho de precisão matemática.

Os primeiros dois volumes de *Cosmos* se mostraram tão populares que em quatro anos foram publicadas três diferentes edições em inglês. Viu-se "uma completa loucura por *Cosmos* na Inglaterra", Humboldt relatou ao seu editor alemão, e as várias traduções travavam uma "guerra" competindo pela atenção do público leitor. Em 1849, cerca de 40 mil exemplares em inglês tinham sido vendidos, e isso não incluía sequer os milhares mais que haviam sido distribuídos nos Estados Unidos.[5]

Até esse ponto, poucos estadunidenses tinham lido as obras anteriores de Humboldt, mas *Cosmos* mudou essa situação, firmando-o como um nome bem conhecido e incontornável no continente norte-americano. Ralph Waldo Emerson foi um dos primeiros a obter um exemplar. "O maravilhoso Humboldt", ele escreveu em seu diário, "com seu centro expandido e asas estendidas, marcha qual um exército, recolhendo todas as coisas à medida que avança pelo caminho". Ninguém, disse Emerson, sabia mais sobre a natureza do que Humboldt. Outro escritor norte-americano que admirava imensamente a obra de Humboldt era Edgar Allan Poe, cujo último texto importante – o poema em prosa *Eureka*, de 130 páginas e publicado em 1848 – foi dedicado a Humboldt e era uma resposta direta a *Cosmos*. *Eureka* foi a tentativa de Poe de examinar o universo – incluindo todas as coisas "espirituais e materiais" – ecoando o enfoque humboldtiano de incluir o mundo exterior e o interior. O universo, Poe escreveu, era "o mais sublime dos poemas". Igualmente inspirado, Walt Whitman escreveu seu célebre volume de poemas *Folhas da relva* com um exemplar de *Cosmos* sobre a escrivaninha. Whitman compôs inclusive um poema intitulado "Kosmos" e se autoproclamou "um cosmos" em seu famoso "Canção de mim mesmo".

O *Cosmos* de Humboldt moldou duas gerações de cientistas, artistas, escritores e poetas norte-americanos – e, talvez o fato mais importante, *Cosmos* foi também responsável pelo amadurecimento de um dos escritores da natureza mais influentes dos Estados Unidos, Henry David Thoreau.

---

5   Essas traduções não renderam um centavo a Humboldt, uma vez que não havia legislação sobre direitos autorais em vigor. Foi somente após 1849, quando novas leis foram introduzidas, que Humboldt ganhou algum dinheiro com os volumes publicados a partir dessa data.

19

POESIA, CIÊNCIA E NATUREZA

Henry David Thoreau e Humboldt

Em setembro de 1847, Henry David Thoreau deixou sua cabana no lago Walden a fim de voltar para casa, que ficava nas redondezas, na cidade de Concord, Massachusetts. Thoreau tinha 30 anos e havia passado dois anos, dois meses e dois dias numa pequena cabana no bosque. Ele tinha feito isso, de acordo com as suas próprias palavras, porque "queria viver deliberadamente, enfrentar apenas os fatos essenciais da vida".

Usando ásperas tábuas de madeira, Thoreau construiu com suas próprias mãos a cabana. A pequena residência tinha três metros por quatro e meio, uma janela de cada lado e uma lareira com um pequeno fogão para aquecer o interior. Uma cama, uma pequena escrivaninha de madeira e três cadeiras. Quando se sentava no degrau da porta, podia avistar a superfície do lago encrespando-se levemente e tremeluzindo ao sol. Thoreau disse que o lago era o "olho da terra", que, quando congelava no inverno, "cerra as pálpebras e adormece por três meses ou mais". Da cabana, Thoreau precisava caminhar apenas cerca de três quilômetros para contornar completamente o lago. O íngreme talude era coroado por enormes e tenros pinheiros brancos tingidos de verde por seus longos tufos de agulhas, bem

A cabana de Thoreau no lago Walden

como nogueiras e carvalhos – como "delgados cílios que o circundam". Na primavera, flores delicadas atapetavam o piso da floresta, e em maio mirtilos ostentavam seus botões dependurados em formato de sino. Varas-de-ouro emprestavam ao verão seus amarelos cintilantes, e sumagres silvestres acrescentavam seus vermelhos ao outono. No inverno, quando a neve abafava os sons, Thoreau seguia os rastros dos coelhos e pássaros. No outono, farfalhava com os pés pilhas de folhas caídas para fazer o máximo de barulho possível enquanto cantava ruidosamente na floresta. Ele observava, ouvia e caminhava. Serpeava em meio ao delicado interior da região campestre ao redor do lago Walden e se tornou um descobridor, nomeando os lugares como faria um explorador: Montanha da Penúria, Aleia do Tordo, Pedra da Garça-Azul e assim por diante.

Thoreau converteria esses dois anos passados em sua cabana numa das mais famosas obras norte-americanas da escrita sobre a natureza: *Walden, ou, A vida nos bosques*, publicado em 1854, cerca de sete anos após seu retorno a Concord. Thoreau teve dificuldade para escrever o livro, que só se tornou o *Walden* na forma como o conhecemos hoje quando ele descobriu um novo mundo no *Cosmos* de Humboldt. A visão humboldtiana da natureza deu a Thoreau a confiança para entretecer ciência e poesia. "Fatos coletados por um poeta são considerados enfim sementes aladas da verdade", Thoreau escreveu mais tarde. *Walden* foi a resposta de Thoreau ao *Cosmos* de Humboldt.

Thoreau nasceu em julho de 1817, filho de um lojista falido que se tornou fabricante de lápis e que sustentava a família a duras penas. Viviam em Concord, movimentada cidade de 2 mil habitantes cerca de 24 quilômetros a oeste de Boston. Quando menino, Thoreau era tímido e preferia a solidão. Enquanto seus colegas de classe se divertiam em ruidosas brincadeiras, Thoreau fitava o chão, sempre à procura de uma folha ou de um inseto. Não era muito popular nem benquisto porque nunca foi sociável; ganhou a alcunha de "refinado estudioso com um narigão". Capaz de escalar árvores feito um esquilo, sentia-se mais à vontade ao ar livre.

Aos 16 anos, Thoreau matriculou-se na Universidade de Harvard, que ficava a menos de dezesseis quilômetros a sudeste de Concord. Lá estudou grego, latim e línguas modernas, incluindo alemão, e fez cursos de matemática, história e filosofia. Era frequentador assíduo da biblioteca e gostava especialmente de relatos de viagem, sonhando em conhecer países distantes.

Depois de se formar, em 1837, Thoreau retornou a Concord, onde por um breve período trabalhou como professor e esporadicamente ajudava o pai na fabricação de lápis, o negócio da família. Foi em Concord que conheceu o poeta e ensaísta Raph Waldo Emerson, que havia se mudado para lá três anos antes. Emerson era catorze anos mais velho que Thoreau e o incentivou a escrever, bem como disponibilizou ao novo amigo o acesso à sua bem abastecida biblioteca.[1] Foi em terras pertencentes a Emerson, às margens do

---

[1] Thoreau também viveu na casa da família Emerson durante dois anos e pagava pela comida e hospedagem trabalhando como faz-tudo e jardineiro enquanto Emerson se ausentava em suas frequentes viagens para conferências.

lago Walden, que Thoreau construiu sua cabana. Na época, Thoreau estava de luto pela morte de seu único irmão, John, que morrera em seus braços, vitimado pelo tétano. Thoreau ficou tão traumatizado pela súbita morte de John que chegou a desenvolver uma forma "simpática" da doença, sentindo sintomas semelhantes como trismo e espasmos musculares. Sentia-se como "uma folha murcha" – infeliz, imprestável e tão desolado que um amigo havia recomendado: "Construa você mesmo uma cabana e lá inicie o formidável processo de devorar-se a si mesmo vivo. Não vejo outra alternativa, nenhuma outra esperança para você".

A natureza ajudou Thoreau. Uma flor definhando não era motivo para luto, disse ele a Emerson, tampouco eram razão para pranto as espessas camadas de emboloradas folhas outonais no chão da floresta, porque no ano seguinte tudo se reverteria e voltaria à vida. A morte era parte do ciclo da natureza e, portanto, um sinal de sua saúde e vigor. "Não pode haver melancolia *realmente* negra para quem vive em plena natureza e mantém os sentidos serenos", disse Thoreau, tentando atribuir sentido ao mundo.

Os Estados Unidos que Thoreau chamava de lar tinham mudado consideravelmente desde que Humboldt se encontrara com Thomas Jefferson em Washington, DC, no verão de 1804. Nesse meio-tempo, Meriwether Lewis e William Clark atravessaram o continente, indo desde St. Louis até o litoral do Pacífico, e retornaram de sua expedição munidos de relatórios e informes descrevendo terras vastas e ricas que ofereciam sedutoras perspectivas para a nação em expansão. Quatro décadas mais tarde, em 1846, os Estados Unidos adquiriram junto aos britânicos imensas porções do território do Oregon, incluindo os atuais estados de Washington, Oregon e Idaho, bem como partes de Montana e Wyoming. Na ocasião, o país estava envolvido numa guerra contra o México após a anexação do escravocrata Texas. Quando a guerra chegou ao fim, com uma esmagadora vitória dos Estados Unidos, no momento em que Thoreau deixava para trás a sua cabana, o México cedia um vasto território que incluía os futuros estados de Nevada, Novo México, Utah e boa parte do Arizona, bem como partes de Wyoming, Oklahoma, Kansas e

Concord, Massachusetts

Colorado. Sob o governo do presidente James K. Polk, o país havia se expandido em mais de 25 milhões de quilômetros quadrados entre 1845 e 1848, um aumento territorial de um terço, e pela primeira vez estendia-se de uma ponta à outra do continente. Em janeiro de 1848, encontrou-se ouro na Califórnia, e no ano seguinte 40 mil pessoas partiram para o Oeste a fim de fazer fortuna.

Nesse ínterim, os Estados Unidos haviam avançado tecnologicamente. O canal do Erie fora concluído em 1825, e cinco anos depois o primeiro trecho da ferrovia Baltimore-Ohio fora inaugurado. Em abril de 1838, o *Great Western*, o primeiro navio a vapor transatlântico, zarpou de Londres e aportou em Nova York; durante o inverno de 1847, quando Thoreau regressou a Concord, o capitólio foi iluminado a gás pela primeira vez.

Boston ainda era um porto importante, e Concord, a cidade natal de Thoreau, estava crescendo no mesmo compasso. Concord tinha um cotonifício, uma fábrica de sapatos e outra de canos de chumbo, bem como diversos armazéns e bancos. Toda semana quarenta diligências passavam pela cidade, que também era a sede do governo do condado. Vagões abarrotados de mercadorias de Boston percorriam a rua principal de Concord rumo aos mercados e feiras de New Hampshire e Vermont.

Havia muito tempo a exploração agrícola tinha transformado as selvas e ermos desabitados em campos abertos, pastagens e campinas.

Era impossível passar ao longo das florestas de Concord, Thoreau anotou em seu diário, sem ouvir o som dos machados. Nos dois séculos anteriores, a paisagem da Nova Inglaterra tinha mudado de maneira tão radical que restavam pouquíssimas árvores ancestrais. De início, o desmatamento se deu em nome da atividade agrícola e da utilização da madeira como combustível, e depois, com o advento da via férrea, a floresta foi devorada por locomotivas. Em Concord a ferrovia havia chegado em 1844, seus trilhos bordejando a margem ocidental do lago Walden, onde Thoreau costumava caminhar. A natureza selvagem estava recuando, e os seres humanos se afastavam cada vez mais dela.

A vida no lago Walden era propícia para Thoreau e combinava com seu temperamento, pois lá ele podia se perder na leitura de um livro ou fitar uma flor durante horas a fio sem sequer perceber o que mais acontecia à sua volta. Havia muito tempo Thoreau exaltava os prazeres de uma vida simples. "Simplificar, simplificar", ele escreveria mais tarde em *Walden*. Ser um filósofo, disse ele, era viver "uma vida de simplicidade". Thoreau estava contente consigo mesmo e não dava a mínima para amenidades sociais, mulheres e dinheiro. Sua aparência refletia essa atitude. Suas roupas eram mal-ajambradas, as calças eram curtas demais e ele jamais engraxava os sapatos grosseiros. Thoreau tinha compleição rubicunda, nariz grande, uma barba desgrenhada e olhos azuis expressivos. Um amigo disse que ele "imita muito bem os porcos-espinhos", ao passo que outros o descreviam como irritadiço, desagradável e "belicoso". Alguns diziam que Thoreau tinha "maneiras corteses" – ainda que um pouco "rude e um tanto rústico" –, ao passo que muitos o achavam divertido e engraçado. Porém, mesmo seu amigo e vizinho em Concord, o escritor Nathaniel Hawthorne, descreveu Thoreau como "uma pessoa enfadonha e intolerável", que o fez se sentir envergonhado por ter dinheiro e uma casa e por escrever um livro que as pessoas leriam. Thoreau era certamente excêntrico, mas também refrescante como "água gelada nos dias de calor intenso para os cidadãos sedentos", disse um outro amigo.

Todos concordavam que Thoreau era um homem que se sentia mais à vontade na natureza do que na presença de outras pessoas. Uma exceção era sua alegria na companhia de crianças. O filho de Emerson, Edward, lembrava-se com carinho de como Thoreau sempre encontrava tempo para as crianças e de como contava histórias sobre um "duelo" de duas tartarugas no rio ou fazia lápis magicamente desaparecerem e reaparecerem. Quando as crianças do vilarejo visitavam Thoreau no lago Walden, ele as levava em longas caminhadas pelos bosques. Thoreau assobiava sons estranhos e os animais iam aparecendo um a um – a marmota espiava da vegetação rasteira, esquilos corriam na direção dele e passarinhos pousavam sobre seu ombro.

A natureza, disse Hawthorne, "parece adotá-lo como seu filho especial", pois os animais e as plantas se comunicavam com ele. Havia um vínculo, um elo que ninguém era capaz de explicar. Camundongos passeavam ao longo dos braços de Thoreau, corvos empoleiravam-se nele, cobras enrodilhavam-se em suas pernas e ele sempre encontrava as mais recônditas primeiras floradas da primavera. A natureza falava com Thoreau, e ele com ela. Quando plantou um campo de feijões, Thoreau perguntou: "Que aprenderei eu com os feijões, ou os feijões comigo?". A alegria de sua vida diária era ter nas mãos "um pouco de poeira de estrelas e um fragmento do arco-íris".

Durante sua temporada no lago Walden, Thoreau estudou atentamente a natureza. De manhã ele se banhava e depois se sentava ao sol. Caminhava pelos bosques ou se agachava em silêncio numa clareira, esperando os animais desfilarem diante de seus olhos. Thoreau observava as intempéries e se autoproclamava "inspetor de tempestades de chuva e neve". No verão, pegava seu barco e tocava flauta enquanto deslizava na água ao sabor dos ventos; no inverno, deitava-se com os braços e as pernas abertos na superfície do lago congelado, pressionando seu rosto contra o gelo a fim de estudar o fundo "como uma fotografia atrás de uma placa de vidro". À noite, ouvia os galhos das árvores roçando contra as pranchas de madeira do teto de sua cabana, e ao amanhecer escutava os pássaros que faziam serenata para ele. Thoreau era uma "ninfa do bosque", como disse um amigo, "uma alma silvestre".

Henry David Thoreau

Embora adorasse a solidão, Thoreau não vivia feito um ermitão em sua cabana. Ia com frequência ao vilarejo para fazer refeições com a sua família ou com a de Emerson. Proferia conferências no liceu de Concord e recebia visitantes no lago Walden. Em agosto de 1846, a sociedade antiescravista de Concord realizou sua reunião anual na porta da cabana de Thoreau, e ele saiu numa excursão para o Maine. Mas também escrevia. Durante seus dois anos no lago Walden, Thoreau preencheu duas grossas cadernetas, uma com suas experiências nos bosques (as anotações que se tornariam *Walden, ou A vida nos bosques*) e outra contendo um esboço de *Uma semana nos rios Concord e Merrimack*, livro sobre uma viagem de barco que ele fizera com seu saudoso irmão anos antes.

Quando voltou para Concord, por inúmeras vezes Thoreau tentou encontrar um editor para *Uma semana*. Ninguém estava interessado em um manuscrito que era parte descrição da natureza e parte livro de memórias. No fim das contas, um editor concordou em imprimir e distribuir o livro, desde que Thoreau custeasse a edição. Foi um retumbante fracasso comercial. Ninguém comprou, e muitas das resenhas foram severas e mordazes – uma delas, por exemplo, acusou Thoreau de copiar Emerson, bastante e pessimamente. Pouquíssimas apreciações críticas mostraram admiração pelo livro, declarando-o "puramente americano".

Como saldo da empreitada, Thoreau se viu com uma dívida de centenas de dólares e uma coleção de exemplares nunca vendidos de *Uma semana*. Agora Thoreau era dono de uma biblioteca de novecentos livros, gracejou ele, "mais de setecentos dos quais eu mesmo escrevi". A malsucedida publicação também causou os primeiros atritos entre Thoreau e Emerson. Um decepcionado Thoreau se sentiu traído por seu mentor, que havia elogiado *A semana* mesmo sem ter gostado do livro. "Enquanto o meu amigo era o meu amigo ele me lisonjeava, e nunca ouvi dele a verdade, mas quando ele se tornou meu inimigo, disparou contra mim uma flecha envenenada", Thoreau escreveu em seu diário. Provavelmente em nada ajudou a amizade dos dois o fato de que Thoreau tenha desenvolvido uma paixonite pela esposa de Emerson, Lydian.

Hoje Thoreau é um dos autores norte-americanos mais lidos e adorados – enquanto ele viveu, porém, seus amigos e familiares preocupavam-se com sua falta de ambição. Emerson o definiu como "o único homem em Concord que não trabalha" e uma pessoa que era "insignificante aqui na cidade", ao passo que a tia de Thoreau acreditava que seu sobrinho deveria fazer algo melhor do que "volta e meia sair andando por aí". Thoreau nunca se importou com a opinião alheia. Em vez disso, estava às voltas com o manuscrito de *Walden*. "O que são esses pinheiros e esses pássaros? O que acontece com esse lago?", ele escreveu em seu diário, concluindo que "Preciso saber um pouco mais".

Thoreau ainda estava tentando compreender a natureza. Ele continuava marchando pelo campo, ereto feito um pinheiro, como diziam seus amigos, e a passadas largas. Ele também começou a trabalhar como agrimensor, o que lhe assegurava uma pequena renda e lhe permitia passar mais tempo ao ar livre na zona rural. Contando seus passos, disse Emerson, Thoreau era capaz de medir distâncias de forma mais precisa do que outros logravam fazer munidos de seus instrumentos de medição em varas e elos.[2] Thoreau coletava espécimes para os botânicos e zoólogos da Universidade de Harvard. Ele mensurava a profundidade dos riachos e lagos, media temperaturas e prensava plantas. Na primavera, Thoreau registrava a chegada de pássaros e, no inverno, contava as bolhas congeladas que ficavam presas na cobertura gelada do lago. Em vez de "visitar algum acadêmico", ele caminhava diversos quilômetros pelos bosques para seus "encontros marcados e compromissos" com as plantas. Thoreau estava tateando no escuro, procurando um rumo para chegar a uma compreensão do que aqueles pinheiros e pássaros realmente significavam.

Thoreau, como Emerson, estava em busca da unidade da natureza, mas no fim ambos escolheriam caminhos diferentes. Thoreau acompanharia Humboldt em sua crença de que o "todo" só poderia ser compreendido por meio de suas conexões, correlações e detalhes. Emerson, por outro lado, acreditava que essa unidade não poderia ser descoberta exclusivamente pelo pensamento racional, mas também pela intuição ou algum tipo de revelação de Deus. A exemplo dos românticos ingleses, tais como Samuel Taylor Coleridge, e dos idealistas alemães como Friedrich Schelling, Emerson e seus colegas transcendentalistas nos Estados Unidos estavam reagindo contra os métodos científicos associados ao raciocínio dedutivo e à pesquisa empírica. Examinar a natureza dessa forma, disse Emerson, tendia a "toldar a vista". Em vez disso, o homem tinha de encontrar a verdade espiritual na natureza. Os cientistas eram apenas materialistas cujo "espírito é matéria reduzida à extrema finura", escreveu.

Os transcendentalistas tinham sido inspirados pelo filósofo alemão Immanuel Kant e sua explicação da compreensão humana do mundo. Kant havia falado de uma classe de ideias ou conhecimento, Emerson explicou, que "não provinha da experiência". Com isso, Kant se voltara contra os empiristas tais como o filósofo britânico

---

2   No original, "rod and chain"; *rod* é vara, antiga medida de comprimento equivalente a um metro e dez centímetros; *chain* é uma medida que, para agrimensores, é igual a cem elos (*links*) ou 66 pés (*feet*), equivalente a 20,12 metros e, para engenheiros, 30,48 metros. (N. T.)

John Locke, que no final do século XVII dissera que todo o conhecimento era baseado na experiência dos sentidos. Emerson e seus colegas transcendentalistas insistiam que o homem tinha a capacidade de conhecer intuitivamente a verdade. Para eles, os fatos e a aparência da natureza eram como uma cortina que precisava ser puxada para que se descobrisse a lei divina atrás dela. Thoreau, entretanto, considerava cada vez mais difícil entremear nessa cosmovisão seu fascínio por fatos científicos, porque para ele tudo na natureza tinha um significado em si mesmo. Tratava-se de um transcendentalista que procurava essas grandiosas ideias de unidade contando as pétalas de uma flor ou os anéis em um tronco de árvore caído.

Thoreau tinha começado a observar a natureza como um cientista. Ele media e registrava, e seu interesse por esse tipo de detalhe tornou-se cada vez mais urgente. Então, no outono de 1849, dois anos depois de deixar sua cabana, quando ficou plenamente evidente o total fracasso de *Uma semana*, Thoreau tomou uma decisão que mudaria sua vida e daria origem a *Walden* tal como o conhecemos hoje. Ele reorientou por completo a sua vida com uma nova rotina diária que requeria sessões de estudo todas as manhãs e noites pontuadas por uma longa caminhada vespertina. Foi o momento em que ele deu os primeiros passos no sentido de deixar de ser apenas um poeta fascinado pela natureza e se tornar um dos mais importantes escritores da natureza norte-americanos. Talvez tenha sido a dolorosa experiência de publicar *Uma semana*, ou seu rompimento com Emerson. Ou talvez Thoreau tivesse encontrado confiança para se concentrar no que ele adorava. Qualquer que tenha sido a razão, tudo mudou.

Esse novo regime marcou o início de seus estudos científicos, que incluíam extensas sessões de escrita em seu diário. Todo dia, Thoreau anotava o que ele tinha visto em suas caminhadas. Esses registros diários deixaram de ser ocasionais fragmentos de observação para se tornarem regulares e cronológicos, documentando as estações em Concord em toda a sua complexidade. Em vez de recortar seus diários para colá-los em seus manuscritos literários como ele costumava fazer, Thoreau deixou intactos os novos volumes. O que outrora consistia de coleções aleatórias tornava-se um conjunto de "Anotações de campo".

Armado com seu chapéu – que fazia as vezes de "caixa de botânica" dentro da qual ele mantinha frescos e viçosos os espécimes de plantas coletados durante as longas caminhadas –, um pesado livro de partituras como sua prensa de plantas, uma luneta e sua bengala como trena, Thoreau explorava a natureza em todos os seus detalhes. Durante suas jornadas a pé, fazia anotações em pequenos pedaços de papel, que depois, à noite, ele expandia para seus registros mais longos nos diários. Suas observações botânicas tornaram-se tão meticulosas que os cientistas ainda hoje as usam para examinar o impacto da alteração do clima – comparando as datas das primeiras florações de flores silvestres ou das "folheações" anotadas nos diários de Thoreau às datas atuais.

"Eu omito o insólito – o furacão e os terremotos – e descrevo o comum", Thoreau escreveu em seu diário, "esse é o verdadeiro tema da poesia". Enquanto perambulava, media e inspecionava, Thoreau estava se afastando das ideias grandiosas e espirituais de Emerson sobre a natureza e, em vez disso, observava a detalhada variedade que se revelava em suas caminhadas. Foi também o momento em que Thoreau mergulhou pela primeira vez nos textos de Humboldt – ao mesmo tempo que se voltava contra a influência de Emerson. "Sinto-me maduro para alguma coisa", Thoreau escreveu em seu diário. "Chegou para mim o momento de semear – já me mantive alqueivado por tempo demais."

Thoreau leu os livros mais populares de Humboldt: *Cosmos*, *Quadros da natureza* e *Narrativa pessoal*. Livros sobre a natureza, disse Thoreau, eram "uma espécie de elixir". Enquanto lia, Thoreau estava sempre anotando e rabiscando. "Sua leitura era feita com uma pena na mão", comentou um amigo. Durante esses anos, o nome de Humboldt aparecia regularmente nas cadernetas de Thoreau, bem como em sua obra publicada. Thoreau anotava "Humboldt diz" ou "Humboldt escreveu". Um dia, por exemplo, quando o céu reluziu num matiz particularmente cintilante de azul, ele sentiu a necessidade de medir com precisão a nuança. "Onde está o meu cianômetro?", perguntou-se. "Humboldt usava um em suas viagens" – referindo-se ao instrumento com o qual Humboldt tinha medido a intensidade de azul do céu acima do Chimborazo. Quando leu na *Narrativa pessoal* que o bramido das corredeiras do Orinoco era mais estrondoso à noite do que durante o dia, Thoreau anotou o mesmo fenômeno em seu diário – exceto pelo fato de que o estrepitoso Orinoco era um regato gorgolejante em Concord. Na opinião de Thoreau, as colinas em que ele havia caminhado no estado vizinho de New Hampshire eram comparáveis às dos Andes, ao passo que o Atlântico tornou-se um "enorme lago Walden". "De pé sobre os despenhadeiros do Concord", Thoreau escreveu, ele estava "com Humboldt".

O que Humboldt havia observado mundo afora, Thoreau observava em sua casa, seu campo de ação. Tudo estava interligado e entretecido. No inverno, quando os cortadores de gelo chegavam ao lago a fim de preparar e transportar o gelo para destinos distantes, Thoreau pensava nas pessoas que iam consumi-lo longe dali, no calor escaldante de Charleston ou mesmo em Bombaim e Calcutá. Eles "beberão do meu poço", escreveu, e a água pura do Walden seria "misturada às águas sagradas do Ganges". Não havia necessidade nenhuma de sair numa expedição rumo a países remotos. Por que não viajar em casa mesmo? Thoreau anotou em seu diário – o mais importante não era a que distância uma pessoa viaja, "mas o quanto a pessoa está viva". Seja um explorador "dos seus próprios riachos e oceanos", ele aconselhou, um Colombo de pensamentos, e não de comércio ou ambições imperiais.

Thoreau mantinha um constante diálogo com os livros que lia, bem como consigo mesmo – sempre esmiuçando e questionando. Quando via uma nuvem rubra pairando nas profundezas do horizonte num dia frio de inverno, ele repreendia severamente uma parte de si mesmo nos seguintes termos: "Você me diz que é uma massa de vapor que absorve todos os raios", e depois afirmava que essa explicação não era suficientemente boa, "porque essa visão vermelha me empolga, instiga meu sangue". Thoreau era um cientista que queria compreender a formação das nuvens, mas igualmente um poeta encantado pelas gigantescas montanhas vermelhas dos céus.

Que tipo de ciência era aquela, Thoreau se perguntava, "que enriquece a compreensão mas rouba a imaginação?". Era sobre isso que Humboldt escrevera em *Cosmos*. A natureza, explicou Humboldt, tinha de ser descrita com exatidão científica, mas sem "que por meio disso seja privada do vivificante bafejo da imaginação". O conhecimento não "esfria meus sentimentos", porque os sentidos e o intelecto estavam conectados. Mais do que qualquer outro, Thoreau seguiu a convicção humboldtiana a respeito da "firme e profunda ligação" que unia conhecimento e poesia. Humboldt permitiu a Thoreau entremear ciência e imaginação, o particular e o todo, o factual e o maravilhoso.

Thoreau continuou em busca desse equilíbrio. No decorrer dos anos, a luta ficou menos intensa, mas ele ainda estava preocupado. Certa noite, depois de ter passado um dia em um rio, rabiscando páginas e páginas com anotações sobre botânica e vida selvagem, concluiu cada registro com a frase: "Todo poeta já tremeu à beira da ciência". Contudo, à medida que mergulhava nos textos humboldtianos, Thoreau perdia seu medo. *Cosmos* ensinou-lhe que a coleção de observações individuais criava um retrato da natureza como um todo, em que cada detalhe era como um fio na tessitura do mundo natural. Assim como Humboldt encontrara harmonia na diversidade, Thoreau também havia encontrado. O detalhe levava ao todo unificado ou, na definição de Thoreau, "uma descrição verdadeira do real e factual é a mais rara poesia".

A prova mais explícita dessa mudança se deu quando Thoreau parou de usar um diário para "poesia" e outro para "fatos". Ele já não diferenciava uma coisa da outra, já não sabia mais qual era qual. Tudo tornou-se uma única e mesma coisa, porque "os fatos são mais interessantes e belos quanto mais poesia houver", no dizer de Thoreau. O livro que se tornou a expressão disso foi *Walden*.

Quando deixou para trás sua cabana no lago Walden, em setembro de 1847, Thoreau voltou para casa com um primeiro esboço de *Walden* e depois trabalhou em diversas versões. Em meados de 1849, deixou o livro de lado e demorou três anos para retomar o manuscrito – três anos durante os quais tornou-se um naturalista sério, um anotador e arquivista meticuloso e um admirador dos livros de

Humboldt. Em janeiro de 1852, Thoreau tirou da gaveta o manuscrito e mais uma vez começou a reescrever *Walden* completamente.[3]

Ao longo dos anos seguintes Thoreau duplicou a extensão do livro original, enchendo-o com suas próprias observações científicas. Com isso, *Walden* tornou-se um livro inteiramente diferente do que ele se propusera a escrever. Thoreau se disse pronto: "Sinto-me singularmente preparado para alguma obra literária". Anotando todos os detalhes dos padrões e alterações das estações, Thoreau desenvolveu uma profunda percepção dos ciclos e inter-relações da natureza. Assim que se deu conta de que as borboletas, flores e pássaros reapareciam a cada primavera, tudo o mais fez sentido. "O ano é um círculo", ele escreveu em abril de 1852. Começou a compilar longas listas sazonais de datas de folheações e florações. Ninguém mais, insistiu Thoreau, tinha observado como ele essas intrincadas diferenças. Seu diário viria a tornar-se "um livro das estações", ele escreveu, mencionando Humboldt no mesmo registro.

Nos primeiros manuscritos de *Walden*, Thoreau se concentrou em criticar a cultura e a avareza estadunidenses, e o que ele via como uma dedicação cada vez maior ao dinheiro e à vida urbana, usando sua vida na cabana como contraponto. Na nova versão, a passagem sucessiva de primavera, verão, outono e inverno tornou-se seu norte. "Desfruto a amizade das estações", Thoreau escreveu em *Walden*. Ele começou a "olhar a natureza com olhos novos" – olhos que Humboldt lhe dera. Explorava, colecionava, media e conectava, exatamente como Humboldt fazia. Seus métodos e observações, disse Thoreau à Associação Americana para o Avanço da Ciência em 1853, eram baseados em sua admiração por *Quadros da natureza*, o livro em que Humboldt havia combinado prosa elegante e descrições fulgurantes à análise científica.

Todos os momentos mais formidáveis de *Walden* têm origem nos diários de Thoreau. Neles, Thoreau saltava de um tema ao outro,

---

[3] Thoreau escreveu sete versões de *Walden*. O primeiro rascunho foi concluído durante o período em que ele passou no lago Walden. Trabalhou nas versões 2 e 3 da primavera de 1848 a meados de 1849. Retomou o manuscrito em janeiro de 1852 e trabalhou nas quatro versões seguintes até a primavera de 1854.

engalfinhando-se esbaforidamente com a natureza, com a Terra como "poesia viva", com sapos que "roncam no rio" e a alegria do canto dos passarinhos na primavera. Seu diário era "o registro do meu amor" e de seu "êxtase" – tanto poesia quanto ciência. Ele próprio se questionava se alguma coisa que ainda viria a escrever seria melhor que seu diário, comparando suas palavras a flores, imaginando se ficariam melhores reunidas dentro de um vaso (sua metáfora para um livro) ou na campina onde ele as havia encontrado (seu diário). A essa altura, ele se sentia tão orgulhoso de seu minucioso conhecimento sobre a natureza de Concord que ficava aborrecido quando alguém conseguia identificar uma planta que ele não era capaz de reconhecer. "Henry Thoreau mal pôde esconder sua indignação", Emerson escreveu um dia ao seu irmão, não sem uma boa dose de alegria, "quando levei a ele uma baga que ele ainda não tinha visto".

O novo enfoque de Thoreau não significava que suas dúvidas tinham desaparecido. Ele continuava a se questionar: "Fico dissipado por tantas observações", escreveu em 1853. Temia que seu conhecimento estivesse se tornando "detalhado e científico" e que talvez tivesse trocado perspectivas abrangentes, amplas como os céus, pelas visões estreitas do microscópio. "Com toda a sua ciência, você é capaz de dizer como é que a luz adentra a alma?", ele perguntava desesperadamente, mas ainda assim encerrava essa anotação de diário com detalhadas descrições de flores, cantos de pássaros, borboletas e amadurecimento de bagas.

Em vez de compor poemas, Thoreau investigava a natureza – e essas observações tornaram-se sua matéria-prima para *Walden*. "A natureza será a minha linguagem repleta de poesia", disse ele. Em seu diário, a água cristalina de um regato era em seus volteios o "sangue puro da natureza", e a seguir, algumas linhas adiante, ele averiguava o diálogo entre si mesmo e a natureza, mas concluía que "esse hábito cerrado da observação – em Humboldt-Darwin & outros. É para ser mantida por longo tempo – essa ciência". Thoreau entrançava ciência e poesia num único e espesso fio.

De modo a compreender e atribuir sentido a tudo, Thoreau buscava uma perspectiva unificadora. Quando escalava uma montanha, via o líquen sobre as rochas a seus pés, mas também as árvores ao longe. Como Humboldt no cume do Chimborazo, ele as percebia em relação umas com as outras, e "assim reduzidas a um único retrato", repetindo a ideia da *Naturgemälde*. Ou durante uma tempestade de inverno, numa gelada manhã de domingo, enquanto os flocos de neve rodopiavam à sua volta, Thoreau observava as delicadas estruturas cristalinas e as comparava às pétalas das flores em sua perfeita simetria. A mesma lei, disse ele, que moldava a Terra também moldava os flocos de gelo, pronunciando com ênfase, "Ordem. Kosmos".

Humboldt tomara de empréstimo a palavra *Kosmos* do grego antigo, como um termo que significava ordem e beleza, mas criadas através do olho humano. Com isso, Humboldt havia conciliado o mundo físico exterior e o mundo interior da mente. O *Cosmos* de Humboldt tratava da relação entre humanidade e natureza, e Thoreau se posicionava firmemente dentro desse cosmos. No lago Walden, ele escreveu: "Tenho, por assim dizer, um pequeno mundo só para mim" – seu próprio sol, lua e estrelas. "Por que haveria eu de me sentir sozinho?", perguntava. "Não está nosso planeta na Via Láctea?", Thoreau não era mais solitário do que uma flor ou uma mamangaba numa campina porque, como eles, era uma parte da natureza. "Não sou eu mesmo em parte folhas e humo?", ele se perguntava em *Walden*.

Um dos trechos mais famosos de *Walden* resume o quanto Thoreau tinha mudado desde que lera Humboldt. Durante anos, a cada primavera, ele havia observado o degelo das arenosas encostas dos taludes da ferrovia nas proximidades do lago Walden. Enquanto os raios de sol aqueciam o chão congelado e fundiam o gelo, a areia começava a escorrer em correntes violáceas pelas encostas como se fosse lava, por vezes aflorando em meio à neve, guarnecendo os taludes com as formas de viçosas folhas ou vinhas: uma folhagem arenosa que precedia a folheação das árvores e dos arbustos na primavera.

Em seu manuscrito original, escrito na cabana junto do lago, Thoreau descreveu esse "transbordamento arenoso" em uma rápida digressão de menos de cem palavras. Agora a descrição estendia-se a mais de 1.500 palavras e se tornava uma das passagens centrais de

Walden. Nas próprias areias, Thoreau escreveu, encontrava-se "uma antecipação da folha vegetal". Era o "protótipo", disse ele, exatamente como a "*urform*" de Goethe. Um fenômeno que no manuscrito original tinha sido "indescritivelmente interessante e belo" agora acabou ilustrando nada menos do que Thoreau chamou de "o princípio de todas as operações da natureza".

Essas poucas páginas ilustram o quanto Thoreau havia amadurecido. Quando descreveu o fenômeno no último dia de dezembro de 1851, no exato momento em estava lendo Humboldt, tornou-se uma metáfora para o cosmos. O sol que aquecia as encostas era como os pensamentos que aqueciam seu sangue, disse ele. A Terra não era morta, mas "vive e cresce". Depois, quando observou novamente o fenômeno na primavera de 1854, na ocasião em que estava terminando o manuscrito final de *Walden*, Thoreau escreveu em seu diário que a Terra era "poesia viva (...) não uma terra fóssil – mas um espécime vivo", palavras que ele incluiu quase ao pé da letra em sua versão derradeira de *Walden*. "A Terra está toda viva", ele escreveu, e a natureza "a pleno vapor". Essa era a natureza de Humboldt, pulsante de vida. A vinda da primavera, Thoreau concluiu, era "como a criação do Cosmos a partir do Caos". Era a vida, a natureza e a poesia, tudo ao mesmo tempo.

Walden era o mini-*Cosmos* de Thoreau de um lugar específico, uma evocação da natureza em que tudo estava conectado, apinhado de detalhes sobre hábitos de animais, flores e a espessura do gelo do lago. A objetividade ou a investigação científica pura não existiam, Thoreau escreveu quando concluiu *Walden*, porque estavam sempre associadas à subjetividade e aos sentidos. "Fatos caem do observador poético feito sementes maduras", ele anotou. O alicerce de tudo era a observação.

"Eu ordenho o céu e a Terra", disse Thoreau.

PARTE V
NOVOS MUNDOS: EVOLUINDO IDEIAS

20

O MAIOR E MAIS FORMIDÁVEL DE TODOS OS HOMENS DESDE O DILÚVIO

Em Berlim, no ano seguinte à publicação do segundo volume de *Cosmos*, o precário malabarismo de Humboldt entre suas posições políticas liberais e suas obrigações na corte prussiana estava mais difícil. A já insustentável situação beirou a impossibilidade quando, na primavera de 1848, eclodiu na Europa uma série de convulsões e levantes de cunho revolucionário. Após décadas de política reacionária, uma onda de revoluções assolou o continente.

Quando o declínio econômico e a abolição das reuniões políticas desencadearam violentos protestos em Paris, um aterrorizado rei Luís Filipe abdicou, em 26 de fevereiro, e fugiu para a Inglaterra. Dois dias depois, os franceses declararam a Segunda República, e em questão de poucas semanas novas revoluções estouraram na Itália, Dinamarca, Hungria e Bélgica, entre outros países. Em Viena, o conservador ministro-chefe do imperador austríaco Fernando I, o príncipe von Metternich, tentou – e não conseguiu – controlar as sublevações de estudantes e das classes operárias. Em 13 de março, o chanceler Metternich renunciou e também escapou para Londres. Dois dias depois, Fernando I prometeu a seu povo uma constituição. Os monarcas europeus entraram em pânico.

Naquela primavera, à medida que os jornais noticiavam as revoltas na Europa, os prussianos liam os artigos em voz alta uns para os outros nos cafés. Em Munique, Colônia, Leipzig, Weimar e dezenas de outros estados e cidades alemãs, o povo se insurgiu contra seus regentes. Reivindicavam uma Alemanha unida, um parlamento nacional e uma constituição. Em março, o rei da Baviera abdicou, e o grão-duque de Baden cedeu às exigências de seu povo e prometeu liberdade de imprensa e um parlamento. Em Berlim também houve protestos, mas o rei prussiano Frederico Guilherme IV não estava disposto a se render tão facilmente e mobilizou suas tropas. Quando 20 mil pessoas se reuniram para ouvir inflamados discursos, o rei ordenou que seus soldados marchassem pelas ruas de Berlim e protegessem seu castelo.

Há muito tempo os liberais da Prússia estavam decepcionados com seu rei. Humboldt, como tantos outros, tinha a esperança de que a ascensão de Frederico Guilherme IV ao trono encerraria a era de absolutismo. No início de 1841, durante os primeiros meses de reinado do novo monarca, Humboldt dissera a um amigo que ele era um déspota esclarecido que "precisava apenas livrar-se de algumas convicções medievais", mas estava enganado. Dois anos depois, Humboldt confessou ao mesmo amigo que Frederico Guilherme IV "faz simplesmente o que quer". Ele adorava arquitetura e a única coisa com que se importava eram os projetos para a construção dos seus novos e magníficos edifícios, parques majestosos e suntuosas coleções de arte. Quando se tratava de "questões mundanas", tais como política externa, o povo prussiano ou a economia, ele "mal pensa no assunto", queixou-se Humboldt.

Quando o rei abriu o primeiro parlamento prussiano da história em Berlim, em abril de 1847, a esperança de reforma foi imediatamente frustrada. Enquanto o povo exigia uma constituição, Frederico Guilherme IV deixou bem claro que jamais cederia. Em seu discurso inaugural, ele disse aos representantes parlamentares que o rei governava por direito divino, e jamais pela vontade popular. A Prússia não seria uma monarquia constitucional. Dois meses depois, o parlamento foi dissolvido; nenhuma reivindicação havia sido atendida.

Na primavera de 1848, e inspirado nas revoluções que grassavam em toda a Europa, o povo prussiano finalmente se fartou. Em 18 de março, revolucionários berlinenses rolaram barris pelas ruas e amontoaram caixas, tábuas e tijolos para erguer barricadas. Arrancaram pedras do pavimento e as carregaram para os telhados, preparando-se para a luta. À noite, a batalha teve início. Pedras e telhas foram arremessadas dos telhados, e os primeiros tiros ricochetearam pelas ruas. Humboldt estava em seu apartamento na Oranienburger Straße e, como tantas outras pessoas, não conseguiu dormir por causa do som dos tambores dos soldados que ecoava por toda a cidade. Enquanto a batalha prosseguia, as mulheres levavam comida, vinho e café para os revolucionários. Centenas de homens morreram, mas as tropas reais não conseguiram reaver o controle. Naquela noite, Frederico Guilherme IV desabou numa cadeira e se lamuriou: "Oh, Deus, Deus, me abandonaste por completo?".

Humboldt acreditava que as reformas eram essenciais, mas tinha aversão a desordens, agitações populares e à brutalidade da intervenção policial – ele havia imaginado uma transição precoce, mais lenta e, portanto, mais pacífica. Como outros liberais, ansiava por ver uma Alemanha mais unida, mas tinha a esperança de que o país fosse governado não pelo sangue e pelo medo, mas pelo consenso, a tolerância e um parlamento. Agora, enquanto centenas de pessoas morriam nas ruas de Berlim, Humboldt – então aos 78 anos – se viu em meio ao fogo cruzado.

Quando os revolucionários berlinenses tomaram o controle das ruas, um apavorado Frederico Guilherme IV cedeu e prometeu uma constituição e um parlamento nacional. Em 19 de março, concordou em recolher as tropas. Naquela noite as ruas de Berlim se iluminaram, e o povo celebrou a vitória. Em vez de tiros, houve cantoria e júbilo. Em 21 de março, apenas três dias após a eclosão da batalha, o rei demonstrou simbolicamente sua derrota desfilando por Berlim vestindo preto, vermelho e dourado, as cores dos revolucionários.[1] De volta ao palácio, diante do qual uma multidão havia se reunido, o rei apareceu na sacada. Em silêncio, Humboldt postou-se atrás do monarca e se curvou numa mesura para o povo. No dia seguinte, Humboldt ignorou suas obrigações para com o rei e marchou pela cidade encabeçando a procissão em homenagem aos revolucionários mortos.

Frederico Guilherme IV jamais se incomodou com as inclinações revolucionárias de Humboldt. Ele admirava o conhecimento de Alexander e evitava as "diferenças de opiniões políticas" entre os dois. Outros não eram tão complacentes com as concepções e posições de Humboldt. Um pensador prussiano o chamava de "ultraliberal", e um ministro o definiu como um "revolucionário que desfruta das graças da corte", ao passo que o irmão do rei, o príncipe William (mais tarde imperador William I), considerava Humboldt uma ameaça à ordem vigente.

Humboldt estava acostumado a se movimentar em meio a diferentes pontos de vista políticos. Vinte e cinco anos antes, em Paris, ele havia circum-navegado em torno das fileiras reacionárias e revolucionárias na França sem jamais arriscar ou comprometer sua posição. "Ele tem plena consciência de que, embora seja por demais liberal", Charles Lyell escreveu, "não corre o menor risco de perder a posição e as vantagens que seu nascimento lhe assegura".

Em âmbito particular, Humboldt criticava com seu habitual sarcasmo os monarcas europeus. Convidado pela rainha Vitória em uma das visitas da soberana inglesa à Alemanha, Humboldt comentou em tom zombeteiro que ela lhe serviu "costelas de porco duras

---

[1] Não é totalmente clara a origem do uso do preto, vermelho e dourado como as cores da Alemanha, mas um grupo de soldados prussianos de postura particularmente independente que havia lutado contra o exército de Napoleão entre 1813 e 1815 usava uniformes pretos com paramentos vermelhos e broches de latão dourados. Mais tarde, quando agremiações estudantis radicais foram banidas em muitos estados alemães, as cores tornaram-se um símbolo da luta pela unidade e liberdade. Os revolucionários de 1848 usaram amplamente essas cores, que seriam adotadas na bandeira alemã.

e frango frio" no café da manhã, além de demonstrar uma completa "abstinência filosófica". Depois de conhecer pessoalmente em Sanssouci – o palácio de verão de Frederico Guilherme IV – o príncipe herdeiro de Württemberg e os futuros reis da Dinamarca, da Inglaterra e da Baviera, Humboldt os descreveu para um amigo como um grupo de herdeiros que consistiam de "um sujeito pálido e sem força moral, um islandês beberrão, um fanático político cego e um obtuso obstinado". Esse, gracejou Humboldt, era o "futuro do mundo monárquico".

Alguns admiravam a habilidade de Humboldt de servir a um soberano real enquanto mantinha a "coragem de ter a sua própria opinião". Contudo, o rei de Hanôver, Ernesto Augusto I, comentou que Humboldt era "sempre o mesmo, sempre republicano e sempre na antecâmara do palácio". Mas provavelmente foi a inabilidade de Humboldt de habitar ambos os mundos que lhe permitiu tamanha liberdade. Caso contrário, o próprio Humboldt admitiu, ele teria sido expulso do país por ser "um revolucionário e o autor do ímpio *Cosmos*".

Enquanto Humboldt observava o desenrolar das revoluções nos estados alemães, houve um breve momento em que a reforma parecia possível, mas esse instante chegou ao fim rapidamente. Os estados alemães decidiram instalar uma assembleia nacional, nomeada com o intuito de discutir o futuro de uma Alemanha unida, mas, no final de maio de 1848, pouco mais de dois meses após o disparo do primeiro tiro em Berlim, Humboldt não sabia ao certo se estava mais frustrado com o rei, os ministros prussianos ou os delegados da assembleia nacional que se reuniram em Frankfurt.

Mesmo os que admitiam que as reformas eram necessárias não chegavam a um consenso acerca da configuração dessa nova Alemanha. Humboldt acreditava que uma Alemanha unificada deveria ser baseada nos princípios do federalismo. Os estados deveriam conservar algum poder, ele explicou, mas sem que fosse ignorado "o organismo e a unidade do todo" – sublinhando seu argumento pelo uso da mesma terminologia que utilizava para falar da natureza.

Havia os que eram favoráveis à unificação por razões puramente econômicas – vislumbrando uma Alemanha sem tarifas e barreiras comerciais –, mas também nacionalistas que glorificavam um romantizado passado germânico em comum. E ainda havia opiniões divergentes sobre a demarcação de fronteiras e, o ponto central dos debates, quais estados deveriam integrar o reino alemão. Alguns propunham uma grande Alemanha (*Grossdeutschland*), incluindo a Áustria, ao passo que outros preferiam uma nação menor (*Kleindeutschland*) encabeçada pela Prússia. Essas discordâncias aparentemente infinitas propiciaram negociações caóticas, em que argumentos eram apresentados e depois contestados, e muitos impasses. Nesse ínterim, as forças mais conservadoras tiveram tempo de se reagrupar.

Na primavera de 1849, um ano após as revoltas, todas as conquistas revolucionárias foram repudiadas. As perspectivas, pensou Humboldt, eram sombrias. Quando a assembleia nacional em Frankfurt – depois de muitas idas e vindas – finalmente decidiu oferecer a coroa a Frederico Guilherme IV de modo que ele pudesse, na condição de imperador alemão, assumir as rédeas de uma monarquia constitucional de uma Alemanha unificada, o soberano rejeitou bruscamente a proposta. O rei, que apenas um ano antes havia usado as três cores alemãs por receio da turba enfurecida, agora sentia-se suficientemente confiante para rejeitar a oferta. Os delegados não tinham uma coroa de verdade para apresentar, declarou Frederico Guilherme IV, porque somente Deus era capaz de fazê-lo. Aquela coroa era feita de "sujeira e barro", disse ele a um dos delegados, e não um "diadema do direito divino dos reis". Era uma "coleira de cão", ele esbravejou, com que o povo queria acorrentá-lo à revolução. A Alemanha estava longe de ser uma nação unida, e em maio de 1849 os delegados da assembleia nacional voltaram para casa de mãos vazias, com pouca coisa para mostrar apesar dos seus esforços.

Humboldt estava profundamente decepcionado com revoluções e revolucionários. No decorrer de sua vida, Humboldt viu os estadunidenses declararem a independência do país, mas mesmo assim continuavam a disseminar o que ele chamava de "praga da escravidão". Nos meses que antecederam os eventos de 1848 na Europa, Humboldt acompanhou as notícias da guerra travada entre os Estados Unidos e o México – perplexo, disse ele, com o comportamento imperial dos Estados Unidos, que o fazia pensar na "velha conquista espanhola". Na juventude, Humboldt havia testemunhado a Revolução Francesa, mas também viu Napoleão autoproclamar-se imperador. Mais tarde, testemunhou Simón Bolívar libertar as colônias sul-americanas da tirania espanhola, somente para depois ver o próprio "El Libertador" declarar-se um ditador. E agora o seu país tinha fracassado de forma retumbante. Aos 80 anos, Humboldt escreveu em novembro de 1849, ele estava reduzido à "fatigada esperança" de que o anseio popular por reformas não desaparecesse para sempre – embora pudesse parecer periodicamente "adormecido". Humboldt ainda tinha a esperança de que o desejo do povo por mudanças fosse "eterno como a tempestade eletromagnética que lança centelhas no sol". Talvez a geração seguinte se saísse melhor e alcançasse seus objetivos.

Como já havia acontecido tantas vezes antes, Humboldt mergulhou no trabalho a fim de escapar dessas "incessantes oscilações". Quando um delegado da assembleia nacional de Frankfurt perguntou-lhe como era capaz de trabalhar em épocas tão turbulentas, o cientista respondeu estoicamente que já tinha visto tantas revoluções na vida que a novidade e a empolgação estavam se exaurindo. Humboldt concentrou-se novamente em *Cosmos*.

Em 1847, quando Humboldt publicou o segundo volume de *Cosmos* – livro originalmente planejado como o último da série –, ele se deu conta de que ainda tinha mais coisas a dizer. Diferentemente dos dois primeiros volumes, o terceiro seria um tomo mais especializado sobre "fenômenos cósmicos", cujos temas variavam de estrelas e planetas a cometas e à velocidade da luz. À medida que as ciências avançavam, Humboldt se esforçava para ser "um mestre dos materiais", mas jamais teve problemas para admitir quando não conseguia compreender uma teoria nova. Determinado a incluir todas as descobertas recentes, simplesmente pedia a outras pessoas que as explicassem para ele, exigindo urgência porque, na sua idade, estava ficando sem tempo – "os quase-mortos andam depressa", disse ele. *Cosmos* era como um "duende em seu ombro".

Graças ao sucesso dos dois primeiros volumes, Humboldt publicou também uma nova e ampliada edição de seu livro favorito, *Quadros da natureza* – primeiro em alemão, depois duas edições rivais em inglês. Surgiu também uma nova – embora não autorizada – tradução para o inglês de *Uma narrativa pessoal*. E a fim de ganhar um dinheiro extra, Humboldt tentou, ainda que sem sucesso, vender para o seu editor alemão a ideia de um "Microcosmo" – uma versão mais curta e resumida, em volume único e de preço acessível, de *Cosmos*.

Em dezembro de 1850, Humboldt publicou a primeira metade do terceiro volume de *Cosmos* e, um ano depois, a segunda metade. Na introdução, escreveu que "cabe ao terceiro e último volume da minha obra suprir algumas das deficiências dos volumes anteriores". Entretanto, mal acabou de escrever isso e deu início à elaboração do quarto volume, dessa vez tendo como foco principal o planeta Terra, tratando de geomagnetismo, vulcões e terremotos. A impressão era de que ele nunca pararia.

A idade não esmoreceu Humboldt. Além de escrever e manter suas atividades na corte, ele também recebia uma incessante sucessão de visitantes. Um deles foi o antigo ajudante de campo de Bolívar, o general Daniel O'Leary, que foi ao apartamento de Humboldt em abril de 1853. Os dois homens passaram uma tarde rememorando a revolução e trocando reminiscências sobre Bolívar, que morrera de tuberculose em 1830. A essa altura, Humboldt era tão famoso que se tornou um rito de passagem para os norte-americanos visitar o velho cientista. Um escritor de livros de viagem estadunidense relatou que tinha ido a Berlim não para ver museus, tampouco galerias, mas "com o interesse de ver e falar com o mais formidável homem vivo do mundo".[2]

Humboldt também continuava ajudando jovens cientistas, artistas e exploradores, invariavelmente oferecendo-lhes auxílio financeiro a despeito de suas próprias dívidas. O geólogo e paleontólogo

---

[2] Humboldt gostava dos norte-americanos e os recebia de maneira afetuosa. "Ser um estadunidense era quase como um passaporte certeiro para a presença dele", relembrou um visitante. Em Berlim circulava um ditado segundo o qual o liberal Humboldt preferia receber um norte-americano a um príncipe.

suíço Louis Agassiz, que emigrou para os Estados Unidos, beneficiou-se diversas vezes da "usual benevolência" de Humboldt. Em outra ocasião Humboldt deu a um jovem matemático cem táleres, e também organizava refeições gratuitas na universidade para o filho do cafeteiro real. Ele trazia à atenção do rei o nome de artistas e incentivava o diretor do Museu Neues, em Berlim, a comprar pinturas e desenhos. Humboldt disse a um amigo que, uma vez que não tinha sua própria família, esses jovens eram como seus filhos.

Segundo o que disse o matemático Friedrich Gauss, o fervor com que Humboldt ajudava e incentivava as pessoas era uma das "joias mais maravilhosas na coroa de Humboldt". Isso também significava que Humboldt regia o destino de cientistas do mundo todo. Tornar-se um dos protegidos de Humboldt poderia decidir a carreira de um aspirante a cientista. Circulavam inclusive boatos de que ele agora controlava os resultados das eleições na Académie des Sciences em Paris – os candidatos participavam de audições no apartamento de Humboldt em Berlim antes de se apresentarem na Académie. Uma carta de recomendação de Humboldt era capaz de determinar seu futuro, e os que se opunham a ele temiam sua língua afiada. Humboldt tinha estudado cobras venenosas na América do Sul e "aprendeu um bocado com elas", afirmou um jovem cientista.

Apesar do sarcasmo e de suas ocasionais zombarias, Humboldt era geralmente generoso, e os exploradores em particular tiravam proveito disso. Humboldt incentivou seu velho conhecido e amigo de Darwin, o botânico Joseph Dalton Hooker, a viajar para o Himalaia e usou seus contatos londrinos para convencer o governo britânico a financiar a expedição – bem como municiou Hooker com copiosas instruções sobre o que medir, observar e coletar. Alguns anos depois, em 1854, Humboldt ajudou três irmãos alemães, Hermann, Rudolph e Adolf Schlagintweit – o "trifólio", como ele os apelidou –, a viajar para a Índia e o Himalaia, onde estudariam os campos magnéticos da Terra. Esses exploradores tornaram-se o pequeno exército de pesquisadores de Humboldt, fornecendo os dados globais de que ele precisava para completar *Cosmos*. Embora tenha aceitado o fato de que estava velho demais para ver com os próprios olhos o Himalaia, seu fracasso na tentativa de escalar aquelas imponentes montanhas continuou sendo a sua maior decepção – "nada na minha vida me enche de um pesar mais intenso".

Humboldt também incentivava artistas a viajar para os rincões mais remotos do planeta, ajudando-os a obter financiamento, sugerindo rotas e vez por outra reclamando quando alguém se recusava a seguir suas recomendações. Suas instruções eram meticulosas e detalhadas. Um artista alemão levou consigo uma longa lista de plantas que Humboldt pedira que ele pintasse. Humboldt escreveu que ele deveria retratar "paisagens reais" em vez das cenas idealizadas que os artistas tinham mostrado no decorrer dos séculos. Humboldt chegou a descrever inclusive onde o pintor deveria se posicionar sobre uma montanha a fim de obter a melhor vista.

Humboldt escrevia centenas de cartas de recomendação. E toda vez que uma delas chegava a seu destino, tinha início a "tarefa de decifração". Sua caligrafia – "linhas microscópicas e hieroglíficas" impossíveis, como ele próprio admitia – sempre foi pavorosa, mas com a idade sua letra piorou. As cartas eram passadas entre amigos, e cada um ia desvendando uma palavra, expressão ou frase. Mesmo quando os garranchos eram examinados com lentes de aumento, geralmente o processo de descobrir o que Humboldt havia escrito levava dias.

Por sua vez, ele recebia ainda mais cartas. Em meados da década de 1850, Humboldt calculava que todo ano chegavam cerca de 2.500 a 3 mil missivas. Seu apartamento na Oranienburger Straße, queixava-se, havia se transformado num entreposto comercial de troca de endereços. Ele não se incomodava com as cartas de cunho científico, mas se atormentava com o que chamava de "correspondência ridícula" – parteiras e professoras primárias que escreviam na esperança de ganhar condecorações do rei, por exemplo, ou caçadores de autógrafos e até mesmo um grupo de mulheres que tentavam "converter" Humboldt para uma ou outra denominação religiosa. Ele recebia perguntas sobre balões de ar quente, pedidos de ajuda com a emigração e "ofertas para cuidar de mim".

Algumas cartas, no entanto, enchiam Humboldt de alegria, em especial as de seu velho companheiro de viagem Aimé Bonpland, que jamais havia regressado para a Europa após sua ida à América do Sul em 1816. Depois de cumprir uma pena de prisão de quase dez anos no Paraguai, Bonpland foi repentinamente solto em 1831, mas mesmo em liberdade decidiu permanecer em seu lar adotivo. Agora já octogenário, Bonpland cultivava um pedaço de terra na Argentina, na fronteira com o Paraguai. Lá vivia na simplicidade rural, plantando árvores frutíferas e se aventurando em esporádicas expedições para coletar plantas.

Os dois velhos cientistas trocavam correspondência sobre plantas, política e amigos. Humboldt enviava seus livros mais recentes e informava Bonpland acerca dos eventos políticos na Europa. A vida na corte prussiana não havia destruído seus ideais liberais, Humboldt assegurou a Bonpland; ele ainda acreditava na liberdade e na igualdade. À medida que os dois homens foram ficando mais velhos, suas cartas tornaram-se cada vez mais afetuosas, com reminiscências de sua longeva amizade e das aventuras vividas juntos. Humboldt escreveu que não se passava uma semana sem que ele pensasse em Bonpland. Os dois se sentiam ainda mais atraídos um pelo outro pelo fato de que, com o passar dos anos, seus amigos em comum estavam morrendo um após o outro. "Nós sobrevivemos", Humboldt

Aimé Bonpland

escreveu depois que três de seus colegas cientistas – incluindo seu amigo íntimo Arago – faleceram num intervalo de apenas três meses, "mas, infelizmente, a imensidão dos oceanos nos separa". Bonpland também ansiava por vê-lo e escreveu que uma pessoa precisava muito de um amigo próximo com quem "compartilhar os sentimentos secretos do próprio coração". Em 1854, aos 81 anos, Bonpland ainda falava em visitar a Europa para abraçar Humboldt. Quando Bonpland faleceu na Argentina, em maio de 1858, seu nome estava quase esquecido em sua terra natal, a França.

Nesse ínterim, Humboldt havia se tornado o cientista mais famoso de seu tempo, não apenas na Europa mas em todo o mundo. Seu retrato estava exposto na Grande Exposição em Londres e também pendurado em palácios remotos como o do rei do Sião (hoje Tailândia) em Bangcoc. Seu aniversário era celebrado em terras longínquas como Hong Kong, e um jornalista estadunidense afirmou: "Pergunte a qualquer jovem estudante quem é Humboldt, e ele responderá".

O secretário da Guerra dos Estados Unidos, John B. Floyd, enviou a Humboldt nove mapas que mostravam todos os diferentes condados, cidades, montanhas e rios norte-americanos batizados em homenagem ao cientista. Seu nome, Floyd escreveu, era "conhecidíssimo e incontornável" de uma ponta à outra do país. No passado houve inclusive quem sugerisse que as Montanhas Rochosas deveriam ser renomeadas de "Andes de Humboldt" – e a essa altura diversos condados e cidadezinhas, um rio, baías, lagos e montanhas dos Estados Unidos carregavam seu nome, bem como um hotel em São Francisco e o jornal *Humboldt Times* em Eureka, Califórnia. Meio lisonjeado e meio constrangido, Humboldt riu-se quando ficou sabendo que mais um rio fora batizado com seu nome; o rio tinha 563 quilômetros de extensão e somente alguns poucos afluentes – mas "estou repleto de peixes", disse ele. Havia tantos navios chamados *Humboldt* que ele os chamava de seu "poderio naval".

Jornais de todo o mundo monitoravam a saúde e as atividades do idoso cientista. Quando circularam boatos de que ele estava doente e um anatomista de Dresden solicitou seu crânio, Humboldt respondeu jocosamente que "preciso da minha cabeça por mais algum tempo, mas depois ficarei feliz em cedê-la". Uma admiradora pediu a Humboldt que, quando ele estivesse prestes a morrer, lhe enviasse um telegrama de modo que assim ela pudesse correr para o leito de morte do cientista e fechar seus olhos. Na esteira da fama vinham também as fofocas, e Humboldt não ficou nada contente quando jornais franceses noticiaram que ele tivera um caso amoroso com a "feiosa baronesa Berzelius", a viúva do químico sueco Jöns Jacob Berzelius. Não ficou inteiramente claro se o que mais ofendeu Humboldt foi a ideia de ter um caso ou a pressuposição de que pudesse ter escolhido alguém tão pouco atraente.

Aos oitenta e poucos anos e sentindo-se com uma "curiosidade semipetrificada", Humboldt continuava interessado em tudo que era novidade. Não obstante todo o seu amor pela natureza, ele era fascinado pelas possibilidades da tecnologia. Humboldt interrogava seus visitantes sobre as jornadas que eles faziam em navios a vapor e demonstrava espanto diante do fato de que a viagem entre a Europa e Boston ou a Filadélfia levava apenas dez dias. Ferrovias, navios a vapor e telégrafos "faziam o espaço encolher", ele declarou. Durante décadas Humboldt também havia tentado convencer seus amigos norte e sul-americanos de que um canal através do istmo do Panamá seria uma importante rota comercial e um projeto de engenharia viável. Ainda em 1804, durante sua visita aos Estados Unidos, Humboldt encaminhou sugestões a James Madison, e mais tarde persuadiu Bolívar a destacar dois engenheiros para inspecionar a área. Humboldt continuaria a escrever sobre o canal pelo resto da vida.

Sua admiração por telégrafos era tão notória que um conhecido lhe enviou dos Estados Unidos um pequeno pedaço de cabo – "uma parte do telégrafo subatlântico". Durante duas décadas Humboldt se correspondeu com o inventor Samuel Morse, depois de ter visto seu aparato telegráfico em Paris nos anos 1830. Em 1856, Morse – que também havia desenvolvido o Código Morse – escreveu a Humboldt relatando seus experimentos relativos a uma linha subterrânea entre "a Irlanda e Newfoundland". O interesse de Humboldt não era nenhuma surpresa, uma vez que uma linha de comunicação entre a

O famoso bulevar Unter den Linden – com a universidade e a Academia de Ciências à direita

Europa e os Estados Unidos lhe permitiria acesso instantâneo a cientistas do outro lado do Atlântico, de modo a obter respostas sobre fatos ausentes em *Cosmos*.[3]

Apesar de toda a atenção que recebia, invariavelmente Humboldt se sentia apartado de seus contemporâneos. Ao longo de toda a vida a solidão foi sua companheira leal. De acordo com relatos de vizinhos, o velho cientista era visto na rua, nas primeiras horas da manhã, alimentando pardais, e na calada da noite uma luz solitária bruxuleava na janela de seu estúdio enquanto ele trabalhava no quarto volume de *Cosmos*. Humboldt caminhava todos os dias e podia ser visto com a cabeça curvada, serpeando vagarosamente à sombra das grandes tílias da imponente avenida do bulevar Unter den Linden em Berlim. E sempre que se hospedava no palácio real em Potsdam, Humboldt gostava de subir a pequena colina – "nosso Chimborazo de Potsdam", como ele a chamava – até o observatório.

---

[3] Somente dois anos mais tarde, em agosto de 1858, a primeira mensagem telegráfica entre Inglaterra e Estados Unidos foi trocada através do primeiro cabo transatlântico, mas menos de um mês depois o telégrafo cessou completamente sua operação, por causa da degradação do cabo e interrupção da corrente elétrica. Somente em 1866 uma nova linha operante seria instalada.

Quando Charles Lyell visitou Berlim, em 1856, pouco antes de Humboldt completar 87 anos, o geólogo britânico relatou que o encontrou exatamente "como eu o conheci mais de trinta anos atrás, absolutamente atualizado com relação a tudo que acontece em muitos departamentos". Humboldt ainda estava ágil e perspicaz, tinha algumas rugas e ainda conservava a cabeleira, agora toda branca. "Nada havia de flácido em seu rosto", comentou outro visitante. Embora tivesse ficado "magricela com a idade", o corpo inteiro de Humboldt se animava quando ele começava a falar, e seus interlocutores até se esqueciam de que se tratava de um octogenário. Em Humboldt ainda havia "todo o fogo e espírito de um homem de 30 anos", disse um norte-americano. Humboldt continuava tão irrequieto quanto em seus tempos de juventude. Muitos notavam como para Humboldt era impossível simplesmente permanecer sentado. Num momento ele estava de pé diante de suas estantes procurando um livro, e em outro curvado sobre uma mesa examinando alguns desenhos. Humboldt ainda era capaz de ficar de pé por oito horas a fio, ele se gabava. Sua única concessão à idade era admitir que já não tinha mais a agilidade necessária para subir a escada e pegar um livro na prateleira mais alta em seu estúdio.

Humboldt ainda morava em seu apartamento alugado na Oranienburger Straße, e sua situação financeira permanecia precária. Ele nem sequer possuía a coleção completa dos livros de sua própria autoria, porque eram caros demais. Humboldt ainda vivia acima de seus meios, mas teimava em continuar ajudando jovens cientistas. Geralmente, por volta do dia 10 de cada mês, o dinheiro de Humboldt chegava ao fim, e às vezes ele tinha de pedir emprestado ao seu devotado criado Johann Seifert, que trabalhava para ele havia três décadas. Seifert havia acompanhado Humboldt na expedição à Rússia e agora, juntamente com sua esposa, cuidava dos serviços domésticos do apartamento.

A maioria dos visitantes se surpreendia com a simplicidade do estilo de vida de Humboldt: um apartamento num edifício residencial banal, não muito distante da universidade que seu irmão Wilhelm havia fundado. Toda vez que um visitante aparecia, era recebido por Seifert. Ele os levava para o apartamento no segundo andar, onde atravessavam uma sala abarrotada de aves empalhadas, espécimes de rochas e outros objetos de história natural, depois passavam pela biblioteca e adentravam o estúdio, cujas paredes eram forradas de mais estantes de livros. Os cômodos transbordavam de manuscritos e desenhos, instrumentos científicos e mais animais empalhados, bem como fólios repletos de plantas prensadas, mapas enrolados, bustos, retratos e até mesmo um camaleão de estimação. Sobre as tábuas do assoalho simples estendia-se uma "magnífica" pele de leopardo. Um papagaio interrompia a conversa berrando a instrução mais frequente de Humboldt para seu criado: "Mais açúcar, mais café, sr. Seifert". Caixas atulhavam o chão, e a escrivaninha estava rodeada por pilhas de livros. Sobre um dos aparadores na biblioteca havia um globo, e toda vez que Humboldt falava sobre uma montanha, cidade ou rio específicos, ele se levantava e o girava.

Humboldt detestava o frio e mantinha seu apartamento em uma temperatura quase insuportável de calor tropical, sofrimento que seus visitantes aguentavam em silêncio. Quando conversava com estrangeiros, Humboldt falava em diversas línguas ao mesmo tempo, alternando frases em alemão, francês, espanhol e inglês. Embora estivesse perdendo a audição, não havia perdido nem uma fração de sua espirituosidade. Primeiro vem a surdez, gracejava ele, e depois a "imbecilidade". A única razão para a sua "celebridade", disse ele a um conhecido, era o fato de ter vivido até aquela idade tão avançada. Muitos visitantes faziam comentários sobre o humor pueril de Humboldt, do qual um exemplo era a piada que ele repetia com frequência sobre o quanto seu camaleão de estimação era parecido com "muitos clérigos", em sua habilidade de olhar com um olho para os céus e com o outro para a terra.

Humboldt aconselhava os viajantes sobre aonde deveriam ir, o que ler e quem conhecer. Ele falava sobre ciência, natureza, arte e política, e jamais se cansava de perguntar aos seus visitantes estadunidenses sobre a escravidão e a opressão dos norte-americanos nativos. Era uma "mancha sobre a nação americana",[4] dizia ele. Humboldt ficou especialmente enfurecido quando um sulista pró-escravidão

---

4   Não havia nada que Humboldt pudesse fazer com relação aos Estados Unidos, mas ele trabalhou pela aprovação de uma lei que libertava os escravos no momento em que pusessem os pés em solo prussiano – uma de suas poucas conquistas políticas. O projeto de lei foi concluído em novembro de 1856 e sancionado como lei em março de 1857.

publicou, em 1856, uma edição em inglês de seu *Ensaio político sobre a ilha de Cuba*, da qual todas as críticas de Humboldt contra a escravidão foram extirpadas. Indignado, Humboldt divulgou um comunicado à imprensa, publicado em jornais de uma ponta à outra dos Estados Unidos, em que declarava que as partes eliminadas eram as mais importantes do livro.

A maioria das pessoas que visitavam Humboldt ficava impressionada ao constatar como o velho cientista continuava ágil, e sua mente, aguçada; a julgar pela recordação de um desses visitantes, de Humboldt emanava um "ininterrupto jorro do mais abundante conhecimento". Mas toda essa atenção exauria as forças de Humboldt. Em nada ajudava o fato de que a essa altura ele recebia cerca de 4 mil cartas por ano e ainda escrevia de próprio punho cerca de 2 mil, sentindo-se "implacavelmente perseguido por minha própria correspondência". Por sorte, no decorrer das décadas anteriores, sua constituição física mantivera-se extraordinariamente robusta, e Humboldt sofria apenas de ocasionais dores estomacais e uma urticária que provocava uma coceira desconfortável.

No início de setembro de 1856, poucos dias antes de completar 87 anos, Humboldt disse a um amigo que estava ficando mais fraco. Dois meses depois, durante uma visita a uma exposição de obras de arte em Potsdam, Humboldt quase se feriu gravemente quando uma pintura desabou de uma das paredes e se espatifou sobre sua cabeça. Por sorte, sua parruda cartola amorteceu boa parte do impacto. Meses depois, durante a noite de 25 fevereiro de 1857, seu criado Johann Seifert ouviu um ruído e se levantou para ver o que era; encontrou Humboldt caído no chão. Seifert chamou o médico, que se dirigiu às pressas ao apartamento. Humboldt sofreu um leve acidente vascular cerebral, e o médico anunciou que não havia muita esperança de recuperação. Nesse meio-tempo, o paciente registrava todos os seus sintomas, com sua costumeira meticulosidade: paralisia temporária, pulsação inalterada, visão preservada e assim por diante. Ao longo dos meses seguintes Humboldt ficou confinado à cama, o que ele odiou. Ficar "desocupado na minha cama", ele escreveu em março, aumentou sua "tristeza e descontentamento com o mundo".

Para surpresa de todos, Humboldt de fato melhorou, embora jamais tenha recobrado plenamente as forças. O "maquinário", ele escreveu, estava "enferrujado, na minha idade". Amigos comentavam que seu andar tornara-se instável, mas que, movido pelo orgulho e pela vaidade, ele se recusava a usar bengala. Em julho de 1857, Frederico Guilherme IV sofreu um derrame cerebral que o deixou parcialmente paralisado e incapaz de governar o país. O irmão do rei tornou-se o regente – e com isso Humboldt pôde finalmente aposentar-se de sua posição oficial na corte. Ele continuou visitando Frederico Guilherme IV, mas sua presença constante no palácio já não era tão requisitada.

Em dezembro, por fim, saiu das tipografias o quarto volume de *Cosmos*, que versava sobre a Terra e trazia o subtítulo um tanto enfadonho e desajeitado "Resultados especiais da observação no domínio dos fenômenos telúricos". Era um livro científico denso, bem pouco semelhante às publicações anteriores de Humboldt. Ainda foi impressa uma tiragem de 15 mil exemplares, mas as vendas nem de longe se compararam às dos dois primeiros volumes. Todavia, Humboldt se sentiu instigado a acrescentar mais um volume – uma continuação, ele explicou, com informações adicionais sobre a Terra e a distribuição das plantas. A composição do quinto volume era uma corrida contra a morte, ele admitiu, enquanto bombardeava a bibliotecária da biblioteca real com constantes solicitações de livros. Mas a empreitada estava sendo pesada demais. Com sua memória de curta duração agora em declínio, Humboldt constantemente se perdia vasculhando suas anotações ou se esquecia de onde havia deixado os seus livros de consulta.

Naquele ano, quando dois dos três irmãos Schlagintweit retornaram de sua expedição ao Himalaia, ficaram perplexos ao constatar o quanto Humboldt tinha envelhecido. Os irmãos estavam entusiasmados para contar a Humboldt que haviam verificado a controversa hipótese humboldtiana acerca das diferentes altitudes da linha de neve permanente nas encostas norte e sul do Himalaia. Para surpresa dos irmãos, porém, Humboldt insistiu que jamais dissera coisa parecida. A fim de provar que Humboldt havia de fato elaborado a teoria,

Humboldt em 1857

os irmãos foram até o estúdio e pegaram na estante o ensaio que o próprio Humboldt escrevera sobre o tema em 1820. Com lágrimas nos olhos, os Schlagintweit perceberam que ele simplesmente não conseguia se lembrar.

Ao mesmo tempo, Humboldt continuava "impiedosamente atormentado" pelo volume de cartas que recebia. Ele tinha aversão a secretários particulares, admitiu, porque cartas ditadas eram "excessivamente formais e protocolares". Em dezembro de 1858, ficou novamente acamado, dessa vez com gripe, sentindo-se enfermo e infeliz.

Em fevereiro de 1859, Humboldt havia se recuperado o suficiente para se juntar a um grupo de setenta norte-americanos reunidos em Berlim a fim de celebrar o aniversário de George Washington. Ainda estava adoentado e fraco, mas determinado a terminar o quinto volume de *Cosmos*. Por fim, em 15 de março de 1859, seis meses antes de completar noventa anos, Humboldt publicou um anúncio nos jornais: "Labutando sob um extremo abatimento de espírito, resultado de uma correspondência que só faz aumentar diariamente", ele estava pedindo ao mundo que "tentasse persuadir as pessoas a não se ocupar tanto comigo". Humboldt implorou ao mundo que lhe permitisse "desfrutar de algum lazer e ter tempo para trabalhar". Um mês depois, em 19 de abril, despachou para seu editor o manuscrito do quinto volume de *Cosmos*. Dois dias depois, teve um colapso.

Uma vez que a saúde de Humboldt não melhorou, os jornais berlinenses começaram a publicar boletins diários. Em 2 de maio, noticiou-se que o velho cientista estava "muito fraco"; no dia seguinte, que sua condição mostrava "um alto grau de incerteza", depois "crítica", com violentos ataques de tosse e dificuldade respiratória, e em 5 de maio que sua fraqueza estava "aumentando". Na manhã de 6 de maio de 1859, anunciou-se que as forças do paciente minguavam "de hora em hora". Naquela tarde, às duas e meia, Humboldt abriu os olhos uma vez mais, enquanto o sol acariciava as paredes de seu quarto, e proferiu suas últimas palavras: "Como são gloriosos estes raios de sol! Parecem chamar a terra para os Céus!". Tinha 89 anos quando morreu.

A notícia espalhou-se pelo mundo como uma onda de choque, das capitais europeias aos Estados Unidos, das cidades do Panamá e Lima às cidadezinhas na África do Sul. "O formidável, bondoso e venerando Humboldt já não vive!", escreveu o embaixador dos Estados Unidos na Prússia num despacho para o Departamento de Estado em Washington, DC, mensagem que levou mais de dez dias para chegar aos Estados Unidos. Um telegrama de Berlim chegou às salas de redação londrinas poucas horas após o falecimento de Humboldt, anunciando que "Berlim está mergulhada na dor do luto". No mesmo dia, mas sem saber dos eventos na Alemanha, Charles Darwin escreveu de sua casa em Kent para seu editor em Londres informando-o de que em breve enviaria os seis primeiros capítulos de *A origem das espécies*. Numa perfeita sincronização reversa, à medida que Humboldt passava por um lento declínio, Darwin vinha acelerando seu ritmo, ganhando fôlego e velocidade, e dava os retoques finais ao manuscrito do livro que abalaria o mundo científico.

Dois dias após a morte de Humboldt, os jornais ingleses publicaram longos obituários. A primeira linha de um extenso artigo no diário *The Times* declarou apenas: "Alexander von Humboldt está morto". No mesmo dia em que os britânicos compravam seus periódicos para ler sobre a morte do cientista, centenas de pessoas em

Nova York faziam fila para ver uma magnífica pintura que havia sido inspirada em Humboldt: *O coração dos Andes*, do jovem artista estadunidense Frederic Edwin Church.

A pintura era tão sensacional que fileiras de ávidos turistas e curiosos serpeavam ao redor do quarteirão; as pessoas esperavam durante horas a fio e pagavam 25 centavos pelo ingresso para admirar a tela de 168 cm × 303 cm que mostrava os Andes em toda a sua glória. As cachoeiras no centro do quadro eram tão realistas que as pessoas quase podiam sentir os borrifos de água. Todas as árvores, folhas e flores eram retratadas de forma tão meticulosa que os botânicos conseguiam identificá-las com precisão, ao passo que as montanhas de cume nevado erguiam-se majestosamente no pano de fundo. Mais do que qualquer outro pintor, Church havia atendido ao apelo feito por Humboldt no sentido de unir arte e ciência. Ele admirava tão profundamente Humboldt que tinha percorrido, a pé e no lombo de mulas, a rota de seu herói pela América do Sul.

O coração dos Andes combinava beleza com os mais minuciosos detalhes geológicos, botânicos e científicos – era o conceito humboldtiano de interconexão em maior escala retratado numa tela. A pintura transportava o espectador para a vastidão selvagem da floresta sul-americana. Church era, declarou o jornal *The New York Times*, o "Humboldt artístico do Novo Mundo". Em 9 de maio, sem saber que Humboldt falecera três dias antes, Church escreveu a um amigo dizendo que planejava enviar o quadro para Berlim, a fim de mostrar ao velho cientista o "cenário que havia deleitado seus olhos sessenta anos antes".

Na manhã seguinte, na Alemanha, dezenas de milhares de enlutados acompanharam o cortejo fúnebre com pompas de Estado, que partiu do apartamento de Humboldt e seguiu ao longo do Unter den Linden até a Catedral de Berlim. Bandeiras pretas adejavam ao vento, e as ruas ficaram apinhadas de gente. Os cavalos do rei puxaram o carro funerário com o caixão de carvalho simples decorado com duas coroas de flores e ladeado por estudantes que carregavam folhas de palmeira. Foi o funeral mais solene e principesco que os cidadãos berlinenses já haviam testemunhado para um cidadão que não era da

O mausoléu da família Humboldt em Schloss Tegel

realeza. As exéquias contaram com a presença de professores universitários e membros da Academia de Ciências, bem como soldados, diplomatas e políticos. Havia artesãos, comerciantes, lojistas, artistas, poetas, atores e escritores. O cortejo avançava lentamente, acompanhado pelos parentes de Humboldt e seus respectivos familiares, além de seu criado Johann Seifert. A fila de enlutados se estendeu por quase dois quilômetros. Os sinos da igreja dobraram por toda a cidade, e a família real aguardou na Catedral de Berlim para dar o último adeus. Naquela noite, o caixão foi levado para Tegel, onde Humboldt foi enterrado no mausoléu de sua família.

Quando o navio a vapor que levava a notícia da morte de Humboldt chegou aos Estados Unidos, em meados de maio, pensadores, artistas e cientistas lamentaram. Era como se tivesse "perdido um amigo", disse Frederic Edwin Church. Um dos antigos protegidos de Humboldt, o cientista Louis Agassiz, proferiu um elogio fúnebre na Academia de Arte e Ciências em Boston, durante o qual afirmou que a mente de todas as crianças nas escolas dos Estados Unidos "alimentaram-se da faina do cérebro de Humboldt". Em 19 de maio de 1859, jornais de uma ponta à outra do país noticiaram a morte do homem que muitos definiam como o "mais extraordinário" que já havia existido. Eles tiveram a sorte de viver no que chamavam de "a era de Humboldt".

No decorrer das décadas seguintes a reputação de Humboldt continuou a ganhar proeminência. Em 14 de setembro de 1869, dezenas de milhares de pessoas celebraram o centenário de seu nascimento com festejos no mundo inteiro – em Nova York e Berlim, na Cidade do México e em Adelaide e incontáveis outros lugares. Mais de duas décadas após a morte de Humboldt, Darwin ainda o chamava de "o maior viajante cientista que já viveu". Darwin jamais parou de usar os livros de Humboldt. Em 1881, aos 72 anos, retomou mais uma vez a leitura do terceiro volume de *Narrativa pessoal*. Assim que acabou de ler, Darwin escreveu na quarta capa, "3 de abril de 1882 terminado". Dezesseis dias depois, em 19 abril, faleceu.

Darwin não estava sozinho em sua admiração pela obra de Humboldt. Um cientista alemão declarou que Humboldt havia espalhado as "sementes" a partir das quais se desenvolviam as novas ciências. O conceito humboldtiano de natureza também se difundia entre diferentes disciplinas e ramos de conhecimento – embrenhando-se nas artes e na literatura. Suas ideias penetraram nos poemas de Walt Whitman e nos romances de Júlio Verne; em seu próprio livro de viagem, *Beyond the Mexique Bay* (1934), Aldous Huxley fez referência a *Ensaio político sobre o reino da Nova Espanha*, e em meados do século XX o nome de Humboldt apareceu em poemas de Ezra Pound e Erich Fried. Cento e trinta anos após a morte de Humboldt, o romancista colombiano Gabriel García Márquez ressuscitou-o em *O general em seu labirinto*, relato ficcional dos últimos dias de Simón Bolívar.

Para muitos, Humboldt foi, como definiu o rei prussiano Frederico Guilherme IV, simplesmente "o maior e mais formidável de todos os homens desde o Dilúvio".

21

O HOMEM E A NATUREZA

George Perkins Marsh e Humboldt

No exato momento em que a notícia da morte de Humboldt chegava aos Estados Unidos, George Perkins Marsh deixava Nova York a fim de voltar para sua cidade natal, Burlington, em Vermont. Marsh tinha 58 anos e não compareceu à cerimônia fúnebre em homenagem a Humboldt realizada em Manhattan duas semanas depois, em 2 de junho de 1859, na sede da Sociedade Geográfica e Estatística Americana, entidade da qual era membro. Atolado no trabalho em Burlington, Marsh tornara-se o mais "enfadonho notívago da cristandade", de acordo com o que ele escreveu a um amigo. Marsh também estava completamente falido. Numa tentativa de melhorar sua situação financeira, vinha trabalhando em diversos projetos ao mesmo tempo. Estava redigindo em detalhes a série de conferências sobre a língua inglesa que ele havia proferido nos meses anteriores na Universidade Columbia, compilando um relatório sobre as companhias ferroviárias de Vermont e compondo dois poemas para publicação numa antologia, além de escrever diversos artigos para um jornal.

Marsh regressara de Nova York para Burlington, disse ele, "como um criminoso sentenciado que havia fugido e agora voltava para sua cela". Debruçado sobre pilhas de papéis, livros e manuscritos, ele quase nunca deixava seu gabinete e praticamente não conversava com ninguém. Escrevia e escrevia, disse a um amigo, "com todas as

George Perkins Marsh

minhas forças", tendo somente seus livros como companhia. Sua biblioteca continha 5 mil volumes do mundo inteiro, com uma seção inteira dedicada a Humboldt. Os alemães, acreditava Marsh, tinham "feito mais para ampliar os limites do conhecimento moderno do que a soma de todos os esforços do restante do mundo cristão". Os livros alemães eram de uma "superioridade infinita com relação a qualquer outro", disse Marsh, e as publicações de Humboldt eram a joia da coroa, a mais notável e extraordinária glória. O entusiasmo de Marsh por Humboldt era tão grande que ele ficou feliz quando sua cunhada se casou com um alemão, um médico e botânico chamado Frederick Wislizenus. A razão para a aprovação de Marsh era o fato de Wislizenus ter sido mencionado na edição mais recente de *Quadros da natureza*, de Humboldt – suas qualidades de marido aparentemente não tinham muita importância.

Marsh sabia ler e falar em vinte idiomas, incluindo alemão, espanhol e islandês. "O holandês", dizia ele, "pode ser aprendido por um estudioso do dinamarquês e alemão em um mês". O alemão era sua língua favorita, e ele volta e meia salpicava suas cartas com palavras germânicas, usando, por exemplo, *blätter* em vez de "jornais" ou *klapperschlangen* no lugar de "cascavéis". Quando um amigo lutou para observar um eclipse solar no Peru por causa das nuvens, Marsh fez referência "ao que Humboldt fala sobre o *unastronomischer Himmel Perus*" – o céu antiastronômico do Peru.

Humboldt era "o maior dos sacerdotes da natureza", disse Marsh, porque tinha compreendido o mundo como uma interação entre homem e natureza – uma conexão que corroboraria a obra do próprio Marsh, pois ele estava coletando material para um livro que explicaria como a humanidade vinha destruindo o meio ambiente.

Marsh era um autodidata com uma insaciável sede de conhecimento. Nascido em 1801 em Woodstock, Vermont, filho de um advogado calvinista, foi um garoto precoce que aos 5 anos de idade já estava memorizando os dicionários do pai. Lia com tanta rapidez e tantos livros simultaneamente que a família e os amigos sempre se surpreendiam com sua capacidade de, com um mero olhar de relance, apreender o conteúdo de alguma página. Durante toda a sua vida, Marsh ouviria comentários das pessoas sobre sua extraordinária memória. Ele era, segundo um colega, uma "enciclopédia ambulante". Mas Marsh não aprendia apenas com os livros; ele também amava a vida ao ar livre. De acordo com suas próprias palavras, ele havia "nascido na floresta", e "o riacho borbulhante, as árvores, as flores, os animais selvagens eram para mim pessoas, não coisas". Quando menino, Marsh apreciava as longas caminhadas com o pai, que sempre lhe apontava as diferentes árvores e chamava sua atenção para o nome de cada uma. "Passei os primeiros anos da minha vida quase literalmente nos bosques", disse Marsh a um amigo, e seu profundo apreço pela natureza perduraria pelo resto de sua vida.

A despeito de seu feroz apetite pelo conhecimento, Marsh era surpreendentemente inseguro acerca da própria carreira. Tinha estudado direito, mas era uma nulidade como advogado, porque considerava seus clientes toscos, rudes e incultos. Era um erudito, um grande estudioso, mas não gostava de lecionar. Como empreendedor, tinha um infalível pendor para tomar péssimas decisões de negócios, e às vezes passava mais tempo no tribunal de justiça lidando com seus próprios assuntos do que com os de seus clientes. Quando tentou a sorte como criador de ovelhas, perdeu tudo depois que o preço da lã despencou. Foi dono de um lanifício que primeiro foi parcialmente destruído por um incêndio e depois arruinado por uma chuva de granizo. Especulou com a compra e venda de terras, vendeu madeira de lei e explorou uma pedreira de mármore.

Certamente Marsh era mais um erudito do que um empresário. Na década de 1840, tinha ajudado a fundar o Instituto Smithsonian em Washington, DC – o primeiro museu nacional dos Estados Unidos. Publicou um dicionário de línguas nórdicas e era especialista em etimologia do inglês. Também atuou como congressista por Vermont na capital do país, mas até mesmo a sua leal esposa admitia que o marido não era o mais inspirador dos políticos. Segundo disse Caroline Marsh, ele era "inteiramente desprovido de charme oratório". Marsh experimentou tantas profissões diferentes que um amigo gracejou: "Se você viver muito mais tempo, será obrigado a *inventar* profissões".

De uma coisa Marsh estava plenamente convicto: ele queria viajar e ver o mundo. O único problema era que nunca tinha dinheiro suficiente. A solução, ele tinha concluído na primavera de 1849, era conquistar um posto diplomático. Seu cargo dos sonhos teria sido a cidade natal de Humboldt, Berlim, mas suas esperanças caíram por terra quando um senador de Indiana, que também queria Berlim, despachou para Washington diversas caixas de champanhe para os políticos que decidiriam qual dos candidatos iria para a Alemanha. Em questão de poucas horas os homens ficaram em "um tal estado de pavorosa embriaguez", Marsh ficou sabendo por meio de amigos, que se entregaram à dança e à cantoria. No final da noite, os políticos bêbados anunciaram que o senador de Indiana iria para Berlim.

Marsh estava determinado a viver no exterior. Tendo atuado como congressista durante diversos anos, tinha certeza de que, com seus contatos em Washington, ele conseguiria encontrar uma vaga. Se não o mandassem para Berlim, então ele iria para alguma outra parte. Marsh estava com sorte, porque algumas semanas depois, no final de maio de 1849, foi nomeado ministro norte-americano na

Turquia, baseado em Constantinopla e com instruções para expandir o comércio entre os países. Ainda que não fosse Berlim, era bastante empolgante a sedução de viver no Império Otomano, na encruzilhada entre Europa, África e Ásia. As tarefas administrativas supostamente seriam "bem leves", disse Marsh a um amigo. "Terei liberdade e ficará a meu critério ausentar-me de Constantinopla durante uma considerável parte do ano."

E de fato Marsh teve essa liberdade. No decorrer dos quatro anos seguintes ele e sua esposa Caroline viajaram pela Europa e por partes do Oriente Médio. Eram um casal feliz. Em termos intelectuais, Caroline era em grande medida a perfeita contraparte de seu marido – lia praticamente com a mesma voracidade de Marsh, publicou sua própria coletânea de poemas e editava todos os artigos, ensaios ou livros que o marido escrevia. Não tinha papas na língua e expressava publicamente suas opiniões sobre os direitos das mulheres – tal qual Marsh, que apoiava o sufrágio e a educação femininos. Caroline era simpática, sociável e alegre, uma "brilhante tagarela". Invariavelmente ela caçoava de Marsh, que tendia à melancolia, chamando-o de "coruja velha" e um "resmungão".

Durante boa parte de sua vida adulta, porém, Caroline padeceu por causa de sua saúde debilitada – uma excruciante dor nas costas que invariavelmente a deixava prostrada e incapaz de andar mais do que alguns passos. Ao longo dos anos, os médicos receitaram uma ampla variedade de remédios, de banhos de mar a sedativos e suplementos de ferro, mas nada ajudava, e pouco antes de partirem para a Turquia um médico em Nova York decretou que sua misteriosa doença era "incurável". O devotado Marsh cuidava com desvelo da esposa e muitas vezes a carregava nos braços. Espantosamente, Caroline ainda conseguia acompanhar o marido na maior parte de suas viagens. Às vezes ela era carregada por guias locais, e em outras tinha de se deitar numa geringonça atrelada a uma mula ou até mesmo um camelo, mas estava sempre de bom humor e decidida a acompanhar o marido.

Quando viajaram pela primeira vez dos Estados Unidos para Constantinopla, Marsh e Caroline fizeram um desvio de vários meses para a Itália, mas sua primeira expedição de verdade foi para o Egito.

Em janeiro de 1851, um ano depois de desembarcarem em Constantinopla, foram para o Cairo e depois desceram o Nilo. Do convés, viram despontar um mundo exótico. Tamareiras margeavam o rio e crocodilos refestelavam-se ao sol nos bancos de areia. Pelicanos e bandos de cormorões acompanhavam o barco enquanto Marsh admirava as garças que fitavam seu próprio reflexo na água. O casal comprou um filhote de avestruz "recém-nascido no deserto", que volta e meia descansava sobre os joelhos de Caroline. Viram uma colcha de retalhos de campos cultivados circundando o rio, com plantações de arroz, algodão, feijões, trigo e cana-de-açúcar. Do alvorecer até altas horas da noite, podiam ouvir o rangido das rodas dos sistemas de irrigação – longas sequências de potes e baldes em correntes puxadas por bois que transportavam a água do Nilo para os campos adjacentes. Ao longo do caminho, eles pararam nas ruínas da ancestral cidade de Tebas, onde Marsh carregou Caroline em meio aos grandiosos templos, e mais para o sul, visitaram as pirâmides de Núbia.

Era um mundo que exalava história. Os monumentos faziam o relato de antigos e ricos reinos havia muito desaparecidos, ao passo que a paisagem mostrava os vestígios de pás e relhas de arado. Terraços áridos davam à área rural uma forma geométrica, e cada torrão de terra revirado ou árvore caída deixava registros indeléveis no solo. Marsh viu um mundo modelado pela humanidade e marcado por milhares de anos de atividade agrícola. A "própria terra", disse ele, as rochas nuas e as colinas desbastadas, davam testemunho da faina do homem. Marsh viu o legado de antigas civilizações não somente nas pirâmides e templos, mas esculpido no solo.

Aquela parte do mundo parecia velha e esgotada, enquanto seu próprio país parecia viçoso comparado àquela paisagem. "Eu gostaria de saber", ele escreveu a um amigo inglês, "se a condição de novidade de tudo na América impressiona um europeu com o mesmo vigoroso impacto que a antiguidade do continente oriental tem sobre nós". Marsh se deu conta de que o aspecto da natureza estava intimamente entrelaçado com as ações da humanidade. Navegando ao longo do Nilo, Marsh viu como os vastos sistemas de irrigação transformavam o deserto em campos exuberantes, mas notou também a completa

Campos e terraços ao longo do Nilo em Núbia

inexistência de plantas selvagens, porque a natureza tinha sido "subjugada pelo amplo e longevo cultivo".

De súbito, tudo que Marsh tinha lido nos livros de Humboldt fez sentido. Humboldt escreveu que a "atividade incessante de vastas comunidades de homens gradualmente espoliava a face da Terra" – exatamente o que Marsh via. Humboldt disse que o mundo natural estava atrelado à "história política e moral da humanidade", de ambições imperiais que exploravam lavouras coloniais à migração de plantas ao longo das trilhas de antigas civilizações. Ele descreveu a forma como as *plantations* de açúcar em Cuba e o refino de prata no México causaram um drástico e impactante desmatamento. A cobiça moldava sociedades *e* a natureza. O homem deixava rastros de destruição, disse Humboldt, por "onde quer que pisasse".

À medida que a viagem de Marsh avançava pelo Egito, ele ficava cada vez mais fascinado pela flora e fauna. "Como invejo o seu conhecimento das muitas línguas em que a natureza fala." Embora não tivesse formação acadêmica como cientista, Marsh começou a medir e registrar. Tornou-se "um estudante da natureza", ele anunciou, orgulhoso, enquanto coletava plantas para amigos botânicos, insetos para um entomólogo na Pensilvânia e centenas de espécimes para o recém-criado Instituto Smithsonian em Washington. "Ainda não é temporada dos escorpiões", ele escreveu ao curador da instituição, seu amigo Spencer Fullerton Baird, mas já estava de posse de caracóis e vinte diferentes espécies de peixes conservadas em álcool. Baird pediu crânios de camelos, chacais e hienas, e também peixes, répteis e insetos "e tudo mais", e depois despachou também quinze galões de álcool quando chegou ao fim o estoque de solução alcoólica com a qual Marsh preservava os espécimes.

Marsh era um anotador meticuloso e escrevia em qualquer lugar – posicionava o papel sobre os joelhos, segurando-o quando o vento tentava espalhar as páginas e rabiscando em meio a tempestades de areia. "Não confie nada à memória", escreveu o homem que era famoso por sua capacidade de se lembrar de tudo o que lia.

Durante oito meses, Marsh e Caroline viajaram de uma ponta à outra do Egito e depois atravessaram o deserto do Sinai no lombo de camelos rumo a Jerusalém e Beirute. Em Petra, viram os magníficos edifícios talhados em mármore rosado, e Marsh constatou que precisava fechar os olhos ao ver como o camelo que carregava Caroline manobrava pelos estreitos passadouros e à beira de profundos precipícios. Entre Hebron e Jerusalém, Marsh observou como as colinas terraçadas, que tinham sido cultivadas por milhares de anos, agora pareciam "na maior parte dos casos áridas e desoladas". Mais para o final da expedição, Marsh passou a acreditar que a "assídua exploração agrícola de centenas de gerações" tinha transformado aquela parte da Terra em um "planeta estéril e exaurido". Foi um momento de inflexão em sua vida.

Quando Marsh foi chamado de volta de Constantinopla, no final de 1853, ele já tinha viajado pelos territórios da Turquia, do Egito e da Ásia Menor, numa jornada que também percorreu partes do Oriente Médio, bem como Grécia, Itália e Áustria. De volta a Vermont, Marsh viu o interior e a zona campestre – que ele desde menino conhecia como a palma de sua mão – pelo prisma de suas observações no Velho Mundo e se deu conta de que a América do Norte estava marchando na direção da mesma destruição ambiental. Marsh aplicara ao Novo Mundo as lições do Velho Mundo. A paisagem de Vermont, por exemplo, havia mudado de forma tão drástica desde a chegada dos primeiros colonos que o que restara era a "natureza na condição tosada e mutilada a que o progresso humano a reduziu", disse Marsh.

O meio ambiente dos Estados Unidos começava a sofrer. Dejetos industriais poluíam os rios e florestas inteiras desapareciam à medida que a madeira era utilizada como combustível, na produção industrial e na construção de ferrovias. "Em toda parte o homem é um agente perturbador", disse Marsh; ele próprio um ex-dono de moinho e criador de ovelhas, sabia que também tinha contribuído para o estrago. Vermont já havia perdido três quartos de suas árvores, mas com o constante deslocamento de colonos de um lado para o outro do continente, o Meio-Oeste também estava mudando. Chicago tornou-se um dos maiores depósitos de grãos e madeira dos Estados Unidos. Era chocante ver partes das águas do lago Michigan cobertas de toras e compridas jangadas de troncos usadas para o transporte de árvores "de todas as florestas dos Estados Unidos", disse Marsh.

Nesse meio-tempo, a eficiência da engrenagem industrial estadunidense sobrepujou a da Europa pela primeira vez. Em 1855, os visitantes da Feira Mundial em Paris ficaram boquiabertos ao ver como uma colheitadeira norte-americana era capaz de segar um acre (0,4 hectare ou o equivalente a 4.047 metros quadrados) de plantações de aveia em apenas 21 minutos – um terço do tempo que os modelos europeus equivalentes levavam para realizar a tarefa. Os agricultores norte-americanos também foram os primeiros a propulsar suas máquinas com vapor, e à medida que os métodos agrícolas estadunidenses se industrializavam, o preço dos grãos caía. Ao mesmo tempo, a produção manufatureira crescia a todo vapor, e na década de 1860 o país tornou-se a quarta nação mais industrializada do mundo. Na primavera do mesmo ano, Marsh pegou suas cadernetas e escreveu *O homem e a natureza: ou a geografia física modificada pela ação do homem*, livro em que levava adiante e de modo incisivo o alerta inicial de Humboldt acerca do desmatamento. *O homem e a natureza* contava uma história de destruição e avareza, de extinção e exploração, bem como de solo exaurido e enchentes torrenciais.

Para a maioria das pessoas, a impressão era de que o homem controlava a natureza. Nada mostrava isso de maneira mais evidente do que o método por meio do qual a cidade de Chicago fora literalmente erguida e tirada da lama. Construída no mesmo nível do lago Michigan, Chicago sofria com o empecilho de solos encharcados e epidemias. A audaciosa solução dos planejadores da cidade foi erguer em vários metros quarteirões inteiros e edifícios de diversos andares, de modo a construir por baixo sistemas de drenagem. Enquanto Marsh escrevia *O homem e a natureza,* os engenheiros de Chicago desafiavam a gravidade levantando casas, lojas e hotéis com centenas de macacos hidráulicos, e nesse ínterim as pessoas continuavam morando e trabalhando nos mesmos edifícios.

Parecia não haver limites nem para a capacidade nem para a cobiça da humanidade. Lagos, lagoas e rios outrora abundantes de peixes tornaram-se sem vida. Marsh foi o primeiro a explicar o porquê. A pesca excessiva e predatória era parcialmente culpada, mas também a poluição industrial. Os produtos químicos envenenavam os peixes, Marsh alertou, ao passo que os diques e represas impediam sua migração rio acima e a serragem entupia as guelras. Rigoroso por detalhes, Marsh corroborava com fatos os seus argumentos. Ele não afirmava simplesmente que os peixes haviam desaparecido ou que as ferrovias estavam tragando as florestas, mas também acrescentava detalhadas estatísticas de exportações piscícolas do mundo inteiro e os cálculos exatos da quantidade de madeira necessária para cada quilômetro de trilho.

Tal qual Humboldt, Marsh atribuía à dependência das lavouras de exportação – como as de tabaco e algodão – a culpa pelos estragos. Mas havia também outras razões. À medida que a renda do norte-americano médio aumentava, o consumo de carne, por exemplo, crescia – o que, por sua vez, tinha um enorme impacto na natureza. O tamanho da área requerida para alimentar os animais, calculou Marsh, era muito maior do que a extensão dos campos necessários para o valor nutricional equivalente em grãos, legumes e verduras. Marsh concluiu que uma dieta vegetariana era ambientalmente mais responsável do que a de um carnívoro.

Na esteira da riqueza e do consumo vinha a destruição, afirmou Marsh. Por ora, contudo, sua preocupação com o ambiente ficou soterrada sob a cacofonia do progresso – o ruído das rodas dos moinhos, o silvo dos motores a vapor, os sons ritmados das serras nas florestas e o assovio das locomotivas.

Enquanto isso, a situação financeira de Marsh beirava a precariedade. O salário que ele havia recebido na Turquia não era suficiente, seu moinho tinha fechado as portas, seu sócio o enganara e todos os seus outros investimentos tinham sido desastrosos. À beira da falência, ele agora estava à procura de um emprego com "pequenas obrigações e alto salário". O alívio veio em março de 1861, quando o recém-eleito presidente dos Estados Unidos, Abraham Lincoln, o nomeou embaixador norte-americano no recém-criado reino da Itália.

Assim como a Alemanha, na segunda metade do século XIX, a península Itálica era composta por vários reinos, que eram estados independentes. Depois de anos de embates, os estados italianos finalmente se uniram, com exceção de Roma, que ainda estava sob o controle papal, e do Vêneto, no norte, que era subjugado pela Áustria. Desde a sua primeira visita à Itália uma década antes, Marsh ficara entusiasmado com os passos italianos rumo à unificação. "Eu gostaria de ser trinta anos mais jovem, e *kugelfest*" – à prova de balas – ele escreveu a um amigo, porque assim poderia juntar-se à luta armada. Tornar-se um enviado estadunidense a essa nova nação era uma perspectiva empolgante, bem como a expectativa de receber um salário regular. "Eu não seria capaz de sobreviver mais dois meses como vivi os últimos anos", disse Marsh. O plano era mudar-se para Turim, a capital temporária no norte da Itália, onde o primeiro parlamento se reuniria naquela primavera. Não havia muito tempo para preparativos, mas muita coisa a fazer. Em três semanas, Marsh alugou sua casa em Burlington, empacotou móveis, livros e roupas, bem como suas anotações e manuscritos de *O homem e a natureza*.

Uma vez que os Estados Unidos estavam prestes a mergulhar numa guerra civil, era uma boa hora para partir. Mesmo antes de Lincoln tomar posse, em 4 de março de 1861, sete estados sulistas defensores da escravidão como elemento dos meios de produção uniram-se e declararam-se independentes do restante do país, formando uma nova aliança: a Confederação (ou Estados Confederados da América).[1] Em 12 de abril, menos de um mês depois de Lincoln ter nomeado Marsh, os primeiros tiros foram disparados pelos Confederados em um ataque a tropas da União aquarteladas no Forte Sumter, no porto de Charleston. Depois de mais de trinta horas de tiroteio constante, a União se rendeu e entregou o forte. Foi o estopim que marcou o início efetivo de uma guerra que no fim mataria mais de 600 mil soldados norte-americanos. Seis dias depois, Marsh se despediu de mil de seus colegas concidadãos com um veemente discurso na prefeitura de Burlington. Era obrigação dos moradores da cidade, disse Marsh, fornecer dinheiro e homens para a União em sua luta contra os Confederados e a escravidão. Essa guerra era mais importante do que a revolução de 1776, declarou Marsh, porque ela dizia respeito à igualdade e à liberdade de todos os norte-americanos. Meia hora depois de seu discurso, o já sexagenário Marsh e Caroline embarcaram num trem rumo a Nova York, de onde partiram de navio para a Itália.

Marsh deixou para trás um país que estava se dilacerando por uma guerra civil com destino a uma nação em processo de unificação. Vendo os Estados Unidos divididos pela guerra, Marsh quis ajudar da melhor maneira que podia, mesmo a distância. Em Turim, tentou convencer o célebre líder militar italiano Giuseppe Garibaldi a se juntar à Guerra de Secessão estadunidense. Ele também escreveu despachos militares e comprou armas para as forças da União. Nesse ínterim, sua mente estava concentrada também em seu manuscrito de *O homem e a natureza*, para o qual ainda estava coletando material. Quando conheceu pessoalmente o primeiro-ministro, o barão Bettino Riscasoli, homem que era conhecido por sua inovadora administração dos bens e propriedades da sua família, Marsh sabatinou-o acerca de temas agrícolas – em particular sobre a drenagem de Maremma, uma região na Toscana. Riscasoli prometeu um relatório completo.

---

1 Os sete estados escravagistas que primeiro se rebelaram e declararam sua secessão foram: Carolina do Sul, Flórida, Mississippi, Geórgia, Texas, Louisiana e Alabama. Em maio de 1861, quatro outros estados se juntaram aos Confederados: Virgínia, Arkansas, Tennessee e Carolina do Norte.

Essa nova posição diplomática, contudo, era bem mais exigente do que Marsh havia imaginado. A etiqueta social de Turim requeria uma constante rotina de visitas, e ele também tinha de lidar com turistas norte-americanos que o tratavam quase como um secretário particular no exterior: era obrigado a encontrar bagagens extraviadas, organizar passaportes e até mesmo aconselhá-los sobre os melhores pontos turísticos. As interrupções eram constantes. "Tenho me sentido absolutamente desapontado no que tange ao descanso e ao relaxamento que eu procurava". Rapidamente foi pelos ares a ideia de um trabalho que exigia pouco e pagava muito.

De vez em quando Marsh dispunha de uma ou duas ocasionais horas livres em que podia visitar a biblioteca ou o jardim botânico em Turim. Situada no vale do Pó, Turim era circundada pelos majestosos Alpes de cumes nevados. Sempre que encontravam tempo, Marsh e Caroline faziam breves excursões e passeios na área rural dos arredores. Marsh adorava montanhas e geleiras e logo começou a chamar a si mesmo de "louco por gelo". Ainda tinha energia e ânimo, e "considerando a minha idade e os centímetros (em termos de circunferência)", gabava-se Marsh, "até que não sou um mau escalador". Se continuasse nesse ritmo, Marsh gracejou, aos cem anos de idade escalaria o Himalaia.

Quando o inverno dava lugar à primavera, a região campestre ao redor de Turim os tentava ainda mais. O vale do Pó tornava-se um tapete de flores. "Roubamos uma hora", Caroline escreveu em seu diário em março de 1862, para ver milhares de violetas competindo com prímulas amarelas. As amendoeiras estavam em flor, e galhos pendentes resplandeciam de verde com suas folhas viçosas. Caroline adorava colher flores silvestres, mas Marsh considerava isso "um crime" contra a natureza.

Marsh reservava alguns momentos para trabalhar em seus projetos nas primeiras horas do amanhecer. Retomou *O homem e a natureza* na primavera de 1862 e depois, novamente durante o inverno, quando ele e a esposa residiram por algumas semanas na Riviera perto de Gênova. A seguir, na primavera de 1863, o casal se mudou para o pequeno vilarejo de Piòbesi, dezenove quilômetros a sudoeste de

Turim, Marsh levando em seus baús o manuscrito de *O homem e a natureza* já semiconcluído. Lá, numa mansão caindo aos pedaços e com vista para os Alpes, Marsh finalmente encontrou o tempo de que precisava para concluir seu livro.

O estúdio de Marsh abria-se para uma ampla sacada iluminada pelo sol junto de uma torre da qual podia ver milhares de pardais aninhando-se nas velhas paredes. O cômodo era repleto de caixas e tantos manuscritos, cartas e livros que às vezes ele se sentia sobrecarregado. Marsh vinha coletando dados fazia anos. Havia tanta coisa a incluir, tantas conexões a fazer e muitos exemplos a considerar. Enquanto escrevia, Caroline lia e editava, também confessando-se "nocauteada e exausta" pelo excesso de coisas. Marsh ficava tão desesperado que Caroline temia que o marido cometesse um "livricídio". Ele escrevia com urgência, até mesmo às pressas, porque julgava que a humanidade precisava mudar rapidamente se quisesse proteger a Terra da devastação dos arados e machados. "Faço isso", Marsh escreveu ao editor da *North American Review*, "para expulsar do meu cérebro fantasmas que há um bom tempo o assombram".

Quando a primavera se convertia em verão, o calor ficava insuportável e havia mosquitos por toda parte – inclusive sobre as pálpebras de Marsh e na ponta de sua pena. No início de julho de 1861, ele concluiu suas últimas revisões e enviou o manuscrito ao seu editor nos Estados Unidos. Queria chamar o livro de "Homem, o perturbador das harmonias da natureza", mas foi demovido pelo editor, para quem esse título prejudicaria as vendas. Concordaram com *O homem e a natureza*, e o livro foi por fim publicado um ano depois, em julho de 1864.

O homem e a natureza era a síntese do que Marsh havia lido e observado no decorrer das décadas. "Roubei tudo, praticamente", ele brincou com seu editor, "mas eu também sei algumas coisas". Marsh havia feito incursões em bibliotecas à procura de manuscritos e publicações de dezenas de países para coletar informações e exemplos. Marsh leu textos clássicos a fim de encontrar descrições de paisagens e agricultura na antiga Grécia e Roma. A isso acrescentou suas próprias observações da Turquia, do Egito, do Oriente Médio, da Itália e do restante da Europa. Marsh incluiu relatórios de engenheiros florestais alemães, citações de jornais contemporâneos, bem como dados de silvicultores, excertos de ensaios franceses e suas próprias histórias de infância – além, é claro, de informações de livros de Humboldt.

Humboldt ensinara Marsh sobre as conexões entre humanidade e meio ambiente. E, em *O homem e a natureza*, Marsh enumerou uma fieira de exemplos de como os humanos interferiam nos ritmos da natureza: quando um chapeleiro parisiense inventou chapéus de seda, por exemplo, os chapéus de couro tornaram-se deselegantes e fora de moda – e, numa reação em cadeia, isso teve um resultado direto sobre a população de castores do Canadá, que havia sido dizimada e começou a se recuperar. Da mesma forma, os agricultores que tinham matado uma enorme quantidade de pássaros a fim de proteger suas colheitas depois foram obrigados a lutar contra enxames de insetos que outrora eram presas das aves de rapina. Durante as Guerras Napoleônicas, Marsh escreveu, lobos tinham reaparecido em algumas partes da Europa porque seus habituais caçadores estavam ocupados nos campos de batalha. Até mesmo minúsculos organismos na água, disse Marsh, eram essenciais para o equilíbrio da natureza: a limpeza excessivamente minuciosa do aqueduto de Boston os havia eliminado e deixou a água turva. "Toda a natureza está ligada por elos invisíveis", ele escreveu.

Havia muito tempo o homem se esquecera de que a Terra não lhe foi dada de presente para "consumo". Os produtos da Terra, alegou Marsh, eram desperdiçados: o homem matava o gado selvagem para utilizar sua pele, avestruzes para aproveitar as penas, elefantes pelas presas e baleias pelo óleo. Os humanos eram responsáveis pela extinção de animais e plantas, Marsh escreveu em *O homem e a natureza*, ao passo que o uso desregrado da água era apenas outro exemplo da cobiça implacável.[2] A irrigação diminuía o volume dos rios caudalosos, tornando os solos salinos e inférteis.

---

2 Humboldt já havia testemunhado esses perigos e alertou que o plano para irrigar os Llanos na Venezuela por meio de um canal desde o lago de Valência seria irresponsável. No curto prazo, criaria campos férteis nos Llanos, mas o efeito em longo prazo seria um "deserto árido". O vale de Aragua ficaria tão infecundo quanto as montanhas desmatadas dos arredores.

A visão que Marsh tinha do futuro era desoladora. Se nada mudasse, o planeta seria reduzido a uma condição de "superfície destroçada, de excesso climático (...) talvez até mesmo de extinção da espécie [humana]". Ele viu a paisagem estadunidense amplificada por meio do que havia observado durante suas viagens – das colinas desertificadas em decorrência do excesso de pastoreio de rebanhos no Bósforo perto de Constantinopla às áridas encostas de montanhas da Grécia. Rios torrenciais, florestas indomadas e campinas férteis tinham desaparecido. A atividade agrícola causara nas terras da Europa "uma desolação quase tão completa quanto a da Lua". O Império Romano havia sucumbido, concluiu Marsh, porque os romanos tinham destruído suas florestas e, desse modo, o próprio solo que os alimentava.

O Velho Mundo tinha de ser o alerta para o Novo Mundo, o exemplo a não ser seguido. Numa época em que o *Homestead Act* ou Lei de Propriedade Rural[3] dava a cada pessoa que rumava para o oeste 64 hectares de terras devolutas desocupadas cobrando meramente uma taxa de registro, milhões de hectares de terras públicas foram colocadas em mãos privadas, na expectativa de que fossem "melhoradas" por meio de machados e arados. "Sejamos sábios", insistiu Marsh, e aprendamos com os erros dos "nossos irmãos mais velhos!". As consequências da ação humana eram imprevisíveis. "Jamais podemos saber a dimensão dos distúrbios que produzimos na harmonia da natureza quando arremessamos o menor dos seixos no oceano da vida orgânica", Marsh escreveu. O que ele sabia era que, no momento em que o "*homo sapiens Europae*" chegou à América do Norte, o estrago havia migrado do leste para o oeste.

Outros tinham chegado a conclusões semelhantes. Nos Estados Unidos, James Madison foi o primeiro a encampar algumas das ideias de Humboldt. Madison conheceu Humboldt pessoalmente em 1804 em Washington, DC, e mais tarde leu muitos de seus livros.

---

3 Segundo essa lei, qualquer chefe familiar com mais de 21 anos e que nunca tivesse lutado contra os Estados Unidos em algum conflito teria o direito de se candidatar a receber terras. A exigência era viver na terra e cultivá-la por cinco anos, "melhorando-a".

Ele aplicou aos Estados Unidos as observações que o cientista fez na América do Sul. Em um discurso que circulou amplamente na Sociedade Agrícola em Albemarle, Virgínia, em maio de 1818, um ano após sair da presidência, Madison repetiu os alertas de Humboldt acerca do desmatamento e salientou os catastróficos efeitos do cultivo em larga escala de tabaco no fértil solo da Virgínia. O discurso continha o núcleo do ambientalismo estadunidense. A natureza, disse Madison, não era subserviente ao uso do homem. Madison conclamou seus colegas cidadãos a proteger o meio ambiente, mas seus alertas foram em larga medida ignorados.

Foi Simón Bolívar quem primeiro conservou como relíquia as ideias de Humboldt convertendo-as em lei quando, em 1825, promulgou um visionário decreto exigindo que o governo boliviano plantasse 1 milhão de árvores. Em meio a batalhas e à guerra, Bolívar havia compreendido as devastadoras consequências que terras áridas teriam para o futuro da nação. A nova lei de Bolívar foi elaborada com o propósito de proteger as hidrovias e criar florestas de uma ponta à outra da nova república. Quatro anos mais tarde ele ordenou: "Medidas para a proteção e o uso sensato das florestas nacionais" da Colômbia, com ênfase especial no controle da extração de quinino dos troncos da cinchona – um método danoso que privava as árvores de sua casca protetora e que havia chamado a atenção de Humboldt durante a sua expedição.[4]

Na América do Norte, Henry David Thoreau havia reivindicado a conservação das florestas em 1851. "Na natureza selvagem está a preservação do mundo", disse Thoreau, que mais tarde, em outubro de 1859, alguns meses depois da morte de Humboldt, concluiu que toda cidadezinha deveria ter uma floresta com algumas centenas de hectares "para sempre inalienáveis". Enquanto Madison e Bolívar viam a proteção das árvores como uma necessidade econômica, Thoreau insistia que "reservas nacionais" fossem criadas com fins recreativos. O que Marsh fez com *O homem e a natureza* foi unir todas

---

4 Bolívar transformou em crime passível de punição a retirada de qualquer árvore ou madeira das florestas estatais. Ele também se preocupava com a possível extinção dos rebanhos selvagens de vicunhas.

essas ideias e dedicar o livro inteiro ao tema, apresentando a prova de que a humanidade estava destruindo o planeta.

"Humboldt foi o grande apóstolo", Marsh declarou ao começar *O homem e a natureza*. Ao longo de todo o livro ele fez referências a Humboldt, mas expandiu as ideias humboldtianas. Se nos textos de Humboldt os alertas estavam dispersos – pequenas e iluminadoras pepitas com informações reveladoras e dados esclarecedores aqui e ali por diversos livros, mas invariavelmente perdidas num contexto mais amplo –, Marsh agora entreteceu tudo num argumento vigoroso e convincente. Página após página, Marsh falou das mazelas do desflorestamento. Explicou como as florestas protegiam o solo e as nascentes de águas naturais. Destruída a floresta, o solo ficava desguarnecido contra os ventos, o sol e a chuva. A terra deixaria de ser uma esponja para transformar-se numa pilha de poeira. À medida que o solo era revolvido e arrastado pelas águas, toda a bondade desaparecia, e "portanto a terra já não se mostra apropriada e deixa de ser adequada para a habitação do homem", Marsh concluiu. Era uma leitura lúgubre. Os danos causados por duas ou três gerações eram tão desastrosos, disse ele, quanto um terremoto ou a erupção de um vulcão. "Estamos", ele alertou profeticamente, "destruindo o solo e os lambris e as portas e os caixilhos das janelas da nossa morada".

Marsh estava dizendo aos norte-americanos que eles tinham de agir agora, antes que fosse tarde demais. Florestas tinham de ser replantadas e protegidas na condição de "propriedade inalienável" de todos os cidadãos. Outras áreas precisavam ser replantadas e gerenciadas para um uso sustentável da madeira. "Já derrubamos florestas o suficiente", escreveu.

Marsh não estava falando apenas de uma localidade tostada de sol no sul da França ou uma região árida no Egito ou um lago em Vermont onde a pesca predatória havia acabado com os peixes. Era um argumento válido para todo o planeta. A força de *O homem e a natureza* derivava de sua dimensão global, porque Marsh comparava e compreendia o mundo como um todo unificado. Em vez de examinar ocorrências locais, ele elevou as preocupações ambientais a um novo e aterrorizante patamar. O planeta inteiro estava em perigo. "A

Terra está rapidamente se tornando um lar impróprio para o mais nobre de seus habitantes", escreveu.

O homem e a natureza foi fundamentalmente a primeira obra de história natural a influenciar a política norte-americana. Conforme disse mais tarde o escritor e ambientalista estadunidense Wallace Stegner, o livro foi "o mais rude chute na cara" do otimismo dos Estados Unidos. Numa época em que o país avançava a passos largos rumo à industrialização – explorando ferozmente seus recursos naturais e derrubando suas florestas –, Marsh quis que seus compatriotas parassem para pensar. Para sua grande decepção, de início as vendas de *O homem e a natureza* foram baixas. No decorrer dos meses seguintes, a situação comercial do livro melhorou e foram vendidos mais de mil exemplares, obrigando o editor a iniciar a reimpressão.[5]

O impacto efetivo de *O homem e a natureza* só seria sentido décadas mais tarde, mas o livro influenciou um grande número de norte-americanos, pessoas que se tornariam figuras essenciais dos movimentos preservacionista e conservacionista. John Muir, o "pai dos parques nacionais", leria a obra, bem como Gifford Pinchot, o primeiro chefe do Serviço Florestal dos Estados Unidos, que chamaria o livro de "marcante e definidor de uma época". As observações de Marsh sobre o desmatamento levaram à aprovação, em 1873, da Lei da Cultura da Madeira, que incentivava os colonos das Grandes Planícies a plantar árvores. E também preparou o terreno para a proteção das florestas norte-americanas, o que resultou na Lei de Reservas Florestais de 1891, cujo texto foi em larga medida calcado nas páginas do livro de Marsh e nas ideias iniciais de Humboldt.

O homem e a natureza teve repercussões internacionais também. Foi intensamente discutido na Austrália e inspirou silvicultores franceses e legisladores na Nova Zelândia. Encorajou conservacionistas na África do Sul e no Japão a lutar pela proteção das árvores.

---

5 Marsh doou os direitos autorais de *O homem e a natureza* para uma instituição de caridade que dava assistência a soldados feridos na Guerra Civil. Para sorte de Marsh, seu irmão e seu sobrinho rapidamente compraram de volta os direitos autorais assim que as vendas do livro começaram a melhorar.

Leis florestais italianas citavam Marsh, e na Índia os conservacionistas chegavam inclusive a carregar o livro "ao longo das encostas do norte do Himalaia e Caxemira e Tibete adentro". *O homem e a natureza* moldou uma nova geração de ativistas, e na primeira metade do século XX seria celebrado como "o manancial do movimento conservacionista".

Marsh acreditava que as lições estavam entranhadas nas cicatrizes que a espécie humana tinha deixado na paisagem ao longo de milhares de anos. "O futuro", disse ele, "é mais incerto do que o passado". Ao olhar para trás, Marsh estava olhando para a frente.

22

ARTE, ECOLOGIA E NATUREZA

Ernst Haeckel e Humboldt

No dia em que soube da morte de Alexander von Humboldt, o zoólogo alemão Ernst Haeckel, então com 25 anos de idade, sentiu-se infeliz. "Duas almas, ai de mim, habitam no meu peito", escreveu para sua noiva, Anna Sethe, usando uma bem conhecida imagem do *Fausto* de Goethe para explicar seus sentimentos. Se Fausto era dilacerado entre seu amor pelo mundo terreno e o anseio por alcançar esferas mais elevadas, Haeckel estava dividido entre arte e ciência, entre sentir a natureza com seu coração ou investigar o mundo natural como um zoólogo. A notícia da morte de Humboldt – o homem cujos livros haviam inspirado o amor de Haeckel pela natureza, pela ciência, pelas explorações e pela pintura desde a mais tenra infância – desencadeou essa crise.

Na ocasião, Haeckel estava na cidade italiana de Nápoles, para onde fora na esperança de fazer algumas descobertas científicas que alavancariam sua carreira acadêmica na Alemanha. Até então a parte científica da viagem tinha se mostrado um completo fiasco. Seu intuito inicial era estudar a anatomia dos ouriços-do-mar, dos pepinos-do-mar e das estrelas-do-mar, mas foi impossível encontrar um número suficiente de espécimes vivos. Em vez de um mar que propiciava uma coleta farta, foi a paisagem italiana que ofereceu o que Haeckel chamou de "sedutoras tentações". De que modo ele conseguiria ser um cientista numa disciplina que parecia claustrofobicamente rígida e limitadora quando a natureza exibia suas tentadoras mercadorias como se fosse um bazar oriental? Era uma situação tão ruim, escreveu a Anna, que ele podia ouvir a "gargalhada zombeteira de Mefistófeles".

Nessa mesma carta, Haeckel filtrou suas dúvidas através da lente de uma visão humboldtiana da natureza. De que forma ele seria capaz de conciliar a incumbência de fazer as detalhadas observações que seu trabalho científico exigia e seu ímpeto de "compreender a natureza como um todo"? De que modo aliaria sua apreciação pela natureza com a verdade científica? Em *Cosmos*, Humboldt escreveu sobre o vínculo que unia conhecimento, ciência, poesia e sentimento artístico, mas Haeckel não sabia ao certo como aplicar isso ao trabalho de zoólogo. A flora e a fauna convidavam-no a desvendar seus segredos, instigando-o e seduzindo-o, mas ele não sabia se deveria usar um pincel ou um microscópio. Como poderia ter certeza?

A morte de Humboldt deu início a uma fase de incerteza na vida de Haeckel, um período no qual ele procurou sua verdadeira vocação, e marcou o começo de uma carreira moldada pela raiva, pela crise e pelo luto. A morte viria a tornar-se uma força motriz na vida de Haeckel, mas, em vez de encaminhá-lo rumo à paralisia, fez com que trabalhasse com afinco redobrado e ferocidade ainda maior, e sem se preocupar com sua reputação futura. E também o converteu num dos mais polêmicos e extraordinários cientistas de seu tempo[1] – um homem que influenciou igualmente artistas e cientistas e que levou o conceito humboldtiano de natureza ao século XX.

---

1   A reputação de Haeckel sofreu os mais duros abalos na segunda metade do século XX, quando historiadores o acusaram de fornecer aos nazistas a base de sustentação intelectual de seus programas raciais. Em sua biografia, *The tragic sense of life* [O senso trágico da vida], Robert Richards argumentou que Haeckel, que morreu mais de uma década antes da ascensão dos nazistas ao poder, não era antissemita. A bem da verdade, Haeckel havia colocado os judeus ao lado dos caucasianos em suas polêmicas "árvores-raiz". Embora hoje não sejam aceitáveis, as teorias raciais de Haeckel de uma trajetória hierárquica ou progressiva de raças "selvagens" evoluindo para raças "civilizadas" foram compartilhadas por Darwin e muitos outros cientistas do século XIX.

Humboldt sempre rondou a vida de Haeckel. Nascido em Potsdam em 1834 – mesmo ano em que *Cosmos* começou a ser escrito –, Haeckel leu, quando menino, os livros de Humboldt. Seu pai trabalhava para o governo prussiano e também tinha interesse pelas ciências, e os familiares de Haeckel passavam muitas noites lendo em voz alta publicações científicas uns para os outros. Embora jamais tenha se encontrado pessoalmente com Humboldt, desde a infância ele estava mergulhado nas ideias humboldtianas sobre a natureza. Adorava tanto as descrições que Humboldt fez dos trópicos que sonhava tornar-se ele próprio um explorador. Porém, o pai queria para o filho uma carreira mais tradicional.

De modo a atender aos desejos do pai, em 1852 Haeckel, então com 18 anos, matriculou-se na faculdade de medicina em Würzburg, na Baviera. Lá, sentia-se solitário e saudoso de casa. Depois dos longos dias de aula na faculdade, recolhia-se a seu quarto, desesperado para ler *Cosmos*. Toda noite, quando abria as páginas já bastante manuseadas, perdia-se no glorioso mundo de Humboldt. Quando não estava lendo, gostava de caminhar e de se embrenhar nas florestas em busca de solidão e conexão com o mundo natural. Alto e esguio, Haeckel era um homem bonito e de olhos azuis penetrantes; corria e nadava todos os dias e era tão atlético quanto Humboldt havia sido na juventude.

"Não sou capaz de lhes dizer o quanto a natureza me dá prazer", Haeckel escreveu aos pais; "todas as minhas preocupações desaparecem de imediato". Ele escrevia sobre o delicado gorjeio dos pássaros e do vento roçando as folhas. Admirava os arco-íris duplos e as encostas de montanhas salpicadas pelas efêmeras sombras das nuvens. Às vezes ele voltava de suas longas caminhadas carregado de hera, para fazer as guirlandas que pendurava ao redor do retrato de Humboldt em seu quarto. Ansiava por viver em Berlim, mais perto de seu herói. Em maio de 1853, poucos meses após sua chegada a Würzburg, Haeckel escreveu aos pais que queria participar do jantar anual da Sociedade Geográfica em Berlim, onde Humboldt estaria. Ver Humboldt – mesmo que de longe – era seu "mais ardente desejo".

Na primavera seguinte, Haeckel recebeu permissão para passar um semestre estudando em Berlim – embora não tenha conseguido

Ernst Haeckel com seu equipamento de pesca

avistar Humboldt, encontrou outra pessoa a quem admirar. Ele assistiu a algumas aulas de anatomia comparada no curso ministrado pelo mais famoso zoólogo alemão de seu tempo, Johannes Müller, que estava trabalhando com peixes e invertebrados marinhos. Fascinado pelas animadas histórias de Müller sobre a coleta de espécimes à beira-mar, Haeckel passou um verão em Heligoland, ilhota próxima da costa da Alemanha no mar do Norte. Passava os dia ao ar livre, nadando e coletando criaturas marinhas. Admirava as águas-vivas que conseguia capturar – seus corpos transparentes e cobertos de riscas coloridas e longos tentáculos que se moviam elegantemente pela água. Quando apanhou com sua rede um espécime particularmente magnífico, ele encontrou seu animal favorito e a disciplina científica a que queria se dedicar: a zoologia.

Embora obedecesse aos desejos do pai e continuasse os estudos na faculdade de medicina, Haeckel jamais teve a intenção de se tornar médico. Ele apreciava a botânica e a anatomia comparada, gostava de invertebrados marinhos e de microscópios, de escalar montanhas e nadar, de pintar e desenhar, mas desprezava a medicina. Quanto mais lia Humboldt, mais aumentava o apetite por sua obra. Quando visitava os pais, levava consigo seu exemplar de *Quadros da natureza*, e pediu à mãe que lhe comprasse uma edição de *Narrativa pessoal*, porque, de acordo com o que ele mesmo disse, estava "obcecado" pela obra. Da biblioteca da universidade em Würzburg, Haeckel pegava emprestadas dezenas de livros de Humboldt, que iam dos volumes de botânica à edição em fólio de *Vistas das cordilheiras*, com suas espetaculares gravuras de paisagens e monumentos latino-americanos – "preciosas edições suntuosamente adornadas", como ele as chamava. E também pediu aos pais que lhe enviassem de Natal o atlas que tinha sido publicado para acompanhar *Cosmos*. De acordo com o que explicara, para ele era mais fácil compreender e memorizar por meio de imagens do que de palavras.

Durante uma visita a Berlim, Haeckel fez uma peregrinação até a propriedade da família de Humboldt, Tegel. Foi um glorioso dia de verão, ainda que não tenha sido possível ver o cientista. Haeckel banhou-se no lago onde seu herói outrora havia nadado e ficou sentado na margem do lago até que a lua lançasse um véu prateado ao longo da superfície. Foi o mais perto que conseguiu chegar de Humboldt.

Ele queria imitar os passos de Humboldt e ver com os próprios olhos a América do Sul. Seria a única maneira de conciliar as duas almas conflitantes em seu peito: o intelectual – "o homem de razão" – e o artista regido por "sentimento e poesia". A única profissão que combinava ciência com emoções e aventura era a de explorador-naturalista, disso Haeckel tinha certeza. Ele sonhava "dia e noite" com uma viagem grandiosa e começou a fazer planos. Primeiro obteria seu diploma em medicina e depois encontraria uma posição como cirurgião em algum navio. Tão logo chegasse aos trópicos, desembarcaria e daria início ao seu "projeto robinsoniano".

Os pais de Haeckel, contudo, tinham ideias diferentes e insistiram que o filho deveria trabalhar como médico em Berlim. De início, Haeckel fez o que eles pediram, mas discretamente tentou sabotar os planos paternos. Quando abriu um consultório em Berlim, introduziu um horário de funcionamento e atendimento bastante bizarro.

Os pacientes só poderiam marcar consultas entre as cinco e seis da manhã. Sem surpresa, em seu primeiro ano como médico teve apenas meia dúzia de pacientes – embora, ele próprio tenha anunciado orgulhosamente, nenhum havia morrido sob seus cuidados.

No fim das contas, foi o amor de Haeckel por sua noiva, Anna, que o fez considerar a possibilidade de seguir uma carreira mais convencional. Haeckel a chamava de sua "criança da floresta verdadeiramente alemã". Em vez de coisas materiais – roupas, móveis ou joias finas –, Anna apreciava os prazeres simples da vida, tais como uma caminhada no campo ou deitar-se numa campina em meio a flores silvestres. Ela era, no dizer de Haeckel, "completamente imaculada e pura". Quis o acaso que Anna fizesse aniversário no mesmo dia que Humboldt – 14 de setembro –, a mesma data em que o casal anunciou seu noivado. Haeckel também decidiu tornar-se professor de zoologia. Era uma profissão respeitável, e ele não teria de lidar com sua "intransponível repulsa" ao "corpo enfermo". Para deixar sua marca no mundo científico, ele simplesmente precisava decidir qual seria seu projeto de pesquisa.

No início de fevereiro de 1859, Haeckel chegou à Itália, onde esperava encontrar novos invertebrados marinhos. Qualquer coisa serviria, de águas-vivas a minúsculos organismos unicelulares, contanto que uma descoberta pudesse fazer deslanchar a sua carreira. Após algumas semanas passeando por Florença e Roma, ele viajou para Nápoles a fim de começar a trabalhar de forma efetiva, mas nada saiu conforme o planejado. Os pescadores recusavam-se a ajudá-lo. A cidade era imunda e barulhenta. As ruas estavam atulhadas de trapaceiros, e ele pagava preços inflacionados por tudo. O lugar era quente e poeirento. Não havia ouriços-do-mar e águas-vivas em quantidade suficiente.

Foi em Nápoles que Haeckel recebeu a carta em que seu pai o informava sobre morte de Humboldt, notícia que o fez pensar não somente em arte e ciência, mas também sobre seu próprio futuro. Nas barulhentas e estreitas ruas napolitanas, sob o imponente vulto do Vesúvio, Haeckel sentiu mais uma vez a batalha de duas almas dentro do seu peito. Em 17 de junho, três semanas após receber a notícia da morte de seu herói, sentiu-se incapaz de continuar lidando com Nápoles. Em vez disso, seguiu para Ischia, ilhota que ficava a uma curta viagem de barco no golfo de Nápoles.

Em Ischia, Haeckel fez amizade com o poeta e pintor alemão Hermann Allmers. Durante uma semana os dois perambularam pela ilha, desenhando e conversando. Gostaram tanto da companhia um do outro que decidiram empreender juntos uma viagem. Quando regressaram a Nápoles, escalaram o Vesúvio e depois velejaram até Capri, onde Haeckel esperava ver a natureza como "um todo interligado".

Haeckel levou na bagagem um cavalete, aquarelas e, por precaução, também seus instrumentos e cadernetas, mas uma semana depois de desembarcar em Capri ele já havia adotado um estilo de vida boêmio. Estava vivendo seus sonhos, ele próprio admitiu para Anna, que aguardava pacientemente seu noivo em Berlim. O microscópio ficou guardado dentro da caixa. Em vez de usá-lo, começou a pintar. Não queria ser "um rato de laboratório", uma "traça de microscópio", disse ele a Anna – e como poderia sê-lo, quando a gloriosa natureza o chamava: "Venha aqui para fora! Venha aqui para fora!". Somente um "acadêmico ossificado" seria capaz de resistir. Desde que, ainda menino, lera *Quadros da natureza*, de Humboldt, ele sonhava com esse tipo de "vida semisselvagem junto à natureza". Em Capri, Haeckel estava finalmente experimentando a "deliciosa glória do macrocosmo", escreveu a Anna. Tudo o que precisava era de uma "fervorosa pincelada". Ele queria dedicar sua vida a esse poético mundo de luz e cores. A crise que a morte de Humboldt havia disparado estava se convertendo numa transformação completa.

Seus pais receberam cartas semelhantes, embora menos enfáticas quanto aos aspectos selvagens de sua nova vida. Em vez disso, Haeckel contou-lhes sobre suas futuras possibilidades como artista. Ele fez questão de lembrar aos pais que Humboldt escrevera sobre o vínculo entre arte e ciência. Com seu talento artístico – o qual, ele assegurou, outros pintores em Capri atestavam – e seu conhecimento botânico, acreditava estar numa posição singular para encampar o desafio lançado por Humboldt. Afinal de contas, a pintura de paisagens tinha sido um dos "interesses prediletos de Humboldt". Haeckel agora anunciava que queria ser um pintor que "caminhava a passos largos com seu pincel entre todas as zonas, do oceano Ártico ao Equador".

Em Berlim, o pai de Haeckel não ficou nada contente com a marcha dos acontecimentos e despachou uma carta em tom severo. Por anos ele havia assistido aos planos oscilantes do filho. Fez questão de mencionar que não era um homem rico e "não posso me dar ao luxo de vê-lo viajando pelo mundo durante anos a fio". Por que seu filho tinha sempre de levar tudo ao extremo – trabalhando, nadando, escalando montanhas, mas também sonhando, alimentando esperanças e hesitando? "Você deve agora cultivar seu verdadeiro trabalho", continuou o pai de Haeckel, sem deixar dúvida sobre o que era melhor para o futuro de seu filho.

Mais uma vez foi o amor de Haeckel por Anna que o fez dar-se conta de que seu sonho teria de continuar sendo um sonho. A fim de se casar com Anna, ele se tornaria um professor "domesticado" em vez de explorar o mundo com um pincel. Em meados de setembro, pouco mais de quatro meses após a morte de Humboldt, Haeckel empacotou suas malas e instrumentos e rumou para Messina, na Sicília, a fim de se concentrar em seu trabalho científico – mas as semanas passadas em Capri o haviam mudado para sempre. Quando os pescadores sicilianos traziam baldes cheios de água do mar e abarrotados de milhares de minúsculos organismos, Haeckel os via como zoólogo *e* artista. À medida que posicionava cuidadosamente gotas de água sob seu microscópio, novas maravilhas se revelavam. Aqueles diminutos invertebrados marinhos pareciam "delicadas obras de arte", pensava ele, feitos de vidro colorido trabalhado e pedras preciosas. Em vez de temer os dias atrás do microscópio, ele foi arrebatado por essas "maravilhas do mar".

Todo dia ele saía para nadar ao alvorecer, quando a natureza incandescia em seu "mais requintado e brilhante esplendor", conforme escreveu em carta aos pais. Depois de nadar, seguia para o mercado de peixes para pegar sua remessa diária de água do mar e, por volta de oito da manhã, já estava em seu quarto, onde trabalhava até as cinco da tarde. Depois de uma rápida refeição seguida por uma caminhada em ritmo acelerado ao longo da praia, às sete e meia da noite ele voltava para sua escrivaninha e fazia anotações até de madrugada. O trabalho árduo compensou e deu frutos. Em dezembro, três meses após sua chegada à Sicília, Haeckel tinha certeza de ter encontrado o projeto científico que decidiria sua carreira: os chamados radiolários.

Esses minúsculos organismos unicelulares marinhos tinham cerca de um milésimo de polegada (uma polegada equivale a 2,54 centímetros) e eram visíveis somente através do microscópio. Uma vez ampliados, os radiolários revelavam sua impressionante estrutura. Seus extraordinários esqueletos minerais exibiam um complexo padrão de simetria, invariavelmente com projeções semelhantes a raios X que lhes conferia uma aparência flutuante. Semana após semana, Haeckel identificava novas espécies e até mesmo novas famílias. No início de fevereiro, ele já havia descoberto mais de sessenta espécies. No dia 10 de fevereiro de 1860, somente a coleta da manhã trouxe doze novas espécies. Numa carta a Anna, Haeckel disse que se ajoelhou diante do microscópio e fez uma reverência aos benevolentes deuses e ninfas do mar para agradecer seus generosos presentes.

Esse trabalho era "feito para mim", Haeckel declarou. A atividade conciliava seu amor pelo exercício físico, pela natureza, ciência e arte – da alegria da pesca de cada manhã, o que ele agora fazia por conta própria – ao último traço de lápis de seus desenhos. Os radiolários revelaram para ele um novo mundo, um mundo de ordem mas também de deslumbramento – tão "poético e encantador", disse ele a Anna. No final de março de 1860, ele tinha descoberto mais de cem novas espécies e estava pronto para voltar para casa e reuni-las em um livro.

Haeckel ilustrou seu trabalho zoológico com seus próprios desenhos, dotados de perfeita exatidão científica e também de extraordinária beleza. Ajudava o fato de que ele era capaz de, com um olho, observar estruturas diminutas no microscópio ao mesmo tempo que, com o outro, se concentrava em sua prancheta de desenho – um talento tão singular que seus antigos professores diziam jamais ter conhecido alguém capaz de realizar tal façanha. Para Haeckel, o ato de desenhar era o melhor método de compreensão da natureza. Com lápis e pincel, dizia, "penetrava mais fundo no segredo da beleza na natureza"; eram suas ferramentas de ver e aprender. As duas almas dentro de seu peito finalmente haviam se unido.

Assim que regressou à Alemanha, Haeckel escreveu ao seu antigo companheiro de viagens, Allmers, dizendo que os radiolários eram tão belos que talvez Allmers tivesse interesse em usá-los para decorar seu estúdio – ou até mesmo para "criar um novo 'estilo'"!![2] Ele trabalhou freneticamente em seus desenhos, e dois anos mais tarde, em 1862, publicou um magnífico livro em dois volumes: *Die Radiolarien (Rhizopoda Radiaria)*. Como resultado, foi nomeado professor associado da Universidade de Jena, a cidadezinha onde Humboldt havia conhecido Goethe mais de meio século antes. Em agosto de 1862, Haeckel casou-se com Anna. Estava radiante de felicidade. Sem Anna, disse, ele teria morrido feito uma planta desprovida da "luz do sol que lhe dá a vida".

Enquanto trabalhava em *Die Radiolarien*, Haeckel leu um livro que mais uma vez mudaria a sua vida: *A origem das espécies*, de Darwin. Ele ficou impressionado com a teoria darwiniana da evolução – era "um livro completamente maluco", ele mais tarde relatou. Em um único e impetuoso movimento, *A origem das espécies* propiciou a Haeckel as respostas acerca de como os organismos tinham se desenvolvido. O livro de Darwin, disse, de fato "abriu um mundo novo". Propiciou uma solução "para todos os problemas, por mais complicados", ele escreveu em uma longa e admirada carta a Darwin. Com *A origem das espécies*, Darwin substituiu a crença na criação divina de animais, plantas e seres humanos pelo conceito de que eram produto de processos naturais – uma ideia revolucionária que abalou até o âmago a doutrina religiosa.

A origem das espécies colocou o mundo científico em polvorosa. Muitos acusaram Darwin de heresia. Em seu ponto central, a teoria darwiniana significava que os humanos eram parte da mesma árvore da vida de todos os outros organismos. Alguns meses após a

---

2 Allmers respondeu a Haeckel informando-o de que sua prima ficaria com um dos desenhos de radiolários como modelo para bordar uma "toalha de crochê".

publicação de *A origem das espécies* na Inglaterra, o livro foi objeto de um grande e concorrido debate público em Oxford entre o bispo Samuel Wilberforce e um ferrenho partidário de Darwin, Thomas Huxley – biólogo e mais tarde presidente da Royal Society –, em um evento que pretendia colocar a teoria em pratos limpos. Na reunião da Associação Britânica para o Avanço da Ciência, Wilberforce perguntou a Huxley, em tom provocativo: "É do lado do seu avô ou do lado da sua avó que o senhor defende descender de um macaco?". Huxley respondeu que preferia descender de um macaco do que de um bispo. Os debates foram polêmicos, empolgantes e radicais.

A origem das espécies caiu em terreno fértil quando foi lido por Haeckel, que desde a infância fora moldado pelo conceito humboldtiano de natureza –, e *Cosmos* já incluía muitos "sentimentos pré-darwinianos". Ao longo das duas décadas seguintes, Haeckel se tornaria o mais ardoroso partidário e defensor das ideias darwinianas na Alemanha.[3] Ele era, no dizer de Anna, "o adepto alemão de Darwin", ao passo que Hermann Allmers o provocava, zombando de sua vida "repleta de amor feliz e darwinismo".

Mas então a tragédia aconteceu. Em 16 de fevereiro de 1864, aniversário de 30 anos de Haeckel e dia em que ele recebeu um prestigioso prêmio científico por seu livro sobre os radiolários, Anna morreu, após uma breve doença que talvez tenha sido apendicite. Estavam casados havia menos de dois anos. Haeckel caiu em profunda depressão. "Estou morto por dentro", disse a Allmers. Esmagado pelo "amargo luto", declarou que a morte de Anna tinha destruído todas as suas perspectivas de felicidade. Para escapar, ele mergulhou de cabeça no trabalho. "Pretendo dedicar a minha vida inteira" à teoria evolutiva, escreveu a Darwin.

Haeckel vivia feito um ermitão, disse ele a Darwin, e a única coisa de que se ocupava era a evolução. Estava pronto para enfrentar todo o mundo científico, porque a morte de Anna o deixara "imune

---

[3] As obras de Haeckel sobre a teoria evolucionária de Darwin foram traduzidas para mais de uma dúzia de idiomas e venderam mais exemplares do que o próprio livro de Darwin. Mais do que qualquer outra obra, os textos de Haeckel eram a principal fonte que as pessoas utilizavam para aprender sobre a teoria da evolução.

a elogios e à culpa". A fim de esquecer sua dor, ele trabalhou dezoito horas por dia, sete dias por semana, durante um ano inteiro.

O resultado de seu desespero foi a obra em dois volumes *Generelle Morphologie der Organismen* [Morfologia geral dos organismos], publicada em 1866 – mil páginas sobre evolução e morfologia – o estudo da estrutura, forma e configuração dos organismos.[4] Darwin descreveu o livro como "o mais magnífico elogio" que *A origem das espécies* já havia recebido. Era um livro furioso, em que Haeckel atacava os que se recusavam a aceitar a teoria evolutiva de Darwin. Haeckel disparou uma enxurrada de insultos: os críticos de Darwin escreviam livros grossos, mas "vazios"; estavam num "sono semicientífico" e viviam uma "vida de sonhos que era pobre de pensamentos". Até mesmo Thomas Huxley – homem que se autoproclamava "o buldogue de Darwin" – julgou que Haeckel teria de diminuir um pouco o tom caso quisesse ver publicada uma edição inglesa de seu livro. Haeckel, porém, não mudou de opinião.

A reforma radical das ciências não poderia ser levada a cabo de maneira suave, Haeckel disse a Huxley. Eles teriam de sujar as mãos e usar "forcados". Haeckel havia escrito *Generelle Morphologie* num momento de profunda crise pessoal, conforme ele explicou a Darwin, sua amargura sobre o mundo e sobre sua vida estava encravada em cada frase. Depois da morte de Anna, ele deixou de se preocupar com sua própria reputação, disse a Darwin: "Que meus muitos inimigos possam atacar com vigor meu trabalho". Os adversários podiam espancá-lo. Ele já não ligava.

Generelle Morphologie não foi somente um grito de guerra da nova teoria evolutiva, mas também o livro em que Haeckel deu nome pela primeira vez à doutrina de Humboldt: *Oecologie*, ou

---

[4] *Generelle Morphologie* também propiciava um panorama científico geral para contrabalançar as cada vez mais enrijecidas divisões entre as disciplinas. Os cientistas, Haeckel escreveu, tinham perdido a compreensão do todo – o elevado número de especialistas havia feito as ciências descambarem para uma "confusão babilônica". Botânicos e zoólogos podiam até estar colecionando blocos individuais, componentes básicos, mas haviam perdido de vista a planta do edifício todo. Era uma grande e "caótica pilha de entulho", e ninguém mais fazia a menor ideia de coisa alguma – exceto Darwin... e Haeckel, é claro.

"ecologia". Ele se apropriou da palavra grega *oikos*, que significa "casa", e a aplicou ao mundo natural – *logos* é "estudo"; por extensão "ecologia" seria o estudo da casa, ou, de forma mais genérica, do lugar onde se vive. Todos os organismos da Terra pertenciam a um único lugar, como uma família ocupando a mesma moradia; e tais como os membros de uma casa, podiam entrar em conflito uns com os outros ou se auxiliar mutuamente. A natureza orgânica e a inorgânica formavam um "sistema de forças ativas", ele escreveu em *Generelle Morphologie*, usando as palavras exatas de Humboldt. Haeckel encampou a ideia humboldtiana de natureza como um todo unificado composto por complexos inter-relacionamentos e lhes deu um nome. A ecologia, disse, era a "ciência das relações de um organismo com seu ambiente".[5]

No mesmo ano em que inventou a palavra "ecologia", Haeckel também seguiu os passos de Humboldt e de Darwin e rumou para plagas distantes. Em outubro de 1866, mais de dois anos após a morte de Anna, ele viajou para Tenerife, a ilha que havia ganhado uma dimensão quase mítica na imaginação dos cientistas desde que Humboldt a descrevera de forma tão sedutora em sua *Narrativa pessoal*. Era hora de realizar o que Haeckel chamava de seu "mais antigo e predileto sonho de viagem". Quase setenta anos depois de Humboldt ter zarpado e mais de trinta depois que Darwin embarcou no *Beagle*, Haeckel iniciava sua própria jornada. Embora separados por três gerações, todos eles acreditavam que a ciência era mais que uma atividade cerebral. Sua ciência implicava um extenuante empenho físico porque eles estavam examinando a flora e a fauna – fossem palmeiras, liquens, percevejos, pássaros ou invertebrados marinhos – no

---

5   Haeckel estava há muito tempo impregnado do pensamento ecológico. No início de 1854, quando ainda era um jovem estudante e leitor de Humboldt em Würzburg, ele já pensava nas consequências ambientais do desmatamento. Dez anos antes de George Perkins Marsh publicar *O homem e a natureza*, Haeckel escreveu que os antigos tinham derrubado florestas no Oriente Médio, o que por sua vez alterou o clima de lá. A civilização e a destruição das florestas andavam "de mãos dadas", disse ele. Com o tempo, ocorreria a mesma coisa na Europa, previu Haeckel. Futuramente, solos áridos, mudanças climáticas e a fome resultariam num êxodo em massa da Europa, pois as pessoas partiriam em busca de terras mais férteis. "A Europa e sua hipercivilização logo chegarão ao fim", vaticinou.

âmbito de seus habitats naturais. Compreender a ecologia significava explorar novos mundos fervilhantes de vida.

A caminho de Tenerife, Haeckel fez uma parada na Inglaterra, onde tomou providências para visitar Darwin em sua casa, a Down House, em Kent. Haeckel jamais chegou a conhecer Humboldt pessoalmente, mas agora tinha a oportunidade de encontrar-se com seu outro herói. No domingo 21 de outubro, às 11h30, o cocheiro de Darwin buscou Haeckel na Bromley, a estação de trem local, e o levou para a residência revestida de hera onde Darwin, agora com 57 anos, o aguardava na porta da frente. Haeckel estava tão nervoso que se esqueceu do pouco inglês que sabia. Ele e Darwin trocaram um demoradíssimo aperto de mãos, Darwin repetindo inúmeras vezes o quanto estava contente em vê-lo. De acordo com o relato posterior da filha de Darwin, Henrietta, Haeckel ficou tão aturdido que caiu em um "silêncio sepulcral". Quando os dois foram caminhar pelo jardim ao longo da Sandwalk, a trilha que Darwin costumava percorrer quando queria pensar, Haeckel aos poucos recuperou a fala. Conversou em inglês com um forte sotaque alemão, um pouco trôpego, mas de modo suficientemente claro para que os dois mantivessem um animado bate-papo sobre evolução e viagens ao exterior.

Darwin era exatamente como Haeckel o havia imaginado. Mais velho, cordial e de fala mansa, Darwin exalava uma aura de sabedoria, a mesma imagem que Haeckel fazia de Sócrates ou Aristóteles. Toda a família Darwin o acolheu com tanto afeto que ele teve a sensação de estar em casa, disse a amigos em Jena. Essa visita, mais tarde declarou, foi um dos momentos mais "inesquecíveis" de sua vida. Quando partiu, no dia seguinte, ele estava convencido de que a natureza só poderia ser vista como "um todo unificado – um 'reino da vida' completamente inter-relacionado".

Chegou a hora de partir. Haeckel havia combinado de se encontrar com os três assistentes que ele contratara para ajudar com sua pesquisa (um cientista de Bonn e dois estudantes de Jena) em Lisboa, de onde zarparam para as ilhas Canárias. Assim que os quatro homens desembarcaram em Tenerife, Haeckel correu para ver as paisagens que Humboldt havia descrito. E, é claro, teve de imitar os passos de Humboldt e subir até o cume do Pico del Teide. Na tentativa de escalar o vulcão em meio à neve e aos ventos gélidos, Haeckel desmaiou em decorrência do mal da montanha, e sua descida foi aos trancos e barrancos, cambaleando e caindo ao longo do caminho. Mas ele conseguiu e, cheio de orgulho, relatou seu feito numa carta a parentes. Ver o que Humboldt havia visto era "altamente satisfatório". De Tenerife, ele e seus assistentes seguiram de navio para a ilha vulcânica de Lanzarote, onde passaram três meses trabalhando em seus vários projetos zoológicos. Haeckel concentrou-se em radiolários e águas-vivas, ao passo que seus assistentes investigavam peixes, esponjas, minhocas e moluscos. Embora a paisagem fosse árida, o mar de lá era cheio de vida, ele disse, era uma "grande sopa animal".

Quando retornou a Jena, em abril de 1867, Haeckel estava mais calmo e em paz. Anna continuaria sendo o amor de sua vida, e mesmo muitos anos mais tarde, depois de se casar novamente, o aniversário da morte da primeira esposa sempre o deixava enlutado. "Nesse dia triste", ele escreveu trinta e cinco anos depois, "fico perdido". Mas Haeckel tinha aprendido a aceitar e viver com a morte de Anna.

No decorrer das décadas seguintes, Haeckel viajou muito – principalmente pela Europa, mas também para países como Egito, Índia, Sri Lanka, Java e Sumatra. Ainda lecionava em Jena, mas era mais feliz quando viajava. Sua paixão por aventuras jamais desaparecera. Em 1900, aos 66 anos, partiu numa expedição rumo a Java, e a mera perspectiva dessa viagem, a julgar pelos comentários de seus amigos, o "rejuvenesceu". Durante essas jornadas exploratórias, ele coletava espécimes e também desenhava. Como Humboldt, ele considerava que os trópicos eram o melhor lugar para compreender os aspectos fundamentais da ecologia.

Uma única árvore na floresta tropical de Java, Haeckel escreveu, ilustrava as relações entre os animais, as plantas e o seu ambiente da maneira mais extraordinária possível: com orquídeas epífitas que com suas raízes aferravam-se aos galhos das árvores, e insetos que tinham se tornado polinizadores e escaladores perfeitamente adaptados, tendo vencido a corrida por luz na copa da árvore – eram a prova de um ecossistema diverso. Lá nos trópicos, disse, a "luta pela sobrevivência" era tão intensa que as armas que a flora e a fauna haviam desenvolvido eram "excepcionalmente ricas" e variadas. Aquele era o lugar para ver como plantas e animais viviam com "amigos e inimigos, seus simbiontes e parasitas", Haeckel escreveu. Era a teia da vida de Humboldt.

Durante os seus anos em Jena, Haeckel também foi um dos cofundadores de uma revista científica em homenagem a Humboldt e Darwin. Dedicada à teoria evolutiva e a ideias ecológicas, a publicação se chamava *Kosmos*. Ele também escreveu e publicou portentosas monografias sobre criaturas marinhas tais como esponjas calcárias, águas-vivas e radiolários, além de relatos de viagem e diversos livros que popularizaram ainda mais as teorias de Darwin. Muitos dos livros de Haeckel incluíam suas suntuosas ilustrações, na maioria dos casos apresentadas na forma de séries em vez de imagens individuais. Para ele, essas descrições ou representações mostravam a narrativa da natureza – sua maneira convincente e atraente de tornar a evolução "visível". A arte se tornara uma ferramenta por meio da qual Haeckel transmitia o conhecimento científico.

Na virada do século, Haeckel publicou uma série de livretos intitulada *Kunstformen der Natur* [Formas de arte na natureza] – tomadas em conjunto, eram uma coleção de cem deslumbrantes ilustrações que moldariam a linguagem estilística da art nouveau. Por mais de cinquenta anos, disse Haeckel a um amigo, ele tinha seguido as ideias humboldtianas, mas *Kunstformen der Natur* as levou ainda mais longe ao apresentar temas científicos para artistas, desenhistas e designers. A maior parte de suas ilustrações revelava a espetacular beleza de minúsculos organismos que só eram visíveis através do microscópio – "tesouros escondidos", segundo o que ele escreveu. Em *Kunstformen der Natur*, ele instruiu artesãos, artistas e arquitetos sobre como usar corretamente esses novos e "belos motivos", adicionando um epílogo com tabelas onde categorizava os diferentes organismos de acordo com sua importância estética, acrescendo comentários como "extremamente colorido e vivo", "bastante diverso e significativo" ou "de desenho ornamental".

Publicado entre 1899 e 1904, *Kunstformen der Natur* tornou-se extremamente influente. Numa época em que a urbanização, a industrialização e o avanço tecnológico distanciavam as pessoas da terra, os desenhos de Haeckel propiciaram uma paleta de formas e motivos naturais que se tornou um vocabulário para esses artistas, arquitetos e artesãos que tentavam reunir por meio da arte o homem e a natureza.

Nesse período, a Europa tinha ingressado na chamada era da máquina. Motores elétricos alimentavam as fábricas, e a produção em massa estava impelindo as economias na Europa e nos Estados Unidos. Havia muito tempo a Inglaterra deixara a Alemanha para trás, mas após a criação do Segundo Reich alemão, em 1871, sob o chanceler Otto von Bismarck e com o rei prussiano Guilherme I como imperador, o país recuperou o tempo perdido. Quando Haeckel publicou o primeiro volume de *Kunstformen der Natur*, a Alemanha havia alcançado a Inglaterra e os Estados Unidos na condição de um dos líderes da economia mundial.

A essa altura os primeiros automóveis estavam percorrendo as estradas alemãs, e uma malha ferroviária interligava os centros industriais do rio Ruhr a grandes cidades portuárias como Hamburgo e Bremen. Carvão e aço eram produzidos em quantidades cada vez maiores, e as cidades se multiplicavam ao redor dos entroncamentos industriais. A primeira usina geradora de energia elétrica entrou em operação em Berlim em 1887. A indústria química alemã tornou-se uma das mais importantes e avançadas do mundo, produzindo tinturas sintéticas, produtos farmacêuticos e fertilizantes. Ao contrário da Inglaterra, a Alemanha contava com politécnicas e laboratórios de pesquisa industrial que estimularam uma nova geração de cientistas e engenheiros. Eram instituições que se concentravam na aplicação prática da ciência e não na descoberta acadêmica.

Muitos dos moradores das cada vez mais populosas cidades, Haeckel escreveu, estavam desesperados para fugir do "incessante frenesi de atividade" e das "obscuras nuvens de fumaça das fábricas". Fugiam para o litoral, para a sombra das florestas e para as escarpadas encostas de montanhas, na esperança de se encontrarem com a natureza. Na virada do século, os artistas adeptos da art nouveau tentaram apaziguar o conturbado relacionamento entre homem e natureza buscando inspiração no mundo natural. Eles "agora aprendiam com a natureza" e não com seus professores, declarou um designer alemão. A introdução desses motivos da natureza na decoração de interiores e na arquitetura tornou-se um passo redentor que levou o orgânico para dentro de um mundo cada vez mais mecânico.

O famoso vitralista francês Émile Gallé, por exemplo, tinha um exemplar de *Kunstformen der Natur* e insistia que a "colheita marinha" dos oceanos havia convertido os laboratórios científicos em estúdios de artes decorativas. "A cristalina água-viva", disse Gallé em maio de 1900, trouxe novas "nuances e curvas para o vidro". A nova linguagem estilística da art nouveau incutiu em tudo elementos emprestados da natureza: de arranha-céus a joalheria, de cartazes a castiçais e de móveis a tecidos. Ornamentos retorcidos e entrelaçados em linhas florais espiraladas eram gravados em água-forte sobre portas de vidro, e os fabricantes de mobília elaboravam de forma artesanal e cuidadosa pés de mesas e braços de poltronas em curvas parecidas com galhos.

Esses movimentos e linhas orgânicos deram à art nouveau seu estilo particular. Na primeira década do século XX, em Barcelona, o arquiteto catalão Antoni Gaudí ampliou os organismos marinhos de Haeckel em balaústres e arcadas. Gigantescos ouriços-do-mar decoravam seus vitrais, e os imensos lustres que ele desenhava eram parecidos com conchas de moluscos. Enormes amontoados de algas entrelaçadas e invertebrados marinhos davam forma às salas, escadarias e janelas de Gaudí. Do outro lado do Atlântico, nos Estados Unidos, Louis Sullivan, o chamado "pai dos arranha-céus", também recorreu à natureza em busca de inspiração. Sullivan havia adquirido diversos livros de Haeckel e acreditava que a art nouveau criava uma união entre a alma do artista e a da natureza. As fachadas de seus edifícios eram decoradas com motivos estilizados da flora e da fauna. O designer norte-americano Louis Comfort Tiffany também foi influenciado por Haeckel. As qualidades diáfanas quase etéreas das algas e águas-vivas faziam delas modelos perfeitos para objetos de vidro. Medusas ornamentais pendiam dos vasos de Tiffany, cujo estúdio chegou a produzir um colar "água-viva" em ouro e platina.

O portal de Binet na Feira Mundial de Paris em 1900

Radiolários de Haeckel que inspiraram o portal de Binet – em especial os da fileira do meio

No final de agosto de 1900, quando viajou de Jena para Java, Haeckel fez uma breve parada em Paris para visitar a Feira Mundial, onde passou através de um de seus radiolários. O arquiteto francês René Binet tinha usado imagens desenhadas por Haeckel das microscópicas criaturas marinhas como uma inspiração para a Porte Monumentale, o grandioso e imponente portal projetado para a feira. No ano anterior, Binet havia escrito a Haeckel afirmando que "tudo que dizia respeito ao monumento" – do mais ínfimo detalhe ao desenho geral – "foi inspirado em seus estudos". Graças à feira, a art nouveau ganhou fama mundial, e quase 50 milhões de visitantes atravessaram a versão ampliada do radiolário de Haeckel.

O próprio Binet mais tarde publicou um livro intitulado *Esquisses Décoratives* [Esboços decorativos], no qual mostrava como as ilustrações de Haeckel poderiam ser traduzidas em decoração de interiores. Águas-vivas tropicais tornavam-se lâmpadas, organismos unicelulares se convertiam em interruptores e vistas microscópicas de tecidos celulares ganhavam a forma de desenhos de papel de parede. Os arquitetos e designers, Binet recomendava com urgência, deveriam "recorrer ao formidável laboratório da natureza".

Concepções de Binet para
interruptores elétricos baseados
nos desenhos de Haeckel

Desenho de Haeckel da
medusa que foi pintada no teto
da Vila Medusa

Corais, águas-vivas e algas entravam nas casas, e a sugestão meio galhofeira que Haeckel fizera a Allmers, quatro décadas antes, sobre usar seus esboços de radiolários da Itália para inventar um novo estilo tornou-se realidade. Em Jena, Haeckel nomeou sua casa de Vila Medusa,[6] em homenagem a suas amadas águas-vivas, e a decorou de maneira correspondente. A roseta do teto da sala de jantar, por exemplo, era baseada em seu próprio desenho de uma medusa que ele descobrira no Sri Lanka.

À medida que a humanidade desmantelava o mundo natural em partes cada vez menores – células, moléculas, átomos e depois elétrons –, Haeckel acreditava que esse mundo fragmentado deveria ser harmonizado. Humboldt sempre falava sobre a unidade da natureza, mas Haeckel levou essa ideia um passo adiante. Ele tornou-se um ardoroso defensor do monismo – a ideia de que não existia divisão

---

6   Haeckel construiu sua casa de campo exatamente no mesmo local de onde Goethe havia desenhado a Casa de Verão de Schiller, em 1810. De sua janela, Haeckel podia avistar, do outro lado do rio Leutra, a antiga casa de Schiller – o lugar onde os irmãos Humboldt, Goethe e Schiller haviam passado muitas manhãs no início do verão de 1797.

entre o mundo orgânico e o mundo inorgânico. O monismo opunha-se explicitamente ao conceito de dualidade entre mente e matéria. Essa ideia de unidade substituiu Deus e, com isso, o monismo tornou-se a mais importante religião *ersatz* (artificial, de imitação) na virada do século xx.

Haeckel explicou o alicerce filosófico dessa visão de mundo em seu livro *Welträthsel* [O enigma do universo], publicado em 1899, o mesmo ano da primeira edição de seu *Kunstformen der Natur*. A obra tornou-se um best-seller internacional, com 450 mil exemplares vendidos apenas na Alemanha. *Welträthsel* foi traduzido para 27 idiomas, incluindo sânscrito, chinês e hebraico, e se tornou o mais influente livro popular de ciências na virada do século. Em *Welträthsel,* Haeckel escreveu sobre a alma, o corpo e a unidade da natureza; sobre conhecimento e fé; e sobre ciência e religião. O livro tornou-se a bíblia do monismo.

Haeckel escreveu que a deusa da verdade vivia no "templo da natureza". As sublimes colunas da "igreja" monística eram delgadas palmeiras e árvores tropicais abraçadas por cipós, disse ele, e em vez de altares teriam aquários repletos de delicados corais e peixes coloridos. O "ventre da nossa Mãe Natureza", declarou Haeckel, emana um jorro de "belezas eternas" que jamais seca.

Ele acreditava também que a unidade na natureza poderia ser expressa por meio da estética. No entendimento de Haeckel, essa arte embebida de natureza evocava um novo mundo. Como Humboldt já havia dito em seu "brilhante *Cosmos*", ele escreveu, a arte era uma das mais importantes ferramentas educacionais, na medida em que fomentava o amor pela natureza. O que Humboldt chamara de "contemplação científica e estética" do mundo natural, Haeckel agora insistia, era essencial para a compreensão do universo, e essa apreciação é que se tornava uma "religião natural".

Enquanto existissem cientistas e artistas, Haeckel acreditava, não haveria necessidade nenhuma de padres e catedrais.

23
PRESERVAÇÃO E NATUREZA

John Muir e Humboldt

Humboldt sempre foi adepto de caminhadas, desde suas perambulações, ainda menino, pelas florestas de Tegel até sua penosa jornada a pé pelos Andes. Já sexagenário, Humboldt impressionava seus companheiros de viagem na Rússia por sua força e resistência, andando e escalando montanhas durante horas. As viagens a pé, dizia, ensinavam-lhe a poesia da natureza. Mover-se em meio à natureza era sua maneira de senti-la.

No final do verão de 1867, oito anos após a morte de Humboldt, John Muir, então com 29 anos, fez as malas e partiu de Indianápolis, onde passara os últimos quinze meses trabalhando, para a América do Sul. Muir levava consigo pouca bagagem – dois livros, pedaços de sabão e uma toalha, uma prensa de secagem de plantas, alguns lápis e uma caderneta. Tinha apenas a roupa do corpo e algumas trocas de roupa de baixo de reserva. Vestia-se de maneira simples e modesta, mas com aprumo. Alto e magro, era um homem bonito, com cabeleira castanho-avermelhada ondulada e olhos azul-claros que constantemente perscrutavam seu entorno. "Com que intensidade desejo ser um Humboldt", disse Muir, desesperado para ver "os Andes de cumes nevados e as flores do Equador".

Assim que deixou para trás a cidade de Indianápolis, Muir descansou debaixo da sombra de uma árvore e tirou do bolso seu mapa para planejar sua rota até a Flórida, de onde queria encontrar vaga em algum navio com destino à América do Sul. Sacou sua caderneta em branco e anotou na primeira página: "John Muir, planeta Terra, Universo", asseverando seu lugar no cosmo de Humboldt.

Nascido e criado em Dunbar, na costa leste da Escócia, John Muir passou a primeira infância nos campos e ao longo do litoral rochoso. Seu pai era um homem de profunda devoção religiosa que proibia imagens, ornamentos e instrumentos musicais dentro de casa. A mãe, por sua vez, encontrava beleza no jardim, ao passo que os filhos andavam pela região campestre. "Eu gostava de tudo que era selvagem", Muir mais tarde relatou, relembrando as ocasiões em que costumava escapar de um pai que o obrigava a recitar o Antigo e o Novo Testamentos inteiros, "de cor e em carne viva". Quando não estava ao ar livre, lia sobre as viagens de Alexander von Humboldt e sonhava ver lugares exóticos com os próprios olhos.

Quando Muir tinha 11 anos, sua família emigrou para os Estados Unidos. Daniel, seu fervoroso pai, vinha adotando uma postura cada vez mais desdenhosa acerca da Igreja da Escócia e tinha a esperança de encontrar liberdade religiosa nos Estados Unidos. Daniel Muir pretendia viver de acordo com a verdade bíblica pura, não maculada nem corrompida pela religião organizada, e ser o padre de si mesmo. Assim, a família comprou um pedaço de terra e fixou residência em Wisconsin. John Muir marchava pelas campinas e florestas toda vez que conseguia escapar da faina agrícola, alimentando o desejo de viajar pelo mundo, sentimento que persistiria ao longo de toda a sua vida. Em janeiro de 1861, aos 22 anos, Muir matriculou-se no "currículo científico" da Universidade de Wisconsin, em Madison. Lá, conheceu Jeanne Carr, uma talentosa botânica e esposa de um dos professores. Ela o incentivou a seguir os estudos na área da botânica e colocou sua biblioteca à disposição do rapaz. Os dois tornaram-se amigos próximos e, mais tarde, trocaram uma prolífica e animada correspondência.

Enquanto Muir se apaixonava pela botânica em Madison, a Guerra Civil dilacerava o país. Em março de 1863, quase dois anos após os primeiros disparos no Forte Sumter, o presidente Abraham

Lincoln assinou a primeira lei nacional de alistamento militar. Somente o Wisconsin teria de arregimentar 40 mil homens, e a maioria dos alunos em Madison falava em armas, guerra e canhões. Perplexo diante da "disposição de seus colegas estudantes para cometer assassinatos", Muir não tinha a menor intenção de tomar parte do conflito.

Um ano depois, em março de 1864, Muir partiu de Madison e evitou o recrutamento militar obrigatório atravessando a fronteira do Canadá – sua nova "universidade da natureza selvagem". Passou os dois anos seguintes perambulando pelo interior rural do país, ocupando-se de empregos esporádicos toda vez que ficava sem dinheiro. Ele tinha talento para inventar coisas e construía máquinas e ferramentas para serrarias, mas seu sonho duradouro era seguir os passos de Humboldt. Sempre que podia, Muir empreendia longas excursões – com destino ao lago Ontário e rumo às cataratas de Niágara, entre outros lugares. Atravessando rios, charcos, pântanos e densas florestas, ele procurava plantas, que colecionava, prensava e secava para seu herbário, que ficava cada vez maior. Era tão obcecado por seus novos espécimes que foi apelidado de "Botânica" por uma família que o hospedou e em cuja fazenda – ao norte de Toronto – ele trabalhou durante um mês. Arrastando-se aos trancos e barrancos em meio a raízes emaranhadas e galhos pendentes, Muir pensava nas descrições que Humboldt fizera das "florestas alagadas" do Orinoco. E sentia uma "relação simples com o Cosmos" que o acompanharia pelo resto da vida.

Até que, no verão de 1866, quando um incêndio destruiu a fábrica onde Muir trabalhava, em Meaford, às margens do lago Huron, no Canadá, seus pensamentos voltaram-se para sua terra. A Guerra Civil havia terminado no verão anterior, após cinco longos anos, e ele estava pronto para retornar. Empacotou seus poucos pertences e estudou um mapa. Para onde ir? Decidiu tentar a sorte em Indianápolis, porque era um entroncamento ferroviário e ele imaginou que lá haveria inúmeras fábricas onde poderia arranjar trabalho. O mais importante, disse, era o fato de que a cidade ficava "no coração de uma das riquíssimas florestas de árvores de madeira de lei decíduas do continente". Lá, Muir teria condições de combinar a necessidade de ganhar a vida com sua paixão pela botânica.

Muir encontrou trabalho numa fábrica que produzia rodas e outras peças de carruagem. Tratava-se de um emprego temporário, já que o seu plano era juntar dinheiro suficiente para imitar os passos de Humboldt numa "jornada botânica" pela América do Sul. Porém, no início de março de 1867, quando Muir estava tentando encurtar a correia de couro de uma serra circular na fábrica, seus planos chegaram abruptamente ao fim. Munido de uma lixa de metal pontiaguda, ele desfazia os pontos que prendiam a correia, mas a lixa escorregou e foi arremessada contra sua cabeça, perfurando seu olho direito. Quando ele colocou a mão sob o olho ferido, sentiu a palma ser molhada pelo fluido que vazava, e sua visão desapareceu.

De início, somente seu olho direito havia sido afetado, mas horas depois o outro olho também ficou completamente cego. A escuridão o encobriu. Esse momento mudou tudo. Durante anos Muir vivera "numa intensa sensação de luminosidade em meio a visões das glórias da flora tropical", mas agora as cores da América do Sul pareciam perdidas para sempre. No decorrer das semanas seguintes, Muir permaneceu deitado em um quarto escuro, descansando, enquanto meninos da vizinhança iam visitá-lo e liam livros para ele. Para surpresa do médico, aos poucos os olhos de Muir foram se recuperando. A princípio, ele conseguia distinguir as silhuetas da mobília de seu quarto, e depois começou a reconhecer rostos. Após quatro semanas de convalescença, já era capaz de decifrar letras e saiu para sua primeira caminhada. Quando sua visão estivesse plenamente restabelecida, nada o impediria de rumar para a América do Sul a fim de ver a "vegetação tropical em toda a sua glória abundante de palmeiras". Em 1º de setembro, seis meses após o acidente e depois de uma visita a Wisconsin para se despedir dos familiares, Muir amarrou seu diário à cintura com um pedaço de corda, jogou sobre o ombro sua pequena sacola e a prensa para plantas e iniciou uma jornada a pé de 1.660 quilômetros de Indianápolis até a Flórida.

Caminhando para o sul, Muir percorreu um país devastado. A Guerra Civil deixara arruinada a infraestrutura da nação – estradas, fábricas e ferrovias –, ao passo que muitas das fazendas abandonadas e negligenciadas estavam em frangalhos. A guerra destruíra a riqueza do Sul, e o país continuava profundamente dividido. Em abril de 1865, menos de um mês após o término do conflito, Abraham Lincoln foi assassinado, e seu sucessor, Andrew Johnson, lutava para unir a nação. Embora a escravidão tivesse sido abolida ao término da guerra e os primeiros afro-americanos tivessem votado na eleição para a escolha do governador do Tennessee um mês antes de Muir partir de Indianápolis, os escravos libertos não eram tratados como iguais.

Muir evitava os vilarejos e as cidades, grandes ou pequenas. Queria estar na natureza. Em certas noites dormia ao relento na floresta e acordava ao alvorecer com o coro dos pássaros; em outras, encontrava abrigo em algum celeiro ou na fazenda de alguém. No Tennessee, escalou sua primeira montanha. Enquanto os vales e encostas arborizadas se estendiam abaixo dele, Muir admirava a paisagem ondulante. À medida que continuava sua jornada, começou a *ler* as montanhas e suas zonas de vegetação pelos olhos de Humboldt, notando como as plantas que ele conhecia do Norte cresciam nas encostas mais altas e mais frias, ao passo que as encontradas nos vales iam se tornando marcadamente sulistas e diferentes, pouco familiares. As montanhas, ele percebeu, eram como "rodovias por meio das quais as plantas setentrionais podem estender suas colônias para o Sul".

Durante o périplo de 45 dias a pé cruzando Indiana, Kentucky, Tennessee, Geórgia e depois Flórida, os pensamentos de Muir começaram a mudar. A cada quilômetro distante de sua antiga vida, era como se chegasse mais perto de Humboldt. À medida que coletava plantas, observava insetos e arrumava sua cama no chão acolchoado de musgos da floresta, ele conhecia em primeira mão o mundo natural de uma maneira nova. Se antes ele tinha sido um colecionador de espécimes individuais para seu herbário, agora começava a ver conexões. Tudo era importante nesse imenso e formidável emaranhado de vida. Não existia um único "fragmento" que fosse desconectado, pensou. Tanto quanto o ser humano, organismos minúsculos também faziam parte dessa teia. "Por que o homem deveria dar mais valor a si mesmo do que a uma unidade infinitamente pequena da única e grandiosa unidade da criação?", perguntou Muir. "O cosmos", disse ele, usando o termo humboldtiano, seria incompleto sem o homem, mas também sem "a mais ínfima criatura microscópica".

Na Flórida, Muir foi acometido de malária, mas depois de algumas semanas de convalescença embarcou num navio com destino a Cuba. Pensar nas "gloriosas montanhas e campos de flores" dos trópicos lhe havia dado alento durante as febres, mas ele ainda estava fraco. Em Cuba, sentiu-se debilitado demais para explorar a ilha que durante muitos meses Humboldt chamara de lar. Exausto por causa das febres recorrentes, por fim – e com relutância –, abandonou seus planos sul-americanos e decidiu viajar para a Califórnia, na esperança de que o clima mais ameno restaurasse a sua saúde.

Em fevereiro de 1868, apenas um mês após a sua chegada, Muir seguiu de Cuba para Nova York, onde encontrou uma passagem barata para a Califórnia. A maneira mais rápida e mais segura de ir da costa leste para a oeste dos Estados Unidos era de barco. Muir comprou por quarenta dólares a passagem mais barata de uma embarcação (no compartimento próximo do leme) que o levou de Nova York de volta ao Sul, para Colón, na costa caribenha do Panamá. De lá, fez de trem a curta jornada de oitenta quilômetros pelo istmo do Panamá até a Cidade do Panamá, na costa do Pacífico, e viu pela primeira vez a floresta tropical, mas somente do vagão do trem.[1] Árvores com guirlandas de flores roxas, vermelhas e amarelas passavam diante de seus olhos a uma "velocidade cruel", queixou-se, e tudo que ele podia fazer era "apenas fitar da plataforma do trem e chorar". Não houve tempo para uma exploração botânica, porque ele tinha de pegar uma escuna na Cidade do Panamá.

Em 27 de março de 1868, um mês após ter partido de Nova York, Muir chegou a São Francisco, na costa oeste dos Estados Unidos. Detestou a cidade. No decorrer das duas décadas anteriores, a corrida do ouro havia transformado a cidadezinha de mil habitantes em um alvoroçado centro urbano de cerca de 150 mil moradores. Banqueiros,

---

[1] O sonho de Humboldt de um canal através do Panamá ainda não havia se realizado. Em vez disso, agora uma ferrovia atravessava o estreito trecho de terra de Colón até a Cidade do Panamá. Concluída apenas treze anos antes, em 1855, a via férrea foi usada por dezenas de milhares de pessoas rumo à Califórnia durante a corrida do ouro.

O Chimborazo, no atual Equador, era tido como a mais alta montanha do mundo quando Humboldt a escalou, em 1802. O Chimborazo inspirou Simón Bolívar a escrever um poema sobre a libertação das colônias espanholas na América Latina

Alexander von Humboldt e Aimé Bonpland coletando plantas no sopé do Chimborazo

Humboldt conversando com um indígena em Turbaco (atual Colômbia), a caminho de Bogotá

Humboldt e seu pequeno grupo no vulcão Caiambé, nos arredores de Quito

Esta pintura de Humboldt e Bonpland numa cabana na selva foi concluída em 1856, mais de cinquenta anos após a sua expedição. Humboldt não gostava da tela porque os instrumentos foram retratados de forma imprecisa

Thomas Jefferson em 1805, pouco depois de conhecer pessoalmente Humboldt em Washington, DC. Ao contrário dos retratos mais imponentes de George Washington, Jefferson é propositalmente "rústico", de modo a transmitir uma imagem de simplicidade

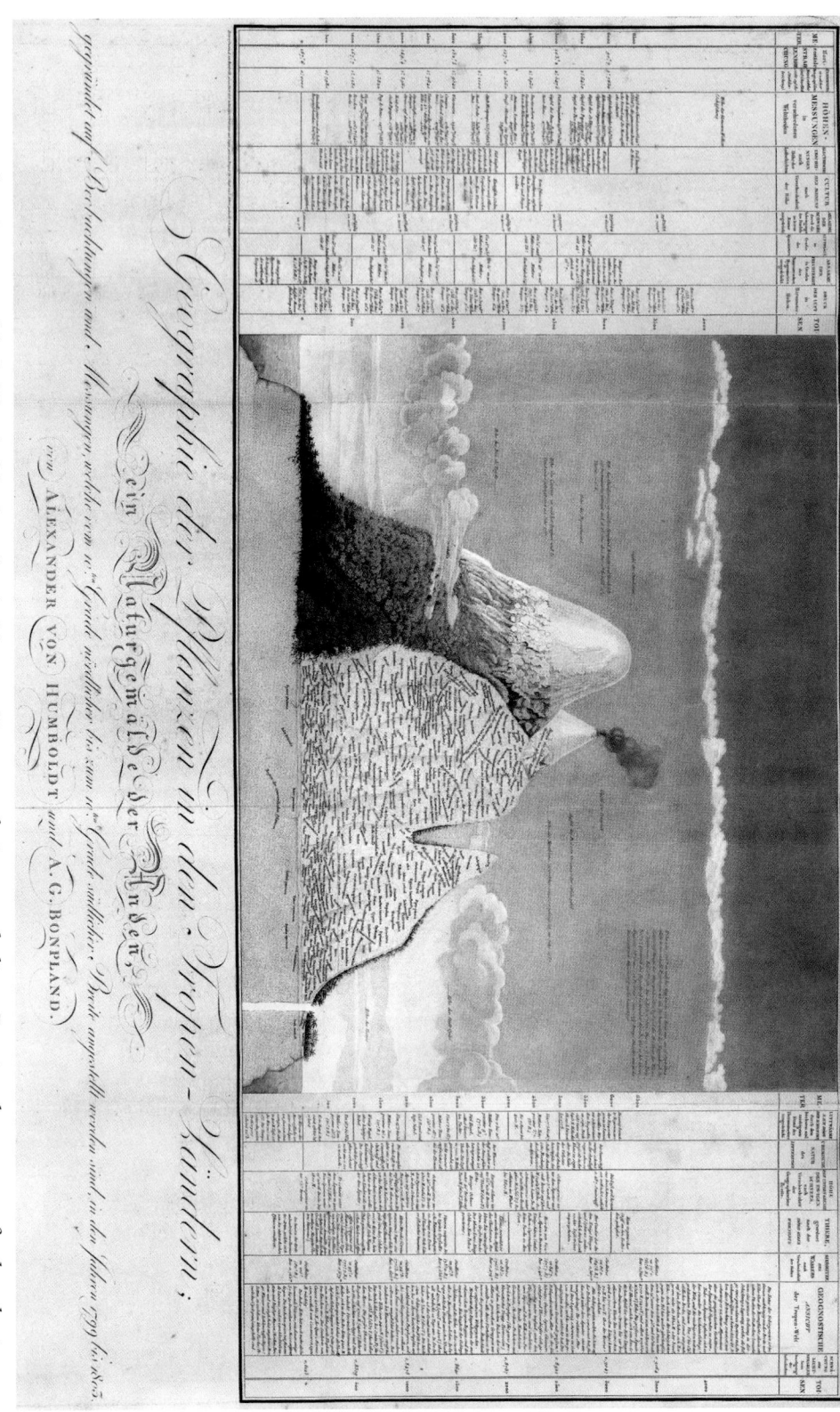

A espetacular Naturgemälde de Humboldt, desenho de 90 cm × 60 cm que fazia parte do livro *Ensaio sobre a geografia das plantas*

Fragmento de um antigo manuscrito asteca que Humboldt comprou no México

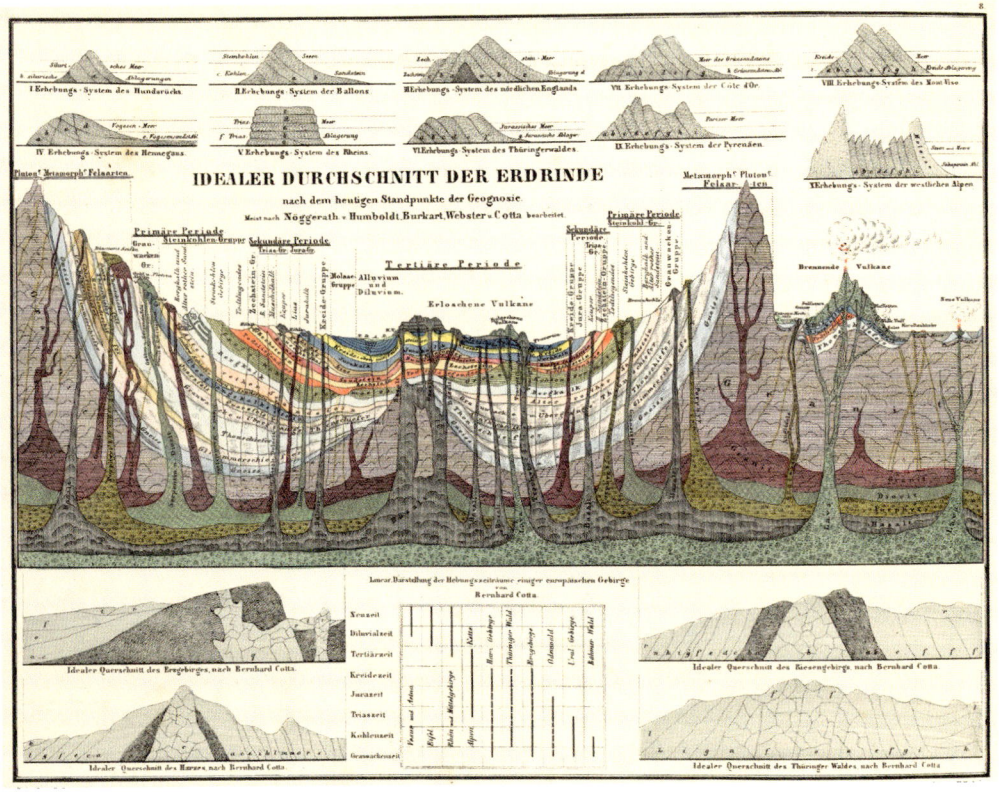

Tirado de um atlas que ilustrava o *Cosmos* de Humboldt, mapa mostrando estratos fósseis ao longo das eras da Terra, bem como as conexões subterrâneas de vulcões

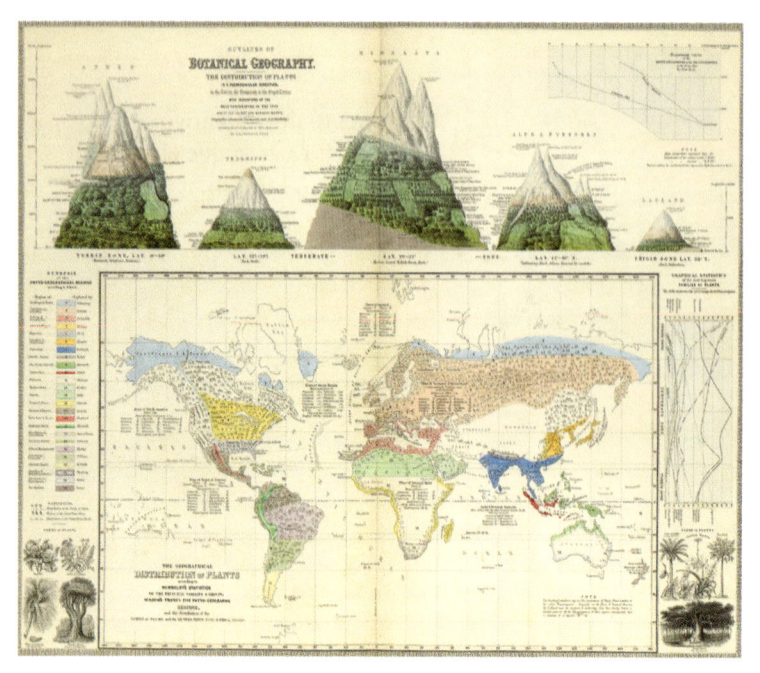

Gravura de página dupla de um atlas que acompanhava *Cosmos*, mostrando diferentes zonas de vegetação e famílias de plantas ao redor do mundo

O pintor norte-americano Frederic Edwin Church seguiu os passos de Humboldt na América do Sul e combinou dados científicos com arrebatadoras paisagens. A exposição de seu magnífico quadro *O coração dos Andes* – tela de 168 cm × 303 cm – causou alvoroço; quando Church estava pronto para despachar o quadro para Berlim por navio, recebeu a notícia de que Humboldt havia morrido

Humboldt em 1843, dois anos antes de publicar o primeiro volume de *Cosmos*

De acordo com Humboldt, esta ilustração era uma representação bastante fiel da biblioteca de seu apartamento na Oranienburger Straße, em Berlim. Ele recebia seus visitantes ou na biblioteca, ou em seu estúdio, visível atrás da porta

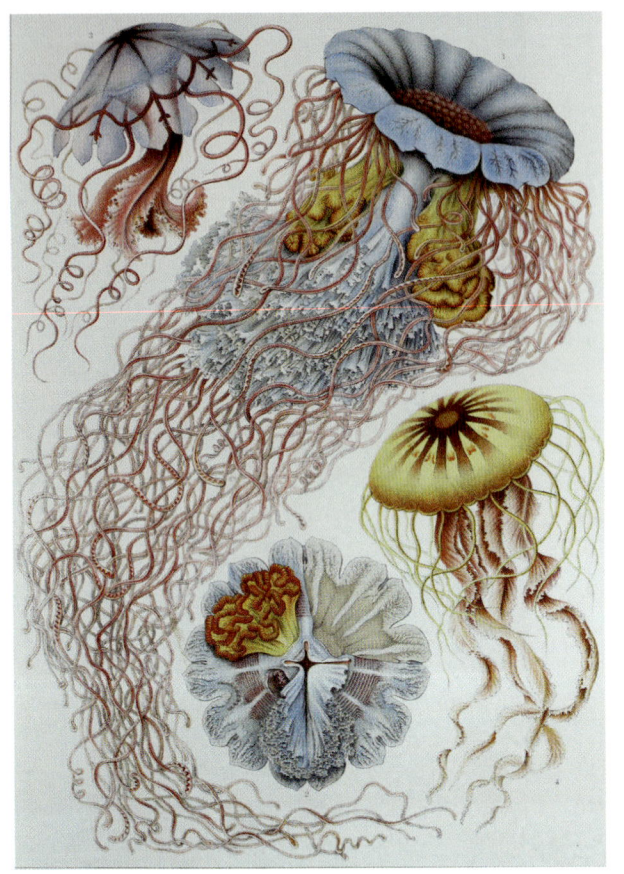

Desenhos de medusas feitos por Ernst Haeckel. A maior delas, no centro, foi nomeada por Haeckel *Desmonema annasethe*, em homenagem à sua esposa Anna Sethe. Na legenda lia-se que Haeckel devia a ela "os anos mais felizes de sua vida"

Vale de Yosemite, Califórnia. John Muir referia-se à Sierra Nevada como a Cordilheira da Luz

comerciantes e empresários tinham chegado com as levas de pessoas que para lá se mudaram a fim de tentar a sorte. Havia tabernas ruidosas e lojas bem abastecidas, assim como armazéns lotados e vários hotéis. Em seu primeiro dia, Muir perguntou a um passante qual era o caminho para ir embora da cidade. Quando indagado sobre para onde queria ir, ele respondeu: "Qualquer lugar ermo e selvagem".

E ele de fato foi para um lugar selvagem. Depois de uma noite em São Francisco, partiu a pé para a Sierra Nevada, a cordilheira que se estende ao longo de 643 quilômetros de norte a sul da Califórnia (com uma pequena parte de sua porção oriental adentrando o estado de Nevada), mais ou menos paralela à costa do Pacífico e a cerca de 160 quilômetros de distância da costa. Seu pico mais alto tem quase 4.570 metros e, na área central, fica o vale de Yosemite, a aproximadamente 290 quilômetros de São Francisco. Famoso por suas quedas-d'água e árvores, o vale de Yosemite era circundado por gigantescos blocos de granito com despenhadeiros íngremes.

Para chegar à Sierra Nevada, primeiro Muir teve de atravessar o Central Valley, que se estende na forma de uma enorme planície na direção da cordilheira. Caminhando em meio a flores e grama alta, ele considerou o vale "um Éden de uma ponta à outra". O Central Valley assemelhava-se a um enorme canteiro de flores, um tapete colorido que se desenrolava aos seus pés. Tudo isso mudaria no decorrer de poucas décadas, à medida que a agricultura e a irrigação convertiam o lugar no maior pomar e área agrícola do mundo. Mais tarde, Muir lamentaria que aquela formidável campina tenha sido "extirpada da existência em função do excesso de lavoura e pastoreio".

Enquanto caminhava na direção das montanhas, mantendo distância de estradas e vilarejos, Muir banhava-se de cores e de um ar tão delicioso, disse ele, "doce o suficiente para ser o hálito dos anjos". Ao longe, os picos brancos da Sierra reluziam como se fossem feitos de pura luz, "como a muralha de uma cidade celestial". Quando finalmente entrou no vale de Yosemite – de cerca de 11 quilômetros de extensão –, Muir ficou boquiaberto diante da beleza e da vastidão selvagem.

Os muitos e altos monólitos cinzentos de granito que circundavam o vale eram espetaculares. A quase 1.524 metros de altura, o

Half Dome era o mais alto e parecia vigiar o vale feito um sentinela. A vertente voltada para o vale era um despenhadeiro íngreme, e o outro declive era arredondado – uma abóbada cortada ao meio. Igualmente atordoante era El Capitan – com uma face vertical que se erguia a 914 metros do chão do vale (que por sua vez estava a 1.219 metros acima do nível do mar). De tão escarpado, El Capitan ainda hoje é um grande desafio para os montanhistas. Os despenhadeiros de granito perpendiculares que margeavam o vale davam a impressão de que alguém havia deixado um rastro de destruição por entre as rochas.

Era a época do ano perfeita para se chegar ao vale de Yosemite, uma vez que a neve derretida tinha alimentado as diversas quedas-d'água que escorriam pela face dos paredões de rocha. Elas pareciam "jorrar diretamente do céu", pensou Muir. Aqui e ali, arco-íris pareciam dançar em meio aos borrifos. A torrente das cataratas de Yosemite despencavam por uma estreita fenda de quase 760 metros de altura, tornando-a a mais alta queda-d'água da América do Norte. No vale havia pinheiros e pequenos lagos que refletiam a paisagem em suas superfícies.

Competindo com esse imponente cenário havia as ancestrais sequoias (*Sequoiadendron giganteum*) do Mariposa Grove, cerca de 32 quilômetros ao sul do vale. Altas, retas e magníficas, essas árvores gigantes pareciam pertencer a um outro mundo. Eram tão incomuns naquele lugar que só existiam na porção ocidental da Sierra. Algumas das sequoias do bosque erguiam-se a quase noventa metros de altura e tinham mais de 2 mil anos de idade. As mais altas árvores de raiz única da Terra estão entre as criaturas vivas mais antigas do planeta. Colunas majestosas de troncos com galhos baixos e casca castanho-avermelhada com sulcos verticais, os espécimes mais velhos se alongavam até o céu e pareciam ainda mais altos do que de fato eram. As sequoias eram diferentes de qualquer outra árvore que Muir tinha visto. Ele urrava de empolgação diante do cenário e corria em disparada de uma sequoia à outra.

Num momento, Muir se via deitado de bruços, sua cabeça pairando pouco acima do chão, afastando com as mãos a grama da campina para espiar o que chamava de "submundo dos musgos" povoado por atarefados besouros e formigas, e no momento seguinte estava tentando compreender de que maneira o vale de Yosemite poderia ter sido criado. Como se desse um zum numa câmera fotográfica, Muir ia do diminuto ao grandioso. Estava vendo a natureza com os olhos de Humboldt, ecoando o modo como o cientista prussiano havia se sentido atraído pelas majestosas paisagens dos Andes, mas também havia contado 44 mil flores numa única florada de uma árvore na floresta tropical. Muir, por sua vez, contou "165.913" flores brotando em menos de um metro quadrado, e também se deleitou com a "abóbada incandescente do céu". O grande e o pequeno estavam entretecidos.

"Quando tentamos selecionar alguma coisa individualmente, o que quer que seja, descobrimos que ela está atrelada a tudo o mais que existe no universo", Muir escreveu mais tarde em seu livro *My First Summer in the Sierra* [Meu primeiro verão na Sierra]. Ele voltou a essa ideia um sem-número de vezes. Ao escrever sobre "mil cordões invisíveis" e "inumeráveis cordões inquebrantáveis" e cordões "que não podem ser rompidos", ele ponderou acerca de um conceito de natureza segundo o qual tudo estava interligado. Toda árvore, cada flor, inseto, ave, riacho ou lago parecia convidá-lo a "aprender algo de sua história e relacionamento", e as maiores conquistas de seu primeiro verão no Yosemite, disse, foram "lições de unidade e inter-relação".[2]

Muir ficou tão encantado pelo Yosemite que retornou diversas vezes, no decorrer dos anos seguintes. Às vezes sua estada durava alguns meses, em outras ocasiões, ele se demorava apenas algumas semanas. Quando não estava escalando montanhas, caminhando e fazendo observações na Sierra, Muir arranjava empregos esporádicos – no Central Valley, nos contrafortes da Sierra ou no Yosemite. Trabalhou como pastor nas montanhas, como lavrador num rancho e numa serraria. Uma vez, durante uma estação que passou no Yosemite, ele construiu uma choupana através da qual fluía um pequeno

---

2 Muir anotou em seu exemplar de *Quadros da natureza* as passagens em que Humboldt escrevera sobre a "harmoniosa cooperação de forças" e a "unidade de todas as forças vitais da natureza", bem como o famoso comentário de Humboldt de que a "natureza é de fato um reflexo do todo".

regato que à noite borbulhava uma suave cantiga de ninar. Samambaias cresciam dentro da cabana e sapos saltitavam pelo chão – o lado de dentro e o de fora eram a mesma coisa. Sempre que podia, Muir desaparecia em meio às montanhas, "berrando entre os picos".

Na Sierra, o mundo se tornava cada vez mais e mais visível, disse Muir, "quanto mais longe e mais alto nós vamos". Ele anotava e registrava suas observações e coletava espécimes, mas também ia para o topo das montanhas, cada vez mais alto. Escalava de um cume para um cânion, e de volta ao cume, comparando e medindo – reunindo dados para compreender a criação do vale de Yosemite.

Ao contrário dos cientistas que à época estavam conduzindo o Levantamento Geológico da Califórnia e que acreditavam que erupções cataclísmicas haviam originado o vale, Muir foi o primeiro a perceber que as geleiras ou glaciares – gigantescas massas de gelo que se deslocam lentamente das montanhas para as encostas e vales ou recobrem vastas áreas – haviam esculpido o vale ao longo de milhões de anos.

Muir começou a *ler* as pegadas glaciais e as cicatrizes nas rochas. Quando encontrou um glaciar vivo, provou sua teoria de movimento glacial no vale de Yosemite enfiando estacas no gelo, que se deslocavam diversos centímetros no decorrer de um período de 46 dias. Ele explicou que tinha se tornado completamente "gelado". "Não tenho coisa alguma para lhe enviar a não ser o que é congelado ou congelável", ele escreveu para Jeanne Carr. E embora ainda quisesse ver os Andes, decidiu não deixar a Califórnia enquanto a Sierra "confiar em mim e falar comigo".

No vale de Yosemite, Muir também refletiu acerca do conceito humboldtiano de distribuição de plantas. Na primavera de 1872, exatamente três anos após sua primeira visita, Muir esboçou a migração de plantas árticas no decorrer de milhares de anos, das planícies do Central Valley até as geleiras no alto da Sierra. Muir explicou que seu pequeno desenho mostrava a posição das plantas "na abertura da primavera glacial", mas também a posição onde elas cresciam agora, perto do cume. O esboço revelava sua filiação com a *Naturgemälde* de Humboldt e com a nova compreensão de Muir de que botânica, geografia, clima e geologia estavam intimamente ligados.

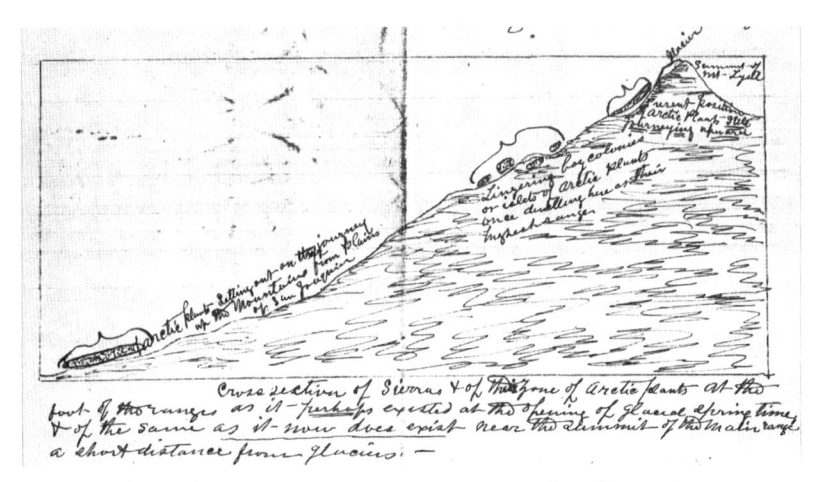

O esboço de Muir mostrava o movimento das plantas árticas no decorrer de milhares de anos. Ele indicou três posições: nas planícies, "iniciando sua jornada montanhas acima"; numa posição mais elevada, onde algumas ainda "se demoravam", e depois, perto do cume, a "posição recente das plantas árticas – ainda em plena jornada montanha acima".

Muir apreciava a natureza em termos intelectuais, emocionais e viscerais. Sua rendição à natureza era, disse, "incondicional", e ele de bom grado ignorava os perigos. Certa noite, por exemplo, escalou uma saliência perigosamente alta atrás da catarata do Yosemite Superior a fim de investigar o que julgou ser uma marca deixada por uma geleira. Ele escorregou e caiu, mas de alguma forma conseguiu se agarrar com firmeza a uma rocha. Passou um bom tempo agachado na saliência atrás da queda-d'água, a cerca de 150 metros de altura, com os incessantes espirros da torrente de água empurrando-o contra o paredão às suas costas. Muir ficou ensopado e quase entrou em transe. A noite já havia caído e foi em pleno breu que ele, aos trancos e barrancos, por fim conseguiu descer, mas estava em êxtase – batizado pela catarata, de acordo com suas próprias palavras.

Ele se sentia à vontade nas montanhas. Saltava de uma íngreme encosta coberta de gelo para outra "com a mesma calma e desenvoltura de um bode montanhês", disse um amigo. As tempestades do inverno eram saudadas com entusiasmo. Quando violentos tremores abalaram o vale de Yosemite e sua pequena choupana na primavera de 1872,

Muir correu para fora aos brados de "Um nobre terremoto!!!". Uma vez que enormes matacões de granito despencaram, viu ganharem vida suas teorias sobre as montanhas. "Destruição é sempre criação", disse ele. Foi um achado pertinente. Como era possível que alguém descobrisse a verdade sobre a natureza dentro de um laboratório?

Durante esses primeiros anos na Califórnia, Muir escreveu entusiásticas cartas para seus amigos e familiares, mas também fez as vezes de guia, mostrando aos visitantes os caminhos do vale. Quando Jeanne Carr, sua velha amiga e mentora dos tempos de universidade, se mudou com o marido de Madison para a Califórnia, ela apresentou Muir a diversos cientistas, artistas e escritores. Muir escreveu que ele era uma figura fácil de ser reconhecida; bastava aos visitantes simplesmente procurar o "homem mais bronzeado, acanhado e de ombros curvados". Ele recebia de braços abertos cientistas de todo o país.

Os respeitados botânicos norte-americanos Asa Gray e John Torrey foram até lá, bem como o geólogo Joseph LeConte. O vale de Yosemite também estava se tornando uma atração turística, e logo o número de visitantes subiu para a casa das centenas. Em junho de 1864, três anos antes de Muir chegar, o governo dos Estados Unidos havia cedido o vale de Yosemite ao estado da Califórnia como um parque "para uso público, local destinado a veraneio e recreação". À medida que o ritmo da industrialização acelerava, um número cada vez maior de pessoas começou a se mudar para as cidades, e algumas delas sentiram a perda da natureza em sua vida. Agora chegavam ao Yosemite no lombo de cavalos abarrotados com os confortos da civilização. Com suas roupas espalhafatosas, Muir escreveu, pareciam coloridos "insetos" em meio às rochas e árvores.

Um dos visitantes foi o antigo mentor de Henry David Thoreau, Ralph Waldo Emerson, que havia sido encorajado por Jeanne Carr a procurar Muir. Os dois homens passaram alguns dias juntos, durante os quais Muir, que acabara de completar 33 anos, mostrou ao quase septuagenário Emerson seus esboços e seu herbário, bem como o vale e suas adoradas sequoias no Mariposa Grove. Mas Muir ficou profundamente decepcionado com o fato de que, em vez de acampar a céu aberto, Emerson preferia passar suas noites numa das choupanas de troncos no vale, onde os turistas podiam alugar quartos. A insistência de Emerson em dormir ao abrigo de uma casa era um "triste comentário", disse Muir acerca do "glorioso transcendentalismo".

Emerson, contudo, ficou tão impressionado com o conhecimento de Muir e com seu amor pela natureza que quis que ele se juntasse ao corpo docente da Universidade Harvard, onde o próprio Emerson havia estudado e onde vez por outra ainda ministrava um curso ou proferia palestras. Muir recusou a proposta. Ele era indômito demais para a instituição da costa leste, "por demais obscuro e enevoado para queimar bem nas tórridas e patentes fornalhas educacionais". Muir ansiava pelo ermo. "A solidão", alertou-o Emerson, "é uma amante sublime, mas uma esposa intolerável", mas Muir continuou impassível. Ele adorava o isolamento. Como poderia sentir-se solitário quando estava em constante diálogo com a natureza?

Era um diálogo que operava em muitos níveis. Tal qual Humboldt e Thoreau, Muir estava convencido de que, no que dizia respeito à compreensão da natureza, os sentimentos do pesquisador eram tão importantes quanto os dados científicos. A princípio disposto a entender o mundo natural "botanizando", Muir rapidamente percebeu o quanto esse enfoque poderia ser restritivo. As descrições de textura, cor, som e cheiro tornaram-se as marcas registradas dos artigos e livros que ele mais tarde escreveria para um público leitor não acadêmico. Porém, nas cartas e nos diários dos seus primeiros dias no Yosemite, a relação profundamente sensual de Muir com a natureza já saltava aos olhos em praticamente todas as páginas. "Eu estou nos bosques, bosques, bosques, e eles estão em mi-im-m", ele escreveu, ou "Eu gostaria de ficar muito bêbado e sequoial", transformando a força das sequoias em um evocativo adjetivo.

As sombras das folhas sobre um matacão estavam "dançando, valsando em alegres e lépidos rodopios", e os regatos gorgolejantes estavam "entoando cantigas". A natureza falava com Muir. As montanhas o chamavam: "Venha mais alto"; ao passo que as plantas e os animais bradavam ao amanhecer: "Acorde, acorde, regozije-se, regozije-se, venha nos amar e junte-se ao nosso cântico. Venha! Venha!". Ele conversava com as quedas-d'água e com as flores. Numa carta para Emerson, descreveu como havia perguntado a duas violetas sua opinião sobre o terremoto, e elas responderam: "É tudo Amor". O mundo que Muir havia descoberto no Yosemite era animado e pulsava de vida. Era a natureza humboldtiana como um organismo vivo".[3]

Muir escreveu sobre o "alento da natureza" e "as pulsações do enorme coração da Natureza". Insistia que ele próprio era "parte da Natureza selvagem". Às vezes tornava-se tão íntimo e indissociável da natureza que o leitor ficava sem saber a que estava se referindo: "Quatro dias limpos e sem nuvens em abril preencheram cada poro e cada frincha com luz do sol pura e nem um pouco mitigante" – os poros e as frinchas de Muir ou da paisagem?

O que tinha sido uma reação emocional para Humboldt tornou-se também um diálogo espiritual para Muir. Onde Humboldt havia visto uma força interna de criação, Muir encontrou a mão divina. Muir descobriu Deus na natureza – mas não um Deus que reverberava dos púlpitos das igrejas. A Sierra Nevada era seu "templo na montanha", onde as pedras, as plantas e o céu eram as palavras de Deus e poderiam ser lidas como um manuscrito divino. O mundo natural abria "mil janelas para nos mostrar Deus", Muir escrevera durante seu primeiro verão no vale de Yosemite, e todas as flores eram como um espelho refletindo a mão do Criador. Feito um pregador, Muir propagaria a doutrina da natureza como um "apóstolo", disse ele.

Muir não estava somente em diálogo com Deus e a natureza, mas também com Humboldt. Possuía exemplares de *Narrativa pessoal*, *Quadros da natureza* e *Cosmos* – todos fartamente anotados. Lia com ávido interesse sobre as tribos nativas que Humboldt encontrara na América do Sul e para quem a natureza era sagrada. Muir tinha fascínio pelas descrições humboldtianas das tribos que puniam com severidade a "violação desses monumentos da natureza" e daquelas para quem não existia "nenhum outro objeto de adoração a não ser os poderes da natureza". Os deus dos indígenas estava na floresta

---

[3] Humboldt havia explicado muitas vezes de que maneira tudo estava infundido de vida – pedras, flores, insetos e assim por diante. Em seu exemplar de *Quadros da natureza*, Muir sublinhou os comentários de Humboldt acerca dessa "profusão universal de vida" e sobre as forças orgânicas que estavam "incessantemente em ação".

– exatamente como o de Muir. Se Humboldt escreveu sobre os "santuários sagrados" da natureza, Muir converteu a natureza no "refúgio mais santificado e abençoado das Sierras".

De tão obcecado, Muir chegava a sublinhar as páginas de seus livros de Darwin e de Thoreau que faziam referência a Humboldt. Um tópico que exercia particular fascínio em Muir – e que também havia deslumbrado George Perkins Marsh – eram os comentários de Humboldt sobre o desmatamento e a função ecológica das florestas.

À medida que observava o mundo à sua volta, Muir se dava conta de que alguma coisa tinha de ser feita. O país estava mudando. Todo ano os norte-americanos reivindicavam 60 milhões de hectares adicionais de terras cultiváveis. Com o advento das ceifadoras a

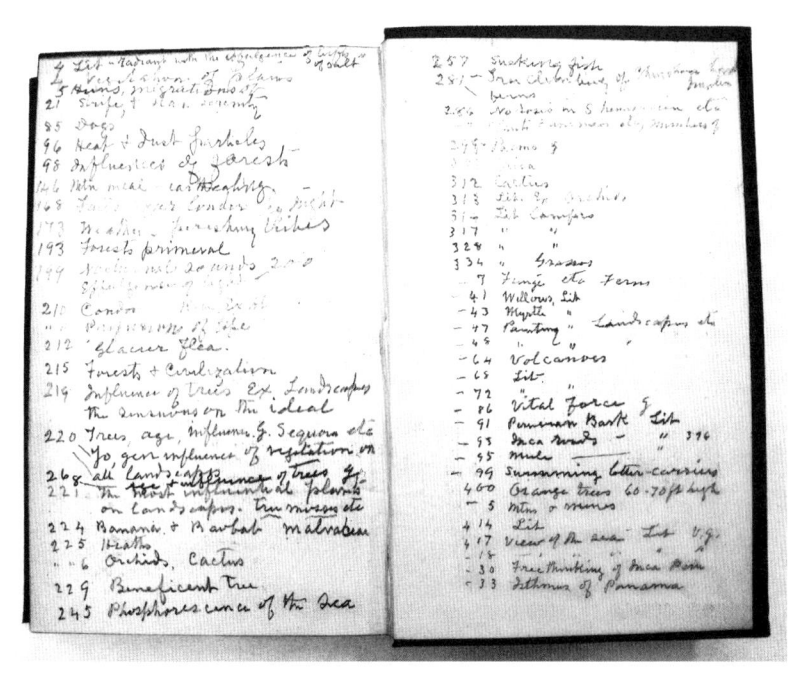

Índice elaborado por Muir no verso de uma página de seu exemplar de *Quadros da natureza*, de Humboldt. Ele listava temas como "influências das florestas" e "florestas & civilização", anotando as páginas que lidavam com o impacto das árvores sobre o clima, o solo e a evaporação, bem como a força destrutiva da agricultura e do desmatamento.

vapor, colheitadeiras de grãos e colheitadeiras combinadas que cortavam, debulhavam e limpavam mecanicamente os grãos, a agricultura passava a ser uma atividade industrializada. O mundo parecia girar cada vez mais rápido. Em 1861, as comunicações tornaram-se praticamente instantâneas quando o primeiro cabo telegráfico transcontinental conectou todo o território dos Estados Unidos, da costa do Atlântico à do Pacífico. Em 1869, ano do primeiro verão de Muir em Yosemite e também o ano em que o mundo celebrou o centenário de nascimento de Humboldt, a primeira ferrovia transcontinental da América do Norte chegou à costa oeste. No decorrer das quatro décadas anteriores, a súbita expansão de vias férreas havia transformado a América do Norte, e durante os cinco primeiros anos de Muir na Califórnia outros 53 mil quilômetros de trilhos foram acrescentados à malha ferroviária – em 1890, cerca de 260 mil quilômetros de trilhos serpeavam por todo o país. As distâncias pareciam encolher no mesmo ritmo das florestas e dos lugares desabitados. Em pouco tempo já não havia terras a serem conquistadas e exploradas no Oeste estadunidense. A década de 1890 foi a primeira da história sem uma fronteira. "A árdua conquista da vastidão selvagem está concluída", declararia em 1903 o historiador norte-americano Frederick Jackson Turner.

A ferrovia propiciava não somente acesso rápido a locais remotos, mas também alavancava a padronização do "horário da ferrovia", que resultaria em quatro fusos diferentes no país. O tempo padronizado e os relógios substituíram o Sol e a Lua como formas de medir a vida. Aparentemente o ser humano controlava a natureza, e os estadunidenses estavam na vanguarda. Tinham terra para arar, água em abundância e madeira para queimar. O país inteiro estava construindo, lavrando, produzindo e trabalhando. Com a rápida expansão das estradas de ferro, os grãos e outras mercadorias podiam ser transportados com facilidade de uma ponta à outra do gigantesco continente. No final do século XIX, os Estados Unidos eram o país mais industrializado do mundo; à medida que os lavradores e fazendeiros se mudavam para as cidades, a natureza ia ficando cada vez mais apartada da vida cotidiana.

Na década que se seguiu ao seu primeiro verão no Yosemite, Muir dedicou-se a escrever "a fim de instigar as pessoas a examinar a beleza e a delicadeza da natureza". Enquanto compunha seus primeiros artigos, Muir estudava os livros de Humboldt, bem como *O homem e a natureza*, de Marsh, e *The Maine Woods* [Os bosques do Maine] e *Walden*, de Thoreau. Em seu exemplar de *The Maine Woods*, Muir sublinhou o apelo de Thoreau pedindo a criação de "áreas nacionais de preservação" e começou a pensar na proteção da natureza. As ideias de Humboldt completaram um ciclo. Humboldt havia influenciado não somente alguns dos mais importantes pensadores, cientistas e artistas, mas eles por sua vez inspiravam uns aos outros. Juntos, Humboldt, Marsh e Thoreau forneceram o arcabouço intelectual por meio do qual Muir viu o mundo em transformação ao seu redor.

Pelo resto da vida Muir lutou em nome da proteção da natureza. *O homem e a natureza* havia desempenhado o papel de alerta para alguns norte-americanos, mas se Marsh escrevera um livro que incentivava a proteção do meio ambiente visando principalmente ao lucro econômico do país, Muir publicaria uma dúzia de livros e mais de trezentos artigos que fizeram o estadunidense comum apaixonar-se pela natureza. Muir queria que eles contemplassem, admirados, as paisagens das montanhas e as árvores imponentes. Na busca de seu objetivo, Muir podia ser engraçado, charmoso e sedutor. Ele assumiu a responsabilidade pela natureza escrevendo a partir de Humboldt, que havia criado esse novo gênero — uma combinação de pensamento científico com respostas emocionais da natureza. Humboldt tinha deslumbrado seus leitores, incluindo Muir, que por sua vez tornou-se um mestre desse tipo de escrita. "A própria natureza" era "um poeta", disse Muir – ele simplesmente precisava deixar a natureza falar através de sua pena.

Muir era um excelente comunicador. Tinha a reputação de ser um tagarela, de falar num jorro incessante – explodindo de ideias, fatos, observações e sua alegria em meio à natureza. "Nossa testa sentia o vento e a chuva", comentou um amigo depois de ouvir as histórias de Muir. As cartas, diários e livros de Muir eram igualmente veementes, lotados de descrições que transportavam o leitor para bosques e montanhas. Certa vez, quando escalou uma montanha na companhia de Charles Sargent, o diretor do Arnold Arboretum de Harvard, Muir ficou espantado por ver como um homem tão versado em árvores permanecia tão impassível diante do magnífico cenário outonal. Enquanto Muir saltava de um lado para o outro e exaltava a "glória da coisa toda", o indiferente Sargent continuava "frio feito uma pedra". Quando Muir lhe perguntou o motivo, ele respondeu: "Não costumo tornar públicos meus sentimentos mais íntimos. Meu coração não está na manga da minha camisa". Mas Muir não estava disposto a deixá-lo sair dessa facilmente. "Quem se importa onde está seu coraçãozinho, homem?", rebateu Muir, "aqui está você diante de todo o Paraíso na Terra, agindo como um crítico do universo, como se quisesse dizer: 'Pode vir com tudo, Natureza, mostre-me o melhor que você tiver, eu sou de BOSTON'".

Muir vivia e respirava natureza. Uma de suas primeiras cartas – uma carta de amor às sequoias – foi escrita com tinta que ele fizera de seiva. O papel timbrado declarava, "Vila dos esquilos, Empresa Sequoia Ltda., horário das nozes" – e em seguida: "A árvore Rei e eu juramos amor eterno". No que dizia respeito à natureza, Muir jamais teve receio de dizer tudo o que sentia. Queria pregar para o "mundo insípido" acerca da floresta, da vida e da natureza. Aos defraudados e desiludidos pela civilização, ele escreveu, esses "doentes ou bem-sucedidos, venham sugar Sequoia e sejam salvos".

Os livros e artigos de Muir exalavam uma alegria tão descontraída que inspiraram milhões de norte-americanos, moldando seu relacionamento com a natureza. Muir escrevia sobre "uma gloriosa vastidão selvagem que parecia chamar as pessoas com mil vozes melodiosas" e sobre árvores numa tempestade que "latejavam de música e vida" – sua linguagem era visceral e emotiva. Ele fisgava seus leitores e os levava para o ermo, para o alto das montanhas nevadas, atrás de estupendas quedas-d'água e de uma ponta à outra de campinas floridas.[4]

Muir gostava de fazer as vezes do homem selvagem nas montanhas. Mas depois dos seus primeiros cinco anos no interior rural

---

[4] O único que demonstrou descontentamento com os textos de Muir sobre a natureza foi seu severo pai. Daniel Muir, que em 1873 deixara a esposa para juntar-se a uma seita religiosa, escreveu ao filho: "Você não pode aquecer o coração do Santo de Deus com suas geladas montanhas de cimo nevado".

da Califórnia e na Sierra, ele começou a passar os meses de inverno em São Francisco para escrever seus artigos. Alugava quartos nas casas de conhecidos e continuava tendo aversão às ruas "áridas e sem abelhas" da cidade, mas lá conheceu os editores que encomendaram seus primeiros textos. No decorrer desses anos, manteve-se inquieto e incansável, mas à medida que seus irmãos e irmãs lhe escreviam cartas de Wisconsin relatando seus casamentos e o nascimento dos filhos, Muir começava a pensar em seu próprio futuro.

Foi Jeanne Carr quem apresentou Muir a Louie Strentzel, em setembro de 1874, quando ele tinha 36 anos. Louie, então com 27 anos, era a única filha sobrevivente de um abastado emigrante polonês dono de um enorme pomar e vinhedo em Martinez, cerca de cinquenta quilômetros a nordeste de São Francisco. Durante cinco anos Muir escreveu cartas a Louie e a visitava regularmente na casa de sua família, até que finalmente anunciaram o noivado, em 1879, e se casaram, em abril de 1880, alguns dias antes de Muir completar 42 anos. O casal fixou residência no rancho dos Strentzel em Martinez – mas ele continuava escapando para o ermo. Louie compreendeu que tinha de deixar o marido partir quando se sentisse "perdido e sufocado na rotina agrícola". Muir sempre retornava, renovado e inspirado, pronto para passar tempo com a esposa e, mais tarde, com suas duas filhas pequenas, que ele adorava. Numa única ocasião Louie o acompanhou ao vale de Yosemite, onde ele empurrou a esposa montanha acima valendo-se de um cajado pressionado contra as costas dela – na opinião dele, um gesto solícito, mas um experimento que jamais se repetiu.

Muir aceitou seu papel de administrador de fazenda, mas jamais gostou dessa incumbência. Mais tarde, em 1890, quando o pai de Louie faleceu, deixando uma fortuna de quase 250 mil dólares, o casal decidiu vender parte das terras e contratar a irmã de Muir e seu marido para gerenciar o restante da propriedade. Já na casa dos 50 anos, Muir ficou contente em contar com ajuda no trabalho cotidiano do rancho, de modo a poder se concentrar em questões mais importantes.

Durante os anos em que gerenciou o rancho dos Strentzel em Martinez, Muir jamais perdeu sua paixão pelo Yosemite. Incentivado por Robert Underwood Johnson, o editor da principal revista

Desenho de Muir empurrando Louie montanha acima em Yosemite

literária mensal do país, a *Century*, Muir começou a lutar pela natureza selvagem. Toda vez que visitava o vale de Yosemite, ele via mais mudanças. Embora o vale fosse um parque estadual, o controle e a aplicação das regras eram frouxos. Ovelhas haviam pastado toda a relva do vale até tornar a terra árida, e acomodações para turistas lotavam a paisagem. Muir notou também que muitas flores selvagens haviam desaparecido desde a sua primeira visita à Sierra, duas décadas antes. Nas montanhas, fora dos limites do parque, muitas das adoradas sequoias de Muir tinham sido derrubadas para a extração de madeira. Ele ficou perplexo com a destruição e o desperdício – e mais tarde escreveria que "sem dúvida essas árvores dariam uma boa madeira de construção depois de passar por uma serraria, assim como George Washington, depois de passar pelas mãos de um cozinheiro francês, seria transformado numa requintada refeição".[5]

---

5 Muir havia sublinhado uma ideia semelhante em seu exemplar do livro *The Maine Woods*, de Thoreau, em que se lia: "Mas o pinheiro é madeira de construção tanto quanto o homem o é, e ser convertido em tábuas e casas é seu verdadeiro e mais nobre uso tanto quanto o mais verdadeiro uso do homem é ser cortado e transformado em esterco (...) um pinheiro morto é um pinheiro tanto quanto uma carcaça humana morta é um homem".

Implacavelmente instigado por Johnson, Muir converteu seu amor pela natureza em ativismo e começou a fazer campanha a favor da criação de um parque nacional no Yosemite – como o Parque Nacional de Yellowstone, em Wyoming, o primeiro e até então único do país, inaugurado em 1872. No final do verão de 1890, Johnson foi a Washington tentar influenciar a Câmara dos Deputados a criar o Parque Nacional de Yosemite, enquanto o artigo de Muir para a popular *Century* assegurava um amplo reconhecimento da luta graças à distribuição da revista em âmbito nacional. Fartamente ilustrada com deslumbrantes gravuras dos cânions, montanhas e árvores do vale de Yosemite, os artigos carregavam os leitores para a vastidão selvagem da Sierra. Vales tornavam-se "ruas-montanhas repletas de vida e luz", cúpulas de granito tinham sopés fincados em campinas esmeraldinas e "sua testa" estava no céu azul. As asas dos pássaros, borboletas e abelhas "agitavam o ar, transformando-o em música", e as cachoeiras estavam "rodopiando e dançando". As majestosas cataratas espumavam, dobravam-se, espiralavam-se e despencavam enquanto as nuvens estavam "florescendo".

A prosa de Muir levou a beleza mágica de Yosemite diretamente para as salas de visita do país, assim como o alerta de que tudo estava prestes a ser destruído por serrarias e ovelhas. Uma gigantesca porção de terra precisava de proteção, ele escreveu, porque os vales e regatos adjacentes que abasteciam o vale de Yosemite estavam intimamente associados, ligados de forma tão estreita quanto os "dedos à palma da mão". O vale não era um "fragmento" separado, mas pertencia à intensa e "harmoniosa unidade" da natureza. Se uma parte fosse destruída, as outras sucumbiriam também.

Em outubro de 1890, apenas algumas semanas depois da publicação dos artigos de Muir, cerca de 810 mil hectares foram reservados para a criação do Parque Nacional de Yosemite – sob controle do governo federal dos Estados Unidos, e não mais do estado da Califórnia. No meio do mapa do novo parque, porém, como um enorme vazio, estava o vale de Yosemite, que continuava sob a negligente tutela estadual.

Foi o primeiro passo, mas ainda havia muito a ser feito. Muir estava convencido de que somente o "Tio Sam" – o governo federal – tinha o poder de proteger a natureza dos "tolos" que destruíam árvores. Não bastava designar áreas específicas como parques ou reservas florestais, sua proteção precisava ser vigiada e cumprida. E foi por essas razões que, dois anos depois, Muir cofundou o Sierra Club. Concebido como uma "associação de defesa" da natureza selvagem, o Sierra Club é hoje a maior organização ambiental de raízes populares dos Estados Unidos. Muir tinha a esperança de que isso "faria algo pela vida selvagem e deixaria as montanhas contentes".

De modo incansável, Muir continuou escrevendo e engajado em campanhas. Seus artigos foram publicados em revistas de grande circulação nacional, tais como *Atlantic Monthly*, *Harper's New Monthly Magazine* e, é claro, a *Century* de Underwood – e seus seguidores continuavam a crescer. Na virada do século, Muir havia se tornado tão famoso que o presidente Theodore Roosevelt solicitou sua companhia numa expedição de acampamento a Yosemite. "Não quero ninguém comigo a não ser você", Roosevelt escreveu em março de 1903. Dois meses depois, em maio, o presidente – cujo peito tinha o formato de barril –, ele próprio um ávido naturalista mas também um apreciador da caça de animais de grande porte, chegou à Sierra Nevada.

Muir e Roosevelt formavam uma dupla bizarra: o magro e esguio Muir, de 65 anos, e o robusto e parrudo Roosevelt, vinte anos mais novo. Eles acamparam por quatro dias em três locais diferentes – em meio ao "solene templo das gigantescas sequoias", na neve bem no alto de uma das enormes rochas, e no chão do vale abaixo do paredão El Capitan. Foi lá, rodeados por majestosos monólitos de granito e pelas árvores monumentais, que Muir convenceu o presidente de que o governo federal deveria ao menos tirar das mãos do governo da Califórnia o controle do vale de Yosemite e integrá-lo ao grande Parque Nacional de Yosemite.[6]

Humboldt havia compreendido a ameaça à natureza, Marsh havia reunido as provas em um argumento convincente, mas foi Muir quem plantou preocupações ambientais no âmbito da arena política mais ampla e na mente do público. Havia diferenças entre Marsh e Muir – entre conservação e preservação. Quando apresentou suas ideias contra a

---

[6] Roosevelt cumpriu sua promessa quando o vale de Yosemite, bem como o Mariposa Grove, foram incorporados ao Parque Nacional de Yosemite, em 1906.

O presidente Theodore Roosevelt com John Muir no mirante
Glacier Point no vale de Yosemite em 1903

destruição de florestas, Marsh havia se manifestado favoravelmente à conservação, porque estava essencialmente defendendo a proteção dos recursos naturais. Marsh queria que o uso das árvores ou da água fosse regulado de modo que um equilíbrio sustentável pudesse ser alcançado.

Muir, em contraste, interpretava de forma diferente as ideias de Humboldt. Ele defendia a preservação, o que a seu ver significava a proteção da natureza contra o impacto humano. Ele queria manter florestas, rios e montanhas em condições imaculadas, objetivo pelo qual se empenhava com uma persistência férrea. "Não tenho plano nenhum, nenhum sistema ou truque para salvá-las [as florestas]", disse ele. "Simplesmente vou em frente martelando e golpeando da melhor forma que posso." Ele também inflamou a opinião pública e angariou seu apoio. À medida que dezenas de milhares de norte-americanos liam os artigos de Muir e seus livros se tornavam sucesso de vendas, sua voz reverberava ousadamente de uma ponta à outra do continente norte-americano. Muir tornou-se o mais ferrenho defensor da vastidão selvagem estadunidense.

Uma de suas lutas mais importantes dizia respeito ao plano para represar o Hetch Hetchy, um vale menos conhecido mas igualmente espetacular dentro do Parque Nacional de Yosemite. Em 1906, depois de um terremoto de grandes proporções seguido de um incêndio, a cidade de São Francisco, que havia muito lutava contra a escassez de água, recorreu ao governo dos Estados Unidos para a construção de uma barragem no rio que atravessava o vale Hetch Hetchy a fim de criar um reservatório de água para a metrópole em expansão. Assim que Muir entrou na batalha contra o açude, ele escreveu a Roosevelt, lembrando o presidente da expedição que ambos haviam feito ao Yosemite e da urgência de salvar Hetch Hetchy. Ao mesmo tempo, porém, Roosevelt recebia relatórios de engenheiros que ele havia contratado e que alegavam que a barragem seria a única solução para o problema da crônica falta de água em São Francisco. As linhas de batalha estavam delimitadas e claras, e esta tornou-se a primeira disputa entre a defesa da natureza e as demandas da civilização – entre a preservação e o progresso – que seria travada em âmbito nacional. Havia muita coisa em jogo, e o debate implicava graves consequências. Se partes de um parque nacional podiam ser reivindicadas por razões comerciais, então nada estava verdadeiramente a salvo.

À medida que Muir escrevia mais artigos veementes e inflamados e o Sierra Club incitava as pessoas a escrever ao presidente e aos políticos, a luta por Hetch Hetchy tornou-se um protesto em escala nacional. Congressistas e senadores receberam milhares de cartas de eleitores preocupados, porta-vozes do Sierra Club prestaram depoimento para comissões do governo, e o jornal *The New York Times* declarou que a luta era uma "briga universal". Contudo, depois de anos de campanha, São Francisco venceu, e a construção da represa teve início. Embora devastado, Muir também percebeu que o país inteiro havia sido "despertado do sono". Ainda que Hetch Hetchy sumisse do mapa, ele e seus colegas preservacionistas haviam entendido como fazer lobby, como levar a cabo uma campanha nacional e como atuar na arena política – desse modo estabelecendo um modelo de ativismo futuro. Nasceu a ideia de um movimento nacional de protesto em nome da natureza. Eles tinham aprendido duras lições. "Nada que é passível de ser transformado em dólares está a salvo, por mais protegido", disse Muir.

No decorrer dessas décadas e lutas, Muir jamais deixou de sonhar com a América do Sul. Nos primeiros anos após sua chegada à Califórnia, ele tinha a certeza de que iria para lá, mas alguma coisa sempre se colocava no caminho. "Eu me esqueci do Amazonas, o maior rio da Terra? Nunca, nunca, nunca. A ideia incendeia dentro de mim já há meio século, e arderá para sempre", ele escreveu a um velho amigo. Entre uma e outra escalada, em meio ao trabalho agrícola, à elaboração de livros e artigos e ao seu ativismo, Muir encontrou tempo para empreender diversas expedições ao Alasca e, mais tarde, partir num giro mundial a fim de estudar árvores. Visitou a Europa, a Rússia, o Japão, a Austrália e a Nova Zelândia, mas não chegou à América do Sul. Em sua mente, porém, Humboldt havia permanecido com ele ao longo de todos esses anos. Durante sua turnê mundial, Muir fez uma parada em Berlim e caminhou pelo parque Humboldt, que tinha sido construído após as celebrações do centenário, e prestou suas homenagens diante da estátua do cientista defronte da universidade. Os amigos de Muir sabiam o quanto ele se identificava com o cientista prussiano, e por isso se referiam a suas expedições como "jornadas humboldtianas". Um deles chegou inclusive a guardar as publicações de Muir nas prateleiras de sua biblioteca na seção "sob a influência de Humboldt".

Muir aferrou-se obstinadamente à ideia de seguir os passos de seu herói. À medida que foi ficando mais velho, seu longevo desejo de ver a América do Sul apenas se fortaleceu. Também havia menos laços que o prendessem ao seu lar. Em 1905, sua esposa Louie morreu, e depois as duas filhas se casaram e formaram suas famílias. Mesmo quando completou 70 anos, idade em que outros homens teriam pensado na aposentadoria, ele ainda não havia desistido de seus sonhos. De maneira efetiva, concentrara seus pensamentos na concretização de sua viagem de exploração humboldtiana. Talvez tenha sido o trabalho de composição do livro *My First Summer in the Sierra*, na primavera de 1910, que renovou o desejo de realizar o sonho de sua juventude – afinal de contas, foi seu anseio de ser "um Humboldt" que o levou a partir de Indianápolis para a Califórnia mais de quarenta anos antes. Muir comprou uma nova edição de *Narrativa pessoal* e releu o livro de Humboldt de cabo a rabo, marcando e anotando as páginas. Por mais que suas filhas e amigos protestassem, ele tinha de ir "antes que seja tarde demais". As pessoas sabiam que ele podia ser teimoso. Ele falava tão amiúde sobre a expedição, disse uma velha amiga, que ela estava convencida de que Muir jamais seria feliz enquanto não visse com os próprios olhos a América do Sul.

Em abril de 1911, Muir partiu da Califórnia e atravessou o país na ferrovia Southern Pacific rumo à costa leste, onde passou algumas semanas trabalhando freneticamente nos manuscritos de diversos livros. A seguir, em 12 de agosto, embarcou num navio a vapor em Nova York. Finalmente estava viajando na direção do "imponente rio quente que há tanto desejo ver". Uma hora antes de o navio zarpar do porto, Muir despachou um último bilhete para sua filha Helen, a essa altura cada vez mais angustiada. "Não se preocupe comigo", ele a acalmou. "Estou perfeitamente bem." Duas semanas mais tarde, ele chegou a Belém, no Brasil, porta de entrada para o Amazonas. Quarenta e quatro anos depois de ter deixado Indianápolis para trás em sua caminhada rumo ao sul, e mais de um século depois de Humboldt ter iniciado sua viagem por mar, Muir finalmente pôs os pés em solo sul-americano. Estava com 73 anos de idade.

Tudo havia começado com Humboldt e uma caminhada. "Eu apenas saí para fazer uma caminhada, e por fim decidi permanecer ao ar livre até o pôr do sol", Muir escreveu depois de regressar, "porque sair, eu descobri, era na verdade entrar".

EPÍLOGO

Em larga medida, Alexander von Humboldt anda esquecido no mundo que fala a língua inglesa. Ele foi um dos últimos polímatas, e morreu numa época em que as disciplinas científicas começavam a se enrijecer em campos cada vez mais restritos e especializados. Consequentemente, seu enfoque mais holístico – um método científico que incluía arte, história, poesia e política juntamente com dados concretos – saiu de moda e caiu em desuso. No início do século XX, havia pouco espaço para um homem cujo conhecimento abarcava uma vasta gama de temas. À medida que os cientistas se fechavam em suas estreitas áreas de especialidade, dividindo e subdividindo cada vez mais, os métodos interdisciplinares de Humboldt e seu conceito da natureza como uma força global se perderam.

Uma das maiores realizações de Humboldt foi tornar a ciência acessível e popular. Todos aprenderam com ele: agricultores e artesãos, estudantes e professores, artistas e músicos, cientistas e políticos. Não havia um único livro didático ou atlas nas mãos das crianças do mundo ocidental que não tivesse sido moldado pelas ideias de Humboldt, declarou um orador durante as celebrações do centenário, em 1869, em Boston. Diferentemente de Cristóvão Colombo ou Isaac Newton, Humboldt não descobriu um continente ou uma nova lei da física. Ele não era conhecido por um único fato ou descoberta, mas por sua visão de mundo. Sua visão da natureza foi incutida em nossa consciência como que por osmose. Era quase como se suas ideias tivessem se tornado tão evidentes que o homem por trás delas desaparecesse.

Outra razão pela qual Humboldt desvaneceu da nossa memória coletiva – pelo menos na Inglaterra e nos Estados Unidos – é o sentimento antigermânico que aflorou a partir da Primeira Guerra Mundial. Num país como a Inglaterra, onde até mesmo a família real julgou que era necessário alterar seu nome de sonoridade teutônica – "Saxe-Coburgo-Gota" – para "Windsor", e onde as obras de Beethoven e Bach já não eram mais executadas, não é surpresa nenhuma que um cientista alemão tenha deixado de desfrutar de popularidade. Fato semelhante ocorreu nos Estados Unidos: quando o congresso decidiu que o país deveria entrar no conflito em 1917, teuto-americanos foram subitamente linchados e acossados. Em Cleveland, onde cinquenta anos antes milhares de pessoas haviam marchado pelas ruas em celebração ao centenário de Humboldt, livros alemães foram incendiados numa enorme fogueira pública. Em Cincinnati, todas as publicações germânicas foram retiradas das prateleiras da biblioteca pública, e a rua Humboldt foi rebatizada como rua Taft. As duas grandes guerras mundiais do século xx fizeram pairar uma longa e influente sombra negra, e a Inglaterra e os Estados Unidos deixaram de ser lugares para a celebração de uma mente alemã.

Então, por que deveríamos nos importar? No decorrer dos últimos anos, muitas pessoas já me indagaram sobre as razões do meu interesse por Alexander von Humboldt. Há diversas respostas para essa pergunta, porque são inúmeras as razões pelas quais Humboldt continua sendo fascinante e importante: não somente sua vida foi pitoresca e repleta de aventuras, mas sua história dá significado ao motivo pelo qual vemos a natureza da forma como a vemos hoje. Num mundo em que tendemos a traçar uma linha muito bem definida entre as ciências e as artes, entre o subjetivo e o objetivo, o discernimento de Humboldt de que podemos compreender verdadeiramente a natureza usando a nossa imaginação faz dele um visionário.

Os discípulos de Humboldt, e por sua vez os seguidores dos discípulos de Humboldt, levaram adiante o seu legado – discretamente, de maneira sutil e por vezes de forma involuntária. Ainda hoje, ambientalistas, ecologistas e escritores da natureza continuam com os pés firmemente enraizados na visão de Humboldt – embora muitos jamais tenham ouvido falar dele. Não obstante, Humboldt é seu patriarca.

À medida que os cientistas tentam compreender e prever as consequências globais das mudanças climáticas, o enfoque interdisciplinar de Humboldt, seu ponto de vista sobre ciência e natureza, é mais relevante do que nunca. Sua crença na livre troca de informações, em unir cientistas e em fomentar a comunicação entre as disciplinas são os pilares da ciência atual. Seu conceito de natureza como um todo único de padrões globais alicerça nosso pensamento.

Uma rápida olhada no Painel Intergovernamental sobre Mudança Climática de 2014 mostra simplesmente como necessitamos de uma perspectiva humboldtiana. O documento, elaborado por mais de oitocentos cientistas e especialistas, afirma que o aquecimento global terá "impactos severos, amplos, incisivos e irreversíveis sobre os povos e ecossistemas". As ideias e percepções de Humboldt de que as atuais questões sociais, econômicas e políticas estão estreitamente ligadas a problemas ambientais continuam sendo estrondosamente precisas e relevantes. De acordo com o que disse o agricultor e poeta norte-americano Wendell Berry, "A bem da verdade não existe distinção entre o destino da Terra e o destino das pessoas. Quando se abusa de um, o outro sofre". Ou, conforme declarou a ativista canadense Naomi Klein em *This Changes Everything* [Isto muda tudo] (2014), o sistema econômico e o meio ambiente estão em guerra. Assim como Humboldt percebeu que as colônias baseadas na escravidão, na monocultura e na exploração criavam um sistema de injustiça e de desastrosa devastação ambiental, nós também temos de entender que as forças econômicas e mudanças climáticas são parte do mesmo sistema.

Humboldt falou do "dano causado pela humanidade [...] que perturba a ordem da natureza". Houve momentos na vida de

Humboldt em que ele se sentiu tão pessimista que pintou um retrato sombrio e desolador da expansão do ser humano pelo espaço sideral, quando os homens disseminariam para outros planetas a sua letal mistura de maldade, crueldade, ganância e ignorância. A espécie humana seria capaz de tornar "áridas" até mesmo as estrelas distantes e deixá-las "devastadas", Humboldt escreveu ainda em 1801, exatamente como já vinha fazendo com a Terra.

A sensação é de que fechamos o ciclo. Talvez agora seja o momento em que nós e o movimento ambientalista devamos corrigir os desvios de rota, recolocando Alexander von Humboldt no papel de nosso herói.

Goethe comparou Humboldt a um "manancial com muitas bicas, de onde as torrentes jorram de maneira revigorante e infinita, de modo que basta posicionarmos vasos debaixo delas".

Esse manancial, creio eu, jamais secou.

AGRADECIMENTOS

Durante 2013, fui a autora residente Eccles da Biblioteca Britânica. Foi o ano mais profícuo que eu já tive em toda a minha carreira como escritora. Adorei cada momento. Agradeço a todos do Eccles Centre, em especial Philip Davies, Jean Petrovic e Cara Rodway, bem como Matt Shaw e Philip Hatfield da Biblioteca Britânica. Obrigada!

No decorrer dos últimos anos, recebi assistência de tanta gente que me sinto honrada por sua generosidade. Obrigada a todos por tornarem o trabalho de pesquisa para a elaboração deste livro uma experiência maravilhosa. Muitas pessoas compartilharam seu conhecimento e os frutos de suas próprias pesquisas, leram capítulos, abriram agendas de endereços, responderam às minhas dúvidas e indagações (diversas vezes) e me fizeram sentir acolhida em todo o mundo – tudo isso encetou uma verdadeira experiência humboldtiana de redes globais.

Na Alemanha, eu gostaria de agradecer a Ingo Schwarz, Eberhard Knobloch, Ulrike Leitner e Regina Mikosch da Humboldt Forschungstelle em Berlim; Thomas Bach, da Ernst-Haeckel Haus em Jena; Frank Holl, da Münchner Wissenschaftstage em Munique; Ilona Haak-Macht da Klassik Stiftung Weimar, Direktion Museen/Abteilung Goethe-Nationalmuseum; Jürgen Hamel; e Karl-Heinz Werner.

Na Inglaterra, quero agradecer a Adam Perkins, do Departamento de Manuscritos e Arquivos da Universidade, Biblioteca da

Universidade de Cambridge; Annie Kemkaran-Smith, da Down House em Kent; Neil Chambers, do Sir Joseph Banks Project Archive da Universidade Nottingham Trent; Richard Holmes; Rosemary Clarkson, do Projeto de Correspondência de Darwin; Jenny Wattrus, pelas traduções do espanhol; Eleni Papavasileiou, da Biblioteca & Arquivo, ss Great Britain Trust; John Hemming; Terry Gifford e seu "grupo de leitura" de acadêmicos da Universidade de Bath; Lynda Brooks, da Lineann Society; Keith Moore e o restante da equipe da Biblioteca e Arquivos da Royal Society, Londres; Crestina Forcina, do Wellcome Trust, e o estafe da Biblioteca Britânica e da Biblioteca de Londres.

Nos Estados Unidos, agradeço a Michael Wurtz, das Coleções Especiais Atherton da Biblioteca da Universidade do Pacífico; Bill Swaggerty, do Centro John Muir, Universidade no Pacífico; Ron Eber; Marie Arana; Keith Thomson, da Sociedade Filosófica Norte-americana; a equipe da Biblioteca Pública de Nova York; Leslie Wilson, da Biblioteca Pública e Gratuita de Concord; Jeff Cramer, do Instituto Thoreau dos Walden Woods; Matt Bourne, do Projeto Walden Woods; David Wood; Adrienne Donohue e Margaret Burke, do Museu de Concord; Kim Burns, Jovanka Ristic e Bob Jaeger, da Biblioteca da Sociedade Geográfica Norte-americana das Bibliotecas da Universidade de Wisconsin-Milwaukee; Sandra Rebok; Prudence Doherty, das Coleções Especiais Bailey/Biblioteca Howe da Universidade de Vermont; Eleanor Harvey, do Museu Smithsonian de Arte Norte-Americana; Adam Goodheart, do Centro C. V. Starr para o Estudo da Experiência Estadunidense, Washington College. E, em Monticello, a Anna Berkes, Endrina Tay, Christa Dierksheide e Lisa Francavilla, do Centro Internacional para Estudos Jeffersonianos, o Projeto Documentos da Aposentadoria de Jefferson e a Biblioteca Jefferson; David Mattern, do Projeto Documentos da Aposentadoria de Madison da Universidade da Virgínia; a Aaron Sachs, Ernesto Bassi e o "Grupo Historiadores são Escritores" da Universidade Cornell.

Na América do Sul, eu gostaria de agradecer a Alberto Gómez Gutiérrez, da Pontificia Universidad Javeriana, em Bogotá; ao nosso guia Juanfe Duran Cassola no Equador e a equipe dos Arquivos do Ministerio de Cultura y Patrimonio em Quito.

Tenho uma dívida de gratidão com os seguintes arquivos e bibliotecas por me autorizarem a citar de seus manuscritos: Comitê da Biblioteca da Universidade de Cambridge; a Royal Society, Londres; Biblioteca Pública e Gratuita de Concord, MA; Staatsbibliothek zu Berlin – Preußischer Kulturbesitz; Coleções Especiais Holt-Atherton, Universidade do Pacífico, Stockton, Califórnia © 1984 Muir--Hanna Trust; Biblioteca Pública de Nova York; Biblioteca Britânica; Coleções Especiais, Universidade de Vermont.

Agradeço ainda à maravilhosa equipe da editora John Murray, incluindo Georgina Laycock, Caroline Westmore, Nick Davies, Juliet Brightmore e Lyndsey Ng.

Na Knopf, agradeço a uma equipe igualmente maravilhosa, incluindo Edward Kastenmeier, Emily Giglierano, Jessica Purcell e Sara Eagle.

Um agradecimento muito especial e imenso ao meu maravilhoso amigo e agente Patrick Walsh, que durante mais de uma década quis que eu escrevesse um livro sobre Alexander von Humboldt e me levou pela primeira vez à Venezuela dez anos atrás. Você fez um trabalho inacreditavelmente árduo neste livro – linha por linha. Este livro teria sido bem diferente sem você. E obrigado por acreditar e por cuidar de mim. Sem você, eu me divertiria muito menos na vida e estaria sem emprego.

Um enorme obrigada aos meus amigos e familiares que suportaram com paciência e resignação a minha febre humboldtiana:

Leo Hollis, que – como tantas vezes antes – colocou as minhas ideias na direção certa e que resumiu numa única frase a coisa toda. O crédito pelo título é todo seu!

Minha mãe, Brigitte Wulf, que mais uma vez me ajudou nas traduções do francês e que por mim carregou penosamente livros de e para bibliotecas na Alemanha, enquanto meu pai, Herbert Wulf, leu todos os capítulos em diversas versões. E obrigada por irem a Weimar e a Jena.

Constanze von Unruh, que se debruçou inúmeras vezes sobre o manuscrito inteiro – conduzindo-me com honestidade, perspicácia e estímulo ao longo de todo o trabalho de escrita deste livro. Obrigada por tudo e por todas aquelas noites.

Muitos dos meus amigos e familiares leram esboços e versões iniciais dos capítulos, editando, comentando e fazendo sugestões; obrigada a Robert Rowland Smith, John Jungclaussen, Rebecca Bernstein e Regan Ralph. Um agradecimento especial a Regan, que é a mais fabulosa das amigas e que me ofereceu um segundo lar – além de ir comigo a Yosemite. Muito obrigada. Quero agradecer também a Hermann e Sigrid Düringer por me deixarem ficar no seu belo apartamento em Berlim durante a minha pesquisa por lá, e ao meu irmão Axel Wulf pelas informações sobre barômetros, bem como a Anne Wigger por sua ajuda com *Fausto*. Um imenso agradecimento a você, Lisa O'Sullivan, que sempre foi uma formidável incentivadora e amiga... e que cuidou de mim com determinação férrea quando fiquei presa em seu apartamento em Nova York durante o furacão Sandy. Agora você é oficialmente um membro comprovado da minha equipe apocalíptica.

O maior agradecimento de todos vai para a minha melhor e mais velha amiga, a superinteligente Julia-Niharika Sen, que com afinco enfrentou laboriosamente o manuscrito inteiro, palavra por palavra, um sem-número de vezes – avaliando-o profundamente, desconstruindo-o e depois me ajudando a montá-lo de novo. E obrigada por ir comigo para o Equador e a Venezuela – e passar suas férias seguindo os passos de Humboldt. Em vez de praias e coquetéis, lá havia tarântulas e o mal-estar causado pela altitude. Estar com você a 5 mil metros no Chimborazo foi um dos melhores momentos da minha vida. Nós conseguimos! Obrigada por estar ao meu lado. Sempre. Sem você eu não teria sido capaz de escrever este livro.

Este livro é dedicado à minha maravilhosa e sabida filha Linnéa, que teve de conviver com Humboldt por algum tempo. Obrigada por ser a melhor de todas as filhas. Você me torna completa. E me faz feliz.

CRÉDITOS DAS ILUSTRAÇÕES

Ilustrações no corpo do texto

© Alamy: páginas 65, 224/Interfoto; 271/Heritage Image Partnership Ltd; 317/Lebrecht Music and Arts Photo Library. René Binet, *Esquisses Décoratives* (*c.* 1905); 440 à esquerda. © bpk/ Staatsbibliothek zu Berlin: 283. Catalogue Souvenir de l'Exposition Universelle 1900 Paris: 439 esquerda. © Coleção do Museu Nacional da Colômbia/Registro 1204/foto Oscar Monsalve: 141/ Alexander von Humboldt, *Geografia de las plantas cerca del Ecuador* (1803). Cortesia do Museu de Concord, Massachusetts: 358, 361. Ernst-Haeckel-Haus, Jena: 424. Herman Klencke, *Alexander von Humboldt's Leben und Wirken, Reisen und Wissen*, (1870): 38, 81, 104, 106, 108, 115, 120, 136, 292, 300, 398. Divisão de Impressos e Fotografias da Biblioteca do Congresso, Washington, DC: 77, 153, 402, 465. Com permissão da Linnean Society de Londres: 76/Martin Hendriksen Vahl, *Symbolae Botanicae* (1790-4); páginas 439 à direita, 440 à direita/Ernst Haeckel, *Kunstformen der Natur* (1899-1904). Benjamin C. Maxham: 364/daguerreótipo, 1856, Ministério da Cultura do Equador, Quito: 84. Documentos de John Muir/Coleções Especiais Holt-Atherton, Biblioteca da Universidade do Pacífico, Stockton, Califórnia © 1984 Muir-Hanna Trust e cortesia da Biblioteca Bancroft/Universidade da Califórnia, Berkeley: 453, 457, 462. Coleções Particulares: 96, 172, 395. © Stiftung Stadtmuseum Berlim: 197. Biblioteca Wellcome, Londres: páginas 25, 93, 143, 148, 218/Alexander von Humboldt, *Vues de Cordillères*, 2 volumes (1810-13); 28/ Heinrich Berghaus, *The Physical Atlas* (1845); 45; 51/Alexander von Humboldt, *Versuch über die gereizte Muskel- und Nervenfaser* (1797); 56; 57; 90; páginas 126, 129, 164/Alcide D. d'Orbigny, *Voyage pittoresque dans les deux Amériques* (1836); 173; 175; 185; 199; 215. Páginas 243, 263, 395/Traugott Bromme, *Atlas zu Alex. v. Humboldt's Kosmos* (1851); 247; 276; 304; 314/Charles Darwin, *Journal of Researches* (1902); 331/Charles Darwin, *Journal of Researches* (1845); 342; 387/ E. T. Hamy, *Aimé Bonpland, médecin et naturaliste, explorateur de l'Amérique du Sud* (1906); 390.

Ilustrações coloridas

© Akademie der Wissenschaften, Berlim: 3 acima/akg-images. © Alamy: 3 abaixo/Stocktreck Images Inc. 6 abaixo/FineArt; 7 abaixo/Pictorial Press Ltd.; 8 abaixo/World History Archive. © bpk/Stiftung Preussische Schlösser und Gärten Berlim-Brandemburgo: 7 acima/foto Gerhard Murza. © Humboldt-Universität Berlim: 4/Alexander von Humboldt, *Geographie der Pflanzen in den Tropen-Ländern, ein Naturgemälde der Anden* (1807), foto Bridgeman Images. Com permissão da Linnean Society de Londres: 8 acima/ Ernst Haeckel, *Kunstformen der Natur* (1899-1904). Biblioteca Wellcome, Londres: páginas 1, 2, 5 acima/Alexander von Humboldt, *Vues de Cordillères*, (1810-13); 5 abaixo/Traugott Bromme, *Atlas zu Alex. v. Humboldt's Kosmos* (1851); 6 acima/ Heinrich Berghaus, *The Physical Atlas* (1845).

NOTAS

ABREVIAÇÕES: PESSOAS E ARQUIVOS

AH: Alexander von Humboldt

BL: British Library [Biblioteca Britânica], Londres

Diário de Caroline Marsh, NYPL: Documentos da família Crane. Divisão de Manuscritos e Arquivos, Biblioteca Pública de Nova York. Fundações Astor, Lenox e Tilden.

CH: Caroline von Humboldt

CUL: Coleções de Manuscritos Científicos, Departamento de Manuscritos e Arquivos da Universidade, Biblioteca da Universidade, Cambridge

DLC: Biblioteca do Congresso, Washington, DC

JM online: Coleção *on-line* dos Documentos de John Muir. Coleções Especiais Holt-Atherton, Universidade do Pacífico, Stockton, Califórnia, © 1984 Muir-Hanna Trust

MHT: Coleções Especiais Holt-Atherton, Biblioteca da Universidade do Pacífico, Stockton, Califórnia, © 1984 Muir-Hanna Trust

NYPL: Biblioteca Pública de Nova York

RS: Royal Society (Real Sociedade), Londres

Stabi Berlim NL AH: Staatsbibliothek zu Berlin – Preußischer Kulturbesitz, Nachl. Alexander von Humboldt (Coleção de Manuscritos de Humboldt)

TJ: Thomas Jefferson

UVM: Coleção George Perkins Marsh, Coleções Especiais, Biblioteca da Biblioteca de Vermont

WH: Wilhelm von Humboldt

ABREVIAÇÕES: AS OBRAS DE ALEXANDER VON HUMBOLDT

AH Memórias de Althaus 1861: *Briefwechsel und Gespräche Alexander von Humboldt's mit einem jungen Freunde, aus den Jahren 1848 bis 1856*

AH Ansichten 1808: *Ansichten der Natur mit wissenschaftlichen Erläuterungen*

AH Ansichten 1849: *Ansichten der Natur mit wissenschaftlichen Erläuterungen*, terceira e quarta edições ampliadas.

AH Cartas de e para Arago 1907: *Correspondance d'Alexandre de Humboldt avec François Arago (1809-1853)*

AH Aspectos 1849: *Aspects of Nature, in Different Lands and Different Climates, with Scientific Elucidations*

AH Cartas de e para Berghaus 1863: *Briefwechsel Alexander von Humboldt's mit Heinrich Berghaus aus den Jahren 1825 bis 1858*

AH Cartas de e para Bessel 1994: *Briefwechsel zwischen Alexander von Humboldt und Friedrich Wilhelm Bessel*

AH Cartas de e para Böckh 2011: *Alexander von Humboldt und August* Böckh. *Briefwechsel*

AH Cartas de e para Bonpland 2004: *Alexander von Humboldt and Aimé Bonpland. Correspondance 1805-1858*

AH Cartas de e para Bunsen 2006: *Briefe* von *Alexander von Humboldt and Christian Carl Josias Bunsen*

AH Ásia Central 1844: *Central-Asien: Untersuchungen über die Gebirgsketten und die vergleichende*

AH Cordilleras 1814: *Researches concerning the Institutions & Monuments of the Ancient Inhabitants of America with Descriptions & Views of Some of the Most Striking Scenes in the Cordilleras!*

AH Cordilleren 1810: *Pittoreske Ansichten der Cordilleren und Monumente americanischer Völker*

AH Cosmos 1845-1852: *Cosmos: Sketch of a physical description of the universe*

AH Cosmos 1878: exemplar de Muir de *Cosmos: Sketch of a physical description of the universe*
AH Conferências de Cosmos 2004: *Alexander von Humboldt. Die Kosmos-Vorträge 1827/1828*
AH Cartas de e para Cotta 2009: *Alexander von Humboldt und Cotta. Briefwechsel*
AH Cuba 2011: *Political essay on the island of Cuba. A critical edition* [*Ensaio político sobre a ilha de Cuba. Uma edição crítica*]
AH Diário 1982: *Lateinamerika am Vorabend der Unabhängigkeitsrevolution: eine Anthologie von Impressionen und Urteilen aus seinen Reisetagebüchern*
AH Diário 2000: *Reise durch Venezuela.* Auswahl *aus den Amerikanischen Reisetagebüchern*
AH Diário 2003: *Reise auf dem Río Magdalena, durch die Anden und Mexico*
AH Cartas de e para Dirichlet 1982: *Briefwechsel zwischen Alexander von Humboldt und P. G. Lejeune Dirichlet*
AH Cartas de e para du Bois-Reymond 1997: *Briefwechsel zwischen Alexander von Humboldt und Emil du Bois-Reymond*
AH Fragmentos Ásia 1832: *Fragmente einer Geologie und Klimatologie Asiens*
AH Cartas de e para Frederico Guilherme IV 2013: *Alexander von Humboldt.* Frederico Guilherme IV*. Briefwechsel*
AH Cartas de e para Gauss (ou Gauß) 1977: *Briefwechsel zwischen Alexander von Humboldt und Carl Friedrich* Gauß
AH Geografia 1807: *Ideen zu einer Geographie der Pflanzen nebst einem Naturgemälde der Tropenländer*
AH Geografia 2009: *Essay on the Geography of plants* [*Ensaio sobre a geografia das plantas*]
AH Kosmos 1845-1850: *Kosmos. Entwurf einer physischen Weltbeschreibung*
AH Cartas 1973: *Die Jugendbriefe Alexander von Humboldts 1787-1799*
AH Cartas América 1993: *Briefe aus Amerika 1799-1804*
AH Cartas Rússia 2009: *Briefe aus Russland 1829*
AH Cartas EUA 2004: *Alexander von Humboldt und die Vereinigten Staaten von Amerika. Briefwechsel*
AH Cartas de e para os Mendelssohn 2011: *Alexander von Humboldt. Familie Mendelssohn. Briefwechsel*
AH Nova Espanha 1811: *Political Essay on the Kingdom of New Spain* [*Ensaio político sobre o reino da Nova Espanha*]
AH Narrativa pessoal 1814-1829: *Personal narrative of Travels to the Equinocial Regions of the New Continent during the years 1799-1804* [*Viagem às regiões equinociais do Novo Continente durante os anos de 1799-1804*]
AH Narrativa pessoal 1907: Exemplar de Muir de *Personal narrative of Travels to the Equinocial Regions of the New Continent during the years 1799-1804*
AH Cartas de e para Schumacher 1979: *Briefwechsel zwischen Alexander von Humboldt und Heinrich Christian Schumacher*
AH Cartas de e para Spiker 2007: *Alexander von Humboldt. Samuel Heinrich Spiker. Briefwechsel*
AH Cartas a Varnhagen 1860: *Letters of Alexander von Humboldt to Varnhagen von Ense*
AH Quadros 1896: *Exemplar de Muir de Views of Nature* [*Quadros da natureza*]
AH Quadros 2014: *Quadros da natureza*
AH WH Cartas 1880: *Briefe Alexander's von Humboldt und seinen Bruder Wilhelm*
Terra 1959: *"Alexander von Humboldt's Correspondence with Jefferson, Madison, and Gallatin"*

ABREVIAÇÕES: GERAL

Darwin, Diário do Beagle, 2001: *A viagem de um naturalista ao redor do mundo*
Darwin, Correspondência: *The Correspondence of Charles Darwin*
Goethe, AH WH Cartas 1876: *Goethe's Briefwechsel mit den Gebrüdern von Humboldt*
Goethe, Correspondência 1968-1876: *Goethes Briefe*
Goethe, Diário 1998-2007: *Johann Wolfgang Goethe: Tagebücher*
Goethe, Eckermann 1999: *Johannn Peter Eckermann, Gespräche mit Goethe in den Letzten Jahren seines Lebens*

Goethe, Encontros 1965-2000: *Goethe Begegnungen und Gespräche,* ed. Ernst Grumach e Renate Grumach

Goethe, Cartas de e para Humboldt 1909: *Goethe's Briefwechsel mit Wilhelm und Alexander v. Humboldt,* ed. Ludwig Geiger

Goethe, Cartas 1980-2000: *Briefe an Goethe, Gesamtausgabe in Regestform,* ed. Karl Heinz Hahn

Goethe, Morfologia 1987: *Johann Wolfgang Goethe. Schriften zur Morphologie*

Goethe, Ciência natural 1989: *Johann Wolfgang Goethe. Schriften zur Allgemeinen Naturlehre, Geologie und Mineralogie,* ed. Wolf von Engelhardt e Manfred Wenzel

Goethe, Dia 1982-96: *Goethes Leben von Tag zu Tag: Eine Dokumentarische Chronik,* ed. Robert Steiger

Goethe, Ano 1994: *Johann Wolfgang Goethe. Tag-und Jahreshefte,* ed. Irmtraut Schmid

Haeckel, Cartas de e para Bölsche, 2002: *Ernst Haeckel-Wilhelm Bölsche, Briefwechsel 1887-1919,* ed. Rosemarie Nöthlich

Madison, Documentos ss: *The Papers of James Madison: Secretary of State Series,* ed. David B. Mattern et al.

Muir, Diário 1867-1868, JM online: John Muir, diário manuscrito, "The 'thousand mile walk'" from Kentucky to Florida and Cuba" [A caminhada de 1.609 quilômetros do Kentucky até a Flórida e Cuba], setembro de 1867-fevereiro de 1868", MHT

Muir, "Diário da Sierra", verão de 1869 (1887), MHT: John Muir, manuscrito "Diário da Sierra", vol. I: verão de 1869, caderneta, circa 1887, MHT

Muir, "Diário da Sierra", verão de 1869 (1910), MHT: John Muir, "Diário da Sierra", vol. I: verão de 1869, datiloscrito, circa 1910, MHT

Muir, Diário "Viagem mundial", pt. 1, 1903, JM online: John Muir, diário manuscrito, "Viagem mundial", pt. I, junho-julho 1903, MHT

Schiller e Goethe 1856: *Briefwechsel zwischen Schiller in den Jahren 1794-1805*

Schiller, Cartas 1943-2003: *Schillers Werke: Nationalausgabe: Briefwechsel,* ed. Julius Petersen e Gerard Fricke

Thoreau, Correspondência 1958: *The Correspondence of Henry David Thoreau,* ed. Walter Harding e Carl Bode

Thoreau, Excursão e poemas 1906: *The Writings of Henry David Thoreau: Excursion and Poems*

Thoreau, Diário 1906: *The Writings of Henry David Thoreau: Journal,* ed. Bradford Torrey

Thoreau, Diário 1981-2002: *The Writings of Henry D. Thoreau: Journal,* ed. Robert Sattelmeyer et al.

Thoreau, Walden 1910: *Walden*

TJ Documentos RS: *The Papers of Thomas Jefferson: Retirement Series* [Projeto Documentos da Aposentadoria]), ed. Jeff Looney et al.

WH CH Cartas 1910-1916: *Wilhelm und Caroline von Humboldt in inhren Briefen,* ed. família von Humboldt

PRÓLOGO

23 Descrição da subida de AH no Chimborazo: AH a WH, 25 novembro de 1802, AH WH Cartas 1880, p. 48. AH, Sobre uma tentativa de escalar até o topo do Chimborazo, Kutzinski 2012, pp. 135-55; AH, 23 de junho de 1802. AH Diário 2003, vol. 2, pp. 100-109.

24 sinais de vida orgânica desapareceram: AH a WH, 25 de novembro de 1802, AH WH Cartas 1880, p. 49.

24 "presos dentro de um balão de ar": AH, sobre uma tentativa de escalar até o topo do Chimborazo, Kutzinski 2012, p. 143.

24 uma "vista magnífica": ibid., p. 142.

24 tamanho da fenda: AH fornece diferentes medidas: por exemplo, 121 metros de profundidade e de 18 metros de largura, ibid., p. 142.

24 AH mediu a altitude: 5.917,16 metros – AH 23 de junho de 1802, AH Diário 2003, vol. 2, p. 106.

25 AH e Napoleão: Ralph Waldo Emerson a John F. Heath, 4 de agosto de 1842, Emerson 1939, vol. 3, p. 77.

26 "meio americano": Rossiter Raymond, 14 de maio de 1859, AH Cartas EUA 2004, p. 572.

26 "um vórtice cartesiano": AH a Karl August Varnhagen, 31 de julho de 1854, Cartas entre Humboldt e Varnhagen 1860, p. 235.
26 "três coisas ao mesmo tempo": AH, citado em Leitzmann 1936, p. 210.
27 "amor à natureza": Arnold Henry Guyot, 2 de junho de 1859, Cerimônias fúnebres de Humboldt, *Journal of the American Geographical and Statistical Society*, vol. 1, n° 8, outubro de 1859, p. 242; *The sense of wonder*, de Rachel Carson, 1965.
27 natureza e sentimentos: AH a Goethe, 3 de janeiro de 1810, Cartas entre Goethe e Humboldt 1909, p. 305.
27 "esquadrinhar a cadeia de todos os fenômenos": Matthias Jacob Schleiden, 14 de setembro de 1869, Jahn 2004.
27 "cujos olhos são telescópios e microscópios naturais": Ralph Waldo Emerson, notas para discurso sobre Humboldt em 14 de setembro de 1869, Emerson 1960-1992, vol. 16, p. 160.
28 "Nessa grande cadeia": AH Geografia 2009, p. 79; AH Geografia 1807, p. 39.
29 alterações climáticas: AH Narrativa pessoal 1814-1829, vol. 4, p. 140; AH 4 de março 1800, AH Diário 2000, p. 216.
29 funções ecológicas da floresta: AH, setembro de 1799, AH Diário 2000, p. 140; AH Aspectos 1849, vol. 1, pp. 126-27; AH Quadros 2014, p. 83; AH Ansichten 1849, vol. 1, p. 158; AH Narrativa pessoal 1814-1829, p. 477.
25 "futuras gerações": AH Narrativa pessoal 1814-1829, vol. 4, p. 143.
29 "um dos mais excelentes": Thomas Jefferson a Carlo de Vidua, 6 de agosto de 1825, AH Cartas EUA 2004, p. 171.
29 "nada jamais estimulou": Darwin a Alfred Russel Wallace, 22 de setembro de 1865, Darwin, Correspondência, vol. 13, p. 238.
29 "descobridor do Novo Mundo": Bolívar a madame Bonpland, 23 de outubro de 1823, Rippy e Brann 1947, p. 701.
29 "ter vivido vários anos": Goethe a Johannn Peter Eckermann, 12 de dezembro de 1828, Goethe, Eckermann 1999, p. 183.
30 Melbourne e Adelaide: *Melbourner Deutsche Zeitung*, 16 de setembro de 1869; *South Australian Advertiser*, 20 de setembro de 1869; South Australian Register, 22 de setembro de 1869; *Standard*, Buenos Aires, 19 de setembro de 1869; Two Republics, Cidade do México, 19 de setembro de 1869; *New York Herald*, 1° de outubro de 1869; *Daily Evening Bulletin*, 2 de novembro de 1869.
30 "Shakespeare das ciências": Herman Trautschold, 1869, Roussanova 2013, p. 45.
30 Alexandria, no Egito: Ibid.: *Die Gartenlaube*, n° 43, 1869.
30 comemorações nos Estados Unidos: *Desert News*, 22 de setembro de 1869; *New York Herald*, 15 de setembro de 1869; *The New York Times*, 15 de setembro de 1869; *Charleston Daily Courier*, 15 de setembro de 1869; *Philadelphia Inquirer*, 14 de setembro de 1869.
30 Cleveland e Syracuse: *New York Herald*, 15 de setembro de 1869.
30 Pittsburgh: *Desert News*, 22 de setembro de 1869.
30 "cuja fama nenhuma nação pode reivindicar para si" e celebrações em Nova York: *The New York Times*, 15 de setembro de 1869; *New York Herald*, 15 de setembro de 1869.
30 "de pé nos Andes": Franz Lieber, *The New York Times*, 15 de setembro de 1869.
30 "uma correlação interna": *Norddeutsches Protestantenblatt*, 11 de setembro de 1869; Glogau, Heinrich, "Akademische Festrede zur Feier des Hundertjährigen Geburtstages Alexander's von Humboldt, 14 de setembro de 1869", Glogau 1869, p. 11; Agassiz, Louis, "Discurso proferido na celebração do centenário do nascimento de Alexander von Humboldt 1869", Agassiz 1869, pp. 5, 48; Herman Trautschold, 1869, Roussanova 2013, p. 50; *Philadelphia Inquirer*, 15 de setembro de 1869; Cerimônias em homenagem a Humboldt, 2 de junho de 1859, *Journal of American Geological and Statistical Society*, 1859, vol. 1, p. 226.
30 "uma das maravilhas do mundo": Ralph Waldo Emerson, 1869, Emerson 1960-92, vol. 16, p. 160; Agassiz 1869, p. 71.
30-31 "ligada de forma estreita": *Daily News*, Londres, 14 de setembro de 1869.

31 festividades na Alemanha: Jahn 2004, pp. 18-28.
31 Berlim: *Illustrirte Zeitung Berlin*, 2 de outubro de 1869; *Vossische Zeitung*, 15 de setembro de 1869; *Allgemeine Zeitung Augsburg*, 17 de setembro de 1869.
31 o nome de AH mundo afora: Oppitz 1969, pp. 281-427.
31 O estado de Nevada quase foi chamado de Humboldt: A decisão final ficou entre Washoe, Esmeralda, Nevada e Humboldt; Oppitz 1969, p. 290.
31 No que diz respeito a dar nomes a lugares, ninguém supera AH: Egerton 2012, p. 121.
32 "como um todo natural": AH Cosmos 1845-1852, vol. 1, p. 45; AH Kosmos 1845-1850, vol. 1, p. 52.
32 o título "Gäa": AH a Karl August Varnhagen, 24 de outubro de 1834, AH Cartas a Varnhagen 1860, p. 18.
34 "o caminho mais límpido": Wolfe 1979, p. 313.

CAPÍTULO 1: ORIGENS

37 família de AH: AH, Meine Bekenntnisse, 1769-1805, Biermann 1987, p. 50ff.; Beck 1959-61, vol. 1, p. 3ff.; Geier 2010, p. 16ff.
37 padrinho de AH: era o príncipe Frederico Guilherme, que se tornaria o rei Frederico Guilherme II em 1786.
37 infância infeliz: AH a Carl Freiesleben, 5 de junho de 1792, AH Cartas 1973, p. 191ff.; WH a CH, abril de 1790, WH CH Cartas 1910-16, vol. 1, p. 134.
37 temperamento dos pais de AH: Frau von Briest, 1785, WH CH Cartas 1910-16, vol. 1, p. 55.
38 método de ensino de Kunth: WH a CH, 2 de abril de 1790, ibid., pp. 115-16; Geier 2010, p. 22; Beck 1959-61, vol. I, p. 6ff.
38 "perpétua ansiedade": WH a CH, 2 de abril de 1790, WH CH Cartas 1910-16, vol. 1, p. 115.
39 "duvidavam se até mesmo": AH a Carl Freiesleben, Bruhns 1873, vol. 1, p. 31; e AH, Aus Meinem Leben (1769-1850), in Biermann 1987, p. 50.
39 WH e a mitologia grega: Geier 2010, p. 29.
39 "o pequeno boticário": Bruhns 1873, vol. 1, p. 20; Beck 1959-61, vol. 1, p. 10.
39 "Sim, senhor, mas com": Walls 2009, p. 15.
39 "perfeição intelectual e moral": Kunth sobre Marie Elisabeth von Humboldt, Beck 1959-61, vol. 1, p. 6.
39 "Impuseram-me mil restrições": AH a Carl Freiesleben, 5 de junho de 1972, AH Cartas 1973, p. 192.
39 AH e WH eram muito diferentes: WH a CH, 9 de outubro de 1804, WH CH Cartas 1910-16, vol. 2, p. 260.
39 temperamento de WH: WH 1903-36, vol. 15, p. 455.
40 árvores importadas da América do Norte em Tegel: AH a Carl Freiesleben, 5 de junho de 1972, AH Cartas 1973, p. 191; Bruhns 1873, vol. 3, pp. 12-13.
40 a natureza como um ambiente sossegado e acalentador: AH a WH, 19 de maio de 1829, AH Cartas Rússia 2009, p. 116.
40 altura de AH: passaporte de AH ao partir de Paris em 1798, Bruhns 1873, vol. 1, p. 394.
40 AH esbelto e ágil: Karoline Bauer, 1876, Clark e Lubrich 2012, p. 199; mãos de AH, Louise von Bornstedt, Beck 1959, p. 385.
40 uma "espécie de hipocondria": WH a CH, 2 de abril de 1790, p. 116; ver também WH a CH, 3 de junho de 1791, WH CH Cartas 1910-16, vol. 1, pp. 116, 477; para doenças, ver AH a Wilhelm Gabriel Wegener, 24, 25, 27 de fevereiro de 1789 e 5 de junho de 1790, AH Cartas 1973, pp. 39, 92.
40 "*un petit esprit malin*": Dove 1881, p. 83; para comentários posteriores, ver Caspar Voght, 14 de fevereiro de 1808, Voght 1959-65, vol. 3, p. 95.
40 a veia maldosa de AH: Arago sobre AH, Biermann e Schwarz 2001b, sem número de página.
40 AH jamais era maligno ou perverso: WH sobre AH, 1788, Dove 1881, p. 83.
40 AH dividido entre a vaidade e a solidão: WH a CH, 6 de novembro de 1790, WH CH Cartas 1910-16, vol. 1, p. 270.
41 universidades e índices de alfabetização na Alemanha: Watson 2010, p. 55ff.

42 "maravilhosa e complicada": George Cheyne, Worster 1977, p. 40.
43 "república das letras": o termo era amplamente utilizado; ver, por exemplo, Joseph Pitton de Tournefort a Hans Sloane, 14 de janeiro de 1701-1702 e John Locke a Hans Sloane, 14 de setembro de 1694, MacGregor 1994, p. 19.
43 AH e WH nos círculos intelectuais de Berlim: Bruhns 1873, vol. 1, p. 33.
43 a carreira da mãe e do irmão de AH: Meine Bekenntnisse, 1769-1805, Biermann 1987, pp. 50, 53; Holl 2009, p. 30; Beck 1959-1961, vol. 1, p. 11ff.; WH a CH, 15 de janeiro de 1790, WH CH Cartas 1910-1916, vol. 1, p. 74.
43 AH em Frankfurt an der Oder; AH a Ephraim Beer, novembro de 1787; AH Cartas 1973, p. 4; Beck 1959-1961, vol. 1, p. 14.
44 AH em Göttingen: Holl 2009, p. 23ff.; Beck 1959-1961, vol. 1, pp 18-21.
44 "Nossos temperamentos são por demais diferentes": WH, Geier 2009, p. 63.
44 AH sonhava com os trópicos e aventuras: AH, Mein Aufbruch nach America, Biermann 1987, p. 64.
44 contemplava as palmeiras tropicais no jardim botânico de Berlim: AH Cosmos 1845-1852, vol. 2, p. 92; AH, Meine Bekenntnisse, 1769-1805, Biermann 1987, p. 51.
44 influência de Georg Forster: AH, Ich Über Mich Selbst, 1769-1790, Biermann 1987, p. 36ff.
44 15 mil navios em Londres: White 2012, p. 168; ver também Carl Philip Moritz, junho de 1782, Moritz 1965, p. 26.
44 uma "floresta negra": Richard Rush, 7 de janeiro de 1818, Rush 1833, p. 79.
45 AH em Londres: AH a Wilhelm Gabriel Wegener, 20 de junho de 1790; AH a Paul Usteri, 27 de junho de 1790, AH a Friedrich Heinrich Jacobi, 3 de janeiro de 1791, AH Cartas 1973, pp. 93, 96, AH, Ich Über Mich Selbst, 1769-1790, Biermann 1987, p. 39.
45 AH chorando em Londres: AH, Ich Über Mich Selbst, 1769-1790, Biermann 1987, p. 38.
45 "Há em mim um ímpeto": AH a Wilhelm Gabriel Wegener, 23 de setembro de 1790, AH Cartas 1973, pp. 106-107.
45 cartaz de recrutamento de marinheiros, Hampstead: AH, Ich Über Mich Selbst, 1769-1790, Biermann 1987, p. 38.
46 um "filho bom demais": AH, Meine Bekenntnisse, 1769-1805, Biermann 1987, p. 51; ver também AH a Joachim Heinrich Campe, 17 de março de 1790, AH Cartas 1973, p. 88.
46 "cartas ensandecidas": AH, Ich Über Mich Selbst, 1769-1790, Biermann 1987, p. 40.
46 "As minhas infelizes circunstâncias": AH a Paul Usteri, 27 de junho de 1790, AH Cartas 1973, p. 96.
46 "moto-perpétuo": AH a David Friedländer, 11 de abril de 1799, AH Cartas 1973, p. 658.
46 "cérebro estava": Georg Forster a Heyne, Bruhns 1873, vol. 1, p. 31.
46 temia que ele fosse "surtar": CH a WH, 21 de janeiro de 1791, WH CH Cartas 1910-1916, vol. 1, p. 372; CH e AH conheceram-se pessoalmente em dezembro de 1789.
46 "velocidade de um cavalo de corrida": Alexander Dallas Bache, 2 de junho de 1859, "Tribute to the Memory of Humboldt", *Pulpit and Rostrum*, 15 de junho de 1859, p. 133; ver também WH a CH, 2 de abril 1790, WH CH Cartas 1910-1916, vol. 1, p. 116.
46 todo de números e livros contábeis: AH a Wilhelm Gabriel Wegener, 23 de setembro de 1790, AH Cartas 1973, p. 106.
46 tratados científicos e livros de viagem: AH a Samuel Thomas Sömmerring, 28 de janeiro de 1791, AH Cartas 1973, p. 122.
47 "visão dos navios no porto": AH a Wilhelm Gabriel Wegener, 23 de setembro de 1790, AH Cartas 1973, p. 106.
47 "o senhor de sua própria sorte": AH a Wilhelm Gabriel Wegener, 27 de março de 1789, AH Cartas 1973, p. 47.
47 academia de mineração de Freiberg: AH, Meine Bekenntnisse, 1769-1805, Biermann 1987, p. 54.
47 AH completa em oito meses o programa de estudos: AH a Archibald MacLean, 14 de outubro de 1791, AH Cartas 1973, p. 153.
47 vida cotidiana de AH em Freiberg: AH a Dietrich Ludwig Gustav Karsten, 25 de agosto de 1791; AH a Paul Usteri, 22 de setembro de 1791; AH a Archibald MacLean, 14 de outubro de 1791, AH Cartas 1973, pp. 144, 151-52, 153-54.

48 cerimônia de casamento e expedição na Turíngia: AH a Dietrich Ludwig Gustav Karsten, ibid., p. 146.
48 CH para WH, 14 de janeiro de 1790 e 21 de janeiro de 1791, CH Cartas 1910-1916, vol. 1, pp. 65, 372.
48 os dois rapazes passavam dia e noite juntos: AH a Archibald MacLean, 14 de outubro de 1791, AH Cartas 1973, p. 154.
48 "Jamais amei alguém tão profundamente": AH a Carl Freiesleben, 2 de março de 1792, ibid., p. 173.
48 AH também se repreendia: AH a Archibald MacLean, 6 de novembro de 1791, ibid., p. 157.
48 AH constrangido por sua meteórica ascensão: AH a Carl Freiesleben, 7 de março de 1792, ibid., p. 175.
48 raramente abria seu coração: AH a Wilhelm Gabriel Wegener, 27 de março de 1789, ibid., p. 47.
49 AH pensava nos poucos amigos: AH a Archibald MacLean, 1º de outubro de 1792, Jahn e Lange 1973, pp. 216, 233; ver também as cartas de AH a Carl Freiesleben durante esse período, por exemplo, a de 14 de janeiro de 1793, 19 de julho de 1793, 21 de outubro de 1793, 2 de dezembro de 1793, 20 de janeiro de 1794, AH Cartas 1973, pp. 227-29, 257-58, 279-81, 291-92, 310-15.
49 "condenado, sempre solitário": AH a Archibald MacLean, 9 de fevereiro de 1793; ver também 6 de novembro de 1791, AH Cartas 1973, pp. 157, 233.
49 numa taverna imunda ou estalagem capenga: AH a Carl Freiesleben, 21 de outubro de 1793, ibid., p. 279.
49 dois anos de sua vida: AH a Carl Freiesleben, 10 de abril de 1792, ibid., p. 180.
49 "as horas mais doces": AH a Carl Freiesleben, 6 de julho de 1792, ibid., p. 201; ver também 21 de outubro de 1793 e 20 de janeiro de 1794, ibid., pp. 279, 313.
49 "missivas bobocas": AH a Carl Freiesleben, 13 de agosto de 1793, ibid., p. 269.
49 invenções de AH: *Über die unterirdischen Gasarten und die Mittle, ihren Nachtheul zu vermindern. Ein Beytrag zur Physik der praktischen Bergbaukunde*, Braunschweig: Vieweg, 1799, Ilustração III; AH a Carl Freiesleben, 20 de janeiro de 1794, 5 de outubro de 1794, 5 de outubro de 1796, AH Cartas 1973, pp. 311ff., 531ff.
49 livros-textos para os mineiros: AH a Carl Freiesleben, 20 de janeiro de 1794, AH Cartas 1973, p. 311.
49 manuscritos de mineração do século XVI: ibid., p. 310ff.
49 "oito pernas e quatro braços": AH a Carl Freiesleben, 19 de julho de 1793, ibid., p. 257.
50 AH doente: AH a Carl Freiesleben, 9 de abril de 1793 e 20 de janeiro de 1794; AH a Friedrich Wilhelm von Reden, 17 de janeiro de 1794; AH a Dietrich Ludwig Karsten, 15 de julho de 1795, ibid., pp. 243-44, 308, 311, 446.
50 tratado sobre basaltos: AH, *Mineralogische Beobachtungen über einige Basalte am Rhein*, 1790.
50 livro sobre a flora subterrânea: AH, *Florae Fribergensis specimen*, 1793; inspirado pela obra do químico francês Antoine Laurent Lavoisier e do cientista britânico Joseph Priestley, Humboldt também começou a examinar o estímulo de luz e hidrogênio na produção de oxigênio em plantas; AH, *Aphorismen aus der chemischen Physiologie der Pflanzen*, 1794.
50 AH fazia experimentos em seu próprio corpo: AH a Johann Friedrich Blumenbach, 17 de novembro de 1793, AH Cartas 1973, p. 471, vol. 1, p. 3.
51 "moleque de rua": AH a Johann Friedrich Blumenbach, junho de 1795, Bruhns 1873, vol. 1, p. 150; a palavra original em alemão é "Gassenläufer", Bruhns 1872, vol. 1, p. 173.
51 tudo havia corrido "esplendidamente": AH a Johann Friedrich Blumenbach, 17 de novembro de 1793, AH Cartas 1973, p. 471.
52 *Über den Bildungstrieb*: a primeira edição foi publicada em 1781, e a segunda em fevereiro de 1789. Humboldt chegou a Göttingen em abril de 1789; para Blumenbach, ver Reill 2003, p. 33ff.; Richards 2002, p. 216ff.
52 "nó górdio": AH a Carl Freiesleben, 9 de fevereiro de 1796, AH Cartas 1973, p. 495.

CAPÍTULO 2: IMAGINAÇÃO E NATUREZA

53 Humboldt em Jena: AH foi a Jena pela primeira vez em julho de 1792 e se hospedou com seu irmão Wilhelm na casa de Friedrich Schiller, mas só se encontrou brevemente com Goethe em março de 1794, e depois novamente em dezembro de 1794; AH a Carl Freiesleben, 6 de julho de 1792, AH Cartas 1973, p. 202; Dia de Goethe 1982-96, vol. 3, p. 303.
53 Jena progressista: Merseburger 2009, p. 113; Safranski 2011, p. 70.
53 liberdade em Jena: Schiller a Christian Gottlob Voigt, 6 de abril de 1795; Schiller, Cartas 1943-2003, vol. 27, p. 173.
53 Descrição de Weimar: Merseburger 2009, p. 72.
54 as mentes mais brilhantes de Jena e Weimar: de Staël 1815, vol. 1, p. 116.
54 WH e Schiller na praça do mercado: Wilhelm vivia na Unterm Markt, 4, e Schiller vivia na Unterm Markt, 1. AH Cartas 1973, p. 386.
54 WH convidou Goethe: WH a Goethe, 14 de dezembro 1794, Goethe, Cartas 1980-2000, vol. 1, p. 350.
54 ruidosos debates: Maria Körner, 1796, Goethe, Encontros 1965-2000, vol. 4, p. 222; para os encontros diários, ver os diários de Goethe durante esse período.
54 Ele "nos coagia": Goethe 17-19 de dezembro de 1794, Goethe, Encontros 1965-2000, vol. 4, p. 116.
54 "Em oito dias": Goethe a Carlos Augusto, duque de Saxe-Weimar, março de 1797, ibid., p. 288.
54 visita de AH em dezembro de 1794: Goethe, dezembro de 1794, Ano de Goethe 1994, pp. 31-32; dezembro de 1794, Goethe, Encontros 1965-2000, vol. 4, pp. 116-17; Goethe a Max Jacobi, 2 de fevereiro de 1795, Goethe, Correspondência 1968-1976, vol. 2, pp. 194, 557; AH a Reinhard von Haeften, 19 de dezembro de 1794, AH Cartas 1973, p. 388.
54 Reno congelado: Boyle 2000, p. 256.
54 a pé, a caminho das aulas de anatomia: Goethe, dezembro de 1794, Ano de Goethe 1994, p. 32.
55 Goethe e sua lareira: Goethe a Schiller, 27 de fevereiro de 1797; Goethe, Correspondência 1968-1976, vol. 2, p. 257.
55 A presença de AH estimulava Goethe: Goethe, dezembro de 1794, Goethe, Encontros 1965-2000, vol. 4, p. 122.
55 Carlos Augusto vestia o uniforme de *Werther*: Merseburger 2009, p. 67.
55 febre de *Werther*: Friedenthal 2003, p. 137.
55 primeiros anos de Goethe em Weimar: Merseburger 2009, pp. 68-69; Boyle 1992, pp. 202ff., 243ff.
56 Christiane Vulpius. Goethe por fim se casou com Christiane Vulpius em 1806.
56 "a de uma mulher": Botting 1973, p. 38.
56 "gordura de suas bochechas": Karl August Böttiger sobre Goethe, meados de 1790, Dia de Goethe 1982-1996, vol. 3, p. 354.
56 "Apolo" e mudança de aparência: Maria Körner a K. G. Weber, agosto de 1796, Goethe, Encontros 1965-2000, vol. 4, p. 223.
56 Goethe vestia seu filho com um uniforme de mineiro: Dia de Goethe 1982-1996, vol. 3, p. 354.
57 "Deus frio e monossilábico": Jean Paul Friedrich Richter a Christian Otto, 1796, citado em Klauss 1991, p. 14; para a arrogância de Goethe: Friedrich Hölderlin a Christian Ludwig Neuffer, 19 de janeiro de 1795, Dia de Goethe 1982-1996, vol. 3, p. 356.
57 Goethe rude: W. von Shak sobre Goethe, 9 de janeiro de 1806, Goethe, Encontros 1965-2000, vol. 6, p. 4.
57 "sagrado fogo poético": Henry Crabb Robinson, 1801, Robinson 1869, vol. 1, p. 86.
57 "Ninguém era mais isolado": Goethe, 1791, citado em Safranski 2011, p. 103.
57 "a grande Mãe": Goethe, ibid., p. 106.
58 casarão e jardim de Goethe: Klauss 1991; Ehrlich 1983; Dia de Goethe 1982-1996, vol. 3, pp. 295-96.
58 "estava ficando cansado do mundo": Goethe a Johannn Peter Eckermann, 12 de maio de 1825, Goethe, Eckermann 1999, p. 158.

58 "mais melancólico estado de ânimo". Goethe, 1794, Ano de Goethe 1994, p. 26.
58 vivia feito um ermitão: Goethe, 1790, ibid., p. 19.
58 "tábua num naufrágio": Goethe, 1793, ibid., p. 25.
59 18 mil espécimes: Ehrlich 1983, p. 7.
59 *Metamorfose das plantas*: Goethe, *Versuch die Metamorphose der Pflanzen zu eklären*, 1790.
59 "De trás para a frente e de frente para trás": Goethe, Goethe 1967, vol II, p. 375.
59 AH despertou o interesse de Goethe: Goethe a Karl Ludwig von Knebel, 28 de março de 1797, Goethe, Correspondência 1968-1976, vol. 2, pp. 260-61.
59 Goethe e a *urform*: Richards 2002, p. 445ff. Goethe em 1790, Ano de Goethe 1994, p. 20.
59 AH aconselhou Goethe a publicar: Goethe, 1795, Encontros 1965-2000, vol. 4, p. 122.
60 Goethe ditava a um assistente: Goethe a Jacobi, 2 de fevereiro de 1795, Goethe, Correspondência 1968-1976, vol. 2; Goethe, Encontros 1965-2000, vol. 4, p. 122.
60 "É dessa forma que ando": Karl August Böttiger sobre Goethe, meados de 1790, janeiro de 1795, Goethe, Encontros 1965-2000, vol. 4, p. 123.
60 Visitas de AH a Jena e Weimar: 6-10 março de 1794, 15-16 de abril de 1794, 14-19 de dezembro de 1794, 16-20 de abril de 1795, 13 de janeiro de 1797, 1º de março - 30 de maio de 1797.
60 "de manhãzinha revisei": Goethe, 9 de março de 1797, Goethe, Diário 1998-2007, vol. 2, pt. 1, p. 100.
60 "vergastava as coisas científicas": Goethe a Karl Ludwig von Knebel, 28 de março de 1797, Goethe, Correspondência 1968-1976, vol. 2, pp. 260-61.
60 Goethe em Jena na primavera de 1797: Goethe ficou até 31 de março de 1797; ver seu diário e cartas desse período, Goethe, Encontros 1965-2000, p. 288ff. Goethe, março-maio de 1797, Goethe, Diário 1998-2007, vol. 2, pt. 1, pp. 99-115; Ano de Goethe 1994, pp. 58-59.
60 tentando terminar seu livro: *Versuch über die gereizte Muskel- und Nervenfaser* [Experimento sobre músculos e fibras dos nervos estimulados], de Humboldt; AH a Carl Freiesleben, 18 de abril de 1797, AH a Friedrich Schuckmann, 14 de maio de 1797, AH Cartas 1973, pp. 574, 579.
60 Trabalho de AH em Jena: AH a Carl Freiesleben, 18 de abril de 1797, AH a Friedrich Schuckmann, 14 de maio de 1797, AH Cartas 1973, pp. 574, 579.
61 palestras de AH sobre galvanismo: Goethe, 3, 5, 6 de março de 1797, Goethe, Diário 1998-2007, vol. 2, pt. 1, p. 99.
61 "perfurados por balas de espingarda!": AH a Friedrich Schuckmann, 14 de maio de 1797, AH Cartas 1973, p. 580.
61 "Não sou capaz de existir sem os experimentos": ibid., p. 579.
61 O experimento favorito de AH: AH, *Versuch über die gereizte Muskel- und Nervenfaser*, 1797, vol. 1, p. 76ff.
61 "insuflado vida dentro dela": ibid., p. 79.
62 "nem matéria nem força": Goethe, *Erster Entwurf einer Allgemeinen Einleitung in die Vergleichende Anatomie*, 1795, p. 18.
62 Goethe e o organismo: Richards 2002, p. 450ff.; ver também Immanuel Kant, *Kritik der Urteilskraft*, Kant 1957, vol. 5, p. 488.
63 Goethe estava encantado: Goethe a Karl Ludwig von Knebel, 28 de março de 1797, Goethe, Correspondência 1968-1976, vol. 2, pp. 260-61.
63 Trabalho de Goethe em 1797: Goethe 1797, Ano de Goethe 1994, p. 59; Goethe, março-maio de 1797: Goethe, Diário, 1998-2007, vol. 2, pt. 1, pp. 99-115.
63 "A nossa pequena academia": Goethe a Carlos Augusto, 14 de março de 1797, Goethe, Encontros 1965-2000, vol. 4, p. 291.
63 WH, Ésquilo e Goethe: 27 de março de 1797, Goethe, Diário 1998-2007, vol. 2, pt. 1, p. 103.
63 aparato óptico com AH: Goethe, 19 e 27 de março de 1797, ibid., pp. 102-03.
63 investigar com AH a luminescência do fósforo: Goethe, 20 de março de 1797, ibid., p. 102.
63 amigos se reuniam em Jena: Goethe, 25 de março de 1797, ibid., p. 102.
63 em Weimar para "se recuperar": Goethe a Karl Ludwig von Knebel, 28 de março de 1797, Goethe, Correspondência 1968-1976, vol. 2, p. 260.

63   despertados da hibernação: Goethe a Friedrich Schiller, 26 de abril de 1797, Schiller e Goethe 1856, vol. 1, p. 301.
63   Schiller preocupado com Goethe: Biermann 1990b, pp. 36-37.
63   "pobreza de conteúdo e significado". Friedrich Schiller a Christian Gottfried Körner, 6 de agosto de 1797; Christian Gottfried Körner a Friedrich Schiller, 25 de agosto de 1797, Schiller e Körner 1847, vol. 4, pp. 47, 49.
64   Goethe convidou AH: Goethe a AH, 14 de abril de 1797, AH Cartas 1973, p. 573; para a visita de AH, ver Goethe, 19-24 de abril de 1797, Goethe, Diário 1998-2007, vol. 2, pt. 1, p. 106; AH a Johannes Fischer, 27 de abril de 1797, Goethe, Encontros 1965-2000, vol. 4, p. 306.
64   Goethe em Jena: Goethe, 25, 29-30 de abril, 19 a 30 de maio de 1797, Goethe, Diário 1998-2007, vol. 2, pt. 1, pp. 107, 109, 115.
64   AH e Goethe na Casa de verão de Schiller: Goethe, 19, 25, 26, 29, 30 de maio de 1797, Goethe, Diário 1998-2007, vol. 2, pt. 1, pp. 109, 112-33, 115.
64   mesa de pedra: Goethe a Johannn Peter Eckermann, 8 de outubro de 1827, Goethe, Eckermann 1999, p. 672.
64   o canto do rouxinol: Friedrich Schiller a Goethe, 2 de maio de 1797, Schiller e Goethe 1856, vol. 1, p. 304.
64   "arte, natureza e a mente": Goethe, 16 de março de 1797, Goethe, Diário 1998-2007, vol. 2, pt. 1, p. 101.
65   Kant e Copérnico: Kant, Prefácio à segunda edição de *Crítica da razão pura*, 1787.
65   AH aprendendo com Kant: AH a Wilhelm Gabriel Wegener, 27 de fevereiro de 1789, AH Cartas 1973, p. 44.
66   palestras de Kant: Elden e Mendieta 2011, p. 23.
67   "a sede mais elegante da nova filosofia": Henry Crabb Robinson, 1801, Stelzig 2010, p. 59; eles também estavam discutindo Doutrina da ciência, de Johann Gottlieb Fichte. Fichte encampou as ideias kantianas de subjetividade, autoconsciência e o mundo externo e as levou ainda mais longe, eliminando a dualidade de Kant. Fichte trabalhava na Universidade de Jena e se tornou um dos fundadores do idealismo alemão. De acordo com ele, não existia "coisa-em-si" — toda consciência era baseada no Eu, não no mundo externo. Com isso, Fichte declarou que a subjetividade era o primeiro princípio para a compreensão do mundo. Se Fichte estivesse correto, as consequências para as ciências seriam importantíssimas, porque então a objetividade independente não seria possível. Para o debate entre Goethe e AH acerca de Fichte, ver Goethe, 12, 14, 19 de março de 1797, Goethe, Diário 1998-2007, vol. 2, p. 1, pp. 101-02.
67   "morrer de tanto estudar": AH a Wilhelm Gabriel Wegener, 27 de fevereiro de 1789, AH Cartas 1973, p. 44.
67   Kant tão famoso quanto Jesus Cristo: Morgan 1990, p. 26.
67   AH sobre Kant: AH Cosmos 1845-1852, vol. 1, p. 197; ver também Knobloch 2009.
67   "dentro de nós mesmos": AH Cosmos 1845-1852, vol. 1, p. 64; AH Kosmos 1845-1850, vol. 1, pp. 69-70.
67   "amalgamavam-se uns aos outros": AH Cosmos 1845-1852, vol. 1, p. 64; AH Kosmos 1845-1850, vol. 1, p. 70.
68   "Os nossos sentidos não": Goethe, *Maximen und Reflexionen*, n° 295, Buttimer 2001, p. 109; ver também Jackson 1994, p. 687.
68   "a fantasia vívida me desnorteia": AH a Johann Leopold Neumann, 23 de junho de 1791, AH Cartas 1973, p. 142.
68   "A natureza deve ser conhecida": AH a Goethe, 3 de janeiro de 1810, Goethe, Cartas de e para Humboldt 1909, p. 305; ver também AH Cosmos 1845-1852, vol. 1, p. 73; AH Kosmos 1845-1850, vol. 1, p. 85.
68   "camas bordadas de musgo": Darwin (1789) 1791, verso 232.
68   popularidade do poema na Inglaterra: King-Hele 1986, pp. 67-68.
69   "poderosa e produtiva". AH a Charles Darwin, 18 de setembro de 1839, Darwin, Correspondência, vol. 2, p. 426. AH fez menção a *Zoomania*, livro de Erasmus Darwin que foi publicado

na Alemanha em 1795; ver também AH a Samuel Thomas von Sömmerring, 29 de junho de 1795, AH Cartas 1973, p. 439.
69 "sentimento poético": Goethe a Friedrich Schiller, 26-27 de janeiro de 1798, Schiller, Cartas 1943-2003, vol. 37, pt. 1, p. 234.
69 "mais formidáveis antagonistas": Goethe Morphologie 1987, p. 458.
69 Goethe trabalhando em *Fausto*: final de dezembro de 1794, Goethe, Encontros 1965-2000, vol. 4, p. 117; Goethe, 1796, Ano de Goethe 1994, p. 53; WH a Friedrich Schiller, 17 de julho de 1795, Dia de Goethe 1982-96, vol. 3, p. 393; Safranski 2011, p. 191; Friedrich Schiller a Goethe, 26 de junho de 1797, Schiller e Goethe, 1856, vol. 1, p. 322; originalmente concebido como o *Urfaust* no início da década de 1770, Goethe também havia publicado um curto fragmento do drama em 1790.
69 "desassossego febril": *Fausto I*, Cena 1, Noite, verso 437, *Fausto* de Goethe (tradução de Kaufmann 1961, p. 99); utilizei duas diferentes traduções e escolhi as citações que mais se aproximavam do original. As traduções são Walter Kaufmann (1961) e David Luke (2008).
69 "Jamais conheci": Goethe a Johann Friedrich Unger, 28 de março de 1797, Goethe, Correspondência 1968-1876, vol. 2, p. 558.
69 "todos os poderes ocultos da Natureza": *Fausto I*, Cena 1, Noite, verso 441, *Fausto* de Goethe (trad. de Kaufmann 1961, p. 99).
69 "Que eu seja capaz de dizer": ibid., versos 382ff. (p. 95).
70 "sobrinha de Goethe pareciadisse que Humboldt parecia": (nota de rodapé): Louise Nicolovius, segundo o relato de Charlotte von Stein, 20 de janeiro de 1810, recordando uma conversa com Goethe, Dia de Goethe 1982-96, vol. 5, p. 381.
70 "Metamorfose das plantas": Goethe compôs e publicou o poema em 1797, Goethe, 1797, Ano de Goethe 1994, p. 59.
70 "todas as combinações químicas": Pierre-Simon Laplace, *Exposition du sistême du monde*, 1796, ver Adler 1990, p. 264.
70 "Em vão tentamos arrebatar da natureza o véu": *Fausto I*, Ato I, Noite, versos 672-75, *Fausto* de Goethe (trad. de Luke 2008, p. 23).
70 combinar natureza e arte: AH a Goethe, 3 de janeiro de 1810, cartas entre Goethe e Humboldt 1909, p. 304.
71 "tinha destruído toda": John Keats, 28 de dezembro de 1817, relatado por Benjamin Robert Haydon, Haydon 1960-1963, vol. 2, p. 173.
71 "afetou-me profundamente": AH a Caroline von Wolzogen, 14 de maio de 1806, Goethe, AH WH Cartas 1876, p. 407.
71 "novos instrumentos": ibid.

CAPÍTULO 3: À PROCURA DE UM DESTINO

73 AH sentia-se "escravizado": AH a William Gabriel Wegener, 27 de março de 1789, AH Cartas 1973, p. 47.
73 WH recordando a infância: WH a CH, 9 de outubro de 1818, WH CH Cartas 1910-1916, vol. 6, p. 219.
73 WH muda-se de Jena para Tegel: Geier 2009, p. 199.
74 WH se sentia paralisado: WH a Friedrich Schiller, 16 de julho de 1796, Geier 2009, p. 201.
74 AH em Berlim: AH a Carl Freiesleben, 7 de abril de 1796, AH Cartas 1973, p. 503.
74 AH empolgado com a atenção: AH a Carl Freiesleben, 25 de novembro de 1796; AH a Carl Ludwig Willdenow, 20 de dezembro de 1796, ibid., pp. 551-54, 560.
74 "grande viagem": AH a Abraham Gottlob Werner, 21 de dezembro de 1796, ibid., p. 561.
74 AH no controle de seu próprio destino: AH a William Gabriel Wegener, 27 de março de 1789, ibid., p. 47; AH, Meine Bekenntnisse, 1769-1805, in Biermann 1987, p. 55.
74 "desconhecidos um para o outro": AH a Carl Freiesleben, 25 de novembro de 1796, AH Cartas 1973, p. 553.
74 AH aliviado por ir embora de casa: AH a Archibald MacLean, 9 de fevereiro de 1793, ibid., pp. 233-34.

74 "a morte dela (...) deve ter sido": Carl Freiesleben a AH, 20 de dezembro de 1796, ibid., p. 559.
74 WH e CH em Paris: Gersdoff 2013, pp. 65-66.
74 herança de AH: Eichhorn 1959, p. 186.
74 "Tenho tanto dinheiro": AH a Paul Christian Wattenback, 26 de abril de 1791, AH Cartas 1973, p. 136.
74 preparativos de viagem: AH a Carl Ludwig Willdenow, 20 de dezembro de 1796, ibid., p. 560; AH, Meine Bekenntnisse, 1769-1805, in Biermann 1987, pp. 55-58.
74 AH em Freiberg; AH a Schuckmann, 14 de maio de 1797; AH a Georg Christoph Lichtenberg, 10 de junho de 1797; AH a Joseph Banks, 20 de junho de 1797, ibid., pp. 578, 583, 584.
74 AH em Dresden: AH a Carl Freiesleben, 18 de abril de 1797; AH a Schuckmann, 14 de maio de 1797, ibid., pp. 575, 578.
75 AH queria comparar as montanhas: AH a Goethe, 16 de julho de 1795, Goethe, AW WH Cartas 1876, p. 311.
75 plantas tropicais em Viena: AH Narrativa pessoal 1814-1829, p. 5; AH a Carl Freiesleben, 14 e 16 de outubro de 1797, AH Cartas 1973, p. 593.
75 um belo futuro juntos: AH a Joseph van der Schot, 31 de dezembro de 1797; ver também AH a Carl Freiesleben, 14 de outubro de 1797, AH Cartas 1973, pp. 593, 603.
75 AH em Salzburgo: AH a Joseph van der Schot, 31 de dezembro de 1797; AH a Franz Xaver von Zach, 23 de fevereiro de 1798, ibid., pp. 601, 608.
75 "É simplesmente assim que": AH a Joseph van der Schot, 28 de outubro de 1797, ibid., p. 594.
76 fronteiras da Itália fechadas para AH: AH a Heinrich Karl Abraham Eichstädt, 19 de abril de 1798, ibid., p. 625.
77 Índias Ocidentais e Egito: AH ao conde Christian Günther von Bernstorff, 25 de fevereiro de 1798; AH a Carl Freiesleben, 22 de abril de 1798, ibid., pp. 612, 629.
77 Bristol preso sob suspeita de espionagem: AH a Carl Ludwig Willdenow, 20 de abril de 1799, ibid., p. 661; AH, Aus Meinem Leben (1769-1850), in Biermann 1987, p. 96.
77 planos de AH de ir para Paris: AH a Heinrich Karl Abraham Eichstädt, 19 de abril de 1798; AH a Carl Freiesleben, 22 de abril de 1798, AH Cartas 1973, pp. 625, 629.
77 AH em Paris: Moheit 1993, p. 9; AH a Franz Xaver von Zach, 3 de junho de 1798, AH Cartas 1973, pp. 633-34; AH, Meine Bekenntnisse, 1769-1805, in Biermann 1987, pp. 57-58; Gersdorff 2013, p. 66ff.
78 "Vivo em meio à ciência": AH a Marc-Auguste Pictet, 22 de junho de 1798, Bruhns 1873, vol. 1, p. 234.
78 Bougainville convidou AH: AH a Carl Ludwig Willdenow, 20 de abril de 1799, AH Cartas 1973, p. 661.
78 Bonpland: Biermann 1990, p. 175ff.; Schneppen 2002; Sarton 1943, p. 387ff.; AH a Carl Ludwig Willdenow, 20 de abril de 1799, AH Cartas 1973, p. 662.
78 "Alexander não conseguia": Friedrich Schiller a Goethe, 17 de setembro de 1800, Schiller, Cartas 1943-2003, vol. 30, p. 198; ver também Christian Gottfried Körner a Friedrich Schiller, 10 de setembro de 1800, Schiller, Cartas 1943-2003, vol. 38, pt. 1, p. 347.
79 "enorme medo de fantasmas": AH a Carl Freiesleben, 19 de março de 1792, AH Cartas 1973, p. 178.
79 expedição de Baudin: AH a Carl Ludwig Willdenow, 20 de abril de 1799, ibid., p. 661; AH, Meine Bekenntnisse, 1769-1805, in Biermann 1987, p. 58.
79 planos de AH de ir para o Egito: AH a Heinrich Karl Abraham Eichstädt, 21 de abril de 1798; AH a Carl Ludwig Willdenow, 20 de abril de 1799, AH Cartas 1973, pp. 627, 661.
79 "enfrentaram dificuldades maiores": AH Narrativa pessoal 1814-1829, vol. 1, p. 2.
79 AH entrou em contato com o cônsul sueco: ibid., p. 8; AH a Carl Ludwig Willdenow, 20 de abril de 1799, AH Cartas 1973, p. 662.
79 pedido para Banks obter passaporte: AH a Banks, 15 de agosto de 1798, BL Add 8099, ff. 71-2.
79 passaporte de AH: Bruhns 1873, vol. 1, p. 394.
79 AH em Marselha: ibid., p. 239; AH a Carl Ludwig Willdenow, 20 de abril de 1799, AH Cartas 1973, p. 662.

80 "todas as esperanças estavam destroçadas": AH a Carl Ludwig Willdenow, 20 de abril de 1799, AH Cartas 1973, p. 661.
80 "o mundo está fechado": AH a Joseph Franz Elder von Jacquin, 22 de abril de 1798, ibid., p. 631.
80 a Coroa espanhola cede permissão: AH a David Friedländer, 11 de abril de 1799; AH a Carl Ludwig Willdenow, 20 de abril de 1799; AH a Carl Freiesleben, 4 de junho de 1799, ibid., pp. 657, 663, 680; ver também passaporte de AH, 7 de maio de 1799, Ministerio de Cultura del Ecuador, Quito; Holl 2009, pp. 59-60.
80 "A minha cabeça gira de alegria": AH a Carl Freiesleben, 4 de junho de 1799, AH Cartas 1973, p. 680.
80 coleção de instrumentos de AH: AH Narrativa pessoal 1814-1829, vol. 1, pp. 33-39; Seeberger 1999, pp. 57-61.
81 "Meu humor estava": AH, 5 de junho de 1799, AH Diário 2000, p. 58.
81 "todas as forças da natureza": AH a David Friedländer, 11 de abril de 1799; AH Cartas 1973, p. 657; em outra carta, AH escreveu sobre a "interação das forças", AH a Karl Maria Erenbert von Moll, 5 de junho de 1799, ibid., p. 682.
81 "o bom e o excelente": AH a Carl Freiesleben, 4 de junho de 1799, ibid., p. 680.
82 "líquido comestível repleto": AH, 6 de junho de 1799, AH Diário 2000, p. 424.
82 chegada a Tenerife: AH Narrativa pessoal 1814-1829, vol. 1, p. 110ff.
82 sem barracas nem casacos, apenas "tochas de abeto": ibid., pp. 153-54.
82 rostos congelados de frio, pés queimando: ibid., pp. 168, 189-90.
82 transparência "mágica": ibid., pp. 182, 188; ver também AH a WH, 20-25 de junho de 1799, AW WH Cartas 1880, p. 10.
82 sem lâmpadas acesas a bordo: AH, Mein Aufbruch nach America, in Biermann 1987, p. 82.
83 "mais tenra juventude": AH Narrativa pessoal 1814-1829, vol. 2, p. 20.
83 chegada a Cumaná: ibid., p. 183ff.
83 termômetro dentro da areia: ibid., p. 184.
84 controle espanhol das colônias: Arana 2013, p. 26ff.
84 "inspirar algum interesse pessoal": AH Narrativa pessoal 1814-1829, vol. 2, pp. 188-89.
84 "anunciava o grandioso": ibid., p. 184.

CAPÍTULO 4: AMÉRICA DO SUL

89 A paisagem o enfeitiçou: AH a WH, 16 de julho de 1799, AH WH Cartas 1880, p. 11.
89 fauna e flora de Cumaná: AH Narrativa pessoal 1814-1829, vol. 2, pp. 183-84; AH a WH, 16 de julho de 1799, AH WH Cartas 1880, p. 13.
89 "corremos de um lado para o outro": AH a WH, 16 de julho de 1799, ibid., p. 13.
89 "enlouqueceria se as maravilhas": ibid.
89 dificuldade para encontrar um método racional: AH Narrativa pessoal 1814-1829, vol. 2, p. 239.
89 carregando espécimes de plantas: ibid., vol. 3, p. 72.
90 "impressão do todo": AH a WH, 16 de julho de 1799, AH WH Cartas 1880, p. 13.
90 árvores de Cumaná parecidas com pinheiros italianos: AH Narrativa pessoal 1814-1829, vol. 2, p. 183.
90 cactos e gramíneas: ibid., p. 194.
90 vale como os de Derbyshire: ibid., vol. 3, pp. 111, 122.
90 cavernas semelhantes às montanhas dos Cárpatos: ibid., p. 122.
91 AH feliz e saudável: AH a Reinhard e Christiane von Haeften, 18 de novembro de 1799, AH Cartas América 1993, p. 66; AH a WH, 16 de julho de 1799, AH WH Cartas 1880, p. 13.
91 chuva de meteoros: AH Narrativa pessoal 1814-1829, vol. 3, p. 332ff.
91 aranhas gigantescas: AH a Reinhard e Christiane von Haeften, 18 de novembro de 1799, *AH* Cartas América 1993, p. 66.
91 instrumentos em Cumaná: ibid., p. 65.
91 "cavalos em um mercado": AH Narrativa pessoal 1814-1829, vol. 2, p. 246.
91 terremoto em Cumaná: ibid., vol. 3, pp. 316-17; AH 4 de novembro de 1799, AH Diário 2000, p. 119.

92 "desconfiamos pela primeira vez do solo": AH Narrativa pessoal 1814-1829, vol. 2, p. 321.
92 problemas de dinheiro: AH, novembro de 1799, AH Diário 2000, p. 166.
92 José de la Cruz: AH escreveu em seu diário em junho de 1801 que o acompanhara desde agosto de 1799; AH, 23 de junho-8 de julho de 1801, AH Diário 2003, vol. 1, p. 85.
92 alugaram um pequeno barco: AH Narrativa pessoal 1814-1829, vol. 3, pp. 347, 351-52.
92 Empacotaram seus muitos instrumentos e baús: AH, 18 novembro de 1799, AH Diário 2000, p. 165.
92 "hispano-americanos": AH Narrativa pessoal 1814-1829, vol. 3, p. 435.
93 "como se fossem reles escravos": Juan Vicente de Bolívar, Martín de Tobar e Marqués de Mixares a Francisco de Miranda, 24 de fevereiro de 1782, Arana 2013, p. 21.
93 a caminho da montanha Silla: AH Narrativa pessoal 1814-1829, vol. 3, p. 379.
93 "Recordações de Werther": AH, 8 de fevereiro de 1800, AH Diário 2000, p. 188.
94 tinido de um sino de vaca: AH Narrativa pessoal 1814-1829, vol. 3, p. 90.
94 "Por toda parte a natureza": ibid., p. 160.
94 "bálsamo de milagrosas propriedades": AH, 22 de novembro de 1799-7 de fevereiro de 1800, AH Diário 2000, p. 179.
94 cordilheira em vez do Cassiquiare: Holl 2009, p. 131.
95 AH e dinheiro: AH Narrativa pessoal 1814-1829, vol. 3, p. 307; a edição inglesa não menciona o dinheiro, mas a edição francesa, sim: AH, *Voyage aux régions Équinoxiales du Nouveau Continent*, vol. 4, p. 5.
95 cartas para serem publicadas em jornais: AH a Ludwig Bolmann, 15 de outubro de 1799, Biermann 1987, p. 169.
95 de La Coruña, AH despachara 43 cartas: AH Cartas América 1993, p. 9.
95 mulas e equipamentos: AH, 7 de fevereiro de 1800, AH Diário 2000, p. 185.
95 "sorridentes vales de Aragua": AH Narrativa pessoal 1814-1829, vol. 4, p. 107.
95 descrição de Aragua: ibid., p. 132.
96 níveis de água do lago diminuindo: ibid., p. 131ff.; AH, 4 de março de 1800, AH Diário 2000, p. 215ff.
96 canal de escoamento subterrâneo drenava o lago: AH Narrativa pessoal 1814-1829, vol. 4, p. 141.
96 areias finas nos pontos mais altos das ilhas: ibid., p. 140.
97 média anual de evaporação: ibid., p. 145ff.
97 desmatamento das florestas: ibid., p. 142.
97 água para irrigação: ibid., pp. 148-49.
97 consequências do desflorestamento: AH, 4 de março de 1800, AH Diário 2000, p. 215.
97 desmatamento nas cercanias de Cumaná: AH Narrativa pessoal 1814-1829, vol. 3, pp. 24-25.
97 "imprudentemente destruído": ibid., vol. 4, p. 63.
97 "Floresta bastante dizimada": AH, 7 de fevereiro de 1800, AH Diário 2000, p. 186.
97 "estreitamente conectado": AH Narrativa pessoal 1814-1829, vol. 4, p. 144.
97 diminuíam a evaporação: ibid., p. 143.
97 AH e a mudança do clima: ver os textos de AH, mas também Holl 2007-2008, pp. 20-25; Osten 2012, p. 61ff.
97 "Quando as florestas são destruídas": AH Narrativa pessoal 1814-1829, vol. 4, pp. 143-44.
98 AH e a exploração de madeira de lei: Weigel 2004, p. 85.
98 "Seria melhor ficarmos": Evelyn 1670, p. 178.
99 "A França perecerá": Jean-Baptiste Colbert, Schama 1996, p. 175.
99 "em breve toda a madeira de lei"; Bartram, John: "*An Essay for the Improvement of Estates, by Raising a Durable Timber for Fencing and Other Uses*", Bartram 1992, p. 294.
99 "déficit de madeira": Benjamin Franklin a Jared Eliot, 25 de outubro de 1750; Benjamin Franklin, "*An account of the new invented Pennsylvanian fire-places*", 1744, Franklin 1956-2008, vol. 2, p. 422 e vol. 4, p. 70.
99 efeito sobre as gerações futuras: AH Narrativa pessoal 1814-1829, vol. 4, p. 143.
99 Lombardia e Peru: ibid., p. 144.
99 floresta e ecossistema: AH, setembro de 1799, AH Diário 2000, p. 140; AH Narrativa pessoal 1814-1829, vol. 4, p. 477.

99 "A região arborizada atua" (nota de rodapé): AH Aspectos 1849, vol. 1, pp. 126-27; AH Quadros 2014, p. 82; AH Ansichten 1849, vol. 1, p. 158.
99 árvores e oxigênio: AH, setembro de 1799, AH Diário 2000, p. 140; 59 "incalculáveis" e "brutalmente": AH, 4 de março de 1800, ibid., p. 216.
100 redução da população de tartarugas: AH Narrativa pessoal 1814-1829, vol. 4, p. 486; AH, 6 de abril de 1800, AH Diário 2000, p. 257.
100 pesca desenfreada de pérolas havia depauperado: AH Narrativa pessoal 1814-1829, vol. 2, p. 147.
100 "Tudo (...) é interação": AH, 2-5 de agosto de 1803, AH Diário 2003, vol. 2, p. 258.
100 "a natureza fez": Aristóteles, *Política*, Bk.1, cap. 8.
100 "todas as coisas são feitas para o homem": Carl Lineu, Worster 1977, p. 37.
100 "Frutificai e multiplicai-vos": *Gênesis* 1:27-8.
100 "o mundo é feito para o homem": Francis Bacon, Worster 1977, p. 30.
100 "os senhores e": René Descartes, Thomas 1984, p. 33.
100 "selva desolada": Rev. Johannes Megapolensis, Myers 1912, p. 303.
100 "tornaram a terra": Montesquieu, *Do espírito das leis*, Londres, 1750, p. 391.
101 o ideal de natureza: Chinard 1945, p. 464.
101 "a ideia da destruição": de Tocqueville, 26 de julho de 1833, "A Fortnight in the Wilderness", Tocqueville 1861, vol. 1, p. 202.
101 Williamson e a derrubada de florestas: Hugh Williamson, 17 de agosto de 1770, Chinard 1945, p. 452.
101 "drenar os charcos": Thomas Wright em 1794, Thomson 2012, p. 189.
101 "subjulgar a selva": Jeremy Belknap, Chinard 1945, p. 464.
101 Buffon e a floresta primitiva: Judd 2006, p. 4; Bewell 1989, p. 242.
101 "natureza cultivada (...) bela": Buffon, Bewell 1989, p. 243; ver também Adam Hodgson, Chinard 1945, p. 483.
102 "O homem não pode agir": AH Cosmos 1845-1852, vol. 1, p. 37; AH Kosmos 1845-1850, vol. p. 36.
102 humanidade tinha o poder de destruir o meio ambiente: AH, 4 de março de 1800, AH Diário 2000, p. 216.

CAPÍTULO 5: OS LLANOS E O ORINOCO

103 AH nos LLanos: a menos que seja referido de outra forma, AH Narrativa pessoal 1814-1829, vol. 4, p. 273ff.; AH, 6 de março-27 de março de 1800, AH Diário 2000, p. 222ff.
103 "mergulhado numa vasta solidão": AH Narrativa pessoal 1814-1829, vol. 4, p. 263.
103 "tudo parece inerte: ibid., p. 293.
104 roupas de AH: Pintura de AH, tela de autoria de Friedrich Georg Weitsch (1806), hoje no Alte Museum National Galerie em Berlim.
104 pequeno sítio nos Llanos: AH Narrativa pessoal 1814-1829, vol. 4, p. 319ff.; AH, 6-27 de março de 1800, AH Diário 2000, p. 223-34ff.
105 "enche a mente": AH Quadros 2014, p. 29; AH Aspectos 1849, vol. 1, p. 2; AH Ansichten 1849, vol. 1, p. 4; AH Ansichten 1808, p. 3.
105 enguias-elétricas e descrição seguinte: AH Aspectos 1849, vol. 1, pp. 22-23; AH Quadros 2014, pp. 39-40; AH Ansichten 1849, pp. 32-34; Narrativa pessoal 1814-1829, vol. 4, p. 347ff.
106 "Tudo emana de": AH Quadros 2014, p. 40; AH Aspectos 1849, vol. 1, p. 23; AH Ansichten 1849, vol. 1, p. 34.
106 descrição da jornada ao Orinoco: AH Narrativa pessoal 1814-1829, vol. 4, p. 390ff. e vol. 5.
107 provisões e comida: AH, 30 de março de 1800, AH Diário 2000, p. 239.
107 cunhado do governador provincial: AH Narrativa pessoal 1814-1829, vol. 4, p. 419.
107 nada interrompia o trabalho: AH a WH, 17 de outubro de 1800, AH WH Cartas 1880, p. 15.
107 Bonpland sempre disposto e animado: AH Narrativa pessoal 1814-1829, vol. 3, p. 310.
107 crocodilos: AH, 30 de março-23 de maio de 1800, AH Diário 2000, pp. 241-42.
108 banho no Orinoco: ibid., p. 255.
109 acampamentos noturnos: AH Narrativa pessoal 1814-1829, vol. 4, pp. 443, 436, 535 e vol. 5, p. 442.

109 cobra enrodilhada debaixo da pele de animal: ibid., vol. 5, p. 287.
109 Bonpland e o gato: AH, 30 de março-23 de maio de 1800, AH Diário 2000, p. 244.
109 AH e onça-pintada: AH Narrativa pessoal 1814-1829, vol. 4, p. 446; AH, 2 de abril de 1800, AH Diário 2000, p. 249.
109 veneno curare: AH Narrativa pessoal 1814-1829, vol. 5, p. 528.
110 "quase parecidos com tons de flauta": AH Aspectos 1849, vol. 1, p. 270; AH Quadros 2014, p. 146; AH Ansichten 1849, vol. 1, p. 333.
110 "muitas vozes proclamando": AH Narrativa pessoal 1814-1829, vol. 4, p. 505.
110 "o homem não perturba": AH, 31 de março de 1800, AH Diário 2000, p. 240.
110 estudar animais em seu ambiente: AH Narrativa pessoal 1814-1829, vol. 4, pp. 523-24.
110 macacos titi: ibid., p. 527.
110 captura do macaco titi: AH, 30 de março-23 de maio de 1800, AH Diário 2000, p. 266.
110 "forças ativas e orgânicas": AH Quadros 2014, p. 147; AH Aspectos 1849, vol. 1, p. 272; AH Ansichten 1849, vol. 1, p. 337.
111 "engolir um cavalo": AH ao barão von Forell, 3 de fevereiro de 1800, Bruhns 1873, vol. 1, p. 274.
111 "o homem não é nada": AH Narrativa pessoal 1814-1829, vol. 5, p. 290.
111 animais à noite: AH Aspectos 1849, vol. 1, p. 270ff.; AH Quadros 2014, pp. 146-47; AH Ansichten 1849, vol. 1, pp. 333-35; AH Narrativa pessoal 1814-1829, vol. 4, p. 436ff.
111 "prolongada e continuamente amplificada": AH Quadros 2014, p. 146; AH Aspectos 1849, vol. 1, p. 270; AH Ansichten 1849, vol. 1, p. 334.
111 "algum embate": AH Narrativa pessoal 1814-1829, vol. 4, p. 437.
111 "limitado apenas por": AH Quadros 2014, p. 36; AH Aspectos 1849, vol. 1, p. 15; AH Ansichten 1849, vol. 1, p. 23.
111 Lineu e o harmonioso equilíbrio: Worster 1977, p. 35.
112 "era de ouro acabou": AH Narrativa pessoal 1814-1829, vol. 4, p. 421.
112 "mão destrutiva do homem": AH Aspectos 1849, vol. 1, p. 15; AH Quadros 2014, p. 37; AH Ansichten 1849, vol. 1, p. 23.
112 AH mediu a largura e a extensão do Orinoco: AH, 30 de março-23 de maio de 1800, AH Diário 2000, p. 262.
112 corredeiras de Atures e Maipures: AH Narrativa pessoal 1814-1829, vol. 5, p. 1ff.; AH Aspectos 1849, vol. 1, p. 219ff.; AH Quadros 2014, p. 123ff.; AH Ansichten 1849, vol. 1, p. 268ff.
112 "majestosas cenas": AH Narrativa pessoal 1814-1829, vol. 5, p. 139.
112 vendaval emborcou o barco: ibid., vol. 4, p. 496; AH, 6 de abril de 1800, AH Diário 2000, p. 258.
113 "Não se preocupe": Bonpland a AH, 6 de abril de 1800, AH Diário 2000, p. 258.
113 demonstrou "aquela mesma frieza": AH Narrativa pessoal 1814-1829, vol. 4, p. 496.
113 AH e mosquitos: ibid., vol. 5, pp. 87, 112; AH, 15 de abril de 1800, AH Diário 2000, pp. 260-61.
113 uma "terceira mão": AH, 15 de abril de 1800, AH Diário 2000, p. 261.
113 "*hornitos*": AH Narrativa pessoal 1814-1829, vol. 5, pp. 103-104.
113 "agradável cruzeiro": AH, 15 de abril de 1800, AH Diário 2000, p. 262.
114 padre Bernardo Zea: AH Narrativa pessoal 1814-1829, vol. 4, p. 510.
114 "zoológico itinerante": ibid., vol. 4, pp. 534-36 e vol. 5, p. 406; AH, 15 de abril de 1800, AH Diário 2000, p. 260.
114 difícil encontrar lugar para os acampamentos: AH Narrativa pessoal 1814-1829, vol. 5, p. 441.
114 provisões de água e comida: ibid., vol. 4, p. 320; vol. 5, pp. 363, 444; AH, 15 de abril de 1800, AH Diário 2000, p. 260; AH a WH, 17 de outubro de 1800, AH WH Cartas 1880, p. 17.
115 castanha-do-pará: AH Narrativa pessoal 1814-1829, vol. 5, p. 365, 541; mais tarde Humboldt nomeou-a *Bertholletia excelsa* em homenagem ao cientista francês Claude Louis Berthollet.
115 dossel das árvores: ibid., p. 256.
115 "contar os dentes" dos primatas: AH, abril de 1800, AH Diário 2000, p. 250.
116 água dos rios "deliciosa": AH, abril-maio de 1800, AH Diário 2000, p. 285; ver também pp. 255, 286.

116 excelentes geógrafos: AH Narrativa pessoal 1814-1829, vol. 5, p. 309; para a adoração da natureza, ver vol. 3, p. 213; para os melhores observadores da natureza, ver AH, "Indios, Sinnescchärfe", Guayaquil, 4 de janeiro-17 de fevereiro de 1803; AH Diário 1982, pp. 182-83.
116 AH encantado pelos povos indígenas: AH Narrativa pessoal 1814-1829, vol. 4, p. 532ff.
116 "barbárie do homem civilizado": ibid., vol. 5, p. 234.
116 "indolente indiferença": ibid., vol. 4, p. 549, vol. 5, p. 256.
116 "acossados por demônios": AH, março de 1801, AH Diário 1982, p. 176.
116 noite na selva: AH 1845-1850 1814-1829, vol. 5, p. 443.
117 "iluminadas pelos raios do sol": ibid., pp. 2, 218; AH Aspectos 1849, vol. 1, pp. 216, 224, 231; AH Quadros 2014, pp. 121, 126, 129; AH Ansichten 1849, vol. 1, pp. 263, 276, 285.
117 "O que fala à alma": AH Narrativa pessoal 1814-1829, vol. 4, p. 134.
117 AH e o Cassiquiare: ibid., vol. 5, pp. 399-400, 437, 442.
118 "paliçada" viva: ibid., p. 441.
118 o Cassiquiare e o Orinoco: ibid., p. 448.
118 "tivessem sido inventados": AH, maio de 1800, AH Diário 2000, p. 297.
118 Angostura: AH Narrativa pessoal 1814-1829, vol. 5, pp. 691-92.
119 AH e febre de Bonpland: ibid., p. 694ff.
119 animais em jaulas: ibid., vol 6, p. 7.
119 avanço moroso: ibid., pp. 2-3.
119 "A infinitude de espaço": ibid., p. 69.
119 estação de chuvas nos Llanos: AH Aspectos 1849, vol. 1, p. 19ff.; AH Quadros 2014, p. 38ff.; AH Ansichten 1849, vol. 1, p. 29ff.
119 "o ar se converteu em água": AH, março de 1800, AH Diário 2000, p. 231. Embora seja uma anotação para o mês de março, AH se referia a uma experiência posterior, de julho, registro que ele acrescentou depois.
120 "Observamos, com assombro": AH Narrativa pessoal 1814-1829, vol. 6, p. 7.
120 sensação de "frescor": ibid., vol. 4, p. 334.
120 "dissemina a vida por toda parte": ibid., vol. 6, p. 8.
120 "árvore da vida": AH Quadros 2014, p. 36; AH Aspectos 1849, vol. 1, pp. 15, 181; AH Ansichten 1849, vol. 1, p. 23.

CAPÍTULO 6: CRUZANDO OS ANDES

121 AH e Baudin: AH Narrativa pessoal 1814-1829, vol. 7, p. 285; AH a Nicolas Baudin, 12 de abril de 1801, Bruhns, 1873, vol. 1, p. 292; AH a Carl Ludwig Willdenow, 21 de fevereiro de 1801, Biermann 1987, p. 173; AH, Recordações durante a viagem de Lima a Guayaquil, 24 de dezembro de 1802-4 de janeiro de 1803, AH Diário 2003, vol. 2, p. 178; *National Intelligencer and Washington Advertiser*, 12 de novembro de 1800.
122 "mais eu me apressava": AH Narrativa pessoal 1814-1829, vol. 7, p. 288.
122 "Era bastante incerto": AH a Carl Ludwig Willdenow, 21 de fevereiro de 1801, Biermann 1987, p. 171.
122 separação da coleção: AH Narrativa pessoal 1814-1829, vol. 7, p. 286.
123 "A ciência de duas Nações": Joseph Banks a Jacques Julien Houttou de la Billardière, 9 de junho de 1796, Banks, 2000, p. 171; ver também Wulf 2008, pp. 203-204.
123 pacotes de sementes enviados a Banks desde Cumaná (nota de rodapé): AH a Banks, 15 de novembro de 1800, Banks a Jean Baptiste Joseph Delambre, 4 de janeiro de 1805, Banks, 2007, vol. 5, pp. 63-64, 406.
123 feliz e mais saudável do que nunca: AH a Carl Ludwig Willdenow, 21 de fevereiro de 1801, Biermann 1987, p. 175.
123 "E você, minha cara...?" AH a Christiane Haeften, 18 de outubro de 1800, AH Cartas América 1993, p. 109.
124 "Quando se é jovem": AH, 24 de dezembro de 1802-1804 de janeiro de 1803, AH Diário 2003, vol. 2, p. 178.

124 "todas as dificuldades": AH, Recordações durante a viagem de Lima a Guayaquil, 24 de dezembro de 1802-1804 de janeiro de 1803, AH Diário 2003, vol. 2, p. 178.
124 AH quis conhecer Mutis: ibid.; *AH*, 23 de junho-8 de julho de 1801, *AH* Diário 2003, vol. 1, p. 89ff.; AH a WH, 21 de setembro de 1801, AW WH Cartas 1880, p. 32.
124 "Mutis, tão perto!": AH, 23 de junho-8 de julho de 1801, AH Diário 2003, vol. 1, pp. 89-90.
124 "postes de sinalização": AH, 19 de abril-15 de junho de 1801, ibid., pp. 65-6.
124 jornada no rio Madalena: ibid., pp. 67-78.
125 Honda: AH, 18-22 de junho de 1801, ibid., p. 78.
125 jornada rumo a Bogotá: AH, 23 de junho-8 de julho de 1801, ibid., pp. 85-89.
125 chegada a Bogotá: AH a WH, 21 de setembro de 1801, AW WH Cartas 1880, p. 35; AH, novembro-dezembro de 1801, AH Diário 2003, vol. 1, p. 90ff. (*AH* escreveu essa anotação após ter partido com sua equipe de Bogotá).
125 estúdio de ilustração botânica de Mutis: Holl 2009, p. 161.
125 biblioteca de botânica de Mutis: AH a WH, 21 de setembro de 1801, AW WH Cartas 1880, p. 35.
125 Bonpland vitimado por febre: AH, novembro-dezembro de 1801, AH Diário 2003, vol. 1, p. 91.
125 viagem de mula: AH, 8 de setembro de 1801, ibid., p. 119.
126 bagagem transportada por carregadores: AH, 5 de outubro de 1801, ibid., p. 135.
126 José, o criado: AH, 23 de junho-8 de julho de 1801, ibid., p. 85.
126 cruzando o passo de Quindío: AH Cordilleras 1814, vol. 1, p. 63ff; AH Cordilleren 1810, vol. 1, p. 17ff.; Fiedler e Leitner 2000, p. 170.
126 "Estas são as trilhas": AH, 27 de novembro de 1801, ver também AH, 5 de outubro de 1801, AH Diário 2003, vol. 1, pp. 131, 155.
126 "arremedo de queda": AH, 27 de novembro de 1801, ibid., p. 151.
127 avanço em meio aos Andes: AH, 14 de setembro de 1801, ibid., p. 124; AH Cordilleras 1814, vol. 1, p. 64; AH Cordilleren 1810, vol. 1, p. 19.
127 condores "feito espelhos": AH, 22 de dezembro de 1801, AH Diário 2003, vol. 1, p. 163.
127 o vulcão Pasto expelindo labaredas: AH, 19 de dezembro de 1801, ibid., vol. 2, p. 145.
127 "Não me canso": AH a WH, 21 de setembro de 1801, AW WH Cartas 1880, p. 27.
128 instrumentos nos lombos das mulas pendiam sobre o abismo: AH, 27 de novembro de 1801, AH Diário 2003, vol. 1, p. 155.
128 transporte e preço do barômetro: ibid., p. 152; para José e o barômetro, ver AH, 28 de abril de 1802, AH Diário 2003, vol. 2, p. 83; para a viagem do barômetro de AH, ver o retrato de AH pintado por Friedrich Georg Weitsch em 1806 (hoje no Alte Museum National Galerie em Berlim); Seeberger 1999, pp. 57-61.
128 "Felizes os que": Wilson 1995, p. 296; AH, 19 de abril-15 de junho de 1801; AH Diário 2003, vol. 1, p. 66.
128 chegada a Quito: AH, Aus Meinem Leben (1769-1850), in Biermann 1987, p. 101.
130 "Já que você pertence aos": Goethe a AH, 1824, Goethe Encontros 1965-2000, vol. 14, p. 322.
130 "nunca ficasse mais do que": Rosa Montúfar, Beck 1959, p. 24.
130 "um homem perdido": AH a Carl Freiesleben, 21 de outubro de 1793, AH Cartas 1973, p. 280.
130 "imorredouro" e "ardoroso": AH a Wilhelm Gabriel Wegener, 27 de março de 1789 e AH a Carl Freiesleben, 10 de abril de 1792, ibid., pp. 46, 180.
131 "Eu estava preso a você": AH a Reinhard von Haeften, 1º de janeiro de 1796, ibid., p. 477.
131 chorou copiosamente por muitas horas: AH a Carl Freiesleben, 10 de abril de 1792, ibid., p. 180.
131 "Meus planos estão subordinados": AH a Reinhard von Haeften, 1º de janeiro de 1796, ibid., pp. 478-79.
131 uma "boa pessoa": AH a Carl Freiesleben, 4 de junho de 1799, ibid., p. 680.
131 "falta de amor verdadeiro": Adolph Kohut em 1871 sobre o período de AH em Berlim em 1805, Beck 1959, p. 31.
131 "sócio oculto": *Quarterly Review*, vol. 14, janeiro de 1816, p. 369.
131 "nada que não venha de homens": CH a WH, 22 de janeiro de 1791, WH CH Cartas 1910-1916, vol. 1, p. 372.

131 "irregularidades sexuais": Theodor Fontane a Georg Friedländer, 5 de dezembro de 1884, Fontane 1980, vol. 3, p. 365.
132 o "Adônis" de Humboldt: José de Caldas a José Celestino Mutis, 21 de junho de 1802, Andress 2011, p. 11; Caldas pediu para se juntar à expedição de AH, Holl, 2009, p. 166.
132 "Eu não conheço necessidades sensuais": AH a Archibald MacLean, 6 de novembro de 1791; ver também AH a Wilhelm Gabriel Wegener, 27 de março de 1789, AH Cartas 1973, pp. 47, 157.
132 "indômitas ânsias de paixão": AH Kosmos 1845-1850, vol. 1, p. 6: "vom wilden Drange der Leidenschaften bewegt ist". Na tradução inglesa a expressão foi suavizada para "paixões de homens"; ver também AH a Archibald MacLean, 6 de novembro de 1791; ver também AH Cartas 1973, p. 157.
132 José carregando o precioso barômetro: AH, 28 de abril de 1802; AH Diário 2003, vol. 2, p. 83.
132 o Pichincha: AH escalou por três vezes o vulcão Pichincha: AH, 14 de abril, 26 e 28 de maio de 1802, AH Diário 2003, vol. 2, pp. 72ff.; 85ff.; 90ff.; AH a WH, 25 de novembro de 1802, AH WH Cartas 1880, p. 45ff.
132 "Nenhuma imaginação seria capaz": AH a WH, 25 de novembro de 1802, AH WH Cartas 1880, p. 46.
132 tentou escalar também o Cotopaxi: AH, 28 de abril de 1802, AH Diário 2003, vol. 2, p. 83ff.
132 "abóbada azul-celeste do céu": AH Cordilleras 1814, vol. 1, pp. 121, 125; *AH* Cordilleren 1810, vol. 1, pp. 59, 62.
133 como se fabricado em um torno mecânico: AH, 28 de abril de 1802, AH Diário 2003, vol. 2, p. 81.
133 escalada do Antisana: 14-18 de março de 1802, ibid., p 57ff.
133 "agulhadas de gelo": ibid., pp. 57, 62.
133 "a residência mais alta do mundo": ibid., p. 61.
133 *AH* dividia a cama com Montúfar: ibid., p. 62.
133 chegaram a quase a 5.400 metros: ibid., p. 65.
134 "profundas feridas" e "razão": AH, 22 de novembro de 1799-7 de fevereiro de 1800, AH Diário 2000, p. 179.

CAPÍTULO 7: CHIMBORAZO

135 plano de AH de ir para o México: AH a WH, 25 de novembro de 1802, AW WH Cartas 1880, p. 54.
135 "monstruoso colosso": ibid., p. 48.
135 de Quito para o Chimborazo: AH, 9-12 de junho e 12-18 de junho de 1802, AH Diário 2003, vol. 2, pp. 94-104.
136 "exerce uma misteriosa atração": AH, Sobre uma tentativa de escalar até o topo do Chimborazo, Kutzinski 2012, p. 136.
137 escalada do Chimborazo: AH a WH, 25 de novembro de 1802, AW WH Cartas 1880, p. 48; AH, Sobre uma tentativa de escalar até o topo do Chimborazo, in Kutzinski 2012, pp. 135-55; AH, 23 de junho de 1802, AH Diário 2003, vol. 2, pp. 100-09.
137 espinhaço de cuchilla: AH, Sobre uma tentativa de escalar até o topo do Chimborazo, Kutzinski 2012, p. 140.
137 "era muito perigosa": AH, 23 de junho de 1802, AH Diário 2003, vol. 2, p. 106.
138 ponto de fervura da água: AH Geografia 2009, p. 120; AH Geografia 1807, p. 1613.
138 5.917 metros (3.036 *toises*): AH, 23 de junho, AH Diário 2003, vol. 2, p. 106.
138 "conectar ideias": WH a Karl Gustav von Brinkmann, 18 de março de 1793, Heinz 2003, p. 19.
138 "mil fios": George Gerland, 1869, Jahn 2004, p. 19.
138 "essa semelhança que descobrimos": AH Narrativa pessoal 1814-1829, vol. 3, p. 160; ver também p. 495; AH apontou essas conexões reiteradas vezes em seu Ensaio sobre a geografia das plantas, mas também em AH Narrativa pessoal 1814-1829, vol. 3, pp. 490ff.; AH Aspectos 1849, vol. 2, p. 3ff.; AH Quadros 2014, p. 155ff.; AH Ansichten 1849, vol. 2, p. 3ff.
139 roseiras alpinas: AH Narrativa pessoal 1814-1829, vol. 3, p. 453.
139 árvores no México e Canadá, na Europa: AH Geografia 2009, pp. 65-66; AH Geografia 1807, p. 5ff.

139 tudo interligado: AH Cosmos 1845-1852, vol. 1, p. xviii; AH Kosmos 1845-1850, vol. 1, p. vi.
139 zonas de vegetação nos Andes: AH Geografia 2009, p. 77; AH Geografia 1807, p. 35ff.; AH Cosmos 1845-1852, vol. 1, p. 11; AH Kosmos 1845-1850, vol. 1, p. 12.
139 "um ponto de vista superior": AH Cosmos 1845-1852, vol. 1, p. 40; AH Kosmos 1845-1850, vol. 1, p. 39.
139 "um único olhar de relance": AH Cosmos 1845-1852, vol. 1, p. 11; para as montanhas inspirando AH, ver também p. 347; AH Kosmos 1845-1850, vol. 1, p. 12.
139 esboço da *Naturgemälde*: AH Geografia 2009, p. 61; AH Geografia 1807, p. iii; Holl 2009, pp. 181-83 e Fiedler e Leitner 2000, p. 234.
139 "microcosmo em uma só página": AH a Marc-Auguste Pictet, 3 de fevereiro de 1805, Dove 1881, p. 103.
139 "A natureza é um todo vivo": AH Kosmos 1845-1850, vol. 1, p. 39, tradução minha ("belebtes Naturganzes... Nicht ein todtes Aggregat ist die Natur"). A tradução inglesa é pobre: "conexões vivas" não transmite o significado original de AH, ao passo que a frase sobre a natureza não ser um agregado morto foi totalmente suprimida. AH Cosmos 1845-1852, vol. 1, p. 40.
139 "profusão universal": AH Aspectos 1849, vol. 2, p. 3; AH Quadros 2014, p. 155; AH Ansichten 1849, vol. 2, p. 3.
140 "poderes orgânicos estão": AH Aspectos 1849, vol. 2, p. 10; AH Quadros 2014, p. 158; AH Ansichten 1849, vol. 2, p. 11.
140 "em sua relação com o todo": AH Cosmos 1845-1852, vol. 1, p. 41; AH Kosmos 1845-1850, vol. 1, p. 40.
140 *Naturgemälde*: a *Naturgemälde* foi publicada por Humboldt em seu Ensaio sobre a geografia das plantas (1807).
141 "unidade na variedade": AH Cosmos 1845-1852, vol. 1, p. 48; AH Kosmos 1845-1850, vol. 1, p. 55, tradução minha ("Einheit in der Vielheit").
141 línguas indígenas sofisticadas: AH, 12 de abril de 1803-20 de janeiro de 1804, México, AH Diário 1982, p. 187; AH a WH, 25 de novembro de 1802, AW WH Cartas 1880, pp. 51-52.
141 "futuro", eternidade, existência": ibid., p. 52.
141 antigos manuscritos: ibid., p. 50.
142 escassez de árvores mais velhas: AH Aspectos 1849, vol. 2, p. 268; AH Quadros 2014, p. 268; AH Ansichten 1849, vol. 2, p. 319; ver também AH, 23-28 de julho de 1802, AH Diário 2003, vol. 2, pp. 126-30.
142 equador magnético: AH, Sumário da expedição de Humboldt e Bonpland, fim de junho de 1804: AH Cartas EUA 2004, p. 507; Helferich 2005, p. 242.
143 AH sobre a corrente de Humboldt: Kortum 1999, pp. 98-100; em especial AH a Heinrich Berghaus, 21 de fevereiro de 1840, p. 98.
143 "observações das regiões": AH Quadros 2014, p. 244; AH Aspectos 1849, vol. 2, p. 215; AH Ansichten 1849, vol. 2, p. 254.
144 "aparentemente óbvio". Guia de AH na Cidade do México sobre AH, 1803, Beck 1959, p. 26.
144 bolsos repletos como os de um menino: ibid., p. 27.
144 Cotopaxi em erupção: AH, 31 de janeiro-6 de fevereiro de 1803, AH Diário 2003, vol. 2, p. 182ff.
144 mensageiro vindo de Guayaquil: ibid., p. 184.
145 Humboldt ouviu o rugido do Cotopaxi: AH Cordilleras 1814, vol. 1, p. 119; *AH* Cordilleren 1810, vol. 1, p. 58.
145 "Estou ficando mais pobre dia após dia": AH, 27 de fevereiro de 1803, AH Diário 2003, vol. 2, p. 190.

CAPÍTULO 8: POLÍTICA E NATUREZA

147 descrição do furacão: AH, 29 de abril-20 de maio de 1804, AH Diário 2003, vol. 2, p. 301ff.
147 AH à beira da morte: ibid., p. 302.
148 AH no México: AH, Aus Meinem Leben (1769-1850), in Biermann 1987, p. 103.
148 razões para o retorno de AH à Europa: AH, Sumário da expedição de Humboldt e Bonpland, fim de junho de 1804: AH Cartas EUA 2004, p. 508.

149 como se estivesse vivendo na lua: AH a Carl Ludwig Willdenow, 29 de abril de 1803, AH Cartas América 1993, p. 230.
149 "as ideias de 1789": AH Diário 1982, p. 12.
149 "templo da liberdade": AH a Friedrich Heinrich Jacobi, 3 de janeiro de 1791, AH Cartas 1973, p. 118.
149 "compreendiam a preciosa dádiva": AH a Jefferson, 24 de maio de 1804, Terra 1959, p. 788.
150 "Seus escritos, suas ações": ibid., p. 787.
150 "tendo testemunhado": AH a James Madison, 24 de maio de 1804; ibid., p. 796.
150 "firme e ereto feito um cano de arma de fogo": Edmund Bacon sobre Jefferson, Bear 1967, p. 71.
150 netos de Jefferson: em 1804, Jefferson tinha sete netos: seis de sua filha Martha (Anne Cary, Thomas Jefferson, Ellen Wayles, Cornelia Jefferson, Virginia Jefferson, Mary Jefferson), e um neto de sua falecida filha Maria (Francis Wayles Eppes).
150 Jefferson brincando com os netos: Margaret Bayard Smith sobre Jefferson, Hunt 1906, p. 405; ver também Edmund Bacon sobre Jefferson, Bear 1967, p. 85.
150 Jefferson detestava o ócio: Edmund Bacon e Memórias de Jefferson sobre Jefferson, Bear 1967, pp. 12, 18, 72-78.
150 "o mais perigoso veneno": Jefferson a Martha Jefferson, 21 de maio de 1787, TJ Documentos, vol. 11, p. 370.
151 "enfermidade da bibliomania": Jefferson a Lucy Paradise, 1º de junho de 1789, ibid., vol. 15, p. 163.
151 Jefferson viajando pela Europa: Wulf 2011, pp. 35-57, 70.
151 expedição de Lewis e Clark: Instruções de Jefferson a Lewis, 1803, Jackson 1978, vol. 1, pp. 61-66.
152 "esse novo mundo": Jefferson a AH, 28 de maio de 1804, Terra 1959, p. 788; ver também Vincent Gray a James Madison, 8 de maio de 1804, Madison, Documentos SS: vol. 7, pp. 191-92.
152 jornada rumo a Washington: Diário de Charles Willson Peale, 29 de maio-21 de junho de 1804, anotação de 29 de maio de 1804, Peale 1983-2000, vol. 2, pt. 2, p. 680ff.
152 economia dos EUA: North 1974, p. 70ff.
152 nação de agricultores ou de comerciantes: Wulf 2011, p. 83ff.
153 significado político do projeto para a construção de Washington: ibid., p, 129ff.
153 tamanho de Washington: Friis 1995, p. 171.
154 as carruagens capotavam: John Quincy Adams, in Young 1966, p. 44.
154 Casa Branca: a Casa Branca ainda era chamada de Casa do Presidente. O primeiro registro do termo "Casa Branca" data somente de 1811. Wulf 2011, p. 125.
154 a roupa lavada de Jefferson: William Muir Whitehill em 1803, Froncek 1977, p. 85.
154 "estado de vil e imunda desolação": Thomas Moore em 1804, Norton, 1976, p. 211.
154 desmistificar o papel de presidente: Wulf 2011, p. 145ff.
154 o casaco era puído: William Plummer, 10 de novembro de 1804 e 29 de julho de 1805, Plumer 1923, pp. 193, 333.
154 "lavrador de ossos largos": Sir Augustus John Foster em 1805-1807, Foster 1954, p. 10.
154 "Nenhuma ocupação é tão": Jefferson a Charles Willson Peale, 20 de agosto de 1811, TJ Documentos RS, vol. 4, p. 93.
155 "jamais prisioneiro nenhum": Jefferson a Pierre-Samuel Dupont de Nemours, 2 de março de 1809, Jefferson 1944, p. 394.
155 "da mais insignificante erva daninha": Margaret Bayard Smith sobre Jefferson, Hunt 1906, p. 393.
155 envio de sementes para a Casa Branca: Wulf 2011, p. 149.
155 Jefferson e o mastodonte: Thomson 2012, p. 51ff.
155 Jefferson obcecado por diversos temas: para detalhes, ver Jefferson 1997 e Jefferson 1944; Jefferson a Ellen Wayles Randolph, 8 de dezembro de 1807, Jefferson 1986, p. 316; Edmund Bacon sobre Jefferson, Bear 1967, p. 33.
155 presidia a Sociedade Filosófica Norte-Americana; Jefferson à American Philosophical Society (APS), 28 de janeiro de 1797, TJ Documentos, vol. 29, p. 279.

155 "o filósofo esclarecido": Alexander Wilson a William Bartram, 4 de março de 1805, Wilson 1983, p. 232.
156 Humboldt encontrou-se com Jefferson: Diário de Charles Willson Peale, 29 de maio-21 de junho de 1804, anotação de 2 de junho de 1804, Peale 1983-2000, vol. 2, pt. 2, p. 690.
156 o gabinete particular de Jefferson: Margaret Bayard Smith sobre Jefferson, Hunt 1906, pp. 385, 396; para as invenções, ver Isaac Jefferson sobre Jefferson, Bear 1967, p. 18; Thomson 2012; p. 166ff.
156 "O senhor flagrou-me fazendo papel de bobo": Margaret Bayard Smith sobre Jefferson, Hunt 1906, p. 396.
156 "vivendo com a simplicidade": AH a Jefferson, 27 de junho de 1804, Terra 1959, p. 789.
156 AH em Washington: Diário de Charles Willson Peale, 29 de maio-21 de junho de 1804, Peale 1983-2000, vol. 2, pt. 2, pp. 690-700.
156 "objeto de atenção universal": Caspar Wistar Jr. a James Madison, 29 de maio de 1804, Madison, Documentos ss: vol. 7, p. 265.
157 "requintado regalo intelectual": Albert Gallatin a Hannah Gallatin, 6 de junho de 1804, Friis 1959, p. 176.
157 "todas as damas se dizem": Dolley Madison a Anna Payne Cutts, 5 de junho de 1804, ibid., p. 175.
157 AH instruindo e dando informações aos políticos: Albert Gallatin a Hannah Gallatin, 6 de junho de 1804, ibid., p. 176.
157 mapas de AH: Diário de Charles Willson Peale, 29 de maio-21 de junho de 1804, anotação de 30 de maio de 1804, Peale 1983-2000, vol. 2, pt. 2, p. 684; mais tarde Louis Agassiz disse que as medições de AH mostravam que os mapas anteriores eram tão imperfeitos que a posição do México diferia em cerca de 482 quilômetros.
157 conhecimento era "espantoso": Albert Gallatin a Hannah Gallatin, 6 de junho de 1804, Friis 1959, p. 176.
157 Jefferson reunindo informações sobre o México: ibid., p. 177; a tabela de Jefferson com informações "Descrição de Louisiana e do Texas, 1804", DLC; ver também Terra 1959, p. 786.
158 "duas vezes mais rápido": Albert Gallatin a Hannah Gallatin, 6 de junho de 1804, Friis 1959, p. 176.
158 "mesclando as línguas todas": Diário de Charles Willson Peale, 29 de maio-21 de junho de 1804, anotação de 29 de maio de 1804, Peale 1983-2000, vol. 2, pt. 2, p. 683.
158 "fonte de conhecimento": Charles Willson Peale a John DePeyster, 27 de junho de 1804, ibid., p. 725.
158 "um homem muito extraordinário": Albert Gallatin a Hannah Gallatin, 6 de junho de 1804, Friis 1959, p. 176.
158 "o homem mais científico de seu tempo": Jefferson a William Armistead Burwell, 1804, ibid., 181.
158 litígio acerca da fronteira: Jefferson a AH, 9 de junho de 1804, Terra 1959, p. 789; ver também Rebok 2006, p. 131; Rebok 2014, pp. 48-50.
158 "entre aquelas linhas": Jefferson a AH, 9 de junho de 1804, Terra 1959, p. 789.
158 "suas nações possam estar": Jefferson a John Hollins, 19 de fevereiro de 1809, Rebok 2006, p. 126.
159: informações sobre territórios em disputa: AH a Jefferson, sem data, AH Cartas América 1993, p. 307.
159 "tesouros de informação": Jefferson a Caspar Wistar, 7 de junho de 1804, DLC.
159 AH deu a Jefferson suas anotações: Friis 1959, pp. 178-79; relatório de AH a Jefferson, e AH, Sumário da expedição de Humboldt e Bonpland, fim de junho de 1804: AH Cartas EUA 2004, pp. 484-94, 497-509.
159 reunião do gabinete de Jefferson: Jefferson a James Madison, 4 de julho de 1804 e Jefferson a Albert Gallatin, 3 de julho de 1804, Madison, Documentos ss: vol. 7, p. 421.
159 "melhor ar de todos é": AH a Albert Gallatin, 20 de junho de 1804; ver também AH a Jefferson, 27 de junho de 1804, Terra 1959, pp. 789, 801.
159 aquela "bela terra": AH a James Madison, 21 de junho de 1804, ibid., p. 796.
160 "fosse por violência ou": AH Narrativa pessoal 1814-1829, vol. 3, p. 2.
160 "máquinas humanas": AH, 7 de agosto-10 de setembro de 1803, Guanajuato, México, AH Diário 1982, p. 211.

160 sobre o *repartimiento*: AH, 9-12 de setembro de 1802, Hualgayoc, Peru, ibid., p. 208.
160 "caía do céu": AH, fevereiro de 1802, Quito, ibid., p. 106.
160 baseadas na "imoralidade": AH, 23 de outubro-24 de dezembro de 1802, Lima, Peru, ibid., p. 232.
160 "arar ligeiramente": AH Narrativa pessoal 1814-1829, vol. 3, p. 79.
161 "empobrece o solo": ibid., vol. 4, p. 120.
161 "como uma mina" e previsão de AH: AH, 22 de fevereiro de 1800, AH Diário 2000, pp. 208-09.
161 devastação da cobertura florestal em Cuba: AH Cuba 2011, p. 115; AH Narrativa pessoal 1814-1829, vol. 7, p. 201.
161 substituído os vegetais que: AH Nova Espanha 1811, vol. 3, p. 105; ver também AH Narrativa pessoal 1814-1829, vol. 7, p. 161; AH Cuba 2011, p. 95.
161 "a ilha morreria de fome": AH, 23 de junho-8 de julho de 1801, AH Diário 2003, vol. 1, p. 87.
161 sistema de agricultura de subsistência: AH Narrativa pessoal 1814-1829, vol. 7, p. 161; AH Cuba 2011, p. 95; AH Nova Espanha 1811, vol. 3, p. 105.
161 "um muro muito compacto": AH, 30 de março de 1800, AH Diário 2000, p. 238.
162 sistema de irrigação da Cidade do México: AH, 1-2 de agosto de 1803, AH Diário 2003, vol. 2, pp. 253-57.
162 insensatez dos engenheiros: AH, 30 de março de 1800, AH Diário 2000, p. 238.
162 "O único capital": AH Nova Espanha 1811, vol. 3, p. 454.
162 "imprudentes atividades": AH Narrativa pessoal 1814-1829, vol. 7, p. 236.
162 "Creio que nossos governos": Jefferson a James Madison, 20 de dezembro de 1787, TJ Documentos, vol. 12, p. 442.
162 "milhões de pessoas ainda por nascer": Jefferson aos representantes do território de Indiana, 28 de dezembro de 1805, DLC.
162 experimentos agrícolas de Jefferson: Wulf 2011, pp. 113-20; ver também, para rotação de culturas, Jefferson a George Washington, 12 de setembro de 1795, TJ Documentos, vol. 28, pp. 464-65; 19 de junho de 1796, TJ Documentos, vol. 29, pp. 128-29; para aivecas e relhas do arado: TJ a John Sinclair, 23 de março de 1798, TJ Documentos, vol. 30, p. 202; Thomson 2012, pp. 171-72.
163 "Todo dia fico esperando": Jefferson a James Madison, 19 de maio, 9 de junho, 1º de setembro de 1793, TJ Documentos, vol. 26, pp. 62, 241, vol. 27, p. 7.
163 "o maior serviço": Jefferson, Súmula do Serviço Público, após 2 de setembro de 1800, ibid., vol. 32, p. 124.
163 Jefferson e as plantas: para o arroz de terras altas (arroz-de-sequeiro), ver Wulf 2011, p. 70; Jefferson a Edward Rutledge, 14 de julho de 1787, TJ Documentos, vol. 11, p. 587; para a pena de morte, ver Jefferson a John Jay, 4 de maio de 1787, TJ Documentos, vol. 11, p. 339; para os pomares de bordo, ver Wulf 2011, p. 94ff; para as 330 variedades de legumes, verduras e ervas e plantas medicinais, ver Hatch 2012, p. 4.
163 "os verdadeiros representantes": Jefferson a Arthur Campbell, 1º de setembro de 1797, TJ Documentos, vol. 29, p. 522.
163 "não têm pátria": Jefferson a Horatio Gates Spafford, 17 de março de 1814, TJ RS Documentos, vol. 7, p. 248: Jefferson sobre a posse de terra e moralidade, ver Jefferson 1982, p. 165.
163 "Os pequenos proprietários de terra": Jefferson a Madison, 28 de outubro de 1785, TJ Documentos, vol. 8, p. 682.
163 toda pessoa deveria ter direito a vinte hectares de terra: minuta de Jefferson para a Constituição da Virgínia, antes de 13 de junho de 1776 (todas as três versões preliminares incluíam essa cláusula), TJ Documentos, vol. 1, p. 337ff.
163 "mais livre": Madison, "Republican Distribution of Citizens", *National Gazette*, 2 de março de 1792.
164 "sentimento de liberdade": AH Narrativa pessoal 1814-1829, vol. 3, p. 15.
164 AH e a imoralidade da escravidão: AH Geografia 2009, p. 134; AH Geografia 1807, p. 171; ver também AH Cuba 2011, p. 142ff., AH Narrativa pessoal 1814-1829, vol. 7, p. 260ff.
164 "cada gota de caldo de cana": AH, 23 de junho-8 de julho de 1801, AH Diário 2003, vol. 1, p. 87.
164 "chamam de sua civilização": AH Narrativa pessoal 1814-1829, vol. 1, p. 127.

164 "sede de riqueza": ibid., vol. 3, p. 3.
164 Jefferson carregado sobre um travesseiro: Wulf 2011, p. 41.
165 "absolutamente incorruptíveis": Jefferson a Edward Bancroft, 26 de janeiro de 1798, TJ Documentos, vol. 14, p. 492.
165 "o maior dos males": AH Cuba 2011, p. 144; AH Narrativa pessoal 1814-1829, vol. 7, p. 263.
165 "desgraça" e "de acordo com o valor": AH a William Thornton, 20 de junho de 1804, AH Cartas América 1993, pp. 199-200.
165 "se era mais prazeroso": AH, 4 de janeiro-17 de fevereiro, "Colônias", AH Diário 1982, p. 66.
165 tratamento dado aos escravos: AH, 9-10 de junho de 1800, ibid., p. 255.
166 os testículos do ajudante de cozinha: AH, Lima 23 de outubro-24 de dezembro de 1802, fragmento intitulado "Missões".
166 loteando sua propriedade em pequenas chácaras e sítios: AH Narrativa pessoal 1814-1829, vol. 4, pp. 126-27; para propriedades rurais entre Honda e Bogotá, ver AH, 23 de junho-8 de julho de 1801, AH Diário 2003, vol. 1, p. 87.
166 "Adoro enfatizar esses detalhes": AH Narrativa pessoal 1814-1829, vol. 4, p. 128.
166 "o que é contra a natureza": AH, 23 de junho-8 de julho de 1801, AH Diário 2003, vol. 1, p. 87.
166 "inferior aos brancos": Jefferson 1982, p. 143.
166 um "tipo comum": AH Narrativa pessoal 1814-1829, vol. 4, p. 474; para a unidade na raça humana, ver também AH Cosmos 1845-1852, vol. 1, pp. 351, 355; AH Kosmos 1845-1850, vol. 1, pp. 381-85; AH Cordilleras 1814, vol. 1, 1814, p. 15.
166 "são todas igualmente criadas para a liberdade": AH Cosmos 1845-1852, vol. 1, p. 355; AH Kosmos 1845-1850, vol. 1, p. 385.
166 "A natureza é o domínio": AH Cosmos 1845-1852, vol. 1, p. 3; AH Kosmos 1845-1850, vol. 1, p. 4.

CAPÍTULO 9: EUROPA

171 fragata francesa *Favorite*: AH a James Madison, 21 de junho de 1804; Terra 1959, p. 796.
171 AH coleções: AH Geografia 2009, p. 86; Wulf 2008, p. 195; AH, Aus Meinem Leben (1769-1850), in Biermann 1987, p. 104.
171 "Como eu anseio por estar": AH a Jean Baptiste Joseph Delambre, 25 de novembro de 1802, Bruhns, 1873, vol. 1, p. 324.
172 "Sou tão novo": AH a Carl Freiesleben, 1° de agosto de 1804, AH Cartas América 1993, p. 310.
173 AH escolheu Paris: AH, Aus Meinem Leben (1769-1850), in Biermann 1987, p. 104.
173 dois elefantes: Stott 2012, p. 189.
173 Paris sob Napoleão: Horne 2004, p. 162ff., Marrinan 2009, p. 298; John Scott, 1814, Scott 1816; Thomas Dibdin, 16 de junho de 1818, Dibdin 1821, vol. 2, pp. 76-9.
174 "como se suas casas": Robert Southey a Edith Southey, 17 de maio de 1817, Southey 1965, vol. 2, p. 162.
174 "filósofos" e "*grimaciers*": John Scott, 1814, Scott 1816, pp. 98-99.
174 "se dedicasse unicamente ao divertimento": ibid., p. 116.
174 "eterna agitação": Thomas Dibdin, 16 de junho de 1818, Dibdin 1821, vol. 2, p. 76.
175 classes sociais e alfabetização: John Scott, 1814, Scott 1816, pp. 68, 125.
175 "um discurso sobre algum": ibid., p. 84.
176 Gay-Lussac alcançou 7 mil metros: AH Geografia 2009, p. 136; AH Geografia 1807, p. 176.
176 AH dividiu um quarto com Gay-Lussac: Casper Voght, 16 de março de 1808, Voght 1959-1965, vol. 3, p. 116; ver também Bruhns 1873, vol. 2, p. 6.
176 "tinha ressuscitado dos mortos": Goethe a WH, 30 de julho de 1804, Dia de Goethe 1982-1996, vol. 4, p. 511; AH como presidente da Academia Berlinense, Christian Gottfried Körner a Friedrich Schiller, 11 de setembro de 1804, Schiller, Cartas 1943-2003, vol. 40, p. 246.
177 CH em Paris: Geier 2010, p. 237; Gersdorff, p. 108ff.
177 uma "criatura fantástica": WH a CH, 29 de agosto de 1804, WH CH Cartas 1910-1916, vol. 2, p. 232.
177 como se "ele tivesse nos deixado ainda anteontem": CH a WH, 28 de agosto de 1804, ibid., p. 231.
177 sua "Deutschheit": CH a WH, 22 de agosto de 1804, ibid., p. 226.
177 "é preciso honrar a pátria": WH a CH, 29 de agosto de 1804, ibid., p. 232.

177 nunca mais voltar para Berlim: AH a WH, 28 de março de 1804, citado em WH a CH, 6 de junho de 1804, ibid., p. 182.
177 simplesmente "fez caretas": CH a WH, 12 de setembro de 1804, ibid., p. 249.
177 "A fama é bem maior": AH a WH, 14 de outubro de 1804, Biermann 1987, p. 178.
178 Bonpland vai a La Rochelle: Beck 1959-1961, vol. 2, p. 1.
178 AH na Académie: 19, 24 de setembro e 15, 29 de outubro de 1804, AH Cartas América 1993, p. 15.
178 "encerra dentro de si uma academia inteira": Claude Louis Berthollet sobre AH, AH a WH, 14 de outubro de 1804, Biermann 1987, p. 179.
178 críticos agora entusiásticos: AH a WH, 14 de outubro de 1804, ibid., p. 178.
178 "noite e dia formam": George Ticknor, abril de 1817, AH Cartas EUA 2004, p. 516.
178 resultados de AH usados por outros: AH a WH, 14 de outubro de 1804, Biermann 1987, p. 179.
178 AH compartilhava espécimes: AH a Dietrich Ludwig Gustav Karsten, 10 de março de 1805, Bruhns 1873, vol. 1, p. 350.
179 pensão para Bonpland: AH a WH, 14 de outubro de 1804, Biermann 1987, p. 179; Bruhns 1873, vol. 1, p. 398; AH no Jardin des Plantes, 1804, Schneppen 2002, p. 10.
179 AH sentia falta da América do Sul: AH a Carl Freiesleben, 1º de agosto de 1804, AH Cartas América 1993, p. 310.
179 Bolívar e AH conheceram-se pessoalmente: Arana 2013, p. 57; Heiman 1959, pp. 221-24.
179 AH apresentado por Montúfar (nota de rodapé): Arana 2013, p. 57; AH, janeiro de 1800, AH Diário 2000, p. 177.
179 Bolívar em Paris: Lynch 2006, p. 22ff.; Arana 2013, p. 53ff.
179 dentes de Bolívar: O'Leary 1969, p. 30.
180 Bolívar visitou AH: Arana 2013, p. 58; Heiman 1959, p. 224.
180 AH pintou a América do Sul em cores fulgurantes: Bolívar a AH, 10 de novembro de 1821, Minguet 1986, p. 743.
180 AH, Bolívar e revoluções: AH a Bolívar, 29 de julho de 1822, ibid., pp. 749-50.
180 "tirano hipócrita": Arana 2013, p. 59.
180 não havia ninguém que liderasse as colônias: AH a Bolívar, 1804, Beck 1959, pp. 30-31.
180 "forte como Deus": Bolívar a AH em Paris, 1804, AH Diário 1982, p. 11.
180 desejo de independência: relatado por AH a Daniel F. O'Leary, 1853, Beck 1969, p. 266; AH viu O'Leary em abril de 1853 em Berlim, AH a O'Leary, abril de 1853, MSS141, Biblioteca Luis Ángel Arango, Bogotá (meu agradecimento a Alberto Gómez Gutiérrez da Pontificia Universidad Javeriana Bogotá por chamar minha atenção para a existência desse manuscrito).
180 "governo de desconfiança": AH, 4 de janeiro-17 de fevereiro de 1803, "Colônias", AH Diário 1982, p. 65.
180 entusiasmo por Washington e Franklin: AH Narrativa pessoal 1814-1829, vol. 3, p. 106.
181 divisões raciais nas colônias: AH, 4 de janeiro-17 de fevereiro de 1803, "Colônias", AH Diário 1982, p. 65.
181 "república branca": AH, 25 de fevereiro de 1800, ibid., p. 255.
181 Bonpland encorajou Bolívar: AH a Daniel F. O'Leary, 1853, Beck 1969, p. 266.
181 "uma época em que": AH a Bolívar, 29 de julho de 1822, Minguet 1986, p. 749.
181 AH rápido para fazer juízo das pessoas: AH a Johann Leopold Neumann, 23 de junho de 1791, AH Cartas 1973, p. 142.
181 AH apontava os deslizes e problemas alheios: Carl Voght, 14 de fevereiro de 1808, Voght 1959-1967, vol. 3, p. 95.
181 "rei do macarrão": AH a Varnhagen, 9 de novembro de 1856, Biermann e Schwarz, 2001b, sem número de página.
181 denominado de "geleira": AH a Ignaz von Olfers, após 19 de dezembro de 1850, ibid.
181 cordialidade e vulnerabilidade: WH a CH, 18 de setembro de 1804, WH CH Cartas 1910-1916, vol. 2, p. 252.
182 carta em francês: WH a CH, 6 de junho de 1804, ibid., p. 183.
182 "demonstrações de sentimento": CH a WH, 4 de novembro de 1804, ibid., p. 274.
182 carta séria a AH: CH a WH, 3 de setembro de 1804, ibid., p. 238.

182 "Deixá-lo sozinho": CH a WH, 16 de setembro de 1804, ver também WH a CH, 18 de setembro de 1804, ibid., pp. 250, 252.
182 "todos os países europeus": CH a WH, 28 de agosto de 1804, ibid., p. 231.
182 "o homem certo": AH a John Vaughan, 10 de junho de 1805, Terra 1958, p. 562ff.
183 ideias de AH para livros: AH a Marc-Auguste Pictet, 3 de fevereiro de 1805, Bruhns 1873, vol. 1, pp. 345-47; AH a Carl Ludwig Willdenow, 21 de fevereiro de 1801, Biermann 1987, pp. 171-72.
183 carpinteiro e tampo de mesa: Terra 1955, p. 219; Podach 1959, p. 209.
184 AH deixou Paris: Bruhns 1873, vol. 1, p. 351.
184 AH cruzando os Alpes: ibid., AH a Archibald MacLean, 6 de novembro de 1791, AH Cartas 1973, p. 157.
184 AH em Roma: WH CH Cartas 1910-1916, vol. 2, p. 298; AH a Aimé Bonpland, 10 de junho de 1805, Bruhns 1873, vol. 1, p. 352.
184 WH e a casa de CH: Gersdorff 2013, p. 93ff.
184 Leopold von Buch: Werner 2004, p. 115ff.
185 Bolívar caminhou até a Itália: O'Leary 1915, p. 86; Arana 201, p. 61ff.
186 Bolívar um "sonhador": AH a Daniel F. O'Leary, 1853, Beck 1969, p. 266.
186 "grande sabedoria e prudência": Vicente Rocafuerte a AH, 17 de dezembro de 1824, Rippy e Brann 1947, p. 702.
186 Bolívar como um "fabulista": Rodríguez 2011, p. 67; ver também Werner 2004, pp. 116-17.
186 erupção do Vesúvio: Elisa von der Recke, diário 13 de agosto de 1805, Recke 1815, vol. 3, p. 271ff.
186 "expressão de cortesia com que o Vesúvio": sr. Chenevix sobre AH, Charles Bladgen a Joseph Banks, 25 de setembro de 1805, Banks 2007, vol. 5, p. 452.
186 "asteroide ao lado de Saturno": AH a Aimé Bonpland, 1º de agosto de 1805, Heiman 1959, p. 229.
187 Bolívar no Monte Sacro: Arana 201, p. 65ff.
187 "rompido os grilhões": juramento solene de Bolívar, Rippy e Brann 1947, p. 703.

CAPÍTULO 10: BERLIM

189 jornada de AH a Berlim: AH a Spener ou Sander, 28 de outubro de 1805, Bruhns 1873, vol. 1, p. 354.
189 entorno de Berlim banal e enfadonho: AH a Fürst Pückler-Muskau, Biermann e Schwarz 1999a, p. 183.
190 "natureza mais tropical": AH a Johann Georg von Cotta, 9 de março de 1844, AH Cartas de e para Cotta 2009, p. 259; ver também AH a Goethe, 6 de fevereiro de 1806, Goethe, Cartas de e para Humboldt 1909, p. 298.
190 "queimava sob meus pés": AH a de Beer, 22 de abril de 1806, Bruhns 1873, vol. 1, p. 358.
190 pensão real a AH: ibid., p. 355.
190 comparação de salários de WH e de artesãos: Merseburger 2009, p. 76; WH a CH, 19 de junho de 1810, WH CH Cartas 1910-16, vol. 3, p. 418.
190 "quase opressivas": AH a Marc-Auguste Pictet, novembro ou dezembro de 1805, Bruhns 1873, vol. 1, p. 354.
190 Napoleão sobre Frederico Guilherme III: Terra 1955, p. 244.
190 manter em sigilo a nomeação real: AH a Marc-Auguste Pictet, 1805, Bruhns 1873, vol. 1, p. 355.
191 AH imerso nas fofocas da corte: Leopold von Buch, diário, 23 de janeiro de 1806, Werner 2004, p. 117.
191 AH e a casa de veraneio: Bruhns 1873, vol. 1, p. 356.
191 choupana magnética: ibid., Biermann e Schwarz 1999a, p. 187.
191 Gay-Lussac deixou Berlim: Werner 2004, p. 79.
191 "em isolamento e como um forasteiro": AH a de Beer, 22 de abril de 1806, Bruhns 1873, vol. 1, p. 358.
191 Bonpland tinha aversão ao trabalho de escrivaninha: AH a Carl Ludwig Willdenow, 17 de maio de 1810, Fiedler e Leitner 2000, p. 251.

192 "em particular no que dizia respeito a": AH a Bonpland, 21 de dezembro de 1805; para AH e as publicações de Bonpland, ver AH a Bonpland, 1º de agosto de 1805, 4 de janeiro de 1806, 8 de março de 1806, 27 de junho de 1806, Biermann 1990, pp. 179-80.
192 "Escrevi a maior e principal parte": AH Geografia 2009, p. 61.
193 "o mundo gosta de *ver*": AH a Marc-Auguste Pictet, fevereiro de 1805, Bruhns 1873, vol. 1, p. 347.
193 "uma larga pincelada": AH Geografia 2009, p. 64.
194 sua "conexão natural": AH Narraiva Pessoal 1814-1829, vol. 1, p. xlv.
194 "faixas longas": AH Geografia 2009, p. 66; AH Geografia 1807, p. 7.
194 AH sobre a distribuição das plantas no Ensaio (nota de rodapé): AH Geografia 2009, pp. 68, 75, 96; AH Geografia 1807, pp. 11, 31, 82-83.
194 lavouras e plantas: AH Geografia 2009, pp. 71-72; AH Geografia 1807, pp. 16-21.
194 impérios e plantas: AH Geografia 2009, pp. 72-73; AH Geografia 1807, pp. 23-24.
195 "ancestral" conexão: AH Geografia 2009, p. 67; AH Geografia 1807, p. 9.
195 teoria do deslocamento das placas tectônicas: o geólogo alemão Alfred Wegener formulou a teoria das placas tectônicas em 1912, mas ela só foi confirmada nas décadas de 1950 e 1960.
195 ao mostrar analogias inesperadas: AH Geografia 2009, p. 79; AH Geografia 1807, p. 40.
195 um "reflexo do todo": AH Cosmos 1845-1852, vol. 2, p. 86; AH Kosmos 1845-1850, vol. 2, p. 89 [tradução minha "Abglanz des Ganzen"].
195 "de acordo com o formato": AH Geografia 2009, p. 69; AH Geografia 1807, p. 13.
195 "nossa imaginação e o nosso espírito": AH Geografia 2009, p. 79; AH Geografia 1807, p. 41.
195 referência de AH a Schelling: AH Geografia 1807, p. v; Humboldt escreveu diferentes introduções para as edições francesa e alemã.
195 *Naturphilosophie*, de Schelling: Richards 2002, pp. 114-203.
195 "a necessidade de apreender": Henrik Steffens, 1798, ibid., p. 151.
195 "Eu mesmo sou idêntico": Schelling, in Richards 2002, p. 124.
196 "Príncipe do Empirismo": K. J. H. Windischmann a Schelling, 24 de março de 1806, Werner 2000, p. 8.
196 "polos conflitantes": AH Geografia 1807, p. v.
196 conceito de "organismo" e todo unificado: Richards 2002, pp. 138, 129ff.
196 uma "revolução" nas ciências: AH a F. W. J. Schelling, 1º de fevereiro de 1805, Werner 2000, p. 6.
196 "seca compilação de fatos": AH a Christian Carl Josias Bunsen, 22 de março de 1835, AH Cartas de e para Bunsen 2006, p. 29.
196 "influência da sua obra": AH a Goethe, 3 de janeiro de 1810, Goethe, Cartas de e para Humboldt 1909, p. 304, ver também AH a Caroline von Wolzogen, 14 de maio de 1806, Goethe, AH WH Cartas 1876, p. 407.
197 "Oh, como eu gostaria": Goethe 2002, p. 222.
197: Goethe "devorou" o Ensaio: Goethe a Johann Friedrich von Cotta, 8 de abril de 1813, Goethe, Ciência natural 1989, p. 524.
197 Goethe releu o Ensaio: Goethe, 17, 18, 19, 20, 28 de março de 1807, Goethe, Diário 1998-2007, vol. 3, pt. 1, pp. 298-99, 301; Goethe a AH, 3 de abril de 1807, Goethe, Correspondência 1968-1976, vol. 3, p. 41.
197 Goethe e a *Naturgemälde* (nota de rodapé): Goethe a AH, 3 de abril de 1807, Goethe, Correspondência 1968-1976, vol. 3, p. 41; Goethe, 5 de maio e 3 de junho de 1807, Goethe, Diário 1998-2007, vol. 3, pt. 1, pp. 308, 322.
197 palestra de Goethe sobre AH: Goethe, 1º de abril de 1807, Goethe, Diário 1998-2007, vol. 3, pt. 1, p. 302; Charlotte von Schiller, 1º de abril de 1807, Goethe, Encontros 1965-2000, vol. 6, p. 241; Goethe, Geognostische Vorlesungen, 1º de abril de 1807, Goethe, Ciência natural, 1989, p. 540.
197 "Com um bafejo estético": resenha de Goethe de *Ideen zu einer Physiognomik der Gewächse*, de Humboldt, 31 de janeiro de 1806, *Jenaer Allgemeine Zeitung*, Goethe Morfologia 1987, p. 379.
198 publicação do Ensaio na Alemanha: Johann Friedrich von Cotta a Goethe, 12 de janeiro de 1807, Goethe, Cartas 1980-2000, vol. 5, p. 215.
199 universidades na Prússia: Geier 2010, p. 266.

199 "soterrado nas ruínas de uma pátria infeliz": AH a Christian Gottlieb Heyne, 13 de novembro de 1807, ibid., p. 254.
199 "Por que não fiquei": AH a Johann Friedrich von Cotta, 14 de fevereiro de 1807, AH Cartas de e para Cotta 2009, p. 78.
200 Quadros da natureza um sucesso de vendas: Fiedler e Leitner 2000, pp. 38-69.
200 Quadros da natureza favorito de AH: Bruhns 1873, vol. 1, p. 357.
200 "ventre incandescente da Terra" e citações seguintes: AH Quadros 2014, pp. 30, 38, 108, 121, 126; AH Aspectos 1849, vol. 1, pp. 3, 20, 189, 216, 224; AH Ansichten 1808, pp. 4-5, 33-34, 140, 298, 316 (as citações são de diferentes edições).
200 "despejavam sua vermelha luz fosfórica": AH Aspectos 1849, vol. 1, p. 231; AH Quadros 2014, p. 129; AH Ansichten 1808, pp. 329-30.
200 "melodia" de suas frases: AH a Johann Friedrich von Cotta, 21 de fevereiro de 1807, AH Cartas de e para Cotta 2009, p. 80.
200 anotações em Quadros da natureza (nota de rodapé): AH Aspectos 1849, vol. 2, p. 112ff.; AH Quadros 2014, p. 201ff.; AH Ansichten 1849, vol. 2, p. 135 (não se trata da edição alemã de 1808 de Quadros da natureza, mas similar).
201 "sentimentos interiores": AH Aspectos 1849, vol. 1, p. 208; AH Quadros 2014, p. 117; AH Ansichten 1808, p. 284.
201 rede de vida: AH Aspectos 1849, vol. 2, pp. 7-8; AH Quadros 2014, pp. 157-58; AH Ansichten 1808, p. 163ff.
201 conexões internas de: AH Ansichten 1808, p. vii (tradução minha, "in den inneren Zusammenhang der Naturkräfte"), AH Aspectos 1849, vol. 2, p. viii; AH Quadros 2014, p. 25.
201 "um único retrato da natureza": AH Aspectos 1849, vol. 1, p. 207; ; AH Quadros 2014, p. 117; AH Ansichten 1808, p. 282.
201 AH infeliz em Berlim: Beck 1959-61, vol. 2, p. 16.
201 "seguir-me de bom grado": AH Quadros 2014, pp. 25-26; AH Aspectos 1849, vol. 1, p. ix; AH Ansichten 1808, p. viii.
201 "tempestuosas ondas da vida": AH Aspectos 1849, vol. 1, p. ix; AH Quadros 2014, p. 25; AH Ansichten 1808, p. viii.
201 que "mergulhei": Goethe a AH, 16 de maio de 1821, Goethe, Correspondência 1968-1976, vol. 3, p. 505.
202 "o leitor acredita que está": François-René de Chateaubriand, in Clark e Lubrich 2012b, p. 29.
202 Thoreau e Quadros da natureza: Sattelmeyer 1988, p. 207; Thoreau a Spencer Fullerton Baird, 19 de dezembro de 1853; Thoreau, Correspondência 1958, p. 310; Thoreau fez referência ao livro em *The Maine Woods* e *Excursions*, entre outras obras.
202 "nesse céu repleto de teias de aranha": Emerson 1959-1972, vol. 3, p. 213; para Emerson, Quadros da natureza e AH, ver também Emerson in 1849, Emerson 1960-1992, vol. 11, pp. 91, 157; Harding 1967, p. 143; Walls 2009, p. 251ff.
202 Darwin e Quadros da natureza: Darwin a Catherine Darwin, 5 de julho de 1832, Darwin, Correspondência, vol. 1, p. 247.
202 Verne e AH: Schifko 2010; Clark e Lubrich 2012, pp. 24-25; 170-75, 191, 204-05, 214-23.
202 "O que eu posso fazer": *Os filhos do capitão Grant*, de Júlio Verne (1865-1870).
202 AH e capitão Nemo: *Vinte mil léguas submarinas*, de Júlio Verne, 1869-1870, Clark e Lubrich 2012, pp. 174, 191-92.
202 "vicejantes campos de batatas": AH a CGJ Jacobi, 21 de novembro de 1841, Biermann e Schwarz 2001b, sem número de página.
203 "Não aprovo": WH a CH, WH CH Cartas 1910-1916, vol. 4, p. 188.
203 AH escreveu ao rei: AH, Aus Meinem Leben (1769-1850), in Biermann 1987, p. 113.

CAPÍTULO 11: PARIS

205 atormentado por não ser suficientemente rápido: AH a Goethe, 3 de janeiro de 1810, Goethe, Cartas de e para Humboldt 1909, p. 305; ver também AH a Franz Xaver von Zach, 14 de maio de 1806, Bruhns 1873, vol. 1, p. 360.

205 "melancolia": e outras desculpas: AH a Johann Friedrich von Cotta, 6 de junho de 1807, 13 de novembro de 1908, 11 de dezembro de 1812, AH Cartas de e para Cotta 2009, pp. 81, 94, 115.
205 "qualquer botânico na Europa": AH a Bonpland, 7 de setembro de 1810, AH Cartas de e para Bonpland 2004, p. 57; ver também Fiedler e Leitner 2000, p. 251.
205 Vistas das cordilheiras: Vistas das cordilheiras foi publicado em sete partes entre 1810 e 1813.
206 "Natureza e arte": AH a Goethe, 3 de janeiro de 1810, Goethe, Cartas de e para Humboldt 1909, p. 304; ver também Goethe, 18 de janeiro de 1810, Goethe, Diário 1998-2007, vol. 4, pt. 1, p. 111.
206 *Vues* enviado por um mensageiro: Goethe, 18 de janeiro de 1810, Goethe, Diário 1998-2007, vol. 4, pt. 1, p. 111.
206 Goethe e *Vues*: Goethe, 18, 19, 20 e 21 de janeiro de 1810, Goethe, Diário 1998-2007, vol. 4, pt. 2, pp. 111-12.
206 indagações de AH: por exemplo, David Warden a AH, 9 de maio de 1809, AH Cartas EUA 2004, p. 111; AH a Alexander von Rennenkampff, 7 de janeiro de 1812, Biermann 1987, p. 196.
206 "maiores sumidades do mundo": Jefferson a AH, 13 de junho de 1817, Terra 1959, p. 795.
206 *AH* encaminhou livros a Jefferson: Jefferson a AH, 6 de março de 1809, 14 de abril de 1811, 6 de dezembro de 1813, AH a Jefferson, 12 de junho de 1809, 23 de setembro de 1810, 20 de dezembro de 1811; William Gray a Jefferson, 18 de maio de 1811, TJ RS Documentos, vol. 1, pp. 24, 266, vol. 3, pp. 108, 553, 623, vol. 4, pp. 353-54, vol. 7, p. 29; AH a Jefferson, 30 de maio de 1808, Terra 1959, p. 789.
206 AH e Joseph Banks: AH a Banks, 15 de novembro de 1800; Bonpland a Banks, 20 de fevereiro de 1810; Banks a James Edward Smith, 2 de fevereiro de 1815 (solicitando a AH um espécime de buriti); Banks a Charles Bladgen, 28 de fevereiro de 1815, Banks 2007, vol. 5, pp. 63ff.; vol. 6, pp. 27-28, 164-65; 171, AH a Banks, 23 de fevereiro de 1805, BL Add Ms 8099, ff. 391-92; AH a Banks, 10 de julho de 1809, BL Add Ms 8100, ff. 43-44.
206 "três casas diferentes": Adelbert von Chamisso a Eduard Hitzig, 16 de fevereiro de 1810, Beck 1959, p. 37; AH a Marc-Auguste Pictet, março de 1808, Bruhns 1873, vol. 2, p. 6; Caspar Voght, 16 de março de 1808, Voght 1959-1965, vol. 3, p. 95.
207 AH e Kunth (nota de rodapé): AH a Johann Georg von Cotta, 14 de abril de 1850, AH Cartas de e para Cotta 2009, p. 430; ver também Biermann 1990, p. 183.
207 as chamadas "horas de sótão": Carl Vogt, janeiro de 1845, Beck 1959, p. 206.
207 missão científica de Arago: "An Autobiography of Francis Arago", Arago 1857, p. 12ff.
207 "língua maligna": Arago sobre AH, Biermann e Schwarz 2001b, sem número de página.
207 "emburrado feito uma criança": Adolphe Quetelet, 1822, Bruhns 1873, vol. 2, p. 58.
208 "gêmeos siameses": AH a Arago, 31 de dezembro de 1841, AH Cartas de e para Arago 1907, p. 224.
208 "alegria da minha vida": AH a Arago, 31 de julho de 1848, ibid., p. 290.
208 "Você sabe do intenso desejo": WH a CH, 1º de novembro de 1817, WH CH Cartas 1910-1916, vol. 6, p. 30.
208 "Alexander poderia ter salvado tudo": WH a CH, 14 de janeiro de 1809, ibid., vol. 3, p. 70.
208 WH e seu dever patriótico: Geier 2010, p. 272.
208 "tinha deixado de ser alemão": WH a CH, 3 de dezembro de 1817, WH CH Cartas 1910-1916, vol. 6, p. 64; ver também WH a CH, 6 de dezembro de 1813 e 8 de novembro de 1817, ibid., vol. 4, p. 188 e vol. 6, pp. 43-44.
208 AH não tinha a menor intenção de ir para Berlim: WH a CH, 10 de julho de 1810, ibid., vol. 3, p. 433.
209 "Você tem interesse em botânica?": Napoleão a AH, conforme relato de Goethe a Friedrich von Müller, Diário de Müller, 28 de maio de 1825, Goethe, AH WH Cartas 1876, p. 407.
209 "a opinião dele não era flexível": Cerimônias em homenagem a Humboldt, 2 de junho de 1859, *Journal of American Geological and Statistical Society*, 1859, vol. 1, p. 226, 2 de junho de 1959, *Journal of the American Geological and Statistical Society*, 1859, vol. 1, p. 235.
209 AH enviou livros a Napoleão: Podach 1959, pp. 198, 201-02.
209 "Napoleão me odeia": AH após uma audiência com Napoleão, 1804, Beck 1959-1961, vol. 2, p. 2.
209 cientistas como políticos na França: Serres 1995, p. 431.
209 *Descrição do Egito* e AH: Krätz 1999a, p. 113.

NOTAS 507

210 Napoleão leu os livros de AH: Beck 1959-1961, vol. 2, p. 16.
210 polícia secreta, criado subornado, aposentos revistados: Daudet 1912, pp. 295-365; Krätz 1999a, p. 113.
210 relatório confidencial: relatório de George Monge, 4 de março de 1808: Podach 1959, p. 200.
210: AH e Chaptal: Podach 1959, p. 200ff.
210 desjejum no Café Procope: Carl Vogt, janeiro de 1845, Beck 1959, p. 207.
210 "chez Monsieur de Humboldt": Bruhns 1873, vol. 2, p. 89.
210 "ídolo da sociedade parisiense": George Ticknor, abril de 1817, AH Cartas EUA 2004, p. 516.
210 AH onipresente: Konrad Engelbert Oelsner a Friedrich August von Stägemann, 28 de agosto de 1819, Päßler 2009, p. 12.
211 "à vontade falando sobre todos": John Thornton Kirkland, 28 de maio de 1821, Beck 1959, p. 69.
211 "inebriado por seu amor": Caspar Voght, 16 de março de 1808, Voght 1959-1965, vol. 3, p. 95.
211 AH conhecia artistas e pensadores: Krätz 1999a, pp. 116-17; Clark e Lubrich 2012, pp. 10-14.
211 "camada de gelo": Fräulein von R., outubro-novembro de 1812, Beck 1959, p. 42.
211 voz suave de AH: Roderick Murchison, maio de 1859, ibid., p. 3.
211 "fogo-fátuo": Karoline Bauer, *My life on stage*, 1876, Clark e Lubrich 2012, p. 199.
211 "magro, elegante e ágil": ibid.
211 "eclusa" de palavras: Carl Vogt, janeiro de 1845, Beck 1959, p. 208.
211 "cansa os ouvidos": WH a CH, 30 de novembro de 1915, WH CH Cartas 1910-1916, vol. 5, p. 135.
211 "instrumento sobrecarregado": Heinrich Laube, Laube 1875, p. 334.
211 "pensar em voz alta": Wilhelm Foerster, Berlim 1855, Beck 1959, p. 268.
211 pessoas evitavam ir embora de uma festa: Adolphe Quetelet, 1822, Bruhns 1873, vol. 2, p. 58.
211 AH como um meteoro: Karl August Varnhagen von Ense, 1810, Varnhagen 1987, vol. 2, p. 139.
211 AH e a escrita cuneiforme: Karl Gutzkow, Beck 1969, pp. 250-51.
211 AH livre de preconceitos: Johann Friedrich Benzenberg, 1815, ibid., p. 259.
212 os parisienses e a guerra: Horne 2004, p. 195.
212 população de Paris: Marrinan 2009, p. 284.
212 "o início do fim": Talleyrand, in Horne 2004, p. 202.
213 tropas aliadas em Paris: Horne 2004, p. 202; John Scott, 1814 Scott 1816, p. 71.
213 "de cintura estreita feito vespas": Benjamin Robert Haydon, maio de 1814, Haydon 1950, p. 212.
213 "praguejassem entredentes": ibid.
213 segunda pátria de AH: AH a Jean Marie Gerando, 2 de dezembro de 1804, Geier 2010, p. 248; AH a François Guizot, outubro de 1840, Päßler 2009, p. 25.
214 AH escreveu a Madison: AH a James Madison, 26 de agosto de 1813, Terra 1959, p. 798.
214 AH mais francês do que alemão: WH a CH, 9 de setembro de 1814, WH CH Cartas 1910-1916, vol. 4, p. 384.
214 "surtos de melancolia": AH a CH, 24 de agosto de 1813, Bruhns 1873, vol. 2, p. 52.
214 "honra" de seu povo: AH a Johann Friedrich Benzenberg, 22 de novembro de 1815, Podach 1959, p. 206.
214 AH usou contatos para salvar o Jardin des Plantes: Podach 1959, pp. 201-02; Winfield Scott a James Monroe, 18 de novembro de 1815. Monroe encaminhou essa carta a Jefferson, James Monroe a Jefferson, 22 de janeiro de 1816, TJ RS Documentos, vol. 9, p. 392.
214 tesouros artísticos reunidos no Louvre: John Scott, 1815, Scott 1816, p. 328ff.
215 Bladgen em Paris: Diário de Charles Bladgen, 5 de fevereiro de 1815, Ewing 2007, p. 275.
215 Davy em Paris: Ayrton 1831, pp. 9-32.
215 Davy na Real Instituição: Holmes 1998, p. 71.
216 "ampliar meu estoque de metáforas": Coleridge em 1802, Holmes 2008, p. 288.
216 "fonte criativa": Humphry Davy em 1807, ibid., p. 276.
216 "A minha visão do mundo": AH a Goethe, 1º de janeiro de 1810, Goethe, Cartas de e para Humboldt 1909, p. 305.

CAPÍTULO 12: REVOLUÇÕES E NATUREZA

217 Bolívar, "Meu delírio sobre o Chimborazo", 1822: Clark e Lubrich 2012, pp. 67-68.
218 AH, Bolívar e revoluções: AH a Bolívar, 29 de julho de 1822, Minguet 1986, pp. 749-50; AH a Bolívar, 1804, Beck 1959, pp. 30-31; AH a Daniel F. O'Leary, 1853, Beck 1969, p. 266; Vicente Rocafuerte a AH, 17 de dezembro de 1824, Rippy e Brann 1947, p. 702; Bolívar e o Iluminismo, Lynch 2006, pp. 28-32.
218 periódico científico: Era o *Semanario*. AH, "Geografía de las plantas, o cuadro físico de los Andes equinocciales y los países vecinos", Caldas 1942, vol. 2, pp 21-162.
219 "Com sua pena": Bolívar a AH, 10 de novembro de 1821, Minguet 1986, p. 749.
219 "mar tempestuoso": Bolívar, Mensagem à Convenção de Ocaña, 29 de fevereiro de 1828, Bolívar 2003, p. 87.
219 "arava o mar": Bolívar ao general Juan José Flores, 9 de novembro de 1830, ibid., p. 146.
219 "o próprio cerne": Bolívar, Discurso ao Congresso de Angostura, 15 de fevereiro de 1819, ibid., p. 53.
219 "verdadeiro amante da natureza": O'Leary 1879-88, vol. 2, p. 146; para o amor pela vida na natureza, ver também p. 71; e Arana 2013, p. 292.
219 "A minha alma se deslumbra": Bolívar a José Joaquín Olmedo, 27 de junho de 1825, Bolívar 2003, p. 210.
220 os Alpes canalizaram os pensamentos de Bolívar: O'Leary 1915, p. 86; Arana 2013, p. 61.
220 "dentro de mim ardia o fogo": Bolívar, Manifesto às Nações do Mundo, 20 de setembro de 1813, Bolívar 2003, p. 121; Bolívar retornou brevemente à Europa em 1810, ocasião em que voltou a Londres numa missão diplomática a fim de angariar apoio internacional para a revolução.
220 enfraquecimento da Espanha e revoluções: Langley 1996, p. 166ff.
220 México e revoltas: Langley 1996, p. 179ff.
221 padres berrando com os "pecadores": Arana 2013, p. 109, ver também Lynch 2006, p. 59ff.
221 "Se a Natureza decidir": José Domingo Díaz, 26 de março de 1812, Arana 2013, p. 108.
221 população de Caracas: *Royal Military Chronicle*, vol. 4, junho de 1812, p. 181.
222 Bolívar fugiu do país: Arana 2013, p. 126.
222 "A todas essas perguntas": Jefferson a AH, 14 de abril de 1811, TJ RS Documentos, vol. 3, p. 554.
222 Jefferson sobre as revoluções sul-americanas: Jefferson a Pierre Samuel du Pont de Nemours, 15 de abril de 1811; Jefferson a Tadeusz Kosciuszko, 16 de abril de 1811; Jefferson a Lafayette, 30 de novembro de 1813, TJ RS Documentos, vol. 3, pp. 560, 566; vol. 7, pp. 14-15; Jefferson a Lafayette, 14 de maio de 1817, DLC.
222 "produção agrícola e seu comércio": Jefferson a Luis de Onís, 28 de abril de 1814, TJ RS Documentos, vol. 7, p. 327.
222 Bolívar chegou a Cartagena: Arana 2013, p. 128ff.
222 Bolívar supostamente usando os mapas de AH: Slatta e De Grummond 2003, p. 22. Os mapas de Humboldt do rio Madalena foram copiados por diversas pessoas, incluindo o botânico José Mutis, o cartógrafo Carlos Francisco de Cabrer e José Ignacio Pombo. AH, março de 1804, AH Diário 2003, vol. 2, p. 42ff.
223 "Onde quer que haja o jugo do império espanhol": Bolívar, Discurso ao povo de Tenerife, 24 de dezembro de 1812, Arana 2013, p. 132.
223 uma "gangrena": Bolívar a Camilo Torres, 4 de março de 1813, ibid., p. 138.
223 desunião das colônias: Lynch 2006, p. 67.
223 "gafanhotos" que destruíam: Bolívar, O Manifesto de Cartagena, 15 de dezembro de 1812, Bolívar 2003, p. 10.
223 "Marche! Ou você": Bolívar a Francisco Santander, maio de 1813, Arana 2013, p. 139.
223 "Preciso de 10 mil canhões": Bolívar a Francisco Santander, 22 de dezembro de 1819, Lecuna 1951, vol. 1, p. 215.
223 rascunho da constituição e atrasos apenas para aguardar amante: Arana 2013, pp. 184, 222.
223 "poesia do movimento": Bolívar, Método a ser empregado na educação do meu sobrinho Fernando Bolívar, c. 1822, Bolívar 2003, p. 206.

224 "feroz" quando se irritava: O'Leary 1969, p. 30.
224 prensa tipográfica de Bolívar: Arana 2013, p. 243.
224 mente arguta de Bolívar, e ditando cartas: O'Leary 1969, p. 30.
224 "eu deliberava, refletia": Arana 2013, p. 244.
225 entrando em Mérida: ibid., p. 140ff.
225 "guerra de morte": Bolívar, Decreto de Guerra de Morte, 15 de junho de 1813, Bolívar 2003, p. 114; Langley 1996, p. 187ff.; Lynch 2006, p. 73.
225 "Os seus libertadores chegaram": Bolívar, Proclamação do General do Exército de Libertação, 8 de agosto de 1813, Lynch 2006, p. 76.
225 "Legiões do Inferno": Arana 2013, p. 151.
225 Boves matou 80 mil republicanos: ibid., p. 165; ver também Lynch 2006, p. 82ff.; Langley 1996, p. 188ff.
226 "Cidades que tinham": Arana 2013, p. 165.
226 "ódio de uma casta por outra": AH a Jefferson, 20 de dezembro de 1811, TJ RS Documentos, vol. 4, p. 354.
226 armada espanhola: Arana 2013; pp. 170-71; Langley 1996, p. 191.
226 "A mais bela metade da Terra": Bolívar ao lorde Wellesley, 27 de maio de 1815, Bolívar 2003, p. 154.
226 "domínios da Espanha": James Madison, Proclamação número 21, 1º de setembro de 1815, "Warning against unauthorized military expedition against the Dominions of Spain" [Alerta contra o uso não autorizado de expedições militares contra os domínios espanhóis]".
227 "entre aves, bestas-feras e peixes": John Adams a James Lloyd, 27 de mrço de 1815, Adams 1856, vol. 10, p. 14.
227 sociedade "oprimida por padres": Jefferson a AH, 6 de dezembro de 1813, TJ RS Documentos, vol. 7, p. 29.
227 "agrilhoara suas mentes": Jefferson a Tadeusz Kosciuszko, 16 de abril de 1811; ver também Jefferson a Pierre-Samuel du Pont de Nemours, 15 de abril de 1811, TJ RS Documentos, vol. 3, pp. 560, 566; Jefferson a Lafayette, 30 de novembro de 1813, ibid., vol. 7, p. 14.
227 influência de Humboldt "é maior do que a": Winfield Scott a James Monroe, 18 de novembro de 1815. Monroe encaminhou essa carta a Jefferson, James Monroe a Jefferson, 22 de janeiro de 1816, ibid., vol. 9, p. 392.
227 "tão vergonhosamente desconhecido": Jefferson a AH, 13 de junho de 1817; ver também 6 de junho de 1809, Terra 1959, pp. 789, 794.
227 *Ensaio político sobre o reino da Nova Espanha*: publicado primeiramente em francês (a partir de 1808), mas imediatamente seguido das edições em alemão (a partir de 1809) e inglês (a partir de 1811).
227 AH enviou livros a Jefferson: Jefferson a AH, 6 de março de 1809, 14 de abril de 1811, 6 de dezembro de 1813; AH a Jefferson, 12 de junho de 1809, 23 de setembro de 1810, 20 de dezembro de 1811; William Gray a Jefferson, 18 de maio de 1811; TJ RS Documentos, vol. 1, pp. 24, 266, vol. 3, pp. 108, 553, 623, vol. 4, pp. 353-54, vol. 7, p. 29.
227 "Nosso conhecimento": Jefferson a AH, 6 de dezembro de 1813, ibid., vol. 7, p. 30; ver também Jefferson a AH, 13 de junho de 1817, Terra 1959, p. 794.
228 "o que é praticável": Jefferson a Lafayette, 14 de maio de 1817, DLC.
228 "massa única": Jefferson a James Monroe, 4 de fevereiro de 1816, TJ RS Documentos, vol. 9, p. 444.
228 Bolívar mencionou os livros de AH: Carta da Jamaica, 6 de setembro de 1815, Bolívar 2003, p. 12; para a biblioteca de Bolívar, ver Bolívar 1929, vol. 7, p. 156.
229 "fatigar a atenção do leitor": John Black, prefácio do tradutor. AH Nova Espanha 1811: *Political Essay on the Kingdom of New Spain* [*Ensaio político sobre o reino da Nova Espanha*], vol. 1, p. v.
229 "sentimentos independentes": AH a Jefferson, 23 de setembro de 1810, TJ RS Documentos, vol. 3, p. 108.
229 espanhóis tinham incitado o ódio: AH Nova Espanha 1811, vol. 1, p. 196.
229 "condenável fanatismo": ibid., p. 178.

229 extração de matérias-primas: ibid., vol. 3, p. 456.
229 cruéis e suspeitas: ibid., p. 455.
229 "abuso de poder": AH Narrativa pessoal 1814-1829, vol. 3, p. 3.
229 "livrassem dos grilhões": AH Nova Espanha 1811, vol. 3, p. 390.
229 "barbárie europeia": AH, 30 de março de 1801, AH Diário 2003, vol. 1, p. 55.
229 conhecimento enciclopédico de AH: Bolívar, Carta da Jamaica, 6 de setembro de 1815, Bolívar 2003, p. 12.
230 "jamais satisfariam a cobiça": ibid., p. 20.
230 "províncias inteiras foram": Bolívar ao lorde Wellesley, 27 de maio de 1815, Bolívar 2003, p. 154.
230 AH e fartas colheitas: AH Narrativa pessoal 1814-1829, vol. 3, p. 79.
230 "abundantemente favorecida": Bolívar, Carta da Jamaica, 6 de setembro de 1815, Bolívar 2003, p. 20.
230 AH e os vícios do governo feudal: AH Nova Espanha 1811, vol. 3, p. 101.
230 "uma espécie de posse feudal": Bolívar, Carta da Jamaica, 6 de setembro de 1815, Bolívar 2003, p. 20.
230 "as correntes foram rompidas": ibid., p. 13.
230 para Pétion, Bolívar e a escravidão: Langley 1996, pp. 194-97.
231 escravidão como "a filha das trevas": Bolívar, Discurso ao Congresso de Angostura, 15 de fevereiro de 1819, Bolívar 2003, p. 34.
231 Bolívar decretou liberdade para todos os escravos: Bolívar, Decreto de Emancipação dos Escravos, 2 de junho de 1816, Bolívar 2003, p. 177.
231 "véu negro": Bolívar, Discurso ao Congresso de Angostura, 15 de fevereiro de 1819, Bolívar 2003, p. 51.
231 Bolívar, seus escravos, e constituição: Langley 1996, p. 195; Lynch 2006, pp. 151-53.
231 AH sobre a decisão antiescravista de Bolívar: AH a Bolívar, 28 de novembro de 1825, Minguet 1986, p. 751. AH referiu-se a Bolívar em AH Narrativa pessoal, 1814-1829, vol. 6, p. 839; AH Cuba 2011, p. 147.
231 José Antonio Páez: Langley 1996, pp. 196-200; Arana 2013, p. 194ff.
232 "Bunda de Ferro": e a força de Bolívar: Arana 2013, pp. 208-10.
232 aparência física de Bolívar: ibid., pp. 3, 227.
232 Congresso em Angostura: Lynch 2006, p. 119ff.
233 unidade entre as raças e as colônias: Bolívar, Discurso ao Congresso de Angostura, 15 de fevereiro de 1819, Bolívar 2003, pp. 38-39, 53.
233 "esplendor e a vitalidade": ibid., p. 53.
233 "munido de forma tão generosa e abundante pela natureza": ibid., p. 53.
233 "um fantoche do furacão revolucionário": ibid., p. 31.
233 Bolívar atravessando o continente: Arana 2013, pp. 230-32; Lynch 2006, pp. 127-29.
233 veteranos das Guerras Napoleônicas: Arana 2013, p. 220; Lynch 2006, pp. 122-24.
233 exército marchando através dos Andes: Arana 2013, p. 230-32; Lynch 2006, pp. 127-28.
234 Batalha de Boyacá: Arana 2013, pp. 233-35; Lynch 2006, pp. 129-30.
234 "um raio": Arana 2013, p. 235.
234 Bolívar rumo a Quito: Arana 2013, pp. 284-88; Lynch 2006, pp. 170-71.
234 "generosa em seus presentes". O'Leary 1879-88, vol. 2, p. 146.
235 poema de Bolívar: Clark e Lubrich 2012, pp. 67-8; a primeira cópia conhecida do poema data de 13 de outubro de 1822 e foi publicada pela primeira vez em 1833; Lynch 2006, p. 320, nota 14.
235 "Com minhas mãos agarro o eterno": Bolívar, "Meu delírio sobre o Chimborazo", Clark e Lubrich 2012, p. 67-68.
235 "a voz tremenda da Colômbia": ibid.
235 "a majestade do Novo Mundo": Bolívar, Discurso ao Congresso de Angostura, 15 de fevereiro de 1819, Bolívar 2003, p. 53.
235 "Venha para o Chimborazo": Bolívar a Simón Rodríguez, 19 de janeiro de 1824, Arana 2013, p. 293.

236 "trono da natureza": ibid.
236 Bolívar no apogeu da fama: Arana 2013, p. 288.
236 "um colosso": Bolívar ao general Bernardo O'Higgins, 8 de janeiro de 1822, Lecuna 1951, vol. 289.
236 "arrancara da ignorância": Bolívar a AH, 10 de novembro de 1821, Minguet 1986, p. 749.
236 "descobridor do Novo Mundo": Bolívar a madame Bonpland, 23 de outubro de 1823, Rippy e Brann 1947, p. 701.
236 "um grande vulcão jaz": Bolívar a José Antonio Páez, 8 de agosto de 1826, Pratt 1992, p. 141.
236 "planta preciosa": Bolívar a Pedro Olañeta, 21 de maio de 1824.
236 "caminhando a passos trôpegos": Bolívar, A Glance at Spanish America, 1829, Bolívar 2003, p. 101.
236 "afogar-se no oceano": Bolívar, Manifesto em Bogotá, 20 de janeiro de 1830, ibid., p. 144.
236 "pronto para explodir": Bolívar a P. Gual, 24 de maio de 1821, Arana 2013, p. 268.
236 "terreno vulcânico": Bolívar ao general Juan José Flores, 9 de novembro de 1830, Bolívar 2003, p. 147.
237 Bolívar, um sonhador: AH a Daniel F. O'Leary, 1853, Beck 1969, p. 266.
237 "fundador da liberdade e independência da sua bela pátria": AH a Bolívar, 29 de julho de 1822, Minguet 1986, p. 750.
237 "Reitero meus votos": ibid.
237 "degeneração da América": Jefferson 1982; Cohen 1995, pp. 72-79, Thomson 2008, pp. 54-72; os cientistas franceses eram o conde de Buffon, Abbé Reynal e Cornélius de Pauw.
237 "encolhem e diminuem": Buffon, in Martin 1952, p. 157.
237 selvagens eram "fracos": Buffon, in Thomson 201, p. 12.
238 "maior na América do que na Europa" e lista de medidas, Jefferson 1982, pp. 50-53.
238 "sob o ventre do nosso alce": TJ em conversa com Daniel Webster, dezembro de 1824, Webster 1903, vol. 1, p. 371.
238 alce de Jefferson: Thomson 201, pp. 10-11.
238 "os espécimes mais pesados": Jefferson a Thomas Walker, 25 de setembro de 1783, TJ Documentos, vol. 6, p. 340; ver também Wulf 2011, pp. 67-70.
238 mastodonte despachado para Paris: TJ a Bernard Germain de Lacépède, 14 de julho de 1808, DLC.
238 "Que ambos os grupos" (nota de rodapé): TJ a Robert Walsh, 4 de dezembro de 1818, com relatos sobre Benjamin Franklin, DLC.
239 "Buffon estava redondamente": AH Narrativa pessoal 1814-1829, vol. 3, pp. 70-71, e AH Cosmos 1845-1852, vol. 2; AH Kosmos 1845-1850, vol. 2, p. 66.
239 caribes (caraíbas) parecidos com estátuas de bronze: AH a WH, 21 de setembro de 1801, AW WH Cartas 1880, p. 30; ver também AH, 1800, Notas sobre os caribes, AH Diário 2000, p. 341.
239 manuscritos e línguas: AH a WH, 25 de novembro de 1802, AW WH Cartas 1880, pp. 50-53.
239 "lisonjeavam a vaidade": *AH* Nova Espanha 1811, vol. 3, p. 48; para o exemplar de Bolívar de AH Nova Espanha 1811, ver Bolívar 1929, vol. 7, p. 156.
239 "M. de Humboldt observa": *Morning Chronicle*, 4 de setembro de 1818 e 14 de novembro de 1817.
240 fizera "um bem maior à América": Bolívar a Gaspar Rodríguez de Francia, 22 de outubro de 1823, Rippy e Brann 1947, p. 701.
240 "Vocês também descobrirão": Bolívar, Mensagem ao Congresso Constituinte da República da Colômbia, 20 de janeiro de 1830, Bolívar 2003, p. 103.

CAPÍTULO 13: LONDRES

241 "olharam com indiferença para elas": AH a Heinrich Berghaus, 24 de novembro de 1828, AH Cartas de e para Berghaus 1863, vol. 1, p. 208.
241 AH e mais expedições: AH à Academie des Sciences, 21 de junho de 1803 e AH a Karsten, 1º de fevereiro de 1805, Bruhns 1873, vol. 1, pp. 327, 350; AH a Johann Friedrich von Cotta, 24 de fevereiro de 1805, AH Cartas de e para Cotta 2009, p. 63.
242 "O que há nos campos e florestas depressa me enfastia": Goethe, *Fausto I*, Junto à muralha da cidade, Ato I, Cena 5, verso 1102ff. (tradução de Luke 2008, p. 35).
242 "crueldade dos europeus": AH Nova Espanha 1811, vol. 1, p. 98.

243 "luta desigual": ibid., pp. 104, 123.
243 AH em Londres 1814: WH a CH, 5 de junho de 1814; 14 de junho de 1814; 18 de junho de 1814; WH CH Cartas 1910-16, vol. 4, pp. 345, 351ff., 354-55; AH a Helen Maria Williams, 22 de junho de 1814, Koninklijk Huisarchief, Haia (cópia na Alexander-von-Humboldt-Forschungstelle, Berlim).
243 AH em Londres 1817: WH a CH, 22 de outubro de 1817, WH CH Cartas 1910-16, vol. 6, p. 22.
243 WH não gostou de Londres: WH a CH, 14 de junho de 1814 e 18 de outubro de 1817, ibid., vol. 4, p. 350; vol. 6, p. 20.
244 "notáveis com tão pouca": Richard Rush, 31 de dezembro de 1817, Rush 1833, p. 55.
244 WH tinha ojeriza às amizades de AH: WH a CH, 1º de novembro de 1817, WH CH Cartas 1910-1916, vol. 6, p. 30.
244 WH jamais ficava a sós com AH: WH a CH, 3 de dezembro de 1817, ibid., p. 64.
244 "jorros de palavras": WH a CH, 30 de novembro de 1815, ibid., vol. 5, p. 135.
244 WH deixava o irmão falar: WH a CH, 12 de novembro de 1817, ibid., vol. 6, p. 46.
245 turistas visitando os Mármores de Elgin: Hughes-Hallet 2001, p. 136.
245 "ninguém roubou tanto": WH a CH, 11 de junho de 1814, WH CH Cartas 1910-1916, vol. 4, p. 348.
245 alvoroço de comércio em Londres: Richard Rush, 7 de janeiro de 1818, Rush 1833, p. 81; Carl Philip Moritz, junho de 1782, Moritz 1965, p. 33.
245 "acúmulo de coisas": Richard Rush, 7 de janeiro de 1818, Rush 1833, p. 77.
246 AH em visita à casa de Banks, ao Observatório Real e ao telescópio de Herschel: AH a Robert Brown, novembro de 1817, BL; AH a Karl Sigismund Kunth, 11 de novembro de 1817, *Universitätsbibliothek Gießen*; AH a madame Arago, novembro de 1817, Bibliothèque de l'Institut de France, MS 2115, f. 213-14 (cópias na Alexander-von-Humboldt-Forschungstelle, Berlim).
246 "Maravilhas do Mundo": Holmes 2008, p. 190.
246 "a germinação, florescimento": *Catalogue of a second thousand nebulae* (1789), de William Herschel, Holmes 2008, p. 192.
246 "grande jardim do universo": AH Cosmos 1845-1852, vol. 2, p. 74; AH Kosmos 1845-1850, vol. 2, p. 87.
246 AH e a Royal Society: AH foi nomeado membro estrangeiro da RS em 6 de abril de 1815; ver também Livro de Atas da RS, vol. xli, 1811-1815, p. 520; até o final da vida, AH seria convidado a tornar-se membro de dezoito sociedades científicas britânicas.
246 para o melhoramento: Jardine 1999, p. 83.
247 "Todos os pesquisadores e acadêmicos são irmãos": AH a madame Arago, novembro de 1817, Bibliothèque de l'Institut de France, MS 2115, f. 213-14 (cópia na Alexander-von-Humboldt--Forschungstelle, Berlim).
247 "uma das mais belas": AH a Karl Sigismund Kunth, 11 de novembro de 1817, *Universitätsbibliothek Gießen* (cópia na Alexander-von-Humboldt-Forschungstelle, Berlim).
247 AH no Clube de Jantar da Royal Society: 6 de novembro de 1817, lista de presentes, Clube de Jantar da Royal Society, vol. 20 (sem numeração de páginas).
247 "Jantei na RS": AH a Achilles Valenciennes, 4 de maio de 1827, Théodoridès 1966, p. 46.
247 número de cientistas entre os comensais aumentou: 6 de novembro de 1817, lista de presentes, Clube de Jantar da Royal Society, vol. 20 (sem numeração de páginas).
248 Arago dormia: AH a madame Arago, novembro de 1817, Bibliothèque de l'Institut de France, MS 2115, f. 213-14 (cópia na Alexander-von-Humboldt-Forschungstelle, Berlim).
248 era "detestável": Bruhns 1873, vol. 2, p. 198.
248 "homens poderosos": AH a Karl Sigismund Kunth, 11 de novembro de 1817, *Universitätsbibliothek Gießen* (cópia na Alexander-von-Humboldt-Forschungstelle, Berlim).
248 "uma torpe ciumeira política": *Edinburgh Review*, vol. 103, janeiro de 1856, p. 57.
249 "eu conhecia quase de cor": Darwin a D. T. Gardner, agosto de 1874, publicado em *The New York Times*, 15 de setembro de 1874.
249 "descrição artística da paisagem": AH a Helen Maria Williams, 1810, AH Diário 2003, vol. 1, p. 11.
249 "o leitor toma parte": *Edinburgh Review*, vol. 25, junho de 1815, p. 87.

249 Ele "se excede em tudo": *Quarterly Review*, vol. 15, julho de 1816, p. 442; ver também vol. 14, janeiro de 1816, 368ff.
249 "fervor de sentimento": *Quarterly Review*, vol. 18, outubro de 1817, p. 136.
249 "as vastas florestas selvagens da": Shelley 1998, p. 146. *Frankenstein* também estava impregnado de outras ideias que Humboldt discutiu em seus livros, tais como eletricidade animal e o impulso formativo e as forças vitais de Blumenbach.
250 Humboldt, o "primeiro dos viajantes": lorde Byron, *Don Juan*, Canto IV, cxii.
250 Southey visitou AH: Robert Southey a Edith Southey, 17 de maio de 1817, Southey 196, vol. 2, p. 149.
250 "um olho de pintor": Robert Southey a Walter Savage Landor, 19 de dezembro de 1821, ibid., p. 230.
250 "entre os viajantes o que": Robert Southey a Walter Savage Landor, 19 de dezembro de 1821, ibid., p. 230.
250 Wordsworth pediu emprestado o exemplar de Southey de AH Narrativa pessoal: William Wordsworth a Robert Southey, março de 1815, Wordsworth 1967-1993, vol. 2, p. 216; para Wordsworth e geologia, ver Wyatt 1995.
250 "Respondiam-me com um sorriso": AH Narrativa pessoal 1814-1829, vol. 4, p. 473.
250 O índio respondeu com um sorriso, William Wordsworth, "The River Duddon" [O rio Duddon] (1820)
250 Coleridge lia AH: Wiegand 2002, p. 107; em suas cadernetas Coleridge fez referência a Ensaio sobre a geografia das plantas e AH Narrativa pessoal, ver Coleridge 1958-2002, vol. 4, notas 4857, 4863, 5247; caderneta de S. T. Coleridge n° 21½, BL Add 47519 f57; Egerton MS 2800 ff.190.
251 "irmão do grande viajante": Coleridge, Table Talk, 28 de agosto de 1833, Coleridge 1990, vol. 2, p. 259. AH tinha partido de Roma em 18 de setembro de 1805 e Coleridge chegou em dezembro, Holmes 1998, pp. 52-53.
251 "poetas caminhantes": Bate 1991, p. 49.
251 "um homem verdadeiramente grande": Conferências de Samuel Taylor Coleridge [*Lectures 1818-1819 on the History of Philosophy*], Coleridge 2000, vol. 2, p. 536; para Coleridge, Schelling e Kant, ver Harman, p. 312ff.; Kipperman 1998, p. 409ff.; Robinson 1869, vol. 1, pp. 305, 381, 388.
252 "dar novamente asas": Richards 2002, p. 215.
252 Coleridge e *Fausto*: Coleridge jamais concluiu a tradução do *Fausto* para John Murray, mas publicou uma em 1821 — ainda que anonimamente. Cartas entre Coleridge e John Murray, 23, 29 e 31 de agosto de 1814, Burwick e McKusick 2007, p. xvi; Robinson, 1869, vol. 1, p. 395.
252 "Como tudo vive": Goethe, *Fausto*, Cena 1, Noite, versos 447-8 (trad. de Luke 2008, p. 17); para Coleridge e a interconexão, ver Levere 1990, p. 297.
252 "poderes conectivos da compreensão": Coleridge, "Ciência e sistemas de lógica", transcrição de conferências de Coleridge de 1822, Wiegand 2002, p. 106; Coleridge 1958-2002, vol. 4, notas 4857, 4863, 4864, 5247; caderneta de S. T. Coleridge n° 21½, BL Add 47519 f57; Egerton MS 2800 ff.190.
252 "época de divisão": Coleridge, "Ensaio sobre o princípio do método", 1818, Kipperman 1998, p. 424; ver também Levere 1981, p. 62.
252 "filosofia do mecanismo": Coleridge a Wordsworth, Cunningham e Jardine 1990, p. 4.
252 "escravo enxerido": William Wordsworth, "A Poet's Epitaph" [O epitáfio de um poeta] (1798).
252 "máquinas e mecanismos": Goethe, *Fausto I*, Cena 1, Noite, verso 674(trad. de Luke 2008, p. 23).
252 "espírito da Natureza": conferências de Coleridge 1818-1819, Coleridge 1949, p. 493.
253 "visão microscópica": William Wordsworth, "The Prelude" [O prelúdio], livro XII.
253 "os pequenistas": Coleridge in 1801, Levere 1981, p. 61.
253 "Pois era a nossa intenção": William Wordsworth, "The Excursion" [A excursão] (1814).
253 "laço secreto": *Edinburgh Review*, vol. 36, outubro de 1821, p. 264.
253 "encontravam reflexo umas nas outras": WH a CH, 6 de outubro de 1818, WH CH Cartas 1910-1916, vol. 6, p. 334.

CAPÍTULO 14: ANDANDO EM CÍRCULOS

255 visitas de AH a Londres: em junho de 1814, novembro de 1817 e setembro de 1818; ver também WH A CH, 22 e 25 de setembro de 1818, WH CH Cartas 1910-1916, vol. 6, pp. 320, 323; "Chegadas de gente de requinte", *Morning Post*, 25 de setembro de 1818; Théodoridès 1966, pp. 43-44.

255 o príncipe regente assegurou apoio: AH a Karl August von Hardenberg, 18 de outubro de 1818, Beck 1959-1961, vol. 2, p. 47.

255 "colocar no meu caminho": ibid.

256 AH em Aachen: WH A CH, 9 de outubro de 1818, WH CH Cartas 1910-1916, vol. 6, p. 336.

256 "consultado sobre as questões": *Morning Chronicle*, 28 de setembro de 1818.

256 polícia secreta francesa: Daudet 1912, p. 329.

256 ministro espanhol despachado para Aachen: *The Times*, 20 de outubro de 1818.

256 Aliados não tinham interesse nas colônias espanholas: ibid.; ver também Biermann e Schwarz 2001a, sem número de página.

256 seu "próprio assunto": *The Times*, 20 de outubro de 1818.

256 "completa garantia": AH a Karl August von Hardenberg, 18 de outubro de 1818, Beck 1959-1961, vol. 2, p. 47.

256 o rei concedeu dinheiro a AH: Frederico Guilherme III a AH, 19 de outubro de 1818, ibid., p. 48; *The Times*, 31 de outubro de 1818.

257 preparativos de AH para a jornada à Índia: AH a Karl August von Hardenberg, 30 de julho de 1819; AH a WH, 22 janeiro de 1820, Daudet 1912, pp. 346, 355; Gustav Parthey, fevereiro de 1821, Beck 1959-1961, vol. 2, p. 51.

258 situação financeira de Humboldt: Eichhorn 1959, pp. 186, 205ff.

258 comparar plantas das montanhas: AH a Marc-Auguste Pictet, 11 de julho de 1819, Beck 1959-1961, vol. 2, p. 50.

258 "a minha existência toda": Bonpland a Olive Gallacheau, 6 de julho de 1814, Bell 2010, p. 239.

258 Bonpland em Paris e Londres: ibid., pp. 22, 239; Schulz 1960, p. 595.

258 Zea pedira a Bonpland: Francisco Antonio Zea a Bonpland, 4 de março de 1815, Bell 2010, p. 22.

258 "novos métodos de agricultura prática": Schneppen 2002, p. 12.

259 "O ilustre Franklin": José Rafael Revenga a Francisco Antonio Zea, "Instrucciones a que de orden del excelentísimo señor presidente habrá de arreglar su conducta el E. S. Francisco Zea en la misión que se le ha conferido por el gobierno de Colombia para ante los del continente de Europa y de los Estados Unidos de América", Bogotá, 24 de dezembro de 1819, Archivo General de la Nación, Colômbia, Ministerio de Relaciones Exteriores, Delegaciones – Transferencia 2, 242, 315r-320v. Eu gostaria de agradecer a Ernesto Bassi por essa referência.

259 "impacientemente esperando pelo senhor": Manuel Palacio a Bonpland, 31 de agosto de 1815, Bell 2010, p. 22.

259 Bolívar, Bonpland e Argentina: Bolívar a Bonpland, 25 de fevereiro de 1815, Schulz 1960, pp. 589, 595; Schneppen 2002, p. 12; Bell 2010, p. 25.

259 herbário de Bonpland: William Baldwin, março de 1818, Bell 2010, p. 33.

260 "velho companheiro": AH a Bonpland, 25 de novembro de 1821, AH Cartas de e para Bonpland 2004, p. 79.

260 prisão de Bonpland: Schneppen 2002, p. 12.

260 "o inocente a quem eu amo": Bolívar a José Gaspar Rodríguez de Francia, 22 de outubro de 1823, ibid., p. 17.

260 tentativas de AH de ajudar Bonpland: ibid., pp. 18-21; AH a Bolívar, 21 de março de 1826, O'Leary 1879-88, vol. 12, p. 237.

261 "*maladie centrifuge*": AH a Jean Baptiste Joseph Delambre, 29 de julho de 1803, Bruhns 1873, vol. 1, p. 333.

261 "liberdade de pensamento". AH a WH, 17 de outubro de 1822, Biermann 1987, p. 198.

261 "tremendamente respeitado": ibid.

261 AH queria mudar-se para a América Latina: AH a Bolívar, 21 de março de 1826, O'Leary 1879-1888, vol. 12, p. 237; WH a CH, 2 de setembro de 1824, WH CH Cartas 1910-1916, vol. 7, p. 218.

261 "Alexander sempre imagina": WH a CH, 2 de setembro de 1824, ibid.
261 cientistas ingleses em Paris: Davy jantou com AH em 19 de abril de 1817, AH Cartas EUA 2004, p. 146; Charles Babbage e John Herschel em 1819, Babbage 1994, p. 145.
261 "sentia prazer em ajudar": Charles Babbage, 1819, Babbage 1994, p. 147.
261 AH falava mais rápido que qualquer pessoa: William Buckland a John Nicholl, 1920, Buckland 1894, p. 37.
261 Lyell conheceu AH: Charles Lyell a Charles Lyell pai, 21 e 28 de junho de 1823, Lyell, 1881, vol. 1, pp. 122-24.
262 "uma famosa lição": Charles Lyell a Charles Lyell pai, 28 de agosto de 1823, ibid., p. 146.
262 o inglês de AH: Charles Lyell a Charles Lyell pai, 3 de julho de 1823, ibid., p. 126.
262 "Rumbôu": Charles Lyell a Charles Lyell pai, 28 de junho de 1823, ibid., p. 124.
262 nova compreensão do clima: Körber 1959, p. 301.
263 "*vergleichende Klimatologie*": AH Cosmos 1845-1852, vol. 1, p. 312, AH Kosmos 1845-1850, vol. 1, p. 340.
263 Lyell relacionou clima e geologia: Charles Lyell a Poulett Scrope, 14 de junho de 1830, Lyell 1881, vol. 1, p. 270; ver também Lyell 1830, vol. 1, p. 122.
264 "aprendeu com a leitura de" Humboldt: Charles Lyell a Gideon Mantell, 15 de fevereiro de 1830, Lyell 1881, vol. 1, p. 262.
264 influências na distribuição de calor: Körber 1959, p. 299ff.
264 conclusões de Lyell: Lyell 1830, vol. 1, p. 122; ver também Wilson 1972, p. 284ff.
264 momento "inicial": Charles Lyell a Poulett Scrope, 14 de junho de 1830, Lyell 1881, vol. 1, p. 269.
264 "aplicação geológica": ibid., p. 270.
264 "Ele come pão seco": CH a WH, 14 de abril de 1809, WH CH Cartas 1910-1916, vol. 3, p. 131; ver também Carl Vogt, janeiro de 1845, Beck 1959, p. 201.
264 AH era o eixo de uma roda de fiar: AH a Simón Bolívar, 29 de julho de 1822, Minguet 1986, p. 749; o cientista francês em questão era Jean-Baptiste Boussingault, Podach, 1959, pp. 208-09.
264 AH e Jefferson: AH a Jefferson, 20 de dezembro de 1811, TJ Documentos RS, vol. 4, p. 352; o botânico português era José Corrêa da Serra; AH também apresentou o italiano Carlo di Vidua a Jefferson em 1825, AH a Jefferson, 22 de fevereiro de 1825, Terra 1959, p. 795 e AH Cartas EUA 2004, pp. 122-23.
265 "lançou as bases": Justus von Liebig sobre AH, Terra 1955, p. 265.
265 "o pedido de um ilustre amigo": Gallatin 1836, p. 1.
266 "tendência deles à monarquia absoluta": Charles Lyell a Charles Lyell pai, 28 de agosto de 1823, Lyell, 1881, vol. 1, p. 142.
266 AH sobre liberdade de imprensa e de religião: AH disse isso a George Bancroft, 1820, Terra 1955, p. 266; AH a Charles Lyell em 1823, relatado por Charles Lyell a Charles Lyell pai, 8 de julho de 1823, Lyell 1881, vol. 1, p. 128.
266 "menos disposta do que nunca": AH a Auguste-Pyrame Decandolle, 1818, Bruhns 1873, vol. 2, p. 38; para ciência em Paris, ver Päßler 2009, p. 30 e Terra, p. 251.
266 "joguetes submissos": AH a Charles Lyell em 1823, relatado por Charles Lyell a Charles Lyell pai, 8 de julho de 1823, Lyell 1881, vol. 1, p. 127.
267 "espalhados feito camadas de folhas no outono": ibid.
267 aparência física de AH em 1822: Jean-Baptiste Boussingault, 1822, Podach 1959, pp. 208-09.
267 "O senhor já deve ter": rei Frederico Guilherme III a AH, outono de 1826, Bruhns 1873, vol. 2, p. 95.
268 "pobre como um camundongo de igreja": AH a WH, 17 de dezembro de 1822, AH WH Cartas 1880, p. 112; para as finanças de Eichorn 1959, p. 206.
268 "A única coisa no céu": Helen Maria Williams a Henry Crabb Robinson, 25 de março de 1818, Leask 2001, p. 225.
268 AH abriu mão de sua liberdade: AH a Carl Friedrich Gauß, 16 de fevereiro de 1827, AH Cartas de e para Gauss (ou Gauß) 1977, p. 30.
268 "a posição intermediária": AH a Georg von Cotta, 28 de março de 1833, AH Cartas de e para Cotta 2009, p. 178.

269 uma "tropa de aristocratas". AH a Arago, 30 de abril de 1827, AH Cartas de e para Arago 1907, p. 23.
269 AH em Londres: 3 de maio de 1827, Livro de Atas da RS, vol. XLI, p. 37ff. e 3 de maio de 1827, lista de presentes, Clube de Jantar da Royal Society, vol. 21, sem numeração de páginas, AH a Arago, 30 de abril de 1827, AH Cartas de e para Arago 1907, pp. 22-24.
269 Mary Somerville (nota de rodapé): Patterson 1969, p. 311; Patterson 1974, p. 272.
269 AH e Canning: AH a Arago, 30 de abril de 1827, AH Cartas de e para Arago 1907, p. 28; Canning tornou-se primeiro-ministro em 10 de abril e o jantar foi realizado em 23 de abril de 1827.
269 "meus tormentos aqui": AH a Achilles Valenciennes, 4 de maio de 1827, Théodoridès 1966, p. 46.
270 túnel sob o Tâmisa: Buchanan, 2002, p. 22ff.; Pudney 1974, p. 16ff.; Brunel 1870, p. 24ff.
270 "ansiedade aumentando diariamente": Marc Brunel, Diário, 4 de janeiro, 21 de março, 29 de março de 1827, Brunel 1870, pp. 25-26.
270 "limo argiloso acima": Marc Brunel, Diário, 29 de março de 1827, ibid., p. 26.
271 AH no túnel: AH a Arago, 30 de abril de 1827, AH Cartas de e para Arago 1907, p. 24ff.; Pudney 1974, pp. 16-17; AH a William Buckland, 26 de abril de 1827, Sociedade Filosófica Norte-americana (cópia na Alexander-von-Humboldt-Forschungstelle, Berlim); príncipe Pückler Muskau, 20 de agosto de 1827, Pückler Muskau 1833, p. 177.
271 pareciam "esquimós": AH a Arago, 30 de abril de 1827, AH Cartas de e para Arago 1907, p. 25.
272 "um privilégio dos prussianos": ibid.
272 túnel desabou: Marc Brunel, Diário, 29 de abril e 18 de maio de 1827, Brunel 1870, p. 27; Buchanan 2002, p. 25.
272 "Você só quer saber da espingarda": Robert Darwin a Charles Darwin 1958, p. 28.

CAPÍTULO 15: RETORNO A BERLIM

275 "tediosa e conturbada vida na Corte": AH a Varnhagen, 13 de dezembro de 1833, AH Cartas a Varnhagen 1860, p. 15.
275 título honorífico de "tesoureiro": Cartas de Frederico Guilherme IV 2013, pp. 18-19.
275 "a vida cortesã rouba": AH, 1795, Bruhns 1873, vol. 1, p. 212, para AH na corte prussiana, ver Bruhns, vol. 2, pp. 104-05.
275 "balanço de um pêndulo": AH a Johann Georg von Cotta, 22 de junho de 1833, AH Cartas de e para Cotta 2009, p. 181.
276 "incessante demonstração de toda sorte de uniformes": A. B. Granville, outubro de 1827, Granville 1829, vol. 1, p. 332.
277 acima de suas "humildes e laboriosas obrigações": Briggs 2000, p. 195.
277 escola de química e matemática, observatório: Bruhns 1873, vol. 2, p. 126; AH a Samuel Heinrich Spiker, 12 de abril de 1829, AH Cartas de e para Spiker 2007, p. 63; AH a Frederico Guilherme III, 9 de outubro de 1828, Hamel et al. 3003, pp. 49-57.
277 "cortesão adulador": Lea Mendelssohn Bartholdy a Henriette von Pereira-Arnstein, 12 de setembro de 1827, AH Cartas de e para os Mendelssohn 2011, p. 20.
277 "pegar o rei num momento ocioso": Karl Gutzkow sobre AH, depois de 1818, Beck 1996, p. 252.
277 "invejável talento para": Carl Ritter a Samuel Thomas von Sömmerring, inverno de 1827-1828, Bruhns 1873, vol. 2, p. 107.
277 AH viu Canning: AH a Arago, 30 de abril de 1827, AH Cartas de e para Arago 1907, p. 28; ver também F. Cathcart a Bagot, 24 de abril de 1827, Canning 1909, vol. 2, pp. 392-94.
278 "Estamos à beira": George Canning, 3 de junho de 1827, memorando do sr. Stapelton, Canning 1887, vol. 2, p. 321.
279 "o vulcão que": Klemens von Metternich, Davies 1997, p. 762.
279 "cabeça que, do ponto de vista": Biermann 2004, p. 8.
279 "sarcófago de múmia": ibid.
279 espírito de 1789: AH a Bonpland, 1843, AH Cartas de e para Bonpland 2004, 110.
280 congresso pan-americano: Lynch 2006, pp. 213-15; Arana 2013, pp. 353-55.
280 "era de disparates": Pedro Briceño Méndez a Bolívar, 26 de julho de 1826, Arana 2013, p. 374.

280 "ilegais, inconstitucionais e": Joaquín Acosta, 24 de março de 1827, Acosta de Samper 1901, p. 211.
280 "influência da escravidão": Rossiter Raymond, 14 de maio de 1859; ver também AH a Benjamin Silliman, 5 de agosto de 1851, AH a George Ticknor, 9 de maio de 1858, AH Cartas EUA 2004, pp. 291, 445, 572; e George Bancroft a Elizabeth Davis Bliss Bancroft, 31 de dezembro de 1847, Beck 1959, p. 235.
281 "afastamento da política": AH a Thomas Murphy, 20 de dezembro de 1825; Bruhns 1873, vol. 2, p. 49.
281 "Com o conhecimento vem o pensamento": AH a Friedrich Ludwig Georg von Raumer, 1851, Bruhns 1873, vol. 2, p. 125; de forma semelhante, AH escreveu em Cosmos que "conhecimento é poder", AH Cosmos 1845-1852, vol. 1, p. 37; AH Kosmos 1845-1850, vol. 1, p. 36.
281 conferências de AH sobre Cosmos: AH a Johann Friedrich von Cotta, 1º de março de 1828, AH Cartas de e para Cotta 2009, pp. 159-60; CH a Alexander von Rennenkampff, dezembro de 1827, Karl von Holtei a Goethe, 17 de dezembro de 1827, Carl Friedrich Zelter a Goethe, 28 de janeiro de 1828, AH Conferências de Cosmos 2004, pp. 21-23; ver também p. 12; Ludwig Börne, 22 de fevereiro de 1828, Clark e Lubrich 2012, p. 80; WH a August von Hedemann, 10 de janeiro de 1828, WH CH Cartas 1910-1916, vol. 7, p. 326.
281 WH acerca das conferências sobre Cosmos: WH a August von Hedemann, 10 de janeiro de 1828, WH CH Cartas 1910-1916, vol. 7, p. 325.
281 engarrafamento e policiais: Ludwig Börne, 22 de fevereiro de 1828, Clark e Lubrich 2012, p. 80.
281 "os empurrões eram assustadores": Fanny Mendelssohn Bartholdy a Karl Klingemann, 23 de dezembro de 1827, AH Cartas de e para os Mendelssohn 2011, p. 20.
281 "ouvir uma conversa inteligente": ibid.
281 "Os cavalheiros podem zombar": ibid.
282 "o dobro do diâmetro": Carl Friedrich Zelter a Goethe, 7 de fevereiro de 1828, Felix Mendelssohn Bartholdy a Karl Klingemann, 5 de fevereiro de 1828, AH Cartas de e para os Mendelssohn 2011, pp. 20-21.
282 voz suave de AH: Roderick Murchison, maio de 1859, Beck 1959, p. 3.
282 "toda a grande *Naturgemälde*": CH a Rennenkampff, 28 de janeiro de 1828, AH Conferências de Cosmos 2004, p. 23.
282 anotações de AH para as conferências: ver, por exemplo, Stabi Berlim NL AH, gr. Kasten 12, n° 16 e gr. Kasten 13, n° 29.
284 seu "novo método": *Spenersche Zeitung*, 8 de dezembro de 1827, Brunhs 1873, vol. 2, p. 116.
284 "O ouvinte": *Vossische Zeitung*, 7 de dezembro de 1827, ibid., p. 119.
284 "Jamais ouvi": Christian Carl Josias Bunsen a Fanny Bunsen, ibid., p. 120.
284 extraordinária clareza: Gabriele von Bülow a Heinrich von Bülow, 1º de fevereiro de 1828, AH Conferências de Cosmos 2004, p. 24.
284 "maravilhosa profundidade": CH a Adelheid Hedemann, 7 de dezembro de 1827, WH CH Cartas 1910-1916, vol. 7, p. 325.
284 uma "nova época": *Spenersche Zeitung*, 8 de dezembro de 1827, AH Conferências de Cosmos 2004, p. 16.
284 Cotta as conferências: AH a Heinrich Berghaus, 20 de dezembro de 1827, AH Cartas de e para Berghaus 1863, vol. 1, pp. 117-18.
285 passeios coletivos, reuniões e excursões: Engelmann 1969, pp. 16-18, AH Discurso de abertura, Associação Alemã de Naturalistas e Médicos, 18 de setembro de 1828, Bruhns 1873, vol. 2, p. 135.
285 "Sem a diversidade": AH Discurso de abertura, Associação Alemã de Naturalistas e Médicos, 18 de setembro de 1828, Bruhns 1873, vol. 2, p. 134.
285 "erupção de naturalistas nômades": AH a Arago, 29 de junho de 1828, AH Cartas de e para Arago 1907, p. 40.
285 "oxigênio" puro: Carl Friedrich Gauss (ou Gauß) a Christian Ludwig Gerling, 18 de dezembro de 1828; ver também AH a Carl Friedrich Gauss (ou Gauß), 14 de agosto de 1828, AH Cartas de e para Gauss (ou Gauß), 1977, pp. 34, 40.

285 Goethe sentia inveja e pedia informações aos amigos: Goethe a Varnhagen, 8 de novembro de 1827, Goethe, Correspondência 1968-1976, vol. 4, p. 257; Carl Friedrich Zelter a Goethe, 7 de fevereiro de 1828; AH Cartas de e para os Mendelssohn 2011, p. 21; Karl von Holtei a Goethe, 17 de dezembro de 1827, AH Conferências de Cosmos 2004, p. 21.

285 "sempre acompanhou": Goethe a AH, 16 de maio de 1821, Goethe, Correspondência 1968-1976, vol. 3, p. 505.

286 cartas de AH eram revigorantes: Goethe a AH, 24 de janeiro de 1824, Bratranek 1876, p. 317; AH a Goethe, 6 de fevereiro de 1806, Goethe, Correspondência 1968-1976, vol. 2, p. 559; Goethe, 16 de março de 1807, 30 de dezembro de 1809, 18 de janeiro de 1810, 20 de junho de 1816, Goethe, Diário 1998-2007, vol. 3, pt. 1, p. 298; vol. 4, pt. 1, pp. 100, 111; vol. 5, pt. 1, p. 381; AH a Goethe, 16 de abril de 1821, Goethe, AH WH Cartas 1876, p. 315; Goethe, 16 de março de 1823, 3 de maio de 1823; 20 de agosto de 1825, Dia de Goethe 1982-1996, vol. 7, pp. 235, 250, 526.

286 as pessoas viviam longe demais umas das outras: Goethe a Johann Peter Eckermann, 3 de maio de 1827, Goethe, Eckermann 1999, p. 608.

286 "em meu caminho isolado": Ibid, p. 609.

286 mudança de AH de netunista para vulcanista: Pieper 2006, pp. 76-81; Hölder 1994, pp. 63-73.

286 "uma única fornalha vulcânica": AH Aspectos 1849, vol. 2, p. 222; AH Quadros 2014, p. 247; AH Ansichten 1849, vol. 2, p. 263; ver também AH, "Über den Bau und die Wirkungsart der Vulcane in den verschiedenen Erdstrichen", 24 de janeiro de 1823, e Pieper 2006, p. 77ff.

287 exemplos vívidos e aterrorizantes: AH Aspectos 1849, vol. 2, pp. 222-23; AH Quadros 2014, p. 248; AH Ansichten 1849, vol. 2, pp. 263-64.

287 "uma força subterrânea". AH Cosmos 1845-1852, vol. 1, p. 285; AH Kosmos 1845-1850, vol. 1, p. 311; ver também AH Geografia 2009, p. 67; AH Geografia 1807, p. 9.

287 feito "selvagens": Goethe a Carl Friedrich Zelter, 7 de novembro de 1829, Goethe, Correspondência 1968-1976, vol. 4, p. 350.

287 Era "absurdo": Goethe, 6 de março de 1828, Dia de Goethe 1982-1996, vol. 8, p. 38.

287 "rígidas e altivas": Goethe a Carl Friedrich Zelter, 5 de outubro de 1831, Goethe, Correspondência 1968-1976, vol. 4, p. 454; "sistema cerebral": ibid.

287 "pareço cada vez mais": Goethe a WH, 1º de dezembro de 1831, Goethe, Correspondência 1968-1976, vol. 4, p. 462.

287 "Sei onde está a minha felicidade": AH a WH, 5 de novembro de 1829, AH Cartas Rússia 2009, p. 207.

288 "trabalhar juntos": AH, Aus Meinem Leben (1769-1850), in Biermann 1987, p. 116.

288 "misteriosa e maravilhosa": WH a Karl Gustav von Brinkmann, Geier 2010, p. 282.

288 "linguagem era o órgão formador": WH 1903-1936, vol. 7, pt. 1, p. 53; ver também vol. 4, p. 27.

289 "imagem de um todo orgânico": ibid., vol. 7, pt. 1, p. 45.

289 para a Índia através da Rússia: AH a Alexander von Rennenkampff, 7 de janeiro de 1812, AH Cartas Rússia 2009, p. 207.

290 carta de Cancrin solicitando informações a AH: Cancrin a AH, 27 de agosto de 1827, ibid., p. 67ff.; Beck 1983, p. 21ff.

290 "mais ardente desejo": AH a Cancrin, 19 de novembro de 1827, AH Cartas Rússia 2009, p. 76.

290 "imagens mais doces": AH a Cancrin, 19 de novembro de 1827; ibid.

290 AH confirma sua vitalidade: AH a Cancrin, 10 de janeiro de 1829; ibid., p. 88.

290 o czar convida AH para visitar a Rússia: Cancrin a AH, 17 de dezembro de 1827, ibid., pp. 78-79.

CAPÍTULO 16: RÚSSIA

291 AH partiu de Berlim: Beck 1983, p. 35.

291 plantas, paisagens e animais na Sibéria: AH a WH, 21 de junho de 1829, AH Cartas Rússia 2009, p. 138; Rose 1837-1842, vol. 1, p. 386ff.

292 mais ou menos "banais": AH a WH, 21 de junho de 1829, AH Cartas Rússia 2009, p. 138; Rose 1837-1842, vol. 1, p. 386ff.

292 "não era tão prazerosa": ibid.

292 "uma vida na natureza indômita": AH a Cancrin, 10 de janeiro de 1829, ibid., p 86.
292 AH dormia em seu coche: AH a WH, 8 de junho e 21 de junho de 1829, AH Cartas Rússia 2009, pp. 132, 138.
293 conde Polier: AH a WH, 8 de junho de 1829, AH Cartas Rússia 2009, p. 132; Beck 1983, p. 55.
293 equipamento de AH: Cancrin a AH, 30 de janeiro de 1829; AH a Ehrenberg, março de 1829, AH Cartas Rússia 2009, pp. 91, 100; Beck 1983, p. 27.
293 "amoroso e afetuoso": CH a August von Hedemann, 17 de março de 1829, WH CH Cartas 1910-1916, vol. 7, p. 342; para a morte de CH, ver Gall 2011, pp. 379-80.
294 AH teve de evitar a zona de guerra: AH a Michail Semënovic Voroncov, 19 de maio de 1829 e AH a Cancrin, 10 de janeiro de 1829, AH Cartas Rússia 2009, pp. 86, 119.
294 "avanço das ciências": Cancrin a AH, 30 de janeiro de 1829, ibid., p. 93.
294 Rússia, indústria e minérios: Suckow 1999, p. 162.
295 AH e diamantes: AH a Cancrin, 15 de setembro de 1829 e 5 de novembro de 1829; AH a WH, 21 de novembro de 1829, AH Cartas Rússia 2009, pp. 185, 204-05, 220. Foi o arenito itacolomito que indicou a existência de diamantes. Mais tarde AH previu corretamente a descoberta de ouro, platina e diamantes na Carolina do Sul — e na Califórnia.
295 AH e a lente de aumento: AH Fragmentos Ásia, 1832, p. 5.
295 "príncipe prussiano maluco": Cossaco em Perm, junho de 1829, Beck 1959, p. 103.
295 Polier e diamantes: Polier a Cancrin, relatório sobre diamantes, Rose 1837-1842, vol. 1, p. 356ff.; Beck 1983, p. 81ff.; AH a WH, 21 de novembro de 1829, AH Cartas Rússia 2009, p. 220.
295 37 diamantes achados na Rússia: Beck 1959-1961, vol. 2, p. 117.
295 previsões de AH eram como magia: Beck 1983, p. 82.
295 "verdadeiro Eldorado": AH a Cancrin, 15 de setembro de 1829, AH Cartas Rússia 2009, p. 185.
296 "levar os lamentos": AH Cuba, 2011, pp. 142-43.
296 "províncias mais pobres": AH a Cancrin, 10 de janeiro de 1829; para a resposta de Cancrin, ver Cancrin a AH, 10 de julho de 1829; AH Cartas Rússia 2009, pp. 86, 93.
297 "as condições das classes inferiores": AH a Cancrin, 17 de julho de 1829, ibid., p. 148.
297 Ecaterimburgo: Beck 1983, p. 71ff.
297 "como a um inválido": AH a WH, 21 de junho de 1829, ver também 8 de junho e 14 de julho de 1829, ibid., pp. 132, 138, 146.
297 chegou a Tobolsk: Rose 1837-1842, vol. 1, p. 487.
298 "analogias e contrastes": AH Ásia Central 1844, vol. 1, p. 2.
298 "pequeno prolongamento": AH a Cancrin, 23 de julho de 1829, AH Cartas Rússia 2009, p. 153.
298 "sua morte": ibid., p. 154.
298 Cancrin recebeu a carta de AH: Cancrin a AH, 18 de agosto de 1829, ibid., p. 175.
298 "sem nenhum sinal de cansaço": Gregor von Helmersen, setembro de 1828, Beck 1959, p. 108.
299 estepes siberianas: Rose 1837-1842, vol. 1, pp. 494-96.
299 máscaras de couro: AH a Cancrin, 23 de julho de 1829, AH Cartas Rússia 2009, p. 1534; Rose 1837-1842, pp. 494-98; Beck 1983, p. 96ff.
299 "uma viagem marítima por terra" e velocidade da viagem: AH a WH, 4 de agosto de 1829, AH Cartas Rússia 2009, pp. 161, 163, e Suckow 1999, p. 163.
300 epidemia de antraz: Rose 1837-1842, vol. 1, p. 499; AH a WH, 4 de agosto de 1829, AH Cartas Rússia 2009, p. 161.
300 "Na minha idade": AH a Cancrin, 27 de agosto de 1829, ibid., p. 177.
300 Os "vestígios da peste": Rose 1837-1842, vol. 1, p. 500.
301 "limpar o ar": ibid.
301 tempestade no rio Ob: ibid., p. 502, AH a WH, 4 de agosto de 1829, AH Cartas Rússia 2009, p. 162.
301 1.600 quilômetros em nove dias: Rose 1837-1842, vol. 1, p. 502.
301 distância entre Caracas e Berlim: AH a WH, 4 de agosto de 1829, AH Cartas Rússia 2009, p. 162.
301 avistou as montanhas Altai: Rose 1837-1842, vol. 1, p. 523.
301 deixaram a bagagem em Ust-Kamenogorsk: ibid., p. 580.
301: AH na caverna: ibid., p. 589.
302 "cobria o fundo do mar Vermelho": Jermoloff sobre Ehrenberg, Beck 1983, p. 122.

302 "verdadeira alegria": AH a Cancrin, 27 de agosto de 1829, AH Cartas Rússia 2009, p. 178.
302 vegetação nas Altai: Rose 1837-1842, vol. 1, pp. 575, 590.
302 "imponentes domos": ibid., p. 577; para o Belukha, pp. 559, 595.
302 Altai e Belukha sedutores: ibid., p. 594.
303 fontes termais e terremotos: ibid., p. 597.
303 "A minha saúde": AH a WH, 10 de setembro de 1829, AH Cartas Rússia 2009, p. 181.
303 descrição de AH em Baty: Rose 1837-1842, vol. 1, pp. 600-06; AH a Arago, 20 de agosto de 1829, AH Cartas Rússia 2009, p. 170.
303 "em andrajos": AH a Arago, 20 de agosto de 1829, AH Cartas Rússia 2009, p. 170.
303 "reino celestial": AH a WH, 13 de agosto de 1829, ibid., p. 172.
304 rota desde as Altai: Beck 1983, p. 120ff.; AH a WH, 10 e 25 de setembro de 1829, pp. 181, 188.
304 avó materna de Lênin: ibid. p. 128.
305 "Trinta anos atrás": AH a Cancrin, 15 de setembro de 1829, AH Cartas Rússia 2009, p. 184.
305 desvio de rota rumo ao mar Cáspio: AH a Cancrin, 26 de setembro de 1829, ibid., p. 191; ver também AH Aspectos 1849, vol. 2, p. 300; AH Quadros 2014, p. 283; AH Ansichten 1849, vol. 2, p. 363.
305 Cancrin mantinha Humboldt a par dos acontecimentos: AH a Cancrin, 31 de julho de 1829 e 18 de agosto de 1829, AH Cartas Rússia 2009, pp. 158, 175.
305 motivos do desvio: AH a WH, 25 de setembro de 1829, ibid, p. 188.
305 "paz do lado de fora dos portões": AH a Cancrin, 21 de outubro de 1829, ibid., p. 200.
305 Astrakhan e mar Cáspio: Rose 1837-1842, vol. 2, p. 306ff., Beck 1983, p. 147ff.
306 AH disse a cientistas em São Petersburgo: AH, Discurso à Academia Imperial de Ciências, São Petersburgo, 28 de novembro de 1829, AH Cartas Rússia 2009, pp. 283-84.
306 depressão Aralo-caspiana: AH Fragmentos Ásia, 1832, p. 50.
306 "momentos culminantes da minha vida": AH a WH, 14 de outubro de 1829, AH Cartas Rússia 2009, p. 196.
306 experiências de AH na Rússia: para o leite de égua, ver AH a WH, 25 de setembro de 1829, AH Cartas Rússia 2009, p. 188; para o concerto do povo calmique, ver Rose 1837-1842, vol. 2, p. 344; para os antílopes, cobras e o faquir, ver AH a WH, 10 de setembro e 21 de outubro de 1829, AH Cartas Rússia 2009, pp. 181, 199; Rose 1837-1842, vol. 2, p. 312; para o termômetro e exemplar do Ensaio, ver Beck 1983, pp. 113, 133; para a comida siberiana, ver AH a Friedrich von Schöler, 13 de outubro de 1829, AH Cartas Rússia 2009, p. 193.
307 "escassez de madeira": AH a Cancrin, 21 de junho de 1829, AH Cartas Rússia 2009, p. 136.
307 considerável dessecação: AH Fragmentos Ásia, 1832, p. 27.
307 "conexões que interligavam": AH Ásia Central 1844, vol. 1, p. 27.
307 destruição das florestas: ibid., p. 26; ver também vol. 1, p. 337, e vol. 2, p. 214; AH Fragmentos Ásia, 1832, p. 27.
308 "grandes massas de vapor e gás": ibid., vol. 2, p. 214.
308 "questionável" (nota de rodapé): AH Ásia Central 1844, vol. 1, p. 337.
308 distâncias e cavalos usados: Bruhns 1873, vol. 1, p. 380; Suckow 1999, p. 163.
308 saúde de AH: AH a Cancrin, 5 de novembro de 1829, AH Cartas Rússia 2009, p. 204.
308 festas em Moscou e São Petersburgo: Alexander Herzen, novembro de 1829, Bruhns 1873, vol. 1, pp. 384-86; AH a WH, 21 de novembro de 1829, AH Cartas Rússia 2009, pp. 219-20.
308 "Prometeu dos nossos dias": Sergei Glinka, Bruhns 1873, vol. 1, p. 385.
308 "Discursos cativantes": Púchkin em 1829, relatado por Georg Schmid em 1830, AH Cartas Rússia 2009, p. 251.
308 "Estou quase desmoronando": AH a WH, 21 de novembro de 1829, ibid., p. 219.
309 AH pediu ao czar que perdoasse os deportados: AH ao czar Nicolau I, 7 de dezembro de 1829, ibid., p. 233.
309 "misteriosa marcha": AH Cosmos 1845-1852, vol. 1, p. 167; AH Kosmos 1845-1850, vol. 1, p. 185.
309 "nos revelar": Relatório sobre carta de AH à Royal Society, 9 de junho de 1836, *Abstracts of the Papers Printed in the Philosophical Transactions of the Royal Society of London*, vol. 3, 1830-1837, p. 420 (Humboldt escrevera a carta em abril de 1836).

309 medições magnéticas em 1827: Biermann e Schwarz 1999a, p. 187.
309 "grande confederação": Relatório sobre carta de AH à Royal Society, 9 de junho de 1836, *Abstracts of the Papers Printed in the Philosophical Transactions of the Royal Society of London*, vol. 3, 1830-1837, p. 423; ver também O'Hara 1983, pp. 49-50.
309 quase 2 milhões de observações: AH Cosmos 1845-1852, vol. 1, p. 178; AH Kosmos 1845-1850, vol. 1, p. 197.
310 "economia da natureza": AH, Discurso à Academia Imperial de Ciências, São Petersburgo, 28 de novembro de 1829, AH Cartas Rússia 2009, p. 277; para o apelo de AH por estudos sobre o clima em âmbito global, ver p. 281.
310 AH devolveu dinheiro: AH a Cancrin, 17 de novembro de 1829, ibid., p. 215; Beck 1983, p. 159.
310 "armário de história natural": AH a Theodor von Schön, 9 de dezembro de 1829; para o vaso e a zibelina, ver AH a WH, 9 de dezembro de 1829, AH Cartas Rússia 2009, p. 237.
310 devia ter sido "pitoresca": AH a Cancrin, 24 de dezembro de 1829, ibid., p. 257.
311 "teorias divergentes": ibid.
311 "fumegar feito uma panela com água fervente": Carl Friedrich Zelter a Goethe, 2 de fevereiro de 1830, Bratranek 1876, p. 384.

CAPÍTULO 17: EVOLUÇÃO E NATUREZA

313 "desgraçadamente desanimado": Darwin, 30 de dezembro de 1831, Darwin, Diário do Beagle, 2001, p. 18.
313 Darwin mareado: Darwin, 29 de dezembro de 1831, ibid., pp. 17-18; Darwin a Robert Darwin, 8 de fevereiro-1º de março de 1832, Darwin, Correspondência, vol. 1, p. 201.
313 cabine de popa: Thomson 1995, p. 124ff.; desenho da cabine de popa do *HMS Beagle*, de autoria de B. J. Sulivan, CUL DAR. 107.
314 livros de Darwin no Beagle: Darwin, Correspondência, vol. 1, Apêndice IV, pp. 558-66.
314 Darwin sobre Lyell: Darwin 1958, p. 77.
314 "Claro que você" (nota de rodapé): Robert FitzRoy a Darwin, 23 de setembro de 1831, Darwin, Correspondência, vol. 1, p. 167.
314 "A minha admiração por sua": Darwin a D. T. Gardner, agosto de 1874, publicado em *The New York Times*, 15 de setembro de 1874.
315 passaram pela Madeira: Darwin, 4 de janeiro de 1832, Darwin, Diário do Beagle, 2001, p. 19; Darwin a Robert Darwin, 8 de fevereiro-1º de março de 1832, Darwin, Correspondência, vol. 1, p. 201.
315 "para animar o coração": Darwin, 31 de dezembro de 1831, Darwin, Diário do Beagle, 2001, p. 18.
315 "Oh, que lástima, que desgraça": Darwin, 6 de janeiro de 1832, ibid., p. 19; ver também Darwin a Robert Darwin, 8 de fevereiro-1º de março de 1832, Darwin, Correspondência, vol. 1, p. 201.
315 "Já consigo entender": Darwin, 6 de janeiro de 1832, Darwin, Diário do Beagle, 2001, p. 20; ver também Darwin a Robert Darwin, 8 de fevereiro-1º de março de 1832, Darwin, Correspondência, vol. 1, pp. 201-02.
315 "como se despedir de um amigo": Darwin, 7 de janeiro de 1832, Darwin, Diário do Beagle, 2001, p. 20.
316 "os mais selvagens castelos": Darwin, 17 de dezembro de 1831, ibid., p. 14.
316 "subsistir com algum conforto": Darwin 1958, p. 46.
316 Darwin na universidade: ibid., p. 56ff.
316 Darwin e os besouros: ibid., pp. 50, 62.
316 "inspirou em mim um zelo": Darwin escreveu que leu AH Narrativa pessoal "durante meu último ano em Cambridge", Darwin 1958, pp. 67-68.
316 Darwin, Henslow e leitura em voz alta: ibid., pp. 64ff., 68; Browne 2003a, pp. 123, 131; Thomson 2009, pp. 94, 102; Darwin a Fox, 5 de novembro de 1830, Darwin, Correspondência, vol. 1, p. 110.
316 "eu falo, penso e sonho": Darwin a William Darwin Fox, 7 de abril de 1831, Darwin, Correspondência, vol. 1, p. 120.

316 "mal consigo parar quieto": Darwin a Caroline Darwin, 28 de abril de 1831; ver também Darwin a William Darwin Fox, 11 de maio de 1831 e 9 de julho de 1831, Darwin, Correspondência, vol. 1, pp. 122, 123, 124; Darwin 1958, pp. 68-70.
317 "fitar as palmeiras": Darwin a Caroline Darwin, 28 de abril de 1831, Darwin, Correspondência, vol. 1, p. 122.
317 "lia e relia Humboldt": Darwin a John Stevens Henslow, 11 de julho de 1831, Darwin, Correspondência, vol. 1, pp. 125-26.
317 "Eu os atormento": Darwin a William Darwin Fox, 11 de maio de 1831, p. 123.
317 "atiçar seu ardor pelas Canárias": Darwin a John Stevens Henslow, 11 de julho de 1831, ibid., p. 125.
317 "Eu me embebi de ardor tropical": Darwin a Caroline Darwin, 28 de abril de 1831, ibid., p. 122; para as expressões em espanhol, ver Darwin a William Darwin Fox, 9 de julho de 1831, ibid., p. 124.
317 Henslow cancelou a expedição: Darwin a William Darwin Fox, 1º de agosto de 1831, ibid., p. 127; ver também Browne 2003a, p. 135; Thomson 2009, p. 131.
318 FitzRoy estava à procura de um naturalista: John Stevens Henslow a Darwin, 24 de agosto de 1831, Darwin, Correspondência, vol. 1, pp. 128-29.
318 um "plano tresloucado": Darwin a Robert Darwin, 31 de agosto de 1831, ibid., p. 133; ver também Darwin a John Stevens Henslow, 30 de agosto de 1831; Robert Darwin a Josiah Wedgwood, 30-31 de agosto de 1831; Josiah Wedgwood II a Robert Darwin, 31 de agosto de 1831, ibid., pp. 131-34; Darwin 1958, pp. 71-72; Darwin, 31 de agosto-1º de setembro de 1831, Darwin, Diário do Beagle, 2001, p. 3; Browne 2003a, p. 152ff.
318 pai de Darwin como um astuto investidor: Browne 2003a, p. 7.
318 "Se eu visse Charles": Josiah Wedgwood II a Robert Darwin, 31 de agosto de 1831; o pai de Darwin concorda com a expedição, Robert Darwin a Josiah Wedgwood II, 1º de setembro de 1831, Darwin, Correspondência, vol. 1, pp. 134-35.
319 roupas mais leves: Darwin, 10 de janeiro de 1832, Darwin, Diário do Beagle, 2001, p. 21; ver também Darwin a Robert Darwin, 8 de fevereiro-1º de março de 1832, Darwin, Correspondência, vol. 1, p. 202.
319 tripulação no Beagle: Darwin, Correspondência, vol. 1, Apêndice III, p. 549.
319 capitão FitzRoy: Browne 2003a, pp. 144-49; Thomson 2009, p. 139ff.
319 "beiravam a insanidade": Darwin 1958, p. 73ff.; Darwin a Robert Darwin, 8 de fevereiro-1º de março de 1832, Darwin, Correspondência, vol. 1, p. 203; ver também Thomson 1995, p. 155.
320 "No porão de carga do navio mal caberia": Darwin, 23 de outubro de 1831, Darwin, Diário do Beagle, 2001, p. 8; para o Beagle e provisões, ver também Browne 2003a, p. 169; Darwin a Susan Darwin, 6 de setembro de 1831, Darwin, Correspondência, vol. 1, p. 144; Thomson 1995, pp. 115, 123, 128.
320 primeira parada em terra em São Tiago: Darwin, 16 de janeiro de 1832 e registros seguintes, Darwin, Diário do Beagle, 2001, p. 23ff.
320 "perfeito furacão de deleite": Darwin a William Darwin Fox, maio de 1832, Darwin, Correspondência, vol. 1, p. 232.
320 "carregado com a minha farta colheita": Darwin, 17 de janeiro de 1832, Darwin, Diário do Beagle, 2001, p. 24.
320 Darwin parecia uma criança: Robert FitzRoy a Francis Beaufort, 5 de março de 1832, Darwin, Correspondência, vol. 1, p. 205, n° 1.
320 "como dar olhos a um cego": Darwin, 16 de janeiro de 1832, Darwin, Diário do Beagle, 2001, p. 23.
321 "Se o senhor realmente quiser": Darwin a Robert Darwin, 8 de fevereiro-1º de março de 1832; ver também Darwin a William Darwin Fox, maio de 1832, ibid., pp. 204, 233.
321 "bastante impressionado pela exatidão": Darwin, 26 de maio de 1832; ver também 6 de fevereiro, 9 de abril e 2 de junho de 1832, Darwin, Diário do Beagle, 2001, pp. 34, 55, 67, 70.
321 Darwin sobre Lyell: Darwin 1958, p. 77.

321 Darwin "lendo" as falésias em São Tiago: Thomson 2009, p. 148; Browne 2003a, p. 185; ver também Darwin 1958, pp. 77, 81, 101.

321 "terei condições de realizar": Darwin a Robert Darwin, 10 de fevereiro de 1832, Darwin, Correspondência, vol. 1, p. 206; ver também Darwin, 1958, p. 81.

321 parecia *As mil e uma noites*: Darwin a Frederick Watson, 18 de agosto de 1832, Darwin, Correspondência, vol. 1, p. 260.

322 "Quanto mais eu o leio, mais meus sentimentos": Darwin a Robert Darwin, 8 de fevereiro-1º de março de 1832, ibid., p. 204.

322 "Antes eu admirava Humboldt": Darwin a John Stevens Henslow, 18 de maio-16 de junho de 1832, ibid., p. 237.

322 "rara união de poesia com ciência": Darwin, 28 de fevereiro de 1832, Darwin, Diário do Beagle, 2001, p. 42.

322 caminhando num novo mundo: Darwin a Robert Darwin, 8 de fevereiro-1º de março de 1832, Darwin, Correspondência, vol. 1, p. 202ff.

322 "No presente momento estou apaixonado": Darwin a John Stevens Henslow, 18 de maio-16 de junho de 1832, ibid., p. 238.

322 "fariam um florista enlouquecer": Darwin, 1º de março de 1832, Darwin, Diário do Beagle, 2001, p. 43.

322 "No presente momento só sirvo": Darwin, 28 de fevereiro de 1832, ibid., p. 42.

322 um "grande errante": Darwin a William Darwin Fox, 25 de outubro de 1833, Darwin, Correspondência, vol. 1, p. 344.

322 rotina no *Beagle*: Browne 2003a, p. 191ff.

323 tudo estava "muito perto": Darwin a Robert Darwin, 8 de fevereiro-1º de março de 1832, Darwin, Correspondência, vol. 1, p. 202.

224 no ruidoso refeitório: Browne 2003a, pp. 193, 222.

323 "Philos" e "pega-moscas": Thomson 2009, pp. 142-43.

323 outros ajudavam nas coleções: Browne 2003a, p. 225.

323 "maldito e excessivo tormento": Thomson 1995, p. 156.

323 Darwin despachava coleções para Henslow: Browne 2003a, p. 230.

323 Darwin pediu livros de AH: Darwin a Catherine Darwin, 5 de julho de 1832; ver também Erasmus Darwin a Darwin, 18 de agosto de 1832, Darwin, Correspondência, vol. 1, pp. 247, 258.

324 constelações do Hemisfério Sul: Darwin, 24, 25, 26 de março de 1832, Darwin, Diário do Beagle, 2001, p. 48.

324 "novas sensações": AH Narrativa pessoal 1814-1829, vol. 6, p. 69.

324 "muito refrescantes, depois de ter": Darwin, 12 de fevereiro de 1835, Darwin, Diário do Beagle, 2001, p. 288.

324 "um instante é suficiente": AH Narrativa pessoal 1814-1829, vol. 3, p. 321.

324 "um terremoto como este": Darwin, 20 de fevereiro de 1835, Darwin, Diário do Beagle, 2001, p. 292.

324 "espalha a vida": AH Narrativa pessoal 1814-1829, vol. 6, p. 8.

324 Darwin sobre algas: Dawin, 1º de junho de 1834, Darwin 1997, pp. 228-29.

325 "você, provavelmente de tanto ler Humboldt": Caroline Darwin a Darwin, 28 de outubro de 1833, Darwin, Correspondência, vol. 1, p. 345.

325 "cheias de vida, à feição de Humboldt": Herman Kindt a Darwin, 16 de setembro de 1864, ibid., vol. 12, p. 328.

325 animais nas ilhas Galápagos: Darwin, 17 de setembro de 1835, Darwin, Diário do Beagle, 2001, p. 353.

326 "Jamais houve um navio": Darwin a William Darwin Fox, 15 de fevereiro de 1836, Darwin, Correspondência, vol. 1, p. 491.

326 "mais perigoso pendor": Darwin a Catherine Darwin, 14 de fevereiro de 1836; para Darwin sonhando com a Inglaterra, Darwin a John Stevens Henslow, 9 de julho de 1836 e Darwin a Caroline Darwin, 18 de julho de 1836, ibid., pp. 490, 501, 503.

326 ansiou por ver as magníficas castanheiras-da-índia: Darwin a Susan Darwin, 4 de abril de 1836, 1, p. 503.
326 "modo ziguezagueante": ibid.
327 "Odeio todas as ondas do oceano": Darwin a William Darwin Fox, 15 de fevereiro de 1836, ibid., p. 491.
327 "Todas as minhas foram tiradas": Darwin, depois de 25 de setembro de 1836, Darwin, Diário do Beagle, 2001, p. 443.
327 *Beagle* chegou a Falmouth: Darwin, 2 de outubro de 1836, ibid., p. 447.
327 campos muito mais verdes: Darwin a Robert FitzRoy, 6 de outubro de 1836, Darwin, Correspondência, vol. 1, p. 506.
327 "muito magro": Caroline Darwin a Sarah Elizabeth Wedgwood, 5 de outubro de 1836, ibid., p. 504.
327 Darwin em Londres: Darwin a John Stevens Henslow, 6 de outubro de 1836, ibid., p. 507.
328 Darwin e a Sociedade Geológica: Darwin a John Stevens Henslow, 9 de julho de 1838, ibid., p. 499.
328 "A viagem do Beagle": Darwin 1958, p. 76.
328 "se assemelhasse em uma escala menor" (nota de rodapé): Darwin a Leonard Jenyns, 10 de abril de 1837, Darwin, Correspondência, vol. 2, p. 16.
329 Darwin revisa seu diário para publicação: Darwin a John Stevens Henslow, 28 de março e 18 de maio de 1837; Darwin a Leonard Jenyns, 10 de abril de 1837, ibid., pp. 14, 16, 18; Browne 2003a, p. 417.
329 Viagem de um naturalista ao redor do mundo: o relato de Darwin foi o terceiro volume de *Narrative of the Surveying Voyages of His Majesty's Ships Adventure and Beagle*, que era uma narrativa em quatro volumes das viagens do *Beagle*, escrita por FitzRoy. O volume de Darwin mostrou-se tão popular que foi relançado em agosto de 1839 como uma edição separada intitulada de *Journal of Reseacrhes*. O livro ficou conhecido como *Voyage of the Beagle* [*A viagem de um naturalista ao redor do mundo*].
329 "porque é como se eu tivesse de escrever": Darwin a John Washington, 1º de novembro de 1839, Darwin, Correspondência, vol. 2, p. 241.
329 "pudessem estar para sempre presentes": Darwin a AH, 1º de novembro de 1839, ibid., p. 240.
329 "livro excelente e admirável": AH a Darwin, 18 de setembro de 1839, pp. 425-26.
330 "uma das obras mais extraordinárias": AH, 6 de setembro de 1839, *Journal Geographical Society*, 1839, vol. 9, p. 505.
330 "Poucas coisas na minha vida": Darwin a John Washington, 14 de outubro de 1839, Darwin, Correspondência, vol. 2, p. 230.
330 Darwin honrado: Darwin a AH, 1º de novembro de 1839, p. 239.
330 "Devo, com imperdoável vaidade": Darwin a Joseph Hooker, 3-17 de fevereiro de 1844, ibid., vol. 3, p. 9.
330 "Não suporto a ideia": Darwin a John Stevens Henslow, 21 de janeiro de 1838, ibid., vol. 2, p. 69.
330 "me deixa alvoroçado": Darwin a John Stevens Henslow, 14 de outubro de 1837; para palpitações cardíacas, ver também 20 de setembro de 1837, ibid., pp. 47, 51-52; Thomson 2009, p. 205.
330 Darwin e a transmutação: Darwin começou a pensar seriamente na transmutação no final da primavera de 1837. Em julho de 1837, iniciou um novo caderno de anotações devotado à transmutação das espécies (Caderneta B), Thomson 2009, p. 182ff.; ver também Darwin, Caderneta B, Transmutação das Espécies 1837-1838, CUL MS.DAR. 121.
330 Darwin e Galápagos: Thomson 2009, p. 180ff.
331 Lamarck e a transmutação: *Système des Animaux sans vertebres* [*Sistema dos Animais Sem Vértebras, 1801*] e *Philosophie zoologique* [*Filosofia zoológica*, 1809].
331 bate-boca na Académie des Sciences: entre Georges Cuvier e Étienne Geoffroy Saint-Hilaire, ver Päßler 2009, p. 139ff.; para AH sussurrando comentários, ver Louis Agassiz sobre AH, outubro-dezembro de 1830, Beck 1959, p. 123.

332 "gradual transformação de espécies": AH Aspectos 1849, vol. 2, p. 112; AH Quadros 2014, p. 201; AH Ansichten 1849, vol. 2, p. 135 (não se trata da edição alemã de 1808 de Quadros da Natureza, mas similar, p. 185); já em seu Ensaio sobre a geografia das plantas, Humboldt discutira como as variedades acidentais de plantas podiam ter se transformado em "permanentes", AH Geografia 2009, p. 68.

332 "também devem estar sujeitos": AH Aspectos 1849, vol. 2, p. 20; AH Quadros 2014, p. 163; AH Ansichten 1849, vol. 2, p. 25; ver também AH Ansichten 1808, p. 185.

332 "o princípio básico das leis": Darwin a Joseph Hooker, 10 de fevereiro de 1845, Darwin, Correspondência, vol. 3, p. 140.

332 plantas similares em diferentes continentes: AH Narrativa pessoal 1814-1829, vol. 3, pp. 491-95; Darwin sublinhou isso em seu exemplar.

332 clima similar nem sempre produzia plantas semelhantes: AH Aspectos 1849, vol. 2, p. 112; AH Quadros 2014, p. 201; AH Ansichten 1849, vol. 2, p. 136.

332 "Na formidável obra de Humboldt" (nota de rodapé): Darwin, Caderneta B, Transmutação das Espécies 1837-1838, pp. 92, 156, CUL MS.DAR. 121.

332 tigres, pássaros, crocodilos: exemplar de Darwin de AH Narrativa pessoal 1814-1829, vol. 5, pp. 180, 183, 221ff. CUL, DAR.LIB:T.301.

333: "como na Patagônia": ibid., vol. 4, pp. 336, 384 e vol. 5, pp. 24, 79, 110.

333 "quando estudar geografia": ibid., vol. 1, abas do livro; Darwin, Caderneta A, Geologia 1837-1839, p. 15, CUL DAR 127; Darwin, Caderneta de Santiago, EH 1.18, p. 123, Patrimônio Inglês, Darwin online.

333 "Nada a respeito": exemplar de Darwin de AH Narrativa pessoal 1814-1829, vol. 6, abas do livro, CUL, DAR.LIB:T.301.

333 Darwin e a migração de espécies: ibid., vol. 1, abas do livro; ver também Werner 2009, p. 77ff.

333 "como a bolota foi transportada": exemplar de Darwin de AH Narrativa pessoal 1814-1829, vol. 1, lista no verso do livro, CUL, DAR.LIB:T.301.

333 "assim são dispersas": ibid., vol. 5, p. 543.

334 "investigação da origem": ibid., p. 180; ver também vol. 3, p. 496 (Darwin sublinhou ambos).

334 "o formato do animalzinho de estimação que temos": AH Quadros 2014, pp. 162-63; AH Aspectos 1849, vol. 2, p. 19; AH Ansichten 1849, vol. 2, p. 24.

334 "verdadeira besteira": Darwin a Joseph Hooker, 10-11 de novembro de 1844, Darwin, Correspondência, vol. 3, p. 79.

334 Darwin leu Malthus: Darwin 1958, p. 120; Thomson 2009, p. 214.

334 AH sobre ovos de tartarugas: exemplar de Darwin de AH Narrativa pessoal 1814-1829, vol. 4, CUL, DAR.LIB:T.301.

334 "teoria à luz da qual": Darwin 1958, p. 120.

335 "limitam a população uns dos outros": AH Aspectos 1849, vol. 2, p. 114; AH Quadros 2014, p. 202; AH Ansichten 1849, p. 138.

335 "longa e contínua disputa": AH Aspectos 1849, vol. 2, p. 114; AH Quadros 2014, p. 202; AH Ansichten 1849, p. 138; ver também AH Narrativa pessoal 1814-1829, vol. 4, p. 437.

335 "temiam-se entre si": AH Narrativa pessoal 1814-1829, vol. 4, pp. 421-22.

335 "dois poderosos inimigos": ibid., p. 426.

335 "apavorados com essa luta": exemplar de Darwin de AH Narrativa pessoal 1814-1829, vol. 4, p. 437; ver também vol. 5, p. 590, CUL, DAR.LIB:T.301.

335 "Que carnificina frequente": ibid., vol. 5, p. 590.

335 "estão unidos": Darwin, 1838, Harman 2009, p. 226.

335 árvore de vida: Darwin, Caderneta B, p. 36f, CUL MS.DAR. 121.

336 Darwin marca a inspiração para a metáfora do barranco emaranhado: AH Narrativa pessoal 1814-1829, vol. 4, pp. 505-6, CUL, DAR.LIB:T.301.

336 "Os animais ferozes da floresta" (nota de rodapé): ibid.

336 "É interessante contemplar": Darwin 1859, p. 489.

CAPÍTULO 18: O *COSMOS* DE HUMBOLDT

337 "louco frenesi": AH a Varnhagen, 27 de outubro de 1834, AH *Cartas a Varnhagen 1860, p. 15.*
337 "livro sobre a natureza": AH a Varnhagen, 24 de outubro de 1834, ibid., 19.
337 "espada no peito": AH a Johann Georg von Cotta, 28 de fevereiro de 1838, AH Cartas de e para Cotta 2009, p. 204.
337 "obra-mestra da minha vida": AH a Friedrich Wilhelm Bessel, 14 de julho de 1833, AH Cartas de e para Bessel 1994, p. 82.
337 "céu e terra": AH a Varnhagen, 24 de outubro de 1834, AH Cartas a Varnhagen 1860, p. 18; grego antigo: AH Cosmos 1845-1852, vol. 1, p. 56; AH Kosmos 1845-1850, vol. 1, pp. 61-62.
338 exército de ajudantes: por exemplo, Hooker a AH, 4 de dezembro de 1847 e Robert Brown a AH, 12 de agosto de 1834, AH, gr. Kasten 12, Envelope "Geographie der Pflanzen"; lista de plantas polinésias de Jules Dumont d'Urville: AH, gr. Kasten 13, n. 27, Stabi Berlim NL AH; AH a Friedrich Wilhelm Bessel, 20 de dezembro de 1828 e 14 de julho de 1833, AH Cartas de e para Bessel 1994, pp. 50-54, 84; AH a P. G. Lejeune Dirichlet, depois de maio de 1851, AH Cartas de e para Dirichlet 1982, p. 93; AH a August Böckh, 14 de maio de 1849, AH Cartas de e para Böckh 2011, p. 189; Werner 2004, p. 159.
339 aversão chinesa a laticínios: Kark Gützlaff a AH; n.d., AH, kl. Kasten 3b, n° 112; para espécies de palmeiras no Nepal, Robert Brown a AH, 12 de agosto de 1834, AH, gr. Kasten 12, n° 103, Stabi Berlim NL AH.
339 obsessão por "um único e mesmo": AH a Karl Zell, 21 de maio de 1836, Schwarz 2000, sem número de página.
339 "Dessa vez você não me escapa": Herman Abich sobre Humboldt, 1853, Beck 1959, p. 346; para o romancista na Argélia, ver Laube 1875, p. 334.
339 "o material cresce": AH a Johann Georg von Cotta, 28 de fevereiro de 1838; ver também 18 de setembro de 1843, AH Cartas de e para Cotta 2009, pp. 204, 209.
339 "uma espécie de empreendimento impossível": AH a Gauss (ou Gauß), 23 de março de 1847, AH Cartas de e para Gauss (ou Gauß), 1977, p. 98.
339 material de geologia em caixas: AH, gr. Kasten 11, Stabi Berlim NL AH.
340 finanças caóticas, pesquisa meticulosa e precisa: AH a Johann Georg von Cotta, 16 de abril de 1852, AH Cartas de e para Cotta 2009, p. 482; AH a Alexander Mendelssohn, 24 de dezembro de 1853, AH Cartas de e para os Mendelssohn 2011, p. 253.
340 "muito importante": AH, gr. Kasten 12, n° 96, Stabi Berlim NL AH.
340 "importante, levar adiante: AH, gr. Kasten 8, envelope incluindo n° 6-11a, Stabi Berlim NL AH.
340 pedaço seco de musgo: AH, gr. Kasten 12, n° 124, Stabi Berlim NL AH.
340 plantas do Himalaia: AH, gr. Kasten 12, n° 112, Stabi Berlim NL AH.
340 "Luftmeer": AH, gr. Kasten 12, envelope incluindo n° 32-47, Stabi Berlim NL AH.
340 materiais sobre Antiguidade: AH, gr. Kasten 8, n° 124-68, Stabi Berlim NL AH.
340 tabelas de temperatura: AH, kl. Kasten 3b, n° 121-68, Stabi Berlim NL AH.
340 poesia hebraica: AH, kl. Kasten 3b, n° 125, Stabi Berlim NL AH.
340 "pontas soltas": Friedrich Adolf Trendelenburg, Frankfurt, maio de 1832, Beck 1959, p. 128.
340 "se tornara congelado": AH a Heinrich Christian Schumacher, 10 de novembro de 1846, AH Cartas de e para Schumacher 1979, p. 85.
340 mera "galeria de quadros": AH a WH, 14 de julho de 1829, AH Cartas Rússia 2009, p. 146.
340 "corte real": Adolf Bernhard Marx sobre Humboldt, Beck 1969, p. 253.
341 "todos voltavam as atenções para ele": ibid.
341 ouviam cada sílaba proferida: sir Charles Hallé, década de 1840, Hallé, 1896, p. 100.
341 ninguém jamais ousava interrompê-lo: Ludwig Börne, 12 de outubro de 1830, Clark e Lubrich 2012, p. 82.
341 "um certo sabichão prussiano": Honoré de Balzac, *Administrative Adventures of a Wonderful Idea*, 1834, Clark e Lubrich 2012, p. 89.
341 "Foi um dueto": sir Charles Hallé, década de 1840, Hallé, 1896, p. 100.

342 AH na universidade: Robert Avé-Lallemant, 1833; Ernst Kossack sobre AH, dezembro de 1834, Beck 1959, pp. 134, 141; Emil du Bois-Reymond, 3 de agosto de 1883, AH Cartas de e para du Bois-Reymond 1997, p. 201, Franz Lieber 14 de setembro de 1869, AH Cartas EUA, p. 581.

342 "Alexander faltou à aula": Biermann e Schwarz, 1999a, p. 188.

342 "cidadezinha pequena, iletrada e": AH a Varnhagen, 24 de abril de 1837, AH Cartas a Varnhagen 1860, p. 27.

343: últimos anos e morte de Wilhelm: Geier, p. 298ff.

343 "Nunca tinha acreditado": AH a Varnhagen, 5 de abril de 1835, AH Cartas a Varnhagen 1860, p. 21.

343 "metade de mim mesmo": AH a Jean Antoine Letronne, 18 de abril de 1835, Bruhns 1873, vol. 2, p. 183.

343 "Ai de mim": AH a Gide, 10 de abril de 1835, ibid.

343 "Tudo é soturno": AH a Bunsen, 24 de maio de 1836, AH Cartas de e para Bunsen 2006, pp. 35-36.

343 AH em Paris para coletar material de pesquisa: AH a Johann Georg von Cotta, 25 de dezembro de 1844; AH Cartas de e para Cotta 2009, p. 269; AH a Bunsen, 3 de outubro de 1847, AH Cartas de e para Bunsen 2006, p. 103 e a AH Caroline von Wolzogen, 12 de junho de 1835, Biermann 1987, p. 206.

343 "raio de sol e alegria concentrados": AH a Heinrich Christian Schumacher, 2 de março de 1836, AH Cartas de e para Schumacher 1979, p. 52.

343 ronda de AH pelos salões de Paris: Carl Vogt, janeiro de 1845, Beck 1959, p. 206.

343 "necrópole carnavalesca e dançante": AH a Heinrich Christian Schumacher, 2 de março de 1836, AH Cartas de e para Schumacher 1979, p. 52.

344 "recursos móveis": AH a Johann Georg von Cotta, 22 de junho de 1833; AH Cartas de e para Cotta 2009, p. 180.

344 "ontem, Pfaueninsel": Engelmann 1969, p. 11.

344 AH tinha a sensação de ser um planeta: AH a Johann Georg von Cotta, 11 de janeiro de 1835; AH Cartas de e para Cotta 2009, p. 186.

344 vida de AH na corte: AH *a* P. G. *Lejeune* Dirichlet, 28 de fevereiro de 1844, AH Cartas de e para Dirichlet 1982, p. 67.

344 "meu melhor Alexandros": Frederico Guilherme IV a AH, 1º de dezembro de 1840, AH Cartas de e para Frederico Guilherme IV 2013, p. 181.

344 AH como "dicionário": Friedrich Daniel Bassermann sobre AH, 14 de novembro de 1848, Beck 1969, p. 265.

344 AH respondia às perguntas do rei: AH a Frederico Guilherme IV, 9 de novembro de 1839, 29 de setembro de 1840, 5 de outubro de 1840, dezembro de 1840, 23 de março de 1841, 15 de junho de 1842, maio de 1844, 1849, também notas 4, 5, 12, AH Cartas de e para Frederico Guilherme IV 2013, pp. 145, 147, 174, 175, 182, 202, 231, 277, 405, 532, 533, 536.

344 "tanto quanto eu posso": ": AH a Gauss (ou Gauß), 3 de julho de 1842, AH Cartas de e para Gauss (ou Gauß), 1977, p. 85.

345 a Prússia como William Parry: AH a Varnhagen, 6 de setembro de 1844; ver também Diário de Varnhagen, 18 de março de 1843 e 1º de abril de 1844, AH Cartas a Varnhagen 1860, pp. 97, 106-7, 130.

345 AH trabalhava noite adentro: AH a Johann Georg von Cotta, 9 de março de 1844; AH Cartas de e para Cotta 2009, p. 256.

345 "loja de bebidas": AH a Johann Georg von Cotta, 5 de fevereiro de 1849, ibid., p. 349.

345 "Não vou para a cama": AH a Johann Georg von Cotta, 28 de fevereiro de 1838, ibid., p. 204.

345 AH prometeu e não enviou o manuscrito: AH a Johann Georg von Cotta, 15 de março de 1841, ibid., p. 238.

345 "envolver com pessoas semifossilizadas": AH a Johann Georg von Cotta, 28 de fevereiro de 1838, ibid., p. 204.

345 "obra mais escrupulosa": ibid.

345 "ia ao observatório: AH a Johann Georg von Cotta, 18 de setembro de 1843, ibid., p. 248; o observatório tinha sido construído por Karl Friedrich Schinkel em 1835.

346 visita curta e apressada à Inglaterra: AH a John Herschel, 1842. Théodoridès 1966, p. 50.
346 Murchison organizou encontro: Darwin 1958, p. 107.
346 "perderia a melhor época do ano para atirar": Roderick Murchison a Francis Egerton, 25 de janeiro de 1842, Murchison 1875, vol. 1, p. 360.
346 Darwin nervoso por conhecer pessoalmente AH: Emma Darwin a Jessie de Sismondi, 8 de fevereiro de 1842, Litchfield 1915, vol. 2, p. 67.
346 "sepultado nas terras cobertas de gelo": AH Geografia 2009, p. 69; AH Geografia 1807, p. 15; ver também pp. 9, 91.
346 "traje cosmopolita": os irmãos Schlagintweit fazendo detalhado relato a AH, maio de 1849, Beck 1959, p. 262.
347 AH dominava o recinto: descrição baseada no relato de Heinrich Laube, Laube 1875, pp. 330-33.
347 "alguns tremendos elogios": Emma Darwin a Jessie de Sismondi, 8 de fevereiro de 1842, Litchfield 1915, vol. 2, p. 67.
347 "fora do normal": Darwin a Joseph Hooker, 10 de fevereiro de 1845, Darwin, Correspondência, vol. 3, p. 140.
347 "Mas as minhas expectativas": Darwin 1958, p. 107.
347 "*amplamente* diferente": Darwin a Joseph Hooker, 10-11 de novembro de 1844, Darwin, Correspondência, vol. 3, p. 379.
347 "duas floras": Darwin, anotação, 29 de janeiro de 1842, CUL DAR 100.167.
347 "com grande regularidade e precisão": Darwin a Robert FitzRoy, 1º de outubro de 1846, Darwin, Correspondência, vol. 1, p. 345.
348 Darwin sempre doente: Thomson 2009, pp. 219-20.
348 prós e contras sobre o casamento: anotações de Darwin sobre o casamento, segunda anotação, julho de 1838, Darwin, Correspondência, vol. 2, pp. 444-45.
348 espécie "fixa": AH Cosmos 1845-1852, vol. 1, p. 23; AH Kosmos 1845-1850, vol. 1, p. 23 (tradução minha: a palavra que Humboldt usou em alemão, *abgeschlossene*, tornou-se "espécie isolada" na edição inglesa, mas a tradução correta deve ser "fixa" — em oposição a "mutável").
348 elos perdidos e "passos intermediários": AH Cosmos 1845-1852, vol. 3, Notas, p. 14, iii, ver também vol. 1, p. 34; AH Kosmos 1845-1850, vol. 3, pp. 14, 28, vol. 1, p. 33.
348 "mudança cíclica": AH Cosmos 1845-1852, vol. 1, p. 22; AH Kosmos 1845-1850, vol. 1, p. 22 (tradução minha: a palavra que Humboldt usou em alemão, *periodischen Wechsel* tornou-se "transformações" na edição inglesa, mas "mudança cícla" é uma tradução melhor. Para transições e constante renovação, ver AH Cosmos 1845-1852, vol. 1, pp. 22, 34; AH Kosmos 1845-1850, vol. 1, pp. 22, 33.
348 "darwinista pré-darwiniano": Discurso de Emil Du Bois-Reymond na Universidade de Berlim, 3 de agosto de 1883, AH Cartas de e para du Bois-Reymond 1997, p. 195; ver também Wilhelm Bölsche a Ernst Haeckel, 4 de julho de 1913, Haeckel Cartas de e para Bölsche, 2002, p. 253.
348 "corrobora em quase todos" (nota de rodapé): Alfred Russel Wallace a Henry Walter Blues, 28 de dezembro de 1845, Cartas de Wallace online.
349 "acerca do rio": Darwin a Joseph Hooker, 10 de fevereiro de 1845, Darwin, Correspondência, vol. 3, p. 140.
349 mesmo hotel de Hooker: Hooker 1918, vol. 1, p. 179.
349 "Para o meu horror": Joseph Hooker a Maria Sarah Hooker, 2 de fevereiro de 1845, ibid., p. 180.
349 "parecido com Júpiter": AH a Friedrich Althaus, 4 de setembro de 1848, AH Memórias de Althaus 1861, p. 8; para as mudanças de AH com a idade, ver também "A visit to Humboldt by a correspondent of the *Commercial Advertiser*", 30 de dezembro de 1849, AH Cartas EUA 2004, pp. 539-40.
350 "capacidade de generalização": Joseph Hooker a W. H. Harvey, 27 de fevereiro de 1845, Hooker 1918, vol. 1, p. 185.
350 "sua mente ainda está vigorosa": Joseph Hooker a Darwin, final de fevereiro de 1845, Darwin, Correspondência, vol. 3, p. 148.
350 "Creio que ele falou": ibid.

350 "havia desistido de Kosmos": Joseph Hooker a Darwin, final de fevereiro de 1845, ibid., p. 149.
350 *Cosmos* publicado na Alemanha: Fiedler e Leitner 2000, p. 390; Biermann e Schwarz 1999b, p. 205; Johann Friedrich von Cotta a AH, 14 de junho de 1845, AH Cartas de e para Cotta 2009, p. 283.
350 "filhos não alemães de Cosmos": AH a Frederico Guilherme IV, 16 de setembro de 1847, AH Cartas de e para Frederico Guilherme IV 2013, p. 366; para traduções, ver Fiedler e Leitner 2000, p. 382ff.
351 "unem-se em um trêmulo": AH Cosmos 1845-1852, vol. 1, p. 182; AH Kosmos 1845-1850, vol. 1, p. 200.
351 "matar a força criativa da imaginação": AH Cosmos 1845-1852, vol. 1, p. 21; AH Kosmos 1845-1850, vol. 1, p. 21 (tradução minha: na edição inglesa o alemão *"das Gefühl erkäten, die schaffende Bilkdraft der Phantasie ertödte"* foi traduzido como "esfriar os sentimentos e minguar a mais nobre fruição concomitante à contemplação da natureza").
351 "incessante atividade de forças animadas": AH Cosmos 1845-1852, vol. 1, p. 21; AH Kosmos 1845-1850, vol. 1, p. 21 (tradução minha: na edição inglesa o alemão *"in dem ewigen Treiben und Wirken der lebendigen Kräfte"* foi traduzido assim: "em meio à flutuação universal de forças)".
351 "um todo vivo": AH Cosmos 1845-1852, vol. 1, p. 5; AH Kosmos 1845-1850, vol. 1, p. 5 (tradução minha: na edição inglesa o alemão *"ein lebendiges Ganzes"* foi traduzido como "um todo belo e harmonioso", mas o correto seria "um todo vivo" ou "um todo animado").
351 "intrincada tessitura semelhante a uma rede": AH Cosmos 1845-1852, vol. 1, p. 34; AH Kosmos 1845-1850, vol. 1, p. 33 (tradução minha; esta frase crucial, *"Eine allgemeine Verkettung nicht in einfacher linearer Richtung, sondern in netzartig verschlungenem Gewebe"*, não consta da edição inglesa).
351 "ampla gama da criação": AH Cosmos 1845-1852, vol. 1, p. 34; AH Kosmos 1845-1850, vol. 1, p. 32.
352 "perpétuas inter-relações": AH Cosmos 1845-1852, vol. 1, p. 279; AH Kosmos 1845-1850, vol. 1, p. 304 (tradução minha: na edição inglesa o alemão *"perpetuierlichen Zusammenwirken"* foi traduzido como "dupla influência").
352 "animada por um só alento": AH a Caroline von Wolzogen, 14 de maio de 1806, Goethe, AH WH Cartas 1876, p. 407.
352 AH jamais foi religioso: WH a CH, 23 de maio de 1817, WH CH Cartas 1910-16, vol. 5, p. 315; para críticas aos missionários, ver AH Diário 1982, p. 329ff.; e à Igreja da Prússia, ver Werner 200, p. 34.
352 "uma maravilhosa rede de vida orgânica": AH Cosmos 1845-1852, vol. 1, p. 21; AH Kosmos 1845-1850, vol. 1, p. 21 (tradução minha: na edição inglesa o alemão *"in dem wundervollen Gewebe des Organismus"* foi traduzido como "a aparentemente inextricável rede de vida orgânica").
352 "um pacto com o demônio" (nota de rodapé): Werner 2000, p. 34.
352 "Se a república de letras": *North British Review*, 1845, AH Cartas de e para Cotta 2009, p. 290.
352 "marcou época": Johann Georg von Cotta a AH, 3 de dezembro de 1847; ver também 5 de fevereiro de 1846, ibid., pp. 292, 329.
352 Metternich sobre Cosmos: Klemens von Meternich a AH, 21 de junho de 1845, AH Cartas a Varnhagen 1860, p. 138.
352 "deslumbrante": Berlioz 1878, p. 126.
352 "lido, relido, refletido e compreendido": Berlioz 1854, p. 1.
353 príncipe Albert solicitou um exemplar: Príncipe Albert a AH, 7 de fevereiro de 1847, AH Cartas a Varnhagen 1860, p. 181; Darwin a Hooker, 11 e 12 de julho de 1845, Darwin, Correspondência, vol. 3, p. 217.
353 "graves danos": AH a Bunsen, 18 de julho de 1845, AH Cartas de e para Bunsen 2006, pp. 76-77.
353 Seu pobre Cosmos: ibid.
353 "Tem certeza de que": Darwin a Hooker, 3 de setembro de 1845, Darwin, Correspondência, vol. 3, p. 249.

353 "inglês deplorável": Darwin a Hooker, 18 de setembro de 1845; Darwin a Hooker, 8 de outubro de 1845, ibid., pp. 255-257.
353 "vigor e informação": Darwin a Charles Lyell, 8 de outubro de 1845, ibid., p. 259.
353 outras eram "admiráveis": Darwin a Hooker, 28 de outubro de 1845, ibid., p. 261.
353 Darwin comprou o seu exemplar da nova tradução: Darwin a Hooker, 2 de outubro de 1846, ibid., p. 346.
353 AH queria honestidade: AH a Johann Georg von Cotta, 28 de novembro de 1847, AH Cartas de e para Cotta 2009, p. 327.
353 "verdadeiras batalhas": Johann Georg von Cotta a AH, 3 de dezembro de 1847, ibid., p. 329.
354 "descrições poéticas da natureza": AH Cosmos 1854-52, vol. 2, p. 3; AH Kosmos 1845-1850, vol. 2, p. 3.
354 "produz nos sentimentos": AH Cosmos 1845-1852, p. 3; AH Kosmos 1845-1850, vol. 2, p. 3.
354 "novos órgãos": AH a Caroline von Wolzogen, 14 de maio de 1806, Goethe AW WH Cartas 1876, p. 407.
354 olho como o órgão da "*Weltanschauung*": AH Cosmos 1845-1852, vol. 1, p. 73; AH Kosmos 1845-1850, vol. 1, p. 86.
354 "deliciam os sentidos": AH a Varnhagen, 28 de abril de 1841, AH Cartas a Varnhagen 1860, p. 70.
355 "uma completa loucura": AH a Johann Georg von Cotta, 16 de março de 1849, AH Cartas de e para Cotta 2009, p. 359.
355 40 mil exemplares: AH a Johann Georg von Cotta, 7 de abril de 1849, ibid., p. 368.
355 traduções não renderam um centavo a AH: AH a Johann Georg von Cotta, 13 de abril de 1849, ibid., p. 371.
355 "O maravilhoso Humboldt": Ralph Waldo Emerson, Diário, 1845, Emerson 1960-1992, vol. 9, p. 270; ver também Ralph Waldo Emerson a John F. Heath, 4 de agosto de 1842, Emerson 1939, vol. 3, p. 77; Walls 2009, pp. 251-56.
355 Eureka e Cosmos: Walls 2009, pp. 256-60; Sachs 2006, pp. 109-11; Clark e Lubrich 2012; pp. 19-20.
355 "espirituais e materiais": "Eureka", de Edgar Allan Poe, Poe 1848, p. 8.
355 "o mais sublime dos poemas": ibid., p. 130.
355 "Kosmos", de Walt Whitman: Whitman 1860, pp. 414-15; para Whitman e *Cosmos*, ver AH Cartas EUA 2004, p. 61; Walls 2009, pp. 279-83; Clark e Lubrich, 2012, p. 20.
355 "Canção de mim mesmo": A palavra "cosmos" é a única que não mudou nas várias versões da famosa autoidentificação whitmaniana. O poema com "Walt Whitman, um americano, um bronco, um cosmos" na primeira edição, e se tornou "Walt Whitman, um cosmos, de Manhattan o filho" na última.

CAPÍTULO 19: POESIA, CIÊNCIA E NATUREZA

357 "queria viver": Thoreau, Walden 1910, p. 118.
357 cabana de Thoreau: ibid., pp. 52ff., 84.
357 "olho da terra" e "cerra as pálpebras": ibid., p. 247, 375.
358 "delgados cílios": ibid., p. 247.
358 plantas ao redor da cabana: ibid., pp. 149-50.
358 farfalhava as folhas caídas e cantava: Channing 1873, p. 250.
358 nomeando os lugares: ibid., p. 17.
359 "Fatos coletados por": Thoreau, 16 de junho de 1852, Thoreau, Diário 1981-2002, vol. 5, p. 112.
359 Thoreau quando menino: John Weiss, *Christian Examiner*, 1865, Harding 1989, p. 33.
359 "refinado estudioso com": Alfred Munroe, "Concord Authors Considered", *Richard County Gazette*, 15 de agosto de 1877, Harding 1989, p. 49.
359 feito um esquilo: Horace R. Homer, ibid., p. 77.
359 estudos de Thoreau em Harvard: Richardson 1986, pp. 12-13.
359 biblioteca de Emerson: Sims 2014, p. 90.
360 sintomas de tétano em Thoreau: Thoreau a Isaiah Williams, 14 de março de 1842, Thoreau, Correspondência 1958, p. 66.

360 "uma folha murcha": Thoreau, 16 de janeiro de 1843, Thoreau, Diário 1981-2002, vol. 1, p. 447.
360 "construa você mesmo uma cabana": Ellery Channing a Thoreau, 5 de março de 1845, Thoreau, Correspondência 1958, p. 161.
360 morte era parte do ciclo da natureza: Thoreau a Emerson, 11 de março de 1842, ibid., 65.
360 "Não pode haver melancolia *realmente* negra": Thoreau, 14 de julho de 1845, Thoreau, Diário 1981-2002, vol. 2, p. 159.
361 Concord no tempo de Thoreau: Richardson 1986, pp. 15-16; Sims 2014, pp. 33, 47-50.
362 som dos machados: Richardson, 1986, p. 16.
362 a ferrovia chega a Concord: ibid., p. 138.
362 "Simplificar, simplificar": Thoreau, Walden 1910, p. 119.
362 "uma vida de simplicidade": Thoreau, primavera de 1846, Thoreau, Diário 1981-2002, vol. 2, p. 145.
362 aparência física de Thoreau: Channing 1873, p. 25; Celia P. R., Fraser, Harding 1989, p. 208.
362 "imita muito bem os porcos-espinhos": Caroline Sturgis Tappan sobre Thoreau, American National Biography; ver também Channing 1873, p. 311.
362 Thoreau "belicoso": Channing 1873, p. 312.
362 "maneiras corteses": Nathaniel Hawthorne, setembro de 1842, Harding 1989, p. 154.
362 muitos achavam Thoureau divertido e engraçado: E. Harlow Russell, *Reminiscences of Thoreau*, Concord Enterprise, 15 de abril de 1893, Harding 1989, p. 98.
362 "uma pessoa enfadonha e intolerável": Nathaniel Hawthorne a Richard Monckton MIlnes, 18 de novembro de 1854, Hawthorne 1987, vol. 17, p. 279.
362 Thoreau era excêntrico: ver Priscila Rice Edes, Harding 1989, p. 181.
362 refrescante como "água gelada": Diário de Amos Bronson Alcott, 5 de novembro de 1851, Borst 1992, p. 199.
363 "duelo" de duas tartarugas no rio: Edward Emerson, 1917, Harding 1989, p. 136.
363 "parece adotá-lo": Nathaniel Hawthorne, setembro de 1842, Harding 1989, p. 155; para Thoreau e os animais, Mary Hosmer Brown, Memories of Concord, 1926, Harding 1989, pp. 150-51 e Thoreau, Walden, 1910, pp. 170, 173.
363 "um pouco de poeira de estrelas": Thoreau, Walden, 1910, 287.
363 temporada de Thoreau no lago Walden: ibid., pp. 147, 303.
363 Thoreau autoproclamado "inspetor": ibid., p. 21.
363 "como uma fotografia atrás": ibid., p. 327; tocava flauta, p. 232.
363 "uma ninfa do bosque": Diário de Alcott, março de 1847, Harbert Petrulionis 2012, pp. 6-7.
364 Thoreau retornava com frequência ao vilarejo: John Shepard Keyes, Harding 1989, p. 174; Channing 1873, p. 18.
364 duas grossas cadernetas: Shanley 1957, p. 27.
365 "puramente americano": Diário de Alcott, março de 1847, Harbert Petrulionis 2012, p. 7; para resenhas negativas de *Uma semana*, Theodore Parker a Emerson, 11 de junho de 1849 e Athenaeum, 27 de outubro de 1992, pp. 151, 159.
365 "mais de setecentos dos quais": Thoreau, Correspondência 1958, outubro de 1853, p. 305.
365 "Enquanto o meu amigo era": Thoreau, depois de 11 setembro de 1849, Thoreau, Diário 1981-2002, vol. 3, p. 26; ver também Walls 1995, pp. 116-17.
365 paixonite pela esposa de Emerson, Lydian: Walls 1995, p. 116.
365 "o único homem em Concord que não trabalha": Myerson 1979, p. 43.
365 "insignificante aqui na cidade": Emerson em 1849, Thoreau, Diário 1981-2002, vol. 3, p. 485.
365 "volta e meia sair andando por aí": Maria Thoreau, 7 de setembro de 1849, Borst 1992, p. 138.
365 "O que são esses pinheiros": Thoreau, Diário, depois de 18 de abril de 1846, Thoreau, Diário 1981-2002, vol. 2, p. 242.
365 Thoreau media distâncias de forma precisa: Myerson 1979, p. 41.
366 bolhas congeladas: Thoreau, Walden 1910, p. 328ff.
366 "visitar algum acadêmico": ibid., p. 268, 352.
366 Thoreau e o transcendentalismo: Walls 1995, p. 61ff.
366 "toldar a vista": Emerson 1971-2013, vol. 1, 1971, p. 39.

366 "espírito é matéria reduzida": ibid., vol. 3, 1983, p. 31.
366 "não provinha da experiência": Emerson, 1842, Richardson 1986, p. 73.
367 conhecer a verdade: J. A. Saxon, "Prophecy, – Transcendentalism, – Progress", *The Dial*, vol. 2, 1841, p. 90.
367 Thoreau reorientou por completo a sua vida: Dean 2007, p. 82ff.; Walls 1995, pp. 116-17; Thoreau a Harrison Gray Otis Blake, 20 de novembro de 1849, Thoreau, Correspondência 1958, p. 250; Thoreau, 8 de outubro de 1851, Thoreau, Diário 1981-2002, vol. 4, p. 133.
368 "Anotações de campo": Thoreau, 21 de março de 1853, Thoreau, Diário 1981-2002, vol. 6, p. 20.
368 "caixa de botânica": Thoreau, 23 de junho de 1852, ibid., vol. 5, p. 126; ver também Channing 1873, p. 247.
368 os cientistas ainda hoje: Richard Primack, professor de biologia da Universidade de Boston, trabalhou em colaboração com colegas de Harvard a fim de usar os diários de Thoreau no estudo de alterações climáticas. Utilizando os meticulosos registros e anotações de Thoreau, descobriram que a mudança climática havia chegado ao lago Walden, uma vez que muitas flores primaveris hoje em dia florescem mais de dez dias antes; ver Andrea Wulf, "A man for all seasons", *The New York Times*, 19 de abril de 2013.
368 "Eu omito o insólito": Thoreau, 28 de agosto de 1851, Thoreau, Diário 1981-2002, vol. 4, p. 17.
368 "Sinto-me maduro para": Thoreau, 16 de novembro de 1850, ibid., vol. 3, pp. 144-45.
368 Thoreau leu os livros de AH: Sattelmeyer 1988, pp. 206-07, 216; Walls 1995, pp. 120-21; Walls 2009, pp. 262-68; para Thoreau e os livros de AH, 6 de janeiro de 1851, reunião da Comissão Permanente da Biblioteca Social de Concord, letra de Ralph Waldo Emerson: "Ano passado a Comissão adquiriu e adicionou ao acervo da Biblioteca o livro AH Aspectos 1849, de Humboldt"; Caixa 1, Pasta 4, Registros da Biblioteca Social de Concord (Depósito/Arquivo A60, Unidade B1). Coleções Especiais William Munroe, Biblioteca Pública e Gratuita de Concord.
368 "uma espécie de elixir": Thoreau, "Natural History of Massachusetts", Thoreau, Excursão e Poemas 1906, p. 105.
368 "Sua leitura era feita": Channing 1873, p. 40.
368 AH nas cadernetas e na obra publicada de Thoreau: *Thoreau's Fact Book in the Harry Elkins Widener Collection in the Harvard College Library, The Facsimile of Thoreau's Manuscript*, ed. Kenneth Walter Cameron, Hartford: Transcendental Books, 1966, vol. 3, 1987, pp. 193, 589; *Thoreau's Literary Notebook in the Library of Congress*, ed. Kenneth Walter Cameron, Hartford: Transcendental Books, 1964, p. 362; Sattelmeyer 1988, pp. 206-07, 216; AH mencionado na obra publicada de Thoreau: Por exemplo, *Cape Cod, A Yankee in Canada* e *The Maine Woods*.
368 "Humboldt diz": Thoreau, 1º de abril de 1850, 12 de maio de 1850, 27 de outubro de 1853, Thoreau, Diário 1981-2002, vol. 3, pp. 52, 67-68 e vol. 7, p. 119.
368 "Onde está o meu cianômetro?": Thoreau, 1º de maio de 1853, ibid., vol. 6, p. 90.
369 Orinoco e Concord: Thoreau, 1º de abril de 1850, ibid., vol. 3, p. 52.
369 colinas em New Hampshire e os Andes: Thoreau, 13 de novembro de 1851, ibid., vol. 4, p. 182.
369 "enorme lago Walden": Myerson 1979, p. 52.
369 "De pé sobre os despenhadeiros do Concord": Thoreau, "A Walk to Wachusett", Thoreau, Excursão e Poemas 1906, p. 133.
369 "beberão do meu poço": Thoreau, Walden 1910, pp. 393-94.
369 viajar em casa: Thoreau, 6 de agosto de 1851, Thoreau, Diário 1981-2002, vol. 3, p. 356.
369 "mas o quanto a pessoa está viva": Thoreau, 6 de maio de 1853, ibid., vol. 8, p. 98.
369 "dos seus próprios riachos e oceanos": Thoreau, Walden 1910, p. 242.
369 "Você me diz que é": Thoreau, 25 de dezembro de 1851, Thoreau, Diário 1981-2002, vol. 4, p. 222.
379 "que enriqueça a compreensão": ibid.
370 "que por meio disso seja privada do": AH Cosmos 1845-1852, vol. 2, p. 72; AH Kosmos 1845-1850, vol. 2, p. 74.
370 "esfria meus sentimentos": AH Cosmos 1845-1852, vol. 1, p. 21; AH Kosmos 1845-1850, vol. 1, p. 21.
370 "firme e profunda ligação": AH Cosmos 1845-1852, vol. 2, p. 87; AH Kosmos 1845-1850, vol. 2, p. 90.

370 "Todo poeta já tremeu": Thoreau, 18 de julho de 1852; ver também 23 de julho de 1851, Thoreau, Diário 1981-2002, vol. 3, p. 331 e vol. 5, p. 233.
370 "uma descrição verdadeira": Henry David Thoreau, *The Writings of Henry David Thoreau: A Week on the Concord and Merrimack Rivers*, Boston: Houghton Mifflin, 1906, vol. 1, p. 347.
370 Thoreau parou de usar um diário para "poesia" e outro para "fatos": Sattelmeyer 1988, p. 63; Walls 2009, p. 264.
370 "os fatos são mais interessantes e belos": Thoreau, 18 de fevereiro de 1852, Thoreau, Diário 1981-2002, vol. 4, p. 356.
371 Thoreau escreveu sete versões de Walden (nota de rodapé): Sattelmeyer 1992, p. 429ff.; Shanley 1957, pp. 24-33.
371 alterações no manuscrito de Walden: Sattelmeyer 1992, p. 429ff.; Shanley 1957, p. 30ff.
371 "Sinto-me singularmente preparado": Thoreau, 7 de setembro de 1851, Thoreau, Diário 1981-2002, vol. 4, p. 50.
371 "O ano é um círculo": Thoreau, 18 de abril de 1852, ibid., p. 468.
371 listas sazonais: Thoreau, Diário 1981-2002, vol. 2, p. 494; ver também as tabelas e gráficos sazonais extraídos de seus diários, Howarth 1974, p. 308ff.
371 "um livro das estações": Thoreau, 6 de novembro de 1851, Thoreau, Diário 1981-2002, vol. 3, pp. 253, 255.
371 "Desfruto a amizade das estações": Thoreau, Walden 1910, p. 173.
371 "olhar a natureza": Thoreau, 4 de dezembro de 1856, Thoreau, Diário 1906, vol. 9, p. 157; ver também Walls 1995, p. 130; Walls 2009, p. 264.
371 métodos de Thoreau baseados em Quadros da natureza de AH: Thoreau a Spencer Fullerton Baird, 19 de dezembro de 1853, Thoreau, Correspondência 1958, p. 310.
372 a Terra como "poesia viva": Thoreau, 5 de fevereiro de 1854, Thoreau, Diário 1981-2002, vol. 7, p. 268.
372 "roncam no rio": Thoreau, 14 de maio de 1852, ibid., vol. 5, p. 56.
372 "o registro do meu amor": Thoreau, 16 de novembro de 1850 e 13 de julho de 1852, ibid., vol. 3, p. 143 e vol. 5, p. 219.
372 flores em um vaso como metáfora para um livro: Thoreau, 27 de janeiro de 1852, ibid., vol. 4, p. 296.
372 "quando levei a ele uma baga": Emerson a William Emerson, 28 de setembro de 1853, Emerson 1939, vol. 4, p. 389.
372 "Fico dissipado": Thoreau, 23 de março de 1853, Thoreau, Diário 1981-2002, vol. 6, p. 30.
372 "detalhado e científico": Thoreau, 19 de agosto de 1851, ibid., vol. 3, p. 377.
372 "Com toda a sua ciência": Thoreau, 16 de julho de 1851, ibid., p. 306ff.
372 Em vez de compor poemas: Thoreau praticamente não escreveu poema nenhum após 1850, Howarth 1974, p. 23.
372 "a natureza será a minha linguagem repleta de poesia": Thoreau, 10 de maio de 1853, Thoreau, Diário 1981-2002, vol. 6, p. 105.
372 "sangue puro da natureza": Thoreau, 23 de julho de 1851, ibid., vol. 3, pp. 330-31.
373 "assim reduzidas a um único retrato": Thoreau, 20 de outubro de 1852, ibid., vol. 5, p. 378.
373 "Ordem. Kosmos": Thoreau escreveu "Cosmos" em grego, κόσμος, Thoreau, 6 de janeiro de 1856, Thoreau, Diário 1906, vol. 8, p. 88.
373 "um pequeno mundo só para mim": Thoreau, Walden 1910, p. 172.
373 "Por que haveria eu de me sentir sozinho?": ibid., p. 175.
373 "Não sou eu mesmo em parte folhas e humo?": ibid., p. 182.
373 degelo das arenosas encostas: Thoreau, primavera de 1848, 31 de dezembro de 1851, 5 de fevereiro e 2 de março de 1854, Thoreau, Diário 1981-2002, vol. 2, p. 382ff., vol. 4, p. 230, vol. 7, p. 268, vol. 8, p. 25ff.
373 "transbordamento arenoso" no manuscrito original: primeira versão de Walden, Shanley 1957, p. 204; na versão publicada de Walden, ver Thoreau, Walden 1910, pp. 402-09.
374 "uma antecipação da folha vegetal": Thoreau, Walden 1910, pp. 404-05.

374 "protótipo": Thoreau, Walden 1910, pp. 404-05; para Thoreau e a *urform* de Goethe, ver Richardson 1986, p. 8.
374 "indescritivelmente interessante e belo": primeira versão de Walden, Shanley 1957, p. 204.
374 "o princípio de todas": Thoreau, Walden 1910, p. 407.
374 "vive e cresce": Thoreau, 31 de dezembro de 1851, Thoreau, Diário 1981-2002, vol. 4, p. 230.
374 "poesia viva": Thoreau, 5 de fevereiro de 1854, ibid., vol. 7, p. 266; ver também Thoreau, Walden 1910, p. 408.
374 "A Terra está toda viva": Thoreau, Walden 1910, p. 399.
374 "a pleno vapor": ibid., p. 408.
374 "como a criação": ibid., p. 414.
374 Walden era o mini-Cosmos: Walls 2001-12, p. 2ff.
374 "Fatos caem do observador": Thoreau, 19 de junho de 1852, Thoreau, Diário 1981-2002, vol. 5, p. 112; para observação objetiva e subjetiva, Thoreau, 6 de maio de 1854, Thoreau Diário 1981-2002, vol. 8, p. 98; Walls 2009, p. 266.
374 "Eu ordenho o céu e a Terra": Thoreau, 3 de novembro de 1853, Thoureau, Diário 1981-2002, vol. 7, p. 140.

CAPÍTULO 20: O MAIOR E MAIS FORMIDÁVEL DE TODOS OS HOMENS DESDE O DILÚVIO

378 prussianos lendo artigos nos cafés: Diário de Varnhagen, 3 de março de 1848, Varnhagen 1862, vol. 4, p. 259.
378 "precisava apenas livrar-se": Varnhagen, 5 de abril de 1841, Beck 1959, p. 177.
378 "faz simplesmente o que quer": Varnhagen, 18 de março de 1843; AH Cartas a Varnhagen 1860, p. 97.
378 "questões mundanas": Varnhagen, 1º de abril de 1844, ibid., p. 106; ver também AH a Gauss (ou Gauß), 14 de junho de 1844, AH Cartas de e para Gauss (ou Gauß), 1977, p. 87; AH a Bunsen, 16 de dezembro de 1846, AH Cartas de e para Bunsen 2006, p. 90.
379 o rei não governava pela vontade popular: rei Frederico Guilherme IV, discurso ao Vereinigte Landtag, 11 de abril de 1847, Mommsen 2000, p. 82ff.; para o relato de AH sobre o discurso do rei, AH a Bunsen, 26 de abril de 1847, AH Cartas de e para Bunsen 2006, p. 96.
379 revolução em Berlim: Diário de Varnhagen, 18 de março, ibid., p. 276ff.
379 "Oh, Deus, Deus, me abandonaste por completo?": Diário de Varnhagen, 19 de março, ibid., p. 313.
379 lentas reformas: AH a Friedrich Althaus, 4 de setembro de 1848, AH Memórias de Althaus 1861, p. 13; AH a Bunsen, 22 de setembro de 1848, AH Cartas de e para Bunsen 2006, p. 113.
379 revolução nas ruas de Berlim: Diário de Varnhagen, 19 de março de 1848, Varnhagen 1862, vol. 4, pp. 315-31.
380 rei vestindo preto, vermelho e dourado: Diário de Varnhagen, 21 de março de 1848, ibid., p. 334.
380 AH na sacada com o rei: Diário de Varnhagen, 21 de março de 1848, ibid., p. 336; para AH na procissão em homenagem aos revolucionários mortos, ver Bruhns 1873, vol. 2, p. 341 e AH Cartas de e para Frederico Guilherme IV 2013, p. 23.
380 "diferenças de opiniões políticas": AH a Johann Georg von Cotta, 20 de setembro de 1847, AH Cartas de e para Cotta 2009, p. 318.
380 "ultraliberal": Friedrich Schleiermacher, 5 de setembro de 1832, Beck 1959, p. 129; Bruhns 1873, vol. 2, p. 102; Guilherme da Prússia a sua irmã Charlotte, 10 de fevereiro de 1831, Leitner 2008, p. 227.
380 "Ele tem plena consciência": Charles Lyell a Charles Lyell, pai, 8 de julho de 1823, Lyell 1881, vol. 1, p. 128.
380 "costelas de porco duras": AH a Hedemann, 17 de agosto de 1857, Biermann e Schwarz, 2001b, sem número de página.
381 "um sujeito pálido e sem força moral": AH a Varnhagen, 24 de junho de 1842, Assing 1860, p. 66.
381 "coragem de ter a sua própria opinião": Max Ring, 1841 ou 1853, Beck 1959, p. 183.

381 "sempre o mesmo, sempre": Krätz 1999b, p. 33; ver também AH a Friedrich Althaus, 23 de dezembro de 1849, AH Memórias de Althaus 1861, p. 29.
381 "um revolucionário e o autor": AH a Friedrich Althaus, 5 de agosto de 1852, AH Memórias de Althaus 1861, p. 96; ver também AH a Varnhagen, 26 de dezembro de 1845, Beck 1959, p. 215.
381 AH frustrado com a política: AH a Varnhagen, 29 de maio de 1848, Beck 1959, p. 238.
381 "o organismo e a unidade do todo": AH a Maximiliano II, 3 de novembro de 1848, AH Cartas de e para Frederico Guilherme IV 2013, p. 403.
382 perspectivas sombrias: AH a Johann Georg von Cotta, 16 de setembro de 1848, AH Cartas de e para Cotta 2009, p. 337.
382 "sujeira e barro": rei Frederico Guilherme IV a Joseph von Radowitz, 23 de dezembro de 1848, Lautemann e Schlenke 1980, p. 221ff.
382 "coleira de cão": rei Frederico Guilherme IV ao rei Ernesto Augusto de Hanôver, abril de 1849, Jessen 1968, p. 310ff.
382 AH decepcionado com a política: AH a Johann Georg von Cotta, 7 de abril de 1849 e 21 de abril de 1849, AH Cartas de e para Cotta 2009, p. 367; Leitner 2008, p. 232; AH a Friedrich Althaus, 23 de dezembro de 1849, AH Memórias de Althaus 1861, p. 28; AH a Gauss (ou Gauß), 22 de fevereiro de 1851, AH Cartas de e para Gauss (ou Gauß), 1977, p. 100; 98; AH a Bunsen, 27 de março de 1852, AH Cartas de e para Bunsen 2006, p. 146.
382 "praga da escravidão": AH a Oscar Lieber, 1849, AH Cartas EUA 2004, p. 265.
383 "velha conquista espanhola": AH a Johann Flügel, 19 de junho de 1850; para AH e a Guerra Mexicano-Americana, ver John Lloyd Stephens, 2 de julho de 1847 e AH a Robert Walsh, 8 de dezembro de 1847, ibid., pp. 252, 529-30.
383 "fatigada esperança": AH a Arago, 9 de novembro de 1849, citado em AH Geografia 2009, p. xi.
383 "incessantes oscilações": AH a Heinrich Berghaus, agosto de 1848, AH Cartas de e para Spiker 2007, p. 25.
383 empolgação com as revoluções estava se exaurindo: Friedrich Daniel Bassermann sobre AH, 14 de novembro de 1848, Beck 1969, p. 264.
383 "fenômenos cósmicos": AH Cosmos 1845-1852, vol. 3, p. i; AH Kosmos 1845-1850, vol. 3, p. 3.
383 "um mestre dos materiais": AH a Bunsen, 27 de março de 1852, AH Cartas de e para Bunsen 2006, p. 146.
383 "os quase-mortos": AH a du Bois-Reymond, 21 de março de 1852, AH Cartas de e para du Bois-Reymond 1997, p. 124; ver também AH a Johann Georg von Cotta, 3 de fevereiro de 1853, AH Cartas de e para Cotta 2009, p. 497.
383 "duende em seu ombro": AH a Johann Georg von Cotta, 4 de setembro de 1852, AH Cartas de e para Cotta 2009, p. 484.
384 "Microcosmo": AH a Johann Georg von Cotta, 16 de setembro e 2 de novembro de 1848; e Johann Georg von Cotta a AH, 21 de fevereiro de 1849, ibid., pp. 338, 345, 355.
384 "cabe ao terceiro e último volume": AH Cosmos 1845-1852, vol. 3, p. 8; AH Kosmos 1845-1850, vol. 3, p. 9; ver também Fiedler e Leitner 2000, p. 391.
384 O'Leary visitou AH: Daniel O'Leary, 1853, Beck 1969, p. 265; AH a O'Leary, abril de 1853, MSS141, Biblioteca Luis Ángel Arango, Bogotá.
384 "com o interesse de ver": Byard Taylor, 1856, Taylor 1860, p. 455.
384 AH gostava dos norte-americanos (nota de rodapé): ibid., p. 445; Rossiter W. Raymond, "A visit to Humboldt", janeiro de 1859, AH Cartas EUA 2004, p. 572.
385 "usual benevolência": Carl Vogt, janeiro de 1845, Beck 1959, p. 201; ver também AH Cartas de e para Dirichlet 1982, p. 104; Bierman e Schwarz 1999a, pp. 189, 196.
385 jovens como filhos de AH: AH a Dirichlet, 24 de julho de 1845, AH Cartas de e para Dirichlet 1982, p. 67.
385 uma das "joias mais maravilhosas": Johann Carl Friedrich Gauss, Terra 1955, p. 336.
385 AH e eleições na Académie des Sciences: Carl Vogt, janeiro de 1845, Beck 1959, p. 202ff.
385 "aprendeu um bocado com elas": ibid., p. 205.
385 instruções a Hooker: AH a Joseph Dalton Hooker, 30 de setembro de 1847, republicado em *London Journal for Botany*, vol. 6, 1847, pp. 604-07; Hooker 1918, vol. 1, p. 218.

385 "trifólio": AH Cartas de e para Frederico Guilherme IV 2013, p. 72; ver também AH a Bunsen, 20 de fevereiro de 1854, AH Cartas de e para Bunsen 2006, p. 175; Finkelstein 2000, p. 187ff.; AH Cartas de e para Frederico Guilherme IV 2013, pp. 72-73.

386 "nada na minha vida": AH Ásia Central 1844, vol. 1, p. 611.

386 instruções de AH a artistas: para Johann Moritz Rugendas, Eduard Hildebrandt e Ferdinand Bellermann, Werner 2013, pp. 101ff., 121, 250ff.

386 longa lista de plantas para o artista: as instruções de AH Johann Moritz Rugendas, 1830, numa carta a Karl Schinkel, ibid., p. 102.

386 "paisagens reais": ibid.

386 "tarefa de decifração": Carl Vogt, janeiro de 1845, Beck 1959, p. 201.

386 "linhas microscópicas e hieroglíficas": AH a Heinrich Christian Schumacher, 2 de março de 1836, AH Cartas de e para Schumacher 1979, p. 52.

386 todo ano chegavam cerca de 2.500 a 3 mil missivas: AH a Edward Young, 3 de junho de 1855, AH Cartas EUA 2004, p. 347; AH a Johann Georg von Cotta, 5 de fevereiro de 1849 e 2 de maio de 1855, Cartas de e para Cotta 2009, pp. 349, 558.

386 "correspondência ridícula": AH a du Bois-Reymond, 18 de janeiro de 1850, AH Cartas de e para du Bois-Reymond 1997, p. 101; Bayard Taylor 1860, p. 471; Diário de Varnhagen, 24 de abril de 1858; AH Cartas a Varnhagen 1860, p. 311.

387 Bonpland na América do Sul: Schneppen 2002, p. 21ff.; Bonpland a AH, 7 de junho de 1857, AH Cartas de e para Bonpland 2004, p. 136.

387 AH enviava seus livros: AH a Bonpland, 1843; Bonpland a AH, 25 de dezembro de 1853 e 27 de outubro de 1854, ibid., pp. 110, 114-15, 120.

387 "Nós sobrevivemos": AH a Bonpland, 4 de outubro de 1853; ver também AH a Bonpland, 1843, ibid., pp. 108-10, 113.

388 "os sentimentos secretos do próprio coração": Bonpland a AH, 2 de setembro de 1855; ver também AH, 2 de outubro de 1854, ibid., pp. 131, 133.

388 retrato de AH na Grande Exposição em Londres, Sião e Hong Kong: Friedrich Droege a William Henry Fox Talbot, 6 de maio de 1853, BL Add MS 88942/2/27; Bruhns 1873, vol. 2, p. 391.

388 "Pergunte a qualquer jovem estudante": *New Englander*, maio de 1860, citado em Sachs 2006, p. 96.

388 nome "conhecidíssimo e incontornável": John B. Floyd, 1858, Terra 1955, p. 355.

388 "Andes de Humboldt": Francis Lieber à sua família, 1º de novembro de 1829, Lieber 1882, p. 87.

388 nome de AH nos EUA: Oppitz 1969, pp. 277-429; AH a Heinrich Spiker, 27 de junho de 1855, AH Cartas de e para Spiker 2007, p. 236; AH a Varnhagen, 13 de janeiro de 1856, AH Cartas a Varnhagen 1860, p. 243.

388 "estou repleto de peixes": Theodore S. Fay a R. C. Waterston, 26 de agosto de 1869, Beck 1959, p. 194.

388 "poderio naval": AH a Ludwig von Jacobs, 21 de outubro de 1852, Werner 2004, p. 219.

389 "Preciso da minha cabeça": AH a Christian Daniel Rauch, Terra 1955, p. 333.

389 admiradora escreveu a AH: AH a Hermann, Adolph e Robert Schlagintweit, Berlim, maio de 1849, Beck 1959, p. 265.

389 "feiosa baronesa Berzelius": AH a Dirichlet, 7 de dezembro de 1851, AH Cartas de e para Dirichlet 1982, p. 99.

389 "curiosidade semipetrificada": AH a Henriette Mendelssohn, 1850, AH Cartas de e para os Mendelssohn 2011, p. 193.

389 "faziam o espaço encolher": AH a Friedrich Althaus, 4 de setembro de 1848, AH Memórias de Althaus 1861, p. 12; ver também John Loyd Stephens, 2 de julho de 1847, AH Cartas EUA 2004, p. 528.

389 AH e canal do Panamá: AH a James Madison, 27 de junho de 1804, JM ss Documentos, vol. 7, p. 378; AH a Frederick Kelley, 27 de janeiro de 1856 e "Baron Humboldt's last opinion on the Passage to the Isthmus of Panama", 2 de setembro de 1850, AH Cartas EUA 2004, pp. 544-46; 372-73; AH Aspectos 1849, vol. 2, p. 320ff.; AH Quadros 2014, p. 292; AH Ansichten 1849, vol. 2, p. 390ff.

389 "uma parte do telégrafo subatlântico": Diário de Francis Lieber, 7 de abril de 1857, Lieber 1882, p. 294.
389 Morse escreveu a AH para relatar sobre cabo submarino: Samuel Morse a AH, 7 de outubro de 1856, AH Cartas EUA 2004, pp. 406-07.
390 vizinhos viam AH: Engelmann 1969, p. 8; Bayard Taylor, 1856; Taylor 1860, p. 470.
390 "nosso Chimborazo de Potsdam": Heinrich Berghaus, 1850, Beck 1959, p. 296.
390 "como eu o conheci mais de trinta anos atrás": Charles Lyell à sua irmã Caroline, 28 de agosto de 1856, Lyell 1881, vol. 2, pp. 224-25.
391 AH na velhice: Bayard Taylor, 1856, Taylor 1860, p. 458; AH a Friedrich Althaus, 5 de agosto de 1852, AH Memórias de Althaus 1861, p. 96; AH a Arago, 11 de fevereiro de 1850, AH Cartas de e para Arago 1907, p. 310.
391 "Nada havia de flácido em seu rosto": "A visit to Humboldt by a correspondent of the *Commercial Advertiser*", 1º de janeiro de 1850, AH Cartas EUA 2004, p. 540.
391 "magricela com a idade": ibid., p. 539.
391 "todo o fogo e espírito": ibid., p. 540.
391 situação financeira de AH: Eichhorn 1959, pp. 186-207; Biermann e Schwarz 2000, pp. 9-12; AH a Johann Georg von Cotta, 10 de agosto de 1848, AH Cartas de e para Cotta 2009, p. 334.
391 livros de autoria de AH caros demais para AH: AH a Frederico Guilherme IV, 22 de março de 1841, AH Cartas de e para Frederico Guilherme IV 2013, p. 200.
392 estúdio e aparência de AH: Bayard Taylor, 1856, Taylor 1860, p. 456ff.; "A visit to Humboldt by journalist of *Commercial Advertiser*", 1º de janeiro de 1850 e Rossiter W. Raymond, "A visit to Humboldt", janeiro de 1859, AH Cartas EUA 2004, pp. 539ff., 572ff.; Robert Avé-Lallement, 1856, Beck 1959, p. 377; Diário de Varnhagen, 22 de novembro de 1856, AH Cartas a Varnhagen 1860, p. 264; ver também aquarelas do estúdio e da biblioteca de Humboldt por Eduard Hildebrandt, 1856.
392 "magnífica" pele de leopardo: Rossiter W. Raymond, "A visit to Humboldt", janeiro de 1859, AH Cartas EUA 2004, p. 572.
392 "Mais açúcar, mais café": Biermann 1990, p. 57.
392 e depois a "imbecilidade": Wilhelm Förster sobre uma visita a AH, 1855, Beck 1969, p. 267.
392 sua "celebridade": AH a George Ticknor, 9 de maio de 1858, AH Cartas EUA 2004, p. 444.
392 com "muitos clérigos": Diário de Varnhagen, 22 de novembro de 1856, AH Cartas a Varnhagen 1860, p. 264; Theodore s. Fay a R. C. Waterston, 26 de agosto de 1869, Beck 1959, p. 194.
392 a escravidão era uma "mancha sobre a nação americana": AH a Johann Flügel, 22 de dezembro de 1849; ver também 16 de junho de 1850, 20 de junho de 1854; e AH a Benjamin Silliman, 5 de agosto de 1851; Cornelius Felton, julho de 1853; AH a Johann Flügel, 22 de dezembro de 1849, 16 de junho de 1850, 20 de junho de 1854, AH Cartas EUA 2004, pp. 262, 268, 291, 333, 552.
393 AH e a edição norte-americana do livro sobre Cuba: Berlinische Nachrichten von Staats- und gelehrten Sachen, 25 de julho de 1856; ver também Friedrich von Gerolt a AH, 25 de agosto de 1856, AH Cartas EUA 2004, p. 338; Walls 2009, pp. 201-09.
393 "ininterrupto jorro do": Bayard Taylor, 1856, Taylor 1860, p. 461.
393 "implacavelmente perseguido por minha própria": AH a George Ticknor, 9 de maio de 1858; para o número de cartas, ver AH a Agassiz, 1º de setembro de 1856, AH Cartas EUA 2004, pp. 393, 444.
393 saúde de AH: AH a Georg von Cotta, 25 de agosto e 25 de setembro de 1849, AH Cartas de e para Cotta 2009, pp. 398, 416; AH a Bunsen, 12 de dezembro de 1856, AH Cartas de e para Bunsen 2006, p. 199.
393 AH ficando mais fraco: AH a Agassiz, 1º de setembro de 1856, AH Cartas EUA 2004, p. 393.
393 quadro caiu na exposição em Potsdam: Biermann e Schwarz 1997, p. 80.
393 "desocupado na minha cama": e derrame de AH: AH a Varnhagen, 19 de março de 1857, Diário de Varnhagen, 27 de fevereiro de 1857, AH Cartas a Varnhagen 1860, pp. 279, 281.
394 "maquinário": Bayard Taylor, outubro de 1857, Taylor, 1860, p. 467.

394 AH se recusava a usar uma bengala: Eduard Buschmann a Johann Georg von Cotta, 29 de dezembro de 1857, AH Cartas de e para Cotta 2009, p. 601.
394 "Resultados especiais da observação": AH Kosmos 1858, vol. 4; AH escreveu o quarto volume em duas partes — as primeiras 244 páginas haviam sido impressas em 1854, mas a publicação oficial do volume completo se deu somente em 1857, Fiedler e Leitner 2000, p. 391.
394 público leitor de Cosmos: em 1850 as traduções autorizadas do primeiro e segundo volumes de Cosmos estavam na sétima e oitava edições, ao passo que os volumes subsequentes jamais foram além da primeira edição, Fiedler e Leitner 2000, pp. 409-10.
394 AH e o quinto volume: AH Kosmos 1862, vol. 5; Werner 2004, p. 182ff.
394 visita dos irmãos Schlagintweit a AH: Hermann e Robert Schlagintweit, Berlim, junho de 1857, Beck 1959, pp. 267-68.
395 ensaio de AH sobre o Himalaia: trata-se do ensaio de 1820 "Sur la inférieure des neiges perpétuelles dans els montagnes de l'Himalaya et les regions équatoriales".
395 "impiedosamente atormentado": AH a Julius Fröbel, 11 de janeiro de 1858, AH Cartas EUA 2004, p. 435.
395 quase 5 mil cartas por ano: Varnhagen, 18 de fevereiro de 1858, AH Cartas a Varnhagen 1860, p. 307.
395 "excessivamente formais e protocolares". AH a Friedrich Althaus, 30 de julho de 1856, AH Memórias de Althaus 1861, p. 137; AH a Edward Young, 3 de junho de 1855, AH Cartas EUA 2004, p. 34.
395 aniversário de Washington: Joseph Albert Wright ao Departamento de Estado dos EUA, 7 de maio de 1859, Hamel et al 2003, p. 249; Bayard Taylor, 1859, Taylor 1860, p. 473.
395 "Labutando sob um extremo abatimento": anúncio de Humboldt, 15 de março de 1859, Irving 1964, vol. 4, p. 256.
396 AH despachou Cosmos para seu editor: AH a Johann Georg von Cotta, 19 de abril de 1859, AH Cartas de e para Cotta 2009, p. 41; Fiedler e Leitner 2000, p. 391.
396 boletim de saúde de AH: Bayard Taylor, maio de 1859, Taylor 1860, pp. 477-78.
396 "Como são gloriosos": AH a Hedemann a Gabriele von Bülow, 6 de maio de 1859; Anna von Sydow, maio de 1859, Beck 1959, pp. 424, 426; Bayard Taylor, maio de 1859, Taylor 1860, p. 479.
396 notícia da morte de AH: para Europa e EUA, ver notas de fim de texto; para o restante do mundo, por exemplo: *Estrella de Panama*, 15 de junho de 1859; *El Comercio*, Lima, 28 de junho de 1859; *Graham Town Journal*, África do Sul, 23 de julho de 1859.
396 "O formidável, bondoso e venerando": Joseph Albert Wright ao Departamento de Estado dos EUA, 7 de maio de 1859, Hamel et al 2003, p. 248.
396 "Berlim está mergulhada na dor do luto": *Morning Post*, 9 de maio de 1859.
396 Darwin, manuscrito de *A origem das espécies*: Darwin a John Murray, 6 de maio de 1859, Darwin, Correspondência, vol. 7, p. 295.
396 "Alexander von Humboldt está morto": *The Times*, 9 de maio de 1859; ver também *Morning Post*, 9 de maio de 1859; *Daily News*, 9 de maio de 1859; *Standard*, 9 de maio de 1859.
397 Church, AH e *O coração dos Andes*: Kelly 1989, p. 48ff.; Avery 1993, pp. 12ff., 17, 26, 33-36; Sachs 2006, p. 99ff.; Baron 2005, p. 11ff.
397 Church percorreu a rota de AH: Baron 2005, p. 11ff.; Avery 1993, pp. 17, 26.
397 "Humboldt artístico do Novo Mundo": *The New York Times*, 17 de março de 1863: isso estava relacionado à pintura *Cotopaxi*, de Church.
397 "cenário que havia deleitado": Frederic Edwin Church a Bayard Taylor, 9 de maio de 1859, Gould 1989, p. 95.
397 funeral de AH: Bierman e Schwarz 1999a, p. 196; Bierman e Schwarz 1999b, p. 471; Bayard Taylor, maio de 1859, Taylor 1860, p. 479.
398 a notícia da morte de AH chegou aos EUA: *North American and United States Gazette, Daily Cleveland Herald, Boston Daily Advertiser, Milwaukee Daily Sentinel, The New York Times*, todos em 19 de maio de 1859.

398 "perdido um amigo": Church a Bayard Taylor, 13 de junho de 1859, in Avery 1993, p. 39
398 "alimentaram-se da faina": Louis Agassiz, *Boston Daily Advertiser*, 26 de maio de 1859.
398 "mais extraordinário": *Daily Cleveland Herald*, 19 de maio de 1859; ver também *Boston Daily Advertiser*, 19 de maio de 1859; *Milwaukee Daily Sentinel*, 19 de maio de 1859; *North American and United States Gazette*, 19 de maio de 1859.
399 "a era de Humboldt": *Boston Daily Advertiser*, 19 de maio de 1859.
399 "o maior viajante cientista": Darwin a Joseph Hooker, 6 de agosto de 1881, Darwin 1911, vol. 2, p. 403.
399 "3 de abril de 1882 terminado": exemplar de Darwin de AH Narrativa pessoal 1814-1829, vol. 3, abas do livro, CUL.
399 AH havia espalhado as "sementes": du Bois-Reymond, 3 de agosto de 1883, AH Cartas de e para du Bois-Reymond 1997, p. 201.
399 ideias de AH nas artes e na literatura: para Whitman e AH, ver Walls 2009, pp. 279-83, e Clark e Lubrich 2012, p. 20; para Verne e ah, ver Schifko 2010; para outros, Clark e Lubrich 2012, pp. 4-5, 246, 264-65, 282-83.
399 "o maior e mais formidável de todos os homens desde": Frederico Guilherme IV citado em Bayard Taylor 1860, p. xi.

CAPÍTULO 21: O HOMEM E A NATUREZA

401 Marsh chegou ao estado de Vermont: Marsh a Caroline Estcourt, 3 de junho de 1859, Marsh, 1888, vol. 1, p. 410.
401 Cerimônias em homenagem a Humboldt, 2 de junho de 1859: *Journal of American Geographical and Statistical Society*, vol. 1, nº 8, outubro de 1859, pp. 225-46; para a nomeação de AH como associado, ver vol. 1, nº 1, janeiro de 1859, p. iii.
401 o mais "enfadonho notívago": Marsh a Spencer Fullerton Baird, 26 de agosto de 1859, UVM.
401 situação financeira de Marsh: Marsh a Spencer Fullerton Baird, 25 de abril de 1859; Marsh a Francis Lieber, maio de 1860, Marsh 1888, vol. 1, pp. 405-06, 417; Lowenthal 2003, p. 154ff.
401 trabalho de Marsh no verão de 1859: Lowenthal 2003, p. 199.
401 "como um criminoso sentenciado": Marsh a Caroline Marsh, 26 de julho de 1859, ibid.
401 "com todas as minhas forças": Marsh a Spencer Fullerton Baird, 26 de agosto de 1859, UVM.
402 livros de AH na biblioteca de Marsh: Lowenthal 2003, p. 64; Marsh tinha a edição alemã e ampliada de 1849 de Quadros da natureza, diversos volumes de Cosmos (também em alemão), bem como uma biografia e outros livros sobre Humboldt. E também havia lido AH *Narrativa pessoal*, ver Marsh 1892, pp. 333-34; Marsh 1864, pp. 91, 176.
402 "feito mais para ampliar": Marsh, "Speech of Mr. Marsh, of Vermont, on the Bill for Establishing the Smithsonian Institution, Delivered in the House of Representatives", 22 de abril de 1846, Marsh 1846.
402 "superioridade infinita": ibid., para alemães e livros alemães: Marsh 1888, vol. 1, p. 90-91, 100, 103, Lowenthal 2003, p. 90.
402 marido da cunhada: Caroline Marsh a Caroline Estcourt, 15 de fevereiro de 1850, Marsh 1888, vol. 1, p. 161.
402 Marsh era fluente em vinte idiomas: Lowenthal 2003, p. 49.
402 "O holandês... pode ser aprendido": Marsh a Spencer Fullerton Baird, 10 de outubro de 1848, Marsh 1888, vol. 1, p. 128.
402 Marsh usava palavras alemãs: Marsh a Caroline Escourt, 10 de junho de 1848; Marsh a Spencer Fullerton Baird, 15 de setembro de 1848; Marsh a Caroline Marsh, 4 de outubro de 1858, Marsh 1888, vol. 1, pp. 123, 127, 400.
403 "o maior dos sacerdotes da natureza": Marsh, "The Study of Nature", Christian Examiner, 1860, Marsh 2001, p. 83.
403 "enciclopédia ambulante": George W. Wurts a Caroline Marsh, 1º de outubro de 1884; para sua infância e hábitos de leitura, Lowenthal 2003, pp. 11ff., 18-19, 374; Marsh 1888, vol. 1, p. 38, 103.
403 "nascido na floresta": Marsh a Charles Eliot Norton, 24 de maio de 1871, Lowenthal 2003, p. 19.

403 "Passei os primeiros anos": Marsh a Asa Gray, 9 de maio de 1849, UVM.
404 Marsh odiava seus clientes: Marsh 1888, vol. 1, p. 40; Lowenthal 2003, p. 35.
403 Marsh não gostava de lecionar: Marsh a Spencer Fullerton Baird, 25 de abril de 1859, Marsh 1888, vol. 1, p. 406.
404 Marsh fracassou como empreendedor: Lowenthal 2003, pp. 35, 41-42
404 "inteiramente desprovido de charme oratório": Caroline Marsh sobre Marsh, Marsh 1888, vol. 1, p. 64.
404 "Se você viver muito": James Melville Gilliss a Marsh, 17 de setembro de 1857, Lowenthal 2003, p. 167.
404 conquistar um posto diplomático: Marsh 1888, vol. 1, p. 133ff.; Lowenthal 2003, p. 105.
404 "um tal estado de pavorosa embriaguez": Mars a C. S. Davies, 23 de março de 1849, Lowenthal 2003, p. 106.
404 ministro norte-americano na Turquia: Lowenthal 2003, pp. 106-07, 117; Marsh 1888, vol. 1, p. 136.
405 tarefas administrativas "bem leves": Marsh a James B. Estcourt, 22 de outubro de 1849, Lowenthal 2003, p. 107.
405 Caroline e Marsh: Lowenthal 2003, pp. 46, 377ff.; Caroline Marsh, 1º de 12 de abril de 1862, Diário de Caroline Marsh, NYPL, pp. 151, 153.
405 emancipação feminina: Lowenthal 2003, p. 381ff.
405 "brilhante tagarela": Cornelia Underwood a Levi Underwood, 5 de dezembro de 1873, Lowenthal 2003, p. 378.
405 "coruja velha" e um "resmungão": Marsh a Hiram Powers, 31 de março de 1863, ibid.
405 saúde debilitada de Caroline: Lowenthal 2003, pp. 47, 92, 378.
405 doença "incurável" de doença: Marsh a Spencer Fullerton Baird, 6 de julho de 1859, UVM.
405 Marsh carregava Caroline nos braços: Marsh a Caroline Estcourt, 19 de abril de 1851, Marsh 1888, vol. 1, pp. 219.
406 expedição ao Nilo: Marsh a Lyndon Marsh, 10 de fevereiro de 1851; Marsh a Frederick Wislizenus, 10 de fevereiro de 1851; Marsh a H. A. Holmes, 25 de fevereiro de 1851; Marsh a Caroline Estcourt, 28 de março de 1851, Marsh 1888, vol. 1, pp. 205, 208, 211ff.
406 "recém-nascido no deserto": Marsh a Caroline Estcourt, 28 de março de 1851, ibid., p. 213.
406 "própria terra": Marsh a Caroline Estcourt, 28 de março de 1851, ibid., p. 215.
406 "Eu gostaria de saber": ibid.
407 "subjugada pelo amplo e longevo cultivo": Marsh a Frederick Wislizenus e Lucy Crane Frederick Wilizenus.
407 "atividade incessante": AH Aspectos 1849, vol. 2, p. 11; AH Quadros 2014, p. 158; AH Ansichten 1849, vol. 2, p. 13.
407 "história política e moral": AH Geografia 2009, p. 73.
407 "onde quer que pisasse": AH, 10 de março de 1801, AH Diário 2003, vol. 1, p. 44; para AH sobre desmatamento em Cuba e no México, ver AH Cuba 2011, p. 115; AH Nova Espanha 1811, vol. 3, pp. 251-52.
407 "Como invejo o seu": Marsh a Spencer Fullerton Baird, 3 de maio de 1851, Marsh 1888, vol. 1, p. 223.
407 "um estudante da natureza": Marsh ao cônsul-geral norte-americano no Cairo, 2 de junho de 1851, ibid., p. 226.
407 "Ainda não é temporada dos escorpiões": Marsh a Spencer Fullerton Baird, 23 de agosto de 1850, ibid., p. 172.
408 "e tudo mais": Spencer Fullerton Baird a Marsh, 9 de fevereiro de 1851; ver também 9 de agosto de 1849 e 10 de março de 1851, UVM.
408 "Não confie nada à memória": Marsh 1856, p. 160; Lowenthal 2003, pp. 130-31.
408 "na maior parte dos casos áridas e desoladas": Marsh a Caroline e James B. Estcourt, 18 de junho de 1851; para viagens em 1851, ver Marsh a Susan Perkins Marsh, 16 de junho de 1851, Marsh 1888, vol. 1, pp. 227-32, 238; Lowenthal 2003, pp. 127-29.

408 "assídua exploração agrícola": Marsh a Caroline Estcourt, 28 de março de 1851, Marsh 1888, vol. 1, p. 215; ver também Marsh, "The Study of Nature", *Christian Examiner*, 1860, Marsh 2001, p. 86.
409 "natureza na condição tosada": Marsh 1857, p. 11.
409 "Em toda parte o homem": Marsh 1864, p. 36.
409 "de todas as florestas": ibid., p. 234.
409 Marsh escreveu *O homem e a natureza*: Marsh a Spencer Fullerton Baird, 10, 16 e 21 de maio de 1860, Marsh 1888, vol. 1, pp. 420-22.
410 Chicago foi literalmente erguida: *Chicago Daily Tribune*, 26 de janeiro de 1858, 7 de fevereiro de 1866.
410 Lagos, lagoas e rios sem vida: Marsh 1857, pp. 12-15; Marsh 1864, pp. 107-8.
410 estatísticas de exportações piscícolas e extração de madeira: Marsh 1864, pp. 106, 251-57.
410 lavouras de exportação: ibid., p. 278.
410 tamanho dos campos para dieta carnívora: ibid., pp. 277-78.
411 "pequenas obrigações e alto salário": Marsh a Francis Lieber, 12 de abril de 1860; para as finanças de Marsh, Marsh 1888, vol. 1, p. 362; Lowenthal 2003, pp. 155ff., 1999.
411 "Eu gostaria de ter trinta anos": Marsh a Francis Lieber, 3 de junho de 1859, UVM.
411 "Eu não seria capaz de sobreviver": Marsh a Charles D. Drake, 1º de abril de 1861, Marsh 1888, vol. 1, p. 429.
411 preparativos para a ida à Itália: Lowenthal 2003, p. 219.
412 discurso de Marsh em Burlington: Benedict 1888, vol. 1, pp. 20-21.
412 Marsh e Caroline partem dos EUA: Lowenthal 2003, p. 219; chegaram a Turim em 7 de junho de 1861, ver Caroline Marsh, 7 de junho de 1861, Diário de Caroline Marsh, NYPL, p. 1.
412 Marsh, Garibaldi, forças da União: Lowenthal 2003, p. 238ff.
412 Marsh e Riscasoli: Caroline Marsh, inverno de 1861, Diário de Caroline Marsh, NYPL, p. 71.
413 "Tenho me sentido absolutamente desapontado": Marsh a Henry e Maria Buell Hickok, 14 de janeiro de 1862; Marsh a William H. Seward, 12 de maio de 1864, Lowenthal 2003, p. 252; ver também Caroline Marsh, 17 de setembro de 1861, 5 de janeiro de 1862, 26 de dezembro de 1862, 17 de janeiro de 1863, Diário de Caroline Marsh, NYPL, pp. 43, 94, 99, 107.
413 passeios: Caroline Marsh, 15 de fevereiro, 25 de março de 1862, Diário de Caroline Marsh, NYPL, pp. 128, 148.
413 "louco por gelo": Marsh a Spencer Fullerton Baird, 21 de novembro de 1864, UVM.
413 "até que não sou um mau escalador": ibid.
413 "Roubamos uma hora": Caroline Marsh, 10 de março de 1862; ver também 11 de março, 24 de março e 1º de abril de 1862, Diário de Caroline Marsh, NYPL, pp. 143-44, 148, 151.
413 "um crime" contra a natureza: Caroline Marsh, 7 de abril de 1862, ibid., p. 157.
413 Escrita de *O homem e a natureza*: Caroline Marsh, 14 de abril de 1862 e 2 de abril de 1863, ibid.; pp. 154, 217; Lowenthal 2003, pp. 270-73; ver também Marsh a Charles Eliot Norton, 17 de outubro de 1863, UVM.
414 "nocauteada a exausta": Caroline Marsh, 1º de abril de 1862, Diário de Caroline Marsh, NYPL, p. 151.
414 cometesse um "livricídio": Caroline sobre Marsh, Lowenthal 2003, p. 272.
414 "Faço isso": Marsh a Charles Eliot Norton, 17 de outubro de 1863, UVM.
414 "Homem, o perturbador": Charles Scribner a Marsh, 7 de julho de 1863; Marsh a Charles Scribner, 10 de setembro de 1863, Marsh 1864, p. xxviii.
414 "Roubei tudo": Marsh a Spencer Fullerton Baird, 21 de maio de 1860, Marsh 1888, vol. 1, p. 422.
415 referências de Marsh a AH: Marsh 1864, pp. 13-14; 68, 75, 91, 128, 145, 175ff.
415 interferência do homem na natureza: para chapéus e castores, ver Marsh 1864, pp. 76-77; pássaros e insetos, pp. 34, 39, 79ff.; lobos, p. 76; aqueduto de Boston, p. 92.
415 "Toda a natureza está ligada": ibid., p. 96.
415 para "consumo": ibid., p. 36.
415 extinção de animais e plantas: ibid., pp. 64ff., 77ff., 96ff.

415 "deserto árido" (nota de rodapé): AH, 4 de março de 1800, AH Diário 2000, p. 217; AH Narrativa pessoal 1814-1829, vol. 4, p. 154.
415 irrigação: Marsh 1864, pp. 322, 324.
416 "superfície destroçada": Marsh 1864, ibid., p. 43.
416 Marsh sobre a paisagem europeia: Marsh a Spencer Fullerton Baird, 23 de agosto de 1850, julho de 1852, Marsh 1888, vol. 1, pp. 174, 280; Marsh 1864, pp. 9, 19.
416 "uma desolação quase tão completa": Marsh 1864, p. 42.
416 Império Romano: Marsh, "Oration before the New Hampshire State Agricultural Society", 10 de outubro de 1856, Marsh 2001, pp. 36-37; Lowenthal 2003, p. x; Marsh 1864, p. xxiv.
416 "Sejamos sábios": Marsh 1864, p. 198.
416 "Jamais podemos saber": ibid., pp. 91-92; ver também p. 110.
416 "*homo sapiens Europae*": ibid., p. 46.
416 Madison e AH: AH enviou seus livros a Madison; ver David Warden a James Madison, 2 de dezembro de 1811, Madison, Documentos PS, vol. 4, p. 48; Madison a AH; 30 de novembro de 1830, Terra 1959, p. 799.
417 discurso de Madison: Madison, Address to the Agricultural Society of Albemarle, 12 de maio de 1818, Madison, Documentos PS, vol. 1, pp. 260-83; Wulf 2011, p. 204ff.
417 decreto de Bolívar: Bolívar, Decreto, 19 de dezembro de 1825, Bolívar 2009, p. 258.
417 "Medidas para a proteção": Bolívar, "Medidas para a proteção e o uso sensato das florestas nacionais", 31 de julho de 1829, Bolívar 2003, pp. 199-200.
417 AH e a extração de quinino: AH Aspectos 1849, vol. 2, p. 268; AH Quadros 2014, p. 268; AH Ansichten 1849, vol. 2, p. 319; AH, 23-28 de julho de 1802, AH Diário 2003, vol. 2, pp. 126-30.
417 Bolívar e a derrubada de árvores (nota de rodapé): Bolívar, Decreto, 31 de julho de 1829, Bolívar 2009, p. 351; O'Leary 1879-1888, vol. 2, p. 363.
417 "Na natureza selvagem está a": Thoreau, "Walking", 1862 (originalmente apresentado como palestra em abril de 1851), Thoreau, *Excursão e poemas 1906, p. 224.*
417 "para sempre inalienáveis": Thoreau, 15 de outubro de 1859, Thoreau, Diário 1906, vol. 12, p. 387.
417 "reservas nacionais": Thoreau, Os bosques do Maine 1906, p. 173.
418 "Humboldt foi o grande apóstolo": Marsh, "The Study of Nature", *Christian Examiner*, 1860, Marsh 2001, p. 82.
418 referências a AH em *O homem e a natureza*: Marsh 1864, pp. 13-14, 68, 75, 91, 128, 145, 175ff.
418 mazelas do desflorestamento: ibid., pp. 128, 131, 137, 145, 154, 171, 180, 186-88.
418 "portanto a terra": ibid., p. 187.
418 "Estamos... destruindo": ibid., p. 52; para danos como terremoto, p. 226.
418 "propriedade inalienável": ibid., p. 203, para replantio de florestas, pp. 259ff., 269-80, 325.
418 "Já derrubamos florestas": ibid., p. 280.
419 "A Terra está rapidamente": ibid., p. 43.
419 "o mais rude chute na cara": Wallace Stegner, in ibid., p. xvi.
419 Marsh doou os direitos autorais (nota de rodapé): Lowenthal 2003, p. 302.
419 "marcante e definidor de uma época": Gifford Pinchot, ibid., p. 304; Gifford Pinchot a Mary Pinchot, 21 de março de 1886, Miller 2001, p. 392; para John Muir, ver Wolfe 1946, p. 83.
419 Lei da Cultura da Madeira: Lowenthal 2003, p. xi.
420 "ao longo das encostas": Hugh Cleghorn a Marsh, 6 de março de 1868; para a influência de *O homem e a natureza* em âmbito mundial, ver Lowenthal 2003, pp. 303-05.
420 "o manancial do movimento conservacionista": Mumford 1931, p. 78.
420 "O futuro... é mais incerto": Marsh 1861, p. 637.

CAPÍTULO 22: ARTE, ECOLOGIA E NATUREZA

421 "Duas almas, ai de mim": Haeckel a Anna Sethe, 29 de maio de 1859, p. 63; ver também Haeckel aos pais, 29 de maio de 1859, Haeckel 1921b, p. 66; Carl Gottlob Haeckel a Ernst Haeckel, 19 de maio de 1989 [Akademieprojekt "Ernst Haeckel (1834-1918): Briefedition": Preciso agradecer a Thomas Bach por me fornecer um sumário da transcrição do texto].

422 "sedutoras tentações": Haeckel a Anna Sethe, 29 de maio de 1859, Haeckel 1921b, p. 64.
422 "gargalhada zombeteira de Mefistófeles": ibid.
422 "compreender a natureza": ibid.
422 AH, arte e natureza: Cosmos 1845-1852, vol. 2, pp. 74, 85, 87; AH Kosmos 1845-1850, vol. 2, pp. 76, 87, 90; Haeckel aos pais, 6 de novembro de 1852, Haeckel 1921a, p. 9.
422 reputação posterior de Haeckel: Richards 2008, pp. 244-76, 489-512.
423 AH na juventude de Haeckel: Haeckel a Wilhelm Bölsche, 4 de agosto de 1892, 4 de novembro de 1899, 14 de maio de 1900, Haeckel Cartas de e para Bölsche, 2002, pp. 46, 110, 123-24; Haeckel 1924, p. ix; Richards 2009, p. 20ff.; Di Gregorio 2004, pp. 31-35; Krauße 1995, pp. 352-53; os livros de Humboldt ainda estão nas estantes do estúdio de Haeckel em Ernst-Haeckel-Haus em Jena.
423 Haeckel leu Cosmos: Haeckel a seus pais, 6 de novembro de 1852, Haeckel 1921a, p. 9.
423 aparência física de Haeckel: Max Fürbinger em 1866, Richards 2009, p. 83; e adepto de exercícios atléticos, ver Haeckel a seus pais, 11 de junho de 1856, Haeckel 1921a, p. 194.
423 "Não sou capaz de lhes dizer": Haeckel a seus pais, 27 de novembro de 1852; ver também 23 de maio e 8 de julho de 1853, 5 de maio de 1855, Haeckel 1921a, pp. 19, 54, 63-64, 132.
423 hera para o retrato de AH: Haeckel a seus pais, 23 de maio de 1853, ibid., p. 54.
423 seu "mais ardente desejo": Haeckel a seus pais, 4 de maio de 1853, ibid., p. 49.
424 Haeckel e Müller: Haeckel 1924, p. xi; Richards 2009, p. 39; Di Gregorio 2004, p. 44.
424 Haeckel, Heligoland e medusas: Richards 2009, p. 40; Haeckel 1924, p. xii.
425 "obcecado": Haeckel a seus pais, 1º de junho de 1853, Haeckel 1921a, p. 59.
425 "preciosas edições suntuosamente adornadas": Haeckel a seus pais, 17 de fevereiro de 1854, ibid., p. 100.
425 atlas que acompanhava Cosmos: tratava-se do Physikalischer Atlas, de Heinrich Berghaus; Haeckel a seus pais, 25 de dezembro de 1852, ibid., p. 26.
425 memorizar por meio de imagens: Haeckel a seus pais, 25 de dezembro de 1852, ibid., p. 27.
425 Haeckel fez uma peregrinação a Tegel: Haeckel a Anna Sethe, 2 de setembro de 1858, Haeckel 1927, pp. 62-63.
425 "o homem de razão": Haeckel a Anna Sethe, 23 de maio de 1858, ibid., p. 12.
425 "dia e noite": Haeckel a seus pais, 17 de fevereiro de 1854, Haeckel 1921a, pp. 101.
425 "projeto robinsoniano": ibid., p. 102.
426 prática médica de Haeckel em Berlim: "Bericht über die Feier des sechzigsten Geburstages von Ernst Haeckel am 17. Februar 1894 in Jena", p. 15; Haeckel 1924, p. xv.
426 "criança da floresta verdadeiramente alemã": Haeckel a um amigo, 14 de setembro de 1858; ver também Haeckel a Anna Sethe, 26 de setembro de 1858, Haeckel 1927, pp. 67, 72-73, e Haeckel 1924, p. xv.
426 "completamente imaculada e pura". Haeckel a um amigo, 14 de setembro de 1858, Haeckel 1927, p. 67.
426 anúncio de noivado: 14 de setembro de 1858, Richards 2009, p. 51.
426 "intransponível repulsa": Haeckel a seus pais, 1º de novembro de 1852, Haeckel 1921a, p. 6.
426 Haeckel sobre Nápoles: Haeckel a Anna Sethe, 9 de abril, 24 de abril, 6 de junho de 1859, Haeckel 1921b, pp. 30-31, 37ff., 67.
426 batalha de duas almas dentro do seu peito: Ernst Haeckel a Anna Sethe, 29 de maio de 1859, ibid., p. 63ff.
427 Haeckel e Allmers em Ischia: Haeckel a Anna Sethe, 25 de 25 de junho e 1º de agosto de 1859, ibid., pp. 69, 79-80.
427 "um todo interligado": Haeckel a amigos, agosto de 1859, Uschmann 1983, p. 46.
427 "rato de laboratório", "traça de microscópio": Haeckel a Anna Sethe, 7 de agosto de 1859, Haeckel 1921b, p. 86.
427 "Venha aqui para fora! Venha aqui para fora!": Haeckel a Anna Sethe, 16 de agosto de 1859, ibid., p. 86.
427 "acadêmico ossificado": ibid.
427 "vida semisselvagem junto à natureza": ibid.

427 "deliciosa glória do macrocosmo": ibid.
427 "fervorosa pincelada": ibid.
428 "interesses prediletos de Humboldt": Haeckel a seus pais, 21 de outubro de 1859, ibid., pp. 117-18.
428 "não posso me dar ao luxo de vê-lo viajando": Carl Gottlob Haeckel a Ernst Haeckel, final de 1859, di Gregori 2004, p. 58; ver também Haeckel a Anna Sethe, 26 de novembro de 1859, Haeckel 1921b, p. 134.
428 professor "domesticado": Haeckel a seus pais, 21 de outubro de 1859, Haeckel 1921b, p. 118.
428 "delicadas obras de arte": Haeckel a seus pais, 29 de outubro de 1859, ibid., pp. 122-23.
428 "mais requintado e brilhante esplendor": Haeckel a Anna Sethe, 29 de fevereiro de 1860, ibid., p. 160.
428 vida cotidiana em Messina: Haeckel a seus pais, 29 de outubro de 1859; Haeckel a Anna Sethe, 16 de dezembro de 1859, ibid., pp. 124, 138.
429 agradecimento aos benevolentes deuses e ninfas do mar: Haeckel a Anna Sethe, 16 de fevereiro de 1860, ibid., p. 155.
429 "feito para mim": Haeckel a Anna Sethe, 29 de fevereiro de 1860, ibid., p. 160.
429 "poético e encantador": Haeckel a Anna Sethe, 29 de fevereiro de 1860, ibid.
429 cem novas espécies: Haeckel a Anna Sethe, 10 e 24 de março de 1860, ibid., p. 165-66.
429 observava pelo microscópio e ao mesmo tempo desenhava: Haeckel a seus pais, 21 de dezembro de 1852, Haeckel 1921a, p. 26.
430 "penetrava mais fundo": Haeckel 1899-1904, prefácio.
430 "criar um novo 'estilo'"!!: Haeckel a Allmers, 14 de maio de 1860, Koop, p. 145.
430 modelo para bordar uma "toalha de crochê" (nota de rodapé): Allmers a Haeckel, 7 de janeiro de 1862, ibid., p. 79.
430 professor associado: Haeckel foi nomeado *Professor extraordinarius* em 1862 — comparável ao atual professor associado — e depois, em 1865, *Professor ordinarius*, análogo a professor efetivo; Richards 2009, pp. 91, 115-16.
430 "luz do sol que lhe dá a vida": Haeckel a Anna Sethe, 15 de junho de 1860, Haeckel 1927, p. 100.
430 "um livro completamente maluco": Haeckel a Wilhelm Bölsche, 4 de novembro de 1899, Haeckel Cartas de e para Bölsche, 2002, p. 110; ver também Di Gregorio 2004, pp. 77-80.
430 "abriu um mundo novo": Haeckel a Darwin, 9 de julho de 1864, Darwin, Correspondência, vol. 12, p. 482.
430 "para todos os problemas, por mais complicados": ibid.
430 *A origem das espécies* colocou o mundo científico em polvorosa: Browne 2006, pp. 84-117.
431 "sentimentos pré-darwinianos": Wilhelm Bölsche a Ernst Haeckel, 4 de julho de 1913, Haeckel a Wilhelm Bölsche, 18 de outubro de 1913, Haeckel Cartas de e para Bölsche 2002, pp. 253-54.
431 livros de Haeckel sobre Darwin (nota de rodapé): Breidbach 2006, p. 113; Richards 2009, p. 2.
431 "seu adepto alemão de Darwin": Haeckel a Darwin, 10 de agosto de 1864, Darwin, Correspondência, vol. 12, p. 485.
431 "vida repleta de amor feliz e darwinismo": Allmers a Haeckel, 25 de agosto de 1863, Koop 1941, p. 93.
431 Haeckel e a morte de Anna: Haeckel, "Aus einer Autobiographische Skizze vom Jahre 1874", Haeckel 1927, pp. 330-32; Haeckel 1924, p. xxiv.
431 "Estou morto por dentro": Haeckel a Allmers, 27 de março de 1864, Richards 2009, p. 106.
431 "amargo luto": Haeckel a Allmers, 20 de novembro de 1864, Richards 2009, p. 115.
431 "Pretendo dedicar": Haeckel a Darwin, 9 de julho de 1864, Darwin, Correspondência, vol. 12, p. 483.
431 Haeckel vivia feito um ermitão: Haeckel a Darwin, 11 de novembro de 1865, ibid., vol. 13, p. 475.
431 "imune a elogios e à culpa": ibid.
432 *Generelle Morphologie* (nota de rodapé): Haeckel 1866, vol. 1, pp. xix, xxii, 4.

432 "mais magnífico elogio": Darwin a Haeckel, 18 de agosto de 1806, Darwin, Correspondência, vol. 14, p. 294.
432 livros grossos mas "vazios": Haeckel 1866, vol. 1, p. 7; Richards 2009, p. 164.
432 "o buldogue de Darwin": Browne 2003b, p. 105; para Huxley sobre Haeckel, ver Richards 2009, p. 165.
432: usar "forcados": Haeckel a Thomas Huxley, 12 de maio de 1867, Uschmann 1983, p. 103.
432 "Que meus muitos inimigos possam": Haeckel a Darwin, 12 de maio de 1867, Darwin, Correspondência, vol. 15, p. 506.
432 cunhou o termo *Oecologie* — "ecologia": Haeckel 1866, vol. 1, p. 8, nota de rodapé e vol. 2, pp. 235-36, 286ff.; ver também a conferência inaugural de Haeckel em Jena, 12 de janeiro de 1869, Haeckel 1879, p. 17; Worster 1977, p. 192.
432 Darwin a Haeckel, 18 de agosto de 1806, Darwin, Correspondência, vol. 14, p. 294.
433 "sistema de forças ativas": Haeckel 1866, vol. 1, p. 11; ver também vol. 2, p. 286; para AH, ver AH Aspectos 1849, vol. 1, p. 272; AH Quadros 2014, p. 147; AH Ansichten 1849, vol. 1, p. 337.
433 "ciência dos relações": Haeckel 1866, vol. 2, p. 287; ver também vol. 1, p. 8, nota de rodapé e vol. 2, pp. 235-36; conferência inaugural de Haeckel em Jena, 12 de janeiro de 1869, Haeckel 1879, p. 17.
433 "de mãos dadas" (nota de rodapé): Haeckel a seus pais, 7 de fevereiro de 1854, Haeckel 1921a, p. 93.
433 "mais antigo e predileto sonho de viagem": Haeckel a seus pais, 27 de novembro de 1866, Uschmann 1983, p. 90.
434 Haeckel visitou Darwin: Haeckel a Darwin, 19 de outubro de 1866; Darwin a Haeckel, 20 de outubro de 1866, Darwin, Correspondência, vol. 14, pp. 353, 358; Haeckel a amigos, 24 de outubro de 1866, Haeckel 1923, p. 29; Bölsche 1909, p. 1979.
434 "silêncio sepulcral": Henrietta Darwin a George Darwin, 21 de outubro de 1866, Richards 2009, p. 174.
434 momentos mais "inesquecíveis": Haeckel 1924, p. xix; ver também Haeckel a amigos, 24 de outubro de 1866, Haeckel 1923, p. 29; Bölsche 1909, p. 179.
434 "um todo unificado": Haeckel 1901, p. 56.
434 três assistentes de Haeckel: Richard Greeff, Hermann Fol e Nikolai Miklucho; Richards 2009, p. 176.
435 "altamente satisfatório": Haeckel a seus pais, 27 de novembro de 1866, Haeckel 1923, p. 42ff.
435 "grande sopa animal", Haeckel 1867, p. 319.
435 mais calmo e em paz depois de Lanzarote: Haeckel, "Aus einer autobiographische Skizze vom Jahre 1874", Haeckel 1827, p. 330; Haeckel 1924, p. xxiv.
435 "Nesse dia triste": Haeckel a Frieda von Uslar-Gleichen, 14 de fevereiro de 1899, Richards 2009, p. 107.
435 viagens de Haeckel: Di Gregorio 2004, p. 438; Richards 2009, p. 346.
435 "rejuvenesceu": Haeckel Wilhelm Bölsche, 14 de maio de 1900, Haeckel Cartas de e para Bölsche, 2002, p. 124.
436 "luta pela sobrevivência": Haeckel 1901, p. 76.
436 "amigos e inimigos": ibid., p. 75.
436 revista *Kosmos*: *Kosmos. Zeitschrift fur einheitliche Weltanschauung auf Grund der Entwicklungslehre, in Verbindung mit Charles Darwin / Ernst Haeckel*, Leipzig, 1877-86; Di Gregorio 2004, pp. 395-98; ver também Haeckel a Darwin, 3 de dezembro de 1876, CUL DAR 166:69.
436 ilustrações para ilustrar a evolução: Breidbach 2006, pp. 20ff., 51, 57, 101ff., 133; Richards 2009, p. 75.
436 Haeckel inspirou a *art nouveau*: Breidbach 2006, pp. 25ff., 229; Kockerbeck 1986, p. 114; Richards 2009, p. 406ff.; Di Gregorio 2004, p. 518.
436 Haeckel seguiu as ideias humboldtianas: Haeckel a Wilhelm Bölsche, 14 de maio de 1900, Cartas de e para Bölsche 2002, pp. 123-24.
436 "tesouros escondidos": Haeckel 1899-1904, prefácio e edição suplementar, p. 51.
436 "belos motivos": ibid.
437 economia e industrialização alemãs: Watson 2010, pp. 356-81.

437 "obscuras nuvens de fumaça das fábricas": *Wanderbilder,* de Haeckel, Kockerbeck 1986, p. 116; ver também Haeckel 1899, p. 395.
438 "agora aprendiam com a natureza": Peter Behrens, 1901, Festschrift zur Künstlerkolonie Darmstadt, Kockerbeck 1986, p. 115.
438 natureza na decoração de interiores e na arquitetura: Kockerbeck 1986, p. 59ff.
438 "colheita marinha": Émile Gallé, Le Décor Symbolique, 17 de maio de 1900, *Mémoires de l'Académie de Stanislaus, Nancy, 1899-1900,* vol. 7, p. 35.
438 Gaudí e organismos marinhos: Clifford e Turner 2000, p. 224.
438 Sullivan e a natureza: Weingarden 2000, pp. 325, 331; Bergdoll 2007, p. 23.
438 Tiffany e Haeckel: Krauße 1995, p. 363; Breidbach e Eibl-Eibesfeld 1998, p. 15; Cooney Frelinghuysen 2000, p. 410.
439 Haeckel na Feira Mundial em Paris: Richards 2009, p. 407ff.
439 A Porte Monumentale e Haeckel: Proctor 2006, pp. 407-08.
439 "tudo que dizia respeito ao monumento": René Binet a Haeckel, 21 de março de 1899, Breidbach e Eibl-Eibesfeld 1988, p. 15.
439 "recorrer ao formidável laboratório da Natureza": René Binet em *Esquisses Décoratives,* Bergdoll 2007, p. 25.
440 mundo fragmentado deveria ser harmonizado: Kockerbeck 1986, p. 59.
441 monismo como religião *ersatz*: ibid., p. 10.
441 *Welträthsel* tornou-se um *best-seller*: Breidbach 2006, p. 246; Richards 2009, p. 2.
441 "templo da natureza": Haeckel 1899, p. 389.
441 "ventre da nossa Mãe Natureza": ibid., p. 463.
441 arte para expressar a unidade da natureza: ibid., p. 392ff.
441 "brilhante *Cosmos*": ibid., p. 396.
441 "contemplação científica e estética": ibid., p. 396.

CAPÍTULO 23: PRESERVAÇÃO E NATUREZA

443 Muir viajava levando pouca bagagem: Worster 2008, p. 120.
443 aparência física de Muir: "Recollections of John Muir as a Young Man", ibid., pp. 109-10.
443 "Com que intensidade desejo ser": Muir a Jeanne Carr, 13 de setembro de 1865, JM online.
443 "os Andes de cumes nevados": Muir a Daniel Muir, 7 de janeiro de 1868, ibid.
444 "John Muir, planeta Terra, Universo": John Muir, Muir, Diário 1867-8, ibid., abas do livro; para a rota, p. 2.
444 "Eu gostava de tudo que": Muir 1913, p. 3.
444 "de cor e em carne viva": ibid., p. 27.
444 histórias de exploradores: ibid., p. 207.
444 liberdade religiosa: Gisel 2008, p. 3; Worster 2008, p. 37ff.
444: desejo de Muir de correr mundo: Gifford 19996, p. 87.
444 "currículo científico": Worster 2008, p. 37ff.
444 Muir e Jeanne Carr: Holmes 1999, p. 129ff.; Worster 2008, pp. 79-80.
445 "disposição de cometer assassinato": Muir a Frances Pelton, 1861, Worster 2008, p. 87.
445 "universidade da natureza selvagem": Muir 1913, p. 287.
445 Muir tinha talento para inventar coisas: Worster 2008, p. 94ff.
445 seguir os passos de Humboldt: Muir a Jeanne Carr, 13 de setembro de 1865, JM online.
445 apelidado de "Botânica": Muir 1924, vol. 1, p. 124.
445 "florestas alagadas": ibid., p. 120.
445 "relação simples com o Cosmos": Muir a Emily Pelton, 1º de março de 1864, Gisel 2008, p. 44.
445 Muir parte do Canadá de volta para os EUA: Holmes 1999, p. 135ff.
445 "no coração de uma das riquíssimas": Muir 1924, vol.1, p. 153.
446 numa "jornada botânica": Muir to Merrills e Moores, 4 de março de 1867, JM online.
446 acidente de Muir: Muir 1924, vol. 1, p. 154ff.; Muir a Sarah e David Galloway, 12 de abril de 1867; Muir a Jeanne Carr, 6 de abril de 1867; Muir a Merrills e Moores, 4 de março de 1867, JM online.

446 "numa intensa sensação de luminosidade em meio a visões": Muir a Merrills e Moores, 4 de março de 1867, JM online.
446 "vegetação tropical": "Memoirs" de Muir, Gifford 1996, p. 87.
446 Muir começou a caminhar rumo ao sul: Muir, Diário 1867-8, JM online, p. 2.
447 Muir evitava as cidades, grandes ou pequenas: ibid., pp. 22, 24.
447 montanhas Tennessee: ibid., p. 17.
447 "rodovias por meio das quais": ibid., pp. 32-33.
447 único "fragmento" na natureza: Muir 1916 p. 164; Muir, Diário 1867-8, JM online, pp. 194-95.
447 "Por que o homem deveria dar mais valor": Muir, Diário 1867-8, JM online, p. 154; ver também o exemplar de Muir de AH Narrativa pessoal 1907, vol. 2, pp. 288, 371, MHT.
448 "a mais ínfima criatura microscópica": Muir, Diário 1867-8, JM online, p. 154; Muir inseriu a palavra "cosmos" na versão publicada, Muir 1916, p. 139; também sublinhado no exemplar de Muir de AH Narrativa pessoal, vol. 2, p. 371, MHT.
448 "gloriosas montanhas": Muir a David Gilrye Muir, 13 de dezembro de 1867, JM online.
448 Muir decidiu viajar para a Califórnia: Holmes 1999, p. 190; Worster 2008, pp. 147-48.
448 "velocidade cruel": Muir a Jeanne Carr, 26 de julho de 1868, JM online.
449 "Qualquer lugar ermo": Muir 1912, p. 4; ver também Muir "Memoir", Gifford 1996, p. 96.
449 "um Éden de uma ponta à outra": Muir a Jeanne Carr, 26 de julho de 1868, JM online.
449 "extirpada da existência em função do excesso da lavoura e pastoreio": Muir, "The Wild Parks and Forest Reservations of the West", *Atlantic Monthly*, janeiro de 1898, p. 17.
449 "doce o suficiente para ser o hálito dos anjos": Muir a Catherine Merrill et al, 19 de julho de 1868, JM online; ver também Muir a David Gilrye Muir, 14 de julho de 1868; JM a Jeanne Carr, 26 de julho de 1868, JM online; Muir "Memoir", Gifford 1996, p. 96ff.
449 "como a muralha de": Muir 1912, p. 5.
450 "jorrar diretamente desde o céu": Muir, "The Treasures of the Yosemite", *Century*, vol. 40, 1890.
450 arco-íris em meio aos borrifos: Muir 1912, p. 11.
450 "submundo dos musgos": Muir 1911, p. 314.
451 AH contava flores numa florada de uma árvore: exemplar de Muir de AH Narrativa pessoal 1907, vol. 2, p. 306, MHT.
451 Muir contou "165.913" flores brotando: Muir a Catherine Merrill et al, 19 de julho de 1868, JM online.
451 "abóbada incandescente do céu": Muir a Margaret Muir Reid, 13 de janeiro de 1869, JM online.
451 "Quando tentamos selecionar alguma coisa": Essa importante frase passou por várias versões entre o diário e a versão publicada: de início, "Quando tentamos selecionar alguma coisa por si só, seja ela o que for, descobrimos que ela está firmemente ligada — por mil cordões invisíveis que são inquebrantáveis — a tudo que existe no universo"; a seguir, "Quando tentamos selecionar alguma coisa individual, o que quer que seja, descobrimos que ela está atrelada, por inúmeros e incalculáveis cordões, a tudo o mais que existe no universo"; e depois, na versão final do livro de Muir: "Quando tentamos selecionar uma coisa qualquer por si só, descobrimos que ela está atada a tudo que existe no universo". Muir 1911, p. 211; Muir, Diário "Sierra", verão de 1869 (1887), MHT; Muir, Diário "Sierra", verão 1869 (1910), MHT.
451 "mil cordões invisíveis": Muir, Diário "Sierra", verão de 1869 (1887), MHT.
451 "aprender algo de sua história e relacionamento": Muir 1911, pp. 321-32.
451 "unidade de todas as forças vitais" (nota de rodapé): exemplar de AH Quadros 1896, pp. xi, 346 e AH Cosmos 1878, vol. 2, p. 438, MHT.
452 Muir em Yosemite: entre 1868 e 1874, Muir passou quarenta meses em Yosemite, Gisel 2008, p. 93.
452 choupana no vale: Muir "Memoir", Gifford 1996, p. 112.
452 "berrando entre os picos": Muir a Jeanne Carr, 29 de julho de 1870, JM online.
452 "quanto mais longe e mais alto nós vamos": Muir 1911, p. 212.
452 teoria glacial de Muir: Muir, "Yosemite Glaciers", *New York Tribune*, 5 de dezembro de 1871; ver também Muir, "Living Glaciers of California", *Overland Monthly*, dezembro de 1872 e Gifford 1996, p. 143ff.

452 enfiando estacas no gelo: Muir a Jeanne Carr, 8 de outubro de 1872; Muir a Catherine Merrill, 12 de julho de 1872, JM online.
452 "Não tenho coisa alguma para lhe enviar": Muir a Jeanne Carr, 11 de dezembro de 1871, ibid.
452 "confiar em mim e falar comigo": Muir to J. B. McChesney, 8-9 de junho de 1871, ibid.
452 "na abertura da primavera glacial": Muir a Joseph Le Conte, 27 de abril de 1872, ibid.; Muir também sublinhou as páginas dos livros de Humboldt que tratavam da distribuição de plantas. (o exemplar de Muir de AH Quadros 1896, p. 317ff. e AH Narrativa pessoal 1907, vol. 1, p. 116ff., MHT.)
453 rendição "incondicional": Muir a Jeanne Carr, 16 de março de 1872, JM online.
453 Muir na Catarata do Yosemite Superior: Muir a Jeanne Carr, 3 de abril de 1871, ibid.
453 "com a mesma calma e desenvoltura de um bode montanhês": Robert Underwood Johnson sobre Muir, in Gifford 1996, p. 874.
454 "Um nobre terremoto!!!": Muir a Emerson, 26 de março de 1872, JM online.
454 "Destruição é sempre criação": ibid.
454 "homem mais bronzeado, acanhado e de ombros curvados": Muir a Emily Pelton, 16 de fevereiro de 1872, JM online.
454 Muir recebia cientistas: Muir a Emily Pelton, 2 de abril de 1872, JM online; Gisel 2008, pp. 93, 105-06.
454 "para uso público": EUA, Statutes at Large, 15, in Nash 1982, p. 106.
454 coloridos "insetos": Muir a Daniel Muir, 21 de junho de 1870, JM online.
454 Muir e Emerson: Gifford 1996, pp. 131-36; Jeanne Carr a Muir, 1º de maio de 1871; Muir a Emerson, 8 de maio de 1871; Muir a Emerson, 6 julho de 1871; Muir a Emerson, 26 de março de 1872, JM online.
455 "triste comentário": Muir sobre Emerson, Gifford 1996, p. 133.
455 "por demais obscuro e enevoado": Muir a Jeanne Carr, sem data, mas se referia à carta de Emerson a Muir de 5 de fevereiro de 1872. JM online.
455 "A solidão... é uma amante sublime": Emerson a Muir, 5 de fevereiro de 1872, ibid.
455 Muir e a solidão: Muir sublinhou os comentários de Thoreau sobre a solidão em seu exemplar de Walden. Exemplar de Muir de Walden (1906), pp. 146, 150, 152, MHT.
455 sentimento e pensamento racional: Muir marcou a afirmação de Humboldt em Cosmos de que a conexão entre o "sensual" e o "intelectual" era fundamental para a compreensão da natureza; exemplar de Cosmos de Muir, 1878, vol. 2, p. 438, MHT.
455 "Eu estou nos bosques": Muir a Jeanne Carr, outono de 1870, JM online.
455 "dançando, valsando": ibid., pp. 90, 113.
455 "Venha mais alto": ibid., pp. 90, 113.
456 "É tudo Amor": Muir a Ralph Waldo Emerson, 26 de março de 1872, JM online.
456 "profusão universal" (nota de rodapé): exemplar de Muir de AH Quadros 1896, vol. 1, pp. 210, 215, MHT.
456 "alento da natureza": Muir 1911, pp. 48, 98.
456 "parte da natureza selvagem": Muir 1911, p. 326.
456 "Quatro dias limpos e sem nuvens em abril: Muir, Diário "Twenty Hill Hollow", 5 de abril de 1869; Holmes 1999, p. 197.
456 "templo na montanha": Muir a Jeanne Carr, 20 de maio de 1869, ibid.
456 "mil janelas": Muir 1911, pp. 82, 805.
456 pregando a doutrina da natureza como um "apóstolo": Muir a Daniel Muir, 17 de abril de 1869, JM online.
456 "violação desses monumentos": exemplar de Muir de AH Narrativa pessoal 1907, vol. 1, p. 502; ver também vol. 2, p. 214, MHT; exemplar de Muir de AH Cosmos 1878, vol. 2, pp. 377, 381, 393, MHT.
456 "nenhum outro objeto de adoração": exemplar de Muir de AH Narrativa pessoal 1907, vol. 2, p. 362, MHT.
457 "santuários sagrados" da natureza: exemplar de Muir de AH Quadros 1896, p. 21, MHT.

457 "refúgio mais santificado e abençoado": Muir a Jeanne Carr, 26 de julho de 1868, JM online.
457 Muir sublinhava as referências a AH: livros de Thoreau e Darwin da biblioteca de Muir: MHT.
457 Muir e comentários de AH sobre desmatamento: exemplar de Muir de AH Narrativa pessoal 1907, vol. 1, pp. 98, 207, 215, 476-7; vol. 2, pp. 9-10, 153, 207, MHT; exemplar de Muir de AH Quadros 1896, pp. 98, 215, MHT.
457 60 milhões de hectares de terras: Johnson 1999, p. 515.
458 ferrovia: Richardson 2007, p. 131; Johnson 1999, p. 535.
458 "A árdua conquista": Frederick Jackson Turner in 1903, Nash 1982, p. 147.
458 "instigar as pessoas a examinar": Muir a Jeanne Carr, 7 de outubro de 1874, JM online.
458 Muir e O homem e a natureza: Wolfe 1946, p. 83.
459 para "áreas nacionais de preservação": exemplar de Muir de *The Maine Woods* [Os bosques do Maine], de Thoreau (1868), p. 160 e também pp. 122-23, 155, 158, MHT.
459 "A própria natureza" era "um poeta": Muir 1911, p. 211.
459 "Nossa testa sentia o vento e a chuva": Samuel Merrill, "Personal Recollections of John Muir"; ver também Robert Underwood Johnson, C. Hart Merriam, "To the Memory of John Muir", Gifford 1996, pp. 875, 889, 891, 895.
460 "glória da coisa toda": Muir e Sargent, setembro de 1898, Anderson 1915, p. 119.
460 "Vila dos esquilos, Empresa Sequoia Ltda": Muir a Jeanne Carr, outono de 1870, JM online.
460 "uma gloriosa vastidão selvagem": Muir 1911, pp. 17, 196.
460 "Você não pode aquecer o coração"(nota de rodapé): Daniel Muir a Muir, 19 de março de 1874, JM online.
461 Muir em São Francisco: Worster 2008, p. 216ff.
461 "áridas e sem abelhas": Muir a Strentzels, 28 de janeiro de 1879, JM online.
461 Muir começou a pensar em seu próprio futuro: Muir a Sarah Galloway, 12 de janeiro de 1877, JM online; Worster 2008, p. 238.
461 Foi Jeanne Carr quem apresentou Muir a Louie Strentzel: Worster 2008, p. 238ff.
461 "perdido e sufocado na rotina agrícola": Muir a Millicent Shin, 18 de abril de 1883, JM online.
461 Muir como pai: Worster 2008, p. 262.
461 Louie em Yosemite: Muir a Annie Muir, 16 de julho de 1884, JM online.
461 morte do pai de Louie: Worster 2008, pp. 324-25; para administração de Martinez, ver Kennedy 1996, p. 31.
461 Muir, Johnson e Yosemite: Worster 2008, p. 312ff., Nash 1982, p. 131ff.
462 "sem dúvida essas árvores": Muir 1920.
462 "Mas o pinheiro é" (nota de rodapé): exemplar de Muir de *Maine Woods* (1868), de Thoreau, p. 123.
463 artigos na *Century*: Muir, "The Treasures of the Yosemite" e "Features of the Proposed Yosemite National Park", *Century*, vols. 40 e 41, 1890.
463 "ruas-montanhas repletas de vida e luz": e citações seguintes, Muir, "The Treasures of the Yosemite", *Century*, vol. 40, 1890.
463 Parque Nacional de Yosemite: Nash 1982, p. 132.
463 "Tio Sam": Muir 1901, p. 365.
464 "associação de defesa": Robert Underwood Johnson, 1891, Nash 1982, p. 132.
464 "faria algo pela vida selvagem": Muir a Henry Senger, 22 de maio de 1892, JM online.
464 publicações de Muir: Kimes e Kimes 1986, pp. 1-162.
464 "Não quero ninguém comigo a não ser você": Theodore Roosevelt a Muir, 19 de maio de 1903, ibid.
464 "solene templo das gigantescas sequoias": Theodore Roosevelt a Muir, 19 de maio de 1903, ibid.
465 "Não tenho plano nenhum": Muir a Charles Sprague Sargent, 3 de janeiro de 1898, ibid.
465 luta pelo vale Hetch Hetchy: Nash 1982, pp. 161-81; Muir, "The Hetch Hetchy Valley", *Sierra Club Bulletin*, vol. 6, n° 4, janeiro de 1908.
466 "briga universal": *The New York Times*, 4 de setembro de 1913.
466 "despertado do sono": Muir a Robert Underwood Johnson, 1° de janeiro de 1914, Nash 1982, p. 180.

466 "Nada que é passível de ser transformado em dólares": Muir, Memorando de John Muir, 19 de maio de 1908 (para a Conferência de Governadores sobre Conservação), JM online.
467 planos de Muir de ir para a América do Sul: Muir a Daniel Muir, 17 de abril e 24 de setembro de 1869; Muir a Mary Muir, 2 de maio de 1869; Muir a Jeanne Carr, 2 de outubro de 1870; Muir a J. B. McChesney, 8 de junho de 1871, ibid.
467 "Eu me esqueci do Amazonas": Muir a Betty Averell, 2 de março de 1911, Branch 2001, p. 15.
467 Muir em Berlim: Muir, 26-29 de junho de 1903, Muir, Diário "World Tour", pt. 1, 1903, JM online.
467 "as suas jornadas humboldtianas": Helen S. Wright a Muir, 8 de maio de 1878, ibid.
467 "sob a influência de Humboldt": Henry F. Osborn a Muir, 18 de novembro de 1897, ibid.
467 "um Humboldt": Muir a Jeanne Carr, 13 de setembro de 1865, ibid.
468 "antes que seja tarde demais": Muir a Robert Underwood Johnson, 26 de janeiro de 1911, Branch 2001, p. 10; ver também p. xxviff.; Fay Sellers a Muir, 8 de agosto de 1911, JM online.
468 Muir partiu da Califórnia para a costa leste: Branch 2001, pp. 7-9.
468 "imponente rio quente": Muir a Katharine Hooker, agosto de 1911, ibid., p. 31.
468 "Não se preocupe comigo": Muir a Helen Muir Funk, 12 de agosto de 1911, ibid., p. 32.
468 "Eu apenas saí": Muir em 1913, Wolfe 1979, p. 439.

EPÍLOGO

469 orador durante as celebrações do centenário em Boston: Louis Agassiz, 14 de setembro de 1869, *The New York Times*, 15 de setembro de 1869.
470 fogueira pública em Cleveland: relatado em *The New York Times* em 4 de abril de 1918, Nichols 2006, p. 409; centenário em Cleveland, *New York Herald*, 15 de setembro de 1869.
470 Cincinnati e o sentimento antigermânico: Nichols 2006, p. 411.
471 "impactos severos, amplos, incisivos": IPCC, Fifth Assessment Synthesis Report, 1º de novembro de 2014, p. 7.
471 "A bem da verdade não existe distinção": Wendell Berry, "It all Turns on Affection", Jefferson Lecture 2012, http://www.neh.gov/about/awards/jefferson-lecture/wendell-e-berry-lecture.
471 "dano causado pela humanidade": AH, fevereiro de 1800, AH Diário 2000, p. 216.
472 "áridas" e "devastadas": AH, 9-27 de novembro de 1801, Popayin, AH Diário 1982, p. 313.
472 "manancial com muitas bicas": Goethe a Johann Peter Eckermann, 12 de dezembro de 1826, Goethe, Eckermann 1999, p. 183.

UMA NOTA SOBRE AS PUBLICAÇÕES DE HUMBOLDT

A cronologia das obras de Alexander von Humboldt é, ainda hoje, bastante confusa. Nem mesmo o próprio Humboldt sabia exatamente o que havia sido publicado e em que língua. Em nada ajuda o fato de que alguns dos livros tenham sido publicados em diferentes formatos e edições, seja como partes de séries, seja em separado, como volumes individuais. As publicações humboldtianas relacionadas à América Latina tornaram-se *Viagem às regiões equinociais do Novo Continente*, obra em 34 volumes ilustrada com 1.500 gravuras. À guisa de referência, compilei uma lista das publicações que são mencionadas ao longo de *A invenção da natureza*, mas não incluí as publicações especializadas de Humboldt, seus volumes sobre botânica, zoologia, astronomia etc.

Publicações que faziam parte da obra em 34 volumes *Voyage aux Régions Équinoxiales du Nouveau Continent, fait en 1799, 1800, 1801, 1802, 1803 et 1804* [Viagem às regiões equinociais do Novo Continente]

Ensaio sobre a geografia das plantas
Esse foi o primeiro volume que Humboldt concluiu depois de regressar da América Latina. A obra foi originalmente publicada em alemão como *Ideen zu einer Geographie der Pflanzen* e em francês como *Essai sur la géographie des plantes* – ambas em 1807. O ensaio introduziu as ideias humboldtianas sobre distribuição das plantas e acerca da natureza como uma rede ou teia de vida. Era ilustrado com o enorme desenho de 90 cm por 60 cm e colorido à mão, a assim chamada *Naturgemälde* – a montanha com plantas posicionadas de acordo com sua altitude, bem como diversas colunas à esquerda e à direita contendo detalhes e informações adicionais sobre gravidade, pressão atmosférica, temperatura, composição química e assim por diante. Humboldt dedicou o ensaio ao seu velho amigo Goethe. O livro foi publicado em espanhol no periódico sul-americano *Semanario* em 1809, mas somente em 2009 ganhou tradução para o inglês.

Quadros da natureza
Esse era o livro favorito de Humboldt, combinando informações científicas com poéticas descrições da paisagem. Dividido em capítulos tais como "Estepes e desertos" ou "Cataratas do Orinoco", a obra foi publicada primeiramente em alemão (*Ansichten der Natur*) no início de 1808, e no mesmo ano veio a lume uma tradução para o francês (*Tableaux de la Nature*). *Quadros da natureza* teve diversas edições. A terceira, ampliada, foi publicada no aniversário de 80 anos de Humboldt, em 14 de setembro de 1849. A mesma edição foi publicada em inglês em duas traduções concorrentes, sob dois diferentes títulos: *Aspects of Nature* [Aspectos da natureza] (1849) e *Views of Nature* [Paisagens da natureza] (1850).

Vistas das cordilheiras e monumentos dos povos indígenas da América
Esses dois volumes compunham a mais opulenta das publicações de Humboldt. Continham 69 deslumbrantes gravuras – sendo 23 delas coloridas – do Chimborazo, das ruínas incas, manuscritos astecas e calendários mexicanos. *Vistas das cordilheiras* foi publicado em Paris em sete partes entre 1810 e 1813 numa imensa edição em fólio. Dependendo da qualidade do papel, o preço do livro podia ser 504 francos ou 764 francos. Somente duas partes da obra ganharam tradução para o alemão em 1810. Tal qual ocorreu com *Narrativa pessoal*, a tradução para o inglês ficou a cargo de Helen Maria Williams, sob a supervisão do próprio Humboldt. Em 1814, na Inglaterra, saiu

uma edição menos monumental de dois volumes em oitavo que incluía o texto na íntegra, mas somente vinte gravuras. O título em inglês era *Researches concerning the Institutions & Monuments of the Ancient Inhabitants of America with Descriptions & Views of some of the most Striking Scenes in the Cordilleras!* [Pesquisas relativas às instituições e monumentos dos antigos habitantes da América com descrições e paisagens de algumas das cenas mais extraordinárias na Cordilheira!] – o ponto de exclamação era parte do título.

Narrativa pessoal das viagens às regiões equinociais do Novo Continente durante os anos de 1799 a 1804

O relato em sete volumes da expedição de Humboldt à América Latina era em parte diário de viagem, em parte livro de ciências, acompanhando cronologicamente a jornada de Humboldt e Bonpland. Humboldt jamais concluiu a obra. O último volume terminava com a chegada da dupla ao rio Madalena, em 20 de abril de 1801 – ainda não era nem a metade da expedição. A primeira edição, em quarto, saiu na França com o título *Voyage aux régions équinoxiales du Nouveau Continent fait en 1799, 1800, 1801, 1802, 1803 et 1804* (com volumes publicados entre 1814 e 1831), seguida de uma edição menor e bem mais barata em oitavo (1816-31). Os preços variavam de sete a 23 francos por volume. Dependendo da edição, também era vendido como uma publicação em separado de três volumes. O livro foi lançado quase que imediatamente na Inglaterra como *Personal Narrative* (1814-1829), em tradução de Helen Maria Williams, que vivia em Paris e trabalhou em estreita colaboração com Humboldt. Em 1852, uma nova edição em inglês (uma tradução não autorizada a cargo de Thomas Ross) veio a lume. Igualmente não autorizada era a tradução alemã publicada entre 1818 e 1832. Em 20 de janeiro de 1840, Humboldt disse ao seu editor alemão que jamais havia visto a edição alemã; mais tarde – tão logo Humboldt a leu –, queixou-se de que se tratava de uma tradução pavorosa.

De maneira confusa, o último volume foi também publicado, em 1826, como um livro separado, com o título *Essai politique sur l'île de Cuba* – traduzido como *Political Essay on the Island of Cuba* [Ensaio político sobre a ilha de Cuba].

Ensaio político sobre a ilha de Cuba

A detalhada descrição que Humboldt fez de Cuba foi inicialmente publicada em francês em 1826 como *Essai politique sur l'île de Cuba* e como parte de *Voyage aux régions équinoxiales du Nouveau Continent, fait en 1799, 1800, 1801, 1802, 1803 et 1804* (ou *Personal Narrative* em inglês). O livro era recheado com um arsenal de informações sobre clima, agricultura, portos, estatísticas e perfis demográficos da população, além de dados econômicos como importações e exportações – incluindo as severas críticas de Humboldt à escravidão. A obra também foi traduzida para o espanhol em 1827. A primeira tradução em inglês (a cargo de J. S. Thrasher) foi publicada nos Estados Unidos em 1856 e não incluía o capítulo sobre a escravidão.

Ensaio político sobre o reino da Nova Espanha

O retrato que Humboldt pintou das colônias espanholas era baseado em suas próprias observações e também na pesquisa que empreendeu nos arquivos na Cidade do México. Tal qual o *Ensaio político sobre a ilha de Cuba*, era um manual de fatos, dados concretos e estatísticas. Humboldt entreteceu informações sobre geografia, plantas, agricultura, produção industrial e minas, assim como sobre a população e a economia. O livro foi originalmente publicado em francês entre 1808 e 1811 com o título *Essai politique sur le royaume de la Nouvelle-Espagne* (em dois volumes numa edição em quarto e cinco volumes na edição em oitavo). Teve diversas edições atualizadas. Uma tradução alemã foi publicada entre 1809 e 1814. A tradução inglesa foi concluída em 1811 como *Political Essay on the Kingdom of New Spain*, em quatro volumes. Uma edição em espanhol veio a lume em 1822.

Outras publicações

Fragmens de géologie et de climatologie asiatiques
Depois de sua expedição à Rússia, Humboldt publicou *Fragmens de géologie et de climatologie asiatiques* em 1831 – boa parte do livro era baseada em conferências por ele proferidas em Paris entre outubro de 1830 e janeiro de 1831. Como indica o próprio título, era uma obra que apresentava as observações de Humboldt sobre a geologia e o clima da Ásia. Foi uma publicação preliminar para a obra mais longa *Asie centrale*, que saiu em 1843. O livro foi publicado na Alemanha em 1832 como *Fragmente einer Geologie und Klimatologie Asiens* em 1832, mas jamais ganhou tradução para o inglês.

Asie centrale, recherches sur les chaînes de montagnes et la climatologie comparée
Humboldt publicou os resultados mais completos de sua expedição russa na primavera de 1843, em francês e em três volumes. Atenção para a palavra *comparée* no título – tudo era baseado em comparações. *Asie centrale* uniu informações atualizadas sobre a geologia e o clima da Ásia, incluindo detalhadas descrições das cordilheiras da Rússia, do Tibete e da China. Um dos críticos do *Journal of the Royal Geographical Society* chamou o livro de "a mais proeminente obra sobre geografia lançada durante o último ano". Humboldt o dedicou ao czar Nicolau I, mas se ressentia disso. "Tinha de ser feito", disse ele a um amigo, porque a expedição havia sido financiada pelo monarca russo. Uma tradução alemã foi publicada em 1844 como *Central-Asien. Untersuchungen über die Gebinrgsketten und die vergleichende Klimatologie* e incluía mais e novas pesquisas em relação à edição francesa anterior. Humboldt se surpreendia com o fato de que o livro jamais ganhou tradução em inglês. Era estranho, dizia ele, que os britânicos se mostrassem tão obcecados por *Cosmos* quando, a bem da verdade, os "donos das Índias Orientais" deveriam ter maior interesse por *Asie centrale* e suas informações sobre o Himalaia.

Cosmos
Humboldt trabalhou ao longo de mais de duas décadas em *Cosmos*. A obra foi publicada inicialmente em alemão como *Kosmos. Entwurf einer physischen Welgeschichte* [Cosmos. Projeto de uma descrição física do mundo]. O projeto original previa dois volumes, que no final das contas tornaram-se cinco, lançados entre 1845 e 1862. Era o "livro sobre a natureza" de Humboldt, o ponto culminante de sua vida de trabalho e vagamente baseado em suas conferências em Berlim de 1827-28. O primeiro volume era uma jornada pelo mundo exterior, de nebulosas e estrelas a vulcões, plantas e seres humanos. O segundo volume era uma viagem da mente pela história humana, dos gregos antigos aos tempos modernos. Os últimos três volumes eram tomos científicos mais especializados, que não atraíram o público leitor em geral, que se interessou mais pelos dois primeiros volumes.

Os primeiros dois volumes tornaram-se estrondosos sucessos de vendas e, em 1851, *Cosmos* já havia sido traduzido para dez idiomas. Na Inglaterra, três edições rivais foram lançadas quase que ao mesmo tempo – mas somente uma era autorizada por Humboldt – a tradução de Elizabeth J. L. Sabine e publicada por John Murray (somente os quatro primeiros volumes foram traduzidos). Em 1850, o primeiro volume da tradução de Sabine já estava na sétima edição, e o segundo, na oitava edição. Em 1849, cerca de 40 mil exemplares em inglês tinham sido vendidos. Na Alemanha, diversas edições menores e mais baratas foram publicadas pouco antes e depois da morte de Humboldt – eram edições acessíveis a um público mais amplo e comparáveis às edições em brochura disponíveis hoje em dia.

FONTES E BIBLIOGRAFIA

Obras de Alexander von Humboldt
Alexander von Humboldt und August Bockh. Briefwechsel. Berlim: Akademie Verlag, 2011.
Alexander von Humboldt et Aimé Bonpland. Correspondance 1805-1858. Paris: L'Harmattan, 2004.
Alexander von Humboldt und Cotta. Briefwechsel. Berlim: Akademie Verlag, 2009.
Alexander von Humboldt. Johann Franz Encke. Briefwechsel. Berlim: Akademie Verlag, 2013
Alexander von Humboldt. Friedrich Wilhelm IV. Briefwechsel. Berlim: Akademie Verlag, 2013
Alexander von Humboldt. Familie Mendelssohn. Briefwechsel. Berlim: Akademie Verlag, 2011.
Alexander von Humboldt und Carl Ritter. Briefwechsel, Berlim: Akademie Verlag, 2010.
Alexander von Humboldt. Samuel Heinrich Spiker. Briefwechsel. Berlim: Akademie Verlag, 2007.
Alexander von Humboldt und die Vereinigten Staaten von Amerika. Briefwechsel. Berlim: Akademie Verlag, 2004.
"Alexander von Humboldt's Correspondence with Jefferson, Madison, and Gallatin". *Proceedings of the American Philosophical Society*, vol. 103, 1959.
Ansichten der Natur mit wissenschaftlichen Erläuterungen. Tübingen: J. G. Cotta'schen Buchhandlung, 1808.
Ansichten der Natur mit wissenschaftlichen Erläuterungen. Terceira edição ampliada. Stuttgart und Tübingen: J. G. Cotta'schen Buchhandlung, 1849.
Aphorismen aus der chemischen Physiologie der Pflanzen. Leipzig: Voss und Compagnie, 1794.
Aspects of Nature, in Different Lands and Different Climates, with Scientific Elucidations. Londres: Longman, Brown, Green e John Murray, 1849.
Briefe Alexander's von Humboldt an seinen Bruder Wilhelm. Stuttgart: J. G. Cotta'schen Buchhandlung, 1880.
Briefe aus Amerika 1799-1804. Berlim: Akademie Verlag, 1993.
Briefe aus Russland 1829. Berlim: Akademie Verlag, 2009.
Briefe von Alexander von Humboldt und Christian Carl Josias Bunsen. Berlim: Rohrwall Verlag, 2006.
Briefwechsel Alexander von Humboldt's mit Heinrich Berghaus aus den Jahren 1825 bis 1858. Leipzig: Constenoble, 1863.
Briefwechsel zwischen Alexander von Humboldt und Friedrich Wilhelm Bessel. Berlim: Akademie Verlag, 1994.
Briefwechsel zwischen Alexander von Humboldt und Emil du Bois-Reymond. Berlim: Akademie Verlag, 1997.
Briefwechsel und Gespräche Alexander von Humboldt's mit einem jungen Freunde, aus den Jahren 1848 bis 1856. Berlim: Verlag Franz von Duncker, 1861.
Briefwechsel zwischen Alexander von Humboldt und Carl Friedrich Gauß. Berlim: Akademie Verlag, 1977.
Briefwechsel zwischen Alexander von Humboldt und P. G. Lejeune Dirichlet. Berlim: Akademie Verlag, 1982.
Briefwechsel zwischen Alexander von Humboldt und Heinrich Christian Schumacher. Berlim: Akademie Verlag, 1979.
Central-Asien. Untersuchungen uber die Gebirgsketten und die vergleichende Klimatologie. Berlim: Carl J. Klemann, 1844.
Correspondance d'Alexandre de Humboldt avec Francois Arago (1809-1853). Paris: Guilmoto, 1907.
Cosmos: Sketch of a Physical Description of the Universe. Londres: Longman, Brown, Green e Longmans, e John Murray, 1845-52 (vols. 1-3).
Cosmos: A Sketch of a Physical Description of the Universe. Londres: George Bell & Sons, 1878 (vols. 1-3).

Die Jugendbriefe Alexander von Humboldts 1787-1799. Berlim: Akademie Verlag, 1973.
Die Kosmos- Vortrage 1827/28. Frankfurt: Inset Verlag, 2004.
Essay on the Geography of Plants (AH e Aimé Bonpland). Chicago e Londres: Chicago University Press, 2009.
Florae Fribergensis specimen. Berlim: Heinrich August Rottmann, 1793.
Fragmente einer Geologie und Klimatologie Asiens. Berlim: J. A. List, 1832.
Ideen zu einer Geographie der Pflanzen nebst einem Naturgemälde der Tropenländer (AH e Aimé Bonpland). Tübingen: G. Cotta e Paris: F. Schoell, 1807.
Kosmos. Entwurf einer physischen Weltbeschreibung. Stuttgart e Tübingen: J. G. Cotta'schen Buchhandlungen, 1845-1850 (vols. 1-3).
Lateinamerika am Vorabend der Unabhängigkeitsrevolution: eine Anthologie von Impressionen und Urteilen aus seinen Reisetagebüchern. Berlim: Akademie-Verlag, 1982.
Letters of Alexander von Humboldt to Varnhagen von Ense. Londres: Trübner & Co., 1860.
Mineralogische Beobachtungen über einige Basalte am Rhein. Braunschweig: Schulbuchhandlung, 1790.
Personal Narrative of Travels to the Equinoctial Regions of the New Continent during the years 1799--1804. Londres: Longman, Hurst, Rees, Orme, Brown e John Murray, 1814-1829.
Personal Narrative of Travels to the Equinoctial Regions of the New Continent during the years 1799--1804. Londres: George Bell & Sons, 1907 (vols. 1-3)
Pittoreske Ansichten der Cordilleren und Monumente americanischer Volker. Tübingen: J. G. Cotta'schen Buchhandlungen, 1810.
Political Essay on the Island of Cuba. A Critical Edition. Chicago e Londres: Chicago University Press, 2011.
Political Essay on the Kingdom of New Spain. Edimburgo: Longman, Hurst, Rees, Orme e Brown; e H. Colburn: e W. Blackwood, e Brown e Crombie, Edimburgo, 1811.
Reise auf dem Río Magdalena, durch die Anden und Mexico. Berlim: Akademie Verlag, 2003.
Reise durch Venezuela. Auswahl aus den Amerikanischen Reisetagebüchern. Berlim: Akademie Verlag, 2000.
Researches concerning the Institutions & Monuments of the Ancient Inhabitants of America with Descriptions & Views of some of the most Striking Scenes in the Cordilleras!. Londres: Longman, Hurst, Rees, Orme, Brown, John Murray e H. Colburn, 1814.
Über die unterirdischen Gasarten und die Mittel, ihren Nachteil zu vermindern. Ein Beytrag zur Physik der praktischen Bergbaukunde. Braunschweig: Vieweg, 1799.
Versuch über die gereizte Muskel- und Nervenfaser. Berlim: Heinrich August Rottmann, 1797.
Views of Nature. Londres: George Bell & Sons, 1896.
Views of Nature. Londres: Chicago University Press, 2014.
Vues des Cordillères et monumens des peuples indigènes de l'Amérique. Paris: F Schoell, 1810-13.
Uma seleção de livros de Humboldt *online*: http://www.avhumboldt.de/?page_id=469

Bibliogragia Geral
ACOSTA DE SAMPER, Soledad. *Biografia del General Joaquín Acosta*. Bogotá: Librería Colombiana Camacho Roldán & Tamayo, 1901.
ADAMS, John. *The Works of John Adams*. Boston: Little, Brown and Co., vol. 10, 1856.
ADLER, Jeremy. "Goethe's Use of Chemical Theory in his Elective Affinities", *in* CUNNINGHAM, Andrew & JARDINE, Nicholas (orgs.). *Romanticism and the Sciences*. Cambridge: Cambridge University Press, 1990.
AGASSIZ, Louis. Discurso proferido na cerimônia de comemoração do centenário de nascimento de Alexander von Humboldt. Boston: Sociedade de História Natural de Boston, 1869.
ANDERSON, Melville B. "The Conversation of John Muir". *American Museum Journal*, vol. XV, 1915.
ANDRESS, Reinhard. "Alexander von Humboldt und Carlos Montúfar als Reisegefahrten: ein Vergleich ihrer Tagebücher zum Chimborazo-Aufstieg". *HiN* XII, v. 22, 2011.
ANDRESS, Reinhard & NAVIA, Silvia. "Das Tagebuch von Carlos Montúfar: Faksimile und neue Transkription". *HiN* XIII, vol. 24, 2012.

Arago, François. *Biographies of Distinguished Scientific Men*. Londres: Longman, 1857.
Arana, Marie. *Bolívar. American Liberator*. Nova York e Londres: Simon & Schuster, 2013.
Armstrong, Patrick. "Charles Darwin's Image of the World: The Influence of Alexander von Humboldt on the Victorian Naturalist", *in* Anne Buttimer *et al*. Leipzig: Institut für Länderkunde, 1999.
Assing, Ludmilla. *Briefe von Alexander von Humboldt an Varnhagen von Ense aus den Jahren 1827--1858*. Nova York: Verlag von L. Hauser, 1860.
Avery, Kevin, J. *The Heart of the Andes: Church's Great Picture*. Nova York: Metropolitan Museum of Art, 1993.
Ayrton, John. *The Life of Sir Humphry Davy*. Londres: Henry Colburn e Richard Bentley, 1831.
Babbage, Charles. *Passages from the Life of a Philosopher*. Londres: William Pickering, 1994.
Baily, Edward. *Charles Lyell*. Londres e Nova York: Nelson, 1962.
Banks, Joseph. *The Letters of Sir Joseph Banks. A Selection, 1768-1820*. Londres: Imperial College Press, 2000.
_____. *Scientific Correspondence of Sir Joseph Banks*. Londres: Pickering & Chatto, 2007.
Baron, Frank. "From Alexander von Humboldt to Frederic Edwin Church: Voyages of Scientific Exploration and Artistic Creativity". *HiN* VI, vol. 10, 2005.
Bartram, John. *The Correspondence of John Bartram, 1734-1777*. Flórida: University of Florida Press, 1992.
Bate, Jonathan. *Romantic Ecology. Wordsworth and the Environmental Tradition*. Londres: Routledge, 1991.
Bear, James A. (org.). *Jefferson at Monticello: Recollections of a Monticello Slave and of a Monticello Overseer*. Charlottesville: University of Virginia Press, 1967.
Beck, Hanno. *Gespräche Alexander von Humboldts*. Berlim: Akademie Verlag, 1959.
_____. *Alexander von Humboldt*. Wiesbaden: Franz Steiner Verlag, 1959-61.
_____. "Hinweise auf Gespräche Alexander von Humboldts", *in* Pfeiffer, Heinrich von (org.). *Alexander von Humboldt. Werk und Weltgeltung*. Munique: Pieper, 1969.
_____. *Alexander von Humboldts Reise durchs Baltikum each Russland und Sibirien, 1829*. Stuttgart e Viena: Edition Erdmann, 1983.
Beinecke Rare Books & Manuscripts Library, Goethe. *The Scientist*, Exposição na Beinecke Biblioteca de Livros e Manuscritos Raros. New Haven e Londres: Yale University Press, 1999.
Bell, Stephen. *A Life in the Shadow: Aimé Bonpland's Life in Southern South America, 1817-1858*. Stanford: Stanford University Press, 2010.
Benedict, George Grenville. *Vermont in the Civil War*. Burlington: Free Press Association, 1888.
Bergdoll, Barry. "Of Crystals, Cells, and Strata: Natural History and Debates on the Form of a New Architecture in the Nineteenth Century". *Architectural History*, vol. 50, 2007.
Berghaus, Heinrich. *The Physical Atlas. A Series of Maps Illustrating the Geographical Distribution of Natural Phenomena*. Edimburgo: John Johnstone, 1845.
Berlioz, Hector. *Les Soirées de l'orchestre*. Paris: Michel Lévy, 1854.
_____. *Mémoires de H. Berlioz, comprenant ses voyages en Italie, en Allemagne, en Russie et en Angleterre 1803-1865*. Paris: Calmann Levy, 1878.
Biermann, Kurt-R. *Miscellanea Humboldtiana*. Berlim: Akademie-Verlag, 1990a.
_____. *Alexander von Humboldt*. Leipzig: Teubner, 1990b.
_____. "Ein 'politisch schiefer Kopf' und der 'letzte Mumienkasten'". "Humboldt und Metternich". *HiN* V, vol. 9, 2004.
Biermann, Kurt-R. (org.). *Alexander von Humboldt. Aus Meinem Leben. Autobiographische Bekenntnisse*. Munique: C. H. Beck, 1987.
Biermann, Kurt-R.; Jahn, Ilse & Lange, Fritz. *Alexander von Humboldt. Chronologische Übersicht über wichtige Daten seines Lebens*. Berlim: Akademie-Verlag, 1983.
Biermann, Kurt-R. & Schwarz, Ingo. "'Der unheilvollste Tag meines Lebens'. Der Forschungsreisende Alexander von Humboldt in Stunden der Gefahr". Mitteilungen der Humboldt-Gesellschaft für Wissenschaft, Kunst und Bildung, 1997.

_____. "'Moralische Sandwüste und blühende Kartoffelfelder'. Humboldt – Ein Weltbürger in Berlin", *in* HOLL, Frank (org.). *Alexander von Humboldt. Netzwerke des Wissens*. Ostfildern: Hatje-Cantz, 1999a.

_____. "'Werk meines Lebens'. Alexander von Humboldts Kosmos", *in* HOLL, Frank (org.). Alexander von Humboldt. *Netzwerke des Wissens*, Ostfildern: Hatje-Cantz, 1999b.

_____. "'Gestört durch den Unfug eldender Strolche'. Die Skandalösen Vorkommnisse beim Leichenbegräbnis Alexander von Humboldts im Mai 1859". *Mitteilungen des Vereins für die Geschichte Berlins*, vol. 95, 1999c.

_____. "Geboren mit einem silbernem Loffel im Munde – gestorben in Schuldknechtschaft. Die Wirtschaftlichen Verhältnisse Alexander von Humboldts". *Mitteilungen des Vereins für die Geschichte Berlins*, vol. 96, 2000.

_____. "Der Aachener Kongreß und das Scheitern der Indischen Reisepläne Alexander von Humboldts". *HiN* II, vol. 2, 2001a.

_____. "'Sibirien beginnt in der Hasenheide'. Alexander von Humboldt's Neigung zur Moquerie". *HiN* II, vol.2, 2001b.

_____. "Indianische Reisebegleiter. Alexander von Humboldt in Amerika". *HiN* VIII, vol. 14, 2007.

BINET, René. *Esquisses Décoratives*. Paris: Librairie Centrale des Beaux-Arts, *c.* 1905.

BOLÍVAR, Simón. *Cartas del Libertador*. Caracas: 1929.

_____. *Selected Writings of Bolívar*. Nova York: Colonial Press, 1951.

_____. *El Libertador. Writings of Simón Bolívar*. trad. Frederick H. Fornhoff. Oxford: Oxford University Press, 2003.

_____. *Doctrina del Libertador*. Ed. Manuel Perez Vila, Caracas: Fundación Bibliotheca Ayacucho, 2009.

BÖLSCHE, Wilhelm. *Ernst Haeckel: Ein Lebensbild*. Berlim: Georg Bondi, 1909.

_____. *Alexander von Humboldt's Kosmos*. Berlim: Deutsche Bibliothek, 1913.

BORST, Raymond R. (org.). *The Thoreau Log: A Documentary Life of Henry David Thoreau, 1817--1862*, Nova York: G. K. Hall e Oxford: Maxwell Macmillan International, 1992.

BOTTING, Douglas. *Humboldt and the Cosmos*. Londres: Sphere Books, 1973.

BOYLE, Nicholas. *Goethe. The Poet and the Age. The Poetry of Desire. 1749-1790*, I. Oxford: Clarendon Press, 1992.

_____. *Goethe. The Poet and the Age. Revolution and Renunciation. 1790-1803*, II. Oxford: Clarendon Press, 2000.

BRANCH, Michael P. (org.). *John Muir's Last Journey. South to the Amazon and East to Africa*. Washington e Covelo: Island Press, 2001.

BREIDBACH, Olaf. *Visions of Nature. The Art and Science of Ernst Haeckel*. Munique e Londres: Prestel, 2006.

BREIDBACH, Olaf & EIBL-EIBESFELD, Irenaus. *Art Forms in Nature. The Prints of Ernst Haeckel*. Munique: Prestel, 1998.

BRIGGS, Asa. *The Age of Improvement, 1783-1867*. Londres: Longman, 2000.

BROWNE, Janet. *Charles Darwin. Voyaging*. Londres: Pimlico, 2003a.

_____. *Charles Darwin. The Power of Place*. Londres: Pimlico, 2003b.

_____. *Darwin's Origin of Species. A Biography*. Londres: Atlantic Books, 2006.

BRUHNS, Karl (org.). *Life of Alexander von Humboldt*. Londres: Longman, Green and Co., 1873.

BRUNEL, Isambard. *The Life of Isambard Kingdom Brunel. Civil Engineer*. Londres: Longmans, Green e Co., 1870.

BUCHANAN, R. Angus. *Brunel. The Life and Times of Isambard Kingdom Brunel*. Londres: Hambledon and London, 2002.

BUCKLAND, Wilhelm. *Life and Correspondence of William Buckland*. Londres: John Murray, 1894.

BUELL, Lawrence. *The Environmental Imagination: Thoreau, Nature Writing, and the Formation of American Culture*. Cambridge, Mass. e Londres: Belknap Press of Harvard University Press, 1995.

BURWICK, Frederick & MCKUSICK, James C. (orgs.). *Faustus. From the German of Goethe.* trad. Samuel Taylor Coleridge. Oxford: Oxford University Press, 2007.
BUSEY, Samuel Clagett. *Pictures of the City of Washington in the Past.* Washington DC: W. Ballantyne & Sons, 1898.
BUTTIMER, Anne. "Beyond Humboldtian Science and Goethe's Way of Science: Challenges of Alexander von Humboldt's Geography". *Erdkunde*, vol. 55, 2001.
CALDAS, Francisco José de. *Semanario del Nuevo Reino de Granada.* Bogotá: Ministerio de Educación de Colombia, 1942.
CANNING, George. *Some Official Correspondence of George Canning.* Londres: Longmans, Green and Co., 1887.
_____. *George Canning and his Friends.* Londres: John Murray, 1909.
CANNON, Susan Faye. *Science in Culture: The Early Victorian Period.* Nova York: Dawson, 1978.
CAWOOD, John. "The Magnetic Crusade: Science and Politics in Early Victorian Britain". *Isis*, vol. 70, 1979.
CHANNING, William Ellery. *Thoreau. The Poet-Naturalist.* Boston: Roberts Bros., 1873.
CHINARD, Gilbert. "The American Philosophical Society and the Early History of Forestry in America". *Proceedings of the American Philosophical Society*, vol. 89, 1945.
CLARK, Christopher. *Iron Kingdom: The Rise and Downfall of Prussia, 1600-1947.* Londres: Penguin, 2007.
CLARK, Rex & LUBRICH, Oliver (orgs.). *Transatlantic Echoes. Alexander von Humboldt in World Literature.* Nova York e Oxford: Berghahn Books, 2012a.
_____. *Cosmos and Colonialism. Alexander von Humboldt in Cultural Criticism.* Nova York e Oxford: Berghahn Books, 2012b.
CLIFFORD, Helen & TURNER, Eric. "Modern Metal". *in* GREENHALGH, Paul (org.). *Art Nouveau, 1890-1914.* Londres: V&A Publications, 2000.
COHEN, I. Bernard. *Science and the Founding Fathers: Science in the Political Thought of Thomas Jefferson, Benjamin Franklin, John Adams, and James Madison.* Nova York e Londres: W.W. Norton, 1995.
COLERIDGE, Samuel Taylor. *The Philosophical Lectures of Samuel Taylor Coleridge.* Londres: Pilot Press, 1949.
_____. *The Notebooks of Samuel Taylor Coleridge.* Princeton: Princeton University Press, 1958-2002.
_____. *Table Talk.* Londres: Routledge, 1990
_____. *Lectures 1818-1819 on the History of Philosophy.* Princeton: Princeton University Press, 2000.
COONEY, Alice. "Louis Comfort Tiffany e Nova York". *in* GREENHALGH, Paul (org.). *Art Nouveau, 1890-1914.* Londres: V&A Publications, 2000.
CUNNINGHAM, Andrew & JARDINE, Nicholas (orgs.). *Romanticism and the Sciences.* Cambridge: Cambridge University Press, 1990.
CUSHMAN, Gregory T. "Humboldtian Science, Creole Meteorology, and the Discovery of Human--Caused Climate Change in South America". *Osiris*, vol. 26, 2011.
DARWIN, Charles. *On the Origin of Species by Means of Natural Selection.* Londres: John Murray, 1859.
_____. *Life and Letters of Charles Darwin.* Nova York e Londres: D. Appleton & Co., 1911.
_____. *The Autobiography of Charles Darwin 1809-1882.* Londres: Collins, 1958.
_____. "Darwin's Notebooks on the Transmutation of Species, Part iv". *Bulletin of the British Museum*, vol. 2, 1960.
_____. *The Correspondence of Charles Darwin.* Cambridge: Cambridge University Press, 1985-2014.
_____. *Beagle Diary.* Cambridge: Cambridge University Press, 2001.
_____. *The Voyage of the Beagle.* Hertfordshire: Wordsworth Editions, 1997.
DARWIN, Erasmus. *The Botanic Garden. Part II: Containing Loves of the Plants. A Poem.* Londres: J. Johnson, 1791.
DAUDET, Ernest. *La Police politique. Chronique des temps de la Restauration d'apres les rapports des agents secrets et les papiers du Cabinet noir, 1815-1820.* Paris: Librairie Plon, 1912.
DAVIES, Norman. *Europe. A History.* Londres: Pimlico, 1997.

DEAN, Bradley P. "Natural History, Romanticism, and Thoreau", *in* LEWIS, Michael (org.). *American Wilderness. A New History*. Oxford: Oxford University Press, 2007.

DI GREGORIO, Mario A. *From Here to Eternity: Ernst Haeckel and Scientific Faith*. Gottingen: Vandenhoeck & Ruprecht; 2004.

_____. (org.). *Charles Darwin's Marginalia*. Nova York e Londres: Garland, 1990.

DIBDIN, Thomas Frognall. *A Bibliographical, Antiquarian, and Picturesque Tour in France and Germany*. Londres: W. Bulmer e W. Nicol, 1821.

DOVE, Alfred. *Die Forsters und die Humboldts*. Leipzig: Dunder & Humplot, 1881.

EBER, Ron. "'Wealth and Beauty'. John Muir and Forest Conservation". *in* MILLER, Sally M. & MORRISON, Daryl (orgs.). *John Muir. Family, Friends and Adventurers*. Albuquerque: University of New Mexico Press, 2005.

EGERTON, Frank N. *Roots of Ecology. Antiquity to Haeckel*. Berkeley: University of California Press, 2012.

EHRLICH, Willi. *Goethes Wohnhaus am Frauenplan in Weimar*, Weimar: Nationale Forschungs- und Gedenkstätten der Klassik, 1983

Eichhorn, Johannes. *Die wirtschaftlichen Verhdltnisse Alexander von Humboldts, Gedenkschrift zur 100. Wiederkehr seines Todestages*, Berlin: Akademie Verlag, 1959

ELDEN, Stuart & MENDIETA, Eduardo (orgs.). *Kant's Physische Geographie: Reading Kant's Geography*. Nova York: SUNY Press, 2011.

EMERSON, Ralph Waldo. *The Letters of Ralph Waldo Emerson*. Nova York: Columbia University Press, 1939.

_____. *The Early Lectures of Ralph Waldo Emerson*. Cambridge: Harvard University Press, 1959-72.

_____. *The Journals and Miscellaneous Notebooks of Ralph Waldo Emerson*. Cambridge: Harvard University Press, 1960-92.

_____. *The Collected Works of Ralph Waldo Emerson*. Cambridge: Harvard University Press, 1971-2013.

ENGELMANN, Gerhard. "Alexander von Humboldt in Potsdam". *Veröffentlichungen des Bezirksheimatmuseums Potsdam*, n° 19, 1969.

ETTE, Ottmar. *Alexander von Humboldt: Aujhruch in die Moderne*. Berlin: Akademie Verlag, 2001.

EVELYN, John. *Sylva, Or a Discourse of Forest-trees, and the Propagation of Timber in His Majesties Dominions*. Londres: Royal Society, 1670.

FIEDLER, Horst & LEITNER, Ulrike. *Alexander von Humboldts Schriften. Bibliographic der selbständig erschienen Werke*. Berlin: Akademie Verlag, 2000.

FINKELSTEIN, Gabriel. "'Conquerors of the Kunlun'? The Schagintweit Mission to High Asia, 1854--57". *History of Science*, vol. 38, 2000.

FLEMING, James R. *Historical Perspectives on Climate Change*. Oxford: Oxford University Press, 1998.

FONTANE, Theodor. *Theodor Fontanes Briefe*. Munique: Hanser Verlag, vol.3, 1980.

FOSTER, Augustus. *Jeffersonian America: Notes by Sir Augustus Foster*. San Marino: Huntington Library, 1954.

Fox, Robert. *The Culture of Science in France, 1700-1900*. Surrey: Variorum, 1992.

FRANKLIN, Benjamin. *The Papers of Benjamin Franklin*. New Haven e Londres: Yale University Press, 1956-2008.

FRIEDENTHAL, Richard. *Goethe. Sein Leben und seine Zeit*. Munique e Zurique: Piper, 2003.

FRIIS, Herman R. "Alexander von Humboldts Besuch in den Vereinigten Staaten von America", *in* SCHULZE, Joachim H. (org.). *Alexander von Humboldt. Studien zu seiner universalen Geisteshaltung*. Berlin: Verlag Walter de Gruyter & Co., 1959.

FRONCEK, Thomas (org.). *An Illustrated History: The City of Washington*. Nova York: Alfred A. Knopf, 1977.

GALL, Lothar. *Wilhelm von Humboldt: Ein Preuße von Welt*. Berlin: Propyläen, 2011.

GALLATIN, Albert. *A Synopsis of the Indian Tribes*. Cambridge: Cambridge University Press, 1836.

GEIER, Manfred. *Die Brüder Humboldt. Eine Biographie*. Hamburg: Rowohlt Taschenbuch Verlag, 2010.

GERSDORFF, Dagmar von. *Caroline von Humboldt. Eine Biographie*. Berlin: Insel Verlag, 2013.

GIFFORD, Terry (org.). *John Muir. His Life and Letters and Other Writings*. Londres: Baton Wicks, 1996.
GISEL, Bonnie J. *Nature' Beloved Son. Rediscovering John Muir's Botanical Legacy*. Berkeley: Heyday Books, 2008.
GLOGAU, Heinrich, *Akademische Festrede zur Feier des Hundertjährigen Geburtstages Alexander's von Humboldt, 14 de setembro de 1869*. Frankfurt: Verlag von F. B., 1969.
GOETHE, Johann Wolfgang von. *Goethe's Briefwechsel mit den Gebrüdern von Humboldt*. Bratranek, Leipzig: Brockhaus, 1876.
_____. *Goethes Briefwechsel mit Wilhelm und Alexander v. Humboldt*. Berlim: H. Bondy, 1909.
_____. *Goethe Begegnungen und Gespräche*. Berlim e Nova York: Walter de Gruyter, 1965-2000.
_____. *Italienische Reise, in* EINEM, Herbert v. & TRUNZ, Erich (orgs.). *Goethes Werke*. Hamburger Ausgabe, Hamburgo: Christian Wegener Verlag, 1967.
_____. *Goethes Briefe, Hamburger Ausgabe in 4 Bänden*. Hamburgo: Christian Wegener Verlag, 1968-76.
_____. *Briefe an Goethe, Gesamtausgabe in Regestform*. Weimar: Böhlau, 1980-2000.
_____. *Goethes Leben von Tag zu Tag: Eine Dokumentarische Chronik*. Zurique e Munique: Artemis Verlag, 1982-96.
_____. *Schriften zur Morphologie*. Frankfurt: Deutscher Klassiker Verlag, 1987.
_____. *Schriften zur Allgemeinen Naturlehre, Geologie und Mineralogie*. Frankfurt: Deutscher Klassiker Verlag, 1989.
_____. *Johann Wolfgang Goethe: Tag- und Jahreshefte*. Frankfurt: Deutscher Klassiker Verlag, 1994.
_____. *Johann Wolfgang Goethe: Tagebücher*. Weimar: J. B. Metzler, 1998-2007.
_____. *Johannn Peter Eckermann, Gespräche mit Goethe in den Letzten Jahren seines Lebens*. Frankfurt: Deutscher Klassiker Verlag, 1999.
_____. *Die Wahlverwandschaften*. Frankfurt: Insel Verlag, 2002.
_____. *Faust. Part One*. Oxford: Oxford University Press, 2008.
GOULD, Stephen Jay. "Humboldt and Darwin: The Tension and Harmony of Art and Science", *in* KELLY, Franklin (org.). *Frederic Edwin Church*. Washington: National Gallery of Art: Smithsonian Institution Press, 1989.
GRANVILLE, A. B. *St. Petersburgh: A Journal of Travels to and from that Capital. Through Flanders, the Rhenich provinces, Prussia, Russia, Poland, Silesia, Saxony, the Federated States of Germany, and France*. Londres: H. Colburn, 1829.
GREENHALGH, Paul (org.). *Art Nouveau, 1890-1914*. Londres: V&A Publications, 2000.
GROVE, Richard. *Green Imperialism: Colonial Expansion, Tropical Island Edens and the Origins of Environmentalism, 1600-1860*. Cambridge: Cambridge University Press, 1995.
HAECKEL, Ernst. *Die Radiolarien (Rhizopoda radiaria). Eine Monographie. Mit einem Atlas*. Berlim: Georg Reimer, 1862.
_____. *Generelle Morphologie der Organismen*. Berlim: Georg Reimer, 1866.
_____. "Eine zoologische Excursion nach den Canarischen Inseln". *Jenaische Zeitschrift fuer Medicin and Naturwissenschaft*, 1867.
_____. "Über Entwicklungsgang and Aufgabe der Zoologie", *in* HAECKEL, Ernst. *Gesammelte Populäre Vortrage aus dem Gebiete der Entwickelungslehre, Zweites Heft*. Bonn: Verlag Emil Strauß, 1879.
_____. *Bericht über die Feier des sechzigsten Geburtstages von Ernst Haeckel am 17. Februar 1894 in Jena*. Jena: Hofbuchdruckerei, 1894.
_____. *Die Welträthsel. Gemeinverständliche Studien über monistische Philosophie*. Bonn: Verlag Emil Strauß, 1899.
_____. *Kunstformen der Natur*. Leipzig e Vienna: Verlag des Bibliographischen Instituts, 1899-1904.
_____. *Aus Insulinde. Malayische Reisebriefe*. Bonn: Verlag Emil Strauß, 1901.
_____. *Entwicklungsgeschichte einer Jugend. Briefe an die Eltern, 1852-1856*. Leipzig: K. F. Koehler, 1921a.
_____. *Italienfahrt. Briefe an die Braut, 1859-1860*. Leipzig: K. F. Koehler, 1921b.
_____. *Berg- und Seefahrten*. Leipzig: K. F. Koehler, 1923.

_____. "Eine Autobiographische Skizze", *in* HAECKEL, Ernst. *Gemeinverständliche Werke*. Leipzig: Alfred Kröner Verlag, 1924, vol. 1.

_____. *Himmelhoch jauchzend. Erinnerungen und Briefe der Liebe*. Dresden: Reissner, 1927.

_____. *Ernst Haeckel-Wilhelm Bölsche. Briefwechsel 1887-1919*. Berlin: Verlag für Wissenschaft und Bildung, 2002.

HALLÉ, Charles. *Life and Letters of Sir Charles Hallé; Being an Autobiography (1819-1860) with Correspondence and Diaries*. Londres: Smith, Elder & Co., 1896.

HAMEL, Jürgen; KNOBLOCH, Eberhard & PIEPER, Herbert (orgs.). *Alexander von Humboldt in Berlin. Sein Einfluß auf die Entwicklung der Wissenschaften*. Augsburgo: Erwin Rauner Verlag, 2003.

HARBERT, Sandra (org.). *Thoreau in His Own Time: A Biographical Chronicle of his Life, Drawn from Recollections, Interviews, and Memoirs by Family, Friends, and Associates*. Iowa: University of Iowa Press, 2012.

HARDING, Walter. *Emerson's Library*. Charlottesville: University of Virginia Press, 1967.

_____. (org.). *Thoreau as Seen by his Contemporaries*. Nova York: Dover Publications e Londres: Constable, 1989.

HARMAN, Peter M. *The Culture of Nature in Britain, 1680-1860*. New Haven e Londres: Yale University Press, 2009.

HATCH, Peter. *A Rich Spot of Earth. Thomas Jefferson's Revolutionary Garden at Monticello*. New Haven e Londres: Yale University Press, 2012.

HAWTHORNE, Nathaniel. *The Letters, 1853-1856*. Columbus, Ohio: Ohio State University Press, vol. 17, 1987.

HAYDON, Benjamin Robert. *The Autobiography and Journals of Benjamin Robert Haydon*. Londres: Macdonald, 1950.

_____. *The Diary of Benjamin Robert Haydon*. Cambridge: Harvard University Press, 1960-63.

HEIMAN, Hanns. "Humboldt and Bolívar". *in* SCHULTZE, Joachim (org.). *Alexander von Humboldt: Studien zu seiner Universalen Geisteshaltung*. Berlin: Walter de Gruyter, 1959.

HEINZ, Ulrich von. "Die Brüder Wilhelm und Alexander von Humboldt". *in* HAMEL, Jürgen; KNOBLOCH, Eberhard & PIEPER, Herbert (orgs.). *Alexander von Humboldt in Berlin. Sein Einfluß auf die Entwicklung der Wissenschaften*. Augsburgo: Erwin Rauner Verlag, 2003.

HELFERICH, Gerhard. *Humboldt's Cosmos*. NY: Gotham Books, 2005.

HERBERT, Sandra. "Darwin, Malthus, and Selection". *Journal of the History of Biology*, vol. 4, 1971.

HÖLDER, Helmut. "Ansätze großtektonischer Theorien des 20. Jahrhunderts bei Alexander von Humboldt", *in* SUCKOW, Christian (org.). *Studia Fribergensia, Vorträge des Alexander-von-Humboldt Kolloquiums in Freiberg*. Berlin: Akademie Verlag, 1994.

HOLL, Frank. "Alexander von Humboldt. Wie der Klimawandel entdeckt wurde". *Die Gazette*, vol. 16, 2007-08.

_____. *Alexander von Humboldt. Mein Vielbewegtes Leben. Der Forscher uber rich und seine Werke*. Frankfurt: Eichborn, 2009.

_____. (org.). *Alexander von Humboldt. Netzwerke des Wissens*. Ostfildern: Hatje-Cantz, 1999.

HOLMES, Richard. *Coleridge. Darker Reflections*. Londres: HarperCollins, 1998.

_____. *The Age of Wonder. How the Romantic Generation Discovered the Beauty and Terror of Science*. Londres: Harper Press, 2008.

HOLMES, Steven J. *The Young John Muir. An Environmental Biography*. Madison: University of Wisconsin Press, 1999.

HOOKER, Joseph Dalton. *Life and Letters of Sir Joseph Dalton Hooker*. Londres: John Murray, 1918.

HORNE, Alistair. *Seven Ages of Paris*. Nova York: Vintage Books, 2004.

HOWARTH, William L. *The Literary Manuscripts of Henry David Thoreau*. Columbus: Ohio State University Press, 1974.

_____. *The Book of Concord. Thoreaus Life as a Writer*. Londres e Nova York: Penguin Books, 1983.

HUGHES-HALLET, Penelope. *The Immortal Dinner. A Famous Evening of Genius and Laughter in Literary London 1817*. Londres: Penguin Books, 2001.

HUMBOLDT, Wilhelm von. *Wilhelm von Humboldts Gesammelte Schriften*. Berlin: Königlich Preussischen Akademie der Wissenschaften e B. Behr's Verlag, 1903-36.

HUMBOLDT, Wilhelm von & HUMBOLDT, Caroline von. *Wilhelm und Caroline von Humboldt in ihren Briefen*. Berlim: Mittler und Sohn, 1910-16.

HUNT, Gaillard (org.). *The First Forty Years of Washington Society, Portrayed by the Family Letters of Mrs Samuel Harrison Smith*. Nova York: C. Scribner's Sons, 1906.

HUNTER, Christie; AIRY, S. & AIRY, G. B. "Report upon a Letter Addressed by M. Le Baron de Humboldt to His Royal Highness the President of the Royal Society, and Communicated by His Royal Highness to the Council". *Abstracts of the Papers Printed in the Philosophical Transactions of the Royal Society of London*, vol. 3, 1830-37.

HUTH, Hans. "The American and Nature". *Journal of the Warburg and Courtauld Institutes*, vol. 13, 1950.

HYMAN, Anthony. *Charles Babbage: Pioneer of the Computer*. Oxford: Oxford University Press, 1982.

IRVING, Pierre M. (org.). *The Life and Letters of Washington Irving*. Londres: Richard Bentley, 1864.

JACKSON, Donald (org.). *Letters of the Lewis and Clark Expedition, with Related Documents, 1783-1854*. Urbana e Chicago: University of Illinois Press, 1978.

JAHN, Ilse. *Dem Leben auf der Spur. Die biologischen Forschungen Humboldts*. Leipzig: Urania, 1969.

_____. "'Vater einer groBen Nachkommenschaft von Forschungsreisenden...' – Ehrungen Alexander von Humboldts im Jahre 1869". *HiN* V, vol. 8, 2004.

JARDINE, Lisa. *Ingenious Pursuit. Building the Scientific Revolution*. Londres: Little, Brown, 1999.

JARDINE, N.; SECORD, J. A. & SPARY, E. C. (orgs.). *The Cultures of Natural History*. Cambridge: Cambridge University Press, 1995.

JEFFERSON, Thomas. *Thomas Jefferson's Garden Book, 1766-1824*. Filadélfia: Sociedade Filosófica Norte-americana, 1944.

_____. *The Papers of Thomas Jefferson*. Princeton e Oxford: Princeton University Press, 1950-2009.

_____. *Notes on the State of Virginia*. Nova York e Londres: W. W. Norton, 1982.

_____. *The Family Letters of Thomas Jefferson*. Charlottesville: University of Virginia Press, 1986.

_____. *Jefferson's Memorandum Books: Accounts, with Legal Records and Miscellany, 1767-1826*. Princeton: Princeton University Press, 1997.

_____. *The Papers of Thomas Jefferson: Retirement Series*. Princeton and Oxford: Princeton University Press, 2004-13.

JEFFREY, Lloyd N. "Wordsworth and Science". *South Central Bulletin*, vol. 27, 1967.

JESSEN, Hans (org.). *Die Deutsche Revolution 1848/49 in Augenzeugenberichten*. Dusseldorf: Karl Ruach, 1968.

JOHNSON, Paul. *A History of the American People*. Nova York: Harper Perennial, 1999.

JUDD, Richard W. "A 'Wonderfull Order and Ballance': Natural History and the Beginnings of Conservation in America, 1730-1830". *Environmental History*, vol. 11, 2006.

KAHLE, Gunter (org.). *Simón Bolívar in zeitgenössischen deutschen Berichten 1811-1831*. Berlim: Reimer, 1983.

KANT, Immanuel. *Kritik der Urteilskraft*, *in* KANT, Immanuel. *Werke in sechs Bänden*. Wiesbaden: Insel Verlag, vol. 5, 1957.

KAUFMANN, Walter (trad.). *Fausto de Goethe*. Nova York: Doubleday, 1961.

KELLY, Franklin. "A Passion for Landscape: The Paintings of Frederic Edwin Church", *in* KELLY, Franklin (org.). *Frederic Edwin Church*. Washington: National Gallery of Art: Smithsonian Institution Press, 1989.

KENNEDY, Keith E. "'Affectionately Yours, John Muir'. The Correspondence between John Muir and his Parents, Brothers, and Sisters", *in* MILLER, Sally M. (org.). *John Muir. Life and Work*. Albuquerque: University of New Mexico Press, 1996.

KIMES, William & KIMES, Maymie. *John Muir: A Reading Bibliography*. Fresno: Panorama West Books, 1986.

KING-HELE, Desmond. *Erasmus Darwin and the Romantic Poets*. Londres: Macmillan, 1986.

KIPPERMAN, Mark. "Coleridge, Shelley, Davy, and Science's Millennium". *Criticism*, vol. 40, 1998.

KLAUSS, Jochen. *Goethes Wohnhaus in Weimar: Ein Rundgang in Geschichten*. Weimar: Klassikerstätten zu Weimar, 1991.

KLENCKE, Herman. *Alexander von Humboldt's Leben und Wirken, Reisen und Wissen*. Leipzig: Verlag von Otto Spamer, 1870.

KNOBLOCH, Eberhard. "Gedanken zu Humboldts Kosmos". *HiN* X, vol. 19, 2009.

_____. "Alexander von Humboldts Weltbild". *HiN* X, vol.19, 2009.

KÖCHY, Kristian. "Das Ganze der Natur Alexander von Humboldt und das romantische Forschungsprogramm". *HiN* III, vol. 5, 2005.

KOCKERBECK, Christoph. *Ernst Haeckels "Kunstformen der Natur" und ihr Einfluß auf die deutsche bildende Kunst der Jahrhundertwende. Studie zum Verhältnis von Kunst und Naturwissenschaften im Wilhelminischen Zeitalter*. Frankfurt: Lang, 1986.

KOOP, Rudolph (org.). *Haeckel und Allmers. Die Geschichte einer Freundschaft in Briefen der Freunde*. Bremen: Forschungsgemeinschaft für den Raum Weser-Ems, 1941.

KÖRBER, Hans-Günther. *Über Alexander von Humboldts Arbeiten zur Meteorologie und Klimatologie*. Berlin: Akademie Verlag, 1959.

KORTUM, Gerhard. "'Die Strömung war schon 300 Jahre vor mir allen Fischerjungen von Chili bis Payta bekannt'. Der Humboldtstrom", *in* HOLL, Frank (org.). *Alexander von Humboldt. Netzwerke des Wissens*. Ostfildern: Hatje-Cantz, 1999.

KRÄTZ, Otto. "'Dieser Mann vereinigt in sich eine ganze Akademie'. Humboldt in Paris", *in* HOLL, Frank (org.). *Alexander von Humboldt. Netzwerke des Wissens*. Ostfildern: Hatje-Cantz, 1999a.

_____. "Alexander von Humboldt. Mythos, Denkmal oder Klischee?", *in* HOLL, Frank (org.). *Alexander von Humboldt. Netzwerke des Wissens*. Ostfildern: Hatje-Cantz, 1999b.

KRAUSE, Erika. "Ernst Haeckel: 'Promorphologie und evolutionistische asthetische Theorie' — Konzept und Wirkung", *in* ENGELS, Eve-Marie (org.). *Die Rezeption von Evolutionstheorien im 19. Jahrhundert*. Frankfurt: Suhrkamp, 1995.

KRUMPEL, Heinz. "Identität und Differenz. Goethes Faust und Alexander von Humboldt". *Hi N* VIII, vo1. 14, 2007.

KUTZINSKI, Vera M. *Alexander von Humboldt's Transatlantic Personae*. Londres: Routledge, 2012.

KUTZINSKI, Vera M.; ETTE Ottmar & WALLS, Laura Dassow (orgs.). *Alexander von Humboldt and the Americas*. Berlin: Verlag Walter Frey, 2012.

LANGLEY, Lester D. *The Americas in the Age of Revolution, 1750-1850*. New Haven e Londres: Yale University Press, 1996.

LAUBE, Heinrich. *Erinnerungen. 1810-1840*. Vienna: Wilhelm Braumüller, 1875.

LAUTEMANN, Wolfgang & SCHLENKE, Manfred (org.). *Geschichte in Quellen. Das burgerliche Zeitalter 1815-1914*. Munique: Oldenbourg Schulbuchverlag, 1980.

LEITNER, Ulrike. "Die englischen Übersetzungen Humboldtscher Werke", *in* BECK, Hanno (org.). *Natur, Mathematik und Geschichte: Beiträge zur Alexander-von-Humboldt-Forschung und zur Mathematikhistoriographie*. Leipzig: Barth, 1997.

_____. "Alexander von Humboldts Schriften — Anregungen und Reflexionen Goethes". *Das Allgemeine und das Einzelne — Johann Wolfgang von Goethe und Alexander von Humboldt im Gespräch*, *Acta Historica Leopoldina*, vol. 38, 2003.

_____. "'Da ich mitten in dem Gewölk sitze, das elektrisch geladen ist...' Alexander von Humboldts Äußerungen zum politischen Geschehen in seinen Briefen an Cotta'", *in* HECHT, Hartmut. *Kosmos und Zahl. Beiträge zur Mathematik- und Astronomiegeschichte, zu Alexander von Humboldt und Leibniz*. Stuttgart: Franz Steiner Verlag, 2008.

LEITZMANN, Albert. *Georg und Therese Forster und die Brader Humboldt. Urkunden und Umrisse*. Bonn: Rohrscheid, 1936.

LEVERE, Trevor H. *Poetry Realized in Nature. Samuel Tayler Coleridge and Early Nineteenth-Century Science*. Cambridge: Cambridge University Press, 1981.

_____. "Coleridge and the Sciences", *in* CUNNINGHAM, Andrew & JARDINE, Nicholas (orgs.). *Romanticism and the Sciences*. Cambridge: Cambridge University Press, 1990.

LEWIS, Michael (org.). *American Wilderness. A New History*. Oxford: Oxford University Press, 2007.

LIEBER, Francis. *The Life and Letters of Francis Lieber*. Boston: James R. Osgood & Co., 1882.

LITCHFIELD, Henrietta (org.). *Emma Darwin. A Century of Family Letters, 1792-1896*. Nova York: D. Appleton and Company, 1915.

Lowenthal, David. *George Perkins Marsh. Prophet of Conservation*. Seattle e Londres: University of Washington Press, 2003.
Lyell, Charles. *Principles of Geology*. Londres: John Murray, 1830 (1832, segunda edição).
_____. *Life, Letters and Journals of Sir C. Lyell*. Londres: John Murray, 1881.
Lynch, John. *Simón Bolívar. A Life*. New Haven e Londres: Yale University Press, 2007.
MacGregor, Arthur. *Sir Hans Sloane. Collector, Scientist, Antiquary, Founding Father of the British Museum*. Londres: British Museum Press, 1994.
McKusick, James C. "Coleridge and the Economy of Nature". *Studies in Romanticism*, vol. 35, 1996.
Madison, James. *The Papers of James Madison: Presidential Series*. Charlottesville: University of Virginia Press, 1984-2004.
_____. *The Papers of James Madison: Secretary of State Series*. Charlottesville: University of Virginia Press, 1986-2007.
_____. *The Papers of James Madison: Retirement Series*. Charlottesville: University of Virginia Press, 2009.
Marrinan, Michael. *Romantic Paris. Histories of a Cultural Landscape, 1800-1850*. Stanford: Stanford University Press, 2009.
Marsh, George Perkins. *The Camel. His Organization Habits and Uses*. Boston: Gould and Lincoln, 1856.
_____. *Report on the Artificial Propagation of Fish*. Burlington: Free Press Print, 1857.
_____. *Lectures on the English Language*. Nova York: Charles Scribner, 1861.
_____. *Life and Letters of George Perkins Marsh*. Nova York: Charles Scribner's and Sons, 1888.
_____. *Catalogue of the Library of George Perkins Marsh*. Burlington: University of Vermont, 1892.
_____. *So Great a Vision: The Conservation Writings of George Perkins Marsh*. Hanover: University Press of New England, 2001.
_____. *Man and Nature; or, Physical Geography as Modified by Human Action*. Seattle e Londres: University of Washington Press, 2003.
Merseburger, Peter. *Mythos Weimar. Zwischen Geist und Macht*. Munich: Deutscher Taschenbuch Verlag, 2009.
Meyer-Abich, Adolph. *Alexander von Humboldt*. Bonn: Inter Nationes, 1969.
Miller, Char. *Gifford Pinchot and the Making of Modern Environmentalism*. Washington: Island Press, 2001.
Miller, Sally M. (org.). *John Muir. Life and Work*. Albuquerque: University of New Mexico Press, 1996.
_____. *John Muir in Historical Perspective*. Nova York: Peter Lang, 1999.
Minguet, Charles. "Las relaciones entre Alexander von Humboldt y Simón de Bolívar", *in* Filippi, Alberto (org.). *Bolívar y Europa en las crónicas, el pensamiento político y la historiografía*. Caracas: Ediciones de la Presidencia de la República, vol. 1, 1986.
Mommsen, Wolfgang J. *1848. Die Ungewollte Revolution*. Frankfurt: Fischer Verlag, 2000.
Moreno, Segundo E. (org.). *Humboldt y la Emancipación de Hispanoamérica*. Quito: Edipuce, 2011.
Morgan, S. R. "Schelling and the Origins of his Naturphilosophie", *in* Cunningham, Andrew & Jardine, Nicholas (orgs.). *Romanticism and the Sciences*. Cambridge: Cambridge University Press, 1990.
Moritz, Carl Philip. *Journeys of a German in England in 1782*. Londres: Jonathan Cape, 1965.
Mueller, Conrad. *Alexander von Humboldt und das preussische Königshaus. Briefe aus dem Jahre 1835--1857*. Leipzig: K. F. Koehler, 1928.
Muir, John. "The 'thousand mile walk' from Kentucky to Florida and Cuba, September 1867 – February 1868". coleção *online* dos diários de John Muir. Coleções Especiais Holt-Atherton, Biblioteca da Universidade do Pacífico, Stockton, Califórnia. ©1984 Muir-Hanna Trust.
_____. "Sierra Journal" (Diário da Sierra), vol. 1: verão 1869, caderneta, *circa* 1887, Documentos de John Muir, Série 3, Caixa I: Cadernetas. Coleções Especiais Holt-Atherton, Biblioteca da Universidade do Pacífico, Stockton, Califórnia. ©1984 Muir-Hanna Trust.

_____. "World Tour" (Viagem mundial), pt. 1, junho-julho 1903, coleção online dos diários de John Muir. Holt-Atherton Special Coleções Especiais Holt-Atherton, Biblioteca da Universidade do Pacífico, Stockton, Califórnia. ©1984 Muir-Hanna Trust.

_____. "The Wild Parks and Forest Reservations of the West". *Atlantic Monthly*, vol. 81, janeiro de 1898.

_____. *Our National Parks*. Boston e Nova York: Houghton Mifflin Company, 1901.

_____. *My First Summer in the Sierra*. Boston e Nova York: Houghton Mifflin Company, 1911.

_____. *The Yosemite*. Nova York: Century Co., 1912.

_____. *The Story of my Boyhood and Youth*. Boston e Nova York: Houghton Mifflin Company, 1913.

_____. *A Thousand-Mile Walk to the Gulf*. Boston e Nova York: Houghton Mifflin Company, 1916.

_____. *Life and Letters of John Muir*. Boston e Nova York: Houghton Mifflin Company, 1914.

MUMFORD, Lewis. *The Brown Decades. A Study of the Arts in America, 1865-1895*. Nova York: Harcourt, Brace and Company, 1931.

MURCHISON, Roderick Impey. "Address to the Royal Geographical Society of London, 23 May 1859". *Proceedings of the Royal Geographical Society of London*, vol. 3, 1858-59.

_____. *Life of Sir Roderick I. Murchison*. Londres: John Murray, 1875.

MYERS, A. C. *Narratives of Early Pennsylvania, West Jersey, and Delaware, 1630-1707*. Nova York: Charles Scribner's and Sons, 1912.

MYERSON, Joel. "Emerson's Thoreau: A New Edition from Manuscript". *Studies in American Renaissance*, 1979.

NASH, Roderick. *Wilderness and the American Mind*. New Haven e Londres: Yale University Press, 1982.

NELKEN, Halina. *Alexander von Humboldt. Bildnisse und Künstler. Eine dokumentierte Ikonographie*. Berlim: Dietrich Reimer Verlag, 1980.

NICHOLS, Sandra. "Why Was Humboldt Forgotten in the United States?". *Geographical Review*, vol. 96, 2006.

NICOLAI, Friedrich. *Beschreibung der Königlichen Residenzstädte Berlin und Potsdam und aller daselbst befindlicher Merkwürdigkeiten*. Berlim: Buchhändler unter der Stechbahn, 1769.

NOLLENDORF, Cora Lee. "Alexander von Humboldt Centennial Celebrations in the United States: Controversies Concerning his Work". *Monatshefte*, vol. 80, 1988.

NORTH, Douglass C. *Growth and Welfare in the American Past*. Englewood Cliffs: Prentice-Hall International, 1974.

NORTON, Paul E. "Thomas Jefferson and the Planning of the National Capital", *in* ADAMS, William Howard (org.). *Jefferson and the Arts: An Extended View*. Washington, DC: National Gallery of Art, 1976.

O'HARA, James Gabriel. "Gauss and the Royal Society: The Reception of his Ideas on Magnetism in Britain (1832-1842)". *Notes and Records of the Royal Society of London*, vol. 38, 1983.

O'LEARY, Daniel F. *Memorias del General O'Leary*. Caracas: Imprenta de El Monitor, 1879-88.

_____. *Bolívar y la emancipación de Sur-America*. Madri: Sociedad Espanola de Librería, 1915.

_____. *The "Detached Recollections" of General D. F. O'Leary*. Londres: publicado para o Instituto de Estudos Latino-americanos, Athlone Press, 1969.

OPPITZ, Ulrich-Dieter. "Der Name der Brüder Humboldt in aller Welt", *in* PFEIFFER, Heinrich von (org.). *Alexander von Humboldt. Werk und Weltgeltung*. Munique: Pieper, 1969.

OSTEN, Manfred. "Der See von Valencia oder Alexander von Humboldt als Pionier der Umweltbewegung", *in* PODTERGA, Irina (org.). *Schnittpunkt Slavistik. Ost und West im Wissenschaftlichem Dialog*. Bonn: University Press, vol. 1, 2012.

PASSLER, Ulrich. *Ein "Diplomat aus den Wäldern des Orinoko". Alexander von Humboldt als Mittler zwischen Preußen und Frankreich*. Stuttgart: Steiner Verlag, 2009.

PATTERSON, Elizabeth C. "Mary Somerville". *The British Journal for the History of Science*, 1969, vol.4.

_____. "The Case of Mary Somerville: An Aspect of Nineteenth-Century Science". *Proceedings of the American Philosophical Society*, 1975, vol. 118.

PEALE, Charles Willson. *The Selected Papers of Charles Willson Peale and His Family*. New Haven e Londres: Yale University Press, 1983-2000.

Pfeiffer, Heinrich von (org.). *Alexander von Humboldt*. Munique: Pieper, 1969.
Phillips, Denise. "Building Humboldt's Legacy: The Humboldt Memorials of 1869 in Germany". *Northeastern Naturalist*, vol. 8, 2001.
Pieper, Herbert. "Alexander von Humboldt: Die Geognosie der Vulkane". *HiN* VII, vol. 13, 2006.
Plumer, William. *William Plumer's Memorandum of Proceedings in the United States Senate 1803-07*. Nova York: Macmillan Company, 1923.
Podach, Erich Friedrich. "Alexander von Humboldt in Paris: Urkunden und Begebnisse", *in* Schultze, Joachim (org.). *Alexander von Humboldt: Studien zu seiner universalen Geisteshaltung*. Berlim: Walter de Gruyter, 1959.
Poe, Edgar Allan. *Eureka. A Prose Poem*. Nova York: Putnam, 1848.
Porter, Roy (org.). *Cambridge History of Science. Eighteenth-Century Science*. Cambridge: Cambridge University Press, vol. 4, 2003.
Pratt, Marie Louise. *Imperial Eyes. Travel Writing and Transculturation*. Londres: Routledge, 1992.
Proctor, Robert. "Architecture from the Cell-Soul: Rene Binet and Ernst Haeckel". *Journal of Architecture*, vol. 11, 2006.
Pückler Muskau, Hermann Prince of. *Tour in England, Ireland and France, in the Years 1826, 1827, 1828 and 1829*. Filadélfia: Carey, Lea e Blanchard, 1833.
Pudney, John. *Brunel and his World*. Londres: Thames and Hudson, 1974.
Puig-Samper, Miguel-Angel & Rebok, Sandra. "Charles Darwin and Alexander von Humboldt: An Exchange of Looks between Famous Naturalists". *HiN* XI, vol. 21, 2010.
Rebok, Sandra. "Two Exponents of the Enlightenment: Transatlantic Communication by Thomas Jefferson and Alexander von Humboldt". *Southern Quarterly*, vol. 43, n° 4, 2006.
_____. *Humboldt and Jefferson: A Transatlantic Friendship of the Enlightenment*. Charlottesville: University of Virginia Press, 2014.
Recke, Elisa von der. *Tagebuch einer Reise durch einen Pied Deutschlands und durch Italien in den Jahren 1804 bis 1806*. Berlim: In der Nicolaischen Buchhandlung, 1815.
Reill, Peter Harms. "The Legacy of the 'Scientific Revolution'. Science and the Enlightenment", *in* Porter, Roy (org.). *Cambridge History of Science. Eighteenth-Century Science*. Cambridge: Cambridge University Press, vol. 4, 2003.
Richards, Robert J. *The Romantic Conception of Life: Science and Philosophy in the Age of Goethe*. Chicago e Londres: Chicago University Press, 2002.
_____. *The Tragic Sense of Life: Ernst Haeckel and the Struggle over Evolutionary Thought*. Chicago e Londres: University of Chicago Press, 2009.
Richardson, Heather Cox. *West from Appomattox. The Reconstruction of America after the Civil War*. New Haven e Londres: Yale University Press, 2007.
Richardson, Robert D. *Henry Thoreau. A Life of the Mind*. Berkeley: University of California Press, 1986.
Rippy, Fred J. & Brann, E. R. "Alexander von Humboldt and Simón Bolívar". *American Historical Review*, vol. 52, 1947.
Robinson, Henry Crabb. *Diary, Reminiscences, and Correspondence of Henry Crabb Robinson*. Londres: Macmillan and Co., 1869.
Rodríguez, José Ángel. "Alexander von Humboldt y la Independencia de Venezuela", *in* Yánez, Segundo E. Moreno (org.). *Humboldt y la Emancipación de Hispanoamérica*. Quito: Edipuce, 2011.
Roe, Shirley A. "The Life Sciences", *in* Porter, Roy (org.). *Cambridge History of Science. Eighteenth-Century Science*. Cambridge: Cambridge University Press, vol. 4, 2003.
Rose, Gustav. *Mineralogisch-Geognostische Reise nach dem Ural, dem Altai und dem Kaspischen Meere*. Berlim: Verlag der Sanderschen Buchhandlung, 1837-42.
Rossi, William (org.). *Walden; and, Resistance to Civil Government: Authoritative Texts, Thoreau's Journal, Reviews and Essays in Criticism*. Nova York e Londres: Norton, 1992.
Roussanova, Elena. "Hermann Trautschold und die Ehrung, Alexander von Humboldts in Russland". *HiN* XIV, vol. 27, 2013.

Rudwick, Martin J. S. *The New Science of Geology: Studies in the Earth Sciences in the Age of Revolution*. Aldershot: Ashgate Variorum, 2004.
Rupke, Nicolaas A. *Alexander von Humboldt. A Metabiography*. Chicago: Chicago University Press, 2005.
Rush, Richard. *Memoranda of a Residence at the Court of London*. Filadélfia: Key and Biddle, 1833.
Sachs, Aaron. "The Ultimate 'Other': Post-Colonialism and Alexander von Humboldt's Ecological Relationship with Nature". *History and Theory*, vol. 42, 2003.
_____. *The Humboldt Current. Nineteenth-Century Exploration and the Roots of American Environmentalism*. Nova York: Viking, 2006.
Safranski, Rüdiger. *Goethe und Schiller. Geschichte einer Freundschaft*. Frankfurt: Fischer Verlag, 2011.
Sarton, George. "Aimé Bonpland". *Isis*, vol. 34, 1943.
Sattelmeyer, Robert. *Thoreau's Reading: A Study in Intellectual History with Bibliographical Catalogue*. Princeton: Princeton University Press, 1988.
_____. "The Remaking of Walden", *in* Rossi, William (ed.). *Walden; and, Resistance to Civil Government: Authoritative Texts, Thoreau's Journal, Reviews and Essays in Criticism*. Nova York e Londres: Norton, 1992.
Schama, Simon. *Landscape and Memory*. Londres: Fontana Press, 1996.
Schifko, Georg. "Jules Vernes literarische Thematisierung der Kanarischen Inseln als Hommage an Alexander von Humboldt". *HiN* XI, vol. 21, 2010.
Schiller, Friedrich. *Schillers Leben. Verfasst aus Erinnerungen der Familie, seinen eignen Briefen und den Nachrichten seines Freundes Körner*. Stuttgart e Tübingen: J. G. Cotta'schen Buchhandlung, 1830.
_____. *Schillers Werke: Nationalausgabe. Briefwechsel*. Weimar: Böhlaus, 1943-2003.
Schiller, Friedrich & Goethe, Johann Wolfgang von. *Briefwechsel zwischen Schiller und Goethe in den Jahren 1794-1805*. Stuttgart e Augsburgo: J. G. Cotta'scher Verlag, 1856.
Schiller, Friedrich & Körner, Christian Gottfried. *Schillers Briefwechsel mit Körner*. Berlim: Veit und Comp., 1847.
Schneppen, Heinz. "Aimé Bonpland: Humboldts Vergessener Gefährte?". *Berliner Manuskripte zur Alexander-von-Humboldt-Forschung*, n° 14, 2002.
Schulz, Wilhelm. "Aimé Bonpland: Alexander von Humboldt's Begleiter auf der Amerikareise, 1799-1804: Sein Leben und Wirken, besonders nach 1817 in Argentinien". *Abhandlungen der Mathematisch-Naturwissenschaftlichen Klasse der Akademie der Wissenschaften und der Literatur*, n° 9, 1960.
Schwarz, Ingo. "'Es ist mein Art, einen und denselben Gegenstand zu verfolgen, bis ich ihn aufgeklärt habe'. Äußerungen Alexander von Humboldts über sich selbst". *HiN* I, vol. 1, 2000.
Scott, John. *A Visit to Paris in 1814*. Londres: Longman, Hurst, Rees, Orme e Brown, 1816.
Seeberger, Max. "Geographische Längen und Breiten bestimmen, Berge messen". Humboldts Wissenschaftliche Instrumente und Seine Messungen in den Tropen Amerikas", *in* Holl, Frank (org.). *Alexander von Humboldt. Netzwerke des Wissens*. Ostfildern: Hatje-Cantz, 1999.
Serres, Michael (org.). *A History of Scientific Thought: Elements of a History of Science*. Oxford: Blackwell, 1995.
Shanley, J. Lyndon. *The Making of Walden, with the Text of the First Version*. Chicago: University of Chicago Press, 1957.
Shelley, Mary. *Frankenstein, or, The Modern Prometheus*. Oxford: Oxford University Press, 1998.
Sims, Michael. *The Adventures of Henry Thoreau. A Young Man's Unlikely Path to Walden Pond*. Nova York e Londres: Bloomsbury, 2014.
Slatta, Richard W. & Grummond, Jane Lucas De. *Simón Bolívar's Quest for Glory*. College Station: Texas A&M University Press, 2003.
Southey, Robert. *New Letters of Robert Southey*. Nova York e Londres: Columbia University Press, 1965.
Staël, Anne-Louise-Germaine de. *Deutschland*. Reutlingen: Macekn'schen Buchhandlung, 1815.
Stephenson, R. H. *Goethe's Conception of Knowledge and Science*. Edimburgo: Edinburgh University Press, 1995.
Stott, Rebecca. "Darwin's Ghosts", *in Search of the First Evolutionists*. Londres: Bloomsbury, 2012.

Suckow, Christian. "'Dieses Jahr ist mir das wichtigste meines unruhigen Lebens geworden'. Alexander von Humbolalq Russisch—Sibirische Reise im Jahre 1829", *in* Holl, Frank (org.). *Alexander von Humboldt. Netzwerke des Wissens*. Ostfildern: Hatje-Cantz, 1999.

_____. "Alexander von Humboldt und Russland", *in* Ette, Ottmar *et al. Alexander von Humboldt: Aufbruch in die Moderne*. Berlin: Akademie Verlag, 2001.

Suckow, Christian (org.). *Studia Fribergensia, Vortrage des Alexander-von-Humboldt Kolloquiums in Freiberg*. Berlim: Akademie Verlag, 1994.

Taylor, Bayard. *The Life, Travels and Books of Alexander von Humboldt*. Nova York: Rudd & Carleton, 1860.

Terra, Helmut de. *Humboldt. The Life and Times of Alexander von Humboldt*. Nova York: Knopf, 1955.

Théodoridès, Jean. "Humboldt and England". *British Journal for the History of Science*, vol. 3, 1966.

Thiemer-Sachse, Ursula. "'Wir verbrachten mehr als 24 Stunden, ohne etwas anderes als Schokolade und Limonande zu uns zu nehmen'. Hinweise in Alexander von Humboldts Tagebuchaufzeichnungen zu Fragen der Verpflegung auf der Forschungsreise durch Spanisch-Amerika". *HiN* XIV, vol. 27, 2013.

Thomas, Keith. *Man and the Natural World. Changing Attitudes in England 1500-1800*. Londres: Penguin Books, 1984.

Thomson, Keith. *HMS Beagle. The Story of Darwin's Ship*. Nova York e Londres: W.W. Norton, 1995.

_____. *A Passion for Nature: Thomas Jefferson and Natural History*. Monticello: Thomas Jefferson Foundation, 2008.

_____. *The Young Charles Darwin*. New Haven e Londres: Yale University Press, 2009.

_____. *Jefferson's Shadow. The Story of his Science*. New Haven e Londres: Yale University Press, 2012.

Thoreau, Henry David. *The Writings of Henry David Thoreau: Journal*. Boston: Houghton Mifflin, 1906.

_____. *The Writings of Henry David Thoreau: The Maine Woods*. Boston: Houghton Mifflin, 1906, vol. 3.

_____. *The Writings of Henry David Thoreau: Excursion and Poems*. Boston: Houghton Mifflin, 1906, vo1. 5.

_____. *The Writings of Henry David Thoreau: Familiar Letters*. Boston: Houghton Mifflin, 1906, vol. 6.

_____. *Walden*. Nova York: Thomas Y. Crowell & Co., 1910.

_____. *The Correspondence of Henry David Thoreau*. Washington Square: Nova York University Press, 1958.

_____. *The Writings of Henry D. Thoreau: Journal*. Princeton, N.J.: Princeton University Press, 1981-2002.

Tocqueville, Alexis de. *Memoir, Letters, and Remains of Alexis de Tocqueville*. Cambridge e Londres: Macmillan and Co., 1861.

Turner, John. "Wordsworth and Science". *Critical Survey*, vol. 2, 1990.

Uschmann, Georg (org.). *Ernst Haeckel. Biographie in Briefen*. Leipzig: Urania, 1983.

Varnhagen, K. A. von Ense. *Die Tagebücher von K. A. Varnhagen von Ense*. Leipzig: Brockhaus, vol. 4, 1862.

_____. *Denkwürdigkeiten des Eigenen Lebens*, ed. Konrad Feilchenfeldt, Frankfurt: Deutscher Klassiker Verlag, 1987

Voght, Casper. *Caspar Voght und sein Hamburger Freundeskreis. Briefe aus einem tätigen Leben*. Hamburgo: Veröffentlichungen des Vereins für Hamburgische Geschichte, 1959-67.

Walls, Laura Dassow. *Seeing New Worlds. Henry David Thoreau and Nineteenth-Century Natural Science*. Madison: University of Wisconsin Press, 1995.

_____. "Rediscovering Humboldt's Environmental Revolution". *Environmental History*, vol. 10, 2005.

_____. *The Passage to Cosmos. Alexander von Humboldt and the Shaping of America*. Chicago e Londres: University of Chicago Press, 2009.

_____. "Henry David Thoreau: Writing the Cosmos". *Concord Saunterer. A Journal of Thoreau Studies*, vol. 19/20, 2011-12.

WATSON, Peter. *The German Genius. Europe's Third Renaissance, the Second Scientific Revolution, and the Twentieth Century*. Londres e Nova York: Simon & Schuster, 2010.

WEBSTER, Daniel. *The Writings and Speeches of Daniel Webster*. Boston: Little, Brown, 1903.

WEIGEL, Engelhard. "Wald und Klima: Ein Mythos aus dem 19. Jahrhundert". *HiN* V, vol. 9, 2004.

WEINGARDEN, Laura S. "Louis Sullivan and the Spirit of Nature". *in* GREENHALGH, Paul (org.). *Art Nouveau, 1890-1914*. Londres: V&A Publications, 2000.

WERNER, Petra. "Übereinstimmung oder Gegensatz? Zum Widersprüchlichen Verhältnis zwischen A.v.Humboldt und F. W. J. Schelling". *Berliner Manuskripte zur Alexander-von-Humboldt Forschung*, vol. 15, 2000.

_____. *Himmel und Erde. Alexander von Humboldt und sein Kosmos*. Berlim: Akademie Verlag, 2004.

_____. "Zum Verhältnis Charles Darwins zu Alexander v. Humboldt und Christian Gottfried Ehrenberg". *HiN* X, vol. 18, 2009.

_____. *Naturwahrheit und ästhetische Umsetzung: Alexander von Humboldt im Briefwechsel mit bildenden Kunstlern*. Berlim: Akademie Verlag, 2013.

WHITE, Jerry. *London in the Eighteenth Century. A Great and Monstrous Thing*. Londres: The Bodley Head, 2012.

WHITMAN, Walt. *Leaves of Grass*. Boston: Thayer and Eldridge, 1860.

WIEGAND, Dometa. "Alexander von Humboldt and Samuel Taylor Coleridge: The Intersection of Science and Poetry". *Coleridge Bulletin*, 2002.

WILEY, Michael. *Romantic Geography. Wordsworth and Anglo-European Spaces*. Londres: Palgrave Macmillan, 1998.

WILSON, Alexander. *Life and Letters of Alexander Wilson*. Filadélfia: Sociedade Filosófica Norte-americana, 1983.

WILSON, Jason (org.). *Alexander von Humboldt. Personal Narrative. Abridged and Translated*. Londres: Penguin Books, 1995.

WILSON, Leonard G. *Charles Lyell: The Years to 1841. The Revolution in Geology*. New Haven e Londres: Yale University Press, 1972.

WOLFE, Linnie Marsh. *Son of Wilderness. The Life of John Muir*. Nova York: Alfred A. Knopf, 1946.

_____. *John of the Mountains: The Unpublished Journals of John Muir*. Madison: University of Wisconsin Press, 1979.

WOOD, David F. *An Observant Eye. The Thoreau Collection at the Concord Museum*. Concord: Concord Museum, 2006.

WORDSWORTH, William & WORDSWORTH, Dorothy. *The Letters of William and Dorothy: The Middle Years*. Oxford: Clarendon Press, 1967-93.

WORSTER, Donald. *Nature's Economy. The Roots of Ecology*. San Francisco: Sierra Club Books, 1977.

_____. *A Passion for Nature. The Life of John Muir*. Oxford: Oxford University Press, 2008.

WU, Duncan. *Wordsworth's Reading, 1800-1815*. Cambridge: Cambridge University Press, 1995.

WULF, Andrea. *Brother Gardeners. Botany, Empire and the Birth of an Obsession*. Londres: William Heinemann, 2008.

_____. *Founding Gardeners. How the Revolutionary Generation Created an American Eden*. Londres: William Heinemann, 2011.

WYATT, John. *Wordsworth and the Geologists*. Cambridge: Cambridge University Press, 1995.

YOUNG, Sterling James. *The Washington Community 1800-1828*. Nova York e Londres: A Harvest/ HBJ Book, 1966.

ZEUSKE, Michael. *Simón Bolívar, Befreier Südamerikas: Geschichte and Mythos*. Berlim: Rotbuch Verlag, 2011.

ÍNDICE REMISSIVO

NOTA: as obras de Alexander von Humboldt (AH) são indicadas diretamente pelo próprio título; obras de outros aparecem sob o nome do respectivo autor.

Academia Berlinense de Ciências: 176, 191
Academia Imperial de Ciências de São Petersburgo: 304, 309
Académie des Sciences, Paris: 175, 175n 178, 209, 238, 267, 331, 385
Acapulco (México): 143
açúcar: cultivo: 161
Adams, John: 226, 280
Adrianopla, Tratado de (1828): 305
Agassiz, Louis: 385, 398
Aix-la-Chapelle (Aachen), Congress de (1818): 256
Albemarle (Virgínia): Sociedade Agrícola: 417
Alberto, príncipe consorte: 353
Alemanha:
　cores nacionais: 380n
　federação e reformas: 278-79, 309
　potência industrial: 437
　reivindicações de unificação: 381-82, 411-12
Alexandra, imperatriz de Nicolau I da Rússia: 290, 295
alga marinha: na cadeia alimentar: 324
Allmers, Hermann: 427, 430n-31, 440
Alpes: AH cruza os: 189
Altai, montanhas (Rússia): 298-302
Amazonas, rio (América do Sul):
　AH visita: 94, 107, 117-18
　Muir visita: 468
América do Sul *ver* América Latina:
América Latina:
　a expedição do *Beagle* visita: 332-33
　AH escreve sobre a: 205, 227-28, 239
　bloqueio nas Guerras Napoleônicas: 220-21
　Bolívar retorna para a: 217-18
　civilizações antigas: 141, 239-40,
　colonização e possessões espanholas: 82-83, 123n, 147, 157-58, 229-30
　criollos na: 92-93, 181, 220-22, 225, 230, 232-33, 237
　defendida por AH contra as críticas de Buffon: 238-39
　escravidão e mão de obra livre: 166, 328

federação fracassa: 279
libertação do jugo espanhol: 218, 221-22, 226, 233-34
Muir visita: 468
povos indígenas: 116
primórdios da revolução: 180, 185-86
viagens de AH na: 23, 82-118, 122-27
vice-reinos espanhóis e administração: 220
América (Novo Mundo): Buffon critica: 237; *ver também* América Latina; Estados Unidos da América
Andes:
　AH e Bonpland atravessam os: 122-27
　distribuição de plantas: 28, 139
　pintura de Church: 397
Angostura (atual Ciudad Bolívar): 118-19, 232-33, 235
animais: distribuição de espécies: 331-33
Antisana (vulcão, Equador): 33, 133
antraz: epidemia na Sibéria: 300-01, 307, 350
Apure, rio: 95, 106-07, 116, 161, 287
Arago, François: 207-08, 246, 248, 271, 285, 388
Aragua, vale de (Venezuela): 95-97, 103, 161, 225, 415n
Ararate, monte: 257-58, 290, 294
Aristóteles: 100, 434
art nouveau: 436-39
As linhas isotermas e a distribuição de calor no globo (1817) (AH): 262
Ásia: expedição de AH à: *ver também* Índia: 257, 289
Asie centrale, recherches stir les chaines des montagnes et la clirnatologie comparée: 307n
Associação Alemã de Naturalistas e Médicos: 284n
Atabapo, rio: 114, 116
Ato de Abolição da Escravidão (Inglaterra, 1834): 328
Auerstedt, Batalha de (1806): 198-99
Austerlitz, Batalha de (1805): 187, 198
Áustria:
　nova constituição (1848): 378

573

Wilhelm von Humboldt na: 210

Babbage, Charles: 261, 269, 285
Bacon, Francis: 100
Bahia (atual Salvador, Brasil): 321, 326
Baikal, lago (Ásia Central): 290
Baird, Spencer Fullerton: 408
balonismo: 138, 175-76, 193
Balzac, Honoré de: 341
Banks, *Sir* Joseph:
   AH encontra-se com em Londres; 206, 247
   AH envia espécimes para: 123, 123n, 207
   AH solicita passaporte para Bonplan: 79
   auxilia AH: 207
   biblioteca: 125
   enaltece AH na Royal Society: 248
   Robert Brown: 270
   sobre internacionalismo das ciências: 123, 159
Baraba, estepe de (Rússia): 298, 300, 307
Barnaul (Rússia): 298-99, 301, 350
Baudin, capitão Nicolas: 79, 121-24, 128, 130, 135
Beagle, HMS:
   capitaneado por FitzRoy: 319
   Darwin parte em expedição: 313-15, 317-18, 321-24, 328
   Itinerário: 326
beija-flores: 91
Bello, Andrés: 179n
Belukha (montanha, cordilheira Altai): 302
Berlim:
   AH detesta: 189, 199
   AH escreve *Quadros da natureza* em: 199-201
   AH menospreza: 343
   AH muda-se de Paris para (1827): 268, 275
   AH retorna da expedição russa: 311
   AH vai embora de (1804): 202
   AH viaja com Gay-Lussac (1805): 189-90
   apartamento na Oranienburger Straße: 345
   conferência científica (1828): 283-84, 284n, 288
   corte real em: 189-90, casa de veraneio: 189, 200
   experimentos em: 190
   palestras de AH em: 281
   revolução (1848): 379-80
   universidade: 342
   ver também Alemanha; Prússia; Tegel
   vida de AH já idoso em: 389-95
   vida em: 275-76
Berlioz, Hector: 352
Berry, Charles Ferdinand de Bourbon, duque de: 266

Berry, Wendell: 471
Berzelius, Jöns Jacob: 285, 389
Binet, René: 439-40.
Bismarck, príncipe Otto von: 437
Bladgen, Charles: 215
Bligh, capitão William: 44-45n
Blumenbach, Johann Friedrich; *Über den Bildungstrieb*: 52, 62, 189, 194, 252n
Bogotá (Colômbia): 124-27, 132, 142, 166, 219, 223, 234, 239-40, 258-59, 474
Bolívar, Simón:
   a Espanha busca apoio em Aachen contra: 256
   AH recomenda um jovem cientista francês a: 264
   amante da natureza: 219, 235, 239
   aparência física: 232
   apresenta a constituição no Congresso de Angostura: 233
   atividades revolucionárias: 187, 219-22, 232-35
   carta a AH sobre a América do Sul e a natureza: 236
   "Carta da Jamaica"; "Meu delírio sobre o Chimborazo": 229
   convida Bonpland para regressar à América Latina: 260
   decreta a liberdade dos escravos: 230
   decreta programa de plantio de árvores: 417
   em Roma:184-85
   enaltece AH: 30
   encontro pessoal com AH em Paris: 179-80
   escala o Chimborazo: 217, 234-35
   estuda os textos de AH sobre a América do Sul: 228
   foge de Caracas para Curaçao: 222
   García Márquez escreve sobre: 399
   lidera os *llaneros*: 232
   morte por tuberculose: 384
   retorna à América do Sul (1807): 217
   sobre a defesa de AH da América Latina: 240
   sonho com uma liga americana de nações livres: 279
   temperamento e qualidades: 224-25
   tenta obter a libertação de Bonpland: 261
   textos e linguagem: 218-19
Bonaparte, Joséphine: 205
Bonpland, Aimé:
   acompanha AH em expedição à América Latina: 79-80, 89-90, 93-94, 103, 107, 109, 115, 118, 121-24,133-34
   AH permanece em Paris: 207
   aprisionado pelo paraguaios e depois libertado: 206-07, 387

busca proteção contra mosquitos: 109
convidado a voltar à América do Sul: 205-06
correspondência com AH: 387-88
e as visitas de AH ao Vesúvio: 186
em Guayaquil:144
encontro pessoal com AH em Paris: 78-79
encontro pessoal com Jefferson: 152
envia espécimes à Europa: 121-22
escala o Chimborazo com AH: 135-36
febres e disenteria: 119, 125
incentiva as ideias revolucionárias de Bolívar: 180
morte: 388
não pode acompanhar AH à Ásia: 206
planeja nova expedição:193
realiza experimentos com enguias-elétricas: 106
recebe pensão do governo francês: 179
relacionamento com AH: 130-31
retorna à França: 176
sente na pele a experiência de um terremoto em Cumaná: 91
silhueta: 77
textos sobre botânica: 183, 190-91
viaja para os EUA: 147
Boston, Massachusetts: 30, 359, 361, 389, 398, 415, 460, 469
botânica: *ver* plantas
Bougainville, Louis Antoine de: 44, 78-79
Bouguer, Pierre: 134, 193
Boves, José Tomás: 225-26, 330
Boyacá, Batalha de (1819): 234
Brasil: Darwin no: 321-22, 326 *ver também* América Latina
Bristol, Frederick Augustus Hervey, 4º conde de: 77
Brown, Robert: 269
Brunel, Isambard Kingdom: 270-72
Brunel, *Sir* Marc Isambard: 270
Buch, Leopold von: 186, 191
Buffon, Georges-Louis Leclerc, conde de: 101, 237, 239
buriti (*Mauritia flexuosa*): 119-20, 324
Byron, George Gordon, 6º barão: *Don Juan*: 250

Cabo Verde, ilhas: 320
Cajamarca, planalto de (Peru): 142
Calabozo (Venezuela): 105
Caldas, Francisco José de: 131, 219
Califórnia:
    Muir na: 448, 458, 460, 463-64, 467-68
    ouro na: 361
calmique, povo: 306

campo magnético (da Terra): 142 *ver também* geomagnetismo
Canárias, ilhas: 82, 316-17, 333, 434
Cancrin, conde Georg von: 289-90, 293-98, 304-05, 307, 310
Canning, George: 255, 260, 269, 277, 278
Capitanias-gerais (América Latina): 220
capivaras (roedores latino-americanos): 108, 111, 335
Capri (ilha): 427-28
Caracas (Venezuela):
    AH visita: 92-93, 95, 97, 103, 106, 112, 139, 165, 179n, 249, 287, 301
    Bolívar ocupa: 225
    Bolívar retoma (1821): 234
    na guerra revolucionária: 233
    terremotos (1812): 221, 287
Carlos Augusto, duque de Saxe-Weimar: 53-56
Carlos IV, rei da Espanha: 80, 229
Carlos X, rei da França: 267
Carquairazo (montanha, Equador): 218
Carr, Jeanne: 454, 461
Carson, Rachel: *Silent Spring*: 32
Cartagena (Colômbia): 123-24, 128, 222-24
Cáspio, mar: 304n-06
Cassiquiare, rio (América do Sul): 94-95, 107, 117-18, 232
castanha-do-pará (*Bertholletia excelsa*): 114-15, 333
Cáucaso, montanhas do: 294
cazaques (ou Quiguiz), estepes: 26, 304, 304n, 306
Century (revista): 462-64
Chambers, Richard: *Vestiges of the Natural History of Creation*: 348n
Chaptal, Jean Antoine: 210
Chateaubriand, François-René, visconde de: 201
Chimborazo (vulcão, Equador):
    a *Naturgemälde*: 140-41, 145, 192, 201, 373
    AH desenha: 145, 201
    AH escala: 23-24, 27, 34, 123, 135-39, 176, 192-93, 201, 217, 272
    Bolívar no alto do: 217, 234-36
    ilustração: 136, 218
China: AH atravessa a fronteira da: 304
Church, Frederic Edwin: *O coração dos Andes* (pintura): 397
ciência:
    Coleridge e Wordsworth sobre o reducionismo da: 252-53, 355, 365-66
    desenvolvimento: 42
    e imaginação: 252
    e razão e empirismo: 65

em Paris: 172, 174-75,
floresce na França de Napoleão: 192
Métodos: 363
cientista (palavra): é cunhada: 338, 338n
cinchona: 142, 417
Ciudad Bolívar *ver* Angostura
Clark, William: 151, 360
clima:
  AH sobre a ciência do: 263-67, 350-52
  alterações no: 97, 99-100, 309
  Colbert, Jean-Baptiste: 98
  e a intervenção humana; relatório da ONU sobre: 471
Coleridge, Samuel Taylor:
  assiste às conferências de Davy: 216
  influenciado por AH: 29, 250-51
  opõe-se ao método científico: 367
  sobre a unidade com a natureza: 67
colonialismo:
  AH condena: 27, 161-63, 180, 243, 247, 296
  Bolívar rebela-se contra o: 218-21, 225-27, 231, 234-35, 257, 280, 384
  e o efeito sobre o meio ambiente: 29, 96-97, 161
  e o tratamento aos povos indígenas: 116
  espanhol; e a escravidão: 77, 79-80, 90, 158, 185, 207, 218-21, 243, 256, 300, 302, 383
  Jefferson opõe-se ao: 158, 228-229, *ver também* Índia
Como, lago (Itália): 189
Companhia das Índias Orientais (britânica): 45, 242-43, 245, 248, 255, 260-61, 268-69
Compromisso do Missouri (1820): 280
Concord, Massachusetts: 357-59, 361-62, 364-65, 367, 369, 372
Condamine, Charles-Marie de la: 134, 217
Confederação do Reno: 198, 278
conhecimento: e mundo interior e exterior: 67-68
Constantinopla: Marsh em: 405-06, 408, 416
Cook, capitão James: 44-45, 122
Copérnico, Nicolau: 32, 65-66
corrente de Humboldt: 31-32, 143
Cosmos. Projeto de uma descrição física do mundo (AH):
  composição e organização: 338-39, 344-45, 385, 390, 395-96
  conteúdo: 350-52, 421
  contribuições internacionais para: 337-38
  Darwin lê: 353
  e o darwinismo: 430
  Emerson lê: 355
  influência sobre Haeckel: 440-41

Muir lê: 451n
proposta de versão resumida:
publicação: 347-48, 352, 377, 383-84, 392-93
recepção: 352-54
sobre a mudança dinâmica: 348
Thoreau lê: 368
título: 32, 337
traduções para o inglês: 350, 353-55
Cotopaxi (vulcão, Equador): 132-33, 143-45, 186, 193
Cotta, Johann Georg von: 284
criollos: *status* na América Hispânica: 92-93, 180-81, 220-22, 225-26, 230, 232-33, 237
Crítica da razão pura; *Physische Geographie*: 65, 67
crocodilos: no Orinoco: 107-08, 111-12, 133, 332, 334-35
Cruz, José de la: 92
"Cruzada Magnética": 310, 349
Cuba: 119, 121, 123, 147, 149, 151, 161, 164, 177, 220, 229, 393, 407, 448
Cumaná (Venezuela): 83-84, 89-92, 95, 97, 107, 118, 121, 123n, 161, 231, 239, 324
Curare: 109
Cuvier, Georges: 176, 209, 214, 266, 268

Darwin, Charles:
  A origem das espécies: 29, 200n, 335, 348, 348n, 396, 430-32
  abandona os estudos de medicina: 272, 316
  acusado de heresia: 430-31
  casamento: 348
  e a adaptação de formas de vida: 59
  e *Loves of the Plants* [Amores das plantas], livro do avô Erasmus 68, 318
  e *Princípios de geologia*: 262, 314, 321
  elogia AH: 29, 399
  encontro pessoal com AH: 346-48
  encontro pessoal com Haeckel: 433
  formação e história familiar: 316-18
  Haeckel lê e defende: 430-32
  influenciado por *Narrativa pessoal*, de AH: 249-50, 313-16, 321-24, 328, 332-34, 349, 399
  lê *Cosmos*: 352-53
  Lyell apoia: 262
  mareado: 313
  morte: 399
  não sabe da morte de AH: 396
  referências nas cadernetas a AH: 332n
  retorna à Inglaterra (1836): 326-27
  saúde debilitada: 348

sobre a distribuição de espécies: 332-33, 347-48
sobre a expedição do *Beagle*: 313-25, 328
sobre a natureza predatória: 335-36
sobre a origem das espécies: 33
solicita exemplar de *Quadros da natureza*, de AH: 200-01
teoria da evolução: 33, 335, 348, 431n
teorias raciais: 422n
trabalho intenso e textos: 328-29
Voyage of the Beagle (*A viagem de um naturalista ao redor do mundo*): 329-30, 353
Zoology of the Voyage of H.M.S. Beagle (*A zoologia da viagem do HMS Beagle 1838-1843*): 328n
Darwin, Emma (nascida Wedgwood; esposa de Charles): 348, 348n
Darwin, Erasmus (avô de Charles):
  sobre a evolução das espécies: 331
  The Loves of the Plants (Amores das plantas, poema): 68, 318
  Zoomania: 318, 331
Darwin, Henrietta (filha de Charles): 434
Darwin, Robert (pai de Charles): 272, 318
Davy, *Sir* Humphry: 215-16, 247, 261
Descartes, René: 42, 52, 62, 71, 100, 252
Descrição do Egito: 209
desmatamento:
  AH alerta contra o: 29
  e alterações climáticas: 29, 306
  Madison alerta contra: 417-18
  Marsh sobre: 409, 419, 432n, 458, 466-67
  Muir sobre: 458
  opiniões de AH sobre: 97-98, 307, 457
  Thoreau sobre: 361-62
Deutscher Bund (Confederação Germânica): 278
diamantes: AH encontra na Rússia: 295, 308
Diderot, Denis (ed.): *Encyclopédie*: 351
Dolores (México): 221

Ecaterimburgo (Rússia): 293-95, 297-98
Ecologia:
  Haeckel cunha a palavra: 432-33
  observações de Humboldt sobre: 97-99
Edinburgh Review: 248-49, 253
Eduardo VII, rei da Grã-Bretanha: batizado: 346
Egito: expedição de Napoleão ao: 79
Ehrenberg, Christian Gottfried: 293, 301-02
eletricidade animal (galvanismo): 50, 54, 74
Elgin, Mármores de: 245
Emerson, Edward: 363
Emerson, Lydian: 365

Emerson, Ralph Waldo:
  empirismo Encke, Johann Franz: 65, 197
  inspirado por *Quadros da natureza*, de AH: 201
  lê *Cosmos*: 355
  relações com Thoreau: 89, 364-71
  sobre a observação de AH: 28
  transcendentalismo: 67, 454
  visita Muir na Califórnia: 456-57
Endeavour (navio): 122
enguias-elétricas: 105-06, 180, 200
Ensaio geognóstico sobre a sobreposição de rochas (AH): 262
Ensaio político sobre a ilha de Cuba (AH): 229, 393
Ensaio político sobre o reino da Nova Espanha (AH): 228-30, 239, 242, 248
Ensaio sobre a geografia das plantas (*Ideen zu einer Geographie der Pflanzen / Essai sur la géographie des plantes* (AH): 192-93, 195, 197, 218
  dedicatória a Goethe: 197
  deslocamento de placas tectônicas: 195
  frontispício: 196-97
  publicação: 192
  tradução para o espanhol: 218-19
Erie, canal do (EUA): 361
Ernesto I, rei de Hanôver: 381
escravos e escravidão:
  abolição na Inglaterra: 328
  abolição nos EUA: 447
  AH condena: 164-65, 230, 391-92
  Bolívar liberta: 230-31
  e colonialismo: 163
  na América do Sul: 90-91, 165
  nos EUA: 163-64, 230, 281, 391
Espanha:
  AH critica o jugo espanhol na América Latina: 229-30
  ameaçada por Napoleão: 180
  e disputa de fronteira com EUA: 158-59
  emite passaporte para AH: 33, 80, 84
  envia frota para a América do Sul: 226
  império latino-americano: 83-84, 123n
  perde as colônias na América do Sul: 218, 220-21
espécie, evolução e distribuição das:
  ver também plantas
espécie fundamental: 324
eu:
  e natureza: 63
  Goethe sobre: 67
  Kant sobre: 66
  Schelling sobre: 195, 197

Estados Unidos da América:
  abolição da escravidão: 445
  avanços tecnológicos: 360, 409
  Buffon critica: 237-38
  celebram o centenário de AH (1869): 29-30
  conquistas territoriais no noroeste e no sudeste: 359-60
  e a compra da Louisiana: 151-52, 151n, 220
  economia agrária: 152, 160, 162-64
  escravidão nos: 165, 231-32, 280, 392
  expansão: 281
  exportações para a América do Sul: 222
  ferrovias transcontinentais: 458
  fronteira com o México: 158
  guerra contra o México: 359, 383
  Guerra de Secessão (1861-1866): 412, 445-46
  influência de *Cosmos* nos: 355
  influência de Marsh nos: 459-60
  ligação telegráfica com a Europa: 390n
  meio ambiente espoliado: 409-10, 415, 458
  neutralidade na revolução sul-americana: 226
  parques nacionais: 463-64
  prosperidade econômica: 152
  viagens de AH aos: 147-49
  viajantes visitam AH em Berlim: 384
Evelyn, John: *Sylva*: 98
evolução:
  AH propõe: 200n, 331
  Haeckel apoia: 430-31
  teoria de Darwin: 33, 326, 330, 348

Fernando I, imperador da Áustria: 378
Fernando VII, rei da Espanha: 220, 221, 226
Filadélfia: 30, 152, 156, 182, 389
FitzRoy, capitão Robert:
  capitão do *Beagle*: 318, 319n, 320, 322, 325
  qualidades e estados de ânimo: 319
  sobre o entusiasmo de Darwin: 320
floresta tropical: vida na: 325, 435, 451
florestas: no ecossistema: 97-99, 303, 304n, 417-18, *ver também* desmatamento; floresta tropical
Floyd, John B.: 388
Fontane, Theodor: 131
Forster, Georg: 44, 46
Fox, William Darwin: 320, 322
Fragmens de géologie et de climatologie asiatiques (AH) França: 307n
França:
  derrotas militares: 212-13
  igualdade na: 172
  monarquia restaurada sob Luís XVIII e Carlos X: 266

revolução e guerras: 44, 76, 150, 172
vende aos EUA seu território norte-americano: 151, 220
Francia, José Gaspar Rodríguez de: 260
Frankfurt am Main: Assembleia Nacional (1849): 381-83
Frankfurt an der Oder: 43, 199
Franklin, Benjamin: 42, 99, 155, 180, 238n
Frederico Guilherme II, rei da Prússia: 37, 190
Frederico Guilherme III, rei da Prússia:
  AH acompanha a Londres (1814): 243
  AH ingressa na corte: 275
  concede a AH pensão e audiência na corte: 189-90
  e a missão de paz prussiana a Paris (1807): 202
  finanças; expedição de AH à Ásia: 255-56
  insiste que AH retorne a Berlim: 203, 265, 267
  morte Frederico Guilherme IV, rei da Prússia: 394
  neutralidade nas Guerras Napoleônicas: 198
  temperamento: 190
Frederico Guilherme IV, rei da Prússia: 344, 346, 378-82, 394, 399
Freiberg: academia de mineração: 47, 184, 286
Fried, Erich: 399

Gaia, teoria de: 32
Galápagos, ilhas: 325-26, 330, 331
Gallatin, Albert: 157-58, 265, 269
Gallé, Émile: 438
Galvani, Luigi: 50 *ver também* eletricidade animal
García Márquez, Gabriel: *O general em seu labirinto*: 399
Garibaldi, Giuseppe: 412
Gaudí, Antoni: 438
Gauss (ou Gauß), Carl Friedrich: 268, 285, 385
Gay-Lussac, Joseph Louis: 176, 184, 191, 193, 207
geleiras e glaciação: 413, 452
Géographe (navio): 121-22
geomagnetismo: 142, 309, 351, 384
George, príncipe regente (*mais tarde* rei Jorge IV): 255, 260
Goethe, Johann Wolfgang von:
  a frustração de AH na escrita: 205-06
  a inquietude de AH: 216
  A Metamorfose das plantas (*Metamorphose der Pflanzen*) (ensaio e poema): 59, 70
  a *urform*: 59, 62, 70, 331n, 374
  acerca dos textos de AH sobre natureza e viagem: 200-01, 205

admira Kant: 67
AH na América do Sul: 117
AH renova a amizade com: 285
aparência física: 55-56
As afinidades eletivas: 70, 197
carta de AH em Berlim: 189-90
caso amoroso e filho com Christiane Vulpius: 56
como netunista sobre a criação da Terra: 129, 286-87
Cosmos de AH: 353-54
desenha a Casa de Verão de Schiller: 440n
enaltece AH: 30, 472
encontro pessoal com AH em Jena: 54, 60, 63-65, 67, 71, 196
Ensaio sobre a geografia das plantas dedicado a: 197
Fausto: 63, 69-70, 70n, 242, 252, 352, 421, 476
Hermann e Dorothea: 63
interesses científicos e teorias: 57-59, 62, morte: 354
o efeito das palestras de AH nas mulheres: 281-82
os interesses de AH em vulcões: 130, 175-76
Os sofrimentos do jovem Werther: 55, 93
qualidades e estilo de vida: 56-58
retrato: 56
sobre a unidade de arte e ciência: 69-70
sobre o eu e a natureza: 195
sobre o retorno de AH a Paris: 175-76
Göttingen, universidade: 44, 52, 189, 252n, 285
Gould, John: 330
Grant, Ulysses S.: 30
Gray, Asa: 454
Gray, Vincent: 151
Great Western (navio a vapor): 361
Guayaquil (Equador): 143-45, 148, 236
Guerras Napoleônicas: 58, 123, 152, 198, 212, 215, 220, 233, 278-79, 415
Guilherme I, imperador da Alemanha (anteriormente príncipe da Prússia): 437
Guilherme IV, rei da Grã-Bretanha: 344, 346, 378-82, 394, 399
Guilherme, príncipe da Prússia *ver* Guilherme I, imperador da Alemanha: 202-03

Haeckel, Anna:
(nascida Sethe): 421, 426-28
morte: 431, 435
Haeckel, Ernst:
a morte de Anna: 431-33, 435
aparência física: 423-24

casamento: 430
casa-se de novo: 436
constrói e decora a Villa Medusa: 449
defende Darwin: 431
Die Radiolarien (Rhizopoda Radiaria): 430
encontro pessoal com Darwin: 434
estuda os radiolários: 429, 430, 430n, 436, 439-40
fica sabendo da morte de AH: 421-22, 426
formação, histórico familiar e carreira: 422-25
Generelle Morphologie der Organismen (Morfologia geral dos organismos): 432
ideias e convicções: 440-41
idolatra AH: 423-24, 436
influência sobre a *art nouveau*: 436-39
interesses científicos e influência: 421-24, 429
Kunstformen der Natur (Formas de arte na natureza; série): 436-38, 441
na Itália: 421, 426-28
pensamento ecológico: 433n
teorias raciais: 422n
viagens: 432-34, 439
Welträthsel (O enigma do universo): 441
Haiti: 151n, 230-31
Halle (Prússia): universidade: 199
Hardenberg, Karl August von: 256
Hawthorne, Nathaniel: 362, 363
Haydon, Benjamin Robert: 213
Henslow, John Stevens: 316-18, 323, 328, 330
Herschel, John: 261, 269
Herschel, William: 246, 261
Hetch Hetchy, vale (Parque Nacional de Yosemite): 465-66
Hidalgo y Costilla, Miguel: 221
Himalaia: 241-43, 257-58, 287, 289, 298, 306, 340, 385, 394, 413, 420
Hodges, William: 45
Honda (Colômbia): 125, 166
Hooker, Joseph Dalton: 349-50, 353, 385
Humboldt, Alexander von:
acusado de francofilia: 213
afasta-se do envolvimento com questões políticas: 291
alertas contra a irrigação dos Llanos: 97, 415n
aniversário de 60 anos: 397
anotações para conferência: 292-93
aparência física e maneiras: 39, 80, 210, 265, 347, 349, 390-93
aprende línguas: 46
ataca Buffon: 237-38
caligrafia: 183, 282, 386
caminhadas: 443

celebridade internacional: 388
centenário de nascimento é celebrado (1869): 29
chega à Venezuela: 82-85
comentários ácidos e perspicácia: 39,181, 208, 210, 340, 384, 389
condena a escravidão: 164-65, 227-28, 327, 391-92
condena a exploração colonial: 26, 159-61, 180, 226, 229, 232, 295
conferência em Berlim: 291-94
conferências na Académie des Sciences: 178
correspondência: 204-05, 384-85, 392
criação e educação: 37-39, 41
Darwin envia exemplar de *Voyage of the Beagle* (*A viagem de um naturalista ao redor do mundo*) a: 328
desejo de correr mundo e inquietude ("*maladie centrifuge*"): 255, 261
despacha espécimes da América do Sul para a Europa: 121-22
devolve parte das despesas da viagem russa: 310
e a compreensão subjetiva da natureza: 66, 71
e a fracassada unificação alemã: 384
e a morte da mãe: 73
e a situação política da Prússia: 290
e o movimento revolucionário sul--americano: 31, 226, 231
e percepção da realidade: 66
encontra diamantes na Rússia: 295, 306, 308
encontra-se com Goethe em Jena e Weimar: 53-54, 59-61, 70-71
encontro pessoal com Bolívar: 179-80, 185
encontro pessoal com Darwin em Londres: 345-48
encontro pessoal com Hooker em Paris: 349
encontro pessoal com Jefferson: 148-49, 151, 156-59
enfrenta furacão no mar: 147
escala o Chimborazo: 23-25, 34, 135-38, 186, 201
escapa ileso de acidente de carruagem: 310-11
escreve cartas para casa: 122, 127
escritos: 183, 192-93, 200-01, 205, 460
estuda e pratica mineração e geologia: 48, 50
estuda finanças e economia: 46
exalta Bolívar como libertador: 237
expedição ao rio Cassiquiare: 95
expedição asiática financiada por Frederico Guilherme III: 255-56
facilidade de aprender línguas: 158, 392

fala rápida e loquacidade: 46, 156, 158, 176-77, 211, 341, 347, 392
fala tanto que abafa completamente um pianista: 341
fama e reputação em Berlim: 340-41
fama e visitantes na velhice; 385
fixa residência em Paris (1807-1827): 203-04, 209-10, 213
frequenta sessões espíritas: 79
frequenta universidades: 45-46, 200
generosidade com jovens cientistas: 264, 384-85
Haeckel admira: 424-25
humildade e disposição para aprender: 342-43
ideias e qualidades: 26
idolatrado na Rússia: 303-04
influência: 29-31
influência sobre Darwin: 249-50, 313-15, 321-25, 238, 332-33, 349, 399
influência sobre os escritores românticos ingleses: 250, 253, 366
inspeciona o túnel de Brunel sob o Tâmisa: 271
interesse em tecnologias: 389
interesse em vulcões: 25, 76, 129-32, 186, 284
luto pela morte do irmão Wilhelm: 344
Marsh enaltece: 417
memória: 28
método de trabalho na América Latina: 89-93
morte e funeral: 397-99
muda-se para Berlim (1827): 269, 275
Muir lê e idealiza: 451, 451n, 454-56
na revolução de 1848: 381-84
nascimento e histórico familiar: 26, 37
nunca chega a ler *A origem das espécies*, de Darwin: 348n
obituários e homenagens: 397
obrigações na corte em Berlim: 175, 344
organiza conferência científica em Berlim (1828): 294
paixões e ligações afetivas com amigos do sexo masculino: 130-31
parte da Espanha na primeira expedição: 75-76
passaporte espanhol: 33, 80, 84
planeja expedição à Índia e à Ásia: 239-40, 249, 253-56, 261, 290
preocupação com Kant: 65-67
preparativos para a viagem de exploração: 75-76
problemas financeiros e dívidas: 190-91, 205, 257-58, 267-68, 340, 344, 384, 391

qualidades e temperamento: 343
realizações: 469-71
recebe pensão do governo prussiano: 124, 264
reformas sociais e educacionais em Berlim: 276-77
relacionamento com Arago: 207-08, 244, 246
relacionamento com o irmão Wilhelm: 243-44, 281, 287, 408
renova amizade com Goethe: 294
reputação póstuma: 399
retorna a Paris (1804): 171-79
retrato: 90, 172
semiparalisia no braço direito: 393
sensação de solidão nos Andes: 127, 200
sente na pele a experiência de um terremoto em Cumaná: 91, 324
sobre a criação e o desenvolvimento da Terra: 285-87
sobre a distribuição das plantas: 194, 194n, 195, 332-35, 453
sobre a política latino-americana: 227-29
sobre a retirada da casca das cinchonas: 142, 417
sobre o efeito da ação humana no meio ambiente: 97-101
sobrevive a um derrame: 392
solidão: 39-40, 107, 127, 390, 423
Thoreau influenciado por: 29, 31, 355, 368-70, 374
velhice em Berlim: 389-91
viagens anuais de Berlim a Paris: 344, 346
viaja pela América Latina: 81-45
viaja pela Europa: 48-49, 264
viaja pela Rússia: 291-305
vida e rotina em Berlim: 345-46
visão da interconexão da natureza: 25, 28, 33, 62, 65-66, 68, 138-40, 142, 194-95, 243, 253, 281, 307, 307n, 457-58
visita a Itália com Gay-Lussac: 183-84
visita Aachen (Aix-la-Chapelle): 255-56
visita Berlim (1805-1806): 124
visitas a Londres: 44-45
Humboldt, Alexander Georg von (pai de AH): 37
Humboldt, Caroline von (nascida Dachröden; esposa de Wilhelm):
AH visita em Jena: 53, 75
Coleridge visita em Roma: 251
em Paris: 75, 77, 175-76
em Roma: 184
morre de câncer: 293
morte dos filhos: 175, 182
opinião sobre AH: 46, 48

preocupação com a exploração da generosidade de AH: 264-65
preocupações de ordem prática com AH: 182
sobre as conferências de AH em Berlim: 283, 284-85
sobre as ligações afetivas de AH com homens: 132
Humboldt, Marie Elisabeth von (mãe de AH):
morte: 73
relacionamento com os filhos: 39, 43, 73
Humboldt, Wilhelm von (irmão mais velho de AH):
a morte da esposa: 293
a morte da mãe: 73
a preocupação de AH com Kant: 65
a preocupação de Caroline com AH em Paris: 184
AH escreve a dos Andes: 128
AH visita em Jena: 53, 64
AH visita em Roma: 184
apreensões sobre o relacionamento de AH com Arago: 207
carta do idoso Goethe: 287
cartas de AH na Rússia: 298
como ministro da Educação prussiano: 207
como ministro prussiano na Inglaterra: 243, 255
como ministro prussiano no Vaticano: 175
declínio e morte: 340
desaprova a permanência de AH em Paris na guerra: 203, 207, 214
educação: 37-39
frequenta a universidade de Göttingen: 44, 52, 252n
funda a Universidade de Berlim: 339
interesses intelectuais: 43
morte dos filhos: 175, 181
muda-se para Paris: 74-76
muda-se para Viena como embaixador prussiano: 208
no jardim de Schiller, Jena: 64-65
o retorno de AH a Paris: 175-76
paixão por línguas: 287-88
parte de Londres para Berlim: 269, 269n, 287
relações com AH: 243, 287, 342
rendimentos: 189
retira-se para Tegel: 340
sobre as conferências de AH em Berlim: 280
sobre o lado mais suave de AH: 184
sobre os processos mentais de AH: 137
traduz Ésquilo: 63
Humboldtia laurifolia: 75-76
Hunter, John: 52

Huxley, Aldous: *Beyond the Mexique Bay*: 399
Huxley, Thomas Henry: 431-32

Iluminismo:
    Bolívar encampa as ideias: 179, 217
    em Saxe-Weimar: 53
    na educação de AH: 37, 44, 47,148
    racionalismo: 183
    sobre os mundos exterior e interior: 69
imaginação, de AH:
    ciência: 252, 355, 370-71
    como força criativa: 351
    como um bálsamo: 94
    de Bolívar: 185, 220
    e natureza: 53, 62-68, 194, 197, 457
    razão: 216, 252
    segundo AH: 44, 217
    Thoreau sobre a
Império Otomano: em guerra com a Rússia (1828): 294
Índia: planos de AH de visitar são frustrados: 243, 248, 253, 258, 261, 289-90
Indianápolis: 443, 445-47, 467-68
índigo: cultivo: 47, 95, 161, 164
Inglaterra:
    abolição da escravidão: 327; *ver também* Londres
    domínio comercial: 246
    mercenários apoiam Bolívar: 233
    reformas políticas: 278, 327
    Revolução Industrial e prosperidade econômica: 42, 327
Instituto Smithsonian, Washington: 404, 407
isotermas: 28, 262-63
Itália:
    AH visita com Gay-Lussac: 183-84
    Haeckel na: 421, 426
    Marsh na: 411-14
    unificação: 411-12

Jamaica: Bolívar na: 226, 229-30
Jardin des Plantes, Paris: 173, 176, 178, 215, 331
Java: Haeckel visita: 435
Jefferson, Maria (filha de Thomas): morte: 150
Jefferson, Thomas:
    AH recomenda a um botânico português: 264-65
    aparência física: 149
    conceito de liberdade e democracia: 29, 32, 151
    defende a economia agrária: 151, 159, 161-62
    e a escravidão nos EUA: 162-63
    e plano de AH de explorar a América do Norte: 182
    em Washington: 151-52
    encontro pessoal com AH: 148-49, 151-55, 359
    interesse nas revoluções sul-americanas: 225, 228-29
    morte: 280
    Notes on the State of Virginia [Notas sobre o estado da Virgínia]: 155
    práticas agrícolas: 161-62
    qualidades e estilo de vida: 149-50, 155-56
    rechaça o menosprezo de Buffon pela América: 238
    sobre AH: 29
Jena (Alemanha); Batalha da (1806): 199, 208
jiboias: 108, 111
Johnson, Andrew: 447
Johnson, Robert Underwood: 461
Journal des Débâts: 266

Kaliningrado *ver* Königsberg: 66, 311
Kant, Immanuel: 65-67, 199, 251, 366
Keats, John: 71
Klein, Naomi: *This Changes Everything*: 471
Königsberg (atual Kaliningrado): 66, 199, 286, 311
Kosmos (revista): 337, 355, 373, 436
Kunth, Gottlob Johann Christian: 38-39, 258
Kunth, Karl Sigismund: 207n, 258

Lamarck, Jean-Baptiste: 59, 176, 331, 334
Lanzarote (ilhas Canárias): 435
Laplace, Pierre-Simon:
    Marquês de: 70, 176, 209
    Mecânica celeste: 269n
LeConte, Joseph: 454
Legiões do Inferno (América Latina): 225, 230
Lei da Cultura da Madeira (EUA, 1873): 419
Lei de Propriedade Rural (Homestead Act, EUA, 1862): 416
Lei de Reformas (Inglaterra, 1832): 327
Lei de Reservas Florestais (EUA, 1891): 419
Leibniz, Gottfried Wilhelm von: 42
Lewis, Meriwether: 151, 360
Liebig, Justus von: 265
Lima: 121-25, 129, 135, 141-43, 160, 171, 260
Lincoln, Abraham: 411-12, 445, 447
Lineu, Carl (Carl Linnaeus, Carolus Linaeaus, Carl von Linné): 100-11, 193, 252, 318
língua: Wilhelm sobre: 287-88
llaneros: 231-32, 234

Llanos (América Latina): 95, 103-05, 118-21, 200-01, 224-25, 231, 233, 249, 302, 324, 415n
Locke, John: 367
Loja (Equador): 142
Londres: AH visita: 44-45, 206, 242-44, 246, 248-49, 253, 255-56, 258, 268, 270, 272, 346
Lovelock, James: 32
Luís Filipe, rei da França: 377
Luís XVI, rei da França: executado: 76, 265
Luís XVIII, rei da França: 265, 265n-67
Lyell, *Sir* Charles; *Princípios de geologia*: 262--64, 314, 321

Madalena, rio: 124, 126, 128, 223-24, 259,194n
Madison, Dolley: 157
Madison, James: 150-51, 157, 163, 214, 226, 231, 389, 416-17
Mahmud II, sultão otomano: 305
Malthus, Thomas: *Ensaio sobre o princípio da população*: 334
Marsh, Caroline: 404
Marsh, George Perkins:
  ajuda a criar o Smithsonian: 404, 407
  carreira política: 405-06
  como germanófilo: 401
  e a Guerra Civil norte-americana: 413
  e as lições do Novo Mundo para o Velho Mundo: 408-09
  formação e carreira: 401-03
  influência de AH sobre: 414, 417, 419
  lê AH: 401
  línguas: 402
  nomeado embaixador na Itália: 412-15
  nomeado ministro junto à Turquia: 404
  O homem e a natureza: 409-15, 417-19, 419n, 420, 433, 459
  problemas financeiros: 412
  sobre AH: 402
  sobre comparação entre o Velho e o Novo Mundo: 407, 409
  sobre danos causados pela agricultura: 407-08, 418
  sobre desmatamento: 417-18
  sobre destruição ambiental e conservação: 416-19
  viaja ao Egito e ao Oriente Médio: 406-09
  vida de casado: 405-06, 413
  visão do futuro da Terra: 414
Mendelssohn Bartholdy, Fanny: 281
Mérida (Venezuela): 225

Metternich, príncipe Klemens Lothar Wenzel: 278-79, 352, 378
México:
  AH ameaça mudar-se para o: 255
  AH visita: 143, 147-48, 157, 159-60
  arquivos: 148, 150, 158, 229
  cede territórios aos EUA: 360
  guerra com os EUA: 359, 374
  solicita ajuda de AH na negociação de acordo comercial com a Europa: 280
Monge, Gaspard: 209
Mongólia: 26, 298, 301, 303, 306
monismo: 440-41
monocultura: 161-62, 228, 471
Montesquieu, Charles-Louis de Secondat, barão de: 100-01
Monticello (Virgínia): 150, 155, 163, 165, 474
Montúfar, Carlos: 130-31, 133, 179n, 184
Montúfar, Rosa: 130
Morse, Samuel: 389
Moscou: 30, 291, 293-94, 297, 305-06, 308
Mosquitos: 113, 118, 125, 299, 301, 414
movimento romântico:
  e o transcendentalismo de Emerson: 454-55
  em Saxe-Weimar: 53
  Goethe e o: 55, 71, 195
  poesia: 253
  Schelling e o: 195, 366
  sobre a internalização da natureza: 67
Muir, Daniel: 444, 460
Muir, Helen: 468
Muir, John:
  a família muda-se para os EUA: 448
  acompanha Theodore Roosevelt em Yosemite: 464-65
  administrador de fazenda: 460-61
  afinidade com a natureza: 33, 456-57, 460
  amizade com Jeanne Carr: 444, 454
  aparência física: 443
  caminhada de 1.609 km do Kentucky até a Flórida e Cuba: 447
  campanhas de proteção da natureza: 459, 465
  casamento; 460-61
  defende o vale Hetch Hetchy: 465-66
  em Cuba: 447
  Emerson visita: 453-54
  enaltece AH: 467
  escritos: 459-61, 467
  fere os olhos: 446
  formação e carreira: 443-44
  lê e anota os livros de AH: 451n
  lê *O homem e a natureza*, de Marsh: 419, 459

My First Summer in the Sierra [Meu
  primeiro verão na Sierra]: 451
  na Califórnia (vale de Yosemite): 448-53
  no Canadá: 448
  pai desaprova os textos: 460n
  palestra: 459
  sobre distribuição de plantas: 452
  sobre geleiras: 451-52
  viagens: 443, 445-46, 464
  visita a América do Sul: 467
Muir, Louie (nascida Strentzel): 461-62, 467
Müller, Johannes: 424
Murchison, *Sir* Roderick: 346
Murray, John (editor): 249n, 252, 353, 475
Mutis, José Celestino: 124-25, 132, 258-59

Napoleão I (Bonaparte), imperador da França:
  banido para o exílio: 213, 246, 265
  coroação e governo: 171-72, 181
  cria a Confederação do Reno: 197-98, 278
  deprecia Frederico Guilherme III: 191
  derrota na Rússia: 212
  entra em Berlim: 198
  hostilidade com AH: 208-09
  lê livros de AH: 209
  vende territórios norte-americanos aos EUA: 151n
  vitórias militares: 186, 212
Narrativa pessoal (AH):
  estimado por Darwin: 249, 313-15, 321-24, 328, 332-34, 399
  Haeckel adquire: 425
  incorporado em *Viagem às regiões equinociais do Novo Continente*: 256
  inspira poema de Wordsworth: 250
  Muir tem e lê: 453, 468
  nova tradução para o inglês: 384
  sobre Tenerife: 433
  sucesso e influência: 248-50
  Thoreau lê: 368
Nash, John: 244
Naturaliste (navio): 121-22
natureza:
  afeição de Bolívar pela: 219, 233, 239
  afinidade de Muir com a: 33, 451-52, 460
  afinidade de Thoreau com a: 361, 365, 367, 371-72
  AH escreve sobre a: 200-01
  Coleridge e Wordsworth sobre a: 250-51
  compreendida por AH como um organismo: 25, 28, 32, 52, 59, 62, 120, 253, 351, 381, 456
  controle da: 41-42

descrita em *Cosmos*: 350-52
  e a cadeia alimentar: 110-11
  e a depredação: 332-33
  e liberdade: 166-67
  Ensaio sobre a geografia das plantas: 192-93, 195-97, 218, 287
  Goethe sobre a unidade da: 70, 72
  Haeckel sobre a unidade da: 436
  Marsh sobre os efeitos nocivos da ação humana na: 409-14
  Muir faz campanha pela proteção da: 463-64
  Muir sobre interconexão: 446, 451
  Schelling sobre filosofia: 195-96
  Naturgemälde: ideia de AH: 139-41, 145, 192, 194-95, 197n, 201, 241, 257, 282, 289-90, 373, 452
Negro, rio: 114, 118
Netunistas: 129, 286
New York Times, The: 30, 397, 466
Newton, *Sir* Isaac: 32, 42, 51, 71, 354, 469
  Opticks: 71
Nicolau I, czar da Rússia: 290, 293, 294, 296
Nilo, rio: 406-07

O'Leary, general Daniel: 384
Ob, rio (Rússia): 301
onças-pintadas: 109
Orinoco, rio (América do Sul): 26, 94-95, 99, 103, 106-08, 112, 114-15, 117-18, 165-66, 180, 186, 199, 200, 202, 217, 223, 232, 233, 239, 240, 249, 250, 267, 287, 299, 305, 324, 332, 334, 335, 369, 445
Oskemen (Cazaquistão): 301

Páez, José Antonio: 231-33
Painel Intergovernamental sobre Mudança Climática (Intergovernmental Panel on Climate Change, IPCC): 471
Panamá: AH propõe canal: 389, 448n
Paraguai: 220, 260, 333, 387
Paris:
  afeição de AH por: 171
  AH fixa residência em (1807-1827): 171-73, 210-11
  AH muda-se de para Berlim (1827): 268
  AH retorna a: 171-79
  AH visita: 77
  AH visita anualmente: 343
  Caroline em: 75, 77, 175-77, 182
  ciência em: 171, 173-75
  culinária: 248
  declínio como centro científico sob a monarquia: 265-66

encontro pessoal com Bolívar em: 179-80
Feira Mundial (1900): 409, 439; *ver também* Académie des Sciences
Junta Francesa de Longitude: 178
missão de paz prussiana em (1807): 202
mudanças sob Napoleão: 171
ocupada pelos Aliados: 213-15
turistas e visitantes: 214-15
vida em: 171-72, 213-15
Parry, William Edward: 345
Peale, Charles Willson: 156
Peru: rebelião: 280
Pétion, Alexandre: 230-31
Pichincha (vulcão, Equador): 137
Pico del Teide (ilhas Canárias): 81-82, 202, 315, 333, 435
Pinchot, Gifford: 419
Piòbesi (arredores de Turim): 33
Pisba (Colômbia): 234
Pizarro (fragata espanhola): 80, 82
plantas:
classificação: 194
distribuição por geografia e altitude: 28, 139-40, 193-95, 332-34, 345-46, 453
Poe, Edgar Allan: *Eureka*: 355
Polier, conde Adolphe: 293, 295
Polk, James K.: 361
Pound, Ezra: 399
Prússia:
AH acompanha missão de paz a Paris (1807): 202-03
ascensão ao poder: 42
baixas nas Guerras Napoleônicas: 197-99
condições político-econômicas: 275, 277-78
revolução (1848) e reivindicações de reformas: 377-78
Púchkin, Alexander: 308

Quadros da natureza:
apelo popular: 276-77
composição: 200-01
Darwin solicita exemplar: 324
edição revista: 383
Haeckel lê: 425
Muir lê e anota: 451n, 453, 456n, 457
sobre a evolução das espécies: 332
Thoreau lê: 368, 370-71
Quarterly Review: 249, 338n, 353
Quirguiz (povo): 304, 306
Quito: 24, 33, 124, 127-30, 132, 135, 139, 142, 160, 221, 234, 475

racionalismo: 64-65

radiolários: 429, 430, 430n-31, 435-36, 439-40
Revolução Francesa (1789): 101, 149, 209, 213, 265-67, 277, 383
revoluções de 1848: 377, 379, 380n-82
Rheinischer Merkur (jornal): 214
Richards, Robert: *The Tragic Sense of Life*: 422n
Riga: 310
Riscasoli, barão Bettino: 412
Ritter, Carl: 341
rodovia Siberiana: 291, 297, 299
Rodríguez, Simón: 185-86, 235
Roma: 39, 91, 177, 182-87,189, 208, 212, 218, 220, 237, 251, 411, 414, 426
Roosevelt, Theodore: 464, 464n-66
Rose, Gustav: 293, 300-02
Ross, capitão James Clark: 349
Rousseau, Jean-Jacques: 267
Royal Academy (Academia Real Inglesa, Londres): 269
Royal Society (Real Sociedade, Londres): 206, 215, 245-47, 269, 328, 431, 474-75
Rush, Richard: 244
Rússia:
absolutismo sob Nicolau I: 296
guerra contra os otomanos: 294, 305
idolatra AH: 304
ouro e minerais preciosos na: 295, 297, 307
pesquisa geomagnética na: 309
viagens de AH na: 291-311

Saint Vincent (ilha): erupção vulcânica (1812): 287
Salvador: 321 *ver* Bahia
San Fernando de Apure (missão, América do Sul): 107
Sanssouci (palácio, Potsdam): 344, 381
Santa Helena (ilha): 213, 245, 265, 309, 328
Santander, Francisco de Paula: 280
São Francisco: 30, 388, 448-49, 461, 466
São Petersburgo: 293-95, 297-98, 304-06, 308-10, 354
São Tiago (ilha de Cabo Verde): 320-21
Sargent, Charles: 459-60
Schelling, Friedrich: *Naturphilosophie*: 195-96, 251-52
Schiller, Friedrich: 53-54, 63-65, 67, 69, 74, 78, 343, 440n
Schlagintweit, Hermann, Rudolph e Adolf: 385, 394-95
Schot, Joseph van der: 75
Seifert, Johann:
acompanha AH à Rússia: 391

comparece ao funeral de: 398
em Berlim com AH: 293
seleção natural, teoria da: *ver também*
evolução: 334-35
sequoias (árvores): 450, 454-55, 460, 462, 464
Sethe, Anna *ver* Haeckel, Anna: 421
Shelley, Mary: *Frankenstein*: 249
Sibéria:
AH na: 291-92, 294, 297, 299, 302, 306-07, 347, 349-50
distribuição das plantas: 350
epidemia de antraz: 300-01, 307, 350
Sicília: Haeckel na: 428-29
Sierra Club (EUA): 464, 466
Silla (montanha, Venezuela): 93
Somerville, Mary; *On the Connexion of Physical Sciences* [Sobre a conexão das ciências físicas]: 338n
Southey, Robert: 174, 250
Stegner, Wallace: 419
Sturm and Drang (movimento "Tempestade e Ímpeto"): 55
Sullivan, Louis: 438

Talleyrand, Charles-Maurice de: 212
Tâmisa, rio: túnel: 270-71
Tapires: 108, 111
Tegel (Prússia): 37-38, 40, 43, 73-74, 94, 208, 269n, 287, 288, 291, 342-43, 398, 425, 443
Tenerife (ilhas Canárias): 81-82, 138, 202, 315-16, 318-19, 333, 433-35
tentilhões (aves): nas ilhas Galápagos: 326, 330-31
Terra do Fogo: 123, 319n, 322, 324
Terra: idade e formação: 58, 176, 261
terremotos: 142, 263, 286-87, 303, 321, 351, 368, 384
Thoreau, Henry David: 372-73
 A Week on the Concord and Merrimack Rivers: 365-67
 adota nova rotina diária: 362
 afinidade com a natureza: 362-63, 365, 368, 370
 amor pelas crianças: 363
 aparência e maneiras: 362
 biblioteca: 365
 cabana: 357-58, 360
 cadernetas e diários: 364-65, 367-68
 caminhadas: 365, 367
 e *Cosmos*, de AH: 348, 368, 370
 e imaginação: 370

 e Muir: 456
 e o desmatamento local: 361-62
 e os animais: 362-63, 374
 em Concord, Mass: 357-62
 escrita: 365, 371-74
 exige a preservação das florestas: 417
 formação e carreira: 355, 357-59, 365, 366
 ideias e convicções: 366-74
 influência da natureza sobre: 359
 influenciado por AH: 29, 33, 355-60
 lê *Quadros da natureza* de AH: 201
 palestras: 364
 registros da natureza: 363, 367, 370-71, 373-74
 relações com Emerson: 359-60, 364, 368
 sobre a ciência: 370
 sobre a morte: 359
 sobre a unidade da natureza: 366
 sobre os ciclos da natureza: 359, 371
 temperamento e aparência física: 362-63
 The Maine Woods [Os bosques do Maine]: 459
 transcendentalismo: 366-67
 vive próximo ao lago Walden: 370-73
 Walden, ou, A vida nos bosques: 357-58, 362, 370-74
Thoreau, John: 360
Thornton, William: 165
Tiffany, Louis Comfort: 438
Times, The: 256, 396
titi, macacos:110
Tobolsk (Rússia): 294, 297-99, 301, 304
Tocqueville, Alexis de: 101
Toro, Fernando del: 179n
Torrey, John: 454
Trafalgar, Batalha de (1805): 220
transcendentalistas: 67, 366-67
Tratado de Tilsit (1807): 198, 202
Turim (Itália): 33, 411-14
Turner, Frederick Jackson: 458

Urais, montes: 289-90, 293, 295, 302

Valdívia (Chile): 324
Valência, lago de: 29, 96-97, 99, 101, 103, 110, 161, 166, 221, 305, 415n
Venezuela:
 AH na: 26, 31, 83, 91-92, 94, 100, 114, 123, 166, 179n
 Bolívar invade: 225
 Bolívar retorna do Haiti: 231
 campanha de Bolívar na: 232
 declara independência: 221

Espanha reconquista: 226
Vênus, trânsito de: 41
Vermont: Marsh em: 401, 403-04, 408-09, 418
Verne, Júlio: 202, 399
Vestfália, Reino de: 198-99, 279
Vesúvio, monte: 262
Viagem às regiões equinociais do Novo Continente (AH): 192, 257
vice-reinos (América Hispânica): 123n, 220-221
Viena, Congresso de (1815): 278
Vistas das cordilheiras e monumentos dos povos indígenas da América (AH): 218, 249n, 425
Vitória, rainha da Grã-Bretanha: 353, 380
Volta, Alessandro: 62n, 189
Voltaire, François Marie Arouet: 41, 267
vulcanistas: 130
vulcões: interesse de AH em: 54, 129-30, 132, 136, 144, 148, 183, 206, 236, 262, 282, 286, 306, 351, 384
Vulpius, Christiane: 56

Walden, lago, Massachusetts: 33, 357-58, 360, 362-64, 369-71n, 373
Washington, DC: 149, 152-53, 222, 269, 360, 396, 404, 416
Washington, George; celebrações do aniversário (1859): 395
Watt, James: 42
Wedgwood, Josiah: 318, 328
Wedgwood, Josiah II: 318
Weimar, Goethe em: 55-58, 60, 63-64, 285
Wellesley, Richard Colley, marquês: 226
Wellington, Arthur Wellesley, 1º duque de: 212
Werner, Abraham Gottlieb: 286
Whewell, William: 338n
Whitman, Walt: *Folhas da relva*: 355
Wilberforce, Samuel, bispo de Oxford: 431
Williamson, Hugh: 101
Wislizenus, Frederick: 402
Wordsworth, William:
  influenciado por AH: 29, 250-52
  "The Excursion" [A excursão]: 253

Yellowstone, Parque Nacional de (Wyoming): 463
Yosemite, Parque Nacional de: 33, 463-64, 464n, 466
Yosemite, vale de (Califórnia): 449-56, 458, 461-66, 476

Zea, Francisco Antonio: 258-59
Zea, padre Bernardo: 114

LEIA TAMBÉM OUTROS LIVROS PUBLICADOS PELO SELO CRÍTICA:

O trabalho de Friedrich Nietzsche abalou a base do pensamento ocidental e continua a permear nossa cultura. Mesmo assim – ou talvez por isso – ele é um dos filósofos mais mal compreendidos e enigmáticos da história. Sua descrença nos valores da sociedade, sua ideia de que "Deus está morto" e seu conceito sobre o super-homem, que encara a vida sem as muletas da religião e da moral, influenciam gerações até hoje. Mas o que a maioria das pessoas realmente sabe de Nietzsche – além do bigode, da carranca e da persistente associação com o niilismo e o fascismo? Onde colocamos um pensador que era igualmente amado por Albert Camus e Adolf Hitler?

O livro de Sue Prideaux destrói mitos e leva os leitores ao mundo de um homem brilhante, excêntrico e profundamente perturbado, iluminando os eventos e as pessoas que moldaram sua vida e obra. *Eu sou dinamite!* é a biografia essencial para quem quer entender Nietzsche: o filósofo que previu e buscou soluções para nossos tempos conturbados. Ao final, a autora apresenta uma série de aforismos de Nietzsche que se tornaram muito populares. "Torne-se quem você é" e "O que não me mata me faz mais forte" são algumas dessas pérolas.

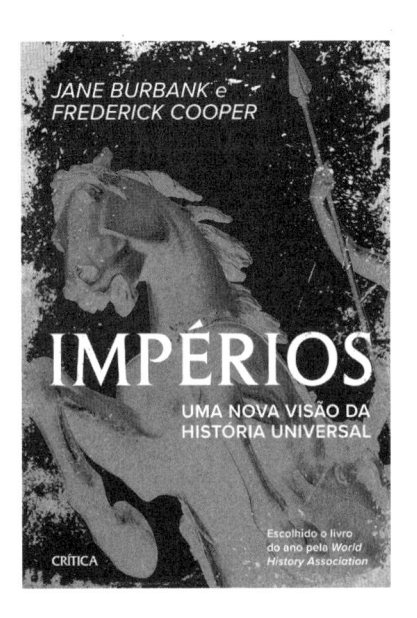

Impérios não segue a narrativa convencional que afirma que o império resulta inevitavelmente no Estado-nação. O foco deste trabalho inovador está no modo como os diferentes impérios surgiram, competiram entre si e construíram estratégias de governo, ideias políticas e afiliações humanas durante um longo período: desde a Roma e a China antigas até os nossos tempos.

A narrativa aborda as táticas desenvolvidas por cada império, como elaborou seus repertórios de poder, lidou com povos e territórios anexados, acolheu ou rechaçou culturas estrangeiras.

Confira alguns dos impérios analisados neste livro:
Romano, Mongol, Russo, Bizantino, Otomano, Habsburgo, Carolíngio, Português, Espanhol, Francês, Germânico, Britânico e Japonês

A arte de liderar é milenar e não há melhor maneira de dominá-la que estudando sua história. Neste livro fascinante, o renomado historiador John Lewis Gaddis explica as grandes teorias da estratégia e como os líderes as colocaram em prática. Cobrindo um período que vai do mundo antigo à Segunda Guerra Mundial, Gaddis analisa, de maneira brilhante e pessoal, estrategistas como Sun Tzu, Augusto, Santo Agostinho, Maquiavel, Tolstói, Abraham Lincoln, Franklin Roosevelt e Isaiah Berlin. Há mais de vinte anos titular da Universidade de Yale com um popular e disputado curso sobre estratégia, o historiador vencedor do Pulitzer oferece um resumo para o grande público. E ensina que tem que haver uma relação entre os meios e os fins.

Best-seller em vários países onde é considerado um clássico sobre o tema, *O Dia D – a batalha que salvou a Europa* recebe uma nova edição no Brasil. Historiador renomado mundialmente, Antony Beevor mostra em detalhes como foi a invasão à Normandia e a libertação de Paris do domínio nazista. Ele começa na noite anterior ao Dia D com os preparativos para o lançamento de mais de 5 mil navios aliados às costas da França, numa operação considerada a maior da história. *O Dia D* é um dos únicos livros que descreve as experiências das tropas de americanos, britânicos e canadenses, mas também a luta desesperada dos soldados alemães, o sofrimento dos franceses que estavam no meio de tudo e as tensões dos comandantes dos dois lados. Beevor pesquisou em arquivos de vários países, ouviu sobreviventes e leu as entrevistas feitas por historiadores logo após o conflito. O resultado é um livro fascinante que leva o leitor a sentir o medo da guerra.

**Acreditamos
nos livros**

Este livro foi composto em Adobe Garamond
Pro e Bliss Pro e impresso pela Geográfica para
a Editora Planeta do Brasil em abril de 2022.